高等院校法律、工商管理专业商法推荐教材
高等院校法律硕士、MBA、EMBA商法专用教材

商法与企业经营

主编　周林彬
副主编　官欣荣　董淳锷　陈胜蓝　孙琳玲

北京大学出版社
PEKING UNIVERSITY PRESS

图书在版编目（CIP）数据

商法与企业经营/周林彬主编. —北京：北京大学出版社，2010.5
ISBN 978-7-301-17144-8

Ⅰ.①商⋯　Ⅱ.①周⋯　Ⅲ.①商法-中国-高等学校-教材②企业管理-高等学校-教材　Ⅳ.①D923.99②F270

中国版本图书馆 CIP 数据核字（2010）第 075942 号

书　　　名：商法与企业经营
著作责任者：周林彬　主编
责 任 编 辑：李志军　邓丽华
标 准 书 号：ISBN 978-7-301-17144-8/D·2585
出 版 发 行：北京大学出版社（北京市海淀区成府路205号　100871）
网　　　址：http://www.jycb.org　　http://www.pup.cn
电 子 信 箱：zyl@pup.pku.edu.cn
电　　　话：邮购部 62752015　发行部 62750672　编辑部 62767346
　　　　　　出版部 62754962
印　刷　者：北京虎彩文化传播有限公司
经　销　者：新华书店
　　　　　　730×980 毫米　16 开本　47.25 印张　873 千字
　　　　　　2010 年 5 月第 1 版　2020 年 8 月第 5 次印刷
定　　　价：88.00 元

未经许可，不得以任何方式复制或抄袭本书之部分或全部内容。
版权所有，侵权必究
举报电话：（010）62752024　电子信箱：fd@pup.pku.edu.cn

目 录

导论：为什么要学商法？ ……………………………………………（1）
  一、商法在中国的引进和发展：从近代到现代 ……………………（1）
  二、商法与中国市场经济：从法律依据到"生产要素" ……………（5）
  三、商法与中国入世：从国内标准到国际标准 ……………………（9）
  四、商法与和谐社会建立：从正式、实体制度到非正式、程序制度 ………（11）
  五、商法与市场法律体系的完善：从特别私法到私、
     公法规范的结合 ………………………………………………（14）
  六、商法与中国企业经营：走出"三论"误区 ………………………（19）
  七、商法课程的设置与意义：从美国到中国 ………………………（26）
  八、学习商法的方法：领悟商法之道 ………………………………（27）
  九、本书的定位和特点 ………………………………………………（30）
  本章小结 ………………………………………………………………（32）
  思考与练习 ……………………………………………………………（32）
  案例分析 ………………………………………………………………（33）

第一篇　商事主体

  引言：保健院构成经营主体吗？ ……………………………………（36）
  一、商事主体的概念与特征 …………………………………………（37）
  二、商事主体的分类 …………………………………………………（40）

第一章　经商自由与主体法定 ……………………………………（45）
  一、经商自由 …………………………………………………………（47）
  二、主体法定 …………………………………………………………（60）
  三、企业的法律形态：比较与选择 …………………………………（70）
  本章小结 ………………………………………………………………（77）
  思考与练习 ……………………………………………………………（77）
  案例分析 ………………………………………………………………（77）

第二章　商事人格与营业能力 （79）
　　一、商事人格 （80）
　　二、营业能力 （101）
　　本章小结 （121）
　　思考与练习 （121）
　　案例分析 （122）

第三章　企业改制与营业转让 （125）
　　一、企业改制 （126）
　　二、营业转让 （146）
　　三、我国现行法对营业转让的规定 （154）
　　本章小结 （159）
　　思考与练习 （160）
　　案例分析 （160）

第四章　解散清算与破产重整 （163）
　　一、公司解散 （163）
　　二、公司清算 （173）
　　三、企业破产 （177）
　　本章小结 （199）
　　思考与练习 （199）
　　案例分析 （200）

第二编　商事行为

引言：自家面包车私载旅客是否构成"营业"？ （203）
　　一、商事行为的概念及特征 （204）
　　二、商事行为的基本分类 （209）
　　三、商事行为法体系 （211）
　　四、商事行为制度与企业经营管理 （213）

第一章　买卖与合同 （214）
　　一、什么是商事买卖？ （215）
　　二、买卖的开始：买卖合同的订立 （223）
　　三、买卖的核心：买卖合同的履行 （232）
　　四、违约与救济 （238）
　　五、常擦金钥匙，"法锁"更牢靠：企业合同管理和风险防范 （246）

本章小结 …………………………………………………… (255)
　　思考与练习 ………………………………………………… (255)
　　案例分析 …………………………………………………… (256)
　第二章　融资与担保 …………………………………………… (258)
　　一、融资 ……………………………………………………… (258)
　　二、融资担保 ………………………………………………… (271)
　　三、融资担保中的"人保" …………………………………… (277)
　　四、融资担保中的"物保" …………………………………… (282)
　　五、其他担保形式 …………………………………………… (295)
　　本章小结 …………………………………………………… (297)
　　思考与练习 ………………………………………………… (298)
　　案例分析 …………………………………………………… (298)
　第三章　中介与代理 …………………………………………… (300)
　　一、商事中介 ………………………………………………… (301)
　　二、商事代理 ………………………………………………… (306)
　　三、特许经营 ………………………………………………… (326)
　　本章小结 …………………………………………………… (336)
　　思考与练习 ………………………………………………… (337)
　　案例分析 …………………………………………………… (337)
　第四章　运输与保险 …………………………………………… (340)
　　一、运输 ……………………………………………………… (340)
　　二、保险 ……………………………………………………… (356)
　　本章小结 …………………………………………………… (375)
　　思考与练习 ………………………………………………… (375)
　　案例分析 …………………………………………………… (375)
　第五章　结算与票据 …………………………………………… (378)
　　一、汇付和托收 ……………………………………………… (378)
　　二、信用证结算 ……………………………………………… (385)
　　三、票据结算 ………………………………………………… (395)
　　四、交互计算 ………………………………………………… (406)
　　五、商事账簿 ………………………………………………… (408)
　　本章小结 …………………………………………………… (418)
　　思考与练习 ………………………………………………… (419)
　　案例分析 …………………………………………………… (419)

第三编　商事管理

引言:天价拉面引发的思考 …………………………………………（423）
一、商事管理的概念 ………………………………………………（424）
二、商事管理的基本原则 …………………………………………（426）

第一章　政府规制 ………………………………………………（429）
一、政府规制的基本理论 …………………………………………（430）
二、商事管理中的经济性规制 ……………………………………（433）
三、商事管理中的社会性规制 ……………………………………（446）
本章小结 ……………………………………………………………（467）
思考与练习 …………………………………………………………（467）
案例分析 ……………………………………………………………（468）

第二章　商会自治 ………………………………………………（470）
一、商会:商业活动中一种重要的组织形态 ……………………（470）
二、商会自治与企业经营 …………………………………………（478）
三、商会自治与市场竞争 …………………………………………（486）
四、商会自治与商事管理 …………………………………………（490）
五、商会自治与企业的权利救济 …………………………………（494）
六、商会自治规范及其法律适用 …………………………………（501）
本章小结 ……………………………………………………………（508）
思考与练习 …………………………………………………………（508）
案例分析 ……………………………………………………………（509）

第三章　公司治理 ………………………………………………（510）
一、公司治理的概念及法律特征 …………………………………（510）
二、股东权制度 ……………………………………………………（517）
三、董事的法律义务与责任 ………………………………………（523）
四、监事会制度 ……………………………………………………（537）
五、公司章程 ………………………………………………………（539）
六、公司治理与社会责任 …………………………………………（546）
本章小结 ……………………………………………………………（550）
思考与练习 …………………………………………………………（551）
案例分析 ……………………………………………………………（552）

第四编　商事救济

- 引言：连锁超市买卖纠纷的诉讼调解 …………………………… (555)
- 一、商事权利、商事纠纷与商事救济 …………………………… (556)
- 二、商事救济的多元性 …………………………………………… (558)

第一章　私力救济 ……………………………………………… (565)
- 一、什么是私力救济？ …………………………………………… (566)
- 二、商事活动中的私力救济 ……………………………………… (575)
- 三、认真对待私力救济 …………………………………………… (583)
- 本章小结 …………………………………………………………… (590)
- 思考与练习 ………………………………………………………… (590)
- 案例分析 …………………………………………………………… (591)

第二章　商事调解 ……………………………………………… (593)
- 一、商事调解的概念与特征 ……………………………………… (593)
- 二、商会商事调解 ………………………………………………… (600)
- 三、非独立商事调解程序 ………………………………………… (613)
- 四、商事调解协议的执行 ………………………………………… (620)
- 本章小结 …………………………………………………………… (622)
- 思考与练习 ………………………………………………………… (623)
- 案例分析 …………………………………………………………… (623)

第三章　商事仲裁 ……………………………………………… (625)
- 一、商事仲裁 ……………………………………………………… (626)
- 二、商事仲裁协议 ………………………………………………… (637)
- 三、商事仲裁的程序 ……………………………………………… (652)
- 四、商事仲裁裁决的执行 ………………………………………… (659)
- 五、我国商事仲裁制度的完善 …………………………………… (661)
- 本章小结 …………………………………………………………… (666)
- 思考与练习 ………………………………………………………… (666)
- 案例分析 …………………………………………………………… (666)

第四章　商事诉讼 ……………………………………………… (669)
- 一、什么是商事诉讼 ……………………………………………… (670)
- 二、"如何打官司"：商事诉讼的具体程序 ……………………… (681)
- 三、商事诉讼风险防范 …………………………………………… (698)

本章小结 …………………………………………………………（707）
　　思考与练习 ………………………………………………………（707）
　　案例分析 …………………………………………………………（707）
结语与问题的延伸：改革背景下的商法与企业经营 ……………（709）
　　一、企业层面：法律与民营企业产权保护的实证分析 …………（710）
　　二、社会层面："商法与商业网络"的交织和互动 ………………（722）
　　三、国家层面："商法与经济增长"的宏观背景 …………………（732）
　　四、后续发展与持续关注 …………………………………………（738）
参考文献 …………………………………………………………（740）
可利用的万维网 …………………………………………………（744）
后记：作始也简，将毕也巨 ………………………………………（746）

导论：为什么要学商法？

> 商法调整着生产、销售与服务的诸多领域。从这一程度上看，商法决定着我们的生活水准。我们也许可以改用一下毛泽东曾经用过的比喻：人们离不开商法，"就像鱼儿离不开水"。
>
> ——法国著名商法学家伊夫·居荣

一、商法在中国的引进和发展：从近代到现代

所谓"商法"，简言之，是关于市场交易的法律规范的总称。在《牛津法律大词典》中，"商法"被认为是"一个相当含混的一般性术语，用来指与商业有关的各种法律……主要用来指合同法和财产法中与企业和商业惯例有关的那些内容"[①]。而在法国学者看来，"商法"似乎从未得到一个一致认可的定义，"只能大体上说，'商法'是在民法之外，专门规范大多数生产、销售与服务活动的一个私法分支"[②]。

【拓展知识】

关于商的理解——从经济到法律

"商"这一概念在韦伯斯特国际辞典里是指"商品交换或买卖之行为"。在现代社会，"商"的概念已发展成经济学、法学等多学科用语。从经济学意义上讲，"商"即用于农业、工业等生产者与消费者之间，直接媒介财货交易、调剂供需，而从中获取利润之行为。

法律意义上的"商"大致分为四种：第一，直接媒介财货交易以及传统上被纳入基本商事活动的"固有商"，如交易所交易、买卖商交易、证券交易、票据交易、海商海事活动等，又称为"第一种商"。第二，间接以媒介货

---

① [英] 沃克：《牛津法律大辞典》，光明日报出版社1988年版，第130页。
② [法] 伊夫·居荣：《法国商法》（第1卷），罗结珍等译，法律出版社2004版，第2页。

物交易为目的的营业活动，它实际上是某种辅助固有商营业得以实现的"辅助商"，如货物运送、仓储、代理、行纪、居间、包装等，亦称"第二种商"。第三，虽不具有直接或间接媒介货物交易之行为目的，但其行为性质与固有商和辅助商有密切联系或者为其提供商业条件的商业活动，如银行、融资、信托、承揽、运送、制造、加工、出版、印刷、摄影、营业等，亦称"第三种商"。第四，仅与辅助商或第三种商有牵连关系的营业，如广告宣传、人身与财产保险、旅馆营业、饭店酒楼、旅游服务、娱乐营业、信息咨询等，此为第四种商。现代社会，可谓无业不商，商的范围依各国立法而定。

商法的历史可谓源远流长，早在古希腊和古罗马的法律当中即有关于商品交易的法律规范的萌芽。按通说，中世纪随着地中海沿岸贸易的兴起而被广泛运用的欧洲商人法、商事习惯法为现代商法的正式起源，那时商事仲裁庭和商事法院也逐步建立起来。"正是这个时期，近代西方商法的基本观念和制度才得以形成，商法在西方才第一次逐渐被人们看作是一种完整的、不断发展的法律体系。"① 这个时期的商法以商人习惯或商事习惯法的形式出现，是"商人所有、商人所得、商人所享"②，而未掺入国家意志。到了近代，商人习惯法在重商主义的国家理论和实践的作用下打上了国家法的烙印。③ 近代法国、德国商法典的颁行，标志着商法真正发展成为一个具有独立地位的法律部门。

【背景资料】

各国商法的立法模式

1. 民商分立模式。它是指在民法典以外，制定一部独立的商法典，以规范商事领域的交易关系。民商分立又有三种模式：（1）商行为法模式，又称为客观主义模式（法国商法模式），即只要行为的性质属于商行为，无论行为

---

① ［美］哈罗德·J·伯尔曼：《法律与革命——西方法律传统的形成》，中国大百科全书出版社1993年版，第406页。

② See Charles Donahue, Jr., The Empirical and Theoretical Underpinnings of the Law Merchant: Medieval and Early Modern Lex mercatoria: An Attempt at the probation diabolica, 5 Chi. J. Intl L. 21.

③ 重商主义是16~18世纪中叶在欧洲一些国家进行资本原始积累的阶段代表商业资产阶级利益，脱离神学和伦理学，而以政治经济为主要对象的一种经济理论和政策体系。这一理论主要是在新大陆、新航线发现后，随着欧洲庄园经济的解体，受文艺复兴的影响以及马丁·路德宗教改革的影响，近代民族国家的兴起，新兴商业资产阶级和封建国家狂热追求金银货币，对一国财富的增长、财富的实现，以及与此相关的生产和流通最初的理论探索和概括。重商主义对资本主义的商事立法起了指导和奠基的作用，对以后的商事立法产生了较大的影响，确立起了哪里有贸易、哪里就有法律的基本法治思想。

人是否商人,都将其认定为商行为而适用商法。(2) 商人法模式,又称为主观主义模式(德国商法模式),即只要是商人所从事的行为,都将其纳入商法调整的范围。(3) 折中主义模式,它是客观主义与主观主义相结合模式。日本商法典既采用法国商法模式,又仿效德国商法模式,将商行为模式和商人观念同时作为其立法基础。

2. 民商合一模式。它是指只制定民法典,而不再另定商法典,商法作为民法的特别法对待。瑞士首开先河,另有意大利、泰国属于此一模式。

3. 英美法模式,以美国为代表。美国为了克服州际商事立法差异给市场交易带来的不利影响,从1940年开始由各州政府代表组成的"统一州法全国委员会"与美国法学会通力合作,终于在1952年颁布了《统一商法典》。由于该法典并非联邦议会或州议会所制定,故属于民间示范法的性质,并没有法律约束力,只有在州议会予以承认后才能在各州适用。

商周以来,中国以农耕经济占主导地位,城市的政治、军事化功能色彩浓厚突出,从商者为四民之末(士、农、工、商)。在"以农为本、重农轻商"的国策和儒家思想的影响下,商人历朝换代始终无法形成独立的阶层。虽然古代中国曾出现一些与商业有关的制度的萌芽,它们散见于封建统治者制定的各种律令中的关于买卖、钱庄银票、手工作坊、店铺牌匾等商事规则以及商人行会自治规约之中,但始终没有形成像19世纪西方资本主义国家制定的商法典。①

作为一种"舶来品",商法引进中国最早源于清末的"预备立宪"和"变法修律"运动。为救亡图存、通商惠工,晚清政府洞察到西方国家"商务为上下注意,风气既开,经营尽善,五洲万国,无货不流",乃缘"凡诸要端,国家皆设官以经理之,又立法以鼓舞之",遂于1904年制定了《大清商律》②,

---

① 梁启超在《论中国成文法编制之沿革得失》(1904年)中关于商法有一段经典论述:"我国法律之发达,垂三千年。法典之文,万牛可汗。而关于私法之规定,殆绝无之。夫我国素贱商,商法之不别定,无足怪者,若乃普通之民法,据常理论之,则以数千年文明之社会,其所以相结合相维护之规律,宜极详备。乃至今日,而所恃以相安者,仍属不文之惯习。而历代主权者,卒未尝为一专典以规定之,其散见于户律户典者,亦罗罗清疏,曾不足以资保障,此实咄咄怪事也。"转引自范中信主编:《梁启超法学文集》,中国政法大学出版社2000年版,第120页。

② 1904年1月,清朝政府正式颁布了《商律》,这是我国最早的商法,基本上沿袭德国、日本等国商法体制。《商律》由《商人通例》和《公司律》两部分组成。《商人通例》共9条,对于商人的身份和经商权利作了比较具体的规定,如,"凡经营商务贸易、买卖贩运货物者,均为商人"、"凡商人营业,或用本人真名号或另立店号某记某堂名字样,均听其便"、"商人贸易无论大小,必须立有流水账簿,凡银钱货物出入以及日用等项,均宜逐日登记"、"商人所有一切账册及关系贸易来往信件留存十年,十年以后留否听便"等等。《公司律》为11节131条,包括:公司分类及创办呈报法、股份、股东权利各事宜、董事、查账人、董事会议、众股东会议、账目、更改公司章程、停闭、罚例。

惜乎当时社会经济环境颓废，没有真正实行。

1929年南京国民政府决定采取民商合一立法体例，将商法总则内容（经理人及代办商、商行为部分的交互计算、行纪、仓库、运送营业、承揽运送及隐名合伙）囊括并入民法典债编之中，而公司、保险、票据、海商外加商业登记等法律法规无法融为一体，便予以单行立法，作为民事特别法的一个整体来对待，名曰"商事法"。这一民商合一的立法传统延续至今，逐渐演化成为区别于其他大陆法系国家（大多数大陆法系国家采取民商分立的立法体例）商事立法的"中国特色"。

新中国成立之后，废除"六法全书"，一度实行高度集中的计划经济体制，国家对商业实行计划管理，国营商业和供销合作社垄断了市场，商贩和农民自由贸易被当做"资本主义尾巴"割掉，商法随之失去经济基础。改革开放后尤其是自1992年确立市场经济体制以来，商法在中国的实践与理论得到发展。为了适应市场经济体制改革和国际贸易的需要，立法机关制定了许多商事单行法律和法规，商事仲裁和商事诉讼活动日趋扩大，商事仲裁和商事审判的专业机构在依法解决各类商事纠纷中也发挥着越来越举足轻重的作用。[①]

【拓展知识】

我国商事立法模式的选择

新中国成立以来，我国仍采民商合一体制；但随着我国大统一、多层次市场的拓展，"入世"后与国际接轨步伐的加快，深受民商合一体制影响的

[①] 如《海商法》（1992年）、《公司法》（1993年颁布、2005年修订）、《票据法》（1995年）、《保险法》（1995年颁布、2009年修订）、《证券法》（1998年颁布、2005年修订）、《合同法》（1999年）、《个人独资企业法》（1999年）、《合伙企业法》（1997年颁布、2006年修订）、《信托法》（2001年）和《证券投资基金法》（2003年）、《企业破产法》（2006年）等商事单行法形成了较为完备的商事法规体系。1979年7月1日五届全国人大二次会议通过的《人民法院组织法》规定最高人民法院、高级人民法院、直辖市和省、自治区、直辖市的中级人民法院设立经济审判庭。最高人民法院在1979年9月设立了经济审判庭。1983年9月六届全国人大二次会议根据形势的发展，对《人民法院组织法》进行了修改，决定各级人民法院普遍设置经济审判庭。1984年前后开始在广州、上海、青岛、天津、大连等10个城市设立海事法院，专门负责审理涉外和国内的第一审海事案件和海商案件。2000年8月，最高人民法院开始机构改革。针对当时的民事审判、经济审判、知识产权审判、涉外海商审判所处理的都是平等民事主体之间的权利义务关系，适用的都是民事诉讼法这一特征，最高人民法院在原来民庭基础上设立了现在的民一庭，在过去经济庭的基础上设立了民二庭，在原来知识产权庭基础上设立民三庭，交通庭改为审理海事海商和涉外民商事案件的民四庭。至此，民商事审判格局全面形成。就商事审判系统（也即原来的经济审判庭）来看，从2002年到2007年2月，全国法院共受理一审案件（民二庭系统）800余万件，诉讼标的额达1.6万亿元。

"零售"式民商事立法对于规范日益复杂化的商事交易愈来愈捉襟见肘。人们开始进一步思考：在商法体系内部能否从各单行法中抽象出一般的商事规则？各法之间（包括商事单行法之间、单行法与行政法规之间、行政法规之间）的重叠、冲突、疏漏又如何协调、消除、弥合？商事活动总则性规定（营业、商号、商事责任及追诉时效等）的大面积"缺席"如何补齐？近年来，我国学者主要从立法模式论出发，提出如下几种主张：(1)《民法典》模式；(2)《民商法典》；模式 (3)《商法典》模式；(4)《商事通则》模式。

如王保树教授曾将《商事通则》"特色"总结为"通、统、补"：(1) 对各个商事单行法规定中具有共同性、一般性的商法原则和制度进行统一规定（如商法适用、商法时效、商人标准等）；(2) 对其他商事单行法未曾规定而又非常必要的商法问题进行补充规定（如商事登记、商事代理、商事账簿、商号及商誉、营业及转让等）；(3) 协调好民法、商法的各自适用范围和次序（如《商事通则》的适用优先于《民法通则》以及将来的《民法典》）；(4) 为我国转型经济条件下市场秩序的调整提供基础性的原则和制度。

二、商法与中国市场经济：从法律依据到"生产要素"

大国崛起，法律是金盾；经济增长，制度是杠杆。历史以来，古罗马的兴盛与其第一个建立了商品社会的世界性法律——罗马法（市民法和万民法）息息相关，尤其是万民法最早奠定了国际商法的基础，大大推动了世界范围的贸易往来与繁荣；近代法兰西帝国的强大，与其发展资本主义自由商品经济，出台商法典相辅相成；现代美国最初摆脱全球性经济危机而发展成为当代头号资本主义大国、执资本市场之牛耳，与罗斯福新政下一系列商事法律（如1933年证券法、1934年证券交易法）的颁行密不可分。正如以研究经济发展史与新制度经济学闻名于世的诺贝尔经济学奖得主诺斯教授揭明的那样，西方世界兴起的"谜底"在于包括法律在内的制度起了伟大的杠杆作用。

在新制度经济学派看来，"法律制度"不再只是涉及社会、政治及经济行为的行动规则，而是被作为一种重要的"生产要素"（传统经济学一般认为生产要素只包括劳动力、土地、技术和货币）来对待。这些要素是经济领域里的变量，而这些变量又是对经济增长的反映。法律不能仅仅满足于提供"静态"的用于调整市场经济关系的依据，还应该通过建立有效率的交易制度安排，为市场经济提供"动态"的激励机制和发展引擎。

【拓展知识】

将制度作为经济增长泉源之新制度经济学简介

新制度经济学（New Institutional Economics，NIE），以诺贝尔经济学奖得主科斯、诺斯、威廉姆森教授为主要代表，被誉为20世纪60年代以来经济学领域中最为引人瞩目的发展成就之一。"NIE"一词最早由美国著名经济学家、诺贝尔经济学奖获得者威廉姆森教授提出，区别于以凡贝伦、康芒斯、米歇尔、阿里斯等为代表的"制度经济学"（或称旧制度经济学）。NIE以科斯的《企业的性质》（1937）发表为肇端标志；科斯的贡献在于将制度框架、交易成本引入到对经济活动的分析之中。

美国著名经济学家、诺贝尔经济学奖获得者斯蒂格利茨教授认为，NIE从新的视角来解释制度并检查它的结果，21世纪将是NIE繁荣发达的时代，它将对越来越多的引导经济事务的具体制度安排提出自己的真知灼见，并且为改变这些安排以增强经济效率提供理论基础。NIE以研究制度对于经济发展的影响以及经济发展如何影响制度的演变为主要内容，是经济学、法学、组织理论、政治科学、社会学、人类学等多学科理论融合的结晶。

对照我国，我们拥有引以为豪的"四大发明"，而机械钟、铸铁、独轮车、拱桥等也都为国人所创；但1906年以前专利制度一直缺席，承认财产权的绝对性的商法制度及其实施机制尚付阙如。正像科技史大师李约瑟指出的那样，这套法制公器"与中国社会的价值观念及社会组织原则相抵触"①。由于发明创造缺乏法律激励，不能得到应有的商业化收入，分工专业化、生产规模化也不能通过技术发明加深、拓展，而致使大多工业技术都停留在萌芽阶段，甚至胎死腹中。

1992年中国通过修宪确立了市场经济体制，迎来了几千年未有之变局。市场经济以市场为主要手段进行资源配置，并通过一系列法律制度来实现，正如有学者指出的，现代市场经济的一个重要特征就是崇尚法治，把法律作为对经济运行实行宏观调控和微观调节的最主要手段，其他各种手段也都必须纳入法治的范围，并要求整个社会生活的法治化与之相适应。所以，现代市场经济必然是法治经济。②

法治经济的内涵十分丰富，为何其核心内容是商法经济呢？这是因为：首

---

① 潘吉星主编：《李约瑟文集》，辽宁科学出版社1986年版，第297页。
② 文正邦：《论现代市场经济是法治经济》，载《法学研究》1994年第1期。

先，市场经济是自主性经济，要求从法律上明确市场主体资格、权利，及维护权利的程序；商法通过制定商人法，以确认市场主体的入市资格、提升其营业能力、保护其商事权益为己任。其次，市场经济是契约经济，市场经济的本质特征即是经济关系的契约化，而契约以法律对契约原则、方式和结果的确认和保护为前提；商法中通过对商事合同的规范、调整，制定以及明确规范商事行为的规则（如企业融资规则、票据支付规则），满足了沿着契约化的方向实现经济关系的法制化的需求。再次，市场经济是公平竞争、有序化的经济。公平竞争是市场经济的灵魂，市场通过竞争达到优胜劣汰，实行资源的优化配置。要保证市场主体的法律地位平等，消除各种歧视与壁垒，形成统一的市场，为国际市场创造条件。最后，市场经济是风险经济。市场经济发展到现在，虚拟经济成分比重越来越大，2008年全球性金融危机告诉我们，无论在企业微观经济活动中，还是于国民经济宏观管理领域，风险防范任重而道远。商法通过健全的、包括政府规制、商会管理、公司治理在内的商事管理制度，以及多元化的商事权利救济制度，使企业经营责任、风险尽量缩至可控范围之内。

【背景资料】

好的法律制度在于减少交易成本

著名经济学家吴敬琏认为，中国企业的重要特点是制造成本很低，而交易成本很高[①]，入世前外资企业则无法享受制造成本低的优势，但入世后外资企业与中国企业相比，既可以享受到低成本优势，同时又享有低交易成本优势。因此，入世后中国企业真正面临的竞争压力就在于交易成本相对较高。为此，吴敬琏呼吁，中国企业目前最重要的是应当尽量降低交易成本，而主要途径则是改善制度。不但要致力于改善企业制度，而且要加快完善与市场相关的一系列市场制度，同时也应当在全社会层面包括社会政治、法律制度的改善方面加快步伐。

按照科斯定理[②]，公司作为市场价格机制的一种替代，其主要通过将

[①] 交易成本，简单地说是为达成一项交易、做成一笔买卖所要付出的时间、精力和产品之外的金钱，如市场调查、情报搜集、质量检验、条件谈判、讨价还价、起草合同、聘请律师、请客吃饭，直到最后执行合同、完成一笔交易，都是费时费力的。交易成本也称关系费用。

[②] 1991年诺贝尔经济学奖得主、美国芝加哥大学法学院教授科斯通过生产的制度结构分析，得出一个核心论点：产权明晰是企业绩效的关键或决定性因素。这里的产权明晰主要包括双层含义：产权法律归属上的明确界定与产权的有效率配置或产权结构上的优化配置。这一核心论点被学者进一步总结为科斯定理。科斯定理包括：第一定理是：当交易成本为零的时候，产权界定与资源配置的效率无关。科斯第一定理表明，当交易成本为零的时候，资源配置的效率与法律无关。第二定理是：当交易成本不为零的时候，产权的界定与资源配置的效率有关。科斯第二定理表明，当交易成本不为零的时候，资源配置的效率与法律有关。

"公司外部交易变成公司内部交易"的制度安排，降低公司的外部交易成本，提高公司的经济效益。而作为商法核心内容的公司法，这一公司契约组织的具体条款主要是通过"公司内部交易规则的标准化"降低公司内部交易成本，提高公司的经济效益。再以商法为例，各类商事法律制度说到底是人与人之间发生的经济关系，是进行交易活动的一种方式，这种方式的不同决定了交易成本大小的不同；由于交易成本的节约能使当事人的经济收益增加，因此人们就会在不同的商事法律制度中进行选择，以最小化交易成本；人们在一定的条件下，采取一种商事法律制度而不采取另一种制度，其根本原因之一，就在于前者的交易成本低于后者，所以节约交易成本就成为商事法律选择和商事法律改革的目的。在现实生活中，如果甲地办某事比乙地办同样一件事情的费用较高，就说明甲地的办事效率低。针对当前中国盛行的"走后门"或"关系经济"，我们认为，"走后门"根源于行业不正之风，行业不正之风使得市场主体尤其是企业在从事生产经营活动中，不仅要考虑技术、资金和人员，而且要考虑到与有关部门打交道的费用支出，而如果诸如请客送礼之类的交际费用高，说明"交易成本高"；交易成本高，又根源于办事的制度不合理或不公平；而克服这种不合理或不公平的根本措施，是建立不用请客送礼就能办事的制度，这种制度更多地表现为规范办事人行为的有关商事法律制度和规范。因此，从交易成本意义上看，商事法律是为节约交易成本而产生的。现代企业管理所强调的"向管理要效益"应修改为"依法管理要效益"，才是正确的观点。

虽然市场机制不可缺少民法、商法、经济法之间的有机配合，但与调整市场经济关系的民法、经济法的方法和理念有所不同，商法主要以调整商人（如企业）关系为己任。它确立了"崇自治、尚效率、重营利、贵简捷"的品格，并因此形成了充分体现商法营利性的特征，是与市场交易关系最直接的市场经济法律。

【拓展知识】

商法的营利性

营利，是为了谋取超出资本的利益并将其分配于投资者。商事活动以营利为其基本目的。日本商法理论中，就营利性有"收支说"、"利润说"和"分配说"三种解释，所谓收支适当，指的不是以剩余价值的增值为目的，而是在采取独立核算的情况下，如果收入与费用相平衡的话，就可以说是收支适当。法律意义上的营利还包括向成员分配利润,所以分配意义上的营利包括通过"对外活动"、"以增大收益为目的"以及"在构成成员中分配利益"三项内容。

因为商法是以调整商人和商行为为其主要内容的法,而商人不论是商法人或商个人,其主要特点是他们的经营管理活动是以营谋一定的经济利益为目的,所以有"无利非商"之说和"贸易是财富的源泉"之说,加之营利性是商事关系的本质特征,因此调整商事关系的商法就具有营利性特征,其要点是:(1) 商法是规定以营利为目的的商人营业行为的法,但商法并不"唯利是图"。(2) 商法的营利性特征决定了商法应采取效率优先、兼顾公平的价值取向。

总之,市场经济是法治经济,其核心内容是商法经济。法律作为市场经济的内生变量,商法首当其冲,"没有任何领域能比商法更能使人清楚地观察到经济事实是如何转化为法律关系的"①,其荣枯良莠决定着市场经济的存亡兴衰。

三、商法与中国入世:从国内标准到国际标准

经济全球化背景中产生的 WTO 与其说是一个多边贸易组织,不如说是一套国际贸易的"游戏规则"。WTO 的大部分规则都与商事活动有关,WTO 本身的宗旨也在于尽量统一各国之间的贸易规则(包括横向的商事活动规范和纵向的贸易监管规范),减少贸易摩擦和贸易壁垒,以实现利益共赢。

现代商法具有"国际性"的特点,所以加入 WTO 后,按照中国"国内经贸法律与 WTO 规则相一致或曰不抵触"的入世承诺,以商法为核心的我国市场经济法治建设,应当以国际标准为主,以中国特色为主。因此,以国际通行规则和国际贸易惯例为标准,在借鉴与移植发达市场经济国家的商法基础上完善中国商法,必须注意国内商法与 WTO 规则等国际贸易条约和国际商事惯例接轨,从而使国际商法与国内商法发生了"你中有我"、"我中有你"的交叉关系。②

---

① [德] 拉德布鲁赫:《法学导论》,米健等译,中国大百科全书出版社 1997 年版,第 74 页。
② 全球经济市场化的发展趋势导致各国国内经贸法律制度,尤其是有关外贸经济的法制之间的差异性进一步减弱,而趋同性增强。这不仅表现在各国的合同法等民法法律部门,而且也反映在公司法、竞争法这类商法方面。比如竞争法本来系调整国内市场关系的国内商法与经济,而与国际贸易法有明显区别。由于国内市场与跨国市场愈来愈难以划分,故竞争法与国际贸易法有愈来愈多的重叠之处。各国政府为使国内经济更好地与世界市场机制接轨,必然要参照有关国际经济规则标准来调整、修改国内经贸法规。

在经济全球化的背景关系中，国际商法与国内商法具有一些相同的市场经济规律和原理，并产生一些相同的商事规则（如国际贸易术语），进而在相同经济规律和原理这一"重经济、轻政治"的意义上，国际商法与国内商法有趋同化的趋势。当然，国内商人适用国际商法时仍然存在一些例外，比如国际商事惯例（如《国际贸易术语解释通则》）适用中，当事人意思自治原则不得违反我国强制法规定，等等。①

【背景资料】

商法的国际性

1. 国际社会订立了有关商事活动的大量国际公约，如1978年的《联合国海上货物运输公约》、1980年的《联合国国际货物买卖合同公约》、1996年的《电子商务法示范法规范》等。受此影响，各国商法的内容日益趋同化。其中有关国际货物买卖票据、船舶碰撞、海难救助和共同海损等规定几乎无甚差别。恰如德国学者李佩斯所言：尽管20世纪以来世界各国所经历的私法统一化过程可能包含更广泛的含义，但这一法律统一化过程首先是从商法开始的。②

2. 区域性商事立法日益走向统一化。如欧盟部长理事会和欧洲委员会相继出台大量的派生立法，包括条例、指令和决定。在2001年10月颁布的《欧洲公司条例》（2001/2157/EC）和2001/86/EC指令，于2004年正式实施，创设了新的公司形态"欧洲公司"③，是欧盟公司法协调中重要的里程碑。不少欧盟成员国因为没有将有关欧盟公司法指令转换为国内法，被欧盟委员会起诉到了欧洲法院。④

---

① 国内法规范按其性质可以分为强行法与任意法，强行法具有强制力，必须绝对服从，不得违背，通常这些强行法规范涉及一国重要的政治制度或经济领域的命脉，关乎整个国家社会利益，因此国际商事惯例不得突破这一限制。例如我国法院在处理对外担保案件时，即认为我国对对外担保行为及其所涉外汇或外债行为实行严格控制，《外汇管理暂行条例》、《外汇管理条例》、《外债统计监测暂行办法》、《最高人民法院关于适用〈中华人民共和国担保法〉若干问题的解释》第6条有关对外担保的审批登记的规定属于国家的强制性规定，法院必须无条件适用这些规定。何文龙：《对外担保案件诸问题研析》，载广东省高级人民法院编：《中国涉外商事审判热点问题解析》，法律出版社2005年版，第137~148页。

② 转引自刘凯湘：《论商法的性质、依据与特征》，载《现代法学》1997年第5期。

③ 譬如，德国即有几家公司，如德国巴斯夫、德国安联保险，在2006年、2007年分别把自己注册地改了，从而把自己本属于德国的国别公司变成一个欧洲公司，以适应到欧盟其他国家投资经营的需要。

④ 朱羿锟：《商法学——原理·图解·实例》，北京大学出版社2007年版，第11页。

3. 商法频繁的修改中越来越注重与国际上的法律协调化。如捷克斯洛伐克新商法典中就吸收了《关于动产国际买卖的维也纳公约》中关于交付的方式和出卖方的担保义务的规定。此外，具有伊斯兰教传统的土耳其在2008年也进行了"脱亚入欧"进程中的"新商法改革"，总的精神及主要规则是向瑞士法和欧盟法看齐。

4. 国际商事条约原则上优先适用于国内商法规范。在我国商事法律规范中有不少优先适用国际条约的规定，如《海商法》第268条第2款、《票据法》第96条第2款、《民用航空法》第184条。当然，上述规定仅适用于具体的商事领域（海商、票据、民用航空），对一般商事关系的调整缺乏规定，以致其他商事领域（非海商、票据关系）的国际条约或国际商事惯例的法律适用没有明文依据。由于商法具有国际性的特点，所以有"国际商法"的概念，但无"国际民法"的概念，而对商法的国际性的研究，则有利于国际商法的建立。①

四、商法与和谐社会建立：从正式、实体制度到非正式、程序制度

市场经济环境下，"和谐社会"的构建离不开商事关系的"和谐"。如孟德斯鸠《论法的精神》讲到："哪里有商业，哪里就有文明"，"关于贸易的法律使风俗纯良，贸易的自然结果是和平"，国人所谓"和气生财"亦即此理。

为了完成和谐的社会转型，商法应致力于商人之间关系和谐，商人和消费者之间关系和谐，商人与政府、非政府组织之间关系和谐，国内商人与外国商人之间关系和谐。鉴于此，当前中国商法理论与司法实务也应该围绕这个目标，进行如下制度建设的重点转移。

1. 从注重正式商法规范到注重非正式商法规范。正式商法规范一般是指国家通过立法、司法活动创设出来的商事法律、法规，包括国内法意义上的制定法（大陆法系）和判例法（英美法系），以及国际法意义上的国际商事公约、条约和协定。其中，国内的制定法还可以进一步区分为法律、法规、规

---

① 国际商法是指调整私人之间跨国商事关系的法律规范的总称。国际商法调整的主要是私人之间的跨国商事关系，国际商法调整的主要是商事实体关系，还包括程序关系。国际商法调整的主要是跨国商事关系，但不排除调整与跨国商事关系密切相关的一些国内商事关系，这一特点也使国际商法与国内商法存在交叉。因为国际商法调整的是私人之间的商事交易关系，可以分为商事主体内部交易关系和外部交易关系。商事主体的内部交易关系一般是由各国的国内法规定的，国际性的法律规范主要集中在商事主体的外部交易关系。因此，商事主体的内部交易关系既属于国际商法的调整对象，也是国内商法的调整对象。国际商法和国内商法在商事主体法方面存在交叉。

章、条例、司法解释，一定意义上还包括国家的商事政策。① 非商法正式规范一般是指由商事主体经协商约定而成，或者在长期商事活动中自发形成的商事活动行为规范，在私法领域它同样可以用以调整商事活动中当事人的利益关系。非正式商法规范主要表现为各种商事惯例、企业章程、行业规范等私法性规范。广义的非正式商法规范，还包括对商法实施有重要影响的社会网络。②

按照商法固有的"自治法"和"意思自治"的世界观，应该重视包括习惯、协议、行规等商事自治规范在内的非正式制度（民间法）的制定和实施。各国商事立法中商事自治规范在商法渊源中都占有重要的一席之地。③ 因此，当前中国商法理论与实务中重视国家立法、司法和行政执法机关制定和实施的国家法、轻视商人及商人自治组织制定和实施的民间法的片面性，应予纠正。

在中国经济的持续快速增长中，人们对经济发展注入了新的理念，认为经济发展并不是追求单纯的经济增长率，而要追求一种可持续的发展，它要实现的是一种整体社会的转型，即从传统关系、传统文化和社会习俗及传统生产方式向更现代方式的转变。也就是说，中国当前经济改革愈加重视非正式制度的改革和转变，而这种转变在商法上所引起的一个相应变化是：有关改革的立法重点，正在从国家正式商法规范向民间自发的非正式商法规范转变。诸如强调私力救济在解决商事纠纷中所起到的积极作用，强调对商业习惯和惯例的优先适用④，以及强调商会和社会网络在社会经济中的重要功能，等等。⑤

---

① 商业政策与商业领域的行政法规、规章、条例都是行政机关以政府文件的形式向社会公布的，因此具有较强的相似性。应该说，商业领域的行政法规、规章和条例本身也属于广义的商业政策的范畴。但是商业政策与商业领域的行政法规、规章、条例也有区别性：第一，两者的审批程序不同（前者可以由行政机关自行制定发布，后者往往需要立法机关的审判和备案）；第二，两者的性质不同（前者仅是政府文件，只在特殊情况下具有法律规范的性质，而后者的本质属性就是法律规范）；第三，两者的司法适用规则不同（前者在司法实践中更多的是参照作用，后者是《立法法》明确规定的法律渊源之一，可以在司法裁判中直接引用）；商事法律实践当中，"商业政策"作为"法律渊源"的地位正在不断式微，大部分的法官、仲裁员和律师已不再将其作为法律渊源进行直接援引。目前，商业政策在法律实践中仅体现为"间接式"的影响。

② 社会网络是特定时空范围内相对稳定的一种人与人之间或组织之间的相互关系。拓展分析，详见本书结语的相关文字。

③ 日本《商法典》第1条规定："关于商业，本法无规定的，适用商业习惯法，无商业习惯法时，适用民法。"

④ 我国《合同法》对交易习惯进行了确认，司法实践中也逐渐运用交易习惯进行裁判，出现了不少判例。交易习惯可以是某个行业的习惯做法，例如拍卖行业的习惯和出租车行业习惯，也可以是特定当事人之间的习惯做法。然而商事习惯还应当包括商业长期关系——关系契约。长期关系的当事人长期以来用非正规的手段保证相互合作，包括友谊关系、亲属关系、少数民族的自尊心以及宗教信仰等约束手段，而不是依赖可强制履行的法规。

⑤ 2002年10月31日《上海市促进行业协会发展规定》出台，2005年12月2日《广东省行业协会条例》面世。

【拓展知识】

正式商法规范与非正式商法规范的区别及意义

1. 两者产生的路径不同。前者主要是依赖于公权力的介入创设而来，后者主要是以私权利的行使为基础自发形成。

2. 两者实施的程序不同。在司法过程中，对于前者法官往往可以直接引用并据以作出判决，对于后者法官如要引用，则尚需进一步审查和确认（例如据以适用行业规范的内容是否存在反不正当竞争的因素？商事惯例是否符合存在的长期性、公众的认可性、适用的反复性条件？企业章程是否符合公司企业法的程序规定和实体规定？）。

3. 两者适用的效率不同。商事活动属于私人领域的"契约行为"，几乎每一项商事活动都涉及两方当事人的博弈、协商、合作和产权交换。从经济学的角度来讲，自由交换有利于双方各取所需，而充分合作则符合"帕雷托效率改进"，因此商法在保障交易安全的基础上，应该充分体现其促成交换与合作、提高经济效率的功能。非正式商法规范更符合商事立法和司法的价值目标。因为它可以有效地简化博弈过程，促成市场合作，促使商事活动的外部成本内部化，以及减少整个市场交易成本。

2. 从注重商事权利的公力救济实体与程序制度，转到注重包括"私了"在内的多元化商事权利私力救济的实体与程序制度。无论是在中世纪的商人法中，还是在现代国际商法的发展过程中，程序法是商法不可分割的一部分。[①] 协调程序法与实体法，强调两者的兼容，不仅符合形式与内容相统一的法律制度理性的诉求，而且符合市场经济体现的社会化大生产规律所要求的程序正义与实质正义的统一。因此，程序规则与实体规则合为一体，程序正义与实质正义融于一炉，商法体系得以充实和发展。而且，与其他私法部门如民法体系规范偏重于伦理性有着明显的不同，商法呈现出技术性色彩浓厚的特征。

---

① 首先，商人参与商事法院的裁判。这样有助于单个商事案件的公正解决，同时它也有助于使商法与教会的、王室的、甚至是城市的控制相隔离，并维护商人的特权。其次，这些法院无疑是统一的，具有现代调解和仲裁庭的性质。无论处理争议的法院设在何处，地方惯例有何区别，他们都明确地适用相同的商业惯例，从而使商事法院促进了商人法的普遍性和统一性。最后，商事法院中迅速、非正式和公平的程序原则适应了商业需要。总之，将商事纠纷解决的法律规范视为商法的不可分割的一部分，体现了历史和逻辑的统一。

【拓展知识】

商法的技术性（专业性）

由于商法以经济效用为主要目的，以及市场经济的计算经济特点，为达到交易的便捷、公平与安全，商法与技术性、程序性规则保障制度关系密切，与一般私法如民法偏重于伦理规范有着明显的不同。商事法的技术性，尤其体现在商行为法部分，如买卖法中，货物买卖合同的订立、发盘、接受、买卖合同的主要条款等。又如票据法、保险法，其技术性更为明显。在保险法，不论人身保险、财产保险，更富有数学及统计上的定律，用缜密的计算方法，测定保险事故发生的概然率，务使约束支付的保险金额，与取得保险费总额，保持基本平衡。此外，公司法中如董事会召集程序和决议的方法，董事及监事的选举方法；股票的发行、交易；海商法中关于共同海损的认定以及理算的规定；国际贸易中的贸易术语等均具有较强的技术性。也正是由于其技术性，商事仲裁中往往以专业人士作为仲裁员。商法的技术性特点，要求从事商法实务的人不仅要懂商法，还要懂经济、管理及技术知识。在此意义上，商法的技术性又派生出专业性。国际贸易中的贸易术语解释等均具有较强的技术性、专业性要求，商事仲裁往往唯贸易、法律专业人士方可胜任。

因此，我国商法建设不仅要重视商事权利公力救济制度的制定和实施，完善以商事诉讼为基本内容的商事权利公力救济程序制度；而且要重视包括"私力救济"和"民间仲裁"、"独立调解"在内的多元化商事权利救济渠道，低成本、高效益地解决商事纠纷，促进商事关系"和谐"。

五、商法与市场法律体系的完善：从特别私法到私法、公法规范的结合

市场法律体系的完善在于各个法律部门的划分合理与分工调整适当。划分法律部门的根据主要在于法律所调整的不同社会关系，即调整对象。商法是应调整交易关系之需而产生的，这种"市场交易关系"被称为"商事关系"，即"商人因从事营业活动而发生的社会关系"。

将商事关系确定为商法调整对象，并由此承认商法作为相对独立的法律部门，符合我国法律体系发展规律。因为在我国，囿于传统"大民事"、"民商不分"的立法思维，要么使用"民事关系"、"民事权利义务关系"等过于一般的概念，要么则使用"交易关系"等十分具体的概念，各个商事单行法都

缺乏对"商事关系"的归纳与提炼①，其后果是导致法律实践中，"民事关系"、"劳动关系"和"商事关系"的区别被模糊化，商事关系的特点无法得到应有的尊重和体现。

比如实践中基于劳动合同之上的员工股份期权纠纷，是作为商事纠纷处理，还是应归属于劳动争议，已遭遇司法困惑②。因为最高人民法院《民事案件案由规定》采取的是民商事合一的案由编写体例，该规定并未对商事纠纷和劳动纠纷的差别作出明确界定，因此只有未来借助于立法对"商事关系"进行界定，才能有助于区分实践中商事关系与其他社会关系的差别，从而更好地促进法律体系的分工调整和疑难案件中法律的正确适用。

【拓展知识】

商法与民法的适用关系

民法是整个私法的基础，它是调整平等主体之间的人身和财产关系的一般性的法律规范，商法是调整商事领域营利性经营活动和交易活动的具体法律规范。二者既相互区别，又相互联系，是一般法与特别法的关系。

具体到立法层面，例如：（1）商法关于商人、公司、经理人的制度是对民法中的自然人、法人、代理人制度从企业组织角度进行的修正，公司制度是法人制度的典型形式，合伙企业制度是民法中合伙制度的高级形态。（2）民法的物权制度是对从事商品经济活动的正常条件的一般规定，商法中的物权制度则是对商事交易中的物权制度作出的补充规定，其适用以民法物权制度为前提。③ 例如，对公司财产权的确认、行使、股票的发行与股权的行使、破产财产的清算等都可适用民法物权制度的一般规定。（3）民法的债权制度是关于流通领域中的商品交换活动的一般规定，商法中的债权制度是市场交易活动中

---

① 值得注意的是，虽然从法国、德国、日本、美国等国的商法典看，主要从商主体和商行为及两者相结合的立法模式出来划定商法的适用范围，并没有直接使用"商事关系"的概念，但联合国《承认及执行外国仲裁裁决公约》（以下简称《纽约公约》）第1条第3款规定："……，任何国家亦得声明，该国唯于争论起于法律关系，不论其为契约性质与否，而依提出声明国家之国内法认为系商事关系者，始适用本公约。"该条文使用了"商事关系"一语，而且依照《纽约公约》，其适用范围是国内法认定为商事关系中产生的一切争议，而不论该商事关系是否具有契约性质，言下之义，非契约性质的商事关系之争议也包括在内。

② 2000年5月某公司工程师陈先生因未如期获得300股期权与公司发生纠纷，向北京市劳动仲裁委员会提交了申请仲裁其劳动争议和期权纠纷的文本，北京市劳动争议仲裁委员会为陈先生与公司的劳动争议进行了调解，但认为股票期权纠纷不属于劳动仲裁机构的受案范围，不能受理此案来依法仲裁。

③ 范健、王建文：《商法论》，高等教育出版社2003年版，第110页。

的特殊规定与补充规定，其适用以民法债权制度为基础。如商法中的票据制度，就是债权制度的一种特殊表现形式。而保险合同作为民法中典型的格式合同，其在投保、承保、理赔、索赔等问题上也都可适用民法中关于债的一般规定。

因此，在我国法律实务中，对于商事事项，商事法律有规定的，优先适用该规定；当商事法律没有专门规定的时候，则适用民事法律的相关规定。换言之，对于特定的商事关系，当商事单行法没有规定的时候，在民事法律中寻找法律依据已成为法律实务中不言自明的法律适用规则。

何谓商事关系？简言之是指自然人或法人及其他组织以营利为目的，进行商事活动中形成的关系。商事关系的特质构成了商法作为部门法独立存在的科学依据，商法对商人利益关系的确认和保护是其价值所在，使其与其他部门法如民法区别开来。

商事关系的特质反映在：

1. 目的的营利性。商事活动的目的就是为了谋取超出资本的利益，所以有"无利非商"之说。

2. 形式的营业性。首先，要营利就必须要营业。营业性的表现为：（1）时间的持续性；（2）外观的公示性，如进行了工商登记及公告手续；（3）执业的合法性，如将营业执照悬挂店堂。

3. 主体的商人性。商人资格取得必须经过法定程序。

4. 行为的交易性。"客观主义商事立法模式"的国家更强调从交易行为特性进行商事立法，由此商法确认了交易便利、安全的原则。

5. 理念的服务性。所谓服务是指提供劳动以满足顾客的某种需要，并获取报酬的行为。提供服务同样具有商品交易的性质，服务贸易制度应该从传统货物贸易法中独立。

【拓展知识】

商事关系的类型

1. 商流关系。包括：（1）商业经营者与商品生产者之间的买卖关系；（2）商业经营者与经营者之间的购销关系；（3）商业经营者与消费者之间的买卖关系。

2. 物流关系。物流关系的特点主要是在商品的买卖中为实现商品的实体运动。法律制度主要是有关海运、陆运、空运、水运方面的货物运输和仓储保管、承揽加工等方面的法律、法规。

3. 资本流关系。在商业资本日益证券化和信用化的情况下，商业资本更加人格化了，这就更需要专门的法律加以调整，所以应把票据、保险、商业银行、商业投资等金融法制度纳入商法体系。现代资产流动的特点是：财产资本化——资本权利化——权利证券化——证券流通化。

4. 服务贸易关系。现代商业一个重要特征就是资本和劳动从物质领域向服务领域加速转移，使服务贸易总额在整个国民经济中的比重日益增加，服务贸易关系也日趋复杂多样。

5. 商业组织关系。现代商法淡化以家庭个体为本位的商自然人概念，而日益强化以社会整体利益为本位的团体概念，对商事组织关系的调整多属强制性的规范，要求各商事主体必须依法经营。

6. 商事管理关系。商法调整一定范围的商事管理关系。商事管理除了国家政府机关对商事主体的管理外，广义上还包括对商业自治性组织——例如商会、行业协会、同业公会等——的协调和管理。

进一步分析，由于现代商事关系的千丝万缕、错综复杂，往往打上了国家管制的烙印。传统观点认为，商法调整的商事关系是私人之间的商事关系，所以商法的规则主要是私法规则，具体表现在：（1）当事人之间的交易建立在意思自治的基础上；（2）商法旨在保障商人营利；（3）商法主体承担的责任主要是对已经造成的权利损害和财产损失给予填补和救济，表现出补偿性和恢复原状性；（4）任意法规范性质的商人自治法在商法中占有重要地位。

但是，由于现代商人生产经营的社会性规律要求商人依法承担社会责任以及市场经济宏观调控和微观管制的需要，"没有不受政府监管的商事活动"，由此与交易密切相关的商事管理关系也纳入现代商法的调整范围。故此，商法研究不仅应该包括传统私法层面的原则和制度，也应该涵盖与商事活动具有密切关系的公法层面的原则和制度（例如商事管理法），因为现代商人生产经营的社会性规律，要求商人依法承担社会责任，以及市场经济宏观调控和微观管制的需要，所以形成了商法公法性的特征。这一特征，使商法与作为传统私法的民法明显区别开来，并与经济法关系密切（有关商法公法化的论述详见本书第三编引言）。

从实用主义的角度，作为适用商法最多的主体，商人或许可以不明白"民商合一"、不理解"调整对象"，但是却需要清楚地知道：商事活动需遵循哪些商事管理制度（商事登记、商事账簿），被侵害的商事权利应如何实现法律救济等现实问题。在此意义上，传统商法以商主体和商行为为主的私法制度体系需要改进,应该遵循商人偏重的实用主义的逻辑,按照商法兼容性的特点,从公法与私法结合的层面上,完善中国的商法制度体系。这种兼容反映了一种"实用主义"的法学思潮①,也是商法这一特别私法区别于传统民法的最重要的特征。

【拓展知识】

商法的兼容性

"兼容"一般指把多个要素包容在一起且相互之间并不冲突。而制度兼容就是把多种制度包容在一起,协调好各制度之间的关系,发挥制度的最大效用。商法是公法与私法、实体法与程序法、国内法与国际法等多种制度兼容的典型。

商法为什么要将这些看似矛盾的要素兼容起来?首先,从哲学角度看,公法与私法、国内法与国际法、实体法与程序法都是一对矛盾。矛盾之间是对立统一的。我们不能仅看到矛盾间的对立,也不能只看到矛盾间的统一。其次,从经济学角度看,公法与私法、国内法与国际法、实体法与程序法间是一种博弈关系,它们是制度间的博弈。根据博弈论核心观点,博弈主体相互作用时的合力的效率一定要大于分力的效率。因此制度间协调就显得更加有效率。最后,从法学的角度看,在现代法治下,部门法之间并没有泾渭分明的界限,彼此间的相互渗透、相互配合、相互衔接已经在立法实践中显现出来;研究相邻部门法之间的关系,并非是在两者之间建造一座坚固的分水岭,相反,研究部门法彼此之间的角色分工和互动作用,尤其是彼此之间的衔接配合才是研究部门法之间关系的意义和价值所在。由此可见,商法并不是简单地将各个要素兼容起来,其要协调好各个要素,使各个要素间保持一定的比例关系,实现要素间的平衡,进而达到发展的最佳效果。一般学者可以将商法的兼容性称为

---

① 法律实用主义是以实用主义哲学为基础的法学流派,源于一种注重行动和效果,反对传统和权威的实用主义思潮。在美国,首先将实用主义哲学应用于法学的是美国著名法学家、法官霍姆斯,他所提出的一个广为人知的实用主义法律名言就是,法律的生命不在于逻辑而在于经验。霍姆斯认为法官不能从法哲学的信条出发,而要从实证的社会状况出发来进行裁判。其后,罗斯科·庞德则创立起了与实用主义法学传统有密切联系的社会学法学,强调法律的社会目的与效果,批判简单地依法条进行概念的逻辑分析的"机械主义法学";反对法哲学理论的闭关自守,提倡法学流派的"大联合"以及汲取其他社会科学的成果。实用主义法学的另外一个重要人物就是曾任美国最高法院大法官的本杰明·卡多佐。他在《司法过程的性质》等著作中主张,法官在探求制定法的含义时必须做的并不是确定当年立法机关对某个问题是如何想的,而是要猜测对立法机关当年不曾想到的要点,要重视法律文字和法律精神之间的反差。

"商事法的多元性"。也正是在这一兼容性的基础上,使得无论是在资本主义市场经济国家还是社会主义市场经济国家,无论是在大陆法系国家还是英美法系国家,商法都具有普遍的适应能力,因此,商法的移植和借鉴较民法或其他公法更具有可行性。

六、商法与中国企业经营:走出"三论"误区

企业是国民经济的细胞。企业经营和法律须臾不可分离,因为法律构成了企业交易、竞争的基础,左右着企业经营决策的方向。华尔街有句格言:"如果你想赚钱,就去找 MBA,如果你想保住你的钱,就去找 MJS(Master of Juridical Science)。"其中 MBA 大家皆知是工商管理硕士学位,是企业家的摇篮;而 MJS 则指法律硕士学位,是律师的摇篮[1]。这话准确地说明了法律对企业经营的至关重要。

美国商法名家罗纳德·A. 安德森在《商法与法律环境》(第 17 版)一书的前言中是以"法律与商业联姻"之说来表达这二者的亲密关系的,他指出:"只要我们瞥一眼报纸的商业版,就会意识到商业与法律的结合是多么紧密,无论是好是坏,企业的设立、数十亿美元的合并、市场竞争、技术创新以及其他各种商业事件都有可能牵涉到法律规制或法律诉讼。不对法律环境、法律的目的以及如何运用法律以获得保护和优势有所了解,经理人就别指望获得成功。"[2] 法律于现代经济发展中越来越举足轻重,此点已被越来越多的企业家们感同身受到了。但确实也存在着一些不容乐观的现象或认识"误区",要求我们经营者认真对待法律风险、强化法律风险防范意识。

何谓法律风险?国务院国资委发布的《中央企业全面风险管理指引》曾提出:"企业风险"是指未来的不确定性对企业实现其经营目标的影响。企业风险一般可分为战略风险、投资风险、财务风险、市场风险、运营风险、法律风险等,是企业在其经营活动中,客观存在的预期目标与实际发生结果出现负面差异的可能性。"法律风险"是最重要的企业风险之一,它是指企业预期与

---

[1] 美国《时代周刊》1998 年评出全美 500 家最大的律师事务所,其中一半以上由哈佛 MJS 创立,MJS 专为未来律师所设,被视为"律师界的 MBA";哈佛大学法学院前院长欧文·格雷思沃德曾指出,"一个奇怪的现象是,美国许多大公司的总裁不是来自哈佛商学院,而是出自哈佛法学院。因此,在我看来,一个哈佛 MJS 学位,完全抵得上一个哈佛 MBA 学位。"参见林正:《哈佛辩护》,改革出版社 1999 年版,封页。

[2] [美] Roanld A. Anderson;Ivan Fox;David P. Twomey;Marianne M. Jennings:《Business Law and The Legal Environment》(21 世纪经典原版经济管理教材文库),机械工业出版社 2003 年版。

未来实际结果发生差异而导致企业必须承担法律责任,并因此给企业造成损害的可能性,即企业在经营过程中由于故意或过失违反法律义务或约定义务可能承担的责任和损失。企业没有遵循法律规则,就存在着要承担不利法律后果的可能性。法律风险跟其他风险既有联系,又有区别,法律风险有以下特征[1]：

1. 企业法律风险发生的原因具有法定性或约定性。企业的所有经营活动离不开法律的调整,企业的任何行为都要遵守法律的规定。法律是贯彻企业经营活动始终的依据,例如设立个人独资企业要依据独资企业法,破产也要依据破产法,交易活动要遵守合同法。一旦企业违反了法律或合同约定,或者出现侵权行为以及不行使法律赋予的义务,就会发生风险。例如企业改制为公司,出资人数和出资比例、出资方式是否符合规定,是否办理了验资的手续,对于这些公司法都作了严格的规定,违背这些规定可能会引发风险。

【相关案例】

三株口服液致死案

1994年三株口服液上市,在随后的短短三五年内,便开创了资产达四十多亿元的三株基业。在最鼎盛时,三株公司在全国所有省、市、自治区和绝大部分地级市注册了600个子公司,在县、乡、镇有2000个办事处,各级行销人员总数超过了15万。但"三株王国"的终结者竟是湖南常德的一位乡下老人。这位老人服用了儿子买来的三株口服液后不久死亡,家属认为三株口服液是致死的罪魁祸首,于是诉诸法庭。1998年常德市中级人民法院判决三株口服液为不合格产品。这条爆炸性新闻,使一家年销售额曾经高达80亿元、累计上缴利税18亿元、拥有15万员工的庞大"帝国"轰然倒塌。三株案件告诉我们,法律纠纷的事前管理和防范比法律纠纷的事后救济机制更为重要。

2. 企业发生法律风险具有强制性。企业在经营过程中,如果违反了法律的规定或者是侵害了其他单位、企业和个人的合法权益,就要承担相应的法律责任。而法律责任是具有强制性的,法律风险一旦发生,企业就处于要承受其责任的被动境地。

3. 企业法律风险发生的形势具有关联性。风险体系中,很多的法律是相

---

[1] 摘自国务院国资委政策法规局副局长于吉在"2008中国城市国资论坛：解放思想与国资改革"所作的题为《关于国有企业风险防范与控制的几个问题》的讲话,本部分案例未注明出处的皆引自该讲稿。

互联系，有的时候是相互交叉和重叠的。例如说，企业发生的财务风险、销售风险，往往包含着法律的风险。

4. 企业法律风险的后果具有可预见性。企业法律风险事前可防可控，事后对法律责任的追究事前是可以预见的，是可以通过各种有效手段加以防范和控制的。比如，公司出资人、董事、监事、高级管理人员违反了公司法要承担法律责任是明确的，因此唯有加强普法教育，才能防微杜渐。

【相关案例】

四川新光硅业多晶硅投资项目引发内幕交易"窝"案①

该案中涉案者吕道斌本身就是上市公司的董事长，张瑜婷是新光硅业办公室秘书，参加了新光硅业第十四次股东会会议并负责会议记录、拟定会议纪要，薛东兵、刘晓杨、段跃钢作为川投集团的工作人员，也通过不同渠道获悉了内幕信息，他们本该作为内幕信息知情人，禁止在相关信息公开前买卖股票，却因无知和贪婪，利用内幕信息违规买卖股票。要么是不懂法，要么是理解不深，不知道后果的严重性，都是用本人的账户买卖股票，有人在证监会去调查时，还问证监会工作人员"这事情有多严重"。法律不会因为违法者的无知而宽恕。他们的内幕交易行为，违反了证券市场"公开、公平、公正"的原则，侵犯了投资公众的平等知情权和财产权益。除了没收违法所得外，他们还被各处以3万元罚款，有的还将受到党纪的处分。

5. 企业法律风险的发展趋势具有国际性。中国企业跨出国门，不仅在技术和管理上与国外企业存在差距，而且与作为竞争对手的国外企业相比，我国企业在风险预防及管理方面也很滞后。

【相关案例】

长虹公司与美国 APEX 公司高达四十多亿元的
贸易纠纷案，跨国资信调查任重道远

2004年12月28日，长虹公司发布的年度预亏提示性公告显示，由于拟对 APEX 公司应收账款计提坏账准备，对委托南方证券国债投资余额以及存

---

① 张欢：《多晶硅项目引发内幕交易 多家公司董事长遭处罚》，载《中国证券报》2009年9月2日。

货、短期投资等事项计提相应的减值准备,公司2004年度将会出现大的亏损。长虹公司股票立刻下跌25%。

2004年12月14日,长虹公司在洛杉矶高等法院起诉APEX公司。在起诉书中,长虹公司称APEX公司2003年初开了大约7000万美元的空头支票。两家公司在该年10月末曾达成一个解决计划,其中APEX以在洛杉矶附近Compton的20万平方英尺仓库、商标和版权等资产的所有权作为还款担保。APEX未能履行最初两笔总计1.5亿美元款项的支付,导致长虹公司提起法律诉讼。

2005年1月4日,APEX公司向美国洛杉矶法庭提交一份文件,证明其在2003年间已向四川长虹公司支付了总额近3.5亿美元的款项及其董事长季龙粉2004年10月份在中国被拘留的消息。同日,长虹公司查账小组进驻APEX。

2005年1月4日,长虹公司获中国农业银行四川省分行综合授信30亿元人民币,以帮助长虹缓解困难局面。

像长虹公司这样走出国门进行产品销售活动的企业面临各种风险已司空见惯。由于大多数中国企业都不太了解外国市场,要寻求合作就要事先了解合作伙伴的资信情况。作为销售方可采取多种方式来控制对方不付款的风险,如签署信用证、保留货物所有权、寄售、价款担保、保证、现金担保、货物自主回收权、中止履行、强制履行、有效的争议解决手段,等等。

凡事预则立,中国企业跨出国门对所面临的国际化法律风险防范应有"未雨绸缪"之举。① 但就企业法律风险防范而言,现实中无论是国有企业还是民营企业,无论是大企业还是小企业,都面临着如何防范法律风险的问题。据调查,世界500强名录中,每过十年就有1/3的企业在名录上消失,最近这几年每年公布国内500强企业,每年淘汰率是20%左右。之所以会出现上述情况,原因主要是很多企业对于法律风险缺乏防范的主动性和积极性。对于企业的这种意识和心态,本书将其形象地总结为"花瓶论"、"障碍论"以及"病急投医论"的"三论"误区:

"花瓶论"。法律仅为企业经营管理的一种摆设,可有可无,犹如"花瓶"一样装点门面,特别是看到"别的企业公司设了法律事务机构、聘请了大牌律师,我也不甘人后,设立一个摆摆样子"。美其名曰"上档次、讲规范",

---

① 日本经验值得引以为鉴。据说日本厂商聪明之极,他们研究美国法律发现,产品价值含量中50%是美制,则可认为是美国货,享有美制产品同样待遇。于是,日商将一件产品的大部分零件在本土制造,一个大件到美购买,使美制价值含量达50%,组装后返销美国,取得了最大收益。美国人明知被日本人占了便宜,也是哑口无言、无可奈何。

但骨子里觉得法律不如会计、税务那么重要；财务管理的重要性已经得到中国企业的认可，而在企业内部建立法律事务管理系统究竟有无价值以及价值何在——这尚未得到中国企业的普遍认同，日常工作中更是缺少足够的法律意识和法律思维，往往将法律靠边站了。如起草公司章程中，很多公司的章程千篇一律、千人一面，照搬公司法条文或工商管理部门提供的模本，像小学生做填空题一样，完全忽视了个性化的具体条文设计，一旦矛盾激化，则纠纷四起，酿成不可挽回之后果。

"障碍论"。认为法律不仅不能为公司创造价值，反而觉得碍手碍脚，束缚企业经营，使管理环节与流程变得复杂、繁琐，增加了管理费用，降低了运作效率，甚至声称"什么法律顾问之类应当完全取消"，简直就是莎士比亚在《亨利六世》中那句著名台词的翻版："我们要做的第一件事，杀了所有的律师。"

"病急投医论"。此种观点认为，企业需要法律无外乎"遇纠纷、打官司"才"临时抱佛脚"而已，一旦官司了结或打赢，如何痛定思痛总结教训，充分运用法律武器，化解乃至避免风险，便懒得去深思熟虑甚至抛到九霄云外去了。《鹖冠子》载，魏文王一次问扁鹊，精通医术的兄弟三人中到底哪位最好？扁鹊说，长兄最好，中兄次之，我最差。魏文王又问，为什么你最出名呢？扁鹊说，我长兄治病，是治于病情未发作之前，由于一般人不知道他事先能铲除病因，所以他的名气无法传出去。我中兄治病，是治于病情初起之时，一般人以为他只能治轻微的小病，所以他的名气只及于乡里。而我是治于病情严重之时，在经脉上穿针管来放血，在皮肤上敷药，所以都以为我的医术最高明，名气因此响遍天下。扁鹊三兄弟行医故事可以从多重角度解读，就扁鹊自知"名声在外、实际最差"的谦词来看，我们充分认识到，"良医者，常治病发之前"，与医圣张仲景非常重视的"上工治未病"如出一辙，这对企业非到诉讼才请律师的做法，无疑具有很大教育意义。好的法律顾问应重在法律风险预防，在企业经营管理的阶段就介入进来，而不是事后纠纷的"江湖救急"。正所谓"事后救济不如事中控制，事中控制不如事前消除"。

【背景资料】

企业法律风险的实证分析[①]

根据有关企业法律风险的研究，初步计有两千多个法律风险点，几乎涉及

---

① 路伟国际律师事务所：《中国企业100强法律风险报告》，载《法人》2005年4月7日。

了企业的各个方面，从企业设立、出资到担保、法人治理、兼并收购、高管、知识产权法律风险等方方面面。中国 100 强企业法律风险分值最高为 97 分，最低仅 16 分，中间值是 42 分，与发展中国家的基准持平。中国 100 强企业法律风险评分最高的 5 家企业如下：（1）联想（Lenovo）97 分；（2）TCL 93 分；（3）海尔（Haier）81 分；（4）中海油（CNOOC）71 分；（5）中粮集团（COFCO）68 分。而财富 100 强企业法律风险分值最高为 150 分，最低 60 分，中间值是 100 分，其前五名为：（1）微软（Microsoft）150 分；（2）惠普（Hewlett-Packard）142 分；（3）华特迪士尼（Walt Disney）135 分；（4）洛克希德·马丁（Lockheed Martin）130 分；（5）思科（Cisco Systems）130 分。

分数越高表示企业所面临的法律风险越高，但分值并不表示该企业由于面临一定的法律风险，一定会遭受实际的经济损失。分值实际对应的是法律风险防范和法律事务管理方面的法律经费支出。统计对比表明：中国企业法律风险管理投入严重不足，企业法律顾问的数量也远远低于世界平均水平，但部分中国企业已跨入跨国公司之列，法律风险与国外跨国公司类似。美国企业支出的平均法律风险费用占企业总收入的 1%，与法律风险评分的分值相对应，中国企业应该投入 0.5%，但实际投入只有不到 0.02%，美国企业投入是中国的 50 倍还多。美国企业平均支付相当于公司每年总收入 1%（或 100 个基准点）的费用用于法律风险防范，而欧盟公司平均支付公司每年总收入 0.7%（或 70 个基准点）的金额用于法律风险管理。

法律风险评分从一定程度表明中国企业法律风险防范水平不高。从现实意义上讲，企业法律风险是由于未实施或未有效实施法律控制措施，而导致企业利益发生损失的可能性。企业法律风险一旦发生，引发的后果有：商业利益损失、企业商誉受损、高管人员责任，有时甚至是颠覆性的灾难。故此，提升法律风险意识→加大法律风险投入→落实法律风险管理，是企业家必须慎重考虑的三步曲。

以经济学中著名的"木桶理论"看来，决定木桶能盛多少水不在于最长的一块木板，而在于最短的那一块。对企业法律风险的防范不够，对企业法务工作的重要性认识不足，日益成为我国许多企业中"最短的桶板之一"。因此，作为经理人，应将学法用法列为刻不容缓的一大必修课，构建起企业权益保护与经营边界的防火墙——将法律意识和风险意识渗透到经营的每一个环节和流程中。

【拓展知识】

企业法律风险识别方法[①]

风险识别，是指通过一系列的系统分析方法，如对资料的整理甄别等，识别风险的存在及性质，借此作出适当应对的行为。企业在经营中会遇到一系列风险，如决策风险[②]、管理风险[③]、非经营风险[④]等。各种不同的风险应配置不同的识别方法，下面介绍法律应如何识别经营中的法律风险。[⑤]

1. 信息甄别法。通过律师的调查资料了解企业法律状态，经过律师收集企业设立、运营、发展、流程等历史状况信息，企业曾经经历以及正在面临的法律事务信息，企业各部门与法律风险有可能存在联系的信息等，经过专业分析，得出对识别法律风险有帮助的资料情况。信息甄别是贯穿收集和整理资料的全过程的，而且在收集资料过程中，可能会不断发现有新的信息需要收集。

2. 流程图分析法。在风险管理学领域，流程图分析法早已被广泛运用，用来描绘企业内任何形式的流程，比如产品流程、服务流程、财务流程、财务会计流程、市场营销流程、分配流程等。

3. 风险事故树法。这种方法将法律风险事件置于树的顶端，可能导致该法律风险的原因作为树的分支并通过一个节点连接。通过原因事件进一步分支连接，将法律风险的发生原因做出层次性图表，能够系统分析企业某项法律风险发生的各种原因，以及原因之间的相互关系。

4. 组织结构法。组织结构图反映了一个企业的管理结构和部门之间的关

[①] 苏国清：《企业法律风险识别方法》，摘自：http://www.co-win.org/ClassB.shtml? ID = 26249。

[②] 指企业决策层在决策判断时可能产生的风险，包括但不限于资产质量与财务指标的判断风险、行业前景与投资进入的判断风险、人力资源配置的判断风险。

[③] 指企业管理层在经营管理时可能产生的风险，包括但不限于管理队伍与管理体系的建设风险、营销与市场开发的拓展风险、产品与技术研发的实施风险。

[④] 指由于客观环境的变化而给企业带来的难以抗拒的风险，包括但不限于立法调整导致的法律风险、国内经济环境恶化导致的经营风险、国际经济环境恶化导致的经营风险、战争和自然灾害等不可抗力导致的经营风险等。

[⑤] 包括直接的法律风险：指法律原因导致的或者由于经营管理时缺乏法律支持而带来的各类企业风险，例如：企业决策判断中缺乏法务支持而导致的决策风险，企业管理体系中合同管理、知识产权管理、管理人法律意识等欠缺而导致的管理风险，立法调整而导致的非经营风险等。间接的法律风险：指非法律原因给企业带来的各种法律后果，例如：财务风险带来的法律风险、企业经营失败后给股东带来的企业清算责任、企业决策在实施中不可抗力导致的经营失败给企业带来的民事赔偿以及法律纠纷。

系,通过部门之间相互联系或者工作协调的结构图显示出法律风险如何在部门之间的协作中出现。

5. 风险因素分析法。因素分析法是依据分析风险因素与法律风险的关系,从而确定风险因素对法律风险的影响方向和影响程度的一种方法。

七、商法课程的设置与意义:从美国到中国

1. 商法是美国工商管理教学中重要的必修课

美国密歇根大学商学院曾在 EMBA 学生中作过调查,这些在企业中身居高级职位的人选出了最具价值的八门课程,其中商法名列第六。在他们看来,研究商法的十大理由是①:(1)了解企业经营管理的法律规则。(2)熟悉对企业经营自由的法律限制。(3)对竞争对手的可能的错误行为形成警觉意识。(4)认识到法律对企业家之行为的限制。(5)能够与律师沟通。(6)做一个更见多识广的公民。(7)拓展职业才能。(8)探索企业决策之令人着迷的复杂性。(9)增加对企业伦理问题的认识。(10)开阔眼界,了解法律和商业,很令人兴奋。

美国商法课程的体系范围包括很广,如在很有影响的《商法与法律环境》中涉及合同、票据、破产、保险、代理、雇佣等方面的法律原则和理念,与《美国统一商法典》(UCC)并不严格对应一致。这与大陆法系的商法课程体系存在较大差别。大陆法系国家一般都有商事制定法,其内容主要包括公司、证券、票据、破产、海商等。这种法律体系基本上与教科书内容相互对应,有的法学课程甚至直接将商事法律作为教材使用。

2. 我国商法教学是改革开放后的产物

从教学方面看,1999 年商法被国家教育主管部门列入法学本科专业 14 门核心课程以来,也成为法律硕士的一门重要课程,不仅为法科所必修,在其他形式的法律知识培训研讨中,商法也备受青睐。② 除了法科教育外,MBA 以及其他经济管理类专业也纷纷开设,教育部考试中心与英国剑桥大学合作举办的"商务管理"专业中,将"商法"课程作为其中的一门必修课。

---

① See Nancy K. Kubasek, *The Legal Environment of Business*. 3rd Edition. Pearson Education, Inc., 2003. 21.

② 如在 1997 年中国法官协会与美国有关方面一起联合举办了中外证券法期货法研讨班,以解审理证券、期货案件的燃眉之急,即如何在一穷二白("穷"者谓此类新型商事纠纷的本土司法审判经验之极度匮缺,"白"者指当时证券法、期货法皆为空白,两法尚未出台)之情形下依照零碎法规进行审理业已发生的证券期货纠纷。

学习商法课程，至少有三点意义：（1）掌握各有关法律规则的制度理性（即有关"为什么"的问题），掌握效率、公平、信用等市场经济基本理念，体会商事法律制度在科学配置资源、平衡利益关系、规范市场行为和维护经济秩序方面所采用的方法，培育现代商事法律意识。（2）懂得商业律师的实务操作技术（即有关"如何做"的问题），全面、准确地了解各有关商法规则的含义和它们的相互联系，以融会贯通，付诸应用，解决现代商务的诉讼和非诉讼法律问题。（3）发现商法规则漏洞，为推进完善商事立法、司法而贡献力量。

诚然，商法的独立性至今仍受到一些来自不同方面的质疑。这些质疑有的源自传统民事思维的禁锢，对广泛开展商法的理论和实践视而不见；也有的缘于我国商法学的教学与科研起步较晚、忽视商法基础理论问题的研究，导致商法不仅至今未真正成为一门独立的法学二级学科。但是，如前所述，商法作为一个相对独立的部门法有其必要性和可能性，这是商法学科独立性的实践基础；而更重要的，商法教学科研活动在我国法学、经济学、管理学、国际贸易专业等领域广泛而持久地开展，以及近十年英美法知识对我国法学教学与科研活动的影响日趋扩大，都使得我国商法学科作为一个独立的二级法学学科的条件已经成熟。因此，我国商法及其学科独立进程的基本战略与策略应当是：加强基础理论研究，注重与实务部门（全国人大、最高人民法院、国务院法制办、商务部）的密切合作，通过中国商法学会，将法学、经济学与管理学及国际贸易学界的商法教学科研人员集中在一起开会研讨，定期与不定期出版商法刊物与丛书，使我国商法沿着独立理论——独立课程——独立专业——独立学会——独立学科——独立法律部门的方向健康发展。

八、学习商法的方法：领悟商法之道

"工欲善其事，必先利其器"。商法作为一门"显学"，其内容和体系博大精深。因此无论是在入门阶段还是深造时期，"如何研习商法"本身都是一个需要"研习"的基础性问题和前提性问题。

1. 概念分析法。认识和解决法律问题的方法离不开基本概念工具。由于商法内容体系博大精深加之变动频繁，故概念在商法中的地位及作用更应备受重视。如果没有概念、原则和理论引导法律思想，法官不能依据法律思维作出裁判。与在民法里我们区别财产权利与义务、区别债权与债务一样，在商法里，既借用了民法里的固有概念如法人，也包含了公司成员的权利（股东权利）与义务、信义义务与"商业判断准则"等商法学科特有的概念、范畴。

2. 案例分析法。目前在 MBA、EMBA 教学讲堂上大行其道的案例分析法其实最早渊源于法律教育，是哈佛大学法学院前院长郎得尔于1870年前后将其使用于哈佛大学的法学教育之中。在法律领域中开了先河的案例分析法激励了医学教育和商业教育领域。案例分析法特征有二：其一是要依据案件事实去寻找法律依据；其二是必须将抽象的法律规范适用于具体案件事实。可见这是一个双向互逆、互相说明的过程。①

3. 科际整合法。商法学以研究人类纷繁迁异的商事法律现象为己任，因此为避免停留于表面现象的简单分析，应去深入探讨其内在联系和本质规律，包括商法的制订和实施的规律，商法的发展和市场经济的协调，各种具体商法制度的发展，商法的调整运行机制，商法的法意识研究等。商法入门与深造者们应注重多种学科及其方法的运用，譬如，历史的方法、比较的方法、综合的方法、法社会学分析方法、法经济学分析方法、法解释学方法等等。一言以蔽之，科际整合法首当必备，而其中又以法经济学分析方法和法社会学分析方法尤其值得注意。

一方面，在所谓的"经济学帝国主义"侵入时代，从卡拉布雷西（Guido Calabresi）、科斯和波斯纳等学者的先驱性著作中，我们可以认识到经济理论在法律政策中的作用。另一方面，"经济人"、"理性行为"概念的发展给我们提供了估价法律经济效率和更为精确地预测特定法律规则效果的工具。从商法理论研究看，法律经济分析带来一股新风。② 从商法实践方面看，有关公司上市、企业并购、资产重组、企业破产、公司改制、投资融资等非诉讼业务当中，均需主办律师具备经济学分析思维，才更能得心应手，决胜于市场内外。试想，对企业管理、金融、财会知识一窍不通者，能胜实际操作之重任吗？

【拓展知识】

法经济学分析的主要方法③

1. 实证分析与规范分析④

规范分析的目的在于给出改革法律制度的建议。与传统法学规范分析成为

---

① 钱卫清：《公司诉讼》，人民法院出版社2005年版，第13页。
② 如弗兰克·伊斯特布鲁克和丹尼尔·费希尔所著的《公司法的经济结构》对诸如公司合同、有限责任、投票权、信义原则、商业判断规则与股东派生诉讼、公司控制权交易等问题作了新古典主义经济学的分析和契约化解释，论理精辟，令人耳目一新，成为美国1978年以来引证率最高的50本法学学术著作之一。其将法律和经济学原理结合起来，用科斯定理等经济理论解析公司法律制度的方法也许堪称"只能来模仿、无法去超越"的一个典范。
③ 周林彬：《法律经济学：中国的理论与实践》，北京大学出版社2008版，第50页。
④ 参见《法律经济学：中国的理论与实践》第五章关于法律经济学研究中定量分析的论述。

注释法学方法的附属不同,其使用的基本方法是激励分析、最优化分析,来探讨应该制定什么样的法律即研究"为什么"(ought)问题。如按照激励分析方法得出的中心结论是:在交易成本不为零的世界,权利初始界定影响着资源配置效率,其中权利应赋予最珍视它的人。[1]

实证分析则是运用经济学理论和方法来预测法律的效果、解释特定的法律为什么会存在,即研究"是什么"(is)问题,着重于分析法律制度的实施效果,分析法律规则约束下法律要追求的目标有没有实现。也就是说不对既有法律规则进行规范判断,专注于分析在法律规则约束下,所有的相关主体付出的成本是什么、得到的收益是什么、是否都满足了激励约束原则、是否只是一部分人实现了利益最大化。

2. 成本收益分析[2]

成本收益分析最早源于会计财务分析,目前被广泛运用于政府决策分析。通过权衡不同决策方案的成本、收益来对各种方案进行评价,为政府决策提供可操作性、客观性标准。制度取舍应以成本和收益为依据。更重要的是,依据"科斯定律",所有的法律规则诸如"财产、合同和侵权的法律规则对各种不同的行为会带来隐含的费用",成本收益分析方法把微观经济学中所使用的成本收益分析法引入制度变迁理论,通过将某一法律决策的成本、收益进行货币化衡量,从而为在不同法律政策方案之间的选择提供了一种有效的客观标准:收益大于成本时方案可行,净收益高的方案更佳。

3. 博弈分析[3]

博弈分析的行为假设与法律行为具有更高的一致性。法律不仅关注个体对法律规则的反映,更关注在法律规则下行为人之间的相互反映。博弈论所分析的对策行为的基本特征就是行为的形成不仅是自身约束条件的函数,同时也是博弈对方行为的函数。这与法律关系中当事人的行为模式是一致的。在既定的法律关系中,任何一方当事人的行动选择,既受到自身因素的影响,也必然受到其他当事人行为的影响。并且这一行为也将影响当事人今后的决策。因此将法律规则下的行为人之间的行为互动归结为对策行为比新古典经济学的行为假设更加准确。

博弈论具有和法律分析结合的天然优势,因为它们都是处理特定情境之下

---

[1] 详细分析参看 Coase, The Problem of Social Cost, 3 *Journal of Law and Economics* 1 - 44 (1960)。科斯在该文中充分利用了实证分析和规范分析。

[2] 参见《法律经济学:中国的理论与实践》第三章关于科斯定理、第八章关于交易费用理论的论述。

[3] 同上书。

不同主体之间产生的关系。博弈分析，在谈判分析的基础之上，引入了一种新的均衡——行为均衡，这和法律关系是一致的。可以看到，所谓纳什均衡就是给定对方的最优策略后分析己方的最优策略是什么，而这个最优策略所指的就是一种行为反应。如囚徒困境中最优策略就是作"坦白"这样一件行为。而谈判分析只是建立在一种利益均衡之上。这样博弈分析就是更清晰地说明了法律分析所要追求的目标——找出一种理想的行为模式。并且博弈论突破了新古典经济学无外部性、信息完全和竞争充分的假设，运用了不同于新古典经济学的分析方法，具有比新古典经济学更强的解释力和预测力。

另一方面，运用法社会学的实地调查方法来进行研习亦颇为重要。如泰勒教授①在《公司立法的复杂性是否妨碍了企业成功？》一文中倡导运用"希尔顿式的调查方法"来研究商人对香港公司立法的态度，所谓"希尔顿式调查"，即在希尔顿饭店用过一顿丰盛晚餐后就商人对上述立法的态度所进行的详尽谈话，亦可以发放调查表形式收集意见。②

4. 理念参详法。商法法条万千，交易规范层出不穷，对于忙于企业经营的人士来说，宜按管精、管用的原则来把握商法体系内容，反复研究商法的原理精髓，求证于案例和企业实践的事实，参详、领悟商法之道，化解商业风险。商法的理念在于"防控市场风险"，促进财富最大化，如公司股东的有限责任制度是为了分散投资风险，公司董事的信义义务是为了避免道德风险，企业的工商登记管理是为了减少交易风险，证券市场的强制信息披露是为了化解广大投资者的投资决策风险。

从商法知识的顺向逻辑结构上看，基本贯穿理（商法的理论精髓）——法（商事立法的形式与具体内容）——案（商事活动中发生的实际案例与司法判例）的线索，打好"三基"（基础知识、基本概念、基本理论），又将"三实"（实战、实用、实务）结合起来，最终参悟出商法之道。按老子的话说，"道生一，一生二，二生三，三生万物"，"道"的问题一解决，即商法基本原理性的东西搞通了，适用规则、分析案例、解决商务问题便水到渠成。

九、本书的定位和特点

法律的生命在于实践。从商法的实用性立场出发，为了实现"书本上的商法"向"行动中的商法"这一商法教学与研究重点转变，本书打破了传统

---

① E. E. GTyler，曾担任香港城市理工学院——香港城市大学职业法律系主任。
② 参阅魏振瀛、王贵国主编：《市场经济与法律》，北京大学出版社 1995 年版，第 94 页。

商法教材的编写体例和内容，分四编论述了商事主体、商事行为、商事管理、商事救济制度的主要理论与实践问题。再从商法教学的目的出发，立足于商法的"基础理论"，结合"企业经营"的实践需要，以"相关案例"、"拓展知识"、"背景资料"和大量详尽的概念及问题的注释作为教学辅助材料。本书主要是为满足法学、管理学专业本科生和研究生，特别是法律硕士、EMBA、MBA 的商法教学需要而编写的一本具有体例新颖性、内容实用性、学科交叉性、问题前沿性以及案例典型性的商法教材；当然，本书也可作为企业经营人士或法律实务界人士的商法教学参考用书。无论读者是来自不同的学科（法学、经济学、管理学等）、不同的层次（本科生、研究生等）、不同的群体（学生、教师、企业家、律师、法官等），都能开卷有益。这里，将本书定位和特点再作如下说明：

一是体例的新颖性。本书克服了传统商法教材单纯以文字阐述为主的局限，力求实现"理论与实践相结合"、"基础知识与前沿理论相结合"、"法条与案例相结合"、"主文观点与背景资料结合"以及"主文文字与附加图示相结合"的新特点。

二是内容的实用性。即克服传统商法教材以理论介绍为主的局限，力求以企业的生产经营为核心，少空谈晦涩理论，多研究实务操作问题。本书既有法学理论的介绍，也有重点法条和案例的研究，同时还有企业经营管理的实践研究，因此适合于法学、经济学、管理学等不同学科的本科生和研究生使用。

三是学科的交叉性。本教材既体现了"以法学为主，经济学、管理学、社会学为辅"的学科理论交叉结合，还体现了法学内部"以商法为主，民法、经济法为辅"，"以实体法为主，程序法为辅"以及"以国内法为主，国际法为辅"和"以国家法为主，民间法为辅"的交叉结合。在学科交叉与部门法交叉研究的问题上，本书围绕商法研究这一中心，力求材料之间逻辑的内在一体性，从而避免成为不同学科资料的拼凑（即"两张皮"现象）。

四是问题的前沿性。本教材紧扣市场化改革和经济全球化背景下企业经营出现的亟待解决的商法新理论与实务问题，以及商法学界与实务界对传统或主流商法理论与实务提出的创新理论与实务观点，在系统介绍学科知识的基础上，选择最新的、有代表性的"商法案例（诉讼、仲裁）"、"商法社会热点问题"、"商事立法与司法难点问题"进行问题研究。

五是案例的典型性。本教材所选取的都是与商法前沿问题密切相关的最新案例和典型案例，具体包括立法案例、司法判例、行政执法案例、仲裁案例，也包括企业经营活动中与立法、司法或行政执法有关的具体事例，此外还有与法律相关的非法律案例，如社会热点问题等。

应特别指出，由于转型中国的市场机制不健全和法治基础薄弱，使得我国企业经营中既融合着合法的制度规范的色彩，又包含着不合法的人情纽带、权力滥用的内容。对于现实商业生活中大量存在的关系腐败，商事法律制度在具体实施中遭到规避等问题，迫切需要我们从"法外之法"的角度去探究现实中执法无力的症结所在，思考如何使移植的国外先进的商事法律制度更好地适应于中国的社会环境。因此，关注非正式商法规范及其相关的非法律因素或曰"法外因素"（如经济、社会、文化因素）对商法制定和实施影响的理论与实践问题，就成为本书编写体例和内容的又一个特色。

当然，本书的编写体例和内容，并不代表商法理论体系的一种界定和穷尽，而是商法教材内容与形式创新的一种开端和探索。本书既可作为高等院校法律和工商管理专业本科学生的商法教科书使用，也可做高等院校 EMBA、MBA、法学硕士、法律硕士的商法教科书使用，对广大商法理论与实务工作者学习与研究商法也有参考价值。

本章小结

商法是调整商事活动的法。市场经济是法治经济，法治经济的核心是商法经济，此为社会经济发展的历史与当代实践所证成。中国目前没有商法典，而是由一系列商事法规群体的制定与实施共同构筑了商事活动所赖以生存的商法环境。中国市场经济建设与和谐社会的构建，依赖于正式商法规范和非正式商法规范的相辅相成。

企业作为国民经济细胞，法律风险防范任重道远。企业法律风险是指企业预期与未来实际结果发生差异而导致企业必须承担法律责任，并因此给企业造成损害的可能性。企业经营者应树立法律风险防范意识，要走出"花瓶论"、"障碍论"、"病急才投医论"的"三论"误区，加强法律风险防范的控制和管理，尤其是事前的控制。

企业经营管理中商法的学习与研究至关重要。而重视商法学习的方法论问题无论是对于商法的入门者还是深造者，都是一个基础和前提。概念分析法、案例分析法、"科际整合法"（尤以法经济学分析方法和法社会学分析方法为重）、理念参详法（领悟商法之道）有助于学有所成、学以致用。

思考与练习

1. 为何说市场经济是法治经济，法治经济的核心是商法经济？
2. 《左传·襄公十一年》载："尚书曰：'居安思危。'思则有备，有备无患。"阅读下面的材料，思考：（1）什么是企业法律风险？有何特征？（2）结合企业经营中的实际问题,谈谈如何确立法律风险防范意识?

华为公司的董事长任正非写过一篇著名的文章《华为的冬天》,对华为在迅速发展过程中面临的风险进行全面的剖析,每一天都要提醒自己,企业离破产只有一步之遥,他认为公司从上到下,如果没有真正认识到危机,当危机来临的时候,就会措手不及。德国奔驰公司董事长艾莎德路透,在办公室里面挂着恐龙的照片,下面写了一句警言:在地球上消失的庞然大物比比皆是,对环境反应迟钝的恐龙灭亡了。

3. 商法课程的重要性如何,其学习方法有哪些?

案例分析

1. 从"华为VS思科"案中思考知识产权诉讼风险如何防范,企业如何加强知识产权的风险防范?

2003年1月23日,思科系统有限公司在美国得克萨斯州东区联邦法庭正式对中国华为公司及华为美国分公司软件和专利侵权提起诉讼,从而揭开了被世人称为"中美IT知识产权第一大案"的序幕。

在向法庭提交的一份77页的起诉书中,思科指控华为盗用了其路由器操作系统源代码、该操作系统的用户操作界面、用户手册、技术文档以及五项与思科路由协议相关的专利技术。思科甚至声称在华为的软件中发现了只有在本公司软件中才存在的缺陷。思科提出了巨额的赔偿要求,成为我国加入世贸组织后遭遇的最大的一起诉讼。

面对思科的指控,华为迅速作出反应,先是发表声明,表明自己不存在侵犯思科知识产权的行为,然后,华为停止在美国出售被思科系统指控的产品,将这部分产品资料从其美国网站上撤除,回收在美国售出的此类产品。并且以攻击思科利用"私有协议"搞垄断为策略进行反击,并请第三方专家对思科IOS和华为的VRP平台新旧两个版本进行了对比分析。分析的结果是华为VRP旧平台中仅有1.9%与思科的私有协议有关。3COM公司CEO也出庭作证表示,华为的技术和实力是值得信赖的。

在双方反复举证,并举行过两次听证会后,6月7日,法庭驳回了思科申请下令禁售华为产品等请求,拒绝了思科提出的禁止华为使用与思科操作软件类似的命令行程序。但又颁布了有限禁令:华为停止使用有争议的路由器软件源代码、操作界面及在线帮助文件等。2003年10月1日,双方律师对源代码的比对工作结束,这是诉讼真正的转折。10月2日,思科与华为达成初步和解协议。2004年7月末,双方达成最终和解协议。

华为案例给中国企业一个深深的警示:必须要对知识产权相关的法律风险

进行系统性的管理，避免公司遭受损失。

2. 从"海南凯立赴美买壳上市遭欺诈案"①，思考我国企业走出国门之际如何运用好法律手段保护应有的权益？

2002年5月31日，凯立公司在北京市西城区人民法院起诉中华咨询公司。诉称，由于凯立公司赴美买壳上市被欺诈，最终血本无归，不仅没有得到自己设想中的上市公司，还白白损失了30多万美元，而中华咨询公司作为凯立在国内的顾问咨询单位应承担违约、欺诈责任，并赔偿436.70万元。

法院认定，1995年11月1日，凯立公司与中华咨询公司签订了一份《咨询顾问合同》，合同约定：中华咨询公司为凯立公司在美国收购纳斯达克市场中的某一已上市公司；利用收购的上市公司进行筹资，筹资用途为海南中线公路项目或其他合适的项目；选择国内优质项目并经过重组、包装，使之成为壳公司的收购目标。

1995年11月19日，凯立公司与中华咨询公司推荐的"美国第一中国资本投资银行"（FCC）的代表签订了《委托合同书》，约定：凯立公司委托"美国第一中国资本投资银行"独家在美国为凯立公司收购一家上市壳公司（收购不少于75%的股权）。

1996年3月12日，中华咨询公司传真给凯立公司称，经研究公司同意第一资本的推荐。即同意关于将CTI公司作为目标壳公司的选择。

1996年9月20日，凯立公司致函中华咨询公司，告知：通过美国律师了解，CTI不是一个上市壳公司。

1996年10月1日，CTI公司被美国犹他州政府注销。

截止到1996年12月6日，中华咨询公司共收到凯立公司咨询费25万元，美国第一资本投资银行共收到凯立公司31万美元。

后来，凯立公司几度赴美自费调查取证。

法院认定，中华咨询公司系根据FCC传真的英文协议出具咨询报告，英文协议中没有任何关于CTI上市与否的表述，但在中华咨询公司的咨询报告中却出现了"复牌"、"恢复挂牌"的表述，上述内容没有任何事实依据，当属错误。作为专业的咨询机构，中华咨询公司对如此重要的事实作出无中生有的陈述，仅以工作失误作为解释，显然不合情理，故认定中华咨询公司在履行咨询合同中，就壳公司是否为上市公司的事实对凯立公司方面进行欺诈。

法院认定，FCC与凯立公司签约时没有从事投资银行业务的资质，且其

---

① 参见《海南凯立欺诈案一审判决证监会官员身陷其中》，载《经济观察报》2003年12月21日。

至今仍未取得相应资质，中华咨询公司未对FCC的资质进行谨慎调查即向凯立公司推荐，显属过错。虽然不能认定中华咨询公司存在欺诈的故意，但中华咨询公司没有全面履行其合同义务，当属违约。

据此，凯立公司支出的31万美元以及调查费、取证费和律师费均与中华咨询公司的过错和虚假陈述具有直接因果关系，中华咨询公司应当作为凯立公司损失的承担者，对凯立公司的损失承担赔偿责任。北京市西城区人民法院判决中华咨询公司赔偿凯立公司相关损失折合人民币400余万元。

第一篇　商事主体

> 一种有效的经济组织是经济增长的基本要求，如果这样的组织存在着而一个社会又希望增长，那它就会增长。
>
> ——诺贝尔经济学奖得主道格拉斯·诺斯

引言：保健院构成经营主体吗？

湖北省宜昌市妇幼保健院（下称"保健院"）在药品采购活动中，先后收受医药公司的现金和物品回扣58721元，湖北省宜昌市工商行政管理局（下称"工商局"）认为保健院的行为属收受"商业贿赂"，依据《反不正当竞争法》对其罚款1万元。保健院不服行政处罚，提起行政诉讼。保健院强调：《反不正当竞争法》规制的对象是"经营者……从事商品经营或者营利性服务的法人、其他经济组织和个人"，保健院是"全民所有制财政全额拨款的公益事业单位，不能作为市场主体的经营者，不属于《反不正当竞争法》调整的范围"。因此，工商局处罚保健院属行政越权和适用法律不当。工商局认为：保健院虽然是全额拨款的医疗卫生事业单位，但是其日常业务活动都是有偿的，其采购药品的行为是一种商品经营行为，属于《反不正当竞争法》调整的对象；工商局依据《反不正当竞争法》查处"商业贿赂"是行使法定职权。一审、二审法院都作出了支持工商局的判决。法院认为：一个机构或个人是否受《反不正当竞争法》规制，不仅看他是不是"经营者"，而且看他是不是牵涉"经营行为"，事业单位为销售而购买药品的行为显然是"经营行为"；另一方面，收受商业贿赂者包括了所有从事公务采购活动而在账外暗中收受回扣的单位和个人，绝不限于"经营者"。而本案中的保健院强调：只有"经营者"才会收取商业贿赂，医院不是"经营者"；法院没有拘泥于"经营者"的文义解释，而是认为：如果一个人收受贿赂之后，仅仅因为他不是"经营者"就得到豁免，这是不符合法律本意的。①

本案带给我们的思考是，我国《反不正当竞争法》主要以"企业"为调整对象，但是当非企业法人从事不正当经营而受处罚的时候，能否以自己不是"企业"，即医院不构成商事主体为由进行辩解呢？上述法院绕开了是否构成"经营者"的问题；但随着现代社会的不断商业化，人皆可为商及企业组织的盛行，"何为商事主体"的问题已日益突出。这就需要我们对商事主体作一界定，明晰其权利、义务有哪些，企业经营者也只有了解了完整的相关商事主体立法政策才能更好地一展宏图。

一、商事主体的概念与特征

商事主体，简称商主体，指依照商法规定，以自己的名义从事营利性活动，并以此为业，享有商事权利并承担商事义务的组织和个人。

【拓展知识】

商事主体的不同定义②

不同的法律部门各有其自己所确认的特定主体。如民法上有确认的民事主体，经济法上有自己所概括的经济主体，行政法上有自己所规定的行政主体，而商法上则有"商事主体"。但如何界定商事主体？就国内而言，不同的教科书上有不同的定义。归纳起来，不外乎两类：一是广义说。商事主体即商事法律主体的简称，是指依照商法的规定，具有商事权利能力和商事行为能力，能够以自己的名义参加商事法律关系，并在其中享有商事权利、承担商事义务的公民和组织。此说包括了商人、商会、商事主管机关（如商业登记主管机关、金融主管机关、证券主管机关）③。二是狭义说。专指以营利为目的、经核准

---

① 该案例引自方流芳：《从法律视角看中国事业单位改革——事业单位"法人化"批判》，载《比较法研究》2007 年第 3 期。本书以此为进路，主要缘于我国目前因缺商法典，商事主体还只是一个学理概念，而"经营者"则为一个立法用语。一如有学者指出，可以考虑将"商事主体"定义为一切经营营业之人（法人、其他经济组织和个人），即我国当前立法中已存在的"经营者"概念。事实上，中国现行的《反不正当竞争法》和《消费者权益保护法》均强调了经营者的义务，含有对商事主体科以不同于普通民事主体的更高义务要求之意。该学者还强调，《反不正当竞争法》第 2 条第 3 款对经营者的定义（"本法所称经营者，是指从事商品经营或者营利性服务的法人、其他经济组织和个人"），值得将来制定《商法通则》时（对"商事主体"进行界定）借鉴。参阅［德］C. W. 卡纳里斯：《德国商法》，杨继译，法律出版社 2006 年版，第 7 页。

② 官欣荣主编：《新编商法原理》，中国检察出版社 2009 年版，第 95 页。

③ 参阅雷兴虎：《商法学教程》，中国政法大学出版社 2007 年版，第 27～39 页。

登记从事商品生产和经营的个人和组织。① 持此见解者为主流，只不过有的将"商事主体"表述为"经营主体"②或"市场主体"③等等。国外也基本上在狭义上使用"商事主体"的概念并予以立法规制。

在传统商法上，商事主体主要为商个人。商人作为特定社会阶层是在欧洲11世纪中叶随着城市的兴盛，在从事贸易活动中逐渐壮大的。代表商人利益的行会自立规约以辖制商事活动，并形成了中世纪的商人习惯法。这一时期的商人具有特殊身份和利益，在从事商事交易中享有特权，但并不具有确切的国家法律上的地位。19世纪以后，随着商品经济的发展，商业职能与生产职能密切结合，社会普遍商化，商人不再是社会上的特定阶层，也不再存在所谓的商人特权，商人的特殊地位和利益已逐步消失，各国商法将商人作为一个法律概念固定下来。

【背景资料】

西方法律关于商人的界定

大陆法系采民商分立制的国家和英美法系国家，法律中一般都明确规定商人概念。例如：《法国商法典》第1条规定："凡从事商活动，并以其作为经常性职业者为商人。"④《德国商法典》第1条规定："本法典所称商人是指经营、营业的人。营业指任何营利事业，除非该企业在种类和规模上，不需要以商人方式为业务经管。"⑤《日本商法典》第4条规定："本法所谓商人是指用自己的名义以从事商行为为职业的人。"⑥《美国统一商法典》第2-104条规定："商人是指从事某类货物交易业务或者职业关系以其他方式表明其对交易所涉及的货物或者做法具有专门知识或技能的人，也指雇佣因职业关系表明其有此种专门知识或者技能的代理人、经纪人或者其他中介人的人。"而且，该法典第2-104条正式评注指出，凡是掌握某类货物交易专门知识或从事贸易实践者，或二者兼备者均各属商人之列。银行职员、大学教师具备有关贸易专门

---

① 参阅李玉泉、何绍军：《中国商事法》，武汉大学出版社1995年版，第29页。该定义只适于我国的商事主体，在德国存在免于登记的法定商人。
② 王保树、崔勤之：《经营法学》，法律出版社1990年版，第13页。
③ 徐学鹿：《商法总论》，人民法院出版社1999年版，第187页。
④ 金邦贵译：《法国商法典》，中国法制出版社2000年版，第1页。
⑤ 杜景林、卢谌译：《德国商法典》，中国政法大学出版社2000年版，第3页。
⑥ 王书江、殷建平译：《日本商法典》，中国法制出版社2000年版，第3页。

知识,当这些人士从事某种货物交易时,均可被视为商人。①

值得指出的是,随着商事社会的急速变迁,以商个人形态出现的商事主体形式已远远不符合市场经济发展的要求。现代经营主体如公司、合伙企业、其他企业甚至个人独资企业等应运而生,这些组织已经不完全是单个的个体,而是一种属于法律人格的组织形式。由于商事个人的概念显然不能囊括于作为团体的商事组织,而公司法人的概念也无法涵盖非法人形态的商事组织,于是具有一定经济规模和组织形式的"企业"便与商法联体,成为商法的规范中心。

与一般民事主体相比,商事主体的特征主要表现在:

1. 商事主体的资格经工商登记而取得。任何组织和个人能够作为商事主体参加商事活动,并在其中享受权利、承担义务,是由商事法律、法规确认和赋予的。无论是作为自然人的商人还是具备法人资格的企业,本质上都属于法律的拟制,是因法律赋予其权利能力和行为能力而成为商事主体。同时,在程序上,这种主体资格的取得必须经过商业登记。

在我国,按照现行工商登记法规,任何个人或组织要从事营利性经营活动,都必须经登记取得营业执照,否则即为依法应予取缔的无照经营或非法经营,从事金融、证券等特殊行业经营的商事主体的成立还必须获得特许审批。

【背景资料】

流动商贩能否获得商事主体的身份?

2004年我国商事登记主管机关——国家工商总局发布《促进个体私营等非公有制经济发展的通知》,规定创新登记管理机制,大力推行个体工商户分层分类登记管理改革。对农村流动商贩实行备案制,免于工商登记,对农民进入集贸市场销售自产农副产品的,可不予登记。该规定从一定意义上对强制登记对象有所限缩,但是,对于城市的流动商贩和一些固定小商贩,我国仍然采取强制登记主义。这表明我国对城乡流动商贩是有差别的,前者属于商人范畴,并应经登记取得经营资格;后者则相反。而且根据2009年7月21日国务院发布的《个体工商户条例》(征求意见稿)的规定,"无固定经营场所摊贩可向住所地申请登记为个体户"。这似乎流露出国家立法政策上倾向于将流动摊贩纳入与个体户一样的管理轨道。本书认为,流动摊贩宜实行免于登记为主,自愿登记为辅。

---

① 吴兴光:《美国统一商法典概要》,华南理工大学出版社1998年第2版,第64页。

2. 商事主体具有特殊的商事能力，即享有特定的商事权利并承担商事义务的能力。商事主体具有特殊的商事能力是指商法所赋予的、商事主体能够参加商事法律关系，并在其中享有商事权利（营业权）和承担商事义务的资格或能力，它包括商事权利能力和商事行为能力。不具有此种能力的个人和组织不能成为商事主体。

3. 商事主体以从事营利性活动为其常业。商事主体的商事行为通常以营业的方式进行，即以获取利益为目的连续、稳定地从事范围确定的经营活动。此一特点将商事主体与偶尔从事商事行为者区别开来。商事主体一定以从事商事活动为前提，但从事商事活动的不一定都是商事主体，只有以商事活动为业者才是商事主体。

4. 商事主体是以自己名义从事营业活动。商事主体是以自己的名义独立进行商事活动，并取得商事权利和承担商事义务，商事主体必须有自己的名称、独立的财产和意思表示、特定的营业场所。这里注意四点：一是独立型的商业辅助人可以视为商事主体，譬如独立的代理商虽然时常以他的委托人的名义行为，并且经营委托人的营业，但他本身仍然属于商事营业——即他自身的代理企业——并且因此依照（德国）《商法典》第1条第2款属于商人或依第2条可以成为商人。① 二是应与非独立型的商业辅助人有所区别，此类商业辅助人又称商业使用人，是指通过聘请和雇佣关系，从属于特定营业主或法定代表人，在企业组织内部服从营业主和法定代表人的指挥和命令，在外部商事业务上以代理人身份辅助其与第三人进行交易的人。其在商事交易过程中，从属于商事主体，受商事主体委任或支配，辅助商事主体开展商事经营活动。三是公司的分支机构不能构成一个独立的商事主体，其只能以总公司的名义进行经营，总公司也为此承担连带责任。四是即使用他人名义从事经营的人，实质上属于自身营业的，事实营业者与形式上的名义人均可为责任承担者。②

二、商事主体的分类

商事主体的分类问题是把握商事主体概念的进一步深化，有助于商事主体立法及司法的完善。依不同标准，可以有不同的类型。以组织形式责任制度为标准，商事主体可分为商自然人、商合伙、商法人。

---

① ［德］C. W. 卡纳里斯：《德国商法》，杨继译，法律出版社2006年版，第36页。
② 我国现有立法未明确规定名义出借的法律效力及相关的民事责任，仅规定了名义出借（出租）人的行政责任（参见《企业名称登记管理规定》第26条第3项），而国外商法典上都规定了相应名义出借人的连带责任，故有学者建议我国立法应借鉴国外立法，对名义出借人和名义借用人一并明确规定承担连带民事责任。参见高在敏等编：《商法》，法律出版社2006年版，第101页。

商自然人，又称商个人或个体商人，是指依照商法规定，独立从事营利性行为，并享有商事权利和承担商事义务的公民个人。

【背景资料】

商个人形态的典型——个体工商户

在我国，生产力的最小单位以"户"（包括自然人和家庭）来算，此为中国一大特色。个体工商户是商个人形态的一种典型。截至2008年底，全国实有个体工商户2917.33万户，解决了近6000万人的就业问题。

1. 资格与范围。根据2009年7月21日国务院发布的《个体工商户条例》（征求意见稿），有完全民事行为能力的公民依照本条例规定，经工商行政管理部门登记，从事工商业经营的，为个体工商户。个体工商户可以从事批发零售、住宿餐饮、制造、交通运输、仓储、邮政业、农林牧渔、文化、建筑、采矿以及居民服务等法律、行政法规未规定禁止其进入的行业。

2. 权利与义务。个体工商户除依法享有我国民法上的物权、债权、人身权及知识产权外，还享有生产经营场地使用权，原料、货源等购销权，开户贷款权，拒绝乱摊派、乱收费等商事经营权利。同时，个体工商户也应遵守法律义务，如办理年检手续，办理税务登记，建立账簿和申报纳税，不得漏税、偷税、抗税等。

3. 责任承担。个体工商户属于个人营业，经营者应对营业债务承担无限责任，所以，个体工商户由个人经营的，以个人全部财产承担民事责任；家庭经营的，以家庭全部财产承担民事责任。同时，以公民个人名义申请登记的个体工商户，用家庭共有财产投资，或者收益的主要部分供家庭成员享用的，其债务应以家庭共有财产清偿。在夫妻关系存续期间，一方从事个体经营的，其收入为夫妻共有财产，债务也应以夫妻共有财产清偿。

商合伙，是介于商自然人和商法人之间的一种商事主体形态。在我国，商合伙称为合伙企业，是指由各合伙人订立合伙协议，共同出资、合伙经营、共享收益、共担风险，并对合伙企业债务承担无限连带责任的营利性组织。依据我国《合伙企业法》，商合伙形态里又包括了有限合伙和有限责任合伙，该法第2条明确规定："有限合伙企业由普通合伙人和有限合伙人组成，普通合伙人对合伙企业债务承担无限连带责任，有限合伙人以其认缴的出资额为限对合伙企业债务承担责任。"该制度为投资人开创了新的投资方式，提供了一种新的投资工具。

有限责任合伙,又称为特殊的普通合伙,《合伙企业法》第二章第六节称之为"特殊的普通合伙企业"——实质上是有限责任合伙,是对"Limited Liability Partnership"(缩写为LLP)的直译,其实在我国最初引进该制度时即是表述为"有限责任合伙"。它是移植近年来流行于美、英的一种新市场中介组织形式。它不同于"有限合伙",是指各合伙人在对合伙债务承担无限责任前提下,对因其他合伙人的过错、疏忽、不当、渎职等行为造成的合伙债务以自己在合伙中的利益为限承担有限责任。因它在有限责任和纳税等方面具有其他企业组织形式所不具备的特长,为专业服务机构之佳选。

商法人是指具有商事权利能力和商事行为能力,能够独立进行商事经营活动,并享有商事权利和承担商事义务的商事组织。在国外,一般称为"营利性法人",在我国,则称为"企业法人"。商法人与商自然人、商合伙区别之处在于:商法人是依照法定条件、程序设立的组织,拥有自己独立的财产、自己的名称、机构、场所,能独立承担法律责任。我国企业法人从公司法上来看主要分为有限责任公司和股份有限公司两类。2007年7月1日《农民专业合作社法》实施以来,农民专业合作社也是我国法律规定的新型商法人主体,在全国各地蓬勃兴起,发展成为重要的农村市场主体。依《农民专业合作社法》的规定,其是指在农村家庭承包经营基础上,同类农产品的生产经营者,或者同类农业生产经营服务的提供者、利用者自愿联合,民主管理的互助性经济组织。农民专业合作社以其成员为主要服务对象,提供生产资料的购买、农产品的销售、加工、运输、贮藏,以及与农业生产经营的有关的技术、信息等服务。设立农民专业合作社应当向工商行政管理部门申领营业执照。

【拓展知识】

国外关于商事主体的其他分类

1. 依据是否以注册登记为要件,可分为法定商人、注册商人和任意商人

法定商人,即从事法定的特定商事行为的商人。构成这类商事主体资格是以从事法律规定的营业行为为其要件,而不以登记机关进行登记为要件。故又称必然商人或免登记商人。

注册商人,即依法进行注册登记,并以其核准的营业范围为其商事行为的商人,该种类商事主体须以注册登记为要件,故又称应登记商人。

任意商人,即依法由其自主决定是否办理登记注册手续的商人。这类商事主体有登记权利而无登记义务。如农、林业方面的经营者。

上述分类以德国商法为典型,一百年来因其规定复杂繁琐而不符合时代要

求，如对于法定商这种基本商营业的封闭式列举中没有包括新的典型商事行为，特别是服务领域；登记行为对于"法定商人"只具宣示效力，而于"注册商人"还具设权效力，在实践中难以把握；规模大的注册商人为取得商人资格不得不长时间等待登记，或通过违反登记义务径直经营。因此，在德国《商法典》1998 年修订后"商人"的概念及分类大大简化，对上述法定商、注册商一视同仁，不以登记为商人资格取得之必须前提，而以对商人方式经营的要求为核心构成要件。

2. 依照商行为与商主体形态相结合的标准，可以分为固定商人和拟制商人

固定商人，即以营利为目的，有计划地反复持续地从事商法所列举的特定的营业行为的商人。其特点在于：一是所施行为有营利的目的；二是以法定的营业行为为职业。

拟制商人，即虽不以商事行为为职业，但商法将其视为商人。如依店铺或其他类似店铺设备以从事贩卖物品为事业的人，或经营矿业的人。

以上分类是日本学者根据其本国商法规定提出来的。

3. 依照经营规模的不同，可分为大商人和小商人

大商人，又称"完全商人"，是指以法律规定的商行为为经营范围，完全符合法定标准的商人。一般大商人经营法定营利性行为，设立程序、条件严格。

小商人，又称"不完全商人"，即营业规模小、设备简单，经营范围较小的商人。德、日、意、我国台湾地区均有"小商人"的规定。小商人一般不适用有关商事登记、商号、账簿之义务性规定。

本篇以商事企业进入市场、对外交往、改制变更（营业转让）、直至退出市场为线索，分四章加以阐述：第一章为"经商自由与主体法定"，主要是在从商自由的理念和法律环境优化框架下讨论企业法律形态的菜单选择问题；第二章为"商事人格与营业能力"，主要讨论了企业进入市场，取得营业资格的问题；为企业经济、法律（诉讼）交往的方便起见，此处讨论了企业表彰自身的名称——商号及商誉保护问题；第三章为"企业改制与营业转让"，主要从动态的角度探讨企业经营中对组织变更及营业转让的法律问题；第四章为"解散清算与破产重整"，主要是针对公司而言，从公司法和破产法规则的路径上讨论，对主体有序退出市场、保护债权人利益及利益相关者权益的问题有所回答。

对于企业经营来说，本篇的学习意义主要在于：（1）可以为自主创业如

何选择合适的经营组织类型、取得营业资格提供参考，从个人独资企业、合伙企业、公司的各自优劣中寻找到最适合自己的"菜单"；(2) 了解商法赋予的经商权利有哪些，限制条件如何，对外经济交往中如何保护自己的商号及其他商事人格权（商誉权）；(3) 在应对市场竞争中如何防范企业改制、营业转让的法律风险；(4) 在优胜劣汰的市场竞争如何能通过破产法律救济机制全身而退或重整旗鼓、东山再起，并最终为如何顺利退出市场、避免债权债务纠葛提供法律指南。

第一章　经商自由与主体法定

某 A 先生，在美国获斯坦福大学经济管理学硕士学位，并创新出一套企业管理制度后，怀揣回国创业志向，拟设一家管理咨询公司，但在注册时被告知，按照当时公司法规定，除国有独资公司外，公司股东必须为两人以上，且最低注册资本金 10 万元，A 的申请遂被驳回。

首度创业受挫，A 游说 B 先生向其投资，B 欣赏 A 的创业计划，同意出资与 A 共同创建公司，但 B 要求按照其股份取得固定收益，不参与公司管理，不承担经营风险，而按照当时我国公司法和相关法律规范，此点无法实现。B 遂与 C 签订协议，由 B 出资，C 作为股东与 A 组建公司，C 同时作为 B 的代表参与管理。设立时，A 提出以其智力劳务出资，但又为当时的公司法所不许，只得以仅有的少量资金出资，占其中 20% 的股份，C 占股 80%。A 耗时 90 日，耗资数千元，公司终告成立。

事后由于 A 充分推销其独创的企业管理制度，公司规模迅速扩大，但 A 仅能按照股份比例分得微利，C 则利用其控股股东地位，操纵公司，安排公司向 C 的亲戚借款，且放弃追偿权利，并长期占用公司财产不还，侵害 A 和 B 的权益。B 欲按照与 C 的协议主张其为公司的实际股东，但被告知该协议并不能为公司法承认，B 不能依其行使股东权利，B 与 C 之间仅成立借贷关系。A 气不过 C 的做法，向法院以公司名义对 C 和公司的债务人分别提起诉讼，但由于 C 是公司法人代表，掌握公章，因此 A 不能获得公司授权，被法院告知无起诉资格。A 遂欲转让其股份与他人，但慑于 C 的行为无人受让。A 转让不成，遂起诉至法院，要求公司回购其股份，但被法院以"于法无据"为由驳回。A 又请求法院以司法程序解散公司，但又被驳回。无奈之下，A 忍痛放弃在公司股权，远走美国。公司也因失去 A 的核心技术而破败。①

从上述案例中 A 先生的境遇可对 2005 年《公司法》修订前的中国商法环境足窥一斑。2005 年修订前的《公司法》是一部严管理、重治乱的法（防止皮包公司满天飞），如禁止一人公司存在（股东），禁止以劳务出资，设立了创办公司过高的门槛——实行严格、僵化的法定资本制，有限责任公司注册资

---

① 该案例摘自李寿双：《中国商法环境：现状与变局》，http://article.chinalawinfo.com/article/user/article_display.asp? ArticleID=28461，有删改，访问时间：2010 年 2 月 1 日。

本最低限额为 10 万元人民币，设立股份有限公司最低为 1000 万元人民币，而且这笔资金在公司注册登记之日就应该足额缴足、注入银行账户。①

从当时公司法的积弊②不难透视出，这种作茧自缚和抑商主义的商事立法不仅没能激励财富创造，相反却成为我们致富的一大桎梏。正如陈志武在《为什么中国人勤劳而不富有》一书中指出的，一个国家更重要的财富是其能促进财富创造的制度机制及与其相配套的自由金融创新体系，这种制度财富是无形的，但它比有形的"地大物博"更重要、更"值钱"。为了建立和完善促进这种财富创造的商法制度机制，依法确立经商自由和主体法定的商法原则，十分必要。

【拓展知识】

商法基本原则之解读

商法基本原则为商事立法、具体制度和规范及其法律适用的相互贯通建立纽带。

商法基本原则是商法理论体系以及发展商法学说的基础，可以促进商法理论的新突破；是商事立法的基本准则；是商事活动和商事裁判的基本准则；是弥补法律漏洞和进行法律解释的基本准则；是可以保障各类商事法律关系基本要素的稳定和统一。

确定商法基本原则应综合考虑以下几方面因素。

（1）反映商事关系营利性的基本特征；（2）贯穿全部商法规范，对各商法具体制度起统率作用；（3）体现各国商法共性，适应商法国际化发展趋势。

据有关教科书阐述，除了与民法共有的诚实信用原则、公平原则、平等原则、意思自治原则之外，商法特有的基本原则还应包括：（1）从商自由原则；（2）保障交易便捷原则；（3）维护交易安全原则；（4）确认和保护营利的原

---

① 而国外通例与此差别甚大，如日本商法上关于最低资本金规定为：股份公司资本额不得低于 1000 万日元（约合 80 万元人民币），有限责任公司资本额统一不得低于 300 万日元（约合 24 万元人民币）；在欧洲国家，3000 欧元（约合 2.4 万元人民币）就可以开办一家公司；美国则干脆废除了最低资本限额的规定。我国这种比西方发达国家还要严格的公司注册资本限额，难免给人以错觉，中国可能是世界上最富有的国家?! 可惜现实并非如此，中国正面临严重的失业问题和贫富分化问题，致富无门的人数远远多于"股东"的数量。过高的注册资本制度的不合理性在于剥夺了穷人创业的权利，就像剥夺了穷人结婚的权利一样。

② 我国《公司法》2005 年修订时进行了大刀阔斧的改革，将一般有限责任公司的最低注册资本降到 3 万元，设立一人有限责任公司的注册资本规定为 10 万元，小股东也可申请依法解散公司，等等，基本上能解决上述案例中 A 先生的问题，当然也有的未臻至美（如股东不能以劳务作价出资）。

则;(5)商主体法定原则。

一、经商自由

(一)经商自由的内涵

在商法上,所谓"经商自由"是指依照法律规定,有权自我支配自己的财产,自主决定是否申请取得商事主体资格(营业执照)、自由从事商事活动,包括财产自主、营业自由、交易自由、竞争自由。亚当·斯密在《法学讲稿》中曾明确指出:"自由经商的权利和婚姻自由等权利如果受到侵害,这显然就损害了人自由支配自己身体的权利,也就是人自己想做并且不会对他人造成损害的事情的权利。"显然,"经商自由"为法律上的人享有的自由的组成部分。英国学者伊塞亚·伯林对自由进行了进一步的划分:消极自由,指不受他人或事物的干预和限制,即"免于……自由";积极自由,指自己去做自己想做的事,即"从事……自由"。商法也大致从这两个角度来实现自由价值:商法增进主体营业行为的自由度和选择机会来实现积极自由,例如,商法的市场准入制度由身份要求向素质要求的转化,公司设立方式的特许主义向核准主义再向准则主义的演进;商法也通过自由意志外化为营业权利的方式实现消极自由,例如企业法律规定的拒绝摊派权。①

【相关案例】

"禁猪令"风波②

广东省东莞市政府宣布:2009年1月1日起全市范围内禁止养猪。东莞市政府之所以在全市范围内禁止养猪,原因在于东莞现有75万头生猪的污染排放量相当于450万人口的污染排放量,要新建一座日处理能力达132万吨的污水处理厂。东莞市政府方面称,这一决策是出于对环境容量窘迫的考虑,出于顺应产业转移选择性发展的取舍,出于让寸土寸金的土地发挥最大效益的需要。在猪肉价格大幅上涨对群众生活造成明显影响的大环境下,"禁猪令"引起一场"城市化地区该不该养猪"的争论。反对者则认为,"禁猪令"剥夺了农民选择养殖生猪的权利,一刀切的"禁猪令"是"懒汉政府"的做派。

---

① 于庆生:《营业:商法理论的核心范畴》,载《行政与法》2006年第12期。
② 陈冀:《东莞"禁猪令"风波调查,城市化地区该不该养猪?》,载《经济参考报》2007年12月10日。

无独有偶，新近荷兰法院出现了这样一个判例①，在该案中政府以10%的限额缩小了养猪营业户的猪的数目，旨在防止猪粪对环境的污染。养猪户据此认为政府的行为侵犯了他们的财产权，所以政府应该对其进行经济上的赔偿。根据荷兰最高法院的判例，如果养猪户因此遭受了比较大的损失，那么政府有义务对养猪户进行赔偿。在有些情况下，政府的这种行为确实对养猪营业者造成了损害，但他们并不能阐明自己的何种财产受到了侵害。如果一定要将这种营业的自由归为某种主观权利才能给予保护的话，养猪户将很难获得侵权法的救济。事实上，这个对养猪户养猪数目的限制行为本身正是对养猪户既得的营业利益的侵扰。

养猪营业者自由决定养殖规模的自由，的确是一种与营业具有密切联系的经济利益，这种经济利益能否被已有的营业概念所涵盖并受到商法的保护，为商事立法上一大新挑战。

1. 财产自主。任何人对其财产完全有充分自主支配的自由，财产自主的权利保障是实现经商自由之基石和保障。

诺贝尔经济学奖得主布坎南教授指出，"私有财产是自由的保证"，人民自由的核心权域是私有财产自由。在现代社会，财产权已成为维护生命权、自由权不可缺少的支撑和保障。财产所有权制度能够宣誓财产的最为长久和稳定的归属关系，能够给私法主体带来最基本的生活保障，正所谓"有恒产者有恒心"。私人（包括个人和组织）财产神圣不可侵犯，私人财产自主支配，是市场经济建构起来的基本法则。任何一个商事主体都要求拥有完备的法人财产所有权，拥有独立于投资者的财产，可用于满足企业债权人求偿权的"资产池"，作为交易信用的保障。企业也只有借此确立独立的资产，成为真正的市场主体。我国立法上从《公司法》到《物权法》都对法人财产自主权进行了肯定和确认，2007年10月1日起施行的《物权法》规定，只要属于合法所得的财产，都要受到物权法的保护。② 这意味着对公有财产要予以保护，私人的合法财产也要保护。民营企业对其不动产和动产享有的物权受平等保护，不容

---

① ［荷兰］纽文豪斯：《荷兰侵权法在法典外的特点》，载法大民商经济法律网，http://www.ccelaws.com/gaofengduihua/2009-1-2/7480.htm.1,访问时间：2010年2月1日。
② 《物权法》第3条第3款规定，"保障一切市场主体的平等法律地位和发展权利"；第67条规定："国家、集体和私人依法可以出资设立有限责任公司、股份有限公司或者其他企业。国家、集体和私人所有的不动产或者动产，投到企业的，由出资人按照约定或者出资比例享有资产收益、重大决策以及选择经营管理者等权利并履行义务"；第68条进一步规定："企业法人对其不动产和动产依照法律、行政法规以及章程享有占有、使用、收益和处分的权利。"

他者（包括公权力）非法侵夺。这有利于让人们尽享改革发展的成果，进一步激发人们创造财富的积极性。

2. 营业自由。营业自由是商事主体（个人或组织）享有根据自己的意愿设立并经营企业或者从事合法的职业的自由，也有拒绝违背自己意愿设立并经营企业的自由或者拒绝他人非法干涉自己营业的自由。

基于此，"营业自由"实际又包含了"开业自由"、"停业自由"、"营业时间自由"、"营业地点自由"、"营业对象自由"及"营业方式自由"。① 在不存在社会公共利益受到侵害的情况下，任何人不能仅仅以整顿经济秩序，或者以其他利益的名义限制市场主体应该享有的营业自由的权利。营业自由为巩固资产阶级反封建贵族的胜利果实，通过宪法此一最高法律渊源的形式来予以保障。

【背景资料】

营业权的"宪法保护"

在德国，《德意志联邦共和国基本法》（1973 年）"第一章基本权利"第 12 条规定了有关"选择营业、职业或专业的权利"。该条第 1 款规定："所有德国人都有自由选择他的营业、职业或专业，工作地点和受培训地点的权利，进行营业、职业或专业活动由法律规定或依法予以规定。"《基本法》第 111 条规定："一切德国人民，在联邦内享有迁徙自由之权，无论何人，得随意居留或居住于联邦内各地，并有取得不动产及自由营业权。"

《印度宪法》（1979 年）第 19 条第 1 款第 7 项规定，一切公民均享有"从事任何专业、职业、商业或事业"之权利。此外该法"第十三篇印度境内的贸易、商业和交流"第 301 条规定："贸易、商业和往来自由，除本篇其他条款另有规定外，印度境内的贸易、商业和来往一律自由"。我国推翻千年封建帝制后颁布的《中华民国临时约法》中也明文规定："人民有保有财产及营业之自由"。

在我国，2004 年宪法修正案中较为完整地规定了私有财产保护制度，但还未像西方国家那样把"公民具有经商自由的权利"载入宪法，广大干部群众的商法意识普遍淡漠，乃至 21 世纪共和国的大地上商贩与城管冲突的悲剧不幸屡屡上演。鉴于此，我国关于营业自由的法制改革可着眼于：一是通过司

---

① 陈怡如：《释宪实务有关基本权内涵建构之观察》，载北大法律——法学在线网，http://china-lawlib.com/s10.asp? ss=fxlw&q=陈怡如&lr=unit，访问时间:2010 年 2 月 1 日。

法上商事组织的合法权益的扩大解释,来保障营业自由。《公司法》第 5 条第 2 款规定了"公司的合法权益受法律保护,不受侵犯"。从该条对"公司的合法权益"受法律保护的内涵来看,应作扩大解释,即包括营业自由的权利在内。二是进一步完善我国有关立法。由于"经商自由"在我国入宪的立法成本较高、可行性较小,建议以后可在"商事通则"总则部分的基本原则中明确规定,"国家保障商人商业自由的权利,但法律、行政法规禁止的除外",让"法无明文禁止的就视为允许"之私法理念深入人心,也会促进商事活动的公权管制更趋完善。

【背景资料】

"商贩刺死城管"的崔英杰事件

2006 年 8 月 11 日,北京小商贩崔英杰因三轮车被扣刺死城管。2007 年 4 月 10 日,北京市第一中级人民法院一审判处崔英杰死刑,缓期二年执行。该起案件引来很大争论,自古以来贩夫走卒、引车卖浆,为自由正当职业。直面行政管理无孔不入的体制,崔英杰是此一制度的牺牲品,还是为营业权利斗争的勇士,值得我们三思。类似悲剧在其他城市也时有耳闻[①],这也推动着国家对小商贩的管理政策由禁堵、管制型向疏导、规范型变化,如上海酝酿出台《上海城市设摊导则》。

3. 交易自由。又称缔约自由,即与谁订立契约、约定什么内容、采取何种形式,均为缔约人自主自愿决定,谁也不能干预。交易自由主要通过契约自由原则得以展现,由私法上的意思自治原则派生而来。其核心和实质是由当事人的意思决定当事人之间的权利义务。我国 1999 年《合同法》第 3 条、第 4 条可以认为是对合同自由原则的规定,尽管第 4 条规定民事活动应遵循自愿原则,使用的是"合同自愿"一词,但已改变了过去长期以来听命计划指令之格局。

【拓展知识】

协议优先原则——交易自由的进一步体现

著名法学家拉德布鲁赫指出:"只要不与强制性法相悖,商人就可以依据

---

① 褚朝新:《沈阳小贩 1 刀刺死两城管称自卫一审被判死刑》,载《新京报》2010 年 1 月 20 日。

自身力量和需要,用约定的交易条款形式设定法律关系。如果这种交易条款已成为一般惯例,即使在个别法律行为中因缺乏对该条款明示合意而产生疑问,仍视其已得到默示承认。"① 协议优先为商人自治的产物,这既铸造了现代商事立法之魂,也成为商事司法的准绳。对于前者,作为"一部旨在统一其领域内法律规范的一般法"之美国统一《商法典》堪为样板,其第1~102条(3)明确规定:"本法各条款的效力可以通过当事方的协议加以改变。"② 从而大大突破了过去仅在契约领域适用的"自由"原则,将之进一步提升为贯穿整个商事领域的指导原则。对于司法而言,德国最高法院的立场可为代表,其于1923年指出:"贸易交往不仅对个别消费者,而且对整个民族承担着满足不断变化的生活和经济利益需要的使命,为完满达到这目的,贸易交往应尽量少受强制法律规范的制约,而主要按自身的规律和需要发展。"③

我国传统上商事立法土壤十分贫瘠,破除"封建统治"的残余观念、塑成"商人自治、平等精神"的任务还很艰巨。近年来在我国商事单行立法如《合伙企业法》、《公司法》(合伙协议、公司章程的相关规定)中商人自治原则亦多有体现,但并未像《统一商法典》那样在第一篇总则第一章开宗明义地作出规定。为此,立法者应遵循商事活动的规律和需求,体现商法自主的品格,尊重商人自治,将"协议优于法定"的理念旗帜鲜明地写入"商事通则"。

4. 公平竞争的自由。市场经济的灵魂在于自由竞争。投资主体和营业主体只有加入市场竞争的激流中才能取得优势并获得最大利益。因为"自由和普遍的竞争势必驱使各个人,为了自卫而采用良好经营的方法"④。公平竞争的自由表达了商主体要求通过自主选择各种方法和手段(尽管这种自由竞争受到现代公共经济法的限制)以取得市场优势的希望。这种自由包括:(1)创新产品品种、营业项目与服务内容的自由。(2)定价的自由。价格竞争是市场竞争最常用的手段,也是商主体不可缺少的自由权利。(3)选择交易与竞争对手的自由。(4)公平竞争受平等保护的权利,即法律和制度应对商主体享有的公平竞争权予以平等的保护。⑤

---

① [德]拉德布鲁赫:《法学导论》,米健等译,中国大百科全书出版社1997年版,第74页。
② 转引自徐学鹿:《析〈美国统一商法典〉的原则》,载《北京商学院学报》1999年第3期。
③ [德]拉德布鲁赫:《法学导论》,米健等译,中国大百科全书出版社1997年版,第75页。
④ [英]亚当·斯密:《国民财富的性质和原因的研究》,商务印书馆1974年版,第141页。
⑤ 肖海军:《营业权论》,法律出版社2007年版,第164~165页。

【相关案例】

AT&T 的消亡[①]

2005 年年初，昔日全球电信巨头 AT&T（美国电报电话公司）被其原来的本地贝尔子公司 SBC 以令人难以置信的 160 亿美元价格收购，从而最终结束了 AT&T 这家"百年老店"在世界电信市场的风云历史。

1877 年，贝尔及其合伙人建立了贝尔电话公司，开始了 AT&T 的辉煌时代。到 1934 年《通信法》生效前，AT&T 先后经历专利垄断和自由竞争。并且凭借其专利优势、融资渠道、经营策略、纵向控制（通过长途控制本地）、大量兼并收购，加上对管制政策的游说，使其成为一家集本地和长途电话业务垄断于一身的电话公司。垄断延续了半个世纪，直到 1984 年对 AT&T 进行拆分。

后来历经数次反垄断诉讼，AT&T 最终被纵向分拆：AT&T 仅保留长途业务，七家地区贝尔公司继承本地业务，从而为长途市场打破垄断扫清了道路。AT&T 最终被收购，说明管制者一向认可垄断的电信市场也具有可竞争性。

（二）商法对经商自由的拓展

改革开放 30 年来，我国商事立法总体上呈现出放松管制、促进经商自由大转型的特点。中国第一轮改革开放期间出台了《全民所有制工业企业法》，实现政企分开，赋予了企业经营自主的 14 项权利；第二轮改革启动后颁布了 1998 年《公司法》，塑造了市场经济最重要的商事组织形态。进入 21 世纪，以 2005 年 10 月 27 日修订通过、2006 年 1 月 1 日实施的《公司法》、《证券法》两法改革为标志，又开辟了市场化的新纪元。我国正在经历一个前所未有的营商环境大变迁，将从根本上修改企业的生存条件与运营法则。[②]

【背景资料】

中国营商环境国际排名第 83 位

国际金融公司发布的《商业环境评估 2008》年度报告，对全球 178 个经

[①] 互联网实验室：《电信市场的可竞争性：由 AT&T 消亡说开去》，载《人民邮电报》2005 年 4 月 20 日。

[②] 该案例摘自李寿双：《中国商法环境：现状与变局》，载北大法律 - 法学在线网，http://article.chinalawinfo.com/article/user/article_display.asp? ArticleID = 28461，稍有删改。

济体的商业法律和政策、投资环境、政府的效率和廉洁程度等 10 项指标进行了综合考查，结果新加坡连续第二年荣登最佳商业环境的榜首，紧随其后的是新西兰，美国排名第三。商业环境排名前十佳的国家和地区依次为：新加坡、新西兰、美国、中国香港、丹麦、英国、加拿大、爱尔兰、澳大利亚和冰岛。

在东亚及太平洋地区，中国在改革营商法规方面处于领先地位，在获取信贷、企业缴纳税费和执行合同方面更为便利，整体营商便利度在 181 个经济体中排名第 83 位。[①]

具体言之，我国商法对经商自由的拓展体现在：

1. 降低了市场准入门槛

从修订后的《合伙企业法》来看，《合伙企业法》大大简化了注册登记手续[②]，设立了当场登记制度；在有限合伙制度安排中，规定有限合伙人的人数可以例外超出 50 人的上限，允许法人入伙[③]，这些都迎合了商业登记便捷化、市场准入放宽化、企业经营自由化的国际改革潮流。

2. 扩大了经营自主的空间

从我国 2005 年修订《公司法》来看，公司经营自由的精神得到许多体现。譬如：(1) 摘除了公司经营范围的"紧箍咒"条款，使企业经营更"神通广大"。在公司经营范围的问题上西方国家早期公司法规定不得由董事擅权突破，凡越权经营公司章程规定经营范围之外当属无效，以免"一家矿产品公司的股东在经营一段时期发现自己变成了一家干鱼店的老板"，由此保护股东利益和债权人的交易安全，我国原《公司法》第 11 条第 2 款也如出一辙，规定"公司应当在登记的经营范围内从事经营活动"，但 2005 年修订后的《公司法》对此作了修正，允许公司根据自身情况自主决定生产经营范围，不再受营业执照中登记的范围的限制。(2) 废除了转投资限制，为投资非公司企业打开了大门。转投资实际上是股东首先投资于公司，然后公司再去投资。我国原公司法规定，公司可以向其他有限责任公司、股份公司投资，并以该出资额为限承担责任，2005 年修订后的《公司法》突破了转投资对象的限制，确认公司可以向其他非公司的企业法人投资。如《公司法》第 15 条、16 条规定"公司可以向其他企业投资；但是，除法律另有规定外，不得成为对所投

[①] 参见秦京午：《世界银行报告：中国营商环境国际排名升至第 83 位》，载《人民日报》（海外版）2008 年 9 月 11 日。

[②] 参见该法第 10 条规定。

[③] 但《合伙企业法》同时又明确禁止国有独资公司、国有企业、上市公司以及公益性的事业单位、社会团体等成为普通合伙人。

资企业的债务承担连带责任的出资人"。(3) 大大增加了公司章程（系指导公司运作的内部规范、处理公司事务的小宪章）中的赋权性条款，赋予了公司更大的自治空间，淡化了国家干预理念。"由公司章程规定"、"依照公司章程的规定"、"全体股东约定……的除外"等任意性字眼，在2005年修订后的《公司法》中共出现119次。而且《公司法》在一定程度上允许公司章程排除公司法规的适用，在表述上多采用"公司章程另有规定的除外"字样。进一步阐述参见本书第三篇中公司治理相关内容。

3. 顺应了法规松绑、放松管制的资本市场发展潮流

从我国2005年修订《证券法》来看，1998年的《证券法》像个"小脚女人"，是一部为防止东南亚金融危机的影响而管控约束太多的法，《证券法》修改后，开启混业经营闸门、开放了多层次市场、将证券上市审核权还给证券交易所，等等，都极大地释放了市场自由创新的能量，为中国股市大发展留出了空间。

【拓展知识】

新证券法助长资本自由流动

（1）2005年修改前的《证券法》第6条规定了"证券业和银行业、信托业、保险业分业经营"的原则，新法增加了"国家另有规定的除外"，这就为混业经营、银证由分到合的金融改革开启了闸门、留下合法化空间。（2）2005年修改前的《证券法》第76条规定："国有企业和国有资产控股的企业，不得炒作上市交易的股票"，修改后第83条规定："国有企业和国有资产控股的企业买卖上市交易的股票，必须遵守国家有关规定"。其意义在于，应当原则上允许国有企业和国有资产控股的企业买卖股票，只不过应严格遵守法律规定，一般由国有资产监督管理的有关法律和法规作出具体规定。（3）2005年修改后的《证券法》还为T+0交易制度的开放、多层次的证券交易场所（场外交易）转让、融资融券（打破了只能采取现货方式交易的局限）等搭建起了法律平台。（4）下放了证券上市审核权。为提高审核效率，2005年修改后的《证券法》第48条规定："申请证券上市交易，应当向证券交易所提出申请，由证券交易所依法审核同意，并由双方签订上市协议"。

（三）经商自由的法律限制

在当代社会，市场经济是自由经济，市场经济的本质使创业者的个性、才能自由发展和全面解放。但市场经济同时也是法制经济，市场主体的自由以不

侵害其他主体的合法权益和公共利益为界限，法律的限制实质上是从另一个角度保障经商自由。对经商自由权的限制受到公法包括刑法、经济法和行政法以及民商法在内的私法的种种制约。

【拓展知识】

经商自由受到法律限制的经济学解释

德国学者德恩（Dahn）指出："商法是一切法律中最为自由，同时又是最为严格的法律"。骤然视之，二者表相上极为矛盾，然就实质而言，商事交易贵求简便、迅速、富于弹性，以当事人自治、自决为宜，故商事自由色彩浓厚；但由于商事主体贵在安全，营业组织健全与否，直接关系到交易秩序与繁荣、影响国家和社会公共利益，自不宜当事人自行决定，故又多限制性规定。从经济学角度看，商人自利行为会产生两种外部性效应，如开个花店，飘香十里长街，这是产生好的外部性，无需干预，但若办个造纸厂，排放污水就会产生坏的外部性。商人生产经营过程中产生的负外部性，表现为社会成本与个体成本的失衡，需要法律的纠正、干预和治理。因而，任由商人自治、滋生负外部性效应的"自由"要被法律所限制甚至禁止。

一方面，公法上对经商自由的限制表现在：

1. 某些营业由国家独占经营，完全不准私人（自然人和法人）经营。如邮政、电报、电话、电力领域及各种专卖事业，如烟草专卖、盐专卖等国家规定的某些特殊限制的领域，一般不能随便由私人开办，还有诸如城市燃气等公共事业，铁路、公交等运输业，由于这类领域涉及国计民生，具有高度的公益性，一般由国家出面来经营。此外，对于毒品（鸦片等）、淫秽书画、武器（枪支弹药）等的贩卖是完全禁止的。违反这种规定的，其行为在私法上无效，公法上应受制裁。

【相关案例】

福州 IP 电话案

1997 年 9 月，福州市马尾区的两位网虫陈锥、陈彦兄弟在自家开办的电器店按与香港、日本通话每分钟 7 元、与美国通话每分钟 9 元的价格私自经营起 IP 电话业务。福州马尾公安分局以涉嫌"非法经营罪"将其抓获。1999 年 1 月 20 日，福州市中级人民法院裁定：网络电话不属于邮电部门统一经营的长途通信和国际通信业务，而是属于向社会放开经营的电信业务。陈彦等人的行为属于"无照经营"计算机信息服务业务和公众多媒体通信业务，但并不构成非法经营罪。第二天（1月21日），国家信息产业部电信管理局有关人士明确表态：IP电话确属电信专营。2000年4月28日最高人民法院发布的《关于审理扰乱电信市场管理秩序案件具体应用法律若干问题的解释》第1条规定，违反国家规定，采取租用国际专线、私设转接设备或者其他方法，擅自经营国际电信业务或者涉港澳台电信业务进行营利活动，扰乱电信市场管理秩序，情节严重的，依照《刑法》第225条第（四）项的规定，以非法经营罪定罪处罚。

评析：我国目前对电信行业也是实行垄断经营，上述案例说明经商自由不是绝对的，有其法律的界限。不同国家法制条件不同，自由度也不一样。长远看，非法经营罪应放宽处理甚至应该取缔，正如1997年《刑法》取消"投机倒把罪"一样，2009年8月24日第十一届全国人大常委会第十次会议再次审议的关于修改部分法律的决定草案，还对《计量法》、《野生动物保护法》、《铁路法》、《烟草专卖法》等四部法律中有关"投机倒把"、"投机倒把罪"的规定也予以删除。

2. 对于某些营业，并不完全禁止，但从事这种营业的人应该事先报告或登记，取得许可。例如经营进出口商业的要取得许可证，经营旅店、旧货商店、爆竹制造、食品制造、饮食业的，要经有关主管机关的许可。违反这种规定的要受行政制裁，其行为在私法上仍有效。

3. 不当营业行为的限制。如《反不正当竞争法》规定了禁止掠夺性定价、不当有奖销售（超过5000元）；又如竞业禁止的限制，按照国际惯例，存在营业上的利害关系的营利行为活动，一般要受到竞业禁止的限制。①

另一方面是来自私法上的限制：

1. 主体类型制约。不同国家商人选择组织形式时多寡不一，不能随便乱设，如我国公司形态中只规定了两类，立法上没规定的就不能任意创办——这就是所谓的商事主体法定主义，而且不同的商事主体拥有的自由度各不相同，一般越是大型的商事组织，与经济安全、市场秩序的关系越密切，越是需要法律严格规制。此点在本章第二部分作具体解释。

2. 商事能力限制。针对不同的法律主体有不同的要求。首先，基于对未成年人行为主体是否具备充分理解其行为意义和后果的意思表示（意思自治

---

① 详见本书第三篇"商事管理"。

能力的考虑，一方面为了保护未成年人身心健康及其合法权益，另一方面为了保护第三人利益和交易安全，这就形成了各国商事法律对未成年人商事权利能力的限制。其次，对于一些特殊身份的特类人员国家禁止营业，例如禁止党政机关及其干部乃至家属从事商事经营活动。① 最后，针对法人能力的限制。如为维护交易安全，我国《公司法》在有所放宽的基础上仍作了一些限制。

【背景资料】

公司法对公司担保能力的限制

为免公司资产受到意外损失，禁止公司为他人债务提供担保是各国公司法通例。

我国1993年《公司法》曾规定："董事、经理不得以公司资产为本公司的股东或者其他个人债务提供担保。"2005年修订的《公司法》第16条规定："公司向其他企业投资或者为他人提供担保，依照公司章程的规定，由董事会或者股东会、股东大会决议；公司章程对投资或者担保的总额及单项投资或者担保的数额有限额规定的，不得超过规定的限额。公司为公司股东或者实际控制人提供担保的，必须经股东会或者股东大会决议。前款规定的股东或者受前款规定的实际控制人支配的股东，不得参加前款规定事项的表决。该项表决由出席会议的其他股东所持表决权的过半数通过。"

可见，公司的对外担保行为是受到法律一定限制的。首先，我国《公司法》对于公司对外担保开了绿灯，但却规定了严格的程序性条件；其次，规定了公司的对外担保，只有董事会或股东（大）会有权决定，董事（包括董事长、执行董事）、经理等个人都无权决定。董事会或股东（大）会同意对外担保的书面决议属于必备要件。再次，公司为公司股东或者实际控制人提供担保时，董事会也无权决定，只能由股东会决定；同时实行表决回避制度，被担保的股东或关联股东均无权参加会议表决；这一规定在实践中大大降低了上市公司为控股股东提供担保的风险。

3. 营业时间、地点制约。无论大小生意，都受到交易时间、地理位置的制约。良好的创业构想必须在合适的营业时间和地点实施，才能获得天时、地利之优势。假日旺季及黄金口岸往往带来不菲的营业利润，但营业时间和地点的选择也并非纯粹由商家竞争自决，法律为公共利益、公序良俗起见仍有规制

---

① 详见本篇第二章"商事人格与营业能力"。

之必要。很多国家规定商店必须在星期天停业,还规定了商店每天的营业时间。根据德国的《商店打烊法》(又译《商店关门法》),除火车站、加油站等特殊地点外以及餐饮等特殊行业外,大大小小的百货公司和个体商店都应当在星期天关门停业,以免影响全体德国人的正常休息。在我国,根据国务院2006年颁布的《娱乐场所管理条例》第28条规定,每日凌晨2时至上午8时,娱乐场所不得营业。

【相关案例】

药店布点限制距离,该还是不该?[①]

对于药店距离"是政府设限,还是由市场决定"?2008年7月11日湖南省食品药品监督管理局召开了一次县以上城区药品零售企业合理布局的听证会,这在全国尚属首次。

2001年2月28日修订通过的《中华人民共和国药品管理法》第14条第3款规定:"药品监督管理部门批准开办药品经营企业,除依据本法第15条规定的条件外,还应当遵循合理布局和方便群众购药的原则。"《北京市药品零售企业监督管理暂行规定》第9条第1款则规定:"药品零售企业之间应有350米的可行进距离(历史形成或药品监督管理部门另有规定的除外),繁华商业区内可不受间隔距离限制。"《上海市药品零售企业开办、变更暂行规定》第4条第2款还规定:"药品零售企业原则上按本市常住人口7000人至10000人配置1个。新开办的药品零售企业,按照店与店之间相距不小于300米设置。"一些省份,如湖北、贵州、广西等未作统一要求,由各市、州自行规定。[②]

有资料说明,取消新开药店距离限制对促进药品零售业发展有巨大作用。2002年之前,长沙市对药店距离设置了100米的限制,彼时,长沙市的药店还不足500家。2002年7月1日湖南正式取消新开药店的距离限制。2007年《中国连锁药店百强》排名前50强的湖南企业从2004年的2家零售企业增加到5家。[③]

[①] 宋华琳:《营业自由及其限制——以药店距离限制事件为楔子》,载《华东政法大学学报》2008年第2期。

[②] 张玲娜、夏三牛:《药店间距谁说了算?该不该为药店念紧箍咒》,载《医药经济报》2008年7月17日。

[③] 参见《限制距离是逆市场行为》,载新浪网,http://news.sina.com.cn/o/2008-6-29/084214089239s.shtml,访问时间:2009年1月12日。

(四)"经商自由"对于企业经营的意义

1. 对于企业经营者而言,了解经商自由的法律理念和规范是维护自身经营权利的前提和基础。经商自由是企业设立申请权、营业机会平等权、公平交易权利、经营管理自主权等各项具体的经商权利之总和,也是权利救济(谈判权、仲裁选择权、诉讼申请权)的逻辑归宿。经商自由的应然性和不可剥夺性,既要求法律尊重和保护,也为企业经营者所必须掌握的首要法律武器,这样企业经营者才能有效进行维权救济,保护自己。譬如,原江西省新大地实业发展总公司"红帽子"企业一案①中,新大地公司资金来源主要为涂景新以海南公司的名义由个人出资购买,经海南省高级人民法院对涂景新(总经理、法定代表人)、王慧艳(涂景新之妻)、黄智忠(原海南机械设备进出口公司总经理)三人作出二审终审判决,宣告涂景新、王慧艳、黄智忠三人无罪。此一判决体现了对个人经营"红帽子"企业的权益的合法维护,对合理地界定"红帽子"企业中的产权关系,对公平地处理"红帽子"企业经营管理纠纷产生了积极作用。

2. 通过对商事自由的积极保障和消极规定(限制性规定)的辩证理解,进而使企业经营决策能在既定的制度约束条件下,制订正确的经营方针和作出决策计划。譬如,经济生活中借钱生钱,本为常事,但中国人民银行规定,禁止企业间私下借贷,后来司法解释也作了规定,企业之间进行拆借的,若有利息则被罚没,甚加罚款,还可能被科以挪用资金的罪名。可见,了解商事自由的限制性规定与积极性规范一样至关重要,因为"对自由的限制换得了对自由的保障"。②

3. 对于企业经营立法而言,以促进经商自由的理念来考虑法律制度安排问题,尤其必要。在经商自由理念指引下,法律激励创业者的能量可释放到最大限度,它是创造社会物质和精神财富的前提,它让社会充满潜力、活力和希望。目前我国捆住企业手脚的条条框框还很多(如企业登记方面),商法环境还应不断优化,体现自由理念的立法还有待进一步改进。我国商事立法应对经济学上的理性人、经济人理论假设加以尊重,相信商事主体可以其个人理性、最大化的个人利益能够合成集体理性、社会利益的最大化,崇尚自由价值理念,从而对商事主体的自由加以确认和保障,以充分实现效率最大化。如多年

---

① 林莹:《江西新大地总公司董事长涂景新由死缓改判无罪》,载《检察日报》2006年12月26日。

② 参见张平华:《私法视野里的权利冲突导论》,中国人民大学法学院2005年博士论文,第6~17页。

以前宪法学者张知本所云:"如营业不能自由,则个人不能发展自己之财力,以行其交易上之自由竞争,势必使工商业无显著之进步。"①

二、主体法定

"主体法定"全称是商事主体法定原则。为保障交易安全,现代各国一般都通过制定大量的强行法规范,对商事主体市场准入以及退出的实体要件及程序要件予以严格规定和控制,从而形成了商事主体法定原则,其内容主要包括主体类型法定、程序法定、内容法定。

（一）主体法定的具体内涵

商事主体类型法定是指商法对商事主体的类型作出明确规定,投资者只能按法定类型来设立商事主体,而不能任意创设法律未规定的商事主体。因此,投资者在创设或变更商事主体时,只能在法定范围内自由选择主体类型,否则无法得到法律的确认。目前,我国除《个人独资企业法》允许设立独资企业之外,《公司法》对一人公司合法地位予以承认,《合伙企业法》也对设立有限合伙予以肯定,说表明中国企业形态的法定主义已大体成型。

【拓展知识】

主体法定原则与我国企业形态的完善

我国商事主体法定形态还不是尽善尽美。(1)目前我国股份合作制企业的法律地位问题悬而未决。所谓股份合作制企业是以资金、实物、技术、劳动等作为股份,自愿组织起来从事经营,实行民主管理,按劳分配与按资分配相结合,有公共积累,能独立承担法律责任的法人经济组织。1997年我国原国家体改委发布了《关于发展城市股份合作制企业的指导意见》,提出要积极试行股份合作制。但有意见认为,股份合作企业是中国特色的一个过渡的形态,不需要制定法律,上述《意见》因而流产。至今,仅有贵州、江西、陕西、河北、广东等省出台了股份合作企业条例。(2)对商事主体的立法标准不一。除了上述按责任形式进行分类外,还有按所有制进行立法,也有按投资(资金)形式如外商投资企业、内资企业和联营企业或按行业划分的工业、农业、商业企业等,而且人为造成进入或推出市场的不平等,如民营企业在2005年《公司法》修订前不能融资发行债权。(3)随着市场创新步伐不断加快,在商事主体法律形态的安排上也应适当超前些,据悉,在美国宾夕法尼亚州和得克

---

① 张知本:《宪法论》,中国方正出版社2004年版,第116页。

萨斯州至少有 20 种商事组织形式可供选择,还有学者建议制定《统一商事组织法典》①。商事主体法定形态越丰富多样,创业者选择企业类型的自由度就越大,创业者根据实际需要作出决策的自主性就越高。"当一国法律内部存在可供选择的企业形式时,任何一部公司法中的强制性规范的作用不是限制企业形式的选择,而是促进企业形式的选择。因为,这种强制性规范便于公司对外公示其选择的企业形式,并使此种选择拘束公司。"②

商事主体内容法定是指从事商事活动的商事主体的财产关系和组织关系由法律明确加以规定,当事人不得擅自变更法定的财产关系和组织关系。这主要是因为法律为不同的商事主体设定了不同的规则,为了保障交易安全,法律也相应地为不同的商事主体规定了不同的财产和组织关系。如个人独资企业的财产关系和组织关系与合伙企业的财产关系和组织关系、公司制的企业的财产关系和组织关系就存在着明显的差异。

根据我国目前的实际,商事主体内容法定主要体现在三方面:一是严格规定商事主体的营业能力,禁止党政、军队、机关经办企业,杜绝官商不分、政企不分的行为发生,充分保障市场主体的规范、有序竞争。二是强化商事主体的商号、注册资本、财务制度、税利分配、财产责任等内容的规范化管理,禁止不正当竞争、虚假注册、偷税漏税等违法犯罪现象滋生。三是组织关系的法定化不断完善。包括如下方面:

1. 企业经营的意思机构法定。越是完备的企业形态,其经营意思机构的法定主义越是强化,不能任意设立。这在公司法中规定最为完善,公司三会(股东会、董事会、监事会)的确立及分工很明确。

2. 企业意思机构的权限法定。一般股东会、董事会、监事会的权限包括经理的权力都是法定的,但是 2005 年《公司法》修改后,这些权限的严格法定主义出现了松动,如公司法中规定公司对外投资和对外担保是依章程规定由股东会或董事会决定。

3. 法定代表人及其权限的法定主义。我国企业法中任何一个企业的法定代表人都是法定的,《公司法》修改后,经理可以为法定代表人。从法定代表人的权限来看,应实行法定主义而不能由章程自行约定。但值得一提的是,法定代表人的权限有哪些?《公司法》对此规定并不够明确。公司章程可以对经

---

① 转引自李清池:《商事组织的法律结构》,法律出版社 2008 年版,第 16 页。
② [美]克拉克曼、[英]戴维斯等:《公司法剖析:比较与功能的视角》,刘俊海等译,北京大学出版社 2007 年版,第 37 页。

理的权限另作规定，经理一旦当了法定代表人后，权限有多大？对此《公司法》也不太明确。总之，正如江平教授指出的："等到每一个商事主体的出资形态、责任形态、治理结构形态等都有法律规定它的时候，我们才可以说中国的企业法定主义已经真正完善了。"[1]

【相关案例】

公司承包经营与意思机构法定主义冲突吗？[2]

荣成市友谊化妆品有限公司（以下简称友谊公司）于1998年6月成立，注册资本32万元。公司董事为刘德君、吕刚、王爱芹，董事长刘德君。1999年12月31日，友谊公司与王爱芹签订了承包合同，约定承包方式为抵押上缴承包费包干。承包期限三年，2000年1月1日起，到2002年12月31日止。但合同尚未履行多久，2000年3月6日友谊公司遂向一审法院提起诉讼，请求法院确认其与王爱芹签订的承包合同无效。荣成市人民法院审理认为：友谊公司是依法成立的有限责任公司，发包给王爱芹经营后，王爱芹使用友谊公司的营业执照、发票、财务专用章、经营场所等对外进行民事活动，其经营风险由友谊公司承受。王爱芹个人经营改变了公司的组织机构和运行机制，违背了公司法立法宗旨，股东合法权益不能得到有效保障。另外，王爱芹作为公司董事，与公司签订承包合同，并未严格依照法定程序经过公司股东会表决通过，违背公司章程，故该承包合同无效。友谊公司、王爱芹在签订承包合同时均应知道该行为违反公司法有关规定，双方过错均等，因此，各自承担相应的责任。故作出承包合同无效判决。王爱芹不服，上诉称：上诉人承包友谊公司是在公司面临倒闭的情况下实施的。承包后实现年终分红，保障了股东和公司的合法权益，而且股东以行为表示同意承包，要求撤销一审判决。二审法院支持了王爱芹承包经营合法有效的主张。

评析：上述公司承包经营现象在我国是较普遍的，应当认为，二审法院判决比较合理，只要不与公司法的立法宗旨相冲突，公司实行承包经营应当做有效处理。

---

[1] 摘自江平先生在"中国人民大学商法研究所成立暨新公司法、新证券法颁布一周年座谈会"上的讲话，载中国民商法律网，http://www.civillaw.com.cn/Article/default.asp? id＝29247，访问时间：2010年2月1日。

[2] 根据山东省威海市中级人民法院（2000）威经终字第104号判决书改写而成，载北大法律——法学在线网，http://law1.chinalawinfo.com/newlaw2002/SLC/slc.asp? db＝fnl&gid＝117445318，访问时间:2010年2月1日。

商事主体程序法定是指商法要对商事主体设立时的程序作出明确规定,成立商事主体必须严格按照这些法定程序和步骤进行,否则,无法达到预期法律后果。如设立有限责任公司不仅要具备法定条件,还必须履行设立登记程序,对涉及国家安全、公共利益和国计民生的特定行业和项目,法律、行政法规规定需要审批的,还要履行审批程序。公司登记机关核准后发给《企业营业执照》,公司即取得生产经营资格和法人资格,便可依法进入市场,从事商业活动。

【拓展知识】

外国企业或者个人设立合伙企业不需商务部审批

2009年8月19日国务院第77次常务会议通过《外国企业或者个人在中国境内设立合伙企业管理办法》,于2010年3月1日起施行。

根据2006年修改的《合伙企业法》第108条的规定:"外国企业或者个人在中国境内设立合伙企业的管理办法由国务院规定。"该办法是《合伙企业法》的配套行政法规。

外国企业或者个人在中国境内设立合伙企业,属于外商投资的范畴,但与"三资"企业(中外合资经营、中外合作经营以及外商独资经营方式设立外商投资企业)不完全相同,无法直接适用有关"三资"企业的法律、行政法规,应依照《合伙企业法》的规定办理。

按照中国现行有关外商投资管理的法律、行政法规,设立"三资"企业需要经商务主管部门批准。考虑到合伙企业的性质和特点,为便于外国企业或者个人以设立合伙企业的方式在中国境内投资,该办法对外国企业或者个人在中国境内设立合伙企业实行直接向企业登记机关登记的制度,不需要经商务主管部门批准。外国企业或者个人在中国境内设立合伙企业,由全体合伙人指定的代表或者共同委托的代理人向国务院工商行政管理部门授权的地方工商行政管理部门申请设立登记即可。申请设立登记时,申请人应当向企业登记机关提交《中华人民共和国合伙企业登记管理办法》规定的文件以及符合外商投资产业政策的说明。

总之,该办法减少了审批程序,为外国企业或者个人在我国境内设立合伙企业营造了宽松环境。

综上所述,商主体法定体现了国家法律干预、控制的色彩,因其往往关系到各种商事法律关系的稳定和统一、关系到市场交易安全和第三人利益，商法上采商主体法定原则旨在保障商事活动的繁荣，维护市场秩序的稳定。因此，商法采行大量的强行法规则对商事主体的市场准入加以严格的控制。

（二）主体法定之"法"如何理解？

按商事主体法定原则，实行法定主义是只有法律规定的才能设立，非法定主义则是指只有法律禁止的不能设立。从《个人独资企业法》、《合伙企业法》、《公司法》，再到 2006 年 10 月 31 日通过的《农民专业合作社法》，我们的市场经营组织立法已日趋完善，尤其是《农民专业合作社法》有利于推进农业产业化经营进入依法发展的新阶段，从这个意义上讲，中国实际上可以说已经确立了商主体（企业）法定原则。但问题是，这个"法"应当只是全国性的法律，还是包括了地方性法规或规章？譬如，深圳经济特区条例允许设立无限责任商主体等；又如，为满足风险投资的强烈需求，许多地方性法规（如 2000 年北京市人大常委会颁布的《中关村科技园区条例》、北京市人民政府 2001 年颁布的《有限合伙管理办法》、杭州市人民政府颁布的《杭州市有限合伙管理暂行办法》等）率先破茧、接踵而出。从积极意义上讲，这些法规（规章）制度的出台提供了权宜之平台、缓解了制度瓶颈之压力，并铺垫了统一有限合伙立法的经验。消极方面来看，会给不同区域不同市场的商事主体设立人为造成差异，并引发法制不统一的矛盾。可喜的是，2006 年 8 月 27 日修订的《合伙企业法》，其中一大进步就是写进了有限合伙企业制度，从地方法规迈向了一个全国性的立法现代化水平，为全国经营风险投资的有限合伙企业免遭类似北京天绿创业投资中心厄运、走向"柳暗花明"等创造了合法空间。

本书认为，商事主体法定原则之"法"应以全国人大（及其常委会）颁布的为准。理由在于，如果在商事主体类型创设上允许地方或部门诸侯割据式的立法格局，势必影响统一市场的形成。如前述地方法规有关有限合伙的规定率先出台，在司法适用的效力上存在瑕疵，无法解决有限合伙企业纠纷问题，因为立法层级低，不能直接以这些规章作为判案的依据。商事主体法定原则之"法"应当符合良法的标准，商事主体法定原则下的法定类型满足了一定时期人们创业的需要。

【相关案例】

商事主体法定之"法"若为法规，冲突则难以避免[①]

许多权力部门从各自利益出发分别颁布不同的法规、文件对市场主体加以

---

① 徐学鹿、梁鹏：《商法总论》，中国人民大学出版社 2009 年版，第 345 页。

约束,这就产生了法律、法规之间的相互冲突。《法制日报》曾报道:海南大源木材加工厂经工商登记,从事木片加工活动,开工不久即被省林业公安局查封,并宣布取缔,根据是林业部、公安局的文件:要求凡木材经营加工单位,须先经林业主管部门审核同意并取得许可证后,再向工商行政管理部门登记方可经营。但根据海南省人民代表大会常务委员会通过的《海南经济特区企业法人登记管理条例》,企业经营许可需经林业主管部门专项审批的,只有林业采伐这一项,木材加工不需要许可证。

这种法规之间的冲突,一方面反映了对市场主体和市场行为的不同立法观念,另一方面必然使市场主体处于一种无所适从的境地,所遭受的损失无法弥补。

(三) 主体法定的意义

从国家立法者角度看,采商事主体法定原则的意义在于:

1. 有助于划定可以从事营利性经营活动的主体类型,将政府、军事组织完全排除于商人范围之外,对于限定政府参与经济活动的行为范围确定了法律界限,对于抑制"全民下海"、泥沙俱下的混乱格局,具有积极过滤、防御的作用。

2. 有助于推动各种类型的商事主体法律地位平等、权利义务一致的法律体系完善。商法是以平权为基础原则的法律制度,商事主体以法定主义赋予各类商主体以平等竞争的法律地位,也方便各主体各就各位,如同元素周期表那样能将各个化学元素有规律地排列。

3. 对于国家工商管理、税收及我国市场经济法制秩序的维护具有极为重要的意义。通过商事登记这种要式法律行为,利用公权力干预商事活动的行为,有利于国家及时了解商事主体的经营状态,从而更好地实现对商事主体的法律规制。

对于企业经营者而言,采主体法定原则的意义在于:

1. 商事主体形态法定有利于投资者根据制度约束性因素进行创业的抉择、筹划。任何一种组织皆有利有弊,关键取决于创业者根据自身的偏好和需要作出选择。

2. 商事主体登记程序法定有利于提升自己合法的地位和持续发展的信誉。商事主体通过法定的登记程序公示自己的经营身份、经营状况、经营能力,确立了自身存在的合法根据,也为日后持续发展赢得商业信誉。此外,通过依法清算、注销程序也保证了市场的进入与退出都有始有终、有章可循。

3. 商事主体内容法定有利于社会交易安全和第三人利益的维护。通过商事主体内容（法定代表人、公司组织、章程公开）法定公开化，商事交易相对人或社会对商事主体与经营相关的情况有一个清晰了解，从而防范交易欺诈风险，更明智地择定自己的交易行为。

（四）违反商事主体法定原则的后果

由于商事主体法定原则通过一系列商事立法的强制法规范体现出来，因而违反商事主体法定原则亦即违反了强制法规范，应承担相应的私法和公法上的法律后果。所谓强制性规范可分为效力性规范和管理性规范（又称取缔性规范）。效力性规范，指法律及行政法规明确规定违反了这些禁止性规定将导致行为无效的规范，情节严重者还将被追究刑事责任。管理性规范或取缔性规范，指法律及行政法规没有明确规定违反此类规范将导致行为无效或者不成立，但会承担其他法律后果——如受到国家行政制裁的规范。如果公法制裁方式已经足以达到强制法规范的目的，则应避免私法上产生无效的后果。

这里分别从商业登记制度、公司法、证券法、银行法领域稍作具体说明。

首先，从商业登记方面看，以公司瑕疵设立为例，瑕疵设立因违反规定的情形不同，法律后果会有不同。所谓公司瑕疵设立（Defective Incorporation，又译为"缺陷"注册①），是公司设立过程中的常见问题，这些瑕疵设立的公司已经完成了公司的设立登记，但由于其实体或者程序要件的欠缺，所以瑕疵设立的公司在效力上是有不同的。一般关于公司设立的法律规制有两类要求：强制性要求和指导性要求，强制性要求如注册证书必须包括公司的名称，如果公司注册时忘了在注册证书中填入名称就属于不可原谅的"原则性"错误；指导性要求通常是指注册程序中比较次要的"枝节性"问题，例如在注册时忘了填写董事或注册人的地址等。发起人在公司注册时没有遵循注册要求的"强制性"规定的，法律上就不承认这样的公司；违反指导性要求——如果发起人在公司注册的时候没有遵守的仅仅是"指导性"的要求，即没有完成仅仅是"枝节性"的要求，法律就会认为这样的公司是"法律上的公司"。对于"法律上的公司"，法律上往往比较宽容程序上的"枝节性"瑕疵，承认公司设立效力，对公司的股东提供有限责任的保护，避免他们个人承担责任。而且，对于违反管理性规范的营业行为，在私法上与第三人交易的合同效力也往往得到承认。如德国联邦最高法院关于不动产中介人违法案的判例即是体现了这样的司法理念。一个不动产中介人虽然不具备德国《营业条例》第34C条规定必须具备的营业许可证，但是仍然要求对方为其居间促成行为支付佣金。法院认为，中介合同有效。因为《营业条例》第34C条的规定，并不妨碍中

---

① 沈四宝：《西方国家公司法原理》，法律出版社2006年版，第147页。

介活动在私法上产生效力,并在经济上产生效果,它只是为了制裁违反社会秩序的行为。① 我国统一的商事登记法还没有出台,但应以此为鉴,严格中体现宽容,以促成企业设立的便捷、有效。

其次,就公司法方面而言,针对违反"商事主体内容法定"原则的情形,规定了较完善的法律责任制度。从责任形态看,我国公司法主要规定的是行政责任,因为主体法定原则在公司法中的贯彻更多地体现了国家对公司设立运营的管制性立场,创业者也必须以此为规,才可成方圆。

【背景资料】

公司法上关于公司、发起人、股东违反主体法定原则的若干规定

(1) 公司的发起人、股东虚假出资,未交付或者未按期交付作为出资的货币或者非货币财产的,由公司登记机关责令改正,处以虚假出资金额5%以上15%以下的罚款。

(2) 公司违反规定,虚报注册资本、提交虚假材料或者采取其他欺诈手段隐瞒重要事实取得公司登记的,由公司登记机关责令改正,对虚报注册资本的公司,处以虚报注册资本金额5%以上15%以下的罚款;对提交虚假材料或者采取其他欺诈手段隐瞒重要事实的公司,处以5万元以上50万元以下的罚款;情节严重的,撤销公司登记或者吊销营业执照。

(3) 公司违反规定,在法定的会计账簿以外另立会计账簿的,由县级以上人民政府财政部门责令改正,处以5万元以上50万元以下的罚款。

(4) 公司在依法向有关主管部门提供的财务会计报告等材料上作虚假记载或者隐瞒重要事实的,由有关主管部门对直接负责的主管人员和其他直接责任人员处以3万元以上30万元以下的罚款。

(5) 公司不依照本法规定提取法定公积金的,由县级以上人民政府财政部门责令如数补足应当提取的金额,可以对公司处以20万元以下的罚款。

(6) 公司的发起人、股东在公司成立后,抽逃其出资的,由公司登记机关责令改正,处以所抽逃出资金额5%以上15%以下的罚款。

从责任主体看,主要包括了发起人、股东、公司等自然人和单位两类主体。值得注意的是,当公司构成商事犯罪责任主体时,其直接责任人员也难辞

---

① 丁磊:《法律行为内容限制——违反强制或禁止规定》,载新浪博客网,http://blog.sina.com.cn/s/blog_590eb9a2010007k1.html,访问时间:2010年2月1日。

其咎。因为我国刑罚采双罚制,在承认公司有商事行为能力的同时承认其具备了商事责任能力,也包括默认了其具有犯罪能力,即公司可构成犯罪主体。但毕竟公司为一拟制的法律主体,其意志往往由公司负责人支配,在公司行违法犯罪之举时其负责人及属下直接责任人员也逃脱不了干系;企业经营者足当殷鉴,警惕此等风险。

【相关案例】

虚报注册资金,向谁问责?[①]

为牟取不法利益,一硕士袁某竟动起歪脑筋,在 2003 年 4 月—6 月短短三个月内,以广东广越经济发展有限公司总经理的身份,明知没有真实注资,却使用伪造的中国农业银行《公司(企业)注册资本(金)入资专用存款账户余额通知书》,骗取广州某会计师事务所出具《公司(企业)验资报告书》,连续为六家公司在广东省工商行政管理局办理工商注册登记,虚报注册资金共人民币 8427 万元,并收取手续费。2006 年 7 月 20 日袁某被抓获归案。

在法庭上,袁某辩护人辩称,虚报注册资本罪的犯罪主体是申请公司登记的股东、股东代表或者股东代理人,袁某不符合本罪的主体要件。但是,法院认定,袁某是广东广越经济发展有限公司的直接责任人员。天河区人民法院经审理后认为,广东广越经济发展有限公司使用虚假证明文件,欺骗公司登记主管部门,取得公司登记,虚报注册资本数额巨大,被告人袁某作为该公司的直接责任人员,其行为已构成虚报注册资金罪,遂以虚报注册资金罪判处其有期徒刑一年三个月。

再次,从证券法来看,我国《证券法》有许多规定体现了"商事主体程序法定"原则,违反了设立程序规定的需要承担相应严格的法律责任。譬如,以证券公司为例,作为特种公司其设立、运行须同时符合《公司法》和《证券法》要求。我国《证券法》规定了证券公司的特殊设立程序,即设立证券公司,必须经国务院证券监管机构审查批准。未取得国务院证券监督管理机构颁发的经营证券业务许可证,证券公司不得经营证券业务。

而且,由于证券公司业务范围具有特殊性(经营业务包括证券承销业务、证券经纪业务、证券自营业务以及其他证券业务四类),依照《证券法》第

[①] 《硕士经理虚报注册资金八千万元获刑一年三个月》,载华商网,http://www.hsw.cn/news/2007-10/10/content_6606561.htm,访问时间:2010 年 2 月 1 日。

125 条①、第 127 条②的规定也应经国务院证券监督管理机构批准。《证券法》第 122 条规定,"未经国务院证券监督管理机构批准,任何单位和个人不得经营证券业务",情节严重触犯《刑法》的,还要被依法追究刑事责任。

【相关案例】

华美达案的启示③

2008 年 12 月,深圳市中级人民法院对华美达投资咨询(深圳)有限公司非法从事证券咨询业务案件进行二审判决,以非法经营罪判处有关被告人1—3 年有期徒刑并处罚金 1—10 万元。在该案中,华美达通过其设立的"华美达—中国金融信息网",利用论坛、手机短信、电话等招揽客户,发送股票信息指导操作并约定分成;这一系列行为,均严重违反了《证券法》第 122 条"未经国务院证券监督管理机构批准,任何单位和个人不得经营证券业务"的规定。

非法证券活动涉及面广,迷惑性强,手段隐蔽,社会危害性大。如金股之王案即是以销售证券分析软件为名,在电视、互联网站进行媒体宣传的方式吸收客户,通过电话、手机短信向已购买公司软件的客户提供股票及买卖点的形式,从事非法证券投资咨询业务。2009 年以来,监管部门曝光非法机构和非法网站黑名单 600 余个,查处非法证券投资咨询、非法证券委托理财活动案件 60 余起,对净化市场起到了积极作用。

最后,从商业银行法来看,为保障我国金融交易安全和市场秩序,"商事主体类型法定"原则贯彻得最为彻底,并上升到刑法规制范畴。

根据《商业银行法》及有关银行法规规定,设立商业银行或者其他金融机构,必须符合一定的条件,按照规定的程序提出申请,经审核批准,由中国人民银行或者有关分行发给《经营金融业务许可证》,始得营业。凡未经中国

---

① 该条规定:经国务院证券监督管理机构批准,证券公司可以经营下列部分或者全部业务:(1)证券经纪;(2)证券投资咨询;(3)与证券交易、证券投资活动有关的财务顾问;(4)证券承销与保荐;(5)证券自营;(6)证券资产管理;(7)其他证券业务。
② 该条规定:证券公司经营本法第 125 条第(一)项至第(三)项业务的,注册资本最低限额为人民币 5000 万元;经营第(四)项至第(七)项业务之一的,注册资本最低限额为人民币 1 亿元;经营第(四)项至第(七)项业务中两项以上的,注册资本最低限额为人民币 5 亿元。证券公司的注册资本应当是实缴资本。
③ 载北大法律信息网,http://law1.chinalawinfo.com/newlaw2002/SLC/slc.asp?db=fnl&gid=117445318,访问时间:2010 年 2 月 1 日。

人民银行批准，擅自开业或者经营金融业务，构成犯罪的，依法追究刑事责任，适用《刑法》第174条的规定。

三、企业的法律形态：比较与选择

（一）企业的法律形态

企业的概念源自经济学、经营学，是指"经营性地从事生产、流通或服务的某种主体，作为概括的资产或者资本和人员集合之经营体，企业也可以作为交易的客体"①。

从不同角度对企业类型有不同划分。从所有制性质来分，主要有国有、集体、私营企业类别，国有企业是指企业全部资产归国家所有，并按《中华人民共和国企业法人登记管理条例》规定登记注册的非公司制的经济组织，不包括有限责任公司中的国有独资公司。集体企业是指企业资产归集体所有，并按《中华人民共和国企业法人登记管理条例》规定登记注册的经济组织。私营企业是指由自然人投资设立或由自然人控股，以雇佣劳动为基础的营利性经济组织，包括按照《公司法》、《合伙企业法》、《私营企业暂行条例》规定登记注册的私营有限责任公司、私营股份有限公司、私营合伙企业和私营独资企业。若按国家统计局、国家工商行政管理局关于划分企业登记注册类型的规定，则有下列类型：

表1-1-1 企业类型

1. 内资企业	国有企业
	集体企业
	股份合作企业
	联营企业
	有限责任公司
	股份有限公司
	私营企业
	其他企业
2. 港、澳、台商投资企业	合资经营企业（港或澳、台资）
	合作经营企业（港或澳、台资）
	港、澳、台商独资经营企业
	港、澳、台商投资股份有限公司

---

① 史际春：《企业和公司法》，中国人民大学出版社2008年版，第2页。

	续表
3. 外资企业	中外合资经营企业
	中外合作经营企业
	外商独资企业
	外商投资股份有限公司

从法律角度看，则有不同的企业类型之分，也即企业法律形态之别。所谓的企业法律形态是企业法或者商法所确定的企业组织的存在形式，它是撇开企业的经济实力、行业划分等经济区分后得到的法律意义上的企业类别。我国现行的企业法律形态，主要有独资企业、合伙企业、公司企业、合作社企业等。

（二）企业选择法律形态需要考虑的因素

在企业法律形态的选择中，一些因素不能不加以考虑。"想开办商业的人所面临的一个根本问题是哪一种商业组织对于商业利益是最适应的。有几个因素要加以考虑，这些因素包括建立的难度、出资者的责任、税收考虑和资本需要。"① 下面对影响企业设立的几种重要因素加以分析。

1. 投资者的法律责任

投资经商无不在追求个人（或团体）自身财富的最大化，但为交易安全起见，投资者的法律责任也相伴而来。比如，个人独资企业，普通合伙企业，一旦经营有所闪失，不但个人资产要用于抵债，而且合伙人也要承担无限连带责任。而在公司形态中为了刺激股东的投资积极性，使风险有所预期，对这种投资责任则进行限制，例如，有限责任公司股东对外承担有限责任，不会让股东以其他资产抵债。是故，投资者的法律责任是首要考虑因素。

【拓展知识】

有限合伙人的有限责任

有限合伙是一种类似于普通合伙的合伙企业，只是除了"普通合伙人"之外有限合伙还可以包括"有限合伙人"。普通合伙人的法律地位在几乎所有方面与普通合伙企业里的合伙人一模一样。他们拥有经营权，享受预先确定的盈利，而且在债务上承担与普通合伙企业合伙人同样的连带责任。通常在法律上，普通合伙人有表见代理权，这可以让他们用自己身份使企业加入契约。有

---

① Denneth W. Clarkson 等：《韦斯特商法学》，英文版，东北财经大学出版社 1998 年版，第 709 页。

限合伙人类似于股份有限公司里的股东,他们只有有限责任,当负债时,他们的损失不超过他们的投资资本,因此他们没有直接经营权。有些合伙契约里包含支付有限合伙人股息的条文。设立或更改有限合伙的组合时,大多数国家和地区都要求有限合伙人向有关部门登记,声明自己的资本。在代表企业时,有限合伙人必须声明自己所拥有的地位或权利,因为他们没有表见性的代理权和经营权。有限合伙人的有限责任大大激发了创业积极性,国外许多风险投资都以此为理想选择之一。

2. 设立条件、程序和费用及出资方式①

无论小本经营还是做大买卖,都须对未来选择企业形态的设立条件、程序和费用及出资方式有一考虑。例如,设立股份有限公司需有严格的条件、复杂的程序(向社会招股募集设立的需要证券主管部门审批)和较高的设立费用;相对而言,独资企业、合伙企业的设立条件较为宽松,设立程序较为简单,费用低廉;而且在出资方式上设立合伙企业允许以劳务形式出资,而公司则不可。

3. 企业的税赋问题

税赋问题直接关系企业收益。例如,独资企业、合伙企业不必缴纳企业所得税,但是其企业主和合伙人必须就其从企业盈余分配所得缴纳个人所得税。根据《国务院关于个人独资企业和合伙企业征收个人所得税问题的通知》的规定,个人独资企业和合伙企业从2000年1月1日起,停止征收企业所得税,比照个体工商户生产经营所得征收个人所得税。"合伙企业的生产经营所得和其他所得,按照国家有关税收规定,由合伙人分别缴纳所得税。"(见《合伙企业法》第6条),这样既彻底解决了"双重征税"问题,确立了合伙人依法纳税原则(合伙企业不必纳税),又在防止合伙人逃税方面作了严密规定,合伙企业取得生产经营所得和其他所得,无论是否向合伙人分配,在所不问,都应对合伙人征收所得税。而有限责任公司则应以其经营所得缴纳公司所得税,公司股东从公司取得税后利润的分配时,还要由各个股东分别就其分配所得缴纳所得税。

4. 投资者对企业生命周期的期望

投资创业者想做大做强、办成百年老店的话,需要对法律上规定的企业生命周期有一了解和长远计划。例如,有限责任公司、股份有限公司可无限永续地存在,而不受其股东生死去留的影响,如英国著名公司法专家指出股东如泰晤士河的河水川流不息,而公司一如泰晤士河永恒存在。相比而言,合伙企

---

① 具体详见表1-1-2。

业、独资企业却受合伙人、企业主的个体情况影响至深,合伙人的选择也相当重要,随时可能因为个别合伙人的退伙、死亡、破产而解散。至于具体经营期限上,法国公司法规定可以经营 99 年,我国公司法规定由公司章程自己决定。

5. 企业成员对企业的控制程度及治理成本

在独资企业、合伙企业,投资者对企业享有绝对的控制权,事必躬亲,相对减少企业运营成本;而有限责任公司和股份有限公司的股东对自己的出资和公司的财产并不享有绝对控制权,聘用代理人(董事、经理)进行公司管理,为了监督,还设立了监事机构,治理成本较高。例如,就风险投资领域的企业形式选择而言,一般公司的设立交易费用、运营管理费按国家成本会计制度的规定,可达 5%,实际往往超出这个比例,合伙企业、基金管理成本大大低于这个幅度,基金是 1.5%,合伙企业 1%—1.5%。①

(三) 几种企业法律形态的区别

不同的投资者追求的目标不同,法律形态的抉择也会受到影响。②

表 1-1-2 企业的法律形态

企业类别	有限责任公司	股份有限责任公司	合伙企业	个人独资企业	农村专业合作社
法律依据	公司法	公司法	合伙企业法	个人独资企业法	农村专业合作社法
颁布时间	1993 年 12 月 29 日颁布 2005 年 10 月 27 日修订	1993 年 12 月 29 日颁布 2005 年 10 月 27 日修订	1997 年 2 月 23 日颁布 2006 年 8 月 27 日修订	1999 年 8 月 30 日颁布	2006 年 10 月 31 日颁布
内部文件	公司章程	公司章程	合伙协定	无章程或协定	合作社章程
法律地位	企业法人	企业法人	非法人营利性组织	非法人经营主体	合作社法人③

---

① 参见朱少平在 2007 年并购重组国际高峰论坛上的演讲:《股权投资与我国合伙企业法的解读》,载新浪网,http://finance.sina.com.cn/hy/20070423/22063530834.shtml,访问时间:2007 年 4 月 25 日。

② 参见向飞、陈友春:《企业法律风险评估》,法律出版社 2006 年版,第 98~99 页,根据该书提供之表改制而成。

③ 其本质上仍属于特殊类型的企业法人,因为《农村专业合作社法》第 48 条规定,农民专业合作社破产适用企业破产法的有关规定,但是,破产财产在清偿破产费用和共益债务后,应当优先清偿破产前与农民成员已发生交易但尚未结清的款项。

续表

企业类别	有限责任公司	股份有限责任公司	合伙企业	个人独资企业	农村专业合作社
责任形式	有限责任	有限责任	普通合伙为无限连带责任，有限合伙企业中有限合伙人承担有限责任	无限责任	有限责任
投资者	无特别要求，法人、自然人皆可	发起人应是中华人民共和国境内设立的法人（不包括私营企业、外商独资企业）	完全民事行为能力的自然人，法律、行政法规禁止从事营利性活动的人除外	完全民事行为能力的自然人，法律、行政法规禁止从事营利性活动的人除外	成员构成中允许城市居民和受限制的企业、事业单位、社会团体出资加入
注册资本	普通有限责任公司最低3万元；一人公司10万元	股份有限公司最低500万	协议约定	投资者申报	有符合章程规定的成员出资
出资形式	法定：货币、实物、知识产权、土地使用权、其他可以用货币估计并依法转让的财产	法定：货币、实物、知识产权、土地使用权、其他可以用货币估计并依法转让的财产 约定：货币、实物、土地使用权、知识产权、或者其他财产权利、劳务	协议约定（注：有限合伙人不得以劳务出资）	投资者申报	未具体规定成员出资形式
出资评估	必须委托评估机构	必须委托评估机构	可协商确定或评估	投资者决定	未规定

续表

企业类别	有限责任公司	股份有限责任公司	合伙企业	个人独资企业	农村专业合作社
成立日期	营业执照签发日期	营业执照签发日期	营业执照签发日期	营业执照签发日期	营业执照签发日期
章程或协议生效条件	公司成立	公司成立（募集设立的公司须经创立大会通过）	合伙人签章	（无）	由全体设立人参加的设立大会一致通过
产权性质	法人财产权	法人财产权	合伙人共有	投资者个人所有	法人财产权
财产管理	公司机关	公司机关	全体合伙人	投资者	合作社全体成员
出资转让	其他股东过半数同意	上市交易	一致同意	可继承	未规定
经营管理主体	股东不一定参加经营，由董事会聘任经理	股东不一定参加经营，由董事会聘任经理	合伙人共同经营或推举执行合伙人管理	投资者及其委托人	经理按照章程规定和理事长或者理事会授权，负责具体生产经营活动
事务决定权	股东会	股东大会	全体合伙人或从约定	投资者个人	农民专业合作社成员大会
业务代表执行	公司机关（董事长或经理、执行董事），股东无权代表	公司机关（董事长或经理）、股东无权代表	全体合伙人或执行合伙人	投资者或其委托人	理事长为法定代表人
利亏分担	出资比例，可以例外协议	按出资比例	约定，未约定则按实际出资比例，无法确定出资比例的，则平均分配、分担	投资者个人	农民专业合作社与其成员的交易、与利用其提供的服务的非成员的交易，应当分别核算。

续表

企业类别	有限责任公司	股份有限责任公司	合伙企业	个人独资企业	农村专业合作社
解散程序	先清算、注销并公告	先清算、注销并公告	先清算后注销	注销	先清算后注销
解散后义务	无	无	5年内承担责任	5年内承担责任	无

不同的企业法律形态没有绝对的优劣高下之分，法律仅是因人而异地提供更多的菜单选择而已。

以寻求"小投资、效益快"且谋求对企业的直接控制权为目标者，独资企业是最有利的形态。这种企业的成员既是出资者，又是经营者，彼此间具有很强的人身信赖关系，企业整体凝聚力、向心力较强，易守商业秘密，投资者单独或者共同地享有决定企业一切事务的权利，可以直接将个人意志贯彻于企业经营中，比较符合以投资者的个人能力或者技术作为重要经营手段的小规模企业的需要，一般具有投资周期短、见效快的优势。其不利之处在融资信用弱，而且由于我国尚未建立个人破产制度，为避免投资人转移风险，逃避责任，不允许独资企业宣布破产，因而，独资企业的经营者风险较大。

从投资者安全和个人偿债责任来看，有限责任公司、股份有限公司为最好的选择。这两种公司的股东只承担出资额范围内的有限责任，从而有效地限制了投资风险。另一方面，股东的股份可以比较自由地转让，可以通过股份的转让收回投资，转移风险。合伙法中对有限合伙人的个人偿债责任使得有限合伙的抗风险能力介于普通合伙和公司之间。总之，公司股东及有限合伙人的个人偿债责任均是有限责任形式，此为创业者化解投资风险的奥妙所在。

以广泛聚集资金、兴办大型企业为目标者，股份有限公司融资上市是较好选择。一方面股东投资承担有限责任，减少了风险，另一方面，它以其股票发行的广泛的社会性和公开性以及对不同数量投资的兼容性，使其能够聚沙成塔、集腋成裘，广泛吸纳社会闲散资金，注入生产领域，把小规模的独立经济活动瞬间变成社会化大生产，从而实现规模效益。不过，设立股份有限公司及融资上市的费用、管理成本比较高，财务披露严格，而且受到市场严格的监督，经营秘密保护难度加大，控制权也易被转移，因此对公司治理结构的完善提出了更高的要求。

此外，在推动农民建设现代农业经营组织，参与国内外市场竞争方面，农民专业合作社作为重要的农村市场主体，提供了"服务农民、进退自由、权利平等、管理民主"的重要平台。

总之，透过法律对各种企业的不同规定，可以发现，每一种企业法律形态对投资者都有利有弊，权利与义务、利益与风险常结伴而行。创业者可以根据自己的实际情况作出明智选择。

本章小结

市场经济条件下，商事自由体现了商事主体（个人和组织）在经济领域的发展空间，是推动现代社会经济发展的不可或缺的动力和源泉，其包括财产自主、交易自由、营业自由、竞争自由。其中营业自由主要包括营业时间自由、营业地点自由、营业方式自由、营业内容自由、用工自由、投资自由以及停业自由等。营业自由在西方近代即被确立为一项重要的宪法基本权利。在我国宪法上只是规定了劳动权，营业自由缺失。在商事自由的理念指引下，法律激励创业者的能量可释放到最大限度，它是创造社会物质和精神财富的前提，它让社会充满潜力、活力和希望。对于立法者而言，应以自由、效率的理念来考虑商事法律制度安排问题；对于企业经营者而言，应以营业自由的思想武装头脑，进而在既定的制度约束条件下，作出相应的经营决策和管理。

商事主体的法定原则包括主体类型法定、程序法定、内容法定。商人法律形态采取法定主义，这对于市场主体地位的获得、经济秩序的安全保障具有至关重要的意义，商事主体的自由选择总是在法定条件下作出自己的判断。我国目前仅有有限责任公司、股份有限责任公司、合伙企业、个人独资企业、合作社法人等企业形态，与发达国家相比，大有完善之必要，应当在法律安排上适当超前发展些。商事主体法定形态越丰富多样，创业者选择企业类型的自由度就越大，创业者根据实际需要作出决策的自主性就越高。

思考与练习

1. 简述法律上商的含义。
2. 从商法理论与实践上如何理解经商自由？
3. 何谓商事主体法定原则？我国立法上如何贯彻与完善？
4. 企业法律形态有哪些？试从风险、责任、治理的角度比较其各自优劣。
5. 设立企业考虑的因素有哪些，结合创业实际谈谈选择企业组织的体会。

案例分析

1. E在其土地上，经营一家供膳宿的小旅馆。与其结仇的邻人不是E的营业竞争者，每天一大早把几条狗放在自家花园里，使其冲着E旅馆，不停蹦跳狂吠，驱赶 E 的客人。此举是否构成侵权？应当赔偿吗？

2. 阅读下面的案例，思考如何防范违反主体法定原则（企业注册资本的强制性规定）引发的法律风险？

汇通公司于 2005 年 9 月 23 日成立，注册资本为人民币 1000 万元，张新锋为公司的法定代表人。2006 年 4 月，汇通公司为获省级物流基地经讨论决定增加注册资本，找到某投资咨询公司的蒋某、周某，请他们代为办理垫资验资及增加注册资本的变更登记。此后，蒋某、周某又委托某工程造价咨询公司法定代表人、某会计师事务所负责人高某为汇通公司进行验资及到工商部门办理变更登记，高某为汇通公司开具现金缴款单 15 张，同时又通过会计师事务所出具了虚假验资报告三份，并为汇通公司办理了增加注册资本 2800 万元的变更登记。汇通公司虚假增资 2800 万元后，由于资金周转不畅，负债累累，部分债权人于 2008 年 8 月 5 日申请破产清算。法院审理后认为，被告单位江苏省汇通物流有限公司违反国家关于公司登记管理的法律规定，使用虚假证明文件，虚报注册资本数额巨大、后果严重，其行为已构成虚报注册资本罪；被告人张新锋作为被告单位的主管人员，负有直接责任。据此，法院以虚报注册资本罪判处被告单位汇通公司罚金人民币 46 万元，公司法定代表人张新锋有期徒刑 1 年 6 个月，缓刑 1 年 6 个月。

3. 有限合伙人与普通合伙人不同，有限合伙人并不参与有限合伙企业事务的执行。阅读下面的案例，请问其他合伙人的说法是否正确？

甲是一名从事建筑材料销售的个体工商户，同时也是一刚成立的从事建筑施工的合伙企业的有限合伙人。日常交易中，甲将自家生产的一些产品销售给了合伙企业。有些合伙人认为，甲作为企业的合伙人不能与企业进行交易。其实，甲是以正常价格将自家产品销售给合伙企业的，且当初订立合伙协议时并未禁止或限制合伙人与本企业的交易。

第二章 商事人格与营业能力①

2006年7月7日,广西南宁梁某用"色狼回心转意"的网名,在南宁时空驴行驿站发帖邀人去郊县森林旅游,费用AA制,每人60元左右。帖子一出,即有网友13名附和参加。不料7月9日夜晚露宿赵江峡谷时山洪暴发,一个网名叫"手手"的骆姓女孩被洪水冲走,罹难身亡。其后,手手的母亲状告驴友,要求另12名驴友赔偿35万元。10月19日,南宁市青秀区人民法院开庭审理了这起我国首例遇难驴友家人状告一同出游的驴友案,并判决受害人手手、被告梁某与另外11名驴友按2.5:6:1.5的责任比例来承担该案的民事赔偿责任。被告梁某赔偿原告死亡赔偿金、精神损害抚慰金等约计16.3万元,被告陈某等11名驴友连带赔偿约4.8万元。该判决一出,令全国户外旅游界及法律界哗然;12名驴友不服,上诉至南宁市中级人民法院。2007年3月13日,案件在市中级法院开庭审理。二审其间,法院曾试图调解,但无结果。2009年2月25日,市中级人民法院最终作出了改判。②

时下探险性户外旅游蔚然兴起,上述案例本质上触及此类旅游网友散户或俱乐部之类团体是否像正式注册登记的旅行社一样具备商事人格的问题,因为具备商事人格的商事主体一旦违反义务性规定(要求主体注意义务更高),承担的责任应更严重些③,之所以作如是价值取向,显然是为了安全保障起见。

---

① 这里冠曰"商事人格",乃因其为"商事人格权"享有之前提,业内对后者的研究方兴未艾。本书虽也主要阐述"商事人格权"(商号权、商誉权)等内容,却以"商事人格"为标题,一是为了与"营业能力"对称,二是表达本书这样的立场:"商事人格权"以"商事人格"的确认为条件,否则,皮之不存,毛将焉附?至于为何采"营业能力"之说,主要是借用了王保树教授书上受日本学者表达之概念(王保树:《商法总论》,清华大学出版社2007年版),其与坊间通称的"商事能力"无异(参阅董安生等:《中国商法总论》,吉林人民出版社1994年版;赵万一主编:《商法》,中国人民大学出版社2001年版;高在敏等编著《商法》第三章第二节"商事人格与商事能力",法律出版社2006年版,第62页)。

② 莫小松:《广西首例自助游引发赔偿案二审宣判驴友适当补偿"手手"父母》,载《法制日报》2009年2月27日。

③ 在商法领域中,传统民法尊崇的个人责任和补充责任转化为各种形式的加重责任,连带责任和严格责任成为商事责任的典型形式。例如,《日本商法典》第594条规定:旅店、饭店、浴室等以招徕顾客为目的的店所的主人,对其接受顾客寄托物品的灭失或毁损,非证明其系不可抗力所致,不得免除损害赔偿责任。而民法中有偿保管人对保管物的毁损灭失一般承担过错责任。出于同样的考虑,对中介人、仓储者、海运者也基于业务的种类严格确定其具体义务。又如,《韩国商法》第62条规定:"商人在其营业范围内代管物品的情形下,即使未领取报酬,也应尽善良管理人的注意义务。"

不过，在我国现行法制下，高度风险户外探险运动中的责任主体追责以民事裁判思维为准，当符实际，因为驴友俱乐部实行费用 AA 制，驴头也根本不具备"营业能力"，故也不应涉及商事严格责任问题。

本章引此案例旨在转入"商事人格和营业能力"的探讨，企业经营者需对商事人格（权）及营业能力（营业资格）的相关立法与法理有所了解，才能在商海鏖战中更好地维护自己的权益。

一、商事人格

商事人格是对商事主体资格的法律确认，是享有商事人格权的基础和前提。

（一）从人格、人格权到商事人格、商事人格权

欲了解商事人格，得先从民法上的人格理论说起。在现代民法中，人格即被理解为法律主体资格。[①] 但其在不同的历史时期在不同国家有不同的内涵。

在罗马法中，一个人必须具有自由权、市民权、家族权组成的身份状态（persona）时才算是拥有了人格（caput）。"古罗马时的人格是一个公私法兼容、人格身份并列、财产关系和人身关系合而为一的概念"。[②] 1804 年的《法国民法典》中，个人自由主义高涨，个人与国家间存在的各种团体均被有意忽略，民法典没有赋予社团或财团以主体资格。随着商业活动频繁发生并呈现渐强之势，商业团体的主体资格终于在 1807 年的《法国商法典》里得到承认；嗣后，1978 年《法国民法典》修订，正式承认了法人的民事主体地位。[③] 与法国不同，在《德国民法典》制定之际，商业活动已经非常发达，并在社会经济生活中发挥越来越大的作用，德国立法者受到经济共同体思想与社会连带观念的影响，承认了法人的主体地位。但是，德国民法弃"人格"而采用"权利能力"作为判断主体适格的标准，使法人与自然人通过权利能力的适格判断标准成为法律关系中的主体。[④]

[①] 徐国栋：《寻找丢失的人格——从罗马、德国、拉丁法族国家、前苏联、俄罗斯到中国》，载《法律科学》2004 年第 6 期。

[②] 姚辉：《人格权的研究》，载杨与龄主编：《民法总则争议问题研究》，台湾五南图书出版公司1998 年版。

[③] 法国于 1978 年 1 月 4 日经 78-9 号法律修正了《法国民法典》第 1342 条规定："除第三章规定的未登记商业联合之外的商业联合，自登记之日起具有法人资格。登记以前，参加商业联合的个人之间的关系应遵守合伙契约及适用于契约及债务的法律的一般原则。"

[④] 这是因为德国民法以伦理上的人为核心概念，如果采用"人格"作为主体的资格，会导致整个法典精神上的不统一。而且德国法通过创造权利能力概念取代人格，力图将人格私法化，以淡化人格久远的由公法赋予的因素。

人格权是指民事主体依法所固有的、以人格利益为客体的、为维护主体的独立人格所必备的权利。人格与人格权一直以来被等同视之，其表现是将人格定义为各种具体的人格权——名誉、姓名等具体的人格权利益。事实上，人格是一种法律主体资格，人格权是一种民事权利。人格始于古罗马法，但人格权则是19世纪才产生的概念，两者并不相同。人格基于人的平等、尊严价值，其不能移转、不能带有经济利益；但与人格分离的人格权则作为一种民事权利，具有转移和利用的可能性。基于此，本书将人格权与人格分离而论。

正如民法上的人格与人格权相区别，商事人格也应与商事人格权区分开来。所谓"商事人格"是指依法确认和取得的商事主体资格。在商人自由从商的前国家商事立法时期，商人可能获得民事人格①，但没有取得商事人格。在商人习惯法逐渐纳入国家法，欧陆诸国遂开始了商事成文法的编纂运动，终于在国家法上确立了从事商事经营活动并以此为业的商人阶层的商事人格。正如有论者指出的，"商事人格法律创制"已成为从事商事营业所必须具备的首要条件。即：具有一般人格——民法人格者，如果要从事合法的、持续的营利性经营活动，必须依法获得特殊人格——商法人格。② 总之，商事人格需要商事立法上的确认，也成为商事人格权形成的前提。

【拓展知识】

商事人格构成的法律要件

商事人格为法律对商事主体之拟制及确认之结果，因而需具备一定法律要件：

1. 名义独立。无论是何种商事主体类型，包括商自然人、商合伙、商法人，都必须拥有自己的姓名或名称。名义独立，不仅将商事主体与不具有独立资格的商业组织内部机构、商业辅助人区别开来，还能将其与民事主体及其他商事主体相区别，并能够以此名义与第三人发生法律关系。对于商自然人而言，既可以以自己的姓名作为商号，也可以另起商号；对于商合伙、商法人，意味着能够以组织的名称与第三人进行商事活动，而非以法定代表人或组织成员的名义。

2. 资产独立。指商事主体都拥有独立于投资者的财产。按股东出资与公

---

① 还有论者指出，商事人格不同于民事人格，民事人格是对事实的反映，只要有生命存在就有人格。商事主体人格的形成是有条件的，不能自然形成。参见中国法学会商法学研究会2004年年会樊涛发言简报，http://cn-commerciallaw.org.cn/nianhui_3.htm。这种观点虽对民事人格存在一定误解，因为民事人格存在也是以民法的确认为前提的，但这种观点看到，商事人格需要一定（商事法律）条件才予以生成是可取的。

② 李康宁：《论民法与商法的理性品格》，载《理论与现代化》2003年第1期。

司财产的"资产分割"理论,商事组织法界定了可用于满足企业债权人求偿权的"资产池",企业也只有借助资产分割功能,才能确立独立的资产,成为真正的市场主体。① 如我国公司法上对一般有限责任公司的设立要求注册资本最低为 3 万元,一人有限责任公司为 10 万元;对商个人、商合伙而言,尽管我国商事立法并未法定最低资本要求,但这些商事主体在其登记成立和从事商事活动时只有拥有独立的财产,才有从事商事活动的物质基础,才有可能从事商事经营活动,从而成为一个商事主体。

3. 经营自主。商事主体能按照自己的意愿,自主选择交易活动。对商个人而言强调不受他人制约,对商事组织体而言强调对外发生商事关系,是组织体的共同意志而不是个人意志或成员意志的简单相加。唯如此,方得商事人格利益之产生。

4. 责任独立。人格独立,方有责任独立之承担。商事主体作为一个具有独立人格的经营主体,亦相应地独立承担其经营的责任。譬如,商法人中股东出资者以出资额为限承担有限责任,企业法人以其全部财产对其经营后果承担独立责任。商合伙先以其全部财产承担相对独立责任,不足部分由合伙承担无限责任。商个人虽以其个人所有的财产对自己的行为后果承担责任,但一般先以其经营财产赔偿为主,商个人的资产相对其生活资料仍有一定独立性。

商事人格权是指商事主体为维护商事人格利益而享有的一系列商事权利之总称,包括商号权、商誉权、商业秘密权、信用权等,它是独立于民法上的人格权、财产权之外的,继知识产权之后出现的兼具商事人格与财产双重属性的新型权利。

这里,我们要把其与传统人格权的商业开发利用区别开来,如有观点主张,商事人格权是指"公民、法人为维护其人格中兼具经济利益因素在内的,具有商业价值的特定人格利益——商事人格利益而享有的一种民商事权利"②。这种定义不恰当地将"人格权商事化"现象等同于"商事人格权"。

【相关案例】

刘翔肖像权诉讼案③

2004 年 10 月,北京《精品购物指南》在一期封面上采用了刘翔在雅典奥

---

① 李清池:《商事组织的法律结构》,法律出版社 2008 版,第 55 页。
② 程合红:《商事人格权———人格权的商业利用与保护》,载《政法论坛》2000 年第 5 期。
③ 王晓东:《刘翔肖像官司孰是孰非》,载人民网,http://www.people.com.cn/GB/shehui/1061/3048790.html,访问时间:2009 年 12 月 12 日。

运会跨栏比赛的图片，北京中友百货在该期报纸上做了封面广告，《精品购物指南》网站同时刊登了这期报纸的封面。2004年11月24日，刘翔委托其律师以侵犯其肖像权为由将《精品购物指南》及其网站经营者、商标持有人和北京中友百货有限责任公司告上法庭，提出了索赔125万元等要求。2005年5月18日，刘翔曾申请撤诉，但被北京海淀区人民法院驳回。

北京市海淀区人民法院于2005年5月25日就此案作出判决，判定原告刘翔败诉。法院在判决书中说，经过审理，法院认定《精品购物指南》获得刘翔在奥运会赛场形象的图片来源合法，其为回顾2004年具有影响的事件，进行的回顾性报道中使用刘翔在公共领域的肖像，并非用于广告，属于合理使用。被告的行为不构成侵犯刘翔的肖像权，因此驳回了刘翔的诉讼请求。

本案因刘翔的明星效应引起社会广泛关注，有以下几点值得关注和思考：(1) 人格权益的经济利益问题可以借鉴美国公开权的思路来解决；(2) 名人"形象公开权"的商业利用与商事主体享有的商事人格权的开发利用应作区别；(3) 公众人物的人格权为公益需要应有一定的限制。

对于那些不以商业活动为业的人而言，其人格的财产价值通过对自然人的姓名、肖像乃至声音等人格标识的商业利用得到挖掘与展现①，是对传统人格权中忽视人格利益具有经济利益属性的一大修正。对这种作为民法主体上的人格权的商事化利用，有人提出"商品化权"的概念予以解释②，但追根究底仍属于民法上的人格权范畴。在美国，此权利被表述为"形象公开权"，是对名称、肖像等代表形象的标记进行商业利用的一种独占权，应划入知识产权领域。③ 可见，一般自然人的"人格权商事化"不能等同于商法上的商事人格权。④

---

① 即人格标识的拥有者，通过授权许可他人以商业目的利用自己的这些人格因素而获取价金，被授权使用人也从使用活动中获取商业上的利益。例如，借用名人的姓名、肖像做广告，以推销商品；授权他人使用自己的姓名做企业的名称；将他人的肖像、姓名印在挂历、T恤衫、玩具等商品上以增强对顾客的吸引力。

② 该观点认为"商品化权"的含义为"真实人物将其姓名、肖像或其他表明其身份的个体特征授权他人用于商业使用，并禁止他人未经授权进行商业使用的权利。"参见杜颖：《论商品化权》，载梁慧星主编：《民商法论丛》（第13卷），法律出版社2000年版，第5页。

③ 所谓的"形象公开权"是指个人，尤其是公众人物或知名人士，对自己的姓名、肖像及其他类似物的商业性利用行为实施控制或制止他人不公平盗用的权利。参看刘丽娜：《论美国形象公开权对名人姓名的保护》，载《电子知识产权》2005年第6期。

④ 范健、王建文：《商法基础理论专题研究》，高等教育出版社2005年版，第236页。

【背景资料】

商事人格权的定义之争及法律属性

关于商事人格权的定义，有两种代表性观点。一种理解认为，所谓商事人格权，是指公民、法人为维护其人格中包含经济利益内涵在内的、具有商业价值的特定人格利益——商事人格利益而享有的一种民（商）事权利。这种观点就是正文所提及的将"人格权商业化"纳入商事人格权。[①] 另外一种理解认为，所谓商事人格权，指的是商主体所特有的经法律确认而以商事人格利益为客体的商主体之商事法律人格所必备的基本权利。笔者倾向于后一种观点，商事人格权是指商人经法律确认的以实现或实践商人人格的权利。

商事人格权作为商事主体特有的人格权，乃商事主体维持其法律人格所不可或缺者。但商事人格权毕竟为商主体所专有的人格权，不可能具有自然人所享有的人格权中的物质性人格权——生命权、身体权与健康权，也不可能具有所谓"精神性人格权"。因此，有学者提出，商事人格权只能在商法的体系内获得解释。也就是说，商事人格权作为商主体所专有的权利，只能解释成一种独立的商事权利，应在商法典或类似商事立法中予以明确规定。[②]

（二）商事人格权的特征

"商事人格权"作为一个尚未正式见之于商法教科书的新概念，它的提出，是基于商事主体享有各种人格利益的实践需要。其特征主要体现在：

1. 商事人格权为商事主体所享有，其以商法上对商事主体之商事人格确认为存在基础和前提。在我国，法人、合伙组织以及个体工商户一般须经商事登记取得商事人格身份，其中法人、合伙组织商号以及个体工商户的字号登记为必备登记事项。

2. 商事人格权是商事主体对其商事人格利益进行商业化利用的过程中产生的权利。[③] 其不仅为区分商事主体提供不同的营业标记，而且由于商事主体在长期商事活动中创造性的劳动，使得这些营业标记成为其商业名誉及商业信用的载体。它不仅对权利人而言具有财产价值，也能为他人合法利用并带来经济利益。

[①] 程合红：《商事人格权刍议》，载《中国法学》2000年第5期。

[②] 范健、王建文：《商事人格权论纲》，http://www.civillaw.com.cn/article/default.asp?id=13599#m3，访问时间：2009年12月5日。

[③] 张愈希：《商事人格权的界定》，载最高人民法院网，http://rmfyb.chinacourt.org/public/detail.php?id=103039，访问时间：2009年11月22日。

3. 商事人格权所保护的客体是商事人格利益。所谓商事人格利益，是指商事主体在商事活动中包含经济利益在内的特定人格利益。它与传统人格利益最大的不同，就是它具有财产属性，其经济价值的内涵能够为权利主体带来收益。商事人格利益的财产价值可以货币形式表现，主要有：(1) 许可使用费，如个人姓名、肖像许可他人进行商业性利用的费用。(2) 转让费用，如商号、商誉、商业秘密等可以进行转让，转让价格当事人双方在合同中可自行约定。(3) 投资作价。以自己的姓名、名称和信用作为投资在很多国家得到法律许可，尽管我国 2006 年 1 月 1 日实施的《公司注册资本登记管理规定》第 8 条规定，股东或者发起人不得以劳务、信用、自然人姓名、商誉、特许经营权或者设定担保的财产等作价出资，但实践中，被挂靠组织允许企业挂靠经营其实即是一种变相的信用投资。① (4) 企业合并、分立、破产时的评估价值。商事人格利益的获利能力是确定其价值的重要因素。

4. 商事人格权具有可转让性和继承性。传统民法的人格权具有专属性，一般不可转让、不可继承。而商事人格权作为一种能够给权利人带来经济利益的、具有财产价值内容的权利，具有可转让性，能够成为可继承的一项权利。商事人格权的转让客体——商事人格利益也是一种经济资源。在市场经济条件下，资源应流向最能发挥其效用的地方，由价值规律决定其配置。人为限制商事人格利益转让和流通，是违背市场经济规律的。

5. 商事人格权有特殊的救济方式。商事人格权特殊的法律属性，导致其受到侵害的方式具有特殊性，其救济方式也表现出综合性、多种类并以财产权保护方式为主的特点。(1) 对商事人格权受到侵害时的救济，以财产损害赔偿为主。而且，这种财产损害赔偿除了适用侵权法上的基本原则外，在许多具体问题上还要适用反不正当竞争法以及商标法等特别法。(2) 对商事人格权受到侵害时的救济通常以财产损失为限，并不包括精神损害赔偿。(3) 对商事人格权的保护可以适用一些传统人格权受侵害时的责任方式。因为商事人格利益是包括人格因素和财产因素的复合利益，其人格因素决定了当商事人格权受到侵害时，可以适用一些人格权的救济方式，比如停止侵害、赔礼道歉、消除影响等。

(三) 商事人格权的分类

学界在对于商事人格权的分类上也有不同的理解，代表性观点主要有三

---

① 许多被挂靠组织尽管未向挂靠企业进行有形资产的投入，其信用却被挂靠企业实际利用，挂靠企业通过挂靠关系获得了他人所无法获得的经营资源和条件，被挂靠组织由此而取得管理费等名目的收益，进一步主张投资者的权益也是顺理成章的逻辑。

种：有学者认为商事人格权包含了商号权、商誉权以及商业形象权[①]；有学者认为商事人格权的客体包括自然人姓名或肖像等商业标识、商号、商誉、信用、商业秘密；另有学者认为商事人格权包括名称权、名誉权、荣誉权、商业形象权、商业秘密权[②]。

本书认为，商事人格权应当包括：（1）商号权（企业名称权）；（2）商誉权（名誉权）；（3）荣誉权；（4）商业形象权（如企业的形象设计等，具有标示作用，并具有一定的经济价值）。这里仅对商号权、商誉权这两种学界无异议的具体商事人格权作一介绍。

（四）商号、商号权及其保护

商号，又可称为商事名称、商业名称，指的是商主体在从事商行为时所使用的名称，即商主体在商事交易中为法律行为时，用以署名或让其代理人以之与他人进行商事交往的名称。它是企业对外交易的重要标识之一，在商事经营中用来彰显自己以区别于其他企业。商号的正当使用人用商号来表示其营业的统一性、独立性、持续性等。

【背景资料】

商号、字号、企业名称

在我国，商号的法律渊源主要有《民法通则》、《企业名称登记管理规定》以及其他单行法规与部门规章。但是这些法律文件对商号的界定很不清晰。《民法通则》在规定法人、个体工商户、个人合伙享有名称权的同时，又将个体工商户、个人合伙的名称称为"字号"；《企业名称登记管理规定》第7条则规定："企业名称应当由以下部分依次组成：字号（或者商号，下同）、行业或者经营特点、组织形式。"显然，我国法律将字号等同于商号，根据《企业名称登记管理规定》商号乃企业名称的核心组成部分，而《民法通则》又将字号混同于企业名称，导致了商号使用上的混乱。

1. 商号的功能

（1）商号是商主体法律人格的彰显

作为企业特定化的标志，商号是商事主体具有法律人格的表现。商号因为具有特殊的身份标示功能和识别价值，总是与特定的商事主体相联系，因而商

[①] 程合红：《商事人格权论：人格权的经济利益内涵及其实现与保护》，中国人民大学出版社2002年版。

[②] 范健、王建文：《商法的价值、源流及本体》，中国人民大学出版社2007年版，第十四章。

号权具有很强的人身权的属性。

【相关案例】

银商中国与银商集团商号权之争①

从 2005 年 6 月始，杨彪在哈尔滨分别设立了以"银商"为商号的四家公司。2006 年 8 月，为了拓展全国业务，杨彪在上海注册了上海银商实业股份有限公司（银商中国），公司地址设在中国银联上海分公司的楼下。2006 年 10 月 23 日，银商中国向国家工商总局提出申请，被核准使用"银商科贸股份有限公司"的企业名称，并取得了《企业名称预先核准通知书》。同日，国家工商总局在其网页上对该名称予以公告。由此，杨彪在先取得了以"银商"为字号的企业名称使用权。

2007 年春节前夕，杨彪在国家工商总局的网站上发现又有一家以"银商"为名称的公司成立了，而这一家银商集团正是自己楼上的"邻居"————中国银联在上海市的子公司银联商务有限责任公司变更而成。2007 年 4 月 20 日，银商中国向国家工商总局提请行政复议，请求驳回银联商务有限责任公司将企业名称变更为"银商（集团）有限公司"的申请。然而 4 月 27 日，银商（集团）有限公司竟在全国正式挂牌成立了。

杨彪创办的银商中国作为国内成立最早、规模最大的民营个性化金融支付平台，目前的业务已经暂停。商号之争给他下一步申请许可、牌照设置了很多障碍，"现在什么都不能做了，做好了也是帮助了对方；同样对方做得不好，也会坏了自己的品牌"，杨彪的感叹和银商中国的遭遇说明我国商号保护制度亟待完善。

（2）商号能为企业带来经济利益

作为商主体的资信状况、营业风格、特色的象征，商号也是商事主体特定信誉的表现，商号的使用能为其所有者带来一定的经济利益，故商号权具有突出的财产价值。

（3）商号是建立消费信赖的基础

商号在现代市场经济中的地位越来越重要。② 商号之所以如此重要，原因在于"名字里包含了产品的承诺"，消费者通过商号认识企业，企业通过商号

---

① 贾林男：《银商与中国银联商号之争》，载《中华工商时报》2007 年 5 月 23 日。
② 可口可乐公司的总裁曾戏言，即使可口可乐公司在一夜之间被大火化为灰烬，依靠可口可乐这一品牌，公司可以很快东山再起。

向消费者传达信息,商号是架立在企业与消费者之间的桥梁。没有商号,消费者便难以区别市场上繁多的商品及服务,难以建立消费信赖。商人对于自身商号及商号权的维护,就是维护商人自身的存在。

【相关案例】

"蒙牛酒业"商号 vs. 蒙牛驰名商标[①]

2004 年 8 月,浙江义乌一经销商打电话向蒙牛乳业公司投诉,说蒙牛酒业昂格丽玛江浙沪销售总公司(下称"蒙牛酒业")在招商中存在欺骗行为,而且蒙牛酒业的有关人员也解释说蒙牛酒业就是蒙牛乳业下属的公司。此一投诉让蒙牛乳业大吃一惊。紧接着,上海、江苏等地的投诉不断。经呼和浩特市工商局到江浙沪地区调查、走访,发现反映受骗的经销商大多是冲着蒙牛乳业这个国家知名品牌而来,其受骗的理由也大致相同,涉及的金额多达几百万元。

在蒙牛乳业公司的"蒙牛"商标权与蒙牛酒业公司的"蒙牛"商号权的这起典型的权利冲突案例中,解决冲突的首要原则应当是在先权利原则。蒙牛酒业于 2001 年 8 月 7 日注册成立,而此时"蒙牛"(乳业)早已是全国驰名商标,根据当时生效的《驰名商标认定和管理暂行规定》和现行的《驰名商标认定和保护规定》,蒙牛乳业的在先的"蒙牛"驰名商标权应当足以阻止蒙牛酒业公司在后登记其"可能欺骗公众或者对公众造成误解"的"蒙牛"商号,也足以对抗在后蓄意"傍名牌"登记注册的蒙牛酒业的"蒙牛"商号权。换言之,第一,当初就不应当让蒙牛酒业公司在后登记"蒙牛"商号。第二,目前应当撤销蒙牛酒业公司已经不正当登记了的"蒙牛"商号。

2. 商号权的性质

商号权是指商事主体的名称权,只有商号权才能准确地反映出商主体的特殊属性。任何法律主体都必然要以一定的名义标识,并凭借该名义参与社会活动。在自然人,用以标识的名义为姓名;在公法人,其名义为相应机关名称;在商主体则为商号。

由于商号是商主体出于营利目的而创设使用的一种有别于一般民事名称的特殊名称,作为商主体的资信状况、营业风格、特色的象征,商号的使用能为

[①] 史万森:《权利冲突和制度缺失,呼市两蒙牛商标商号顶牛》,载《法制日报》2005 年 11 月 21 日。

其所有者带来一定的经济利益,因此,为保护商号所有人对其商号中蕴含的财产利益的享有,法律上一般规定,商号一经登记,便取得受保护之专用权。

不过,在对这种商号权的法律性质认识上,观点不一,主要有:(1)人格权说。此说主张商号权为人格权的一种,主要因为商号为业主表彰自己的名称,与姓名权实质无异,与自然人一样,商事主体均有权决定、使用和依照规定改变自己的名称,禁止他人干涉、盗用和假冒。自然人有其思想意志,有自己人格,商事主体也一样有意志、有人格,因此商号权与姓名权一样,应划入人格权之列。① (2)财产权说。此说主张,商号一经商事主体登记后享有专有权,此权利与商誉的维护息息相关,商誉包含一定经济价值和社会价值,属于无形资产,此项权利可以转让、继承,而作为人格权的名称权是不能作为转让或继承的标的的。② (3)折中说(或双重性质权利说)。该说认为,商号权一方面有姓名权的排他效力,另一方面又可作为财产权进行转让和继承,因而兼具人格权与财产权的特性。③ 其理由在于:一是商号作为表示自己名称之用,是具有独立人格之基础,所生之权具有人格权之特征;二是商号和营业商誉等联系在一起,具有财产价值,可成为转让、继承之物,在这个意义上,商号权又归属财产权;三是国际公约上,把商号权视为知识产权(工业产权)的一种,如《保护工业产权巴黎公约》及一些国家的国内法将商号纳入知识产权之列。而知识产权通常被认为兼具人格权与财产权的性质。因此,将商号权定位于人格权与财产权相结合的一种权利更有道理。

3. 商号权之限制

(1)商号权具有严格的地域性。除全国驰名的大企业的商号可以在全国范围内享有专用权外,其他商主体的商号具有严格的地域性,甚至比一般工业产权更具地理范围之限制,诸如商号权的排他效力、救济效力只被限制在特定的省、市、县范围内。

(2)商号权转让受一定制约。为保障商号的社会公知、商事交易安全,避免与他人混同或致人误解,各国立法均对商号权转让作了一定限制,这种限制其实与商号权的人格权性质分不开。这种限制主要有两种立法模式:一是不得单独转让,即商号必须与营业本身一同转让,不得单独转让。《瑞士债务法》第 953 条规定,一个已存企业的受让人必须为该企业重新选定商号。但如果经转让人明示或默示同意,受让人可保留原商号,只是得增加他是原企业

---

① 杨立新:《人身权法论》,中国检察出版社 1996 年版,第 448 页。
② 龙显铭:《私法上人格权之保护》,中华书局 1948 年版,第 89 页。
③ 王利明等:《人格权法》,法律出版社 1997 年版,第 98 页。阮赞林:《商号权的几个问题探讨》,载《商业经济与管理》2001 年第 5 期。

的受让人字样。日本《商法典》第 24 条规定,商号限于和营业一起或废止营业的情况下,可以转让,如果原营业继续存在,则商号不得单独转让。在普通法系国家,商号为商誉的一部分,可随商誉一同转让,但不得单独转让。二是可以单独转让。这种立法以法国为代表。法国立法认为,商号为商业资产的一部分,可以自由转让,但商号转让后不得用于签名。

我国法律规定遵循"商号不得单独转让主义",即商号的转让,必须与商事主体自身一起转让。如《企业名称登记管理规定》第 23 条规定,企业名称可以随企业或者企业的一部分一并转让,企业名称只能转让给一户企业。企业名称转让后,转让方不得继续使用已转让的企业名称。转让方与受让方应签订书面合同或协议,报原登记主管机关核准。

值得注意的是,商号权转让涉及第三人利益时,如果新商事主体继续沿用原商号,对于原商事主体提供过信贷或享有对抗原商事主体的其他权利的善意第三人,各国立法均规定新商事主体必须对原商业债务承担法律责任。

【相关案例】

"吴良材"企业老字号争夺纠纷[①]

吴良材有限公司创始于清朝康熙五十八年(1719 年),其前身为"澄明斋珠宝玉器号",1806 年传到吴良材手里后,加挂招牌"吴良材眼镜店",以定配、定制眼镜为主。1926 年,该店传至吴良材第五代后人吴国城经营,取名吴良材眼镜公司。1956 年,吴国城将吴良材眼镜公司公私合营。在 20 世纪 90 年代,公司又先后改名为上海吴良材眼镜商店、上海吴良材眼镜公司、上海三联商业集团吴良材眼镜公司和上海三联(集团)有限公司吴良材眼镜公司。经营过程中,公司将"吴良材"注册为商品和服务商标,并在 1993 年被国内贸易部评为"中华老字号"。

2001 年 3 月,吴国城子女吴自生等人在上海开设"吴县市上海吴良材眼镜有限公司静安分公司"。"三联吴良材眼镜公司"以侵犯其"吴良材"商标专用权为由,向工商部门投诉,工商部门对吴自生开设的公司进行了查处,并责令停止使用上述名称。吴国城、吴自生等人向上海市第二中级人民法院起诉,认为"吴良材"不仅是吴氏家族前辈的姓名,而且成为吴氏家族进行经营的品牌字号,同时也是吴氏家族的一项无形资产。"吴良材"三

[①] 陈忠仪、倪慧群:《上海终审一起企业字号权纠纷:判决原告不享有"吴良材"老字号使用权》, http://www.chinacourt.org/html/article/200212/26/27764.shtml,访问时间:2009 年 12 月 26 日。

个字已经成为吴氏后人精神生活的重要组成部分。虽然公私合营时,吴良材眼镜公司被国家赎买,但是,当时合营入股的仅是有形财产,不包括"吴良材"字号这一无形财产。为此,请求法院确认原告对"吴良材"字号享有合法使用权。

上海市第二中级法院审理后认为,"吴良材"作为字号已经脱离吴良材个人而成为企业名称乃至企业整体的一部分。企业名称权一般随着企业整体的转让而转让。从"吴良材"字号的使用情况看,公私合营后,"吴良材"始终是被告企业名称的核心部分,而且被告为"吴良材"品牌的发扬光大作出了独有的贡献。而原告在公私合营后直至本案纠纷发生时的2001年3月,从未使用过"吴良材"字号,也未对被告使用该字号提出异议。因此法院判决原告对"吴良材"字号不享有使用权。吴国城、吴自生等不服,向上海市高级人民法院上诉,高级人民法院审理后作出维持原判的终审判决。

4. 如何选用商号?

选用商号不是全凭自己的创意、想象,除了取好名字的学问讲究外,企业名称的选取、使用还必须遵守相关法律规则:

(1) 商事主体只准使用一个名称,这又叫商号单一原则,即在同一辖区内不得与已登记注册的同行业商事主体的商号相同或近似。商号的名称结构一般由四个部分组成,即行政区划、字号、行业、组织形式,其中"字号"为业主人格化之象征,可自由选定,其余行政区划、行业、组织形式为法定要求。

(2) 商事主体不得使用以下名称:①有损于国家、社会公益的名称;②可能对公众造成欺骗或误解的名称;③外国国家(地区)的名称;④国际组织的名称;⑤政党名称、党政军机关名称、群众组织名称、社会团体名称、部队番号;⑥以汉语拼音字母(外文名称中使用的除外)、数字组成的名称;⑦其他法律、法规规定所禁止使用的名称。

【相关案例】

公司能够冠以"资本家"之名称吗?

据新华社上海2003年9月10日电,36岁的研究生陆煜章来沪创业时突发奇想,意欲将自己的公司以"资本家"冠名。上海市工商局表示,"资本家"一词有特定含义,与我国的社会主义本质相悖,易造成消极影响,有损国家、社会公众利益,并且可能造成公众的误解,因此不能作为企业字号使用。同年

6月，陆煜章向法院提起了行政诉讼。审理此案的上海市徐汇区人民法院作出一审判决，驳回陆煜章的诉讼请求，认定"资本家"三字不能用作企业字号。

(3) 设立分支机构的，商事主体及其分支机构的名称应符合下列规定：①在名称中使"总"字的，必须下设三个以上分支机构；②不能独立承担责任的分支机构，其名称应当冠以其所属商事主体的名称，缀以"分公司"、"分厂"、"分店"字样，并应标明该分支机构的行业和所在地区行政区划名称或者地名，但其行业与其所属企业一致的，可从略；③能够独立承担责任的分支机构，应当使用独立的名称，并可以使用其所属企业的名称中的字号；④能够独立承担责任的分支机构再设分支机构的，其所再设立的分支机构不得在其名称中使用总机构的名称。

(4) 联营商事主体的名称可以使用联营成员的字号部分，但不得使用联营成员的全部名称，且应注明"联营"或"联合"字样。

(5) 商事主体是公司的，必须标明"有限责任公司"或"股份有限公司"字样。在商业银行、保险公司、证券公司的名称中应标明"银行"、"保险"、"证券"的字样。

【拓展知识】

我国商号保护制度的改革与完善

目前我国关于商号保护的法律法规滞后、混乱，主要体现为：（1）缺乏商号的准确界定，概念混乱。目前我国尚无专门的关于商号及商号权的全国性立法，商号还没有上升为法律概念，与商号有关的立法均是以企业名称的形式表现出来，但在不少法律文件中又散见商号、字号等字样，商号、字号、企业名称没有统一的法律界定，导致概念混乱。（2）现行法律规定简略、粗疏，且立法分散、层阶低。目前缺乏商号的统一立法，而关于企业名称的规定主要是国家工商总局制定的《企业名称登记管理条例》及其实施办法和一些地方法规，立法级别低，虽然在《民法通则》、《反不正当竞争法》、《产品质量法》、《消费者权益保护法》中也有关于企业名称的规定，但规定简略、模糊，商号基础性规则的缺失导致的是对商号权保护的不周。

因此，商法学界开始讨论以商号立法取代企业名称立法的必要性，学者们提出商号比企业名称更为科学，如商号更具确定性和周延性，也更符合中国的用语习惯和商事传统；而且商号立法取代企业名称立法有助于实现与法律之间的协调。学者们建议——应赋予商号独立的法律地位，明确商号权的商事权利属性,以商号立法代替现行的企业名称立法。具体可在商事基本法或商号单行法中规定商号的基本规则,对商号的界定①、商号选用、商号转让及许可使用、商号权保护等基础性规则作出相应规定。

(五) 商誉、商誉权及其保护

1. 商誉

商誉,是商事主体在长期经营实践中,靠逐步投入,慢慢积聚起来的为其拥有和控制的,能够带来未来超额经济利益的一种资源。企业名称的知名度可带来商誉价值,为了建立和提高自己的商誉,经营者每年要拿出一定的资金用于广告宣传、公益事业等等,此为企业家们努力创造品牌和打造百年老店的动力和源泉所在。反之,一旦商誉被毁,则有可能倾家荡产、危在旦夕。

【相关案例】

南京冠生园因毁商誉而破产②

南京冠生园食品公司将陈馅翻新制成月饼出售一事,2001 年被中央电视台《新闻 30 分》曝光后,其公司商誉受到了巨大损害,导致向南京市中级人民法院申请破产。2002 年 12 月 4 日,南京市中院正式受理了这一破产清算案,这意味着"冠生园"这个老字号成了南京市第一家宣告破产的合资企业。与此同时,各地"冠生园"厂商深受其害,损失惨重。由于历史原因及企业名称立法制度上的缺陷,虽然遍布全国各地的"冠生园"厂商彼此并无任何联系,但在现代企业连锁经营盛行的情形下,消费者在无法弄清其彼此关系的情形下,最直接、有效的方法就是选择拒绝"冠生园"的商品。

在普通法系,商誉由来已久,1810 年英国法官曾将商誉恰当地解释为"企业给顾客们的商业信誉"。1867 年加利福尼亚最高法院在一个判决中称:

---

① 目前在我国不少法律文件中已经开始频繁使用商号或字号一词,如国家工商总局制定的《"中华老字号"认定规范(试行)》就明确适用"字号"一词,《内蒙古自治区著名商标认定和保护办法》第 21 条规定:"不得擅自将与内蒙古著名商标相同或者近似的文字作为企业的字号或者店铺名称使用;不得擅自将与内蒙古著名商标所有人的企业字号或者店铺名称相同或者近似的文字作为本企业字号或者店铺名称以及未注册商标使用,但企业字号或者店铺名称登记在先的除外。"该条也存在企业字号、商铺名称等用语。《浙江省企业商号管理与保护规定》及《浙江省知名商号认定办法》等更是关于商号的直接立法。但由于缺乏商号基本规则,对商号缺乏一个统一的界定,导致对商号的理解混乱。因此需要在商事基本法中对其作出界定。

② 陶峰、汪晓东:《南京冠生园破产调查》,载《人民日报·华东新闻》2002 年 3 月 15 日。

"商誉是一种老顾客经常光顾一个地方的可能性。它还是一种企业在未来仍然像过去一样继续增加营业利润和促成满足契约要求的方法的可能性。"① 商誉作为一种财产权利,只能依附于企业,并没有独立存在的能力。

在我国,商誉并非法律概念,而仅是一个商业概念,《民法通则》等基本法律中并未出现"商誉"这一用语,关于"商誉权"的保护只能比照适用《民法通则》关于"法人名誉"的规定。在《反不正当竞争法》中出现了"商业信誉"和"商品声誉"等概念及规则,但一旦消费者侵犯商誉则无法适用。

【拓展知识】

商标、商誉、品牌之区别、联系

商标是将某商品或服务标明是某具体个人或企业所生产或提供的商品或服务的显著标志。商标注册和保护制度帮助消费者识别和购买某产品或服务。

商誉,英文为"goodwill",是商品经济发展到一定阶段的产物,它表示的是一种商业信誉,是商品生产者或经营者在它们的生产、流通和与此直接联系的经济行为中逐渐形成的,反映社会对其生产、产品、销售、服务等多方面的综合评价。

品牌,是指企业为使自己的商品区别于其他企业商品所作的特殊标志。至今品牌还没有作为法律用语在我国的法律文书中出现。但随着商业竞争加剧以及零售业不断变迁,全球企业界经历了一个从产品经营到品牌打造、品牌资产价值资本化的品牌资本运营阶段,从而进入了全新的品牌竞争时代,品牌成为资本价值和市场竞争经济的"原子核"。

上述三个概念具有相似含义,也有密切联系:在法律上商标实际上就是品牌,商誉则是一项紧紧依附于企业的无形资本,商誉和商标的关系,可以看成是内容和形式的关系,这在驰名商标中体现得更为突出。品牌和商誉一样都是企业的无形资产。在品牌资产中良好的商誉是一个重要的组成要素,它甚至超出企业的全部有形资产价值。因此,运用法律武器进行知识产权、品牌、商誉等无形资产的保护和管理正成为现代企业管理的主要内容。

2. 商誉权

以商誉为客体的权利在法律上的表现为商誉权。商誉权是指商主体等经营

---

① 参见程合红:《商事人格权论——人格权的经济利益内涵及其实现与保护》,中国人民大学出版社2002年版,第75~77页。

者对其所创造的商誉享有其利益并排除他人侵害的权利。其法律属性各说不一。

其一,人格权说。该种理论的要点在于将商誉权归类于人格权,以区别于具有经济内容的财产权。具体又分两种:(1)单一人格权说,认为商誉属于法人名誉内容的一部分,法人的名誉与法人的商誉在本质上没有什么差异,商誉权即属于法人名誉权的重要组成部分。① (2)特别人格权说,认为商誉权虽然有无形财产权性质,但财产性只是其非本质属性,只有人格权才是它的本质属性。商誉权的客体包括精神利益与财产利益,但后者不是直接的财产利益,而是含于商誉利益之中。因此,商誉权是一种有别于相关权利的特殊人格权。②

其二,特殊的知识产权说。③ 从权利本体内容来看,商誉权具有人身性和财产性双重属性。人身性表明商誉与主体相联系而存在,是企业特别人格形象的表现;财产性说明商誉区别于一般名誉与荣誉,具有相当的财产意义。从权利的产生来看,商誉的形成在于企业在生产经营、服务态度、技术创新、员工素质、商业文化、管理经验等方面所形成的良好能力,并由此获得社会、公众的普通认可和积极评价。这种经营管理中的资信,具有无形财产价值属性,因此商誉权也应归于知识产权。

其三,复合权说。该种理论一般承认商誉权具有财产权与人格权的双重内容,有的主张"知识产权兼人格权说",认为商誉权兼具人身性(即人格权)和财产性(即知识产权),侵害商誉权的行为不仅侵犯了权利主体的知识产权,同时也侵犯了其人格权。这种侵权行为是一种竞合侵权,其侵犯的客体有两个,一是商品,表现为侵犯商品声誉;二是商誉主体,表现为侵犯商业信誉。④

上述诸说都有一定道理,为了加强商誉保护,防止侵权,商誉权应当被作为一种新型的、独立的商事权益来对待。它与名誉权不同,企业的名誉权是指企业在从事一切民商事活动中确立起来的名声、自身形象(包括但不限于财产状况、信用、声望、是否尽到社会责任等方面的评价)方面所得的权益,纯属人格权范畴,而商誉权则是具有浓厚的无形财产价值色彩的一种新型的商事权益。两者因加害人及侵害方式的不同而由不同的法律加以调整。"当一个企业的名誉被一般人(即非竞争对手)侵害时,其所侵害的是名誉权;当一个企业的名誉被其竞争对手以反不正当竞争法等规范的手段侵害时,其所侵害

---

① 张新宝:《名誉权的法律保护》,中国政法大学出版社 1997 年版,第 35 页。
② 王娜加:《论侵害商誉权及其法律救济》,载《内蒙古师大学报》1999 年第 1 期。
③ 吴汉东:《论商誉权》,载《中国法学》2001 年第 3 期。
④ 参见梁上上:《论商誉与商誉权》,载《法学研究》1993 年第 5 期。

的是商誉权"。①

3. 侵害商誉权的法律责任

目前，我国总体上对商誉权的保护尚处于很低的水平。对于侵害商誉权的行为，其相关法律责任规定可以从以下三方面来看：

(1) 民事责任。根据《反不正当竞争法》第14条的规定，"经营者不得捏造、散布虚伪事实，损害竞争对手的商业信誉、商品声誉"，该条成为实践中商誉权保护的最主要依据。《反不正当竞争法》第20条还规定，"经营者违反本法规定，给被侵害的经营者造成损失的，应当承担赔偿责任"，"被侵害的经营者的合法权益受到不正当竞争行为损害的，可以向人民法院提起诉讼"，依此，可追究不正当竞争行为（侵权商誉人）的民事责任。如《"国内首创，独家生产"虚假广告不正当竞争案》，北京市第一中级人民法院终审判决敦化市华康制药厂赔偿中化四平制药厂商誉损失227050元。②

(2) 行政责任。我国《商标法》和《专利法》对商标和专利侵权行为均规定有行政责任，但对于商誉诽谤行为的行政责任，暂未规定。

(3) 刑事责任。我国《刑法》第221条规定："捏造并散布虚伪事实，损害他人的商业信誉、商品声誉，给他人造成重大损失或者有其他严重情节的，处2年以下有期徒刑或者拘役，并处或者单处罚金。"

【相关案例】

纸包子案③

2007年7月8日，北京电视台生活频道"透明度"栏目播出了《纸做的包子》的节目。报道称，发现在朝阳区东四环附近的早点铺中出售用废纸箱和肥猪肉做馅的小笼包。为使色泽接近猪肉，这些早点摊主甚至使用火碱水浸泡纸箱。该节目播出之后在北京电视台"特别关注"、"直播北京"等新闻栏目中转播，引起社会广泛关注。北京市食品安全办公室抽检全市23家早点摊的包子，但未发现"纸箱馅包子"；北京警方也积极介入调查，并抓获在该报道中出现的4名制造所谓"纸箱馅包子"的嫌疑人。这些嫌疑人向警方交代，他们平时主要卖豆浆等早点，"基本不卖包子"，做纸馅包子是由一名自称"胡月"的人导演的。在"胡月"的授意下，4名嫌疑人把纸箱泡在装满水的

---

① 张新宝：《名誉权的法律保护》，中国政法大学出版社1997年版，第35页。
② 参见《"国内首创，独家生产"虚假广告不正当竞争纠纷案》，载北京市高级人民法院知识产权庭编：《北京知识产权审判案例研究》，法律出版社2000年版，第615~622页。
③ 耿小勇：《"纸包子案"被告一审判一年》，载《新京报》2007年8月13日。

大铁盆里，随后加入工业用火碱，再将这些纸弄碎后加入肉馅并撒上猪肉香精，制成"包子馅"。根据线索，警方随后找到了化名"胡月"的訾某。10天后，北京电视台承认"纸馅包子"为虚假报道，摄制者已被刑事拘留。8月，北京市第二中级人民法院一审以损害商品声誉罪判处记者訾某有期徒刑1年。

4. 商誉权的法律保护制度

商誉作为商事主体获得超额收益的一种重要的无形资产，在市场竞争中扮演越来越重要的角色。良好的商誉一旦形成，就能为权利人带来超出一般经营者平均利润的超额利润。然而商誉具有"建树缓慢，丧失迅速"的特征，良好的商誉来之不易，需建立于"经营者与顾客之间业已形成的良好关系和极度信任"①的基础上，因此对其保护非常关键。

【背景资料】

影响商誉的重要因素

美国财务会计准则委员会20世纪60年代发表的第10号会计研究论文集将影响商誉的构成因素总结为15个方面：杰出的管理队伍；出众的销售经理或组织；竞争对手管理上的弱点；有效的广告；秘密的工艺技术或配方；良好的劳资关系；优秀的资信级别；高瞻远瞩的人员培训计划；通过向慈善活动捐款或派员工参与公益活动而建立的崇高社会威望；才能或资源的发现；有利的税收条件；与政府的良好关系；与另一家公司良好的协作关系；占有战略性的地理位置；竞争对手的不利发展。②

关于商誉的无形财产性质及其法律保护，在我国首先是通过国际的双边条约（如1982年我国与瑞典签订的《关于互相保护投资的协定》、1984年我国与法国签订的《关于互相鼓励和保护投资的协定》等）加以确认，其次通过《民法通则》（如第五章"人身权"一节中专门规定了法人名誉权、荣誉权）、《反不正当竞争法》（该法第14条规定："经营者不得捏造、散布虚伪事实，损害竞争对手的商业信誉、商品声誉"）、《刑法》（该法第221条规定："捏造并散布虚

---

① 参看谢晓尧：《论商誉》，载《武汉大学学报》（社会科学版）2001年第5期。
② 参看周存攀：《刍议企业商誉的确认与计量的国际比较及会计处理》，载《商场现代化》2006年第28期。

伪事实，损害他人的商业信誉、商品声誉，给他人造成重大损失或者有其他严重情节的，处 2 年以下有期徒刑或者拘役，并处或者单处罚金。"）和一系列行政法规（如 1992 年财政部与国家体制改革委员会联合颁发的《股份制试点企业会计制度》、同年财政部发布的《企业会计准则》和《企业财务通则》）予以保护。

虽然我国通过民法、反不正当竞争法等有关法律法规对直接侵害商誉权的某些行为有了一定规制，商标法、反不正当竞争法、产品质量法等法律对部分通过商誉权载体间接侵害商誉权的行为也作了一些规定，表明商誉权保护制度已在相关法律文件中得到一些反映①，但这些规范散见于多部法律之中，许多规范过于粗疏而缺乏可操作性。主要体现为：首先，我国法律并没有明确商誉权的法律地位。其次，我国目前对商誉的保护主要采用间接保护的方式，即对侵害商誉的行为，或确认为侵害法人人格权的行为，或视为不正当竞争的行为。这种保护方式并不是完整的独立的权利保护制度，且特别法没有细则性规定，因此在司法实践中多有不便。再次，我国法律对于侵害商誉权的法律责任规定不足。为了促进我国市场经济发展、维护市场良好秩序，需要完善我国的商誉权法律保护制度。

【背景资料】

发达国家关于商誉权的保护制度

1. 英美法系国家保护商誉的制度主要形成于判例法。

（1）英国。1901 年英国的国内税收专员诉穆勒案件中，法院认为商誉是"形成习惯的吸引人的力量"，或者是"企业的良好名声、声誉和往来关系带来的惠益和优势"。②

（2）美国。美国对产品诋毁和法人诋毁在普通法上作了规定。③ 此外，反

---

① 如《商标法》第 53 条规定，有侵犯注册商标专用权行为，引起纠纷的，由当事人协商解决；不愿协商或者协商不成的，商标注册人或者利害关系人可以向人民法院起诉，也可以请求工商行政管理部门处理。工商行政管理部门处理时，认定侵权行为成立的，责令立即停止侵权行为，没收、销毁侵权商品和专门用于制造侵权商品、伪造注册商标标识的工具，并可处以罚款。该规定虽然保护的是注册商标，客观上也对以冒用注册商标这一重要载体侵害商誉权的行为进行了规制。

② 梁上上：《论商誉和商誉权》，载《法学研究》1993 年第 5 期。

③ 从联邦贸易委员会的有关规定和相关的案例考察，不正当行为主要包括对他人的商品、营业或者声誉进行侵害，或者通过非法手段损害正常的合同关系；欺骗性行为主要包括通过对商品说明、标志、价格或者宣传进行虚假的描述、表达误导消费者选择的行为。可以看出，通过编造、传播虚假信息或者对特定商事主体进行无端的诋毁都在该法规范的范畴以内。参看孔祥俊：《反不正当竞争法新论》，人民法院出版社 2001 年版，第 631 页。

不正当竞争法功不可没,如《联邦贸易委员会法》把商业活动中造成不公平竞争的不正当行为和欺骗性行为认定为非法。① 随着商业发展,不正当竞争的适用范围进一步扩大,无论行为人是不是竞争者,只要对于特定的商事主体的商誉有所侵占或者侵害就应当受到竞争法的规制。②

2. 大陆法系国家,主要是沿用侵权法或反不正当竞争法来保护商誉。

(1) 德国。《德国民法典》通过侵权行为法的规定在很大程度上保护了商誉权。③ 另外,德国反不正当竞争法详细对于通过诋毁的方式侵害企业商誉权的行为进行了详细规定,并确认了其民事赔偿责任,其中第 15 条对以商业诽谤行为侵害商誉权规定了刑事责任。④

(2) 日本。《日本防止不正当竞争法》对侵害商誉权的行为进行了规制,并且规定了相应的刑事责任。⑤

(3) 瑞士。1986 年的《反不正当竞争法》突破了行为人与受害人必须是竞争者的限制,规定市场参与者的行为都可以构成不正当竞争,从而大大扩大了反不正当竞争法的调整范围。

(4) 希腊、葡萄牙、西班牙、意大利等国家都有类似的规定。⑥

---

① 张今:《知识产权新视野》,中国政法大学出版社 2000 年版,第 154 页。
② 孔祥俊:《反不正当竞争法新论》,人民法院出版社 2001 年版,第 161~162 页。
③ 《德国民法典》第 824 条规定:"(1) 违背实情,声言或者传播可能危害他人的信用或者造成对他人职业或者发展的其他损害的情况的人,虽然不知道不真实性,但应当知道的,也必须向他人赔偿由此发生的损害。(2) 通知人不知道通知的不真实性,并且通知人或者通知的受领人对通知有正当利益的,通知人不因此而负损害赔偿义务。"参见陈卫佐译:《德国民法典》,法律出版社 2004 年版,第 265 页。
④ 该条规定:"(1) 对他人的营利事业、企业主或企业领导人,对他人的商品或者服务,恶意声称或传播足以损害企业经营的虚假事实的,处以一年以下监禁或罚金。(2) 在商业企业中,如虚假事实由其职员或受委托人声称或传播,则在企业主知道该行为的情况下,除职员或受托人外,企业主亦必须承担刑事责任。"邵建东:《德国反不正当竞争法研究》,中国人民大学出版社 2001 年版,第 422 页。
⑤ 该法第 1 条规定:"如果有人进行下列各项之一的行为时,因此而使营业上的利益可能受到损害的人可以请求制止这种行为:(1) 在本法施行的地域内,使用相同或类似于众所周知的他人的姓名、商号、商标、商品的容器包装或其他表明是他人商品的标记,或者贩卖、推销或输出使用了这些标记的商品,以致与他人的商品发生混淆的行为;(2) 在本法施行的地域内,使用相同或类似于众所周知的他人的姓名、商号、标章或其他表明是他人营业的标记以致与他人在营业上的设施或活动发生混淆的行为……","应处 3 年以下惩役或 20 万日元以下罚金","法人的代表人或法人和个人的代理人雇用人或其他工作人员,在有关该法人或个人的业务上实施了本条的违法行为时,除了应当处罚行为人之外对该法人或个人也应科处同条所规定的罚金刑。"陈晓旭、周济主编:《西方经济法规精选》,改革出版社 1994 年版,第 287 页。
⑥ 参看[德]巴尔:《欧洲比较侵权行为法》(上卷),张新宝译,法律出版社 2001 年版,第 61 页。

3. 国际公约的保护。国际公约主要是从制止不正当竞争的角度对商誉权进行规定，并将其纳入到知识产权法律体系之中。主要的国际公约有：《保护工业产权巴黎公约》1967 年斯德哥尔摩文本；1967 年签订的《成立世界知识产权组织公约》；1993 年世界知识产权组织制定的《对反不正当竞争的保护示范法草案》第 5 条。①

5. 我国商誉权保护的法律体系之完善

随着市场经济和科学技术的发展，无形财产的价值逐步提高，需要立法者、企业经营者以及广大社会公众通过法治使商誉权得到更完善的保护。

一方面，要建立起包括商誉权的确立、使用与保护等制度在内的商誉保护法律体系。世界上许多国家虽没有单行的商誉法，但通过在商法典中专门规定"商誉条款"，实现对商誉权的有效保护。如像埃塞俄比亚商法典那样专设商誉保护条款，该法在关于"商誉和无形财产"的第 130 条"商誉的定义"中规定："商誉源于企业的创设和运作，根据商人与从他那里要求提供货物或是服务的第三方之间很可能发生的事实及关系的不同，它的价值会各有不同"；第 131 条对"商誉的保护"规定："商人可以以不正当竞争为由提起诉讼或依照……规定，设立法律的或契约上的禁令。"我国不妨以此为鉴。

另一方面，在商誉维护与管理、利用上必须进行变革。市场的竞争就是企业商誉、品牌的竞争，目前我国企业界还普遍缺乏对商誉这一无形资源的清醒认识，缺乏经营品牌的思路和创意。一些公司疏于无形资产管理，客观上对商誉造成一定的负面影响，削弱了竞争力。为此，企业要学会和掌握经营品牌战略，要充分开发、利用、盘活商誉等无形资产，有道是，"远见塑造了眼光，变革代表了力量，管理搭建了基石，影响力改变了产业"②。

此外，我国《公司法》和《公司登记管理条例》应与国际规则接轨，明确规定允许商誉、信用出资，实践中我们应做好科学评估，并要像对待房产那样办好无形资产过户登记手续，以便为实现财富最大化创造合法空间。

【拓展知识】

引进惩罚性赔偿制度进行商誉保护

其一，惩罚性赔偿金能够有效弥补补偿性赔偿金的不足，全面、完整地补

---

① 吴汉东：《论商誉权》，载《中国法学》2001 年 3 月。
② 互联网周刊：《新经济时代的企业家精神》，http://tech.sina.com.cn/roll/2004 - 1 - 9/0838279712。

偿商誉权人的损失。由于商誉具有无形性的特征，需要一定的载体加以体现。如果侵权人是通过侵犯一定的载体达到侵害商誉的目的，权利人可以诉诸该载体所属领域的相关法律获得救济。但是如果侵权人的行为没有侵犯载体，直接侵犯商誉权，则权利人因此遭受的损失很难完整地体现出来。因为对商誉的侵害，除了马上表现出来的因为在交易环境中社会评价的降低导致顾客退货、取消合同等直接损失以外，其他的潜在损失往往无法确定，也难以取证。根据我国现行的司法实践，通过综合考虑酌情裁量和依据直接损失证据确定赔偿数额这两种方法具有明显的缺陷，往往不足以弥补权利人的损失。惩罚性赔偿通过超出实际且有证据证明的损失的赔偿，有效弥补商誉权人的损失，维持公平的竞争环境。

其二，惩罚性赔偿具有威慑作用。良好的商誉来之不易，且商誉一旦受到损害，影响将非常严重，修复的代价异常高昂。权利人一旦展开救济措施，必然消耗一定的社会资源。为了防患于未然，通过相对高昂的惩罚性赔偿制裁侵权人，对其他意欲实施侵害他人商誉行为的人起到警诫的作用，可以有效遏制商誉侵权案件的发生，节省社会资源，促进市场竞争良性发展。

二、营业能力

在我国，营业能力（营业资格）与商事主体资格的确立相同，其表现形式为获得营业执照，标志着商事主体成立后享有独立从事商事活动的权利及承担义务的资格和能力。下面就此作一阐述。

（一）营业能力的概念与分类

所谓营业能力，是指从事营业活动的能力。① 在我国商法教科书上多用"商事能力"之概念，它是指商事主体独立从事商事活动、享有权利和承担义务的资格和能力，包括商事权利能力和商事行为能力。② 还有学者使用营业资格的概念，将其界定为具有经营营业的权利能力和行为能力。③ 此外，相关的概念还有主体资格、经营范围、营业权能等概念。本书采用营业能力之表达，在我国现行法制语境下，营业能力与商事能力、营业资格实质上是同一序列的概念。

营业能力又可分为抽象的营业（商事）能力和具体的营业（商事）能力。

---

① [日] 上柳克郎等编：《商法总则·商行为法》，有斐阁1993年版，第34页，转引自王保树：《商法总论》，清华大学出版社2007年版，第93页。
② 覃有土：《商法学》，中国政法大学出版社2006年版，第28页。
③ 朱慈蕴：《营业规制在商法中的地位》，载《清华法学》2008年第4期。

其中抽象营业能力是各种商事主体因经过商业登记而取得的经营资格，所有的商事主体的抽象营业能力是一致的；而具体营业能力是各个具体商事主体在其章程中规定的并在营业执照上载明的具体经营范围或领域，各商事主体的具体营业能力可以不同。① 区别抽象营业能力和具体营业能力之意义在于：(1) 在实行商事主体资格和营业资格相分离的国家，商事主体经登记注册取得主体资格，理论上获得抽象的营业能力，具体的营业能力还须经营业登记，获得营业执照后方可具备开展具体营业的资格。(2) 在实行商事主体资格和营业资格合一的国家（如我国），抽象的营业能力与具体的营业能力之区别只具有逻辑上区分之意义，但在有些场合，针对特殊类公司如证券商而言，其抽象的营业能力大体一致，在具体营业能力上存有差异，须依中国证监会批准开展的业务而定。(3) 法律效力认定有别：如不具备抽象营业能力，其经营活动一般无效。超越了具体营业能力从事经营活动，应视情况而定，如超越部分属于国家专门许可或审批的部分，其行为无效，并受公法制裁；如超越部分不属于国家专门许可或审批的部分，其行为在私法上有效，但仍受公法制裁。

（二）营业能力的特征

商事主体在商法上的特殊资格和地位，是通过营业能力来界定的。相比而言，营业能力具有以下几点不同于民事主体能力的特征。

1. 营业能力是权利能力和行为能力的统一

商事主体从事商事行为，要有承担行为结果的资格和能力，因而它既要具备权利能力，又须具备行为能力。营业能力包含范围一致的权利能力和行为能力，这与民事能力中某些情况下仅有权利能力而没有行为能力的情况有别。

【拓展知识】

商事主体资格登记和营业资格登记，合二为一还是分而治之？

我国的商事登记制度将主体登记和营业登记合二为一，其好处是可简化登记程序，提高办事效率。但两者合体在实践中也存在不少问题：一是法律逻辑上产生悖论。目前在工商管理和司法实践中，我国已经确认了企业法人资格与营业执照吊销相分离的原则（即营业执照吊销后法人资格仍然存在），但是"营业执照"自身"统一主义"的立法模式并未发生根本性改变，造成了企业设立时"主体资格"与"营业资格"二合一，而企业解散（如吊销营业执照）时"主体资格"与"营业资格"相分离的前后相悖。二是双重标准的门

---

① 吕来明：《论我国商事主体范围的界定》，载《北方法学》2008 年第 4 期。

槛过高。双重资格,意味着投资者要想设立一个企业,在注册登记时不但要具备法律规定的法人条件,同时还要取得经营项目的相关许可证或审批证件,登记部门才能核发营业执照。而在实践中,经营资格的审查往往涉及前置审批程序。实践中,许多部门的前置审批的条件过于严格,审批程序繁琐,范围过广,时限过长,费用过高。这些问题给投资者进入市场设置了层层门槛,既严重影响了市场准入的效率,又挫伤了投资者的积极性。三是难以解决监管责任与监管绩效问题。由于主体资格与营业资格不分,实践中难以厘清主体登记和营业登记的范围,使得监管部门之间互相推诿。同时,由于工商部门的能力所限,对于专业性较强的行业(如环保等),难以真正起到监管作用,使得前置审批制度设计的初衷难以实现。

因此有学者提出了由"统一主义"走向"分离主义"的解决思路①,建议将商事登记分为主体登记和营业登记,设立登记取得的仅仅是主体资格,是取得营业资格的前提,而营业执照不应是主体成立的标志,它是营业资格存在的客观载体。② 在这种体制下,营业资格由相关部门进行监管,主体资格由工商部门进行监管。因此,取得主体登记证以后,可以以此向行政机关申办行政许可;可以开展筹建活动,招聘工作人员;当营业执照被吊销而商事主体登记证没有注销时,可以以商事主体身份从事清算、诉讼等活动。

2. 营业能力内容具有特殊性

营业能力是一种特殊的权利能力和行为能力,"是在民事能力基础上由商事特别法附加于商主体的特殊权利能力和行为能力"③,这种特殊性是由商事

---

① 在具体模式选择上提出了"全面分离主义"和"部分分离主义"的设计,所谓"全面分离主义"立法模式,即将核准登记视为企业取得主体资格的程序,而将营业执照的签发视为取得营业资格的程序,同时建立两个相对独立的证明体系,即注册证作为其商事主体资格的证明,而营业执照作为其营业资格和营业权的证明;而"部分分离主义"的思路,是指企业只要经过登记即能取得主体资格,此登记本身已经包含对企业一般经营资格和能力的认可,无需单独颁发营业执照加以证明,而若欲经营国家管制项目,则应经过政府有关部门的审批,由其颁发营业许可证。此种营业许可已经属于行政许可的范围,且不应作为登记的前置程序,而只能作为后置程序。前者得到一些学者赞同,参见冯果、柴娟:《我国商事登记制度的反思与重构——兼论我国的商事登记统一立法》,http://www.civil-law.com.cn/article/default.asp? id=23711;也有一些学者倾向于后者,参见蒋大兴:《公司法的展开与评判》法律出版社 2001 年版,第 362~371 页;范健、王建文:《商法论》,高等教育出版社 2003 年版,第 595~596 页。

② 朱慈蕴:《我国商事登记立法的改革与完善》,载《国家检察官学院学报》2004 年第 6 期。还有观点认为设立登记中的主体资格登记为行政许可,登记生效,未经登记,不能成立;营业资格登记为行政确认,登记产生公示效力,未经登记,不得对抗善意第三人。参见广东省工商局外资处:《商事登记立法中的效力问题探讨》,载《中国工商管理研究》2009 年第 1 期。

③ 范健:《商法》,高等教育出版社、北京大学出版社 2002 年版,第 30 页。

主体的营利目的决定的。商事主体必须依法在其核准的营业范围内从事经营活动，因此不同的商事主体因其登记的营业性质和范围不同而具有不同的营业能力，某些从事特殊行业的营业能力受到法律限制，这与自然人具有普遍相同的民事权利能力不同。

【拓展知识】

"经营范围"的存废之争

目前在我国，经营范围是商主体设立时的必要登记事项。那么，商事主体的营业能力是否受经营范围的限制？对此实务界有着不同的声音。有观点认为，在不涉及许可经营项目的情况下，对于经营范围不应限定过死，这样不利于商人业务的开展，而且实践中，确实已存在不限定经营范围的做法，如《中关村科技园区企业注册登记管理办法》。但也有人认为，经营范围的登记仍有必要。一方面切合国家宏观调控的需要，国家统计局的数据，包括宏观调控等数据，都是依靠严格的"经营范围"登记；另一方面，不同经营范围的划分还涉及税收政策。

目前的法律规定对"经营范围"的规定主要存在于合同法和公司法中，如最高人民法院《关于适用〈中华人民共和国合同法〉若干问题的解释（一）》第10条规定："当事人超越经营范围订立合同，人民法院不因此认定合同无效。但违反国家限制经营、特许经营以及法律、行政法规禁止规定的除外。"由此看来，一般性的经营范围事实上已经无限制企业能力的功能，唯对"国家限制经营、特许经营以及法律、行政法规禁止经营"的范围仍然进行比较严格的管制。此外，新《公司法》也删掉了旧《公司法》第11条第3项关于"公司应当在登记的经营范围内从事经营活动"的规定。这使得公司超越经营范围从事经营活动，只要此种超经营行为不违反法律和行政法规有关市场准入的强制性规定，不违反公序良俗与诚实信用原则，就属合法有效。因此，强制要求营业能力限于登记的经营范围已无太大意义。但是公司经营范围在公司内部仍有一定效力，经营范围实际上是公司对公司董事、经理行为的限制，本质上是一种内部规范，外部第三人可以推定公司的行为在其经营范围之内。[1]

3. 营业能力获得的起止时间与民事能力的不同

营业能力始于商事主体开业登记，终于注销登记。商事行为能力的发生及

---

[1] 张开平：《公司权利解构》，中国社会科学出版社1999年版，第69页。

终止,一般为商事主体营业执照的合法存续期间。民事能力的发生和终止因法人和自然人有所不同。自然人的民事权利能力始于出生、终于死亡,民事行为能力根据年龄和精神状况又分为无行为能力人、限制行为能力人和完全行为能力人;法人的民事权利能力和民事行为能力始于法人的成立,终于法人的终止。

【拓展知识】

<h3 style="text-align:center">商人何时取得营业能力(营业资格)?</h3>

商人营业能力的取得与消灭,即商事主体权利能力、行为能力的取得与消灭。进言之,商人资格应从有能力实施商行为开始。但何时确定为有能力实施商行为的开端?换言之,营业前的准备工作应否视为开始实施商行为?学者对此看法不一:

其一为表白行为说。个人商事主体资格的取得,应以营业意思的特别表白行为作其必要条件,诸如店铺的开设、开店广告的发布等。

其二为营业意思主观实现说。认为开业准备是营业意思主观的实现,并视开业准备行为如店铺的借入、经理与员工的招聘和资金的筹措为附属商行为,此行为的开始即为自然人商事主体的始期。

其三为营业意思客观认识可能说。认为个人商事主体资格的取得应以营业意思的客观认识可能性为其必要。

其四是营业意思存在说。认为从开业准备行为自体的性质产生了对营业意思存在的客观认识,在此场合下,可视行为者取得商事主体资格。

上述二、四论说为主流学说,得到日本最高法院支持。[①] 日本最高法院在1958年6月19日的判决中认为:以开始营业为目的而进行准备活动,即成为商人,商人为营业而进行的准备行为也是商行为。[②] 依此主张,自商事个人基于基本营业活动目的实施开业准备行为时,行为人取得营业能力。

值得注意的是,商事主体因自动终止营业,完成善后事务以及完成注销登记后,营业能力即行消灭。虽然德国学界的通说主张法人终止无须登记,解散、破产宣告、剥夺、撤销、目的完成之日即为终期,但大多数国家还是主张

[①] 参见[日]鸿常夫:《商法总则》,弘文堂1994年版,第103~105页,转引自王保树:《中国商事法》,人民法院出版社2001年版,第49页。

[②] 参见[日]龙田节编:《商法略说》,谢次昌译,甘肃人民出版社1985年版,第12页。

法人终止需要登记和公告。这是为了使得社会公众知悉法人已经解散,事先防止第三人因不知情而与法人再发生交易活动受到损害,以维护社会交易的安全和稳定。

4. 商主体经营管理的独立决策权

已取得营业主体资格的商主体有权对其营业过程中的具体经营管理事项独立作出决策而不受其他主体干涉或国家的不适当限制。经营管理的独立决策是一种具体的营业权能,它是取得一定法律形式的营业主体资格之后,由特定的商事主体在经营、管理方面所享有的一系列具体权利的集合,是营业主体实现其营利目的的基本手段。[①]

【相关案例】

经营管理行为是否需要具备"营利目的"?

加拿大最高法院有两个著名的案子,法院认定投资者必须拥有"营利目的"(view to a profit)才能使合伙关系存在。[②]

在 Spire 案中,一个合伙组织经营一个商品房项目,提供租金低廉的公寓。在一系列复杂的交易中,Spire Freezers 有限公司从原始合伙人之一的 Penisula Cove 公司中获得了合伙的 50% 股份,接着,BCE 发展有限公司(另一位合伙人)将其合伙股份卖给了许多投资者,这些交易使该合伙组织产生了 1000 万加元的损失。Spire 公司购买该合伙股份的目的在于将此 1000 万的损失抵销该公司的收入,以降低其应缴的企业所得税。其后,Spire 公司与其他投资者一起继续经营公寓出租项目,然而其所得无法填补该 1000 万损失。加拿大税务局拒绝让 Spire 公司抵销该损失,认为 Spire 公司并非合伙人,因为其并非对该合伙组织拥有"营利目的"。加拿大最高法院判决认为,Spire 公司是合伙人并有权进行抵销。虽然 Spire 公司的目的在于抵销损失,但其也有继续经营公寓项目的行为,而且即使其所得并未能填补该损失,并不意味着这个项目不具备"营利目的",因此 Spire 公司对该合伙产权拥有实质权利并有权实施经营管理行为。

然而在 Backman 案子中,一位合伙人也将合伙组织的损失进行抵销而得到好处,最高法院却作出了相反的判决,法院认为合伙组织剩余的财产名存实亡,并不需要进行经营管理。

---

① 肖海军:《营业准入制度研究》,法律出版社 2008 年版,第 66 页。
② Spire Freezers Ltd v. The Qween (2001) 196 DLR (4th) 210 (SCC); Backman v. The Queen (2001) 196 DLR (4th) 193 (SCC).

（三）营业能力的要件

1. 具有一定的营业人员和营业财产

营业人员是商人从事商事行为的人力因素，营业财产是营业能力的核心，是商人经商的物质基础和保障。一般包括是否具备必要的财产（资本），是否具有一定的规模和组织机构（股东或发起人人数）及章程等。对于注册资本的要求，英美法系国家通常采授权资本制，即公司只需交纳一定比例的注册资本，公司即可成立；大陆法系国家多采实缴资本制，如《日本有限公司法》第8条规定了成立有限责任公司资本总额的限制："资本总额不得少于300万日元。"我国法律为各种类型的商事主体设立了不同层次的资本门槛，例如：《商业银行法》规定，设立全国性商业银行的注册资本最低限额为10亿元人民币。设立城市商业银行的注册资本最低限额为1亿元人民币，设立农村商业银行的注册资本最低限额为5000万元人民币。注册资本应当是实缴资本。

就人数和规模而言，各国（地区）往往根据不同商事主体的种类而规定不同的人数要求。如有限责任公司，多数国家和地区规定为2人以上，我国台湾地区规定为5人，法国、德国、日本、美国等国家规定1人也可以发起设立公司，我国《公司法》仅规定了股东人数为50人以下；对股份有限公司，英国、法国、日本、我国香港和台湾地区规定为7人，德国规定为5人，挪威、瑞典规定为3人，意大利、瑞士、奥地利和我国《公司法》规定为2人。我国《合伙企业法》规定合伙人至少为2人以上。《个人独资企业法》规定除了有一个自然人投资外还要有必要的从业人员。有些国家和地区对发起人资格也有规定，如我国台湾地区《公司法》第128条第3款将充任发起人的法人限定在公司法人，公司以外的社团法人、财团法人均不得为发起人。

2. 具有自己的商号

商号是商品生产经营者即商主体出于营利目的而创设使用的一种有别于一般民事名称的特殊名称。商人用商号来表示其营业的同一性、独立性和连续性。独立的商号是商主体独立性的表征，即使是商个人，在进行营业活动时也要使用独立于业主姓名的商业名称，以将商事主体与民事主体区别开来。作为商事主体的资信状况、营业风格、特色的象征，商号的使用能为其所有者带来一定的经济利益。

3. 表现形式——营业执照

营业执照系国家授权的企业登记机关依法给核准登记注册的企业颁发的准予其从事生产经营活动的合法凭证，经核准登记注册的企业依此凭证在其核准登记的经营范围、期限、区域、行业内即取得了生产经营资格。根据《企业法人登记管理条例》第 16 条的规定:"申请企业法人开业登记的单位,经登记主管机关核准登记注册,领取《企业法人营业执照》后,企业法人即告成立,企业法人凭据《企业法人营业执照》可以刻制公章,开立银行账户,签订合同,进行经营活动。"① 从这些规定可以看出,是否领取《企业法人营业执照》成为企业是否成立的要件。

【背景资料】

被吊销营业执照后企业主体资格及营业能力如何看待?

企业由于违法经营或者违反法律法规的规定被吊销营业执照,此时企业的主体资格是否存在,对此问题,商法学界存在以下几种观点:

1. 法人人格否定说。法人设立如果是为了不法目的,或者违反公共利益,而导致企业被吊销营业执照,则是对其人格的绝对否定,被吊销营业执照的企业法人丧失一切民事能力,必须终止一切活动。②

2. 行为能力消灭说。此说认为吊销营业执照仅是消灭企业的经营资格,并非消灭企业主体资格,企业在一定范围内仍视为存续,可以参加诉讼、清偿债务等一系列善后事务。③

3. 行为能力限制说。此说认为,企业被吊销营业执照之后,其主体资格仍然存在,只是其行为能力受到一定的限制,无法像正常的企业那样进行经营活动,类似于限制行为能力的自然人,只在清算意义上存在。④

评析:观点一明显不符合法律实践,在工商管理和司法实践中,我们已经确认了企业法人资格与营业执照吊销相分离的原则,即营业执照吊销后法人资格仍然存在,只是此时的企业营业能力受到限制,无法从事经营范围内的经营活动。观点二、三表述均不妥,本书主张被吊销营业执照后企业主体资格仍然存在,营业能力消灭。

---

① 类似规定还有:《中华人民共和国公司登记管理条例》第 3 条规定:"公司经公司登记机关依法登记,领取《企业法人营业执照》,方取得企业法人资格。自本条例施行之日起设立公司,未经公司登记机关登记的,不得以公司名义从事经营活动。"《公司法》第 21 条、第 95 条也规定,公司登记机关对符合本法规定条件的,予以登记,发给营业执照……公司营业执照签发日期为有限责任公司和股份有限责任公司成立的日期。

② 王建东:《关于〈营业执照〉效力的思考》,载《工商研究》2002 年第 2 期。

③ 许凌洁、罗静:《年检制度对商事主体资格的影响及适用建议》,载《当代法学》2002 年第 1 期。

④ 蒋爱荣:《吊销企业法人营业执照后的法律问题论纲》,载《政法论坛》2003 年第 6 期。

（四）营业能力的获得

商事登记是商事主体获得国家公权力的认可，获得营业能力的程序要件。商事登记（也称商业登记、商人登记）是指商人或商人的筹办人，为设立、变更或终止商人资格，依法由当事人将登记事项向登记机关提出申请，经登记机关审查核准，将登记事项记载于商事登记簿的综合法律行为。我国各商事单行法均规定商人于登记后成立。

1. 商事登记的意义

从法理上讲，商事设立登记的意义在于：

（1）取得或变更、终止商事主体资格。欲取得商事主体资格，依各国法律规定，一般须经登记后才得以合法承认。例如在德国，注册商人应登记注册方可取得经营资格。在我国，只有依法进行了商事登记才能取得营业能力。而商主体变更或终止，意味着其营业能力的变化或终结，亦须进行变更登记或终止登记。

（2）起到公示作用，有利于交易安全保障。根据天赋人权的理念，多数情况下对商事主体进行的登记，是确权行为，经登记产生的主要是公示效力。① 如在德国，1998年修订后的《德国商法典》规定，除股份有限公司和有限责任公司以外的所有商人均不以登记为其商人资格要件，商事登记只是具有公示的效力。我国澳门地区《商业登记法典》第1条则明确规定："商业登记之目的，为公开商业企业主及企业之法律状况，以受法律保护之。"商事登记法在申报事项上有明确登记公示要求，有助于相关当事人对相关交易主体资信能力进行了解，以便预测交易风险，从而为交易提供安全保障。

（3）产生排他性效力。商事企业名称事项一经登记，就在所在区域产生排他性效力，其他企业不得擅自使用，否则视为侵犯该企业名称权利。企业名称只有经法定程序注册登记后，才取得专有使用权，才具有排他性的效力。例如，《德国商法典》第29条规定，每一位商人都负有义务将他的商号向其商业所在地商事登记法院申报登记，只有申报登记才具有法律效力。我国《企业名称登记管理规定》第3条、第29条也作了相应规定。

从企业经营管理角度看，商事登记的意义表现在：

---

① 根据美国的法律观念和制度，从事营利性商业活动是每一个公民天赋的或法定的权利，无需任何行政部门再以商事登记的程序加以确认和限制。任何有经营能力的公民个人都可以按照自己的意愿，依法从事经营活动，取得合法收益；国家工商行政管理总局去美国的考察团，也考察到"是否设立企业、设立何种企业、经营何种项目、如何管理，都成为企业所有者的神圣权利，政府只是对企业的选择予以认可和规范而已。"参见王伟民：《商事登记基本理论探讨》，http://www.chinacourt.org/html/article/2005-3/11/153862.shtml。

（1）从交易当事人来讲，可以提高商事活动效率。虽然登记会令商事主体有一定成本支出，但是经登记和公告后的各种信息意味着查询成本的降低，有助于交易主体便捷地获得相关信息，提高交易效率，因为以国家公信力为保障的商事登记信息资源更值得信赖。商事主体也同样希望交易相对人通过对商事登记信息的考察，产生与其进行商事交易的信赖基础，从而促进商事交易的顺利进行。①

（2）有利于防范商事欺诈，维护经济秩序。经济秩序混乱往往与虚假出资、虚假披露、欺诈和隐瞒有关。商事登记法要求商事主体准确披露有关信息。所有的商事主体均准确披露相关信息，无疑会为整个社会的经济秩序稳定提供条件。②

（3）便于主管机关有效管理和社会监督。通过商事登记，登记主管机关可了解商事主体基本情况、市场行情动态，把握好商事主体的市场准入和退出，及时监控市场运营，也有利于国家宏观调控的施行。而且，对商主体的登记信息公开化，便于社会公众的信赖和监督，与对国家服务管理的信赖相辅相成。

【拓展知识】

商事登记的法律性质

商法学界对于商事登记的法律性质的界定主要有四种：

（1）行政法律行为或行政经济法律行为说。有学者认为，公司登记是一种行政确认行为，是登记机关对公司法人主体资格和一般营业能力进行确定、认可、证明并予以宣告的确权性具体行政行为。③ 也有学者认为商事登记行为主要体现的是一种国家意志，在性质上属于以公法为主要内容的行政法律行为。④

（2）带有公法性质的行为说。该观点认为，商事登记本质上是国家利用公权干预商事活动的行为，是一种公法上的行为；是作为私法的商法的公法性

---

① 童列春、王勇：《商事登记法律性质辨析：法经济学的视角》，载《行政与法》2007年第12期。

② 参见李金泽、刘楠：《商事登记法律制度研究》，载王保树主编：《商事法论集》第4卷，法律出版社2001年版，第9~19页。

③ 王远明、唐英：《公司登记效力探讨》，载《中国法学》2003年第2期。

④ 持该观点的学者如：赵万一：《商法学》，中国法制出版社1999年版，第20页；寇志新：《商法学》，法律出版社1996年版。

最为集中的体现。① "商业登记这一相对集中而系统化规范群体并不是局部的公法化问题，而是整体性地表现为公法规范。"②

（3）私法行为说。该观点将公司设立登记视为一种民事法律行为——民事许可，将公司登记解读为一种需受领的意思表示——民事许可。此说有其合理的现实意义：其一，符合公司设立登记制度的目的和本质功能，即通过民事法律行为创设一种私法上的主体。其二，符合公司设立登记制度的发展趋势。③ 我国现行公司设立登记制度中的核准主义因素尚过于浓厚，改革方向将是遵循公司设立自由理念，逐渐强化准则主义而弱化核准主义。④

（4）公法行为与私法行为混合说。该观点认为，商业登记包括了两个方面的含义：一是国家管理监督措施，即国家为对商事营业实施行政管理或司法上的监督，而采取的登记措施；一是当事人实施法律行为，即为了商事营业的设立、筹办营业的自然人或行将营业的组织体获得商业主体资格——商事人格，以及为了商事营业的变更、终止等应登记事项，当事人向登记主管机关所实施的具有商事性质的法律行为或商事法律行为。⑤

评析：从应然的角度看（3）说比较合理。对此可从各国或地区商事登记立法及其变革中寻到佐证，国外多将商事登记行为视为国家的义务，国家向社会提供的一项权威而统一的程序性服务，而非行政权力的运用和控制，其功能亦在于市场主体的信用状况公开。而从实然的角度考察，（1）说更贴近司法现实。现实中，一旦登记申请人与登记机关发生诉讼，则被视为行政诉讼对待，而非作为民事纠纷处理。

2. 强制登记原则

强制登记原则，又称成立要件主义，即登记是商事主体成立的必要条件，未经登记，商事主体不得成立，不得以商主体身份开展商事经营活动，登记具

---

① 参见范健主编：《商法》，高等教育出版社2002年第2版，第58页。
② 李金泽、刘楠：《商业登记法律制度研究》，载王保树主编：《商事法论集》（第4卷），法律出版社2001年版，第7页。
③ 公司设立经历了自由设立、特许设立、核准设立、准则设立和严格准则设立的立法变迁；目前自由设立和特许设立已基本弃置不用，多数国家都在围绕核准主义和准则主义进行衡量取舍。
④ 蒋大兴：《公司法的展开与评判：方法·判例·制度》，法律出版社2001年版，第374～376页。
⑤ 寇志新主编：《商法学》，法律出版社1996年版，第63～64页。持相同观点的还可见蒋大兴：《从统一主义走向分离主义：企业登记效力立法改革研究》，载《人大复印资料》（经济法学、劳动法学）2001年6月；朱慈蕴：《我国商事登记立法的改革与完善》，载《国家检察官学院学报》2004年第6期。

有商事主体的创设效力。我国目前实行的是强制登记原则,只要经商,就得登记,否则就构成无照经营,行为者将受处罚。根据我国现行法律,应当办理商事登记的商事主体主要有两类[①]:(1)企业法人,包括有限责任公司与股份有限公司、全民所有制企业、集体企业、私营企业、联营企业、外商投资企业及其他性质的法人企业;(2)不具备企业法人条件的企业或者经营组织,如个人合伙及独资企业、企业法人所属的分支机构、事业单位和科技性社会团体设立的经营单位、个体工商户等。[②]

强制登记原则的出现是市场经济的发展和国家对商事活动进行必要干预的体现,可以维护市场正常秩序及防止虚设的商人实施诈骗行为。[③] 但是绝对的强制登记也有一定弊病——不符合商法灵活变通的要求,过度的强制也会降低效率。且纵观各国相关商事登记立法,完全采取强制登记主义和完全采取任意登记主义的国家较少,大部分国家和地区都采取以强制登记主义为原则、以任意登记主义为补充的规定。

3. 登记流程

在我国,关于商事设立登记的程序主要分为五个阶段:名称预先核准登记、申请与受理、审查、核准发照、公告。而变更和终止登记则包括除名称核准外的四个阶段。

(1)名称预先核准登记。依据《企业名称登记管理规定》,公司设立应先申请名称预先核准,此为登记的前置程序。其有两项要求:一是法律、行政法规规定设立公司必须报经审批或公司经营范围中有法律、行政法规规定必须报经审批的项目的,应当在报送审批前办理公司名称预先核准,并以核准的名称报批。二是登记机关在接到名称预先核准申请文件后10日内作出核准或驳回

[①] 根据我国《企业法人登记管理条例》及其施行细则的规定,企业法人登记的范围包括:具备企业法人条件的全民所有制企业、集体所有制企业、私营企业、联营企业,在中国境内设立的外商投资企业和其他企业,应按下列所属行业申请企业法人登记。(1)农、林、牧、渔、水利业及其他服务业;(2)工业;(3)地质普查和勘探业;(4)建筑业;(5)交通运输业;(6)邮电通讯业;(7)商业;(8)公共饮食业;(9)物资供销业;(10)仓储业;(11)房地产经营业;(12)居民服务业;(13)咨询服务业;(14)金融、保险业;(15)其他行业。

[②] 1998年10月国务院发布《事业单位登记管理暂行条例》,明确区分了事业单位和事业单位举办的营利性组织,规定:"事业单位依法举办的营利性经营组织,必须实行独立核算,依照国家有关公司、企业等经营组织的法律、法规登记管理。"对于不具备企业法人条件的企业或经营单位,可按以上所列的行业申请营业登记,经营商业。这些企业与经营单位包括:联营企业,企业法人所属的分支机构,事业单位和科技性社会团体举办的营利性经营组织,外商投资企业设立的从事经营活动的分支机构,其他从事经营活动的单位,如农林承包经营、个体工商户、合伙企业、私营企业等。外商投资企业设立的办事机构也应当申请商业登记。

[③] 范健、王建文:《商法论》,高等教育出版社2003年版,第549页。

的决定。予以核准的，发给《企业名称预先核准通知书》。预先核准的企业名称保留期为 6 个月，在保留期内，不得用以从事经营活动，不得转让。保留期满，不办理公司设立登记的，其公司名称自动失效。

(2) 申请与受理。申请是指由商事主体创办人或商事主体提出的创设、变更商事主体或变更商事主体已登记的有关事项的行为。根据商事主体的不同，我国法律规定了不同的申请条件，申请时提交的文件和证件也各不相同。只有符合法定要求，登记主管机关才予以受理。登记机关收到申请人提交的符合规定的全部文件后，应发给申请人登记受理通知书。

(3) 审查。审查是指受理登记申请的机关，在接到申请者所提交的申请之后，于法定期限内，对申请者所提交的申请内容，依法进行审查的活动。我国目前采取实质审查原则，各商主体需符合法律规定的登记条件。

(4) 核准发照。登记机关在收到申请人的申请及相关的材料并予以审核之后，应在法定期限内将审核结果即核准登记或不予登记的决定及时通知申请人。对于核准登记的商事主体，登记主管机关应当分别编定注册号码，在颁发的证照上加以证明，并记入登记档案。

(5) 公告。公告是指即将登记的有关事项，通过特定的公开方式让公众周知。公告具有便于商事交易、社会公众监督、保障商事主体的合法权益等作用。商事登记之后，应当及时予以公告。

4. 登记事项

商事登记法律规范是规范商事登记行为，确定商事登记主管机关、登记内容、登记程序等事项，调整商事登记关系的法律规范的总称。我国目前并无统一的商事登记立法，有关商事登记的规定散见于各种法律法规中。[1]但是这些行政法规、部门规章和地方法规所共同构成的商事登记立法体系，尚不完善，被有的学者斥为法规重叠、体系混乱、漏洞百出[2]，这不仅影响了商事登记立法应有的权威，也增加了地域保护和行业保护堂而皇之进行权力寻租之可能。

根据我国现行法律规范，商事企业设立登记的主要事项是：商号、商事企业的住所、营业场所、负责人或法定代表人的姓名、开业日期、经济组织形式、经营范围、经营方式、资金总额、职工人数以及其他有关事项。商个人设

---

[1] 如在制定了一般性法规《企业法人登记管理条例》之后，又依企业具体形态的不同分别制定了《公司登记管理条例》、《合伙企业登记管理办法》等等，此外还针对登记中的各个专项问题以部门规章进行规制，如《企业名称登记管理规定》、《企业法人登记公告管理办法》、《企业登记程序规定》、《企业经营范围登记管理规定》、《公司注册资本登记管理规定》、《企业名称登记管理实施办法》等。除以上专门立法外，在实体法如《公司法》、《合伙企业法》等中对商事登记亦有涉及。

[2] 任尔昕、石旭雯：《商法理论探索与制度创新》，法律出版社 2005 年版，第 154 页。

立登记的主要事项是：商号、营业地址或流动营业的区域范围、姓名、住所、开业日期、经营范围、经营方式、资本总额、从业人数。除此之外，商事企业或商个人的印章、商店的字牌、银行的账户，都属应登记事项。[①] 在有的国家，法定代表人的签字也属于应登记事项。

【背景资料】

各国关于登记事项的规定[②]

德国商法规定，开始经营的基本商事业务、商号、企业地址、分支机构的开设、所有人及特别商事代理权的授予和撤销，以及股份有限公司和有限责任公司的组建等事项，必须在商事登记簿中进行登记。

意大利《民法典》第2196条规定，企业主在申请登记时，在申请书中应当载明下列事项：（1）企业主的姓名、出生地和出生日期、国籍；（2）商号；（3）企业目的；（4）企业所在地；（5）经管人或者代理人的姓名。

日本《商事登记法》规定需要办理商业登记的共九类，其中有商号登记；未成年人登记；监护人登记；支配人登记等。

美国的商事登记中，除特殊行业外，无需许可。没有注册资金、经营方式的限制，经营范围载明在法律许可的范围内经营即可。

在澳大利亚和新西兰，公司注册证（即营业执照）的主要事项有公司名称、9位数字的公司编码号、企业类型、生效日期以及批准人。合伙和独资企业的注册更加简单。商事登记实质上就是对商号的核准。商号注册证（相当于我国合伙企业和个人独资企业的营业执照）只有两项内容，一是某商号是依法获准注册的，二是此证是何时何人签发的。另外，澳、新两国企业登记部门在商事登记中不核定经营范围，这样使企业有更大经营活动空间。

5. 商事登记的效力

商事登记制度是以保守商事主体秘密和保障交易安全为出发点设立的，是

[①] 根据《城乡个体工商户管理暂行条例》第8条和《实施细则》第6条的规定，名称字号、经营者姓名和住所、从业人数、资金数额、组成形式、经营范围、经营方式、经营场所等为登记事项。其中名称字号在《条例》第8条中属于绝对登记事项，而在《实施细则》第6条变成相对登记事项（表述为"没有字号名称的，本项目不登记"）。参看王伟民：《商事登记基本理论探讨》，http://www.chinacourt.org/html/article/2005-3/11/153862.shtml。

[②] 王伟民：《商事登记基本理论探讨》，载中国法院网，http://www.chinacourt.org/html/article/2005-3/11/153862.shtml。

商法上公示主义的典型体现。作为商事登记最重要的是法律上要有"效力"。商事登记的效力有"一般性效力"、"特殊性效力"以及"不属实的登记的效力"三种。

（1）一般性效力。它又可分为消极性效力和积极性效力。《日本商法典》第12条规定："应登记事项，非登记及公告后，不得以其对抗善意第三人。虽于登记及公告后，第三人因正当理由而未能得知时，亦同。"我们知道，商事主体的状况都可分为登记事项和非登记事项。非登记事项即使不登记也能和第三人对抗（如商事主体的有形财产机器、设备等），但应登记事项，只有在事实登记之后，才具有和非登记事项的事实相同的效力。这种从保护交易安全的观点出发而得到承认的登记的效力，被称为"一般性效力"。一般性效力的内容，按上述第12条来看，前段规定如果不进行登记便不能对抗善意第三人，这是指"商事登记"的"消极性效力"；后段是说一旦进行了登记，便具有对抗第三人的效力，不管第三人知道还是不知道（除非有正当理由未知）。这称为"商事登记"的积极性效力。

（2）特殊性效力。又包括创造性效力和强化性效力。

"创造性效力"又叫"创设性效力"，商事主体能够根据其设立的登记而依法成立，如果不进行设立的登记，商事主体便无法成立，也即无法取得经营资格，这种能把商事主体建立起来的效力就叫"创造性效力"或"创设性效力"。

另外，商事主体一旦登记注册，其商号（商事主体的名称）亦作为"商号权"受法律保护，会产生更强的效力，达到社会公示的效果，这种效力可称为"强化性效力"或"宣示性效力"。

（3）不属实的登记效力。"不属实"的登记也称虚假登记，日本和韩国以及我国澳门地区的商事立法规定了虚假登记的私法效力。《日本商法典》第14条规定："因故意或过失而登记不实事项者，不得以该与事实不符之事项对抗善意的第三人。"《韩国商法典》第39条规定："因故意或过失进行不符事实的事项的登记者，不得以此对抗善意的第三人。"《澳门商业登记法典》第21条规定："一、下列情况之登记均属无效：a）虚假之登记或根据虚假凭证缮立之登记……二、登记之无效，仅在由确定裁判宣告后方得主张；三、登记无效之宣告不影响善意第三人以有偿方式取得之权利，但以有关事实之登记先于无效之诉之登记者为限"。

可见，各国（地区）商法对于"不属实的登记"，均规定登记行为自身无效，但基本上均承认对于第三人的公信力。譬如，甲非董事长，但却将甲是董事长这一不实的事项进行了登记，在此场合，商法保护那些相信该登记的人。

【拓展知识】

我国商事登记法律制度的改革与完善

2008 年 7 月 23 日、24 日，国家工商总局外资局在上海召开《商事登记法》立法调研会①，我国统一的商事登记立法已拉开序幕。未来立法应着力解决如下问题：

1. 树立"有限政府"理念，明确规定政府职能主要是服务，而非管理。商事登记制度完善的前提是从计划经济时代的"万能政府"到"有限政府"理念的转变。

2. 形式审查为原则、实质审批为例外。为增进交易效率客观上要求尽可能地降低准入门槛，简化登记程序，为市场主体提供便利，因此，采形式审查为宜。但对于特殊行业可以进行实质审查。

3. 商事主体资格和营业资格应区分登记。我国目前的商事登记制度是将主体登记和营业登记合二为一，营业执照既是主体资格证书，也是营业资格证书，其好处是可简化登记程序，提高办事效率。但实践中，将商事登记分为主体登记和营业登记有很大必要，比如当营业执照被吊销而商事主体登记证没有注销时，可以以商事主体身份从事清算、诉讼。

4. 完善和推广企业注册官制度。企业注册官是指具备专业资格，经过考评和聘任，在工商行政管理机关企业登记注册岗位上依法行使注册核准权的行政执法类公务员。其优越性在于：使登记官专业化水平提高，从而提高效率；由注册官承担相应的行政责任，并辅之以行政执法过错责任追究制，增强了注册官责任意识。目前上海市工商局是人事部与国家工商总局在全国唯一的企业注册官制度试点单位，其经验应逐渐向全国推广。

5. 借鉴新加坡商行与公司注册局提供透明高效服务的经验。新加坡被誉为"最容易做生意的国家"，其"总体商业环境"蝉联全球第一。注册新企业往往只需要十几天或几十天，且可通过网络支付税收，填写进出口单据等。同时，注册企业成本偏低，创业需要的启动资金少，甚至可以完全免除。商行与公司注册局员工仅 90 名，却管理着 15 万家公司和 39 万家商行，并有一整套档案统计资料服务系统，向社会提供信息服务。

6. 确立和完善商事登记效力规则，集中表现为三个方面：（1）法律应明

---

① 《商事登记立法调研会在上海举行》，http://wzj.saic.gov.cn/pub/ShowContent.asp?CH=GZDT&ID=1534&myRandom=.627496802591591。

文规定,"除另有规定外,登记并非法律关系生效要件";(2)强调登记公信力;(3)明确登记具有对抗力。

(五)营业能力的法律限制

1. 对非营利组织营业能力的限制

非营利组织以非营利之公益事项为其设立、存在、管理之目的,自然不能直接从事具有竞争性质的营业性投资,如其要进行营业性投资或直接从事营业活动,就必须取得行政许可。① 如根据《关于进一步制止党政机关和党政干部经商、办企业的规定》(1986年)的规定,工会、共青团、妇联、文联、科协和各种协会、学会等群众组织,在一般情况下一律不准经商、办企业,如有特殊情况,需要办非商业性企业的,必须报经国务院或省、自治区、直辖市人民政府批准。

2. 对未成年人商事权利能力的限制

这主要基于对行为主体是否具备充分理解其行为意义和后果的意思表示(意思自治)能力的考虑,一方面是为了保护未成年人身心健康及其合法权益,另一方面也保护第三人利益和交易安全,从而形成了各国商事法律对未成年人商事权利能力的限制。

【背景资料】

各国商法对于未成年人营业之限制

(1)禁止型。从理论上说,商事行为能力必然以民事行为能力为基础。在承认商人具有特殊法律地位的国家,未成年人不问其意思能力如何,原则上均不能取得商事行为能力。例如法国1974年对《法国民法典》第487条和《法国商法典》第2条均予修改,规定未满18周岁的"未成年人即使获得自治也不可以成为商人"。

(2)有条件允许。一是通过法官宣告获得。在荷兰,未成年人的商事行为能力之取得须由法官宣告,并且由法官决定其行为能力的范围。二是通过代理获得。根据《德国民法典》第164条、第1822条的规定,德国法准许法定代理人以未成年人的名义代理未成年人经营其营业活动,这样未成年人也可以成为商人。(3)宽容型。在对商人法律地位没有特殊规定的国家,法律往往认可商事行为能力的标准以民事行为能力的规定为准。依《瑞士民法典》中

---

① 肖海军:《营业准入制度研究》,法律出版社2008年版,第322页。

（由于瑞士属于民商合一国家，故其一些关于商事法律的内容规定在民法典中）第 325 条规定了未成年人有权以"明示或默示"取得部分行业的商事能力，也可以在特定职业或商业的正常范围内单独从事这种行为。

我国尚属于对商人法律地位缺乏特殊规定的国家，实践中已遭遇未成年人做股东是否合法的困惑和挑战。

【相关案例】

娃娃股东合法吗？

2003 年 1 月苏女士和李先生夫妻俩与温州某房地产公司（下称温州公司）共同出资成立了上海某投资公司。其中苏女士持股比例占 45%，李先生占 30%，温州公司占 25%。2006 年 9 月 22 日，苏女士和李先生协议离婚，其中约定：李先生将其持有的上海某投资公司 30% 股权无偿赠与一对女儿，各持股 15%。而且登记在温州公司名下的 25% 的股份，其真正股东也是李先生。因此，李先生决定将这 25% 股份也无偿转让给妻女，其中苏女士获赠 11%，6 岁的婷婷和 5 岁的芳芳各获赠 7%。温州公司获知后遂于 2006 年 10 月 17 日出具了同意书。次日，苏女士、婷婷和芳芳与温州公司签订了《股权转让书》，婷婷和芳芳因年幼由母亲苏女士作为监护人代签。但是，协议签订后，苏女士多次与温州公司交涉，要求办理股权转让登记手续，该公司均以其负责人不在公司为由拖延。

2007 年 6 月 21 日，苏女士和她的两个女儿作为原告，一纸诉状将温州公司告到上海市闵行区人民法院，要求该公司履行《股权转让书》，将其所有的上海投资公司 25% 股权无偿转让给三原告，并配合办理工商变更登记手续。法院认定，温州公司向苏女士母女转让股权的行为合法有效，苏女士作为两个女儿的监护人，与温州公司签订的股权转让协议书系各方当事人真实意思表示，合法有效，对各方均有约束力。因此判决，温州公司应按《股权转让书》的约定履行其义务，协助三原告办理股权变更的手续。①

3. 对国家公职人员营业能力的限制

我国现行《法官法》、《检察官法》、《人民警察法》、《预备役军官法》、《公务员法》等规定检察官、法官、警察、现役军人、政府公务员等国家公职

---

① 金莉娜：《上海法院首次判娃娃股东持股合法》，载《上海商报》2007 年 10 月 22 日。

人员因掌控一定的国家公权力而与商人身份不兼容,不能从事投资行为,以防止官商不分,滋生腐败,妨碍公平竞争。此外,各国公务员法大都规定,凡公务人员都不得直接或间接经营商业或其他投机事业。①

【背景资料】

公务人员在不同国家法律中有不得经商的不同规定

美国的《公务人员服务规程》中规定:"无论直接或间接,均不得发生商业上的关系,致影响公职上的忠诚。"日本《国家公务员法》明确规定:"禁止公务人员参加私营企业的营利活动。"英国法规定,公务员一律不准经商或从事与本部业务有关的营利事业。退休后两年内,接受工商企业的职位者,须经财政部批准,否则构成贪污罪。法国公务员法也明确禁止公务员兼任其他有报酬的公职或私人职务。甚至公务员的配偶从事营利性活动也要申报。

此外,还有些特殊人员是以党的或中央政府、地方政府的文件形式及行政措施的形式来作出限制性规定的,如 1985 年中共中央、国务院《关于禁止领导干部的子女、配偶经商的决定》规定,"凡县、团级以上领导干部的子女、配偶,除在国营、集体、中外合资企业,以及在为解决职工子女就业而兴办的劳动服务性行业工作者外,一律不得经营";《中共中央办公厅、国务院办公厅关于县以上国家机关退(离)休干部经商办企业问题的若干规定》(1988年)指出,党和国家机关的退休干部,不得兴办商业性企业,不得到这类企业任职。② 2006 年通过的《娱乐场所管理条例》中规定了七类人员不得开办或从业娱乐场所,其中包括国家机关及其工作人员。③ 可见,我国对党政机关(包括党委机关、国家权力机关、行政机关、审判机关、监察机关以及隶属这些机关编制序列的事业单位)及其干部乃至家属从事商事经营活动,进行了严格的限制。

---

① 张正钊、韩大元主编:《比较行政法》,中国人民大学出版社 1998 年版,第 456 页。

② 此外还有一系列的规定,如早在 1984 年,中共中央、国务院就作出《关于严禁党政机关和党政干部经商、办企业的决定》;1986 年,中共中央,国务院作出《关于进一步制止党政机关和党政干部经商、办企业的规定》;1995 年,中共中央纪律检查委员会下达的《关于国有企业领导干部廉洁自律"四条规定"的事实和处理意见》,规定国有企业的领导干部"不准个人私自经商办企业"。

③ 该条例第 4 条规定:"国家机关及其工作人员不得开办娱乐场所,不得参与或者变相参与娱乐场所的经营活动。与文化主管部门、公安部门的工作人员有夫妻关系、直系血亲关系、三代以内旁系血亲关系以及近姻亲关系的亲属,不得开办娱乐场所,不得参与或者变相参与娱乐场所的经营活动。"

4. 对外国人营业能力的限制

基于不同国家本国的公共利益政策和涉外法政策的立法考虑，各国商法中对于外国人取得国内法商事权利能力进行一定的限制，但是减少对外国人营业能力的限制，促进商业的无差别待遇将成为现代商法发展的主要趋势。

5. 特殊形态企业的营业能力限制

当企业进入重整阶段，仍可以继续营业，只是其营业能力受到很大限制——主要表现在企业对财产的使用和处分、贷款的取得、商事合同的履行与解除等方面。重整企业的继续营业是在特定条件下，依照法律的特别规定和一定的法律程序进行的营业。法律并不完全禁止这些陷于财务困境、濒临破产或者已经具备破产原因的企业的营业能力，而是通过一定的限制赋予其在财产受到债权人集体追索、商业信用又十分欠缺的情况下"死里逃生"的自救措施。

【背景资料】

欧美国家对重整企业营业能力的制度设计[①]

1. 财产的使用和处分

在英、美、法国的立法例中，重整企业的担保权人对担保物的处分权原则上处于停止状态——即在重整期间，债务人的抵押权人、质权人和留置权人，原则上不得对担保物行使处分权。同时重整企业的管理人可以为继续营业所需，通过提供替代担保，取回已转移占有的质物、留置物。这体现了保证担保权人的基本利益在不受损害的前提下，适当限制其权利行使，以便那些为债务人营业所必要的财产能够被继续使用的立法政策。

2. 贷款的取得

对重整企业的继续营业来说，取得资金和其他资源供应是至关重要的。《美国破产法》第364条规定了可适用于重整程序的受托管理人（或者占有中的债务人）获取贷款或者因获取产品或劳务而承担债务的规则，对重整企业的继续营业，提供了有力的保护。同时，对其他当事人的利益，也尽可能地加以照顾。

3. 商事合同的履行和解除

德国、法国和美国的破产法规都确认了重整企业管理人的选择权——管理人对程序开始时已成立但尚未履行的合同，有权予以履行或者拒绝履行。

---

① 王卫国：《论重整企业的营业授权制度》，载中国民商法律网，http://www.civillaw.com.cn/article/default.asp?id=19610。

本章小结

商事人格与营业能力都是商主体区别于民事主体的重要特征,为对外经济交往中不可或缺的法律要素。

商事人格作为商事主体存在的法律基础,成为商事人格权形成的前提。商事人格权是指商事主体为维护商事人格利益而享有的一系列商事权利之总称,包括商号权、商誉权等,它是独立于民法上的人格权、财产权之外的,继知识产权之后出现的兼具商事人格与财产双重属性的新型权利。

商号权是指企业等经营者对其所创造的企业名称享有其利益并排除他人侵害的权利。商号的选用及其法律保护,特别是与商标的权利冲突,为当前热点问题。作为企业经营者,要有强烈的商号保护意识,可将其作为自己的商标,予以注册,捆绑起来,一体使用,可避免企业名称区域保护的狭隘性,使其通用全国而不受侵权之恼。而商誉则是社会公众对某一生产经营者的生产经营管理水平、资信状况、商品和服务质量等的综合客观评价。商誉权是指企业等经营者对其所创造的商誉享有其利益并排除他人侵害的权利。

营业能力,又称"商事能力",它是指商事主体独立从事商事活动,享有权利和承担义务的资格和能力,包括商事权利能力和商事行为能力。获得营业能力的要件一般包括:其一,具有一定的营业人员和营业财产。其二,具有自己的商号。其三,商事主体的营业能力以商业登记而确立,应履行登记公告程序。此外,非营利组织、公务员、未成年人等营业能力的获得有一定法律限制。

思考与练习

1. 简述营业能力及其特征。
2. 营业能力的构成要件有哪些?试举例说明。
3. 试想你是公司筹办人,如何办理商事登记?
4. 简述商事人格权及其特征,它与人格商品化现象如何区别?
5. 先贤尹文子有曰:"形以定名、名以定事、事以验名",国人一向对企业名称的选用十分讲究,从法律看,取好企业名称,应遵循哪些规则?
6. 何谓商誉权?从优化企业投资经营的法律环境角度,思考我国商法应如何进一步完善商誉权保护制度?
7. 网上流传张裕白兰地惊现苍蝇,它像中国葡萄酒行业的一面镜子,对推动品牌资产管理全面升级具有其积极意义。阅读2007年中国市场十大品牌危机榜①，谈谈你对企业实施品牌战略、防范品牌危机的法律思考。

案例分析

1. 我国尚属于商人法律体系不健全的国家，思考未成年人能做股份公司股东吗？

【相关案例】

北京银行"婴儿股东持股超亿"风波②

　　北京银行是在1997年和1998年进行股份制改革发行原始股的，该银行进行股份制改革时，有的股东刚出生，或者还在上幼儿园、小学。例如，两位当时分别只有13岁和1岁的儿童分别投资了近千万和约300万（当时股价每股为1.9元，北京银行正式上市后的股价已超过了25元），10年后的今天，他们一跃而成了北京银行的大股东。其中，1984年11月出生，当年只有13岁的吴振鹏，以500万股的数量排在自然人股东首位。另外排名第13的郑宇轩，于1997年1月出生，持股量为130万股。由此引发数千网民热议、质疑。③

　　该事件引来了诸多疑问和法律问题的争论：1岁的婴儿是否有权成为公司的股东？他们怎么行使自己的股东权利？即使在2007年，年仅10岁的少年，依法还没有到可行使股东权利的年龄，理论上他也不可以开户成为一名股市的投资者。按照法律规定只有年满18岁的人才可行使股东权利，未满18岁的只能由监视人代替行使权利。

2. 阅读下面百龙公司等诉韩成刚侵犯名誉权案④，思考：（1）我国目前对法人名誉权、商誉权正当保护的法律依据何在？（2）与新闻媒介（包括社会和个人）监督权、消费者权益相冲突时，如何平衡？

　　被告韩成刚（华北航天卫星通讯有限公司职工）于1993年10月至1994年9月间，先后在《太原日报》、《山西日报》等报刊上发表文章，声称，据有关专家研究结果，矿泉壶的矿化、磁化、灭菌装置有害，同时提醒消费者

---

① http://news.xinhuanet.com/photo/2007-12/20/content_7285531.htm.
② 曹祯：《北京银行澄清"娃娃股东"》，http://www.caijing.com.cn/newcn/home/todayspec/2007-10-9/32869.shtml.
③ 大部分网民和股民都对"婴儿股东"持股的合法性进行质疑，参见：《奇闻？北京银行上市一岁婴儿投资三千万元成大股东》，http://bbs.forex.com.cn/showtopic-31569.aspx,2007-10-3；以及http://bbs.ycwb.com/viewthread.php?tid=121245。
④ http://law.chinalawinfo.com/newlaw2002/SLC/SLC.asp?Db=fnl&Gid=117467101.

"慎用"、"当心",并在文章中对矿泉壶企业所做的一些广告提出了批评,认为该广告宣传欺骗消费者并违反广告法。

韩成刚文章见报后,原告百龙公司、天津市天磁公司(简称天磁公司)、富豪公司及天津市矿泉水设备厂(简称天矿厂)以侵害其名誉权为由向太原市中级人民法院提起诉讼,要求被告停止侵权行为,公开登文赔礼道歉,赔偿因侵权行为给原告造成的经济损失3万元。

此案经太原市中级人民法院一审审理认为:公民、法人依法享有名誉权。四原告生产的矿泉壶符合由国家轻工部颁布的《人工矿泉水器具行业标准》,且四原告所生产的矿泉壶均有卫生防疫站出具的检测报告。韩成刚本人仅凭其从有关报刊、杂志摘抄的资料就认定矿泉壶有害,证据不足,而且超出了科普探讨和舆论监督的范围,已构成了对原告名誉权的侵害。宣判后,韩成刚不服,提起上诉。二审法院审理后认为:上诉人韩成刚撰文对矿泉壶的作用、出水性质以及人工矿泉水形成的技术构成进行探讨和质疑,并对作用矿泉壶的后果提出警示,引述了有关资料及学术界专家的研究结果,其主观上并无侵害他人名誉权的故意,其文章主旨是对矿泉壶的作用、功能进行分析,属公民行使舆论监督权的一种方式,在其文章中虽有某些结论和用语不当,对矿泉壶的声誉可能造成一些不良的影响,但不能构成对被上诉人企业法人名誉权的侵害。法律保护企业法人的名誉权,亦保护公民行使舆论监督的权利,故撤销一审判决。

3. 阅读下面的案例①,讨论商家使用已经作为"公共产品"的雕塑作品构成侵权吗?企业经营中如何运用法律武器维护合法权益?

"五羊石像"创作于1960年,一直被视作"羊城"广州的标志。该雕塑作品的原作者和创作单位日前以商家未经授权在广告和商品中使用"五羊石像"为由,将商家告上法庭,要求被告停止侵犯著作权,并赔偿经济损失60余万元。法院经审理后认为,"五羊石像"是原作者在广州市人民委员会(广州市人民政府的前身)的组织和领导下创作的,场地和经费也都由政府提供,属于特殊的职务作品,因此法院判定,"五羊石像"除了署名权外的著作权,应当归本案第三人广州市人民政府所有,署名权归广州雕塑院职工尹积昌、陈本宗、孔繁伟所有。

法院认为,根据我国《著作权法》和有关司法解释规定,对设置或陈列在室外公共场所的艺术作品,可进行临摹、绘画、摄影、录像等,其复制成果

---

① 赖雨晨、肖文峰:《广州五羊雕塑著作权判归政府商家使用不侵权》,http://www.chinacourt.org/html/article/2007/12/14/278616.shtml。

可在合理范围内使用。"合理的使用"既可包括非营利性的使用,也可包括营利性使用,前提是不影响原作品的使用,不损害著作权人的利益。本案被告单位使用的"五羊石像"形象,是被告单位职工自行拍摄复制的,没有指明石像的原作者是因为受到使用方式的限制,不适宜将原作者姓名在广告或商品上标示。多年来,社会各界将"五羊石像"作为广州市的城市标志进行了广泛复制和使用,并不会使社会公众对"五羊石像"的作品名称和作者姓名等产生误认,故本案被告的行为不构成侵权。

第三章　企业改制与营业转让

　　联升食品公司系股份有限责任公司,股东有黄继忠等18人,注册资金1000万元。该公司改制前的名称是珠海市食品厂,属全民所有制企业。2000年5月30日经联基控股公司同意,改制为职工内部持股的股份合作制企业。2000年12月11日,联基控股公司作为甲方和黄继忠等18名股东作为乙方订立《珠海市食品厂产权转让合同书》,约定甲方将珠海市食品厂产权转让给乙方,乙方接受珠海市食品厂在本协议生效日止的全部资产和债权,并承担全部债务等事项。

　　2004年7月5日,珠海市食品厂经珠海市工商行政管理局核准变更名称为珠海市联升食品发展有限公司,企业类型由全民所有制企业变更为有限责任公司,股东为黄继忠等18位原珠海市食品厂的内部职工。

　　之后,发生珠海金津消防工程公司、珠海市建安昌盛工程有限公司诉联基控股公司、珠海市食品厂的建设工程施工合同纠纷。原告向法院申请,要求强制执行其应有债权。法院裁定拍卖已被查封的珠海市食品厂B型厂房和C型综合楼。对此,黄继忠等18名职工提出执行异议申请,称其所受让的珠海市食品厂的资产包括B型厂房和C型综合楼,不同意将其拍卖。法院经审查,认定联升食品公司是由原珠海市食品厂更名而来,这种变更并非重新设立一个法人单位,变更后的联升食品公司即是被执行主体珠海市食品厂,遂驳回异议。2004年12月9日黄继忠等股东遂以联升食品公司的名义向法院提起诉讼。法院受理后认为:(一)联升食品公司作为原告的主体是适格的。(二)《产权转让合同》内容合法,联升食品公司股东已履行了给付义务,而确认的建设工程施工合同债权属原企业即珠海市食品厂的债务。企业改制过程中遗漏了该债务,如由联升食品公司股东承担显然超出上述合同约定的债务额度,有失公平。再者该债务之形成在转让基准日之前。根据最高人民法院《关于审理与企业改制相关的民事纠纷案件若干问题的规定》[法释(2003)1号]第8条规定,联升食品公司对原珠海市食品厂的上述债务承担偿还责任,但由于本案争议债务是改制时遗漏,依照司法解释"规定"第11条①,联升食品公

---

　　① 第11条规定:"……企业股份合作制改造后,债权人就原企业资产管理人(出资人)隐瞒或者遗漏的债务起诉股份合作制企业的,如债权人在公告期内申报过债权,股份合作制企业在承担民事责任后,可再向原企业资产管理人(出资人)追偿。"

司承担民事责任后,可以向原企业资产管理人(出资人)追偿。法院遂判决联升食品公司在承担上述债务的给付义务后的 30 日内,联基控股公司向联升食品公司承担返还义务。

联基控股公司不服判决,请求驳回联升食品公司起诉。

二审法院维持了原判。①

上述案例表明,我国企业改制中资产及经营权常被"打包转让",债权债务纠纷时有发生。实际上,企业改制、营业转让在我国经济生活中方兴未艾,属于商法学的前沿和研究薄弱领域。本章不仅对企业改制的几种重要形式(兼并)、操作程序、值得注意的法律问题等作一讨论,以为企业改制实务提供指南;而且对营业及其转让问题作一阐明。

一、企业改制

在我国,企业改制有其本土所指,即是要打破计划经济体制下形成的以"所有制"为核心的企业制度,通过依法合并、分立、变更企业组织形式、营业转让等方式,建立符合市场经济规律的,以"产权"为核心的现代企业制度,实现企业的自主经营、自负盈亏、自我发展。

(一)企业改制的意义:从经济到法律

企业改制是项系统工程,牵一发而动全身,具有经济、法律上的双重意义。

1. 企业改制的经济意义

企业改制的经济意义在于,通过对改制逐步建立适应社会主义市场经济需求的现代企业制度。现代企业制度是以完善的企业法人制度为基础,以有限责任制度为特征,以公司企业为主要形态,以"产权清晰、权责明确、政企分开、管理科学"为目标的新型企业制度。

2. 企业改制的法律意义

企业改制是改制企业与其他参与改制的主体间权利义务重新调整的过程。

从企业改制过程看,其涉及意思表示为要素的设立、变更、终止法律关系的法律行为,也有无意思表示的事实行为;还涉及物权行为、债权行为等。这些行为受到我国《公司法》、《合伙企业法》、《个人独资企业法》、《证券法》、《合同法》等诸多法律部门的调整。②

从企业改制的法律后果来看,一是企业主体的变更。企业改制后会引起企

---

① 珠海市中级人民法院(2005)珠中法民二终字第 125 号民事判决书。
② 钟亮、李靖编:《企业改制重组法律实务》,法律出版社 2007 年版,第 5 页。

业法人主体的产生、变更和消灭。相应地,也会引起企业登记的变化。若企业仍以企业法人身份存在,发生法人变更的效力;若企业改制后丧失其法人资格,则发生法人注销的效力。二是企业出资结构的变化。改制后的企业出资会发生由单一出资主体到出资主体多元化的变化,国有独资公司除外。企业改制要改变以往以所有制为企业的划分标准的状况,与国外接轨,以承担责任的形式等作为企业的划分标准。三是企业治理结构的转变。企业改制的目标就是建立现代企业制度,现代企业的一个明显特征就是要建立股东会、董事会、监事会、经理层分权制衡的现代法人治理结构。改制后,企业的管理层人员的人选将改变以往的由政府直接任命的做法,从经理人市场中选择具有优秀管理和经营技能的人担任。四是企业债权债务承担的变化。企业改制后,依改制中的不同情况和当事人的约定,企业的原有债务一般由改制后的企业承担,例外的情况下,由企业的原出资人(或资产管理人)或改制后企业资产的实际持有人承担。①

(二)企业改制的几种重要形式

企业改制的形式多样,主要包括企业兼并、企业公司制改造、企业股份合作制改造、营业转让等。

1. 企业兼并

随着我国现代企业制度的建立以及证券市场的发展,采用企业兼并来实现自身战略发展目标的企业越来越多。如清华同方与鲁颖电子的合并、联想与IBM个人电脑业务的合并、华能集团与程控股份集团公司的合并等。通过企业之间的兼并,可以优化资产的合理配置与流动,使国有企业尽快解困,增强企业实力。

(1)企业兼并的概念和特征

通常,企业出于减少竞争对手、降低重置成本、产生规模效应等动机,采取各种方法进行产权交易和资产重组,从而实现生产要素的优化配置,实现产业结构的优化,以达到完全控制对方的目的,这些产权交易和资产重组的各种各样的方法,统称为"兼并"。② 本书中的兼并是指在市场机制的作用下,企业通过产权交易获得其他企业产权,并企图获得其控制权的经济行为,它包括了企业合并和企业收购。主要有以下五个特征:

---

① 钟亮、李靖编:《企业改制重组法律实务》,法律出版社2007年版,第13页。
② 美国著名经济学家、诺贝尔经济学奖获得者乔治·斯蒂格勒在《通向垄断和寡占之路——兼并》开篇说说:"一个企业通过兼并其他竞争对手的途径成为巨型企业是现代经济史上一个突出现象,没有一个美国大公司不是通过某种程度、某种方式的兼并而成长起来的,几乎没有一家大公司主要是靠内部扩张成长起来的。"可见,在西方社会,企业兼并已成为现代企业扩张规模所采用的主要方式。

第一，主体双方的特定性。企业兼并是以兼并企业存续和被兼并企业丧失法人资格或独立经济实体资格为法律后果的行为。① 因此，企业兼并一般发生在企业法人之间，其他不具备法人资格的企业和个人不能发生兼并。

第二，过程的有偿性。企业兼并是有偿转让企业全部产权的行为。在市场经济条件下，企业是以营利为目的的经济组织，企业本身也是商品交换的客体。兼并企业购买被兼并企业的产权要支付成本，是有偿的；而且被兼并企业要转让的是企业的全部产权。

第三，意思的相对自主性。企业兼并一般利用企业兼并的协议，以参加兼并的企业进行自愿协商或通过公开招标投标、兼并各方达成一致协议来实现企业兼并的，因此是企业意思机关作出的自主意思表示。但应该指出，在我国国有企业改制中被兼并企业的兼并方案应经上级主管部门批准。

第四，程序的法定性。企业兼并关系到企业主体资格的存亡、产权的转让、债权债务关系的变更、劳动关系的变更等一系列权利义务关系的设立、变更与终止。因此，企业兼并必须依法进行，兼并合同必须以书面形式订立并公告，有的还要报政府有关部门审查批准。

第五，继承权利义务的整体性。被兼并企业因为在这个过程中丧失了独立的法人人格，兼并企业要承继被兼并企业的全部债权、债务。这是因为兼并企业与被兼并企业人格合一，被兼并自始不存在了，兼并企业当然应当承担被兼并企业的全部权利义务。

（2）企业兼并的类型

关于企业兼并的类型，从不同的角度和按照不同的标准，可以划分为若干种。按企业的行业划分，可分为横向兼并、纵向兼并和混合兼并三种；按购买方式划分，可分为以现金购买资产的兼并、以现金购买股票的兼并、以股票购买资产的兼并和以股票交换股票的兼并；还可从交易方式和处理方式划分来对企业兼并进行划分。但根据《关于企业兼并的暂行办法》中的规定，我国企业兼并分为四种形式：

第一，承担债务式兼并，即在被兼并方的资产与债务等价的情况下，兼并方以承担被兼并方债务为条件接收其资产。② 这种兼并实际上是一种特殊的购买净资产式兼并，兼并方以数目为零的现金购买资债相抵为零的净资产。

第二，购买净资产式兼并，即兼并方出资购买被兼并方企业的资产。这种兼并方式的本质特征是以现金换净资产。在法律上表现为以兼并方与被兼并方

---

① 参见赵泉：《企业兼并特征及行为规范》，载《航天工业管理》1999 年第 9 期。
② 参见钟亮、李靖编：《企业改制重组法律实务》，法律出版社 2007 版，第 310 页。

的投资者（股东或开办单位）为合同当事人、以被兼并方的全部净资产为标的的买卖合同，也称为企业产权转让合同。

【拓展知识】

关于"零资产转让"问题[①]

"零资产转让"问题主要有四种情形：(1) 甲企业在资产小于负债的情况下，将全部或主要资产连同等额债务转让给乙，甲企业并不注销，其余债务则仍挂在甲企业名下，乙以这些资产连同债务开办了新的独资企业或与他人共同组建有限责任公司；(2) 甲企业的开办单位在甲企业的资产小于负债的情况下，将全部或主要资产连同等额债务转让给乙，甲企业注销，甲企业的开办单位承诺负担其余债务，乙以受让所得资产连同债务设立新独资企业，或与他人共同组建新的有限责任公司。(3) 甲企业的开办单位在甲企业的资产小于负债的情况下，将全部或主要资产连同等额债务转让给乙，甲企业的开办单位承诺负担其余债务，甲企业的法人地位不变，乙成为甲企业的股东或独资经营者。(4) 甲企业在资产小于负债的情况下，将全部或主要资产连同等额债务转让给乙，甲企业并不注销，其余债务则仍挂在甲企业名下，乙以这些资产开办了新的独资企业或与他人共同组建有限责任公司。此即"零资产转让"。

零资产转让的最大问题是，那些没有连同财产一并转让的债务应由谁承担？目前在实践中通常的处理方法是：(1) 对于第三种情形，由甲企业对债权人直接承担责任。(2) 对于第一、二种情形，判令新企业以其接受的资产对债权人承担清偿责任。(3) 对于第四种情形，以被出售企业与受让方作为共同被告，判令受让方在其所持股权范围内承担连带责任。

从法律原理上讲，以上第二、三种处理方法是有疑问的。但是在实践中如果过多地撤销转让合同，社会成本过大。

第三，吸收股份式兼并，即被兼并方的所有者将被兼并方的净资产作为股金投入兼并方，成为兼并方企业的一个股东。这种兼并方式的本质特征是以净资产换取兼并方的股份，在法律上表现为被兼并方的净资产全部转换为存续企业的股份，被兼并方随股份转换而终止，其债务亦由兼并方承担。

第四，控股式兼并，即一个企业通过购买其他企业的股权达到控股，实现兼并。这种兼并方式通过被兼并方的股东与兼并方之间签订股权转让合同、变

[①] 赵峰：《"零资产"转让后的债务承担》，载《江苏法制报》2006年9月19日。

更工商登记来实现。这种兼并方式，不改变被兼并方原来的债权和债务的承担主体，在法律性质上属于收购。

2. 企业分立

（1）企业分立的含义

企业分立是指一个企业根据生产经营或管理的需要，通过签订协议，不经过清算程序，分为两个或两个以上企业的法律行为。企业分立对于调整组织结构、降低投资风险、提高盈利能力具有经营战略意义。

【拓展知识】

企业分立与企业资产转让或剥离的区别

1. 法律性质不同。企业分立的本质是企业的人格变化，而资产转让的本质是买卖合同。

2. 对投资人的影响不同。资产转让不会影响投资人的地位，影响的只是买卖双方企业的资产形态。而企业分立直接影响投资人的地位，不管是派生分立还是新设分立，投资人的权利都会发生变化。

3. 资产总额变化不同。资产转让中，虽然转让方要将一部分资产转让分离出去，但也获得了对价，因此，企业的资产总额不变，只是资产内部的科目发生变动。企业分立中，企业分离一部分资产后，不会获得对价，所以总资产额会减少。

（2）企业分立的类型

第一，新设分立。新设分立也称为消灭分立，是指一个公司的营业分离出来，并以此出资组建两个以上公司，本公司解散。在实践中，新设分立又主要表现为以下两种形式：一是单纯新设分立，即分立公司将其营业分立出来，以该营业为基础组建两个以上公司，分立后分立公司解散。如，某金融公司将其证券部门和财务部门分离出来，组建某某证券公司和某某实业银行，该金融公司解散。

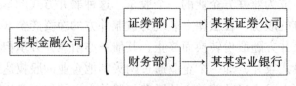

图1-3-1 单纯新设分立

二是新设分立合并，是指将分立公司的一部分营业和其他已有公司的营业相结合设立新的公司。如,某金融集团将其证券部门和财务部门分离出来,并分别与其他已有的证券公司和银行相结合组建新的证券公司和银行,金融公司解散。

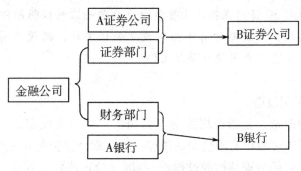

图1-3-2 新设分立合并

第二,吸收分立。吸收分立也称为存续分立,是指将分立公司的营业中的一部分出资至新设公司,而分立公司以剩余的营业继续存在。吸收分立在实践中也通常表现为两种形式:一是单纯吸收分立,即分立公司将其一部分营业分立出来,以该营业为基础出资组建新公司,而分立公司以剩余营业继续存在。如,金融集团公司将其证券部门分离出来组建证券公司,而金融集团公司仍持有财务等营业。二是吸收分立合并,是指将分立公司营业的一部分出资至已存在的其他公司,使其成为该其他公司的一部分,而分立公司继续经营剩余营业的方法。如,金融集团公司将其证券部门与其他证券公司合并组建新的证券公司或证券部门被其他证券公司吞并,而金融集团公司继续经营剩余营业。

【拓展知识】

在办理公司派生分立时需要提交哪些材料?

1. 原有限公司变更登记需提交以下文件:(1)原公司法定代表人签署的《公司变更登记申请书》(原件1份);(2)《企业(公司)申请登记委托书》(原件1份)(可在申请书内填写);(3)原公司股东会关于分立的决议原件;(4)原公司自作出分立决议或决定之日起30日内在报纸上登载分立公告一次的证明原件;(5)原公司债务清偿或者债务担保情况的说明原件;(6)公司章程修正案或者修改后的章程原件;(7)原公司变更注册资本的,应提交由依法设立的验资机构出具的新的验资报告原件;(8)涉及其他登记事项变更的,需提交相应的文件原件;(9)原公司《企业法人营业执照》正本(原件

1份）和全部副本（原件）。

2. 新设立登记需提交以下文件：(1) 原公司股东会关于分立的决议原件；(2) 原公司债务清偿或者债务担保情况的说明原件；(3) 原公司自作出分立决议或决定之日起30日内在报纸上登载分立公告一次的证明原件；(4) 新设公司为有限公司的，提交新的有限公司设立登记文件，新设公司为股份公司的，提交新的股份有限公司设立登记文件。

3. 企业公司制改造

企业公司制改造，是指根据我国《公司法》的有关规定，将企业改造成为有限责任公司或者股份有限公司的法律行为。就是将企业的资产量化为股份并改变原有企业内部治理结构的过程。① 我国《公司法》只规定了有限责任公司和股份有限公司两种形式，因此要求国有企业在公司制改革时，要根据公司法的规定和本企业的实际情况，选择确定采用哪一种形式。

4. 企业股份合作制改造

股份合作制企业是指依法成立的，资本由职工股份或以职工股份为主构成，企业成员按劳动合作与资本合作的原则进行民主管理，共享收益，共担风险，以按劳分配与按股分红为分配原则，由出资者承担有限责任的法人组织。② 企业股份合作制改造一般分为三种情况：职工买断式股份合作制改造、企业与职工共建式股份合作制改造、增资扩股式股份合作制改造。③

（三）企业改制的程序

企业改制的实务性很强，应严格按法定程序有条不紊地进行。

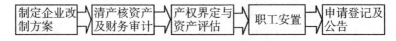

图1-3-3　企业改制流程

1. 企业改制方案的确定

企业改制方案的确定是企业改制的首要环节，确定改制方案要弄清企业现状，分析清楚改制面临的各种困难，提出解决问题的思路和方法，以利于改制的顺利实施，取得预期效果。企业改制方案要重视可操作性，其可操作性主要

---

① 李国光主编：《最高人民法院关于企业改制司法解释条文精释及案例解析》，人民法院出版社2003年版，第16页。

② 柴振国、姜南：《股份合作制企业若干法律问题研究评述》，载《河北经贸大学学报》2000年第5期。

③ 参见钟亮、李靖编：《企业改制重组法律实务》，法律出版社2007年版，第83页。

体现在几个方面：一是符合国家有关改制的方针政策；二是符合《公司法》、《合同法》等法律法规；三是充分考虑相关利益主体的利益。

2. 清产核资及财务审计

资产清核是指依据一定的程序、方法和制度对企业资产进行清查、核实、界定和登记。企业清产核资一般分为三个阶段：一是组织清产核资小组；二是开展清产核资工作，清查企业的有形资产和无形资产；三是提交清产核资报告。清产核资的主要内容是财务清理和资产清查，从而对企业的各类资产、负债进行全面、认真的清查，清理债权、债务关系。清产核资的具体步骤是：组成清产核资机构，负责具体组织清产核资工作；制定企业的清产核资实施方案；聘请符合资质条件的社会中介机构对企业财务进行审计；并将审计后的财务会计资料和文件提交给相关部门。

3. 产权界定与资产评估

（1）产权界定

企业国有资产产权界定是国家依法划分企业所有权和经营权、使用权等产权的归属、明确各类产权主体行使权利的财产范围及管理权限的一种法律行为。产权界定包括两方面的内容：一是国有资产所有权的界定，界定是否属于国家所有；二是资产所有权权能分离产生的其他财产权的界定。

产权界定依下列程序进行：全民单位的各项资产及对外投资，由全民单位首先进行清理和界定，其上级主管部门负责监督和检查，必要时也可以由上级主管部门或国有资产管理部门直接进行清理和界定。全民单位经清理、界定已清楚属于国有资产的部分，按财产隶属关系报国有资产管理统计部门认定。经认定的国有资产，须按《企业国有资产产权登记管理办法》办理产权登记等有关手续。关于产权界定的具体办法，按照企业所有制形式的不同有所区别，《国有资产产权界定和产权纠纷处理暂行办法》中作了详细的规定。①

（2）资产评估②

在工作组完成清产核查工作之后，由企业或者主管部门聘请具有相应资质的中介机构对企业资产、债务、经营状况进行独立的、全面的评估。为了充分体现职工对企业状况的知情权和监督权，评估完成后要将结果在企业内部进行公示。

---

① 参见《国有资产产权界定和产权纠纷处理暂行办法》第8条、第9条、第12条。
② 相关法律法规：《国有资产评估管理办法》第3条、第4条、第6条、第12条、第23至27条；《国有资产评估违法行为处罚办法》第4条至第14条。

【拓展知识】

土地资产的处置方式及程序①

根据企业改制的不同形式和具体情况，可以分别采取国有土地使用权出让和租赁、作价出资（入股）、授权经营、保留划拨用地方式处置。

处置程序分为以下步骤：

第一，拟定土地资产处置方案

改制企业根据省级以上人民政府关于授权经营或国家控股公司试点的批准文件，由企业或企业隶属单位拟定土地资产处置方案。

第二，地价评估结果确认和方案审批

土地资产处置方案经批准后，企业应自主委托具备土地评估资格的机构进行评估，并依据评估结果拟定具体方案。企业向市、县土地行政主管部门申请初审，该部门对土地产权状况和地价水平进行审查并出具意见，企业持地价评估结果和土地资产具体处置方案和初审意见报有批准权的人民政府土地管理部门确认和审批。

第三，签订合同与变更土地登记

土地资产处置方案经批准后，采取土地使用权出让方式处置的，企业持土地使用权处置批准文件和其他相关文件与土地所在地的市县人民政府土地行政管理部门签订国有土地使用权出让合同，并按规定办理土地登记手续；采取租赁方式处置的，企业持上述文件与土地所在地的市县人民政府土地行政管理部门签订国有土地租赁合同，并按规定办理土地登记手续；采取作价出资（入股）方式处置的，持土地使用权作价出资（入股）决定书，按规定办理土地登记手续；采取保留划拨方式处置的，企业持土地使用权处置批准文件及其他有关文件办理土地登记手续。

4. 职工安置

（1）员工身份置换

员工身份置换是指通过给予一定的经济补偿，将企业与员工之间的终身关系变更为企业与员工之间的市场化劳动关系，解除员工对企业的依赖，然后由改制后的企业与员工进行双向选择，对继续留用的员工重新签订劳动合同，建立契约型的劳动关系。对于员工身份置换，国有企业改制过程中主要采用两种

---

① 阮秀梅、葛雄灿：《浅议国有企业改制中土地资产的处置方式》，载《浙江大学学报》（农业与生命科学版）2001年第2期。

方式。第一种是变更劳动合同，第二种是解除劳动合同。变更劳动合同，是指劳动合同双方当事人就已订立的劳动合同条款进行修改、补充或废止部分内容的法律行为。当继续履行劳动合同的部分条款有困难或不可能继续履行时，劳动法律法规允许双方当事人在劳动合同的有效期内，对原劳动合同的相关内容进行调整。劳动合同的部分内容经过双方当事人协商一致得以依法变更后，未变更的部分仍然有效。劳动合同的解除，是指劳动合同依法签订后、未履行完毕前，由于某种原因导致当事人一方或双方提前中断劳动合同的法律效力，停止履行双方劳动权利义务关系的法律行为。

经济补偿是员工身份安置的重要内容[①]，它是指以经济利益形式补偿过去劳动者创造但未被其占有的价值。经济补偿有两种方式：一是直接以部分资产支付，即给予员工经济补偿金；二是以相应资产收益支付，即给予员工股权。关于员工持股问题，将在下文详细介绍。经济补偿是实行员工身份置换的关键，应切实制订方案，合理安排实施。首先，合理确定经济补偿的对象。其对象应是那些改制后国家参股或完全退出的企业员工。如果国有资本在改制后的企业中处于控股地位，企业员工的身份没有实质变化，因而在改制中不需向员工支付经济补偿金。其次，对不同群体采用不同的经济补偿方式。对于能够竞聘上岗的员工，鼓励他们选择股权补偿的方式；对于下岗失业的员工，应根据他们的意愿，在现金、股权或两者的组合三种方式中任选一种。第三，由国有资产管理部门或者地方政府组成专门的管理机构，负责员工经济补偿金的发放与管理。根据下岗职工的意愿，帮助他们购买企业股份或将他们的经济补偿金转到某个基金或投资部门。第四，对不同群体采取不同的投资优惠政策。企业改制后，下岗员工和再就业员工在企业改制后的收入会有较大差距，如果他们都以经济补偿金对改制企业投资，应给予前者更大的优惠，如配股、折价。

【背景资料】

民营参与国企改制，何以两重天？[②]

2009年7月24日，国内著名民企建龙集团重组国企通化钢铁集团时遭数

[①] 相关法律法规：《劳动法》、《劳动合同法》、《关于违反和解除劳动合同的经济补偿办法》（劳部发（1994）481号）、《国务院国有资产监督管理委员会关于中央企业主辅分离辅业改制分流安置富余人员资产处置有关问题的通知》、《劳动和社会保障部、财政部、国务院国有资产监督管理委员会关于印发国有大中型企业主辅分离辅业改制分流安置富余人员劳动关系处理办法的通知》、《财政部关于企业公司改制有关国有资本管理财务处理的暂行规定》。

[②] 参阅2009年7月27日《中华工商时报》、《新京报》等相关报道。

千工人抗议,委派的总经理陈国军被围殴致死。集团子公司通化钢铁停产 11 小时。当晚,吉林省政府宣布,建龙将永不参与通钢重组。其实近年通钢改制一直伴随着激烈的争议。这是 2008 年 12 月通钢轧钢厂厂长宋凯被职工所杀半年之后又发生的一起血案,通钢悲剧接连不断再一次提醒我们,国企改制是一项复杂而又敏感的系统工程,必须权衡各方利益,在制度的框架内有序地进行。与通钢事件形成鲜明对比的是,湖南省娄底汽车运输总公司的改制很成功,方案前后经过三年的酝酿,先后六易其稿,最终在职工代表大会上以 95% 的高票获得通过。同样是民企参与国企改制,效果却完全不同。经验与教训皆值反思。在改制过程中,政府、企业、职工三者之间应该积极配合,形成良性互动。作为参与国企改制的民营企业,应当具有高度的社会责任,优先考虑职工利益。应将改制方案广泛听取职工意见纳入法定程序,才是健康发展之道。

(2) 职工持股

职工持股一般是指通过一定的制度安排使企业职工持有本企业一部分特殊股权,以此为依据参与企业经营管理和剩余利润分配所形成的一整套计划安排。

【背景知识】

职工持股的起源[①]

职工持股起源于 20 世纪初期。20 世纪 50 年代中期,凯尔索律师将 ESOP 计划付诸实施。到 20 世纪 70 年代中期起,美国的职工持股计划引起社会各界的广泛关注,美国政府和国会给予了大力支持,并为此制定了专门法律,近半数的州也相应立法以支持职工持股计划。70 年代中期以来,美国实行雇员股份所有制计划的公司数量一直在稳步增加,平均每年新增 700~800 家,到 20 世纪 80 年代末,已达到 10237 家,雇员参与人数 1153 万人,占美国劳动力总数的 12%,雇员所持有的股份资产额达 1200 亿美元,约占全美国公司股票总额的 4%。根据美国全国职工持股所有制中心 20 世纪 90 年代初的统计,职工持股计划发展到现在,目前在美国已有 12000~15000 家企业实行职工持股计划,职工人数超过 1200 万(占全国劳工的 10%),职工持股资产约 1000 亿美元,分布遍及各行各业。在美国最成功的 100 家公司中,有 46 家实行了职工持股计划。

---

① 王斌:《企业员工持股制度国际比较》,经济管理出版社 2000 年版,第 1 页。

我国职工持股形式主要有以下两种：

一是内部职工股。① 内部职工股是指国有企业或集体企业改组为股份有限公司时，向企业职工个人配售的股份，或者在改制以前已经配售股份、改制后直接由这些企业内部股份转为股份公司的股份。

二是职工持股会持股。职工持股会持股是指由职工出资成立社团法人性质的职工持股会，持股会将资金投入公司成为公司的一个法人股东，公司职员则通过持股会按出资比例"间接"持有公司股份。② 职工持股会持股产生于1994 年我国《公司法》实施后，一方面，由于实行内部职工个人持股存在管理混乱、职工并不关心企业发展等有违推行职工持股制度目的的问题，出现了将个人持有的股票集中管理的迫切需要；另一方面，实行改制的国有企业有推行职工持股制度的强烈愿望。《公司法》和其他相关规定对职工持股进行了限制：《公司法》取消了定向募集设立股份有限公司的方式，而有限责任公司的股东人数最高又不得超过 50 人，大量改组为有限责任公司的企业难以实行职工个人持股；《股份有限公司规范意见》规定，社会募集公司中内部职工认购的股份不得超过公司向社会公开发行部分的 10%，这也难以满足职工想持有较高比例公司股份的要求，迫切需要创建一种新的制度来满足职工的持股要求。这样，职工持股会便应运而生。1994 年深圳市金地（集团）股份有限公司实行职工持股会持股取得成效。

5. 申请登记及公告

在改制完成之后，由全体股东指定的代表或者共同委托的代理人向公司、企业登记机关申请登记。登记机关对登记申请内容进行审查，对符合规定条件的予以登记，发给营业执照。改制后的企业取得法人资格，开始对外开展生产经营活动。企业改制完成之后，应当通过媒体或其他公开方式发布改制公告，这也是保护债权人利益、维护社会经济秩序的需要。

（四）企业改制的法律风险防范

由于企业改制法律关系复杂，政策性强，在企业改制过程中可能产生大量的法律风险，其中有的酿成高管"饕餮盛宴"③，有的甚至发生冲突惨案。以

---

① 内部职工股的发行主要发生在 1994 年 7 月 1 日《公司法》实施前，内部职工持股制度的主要内容包括：内部职工股限于向公司内部职工发行，内部职工包括本公司和全资附属企业正式职工、公司外派职工、董事和监事、公司离、退休职工；公司向内部职工发售的股份不得超过一定的限额，但关于限额数的具体规定，国家体改委的规定前后不一致；向职工发行股份的价格不得低于票面值，不得将股票无偿送给职工；定向募集公司的股份不得转让，社会募集公司的股份在配售后 3 年内不得转让，但 1993 年底，中国证监会将此期限改为"在公司本次发行股票上市后 6 个月即可上市转让"。

② 江平、卞宜民：《中国职工持股研究》，载《比较法研究》1999 年第 3、4 期。

③ 谷萍、查洪南等：《国企改制竟成高管"饕餮盛宴"》，载《检察日报》2010 年 1 月 27 日。

下选取几种常见的法律风险（国有资产流失、债权债务纠纷、职工安排纠纷）予以分析。①

1. 国有资产流失之防范

何谓国有资产？按 2008 年《企业国有资产法》第 2 条规定，是指国家对企业各种形式的出资所形成的权益。而《企业国有产权转让管理暂行办法》第 2 条规定得更为细致丰富："本办法所称企业国有产权，是指国家对企业以各种形式投入形成的权益、国有及国有控股企业各种投资所形成的应享有的权益，以及依法认定为国家所有的其他权益。"从其外延来看，既包括国有企业中国家所有的财产，此为经营性国有资产，又包括宪法规定属于国家所有的河流、矿山、土地、滩涂、海洋等资源性国有资产以及行政事业单位中属于国家所有的资产，此为非经营性国有资产。与企业改制关系密切的是经营性国有资产，在企业改制过程中国有资产流失的应当采取有效措施，防患于未然。

（1）国有资产流失根源的法律分析

欲治愈国有资产流失之积弊，当先透视其病因，方可对症下药。

第一，国有产权主体制度存在缺陷。作为国有资产出资和管理主体设立的国资委并不是一个完全的国有产权主体，导致监管口径的不统一。从行政权配置的角度出发，地方性国有企业由地方国资委行使产权主体职责，中央企业由国务院国资委行使产权主体职责。然而，从理论上讲，国有资产属于全民所有的，地方国资委在监管地方国有企业过程中很可能从地方利益出发，置全民利益而不顾。而且，庞大的国有资产使得国资委对每一笔产权交易的监控存在现实困难。

第二，国有产权交易机制存在缺陷。目前我国并没有专门的全国统一的国有产权交易市场，也没有专门的国有产权交易机构，大量的国有产权转让都是通过场外交易完成的。法律上也缺乏对国有产权交易的内容、范围、方式和程序的明确规定，关于国有产权交易的信息披露规则更是尚付阙如。国有产权交易本身应该是一个市场行为，然而目前的行政干预过多。一些地方政府为了招商引资往往贱卖国有资产，致使国有资产大量流失。

第三，国有产权救济制度存在缺陷。由于国有产权的主体抽象虚拟性，一旦权利受到侵害，并没有一个具体的权利主体来对受损的国有产权进行私力救济或者寻求公力救济，国家也没有专门设立国有产权的救济主体。

（2）完善国有资产法律规制、防范国资流失风险

我国 2008 年历经 15 年起草终于出台了《企业国有资产法》，从依法选任

---

① 钟亮、李靖编：《企业改制重组法律实务》，法律出版社 2007 年版，第 17 页。

国家出资企业管理者，到对关系国有资产出资人权益的重大事项作了详细规定，再到落实国有资产监督机制，为堵住国有资产流失的"黑洞"构建了比较全面的防范体系。但也存在进一步值得完善的空间：

第一，完善国有产权法律主体制度，应将履行出资人职责与资产监管职能相分离。《企业国有资产法》明确规定了国务院国有资产监督管理机构和地方人民政府设立的国有资产监督管理机构履行出资人职责，而且根据需要，可以授权其他部门、机构代表本级人民政府对国家出资企业履行出资人职责。这些机构履行出资人的相当于股东的权利，但同时对国有资产行使监管职能，这种合二为一的国资委之职能势必造成自身多重角色冲突，并与中国证监会监管职能发生抵牾。为此，应将其作为股东的权利和作为监管者身份的权力适当分离，可在人大机关另设一专门机构对国资流失进行监察。

第二，完善国有产权交易制度。① 国有产权交易法律制度应由国有产权交易市场、交易参与人、交易内容、交易方式、交易程序、交易信息披露以及法律责任等方面的法律规则构成。通过法律的规定来促成国有产权交易市场的建立，界定国有产权交易的范围、产权交易的内容、产权交易的程序、产权交易方式及产权交易的主体、产权交易监管机构、产权交易中介机构的职能、违规操作处罚条款等。

第三，完善国有产权法律救济制度。根据国有产权权利主体存在虚拟的缺陷以及国有产权具有公共性的特点，除了要在法律上规定国有资产监督管理机构在国有产权受到侵害时必须进行私力救济或启动公力救济程序外，还必须建立专门的针对国有产权侵害的法律救济主体。根据我国目前的司法体制，可以在国家检察机关中设立一个专门针对国有产权侵害的公诉机构，由其启动国有产权受损的公力救济程序，代表全民对国有产权侵权行为或者违反《国有资产法》的行为进行诉讼。②

【相关案例】

国有资产的"川剧变脸戏法"③

2000年初，无锡工艺纺织厂开始进行改制，而后，该厂厂长邰荣庆伙

---

① 尽管国资委发布的《企业国有产权转让管理暂行办法》已于2004年2月1日起开始实施，但是它仅适用于国有资产监督管理机构，持有国有资本的企业将所持有的企业国有产权有偿转让给境内外法人、自然人或者其他组织的活动，并未涉及金融类企业国有产权转让和上市公司的国有股权转让。在法律效力上，这个《办法》的层次也是极低的。

② 冯果：《现代公司资本制度比较研究》，武汉大学出版社2000年版，第81~84页。

③ 楠剑：《企改蹦出两"硕鼠"》，载《民主与法制》2006年第3期。

同财务科科长沈林妹在应付款上制作了一系列假账,假账合计应付款超过200万元。2000年6月,无锡某会计事务所根据邰荣庆和沈林妹提供的询证函进行资产评估,将其中虚增的多达二百多万元的应付款作为负债处理,这些资产也就轻而易举地落到了邰、沈二人的手中。最终,原无锡工艺纺织品厂以71.15万元的出让价转让给了邰荣庆、沈林妹等人。该厂仍沿用原厂名,成立了股份合作制企业,注册资金为100万元,其中,厂长邰荣庆个人出资51万元,占51%的股份,沈林妹出资7万元,占7%的股份。一个偌大的国有企业,几百万的资产,像川剧中的变脸一样变成了私有财产。

评析:从以上国有资产流失案例中,可以看出,国有企业改制过程中缺乏法律法规的规范,很容易使得国有企业的资产被隐匿和侵吞,混乱的内部管理也给个别利欲熏心者创造了可乘之机。为此,《国有资产法》第42条强调规定,"企业改制应当按照规定进行清产核资、财务审计、资产评估,准确界定和核实资产,客观、公正地确定资产的价值"。

2. 企业改制中的债务纠纷处理
(1) 企业兼并、分立的债务承担

企业兼并,根据最高人民法院《关于审理与企业改制相关的民事纠纷案件若干问题的规定》采取较为狭义的企业兼并分类,可分为企业新设合并、吸收兼并和直接控股式兼并三种。新设合并与吸收兼并的债务处理基本相同,均由改制后的企业概括继承。[①] 直接控股式兼并中,原企业对其债务自行承担,控股企业只是以出资股金为限承担有限责任,而不是如企业合并由合并后的企业概括承担原企业的债务。而且在控股式兼并中,原有企业承担原有债务是该种兼并的一个基本原则。[②]

企业分立,其本质是企业法人人格的变化,是对企业财产的分割,直接影响到股东的地位,这与营业转让以及转投资都有很大的区别,营业转让以及转投资都不会影响企业法人的人格,不会影响股东的地位。企业分立时企业法人人格的变化及财产的分割导致承担原企业债务的责任财产发生变化,这与原企

[①] 相关法条链接:《民法通则》第44条,《公司法》第184条,《合同法》第90条,最高人民法院《关于审理与企业改制相关的民事纠纷案件若干问题的规定》第30条、第31条。
[②] 相关法条链接:最高人民法院《关于审理与企业改制相关的民事纠纷案件若干问题的规定》第35条。

业的债权人有着切身的利益关系。① 企业分立后确定债务承担的主体与范围时，应注意以下几点：一是当事人有约定，且该约定得到债权人同意的从约定，该预定未得到债权人同意的，分立企业对原企业的债务承担连带清偿责任；二是当事人没有约定或约定不明，分立企业对外承担连带清偿责任，分立企业内部应承担的债务份额，各分立企业对原企业债务有约定的从约定，没有约定或者约定不明确的，根据企业分立时的资产比例分担。

（2）企业公司制改造中的债务承担

企业公司制改造可分为整体改造和部分改造。整体改造，是在原企业原有资产的基础上，对其产权结构进行调整、对其组织形式进行变更，原企业的债权债务关系并不因此而消灭。由于新企业是在承接原企业资产基础上设立，其实质是对原企业的延续，因此对原企业的债务进行概括式承受。

企业部分改造为公司的，在公司法理论上又称为派生分立重组，因此，应适用企业分立和公司设立的相关理论解决债务承担问题。关于债务承担主体的确认存在以下几种情况②：一是债务主体可约定为改制后的新公司，因为原企业与新公司均为独立法人，只要双方的约定不违反法律、法规的强制性规定，且经所有债权人同意（并不仅指约定转移债务的债权人），原企业转移给新公司的债务由新组建的公司承担，但是若双方约定无效，原企业仍承担自己的债务；二是原企业无力偿还债务，债权人就此向新设公司主张债权的，新设公司在所接受的财产范围内与原企业承担连带责任。

（3）企业股份合作制改造中的债务承担

股份合作制是我国大部分集体企业和一部分国有小企业改制的主要选择形式。股份合作制主要分为企业职工买断式、企业与职工共建式、企业增资扩股式三种。尽管三种改造方式形式不同，但均有共同特点，就是对改制企业的债权、债务进行整体评估，以企业总资产减去总负债后的净资产值作为量化折股的依据。尽管就企业内部而言，企业资本结构、组织结构发生了变化，但从外部而言，改制后的企业是对原企业的一种延续，其债权、债务没有变更和消灭，因此应由改制后的企业对改制前企业的债务承担责任。

（4）企业债权转股权的债务承担

企业债权转股权，是企业的债权人将其对债务企业的债务转为其对债务人

---

① 我国现有法律、法规中对企业分立后的债务承担问题的主要规定有：《民法通则》第44条第2款规定，"企业法人分立、合并，它的权利和义务由变更后的法人享有和承担"。《合同法》第90条规定，"当事人订立合同后分立的，除债权人和债务人另有约定的以外，由分立的法人或其他组织对合同的权利和义务享有连带责任，承担连带责任"。

② 吴庆宝主编：《商事裁判标准规范》，人民法院出版社2006年版，第255页。

的出资，其身份由债权人转为股东。债权转为股权后，可以使债权人作为债务企业的所有者参与经营决策，获得出资收益以折抵债务，从而减轻债务企业的债务负担。由于债转股后，债权已不复存在，因此确定债务承担主体的关键是确认债转股协议的效力。首先，债转股过程中，并非所有的债权均可以转为股权，只有具备我国《公司法》所规定的股东条件的债权人才能进行债转股。其次，债转股协议的内容必须符合我国法律的规定。若协议无效或具有可撤销事由，债权人可申请法院或仲裁机构宣告无效。

（5）营业转让的债务承担

营业转让的债务承担将在下文中详细介绍，这里不再详述。

3. 企业改制中逃废债防范之策

逃废债问题是企业改制债务承担纠纷产生之温床，下面将通过分析企业改制逃废债中几个最常见的问题的处理，就逃废债问题提出一些防范对策。①

（1）借企业公司制改造逃债的处理

借改制逃债在国有企业部分改造为公司制的过程中常有发生。其表现形式为债务人故意将改制企业中的优良财产剥离出去转移到新组建的公司，而将债务留在原企业。由于原企业中的优质财产②已被剥离，其基本丧失了偿债能力，该行为必然会导致原企业的债权人受偿不能，从而客观上免除或者减轻债务人的责任。我国法律禁止企业随意转移、抽逃其财产，企业将其财产与债务剥离，属恶意逃债。③

【背景知识】

企业借公司制改造逃废债与企业出资设立公司的区别④

企业借公司制改造逃废债务是指企业假借公司制改造之名，将其优质财产转移出去，而将债务留在原企业，导致企业丧失基本生产经营能力和对外偿债能力。其与企业出资设立公司的本质区别在于：债务人企业借公司制改造逃废

---

① 吴庆宝主编：《商事裁判标准规范》，人民法院出版社2006年版，第261页。

② 所谓优质财产，是指在企业生产经营活动中占据重要地位、起决定作用的财产。资产与财产不同，资产包括负债，财产不包括负债。企业优质财产又称企业良性财产。例如：在从事钢铁冶炼行业的企业，其优质财产为冶炼钢铁的相关机器设备、厂房、资金等，而一些后勤设备则非优质财产。

③ 相关法条链接：最高人民法院《关于审理与企业改制相关的民事纠纷案件若干问题的规定》第7条明确规定，企业以其优质财产与他人组建新公司，而将其债务留在原企业，债权人以新设公司和原企业作为共同被告提起诉讼主张债权的，新设公司应在所接收的财产范围内与原企业共同承担连带责任。

④ 刘德权主编：《最高人民法院司法观点集成2》，人民法院出版社2009年版，第1048页。

债务,是一种假借改制之名,行转移优质财产、逃废债务之实的违法行为;而企业出资设立公司是一种合法的出资行为,并以企业在新设公司中的股权形式表现出来。若该企业发生偿债问题时,可以通过执行出资企业在新设公司中的股权方式解决。

(2) 出卖人隐瞒、遗漏债务的处理

隐瞒、遗漏债务的情形出现的原因,主要是原企业的资产经营管理人在对企业的资产进行清理、评估时,故意隐瞒一笔或几笔债务,用以提高出售价格,或者出卖人由于过失而遗漏一笔或几笔债务。由于出卖人(企业出售中为出卖人,企业股份合作制改造中为原企业资产经营管理人)存在过错,因此,其最终责任人应为出卖人(企业出售中为出卖人,企业股份制改造和吸收合并中为原企业资产管理人即出资人)。但由于企业改制后企业财产由新组建的企业继承,新企业具有偿债的财产和能力,对债权的实现更有保障,且债权人在主张权利时并不知其债务不在改制所评估的财产范围内,所以对于如何确定隐瞒、遗漏债务的责任主体存在争议。

确定责任主体,应当区分不同法律关系,根据不同原则进行。① 首先,根据法人财产独立与公平原则,确定改制后的企业是否应当承担清偿债务责任。如果被隐瞒或被遗漏债务的债权人在公告期内申报过债权,而改制企业未对该部分债务进行评估,说明债权人没有过错,为保护债权人利益,改制后的新企业应当承担债务;若债权人没有在公告期内申报债权导致新企业未对该部分债务进行评估的,则债权人存在过错,应由原企业资产管理人或出卖人承担债务。② 其次,根据过错原则确定最终的责任人。由于隐瞒、遗漏债务的过错在于被兼并企业原资产管理人、原企业资产管理人的出卖人,故兼并方或买受人、股份合作制企业承担清偿责任后可向过错方追偿。③

4. 企业改制中劳动纠纷的处理

职工安置是企业改制的重要一环,处理好企业改制中的劳动纠纷关系改制之成败乃至社会之长治久安。企业改制中常见的劳动纠纷有以下几种④:

---

① 吴庆宝主编:《商事裁判标准规范》,人民法院出版社 2006 年版,第 263~264 页。
② 如本章开篇案例所示。
③ 相关法条链接:最高人民法院《关于审理与企业改制相关的民事纠纷案件若干问题的规定》第 11 条、第 28 条、第 32 条;最高人民法院《关于人民法院在审理企业破产和改制案件中切实防止债务人逃废债务的紧急通知》第 10 条、第 12 条。
④ 钟亮、李靖编:《企业改制重组法律实务》,法律出版社 2007 年版,第 488~490 页。

(1) 劳动合同主体变更产生的纠纷

企业改制后新企业不认可或不与劳动者继续签订劳动合同的，根据合同有效性和持续性以及合同履行的严肃性，应当视为新企业对原合同的继续认可。如果新企业拒绝执行原合同、侵害劳动者利益发生争议的，法院应当认定原合同在合同期满之前有效，造成劳动者的损失应当予以赔偿。[①] 这类案件的争议焦点是企业改制时原劳动合同是否应当继续履行，企业改制是否属于"劳动合同订立时所依据的客观情况发生重大变化"。第一，"劳动合同订立时所依据的客观情况发生重大变化"的前提条件是"致使原劳动合同无法履行"；第二，企业改制本身是主观行为不属于客观情况；第三，企业改制不影响劳动合同的内容；第四，劳动合同是财产关系而不是人身关系，因此不因用人单位一方主体变更而变更。所以，用人单位主体变更不影响劳动关系的存续、有效。

(2) 解除劳动合同产生的纠纷

这类纠纷属于一般劳动争议性质，如果企业违反解除劳动关系的程序，应当确认劳动关系未解除，劳动者享有劳动合同约定的权利；如果企业没有违反解除劳动关系的程序，且有法定事由，法院应当支持，解除劳动合同补偿应按照法律规定的标准给付劳动者。

(3) 附条件变更劳动合同产生的纠纷

一些企业在改制过程中，利用劳动力过剩的形势和自身地位优势，给劳动者附限制性条件。如企业以解除劳动合同为要挟，强制职工入股，行为是不合法的。首先，股权与劳动权是完全不同的两种权利，股权由公司法调整，劳动权由劳动法调整；其次，入股是自愿行为，企业无权以解除劳动合同为要挟、强制职工入股。对于附变更条件的劳动合同，若其所附条件显示公平，违反自愿、协商原则，法院不予支持，对劳动者造成损失的，用人单位应当赔偿。

(4) 变相解除劳动关系产生的纠纷

如一次性买断工龄或者一次性支付安置费。买断工龄实质上是解除劳动关系的一种特殊形式，一次性支付安置费实质是经济补偿问题。目前许多地方都存在这种做法，但缺乏法律依据。国务院《关于城市试行国有企业破产有关问题的通知》仅适用于国有企业破产职工的安置，其他企业不能使用。因为一次性买断工龄或一次性支付安置费违反了《劳动法》的规定，剥夺了职工因工龄产生的劳动保险、医疗保险、失业保险等方面的

---

① 相关法条链接：《劳动法》第 26 条第 3 款。

利益。

(5) 续签劳动合同产生的纠纷

有的企业改制后,为了便于职工的分流、下岗,在与劳动者续签、变更劳动合同时,故意缩短合同期限,以达到在较短时间后与劳动者终止劳动关系的目的。这种行为的认定,应审查合同签订时企业是否有规避、违反法律的行为,如果没有则合同有效,反之,则应依法调整或确认合同无效。①

【相关案例】

企业合并后是否有权解除先前的劳动合同?②

胡先生通过社会招聘进入北京游戏软件公司工作,双方签订了为期三年的劳动合同。合同履行期间,游戏软件公司由于经营上的原因,经资产重组与上海B公司进行了合并,并将合并后的公司在上海某区工商行政管理局重新注册登记为C公司。C公司成立后,以原劳动合同公司方主体已变更、原劳动合同无法继续履行为由,要求员工与C公司重新签订劳动合同,否则将按不愿签订合同作解除劳动关系处理。此时,胡先生认为在原岗位继续工作无须签订新合同而予以拒绝,C公司见胡先生拒绝签订新合同,即以胡先生不愿与新单位建立劳动关系为由,作出了解除与胡先生原劳动合同关系的决定。胡先生对公司的决定不予接受,双方由此发生争议。

C公司是由游戏软件公司与B公司合并成立的,游戏软件公司的权利义务应当由C公司承继;游戏软件公司与胡先生签订的劳动合同应由C公司继续履行,且胡先生仍在原岗位工作,不存在无法履行的情况,因此C公司作出的解除原劳动关系的决定缺乏依据,C公司应继续履行胡先生与游戏软件公司签订的原劳动合同。

评析:本案的争议焦点是C公司是否可以解除胡先生与游戏软件公司签订的原劳动合同关系。根据相关法律规定,劳动合同不因用人单位的合并、分立而解除,合并、分立后的用人单位有继续履行原劳动合同的义务,因此,企业合并不可以作为解除合同的条件。如由于客观情况发生重大变化,致使原劳动合同无法履行,当事人经协商又不能就变更合同达成协议的,用人单位可以

---

① 相关法条链接:《劳动法》第20条第2款。
② 邢国光:《企业合并后是否有权解除先前的劳动合同?》,载 http://blog.sina.com.cn/s/blog_4c4ac1f9010009k5.html,2009年12月17日访问。

依据《劳动法》中"劳动合同订立时所依据的客观情况发生重大变化,致使原劳动合同无法履行,经当事人协商不能就变更劳动合同达成协议的,用人单位可以解除劳动合同"的规定,以提前30日书面通知的方式解除原劳动合同。本案中,游戏软件、B公司合并成为C公司后,C公司依法应当继续履行与王先生的原劳动合同,如要变更或解除,也应通过协商的途径进行,如未经协商也无其他约定事项的,原劳动合同仍然有效,C公司不得解除与王先生的劳动关系,应当继续履行原劳动合同。

二、营业转让

(一) 营业的内涵与外延

1. 营业的内涵

营业是商法中的核心范畴[①],同时也是内容非常丰富、实践意义十分突出的商法制度。"营业"一词在各国商法中虽有出现,但没有明确的定义。中国《法律词典》上规定:"营业是指以营利为目的、独立的、持续的、不间断的职业性经济活动。"[②] 学理上的营业包含主观上的营业和客观上的营业两种含义。

【拓展知识】

营业与事业、企业

境外商法相关立法出现一些新动向,如日本商法学界正在考虑以"事业者"替代"商人"的概念。但他们也承认,什么是事业者?目前并无严格界定,只是在寻找较"商人"范围更宽的概念。也有人认为,"事业"和"事业者"与"营业"和"商人"没有太大变化。其实,此前的日本法律已开始使用"事业者"概念。如日本的《反垄断法》第2条规定的"事业者",是指经营商业、工业、金融业以及其他事业的人。在《电气通讯事业法》中,"事业者"是指"基于本法提供固定电话或移动电话服务的法人的总称"。在《劳动法》中,"事业者"是指资方。可以看出,"事业者"在不同法律中具有很大的弹性。

---

① 于庆生:《营业:商法理论的核心范畴》,载《行政与法》2006年第12期。
② 参见童列春:《商法学基础理论建构:以商人身份化、行为制度化、财产功能化为基点》,法律出版社2009年版。

而在我国法律中，"事业"与"事业单位"有与日本法律完全不同的内涵。在《民法通则》中，事业单位法人是法人中区别于企业法人的一个单独的类别。根据2004年6月27日《国务院关于修改〈事业单位登记管理暂行条例〉的决定》第2条的规定，"本条例所称事业单位，是指国家为了社会公益目的，由国家机关举办或者其他组织利用国有资产举办的，从事教育、科技、文化、卫生等活动的社会服务组织"，可以看出，"事业单位"除依法投资于营利性的经营单位外，其本身是远离商事活动的。因此，我国在完善商法中不能以"事业者"代替"商人"的概念。

至于"营业"与"企业"，两词区别不大。国外"企业"一词基本上相当于客观意义的"营业"一词。在中国法律中，企业一直是作为主体概念对待的。

2. 营业的外延

主观意义上的营业指营业活动，即以营利为目的而进行的连续的、有计划的、同种类的活动（行为）。①《德国商法典》第1条第2款规定，营业指任何营利事业，即为在此意义上对营业所做的界定。《日本商法典》第5条、第18条、第21条、第23条、第37条与商号和商业使用人有关的营业的概念，第502条营业的商行为等条款中所使用的营业也是主观意义上的营业。②

客观意义上的营业指营业财产，即供进行营业活动之用的有组织的一切财产以及在营业活动中形成的各种有价值的事实关系的总体，因此，又称为作为组织的营业。营业财产包括积极财产（资产）和消极财产（负债），如各种不动产、动产、无体财产、债权等。所谓"事实关系"则包括专有技术（Know-How）、信誉、顾客关系、销售渠道、地理位置、创业年代等。在有价值的事实关系的总体中，各组成要素视营业的不同情形而有不同的体现，如有的以地点（如海边的泳具商店、闹市繁华区的饭店）为营业决定性因素；有的以商号、商标为决定因素，如可口可乐公司，即使所有其他的组成部分付之一炬，

---

① 谢怀栻：《外国民商法精要》，法律出版社2002年版，第236页。
② 《日本商法典》第5条：未成年人经营前条的营业，应进行登记；第18条：（一）非公司者不得在其商号中使用标示公司的字样，受让公司营业者亦同；第21条：（一）任何人不得以不正当目的，使用使人误以为他人营业的商号；第23条：许诺他人使用自己的姓、姓名或商号经营营业者，对于误认其为营业主人而进行交易者，就交易产生的债务该他人负连带清偿责任。参见《日本商法典》，王书江、殷建平译，中国法制出版社2000年版。

只凭商号及商标亦能够轻而易举地"东山再起";有的则以秘方为关键因素①。客观意义上的营业可以作为转让、租赁的客体,所谓营业转让中的营业即指此意。②

【拓展知识】

国外学者关于营业的不同见解

就主观意义上的营业而言,学者们的看法区别不大,在内容上主要讨论营业自由原则及其限制,以及作为营业活动中心的营业所等问题。就客观意义上的营业而言,理解分歧较大。

关俊彦认为,营业是为了一定的营利目的组织化的以人和物的资源构成的有机的机能性财产。岸田雅雄认为,营业是一定的营业目的有机结合的组织一体的财产。

龙田节认为,营业这个概念包括主观意义的营业与客观意义的营业两种含义。客观意义的营业由积极财产和消极财产(债务)二者构成,但不单纯是这些财产的集合,而是根据一定的目的组织起来的有机统一体,是具有社会活动的东西,也就是说,在这里,不仅是物和权利,而是根据营业活动积累起来的各种事实关系(包括老铺子的信誉、顾客及同批发商的关系、营业上的秘诀等)作为构成要素而形成的担负完成营业目的的组织,这些甚至比各种财产的总计具有更高的价值。

松波仁一郎关于营业的论述中颇具特色的是其对客观意义上的营业说法。认为营业包含的具体形态分为要素和常素,"而其为要素者,则为信用。营业所,营业用动产,即为常素"。而作此区分的实意在于,营业转让时,要素须得同时移转,而常素则不一定同时移转。

德国学者V·吉尔克氏主张应区别三种法律作用上的营业:"作为企业主体层面的营业活动"、"包括属于企业所有的物、权利以及债务在内的活动范围"、"人身法上的营业共同体"。

值得注意的是,法国的商法学家与日本、德国的规定及学理上存在差异:商事营业资产这个概念强调的是动产性。将不动产排除在商事营业资产的构成要素之外,其因之一是,在法国,商人在从事商事经营活动时往往租用他人的

---

① 如电视剧《大宅门》中董大兴等缺少了白家的祖传秘方,被白家二奶奶当众揭露为假药,即使盘下老字号"百草厅"药店,亦难以兴旺,就连白家自己的经营也仰赖"最后一道配方"。
② 谢怀栻:《外国民商法精要》,法律出版社2002年版,第236页。

建筑物，自己往往并不建造建筑物，因而商法并不非常关注不动产，而是将其留给民法解决。

(二) 营业转让的概念和意义

营业转让是指将客观意义上的营业保持其整体性，从一个主体转到另一个主体。营业是一个总体。与单纯的财产的转让不同，营业转让还涉及商号的转让、转让人的竞业禁止、受让人继续使用商号的责任等内容。营业转让是自由的，属于营业自由的范畴，但特别法上对营业转让有限制或者禁止规定的除外（如反垄断法的相关规定）。

营业转让可以是全部转让，也可以是部分转让。例如某一分店的营业转让即为部分转让，但营业的部分转让与各个财产的转让有所不同。作为部分转让的营业仍然是一个为了实现一定营业目的而组织化的、有机一体的机能性财产，且与营业全部转让的法律效果是完全相似的，从而区别于各个财产的转让。

【相关案例】

银海公司与啤酒花公司企业转让合同纠纷案①

银海公司与啤酒花公司签订转让协议，约定银海公司以 4300 万元将其下属胡萝卜汁食品厂一次性转让给啤酒花公司，但是在银海公司将原胡萝卜汁食品厂所有的财产向啤酒花公司移交时，却将胡萝卜汁生产线灌装机的计算机控制模块拆走，导致灌装机因计算机控制模块的程序错乱而无法运转，原胡萝卜汁食品厂被迫停产。此时，在胡萝卜汁食品厂被转让前，曾与其签订买卖合同的一些供应商又因该厂未能履行合同而要求赔偿。至此，银海公司与啤酒花公司因胡萝卜汁食品厂的转让问题发生纠纷。

评析：计算机控制模块是否属于营业转让中所应包括的财产？"营业转让"的标的、范围包括哪些？为此，我们首先应当对营业转让的含义进行明确的界定。鉴于营业转让是转移企业组织化的营业财产的集合体，故其范围十分广泛，概括说来应包括构成商业企业及为经营商业企业而使用的一切有形及无形的财产（即构成营业的积极财产与消极财产），但法律规定必须通过明示意思表示转让的财产（如专利技术等）除外。从效果上看，营业资产有机的统一体转让（当然有机的统一体转让并不一定代表营业资产的全部转让），也

---

① 马跃、毕芳：《营业转让问题研究》，载中国民商法律网，2007 年 4 月 20 日访问。

包括部分营业资产的转让，比如联想集团收购 IBM 的 PC 业务并非是简单的财产买卖，还包括了几乎所有 IBM 的 PC 业务持续经营发展的专利、商标、品牌、技术、有形资产、人员以及客户、营销渠道等经营资源的转移和利用，是典型的营业资产的部分转让。

营业财产与营业活动结合起来，具有比构成营业财产的各个财产价值总和更大的价值。营业一旦解体就会失去这种价值。因此，不使已有的营业解体，保持其组织的整体性，在经济上是有好处的。营业转让制度的必要就在于此。如果分别处分营业的财产，往往会导致企业解体，如果将营业作为一个有机的组织体进行转移，则生产、制造、销售等营业活动可以很容易地继续下去，企业的商誉等营业的附加价值也能够得到维持，转让人可以获取包括整体性财产的价值以及商誉等无形资产的价值，受让人则既可以免去新设企业的麻烦，又可以无须经历长期的经营积累而坐享原营业积淀的无形资产，而且实现快速扩张的目的。

1. 营业转让与财产转让[①]

二者可以从两个方面区分：第一，营业转让具有整体性、复杂性。营业转让涉及一系列有形资产和无形资产等营业资产的全部转让，比如商号转让、债权、债务的处理以及员工的安置等等，手续、程序繁琐；而财产转让较为简单，仅涉及单一或几项财产的转让，双方只需按照民事合同进行财产的买卖，履行动产交付、不动产登记转移等。第二，法律规制不同。营业转让有可能导致企业集中，要接受反垄断法的规制，而财产转让不受此限制（当然，如果当事人采用"化零为整"财产转让方式，事实上构成企业集中则不在此限）；营业转让还涉及劳动者的保护，而财产转让对劳动者的利益影响较少；另外，营业转让者负有竞业禁止义务，比如，《澳门商法典》规定，自转让日起最多 5 年内，商业企业转让人不得自行透过第三人或为第三人经营另一能因所营事业、地点或其他情况而使被移转企业之顾客转移之企业，而财产转让者无须承担此项义务。

2. 营业转让与企业合并

营业转让是一种债权行为，一般由转让人与受让人通过订立营业转让合同的方式来进行，与买卖或者赠与相类似。因此，《澳门商法典》第 104 条规定，关于商业企业之转让本节未有规定者，视该转让为有偿或无偿，而适用《民法典》（指《澳门民法典》）中经必要之配合后之规范买卖合同或赠与合同之规定。但是，营业转让内容较买卖和赠与更为复杂。营业转让与企业合并在形式、程序、后果、经济机能上非常相似。例如都采用合同形式，都可能导

[①] 陈恺：《营业转让问题探讨》，载《北京工业大学学报》2009 年第 4 期。

致企业集中，同样受反垄断法的规范。与此同时，营业转让与企业合并存在下述几个方面的不同：

第一，适用的法律不同。营业转让属于买卖行为，适用合同法规范，转让行为效力的判断依据民法和合同法的一般规则。企业合并属于组织法行为，适用公司法、企业法以及其他组织法，合并行为效力的判断依据组织法的规则。企业合并须登记才发生法律效力，股东或法律规定的特定人员可以在一定的时间内提起主张合并无效的诉讼。

第二，转让的内容不同。营业转让可以选择个别权利、义务的转移，并必须办理相关的手续；而在企业合并的情况下，被合并的企业消灭，其权利义务则法定由合并后存续的企业承继。

营业的转让并不必然附随员工劳动合同的转移，买方是否接受卖方的员工由双方的合同约定；而企业合并的情况下，原企业的劳动合同当然延续至合并后的企业。

第三，强制性规定不同。营业转让时，转让合同中可约定个别权利和债务是否发生移转，可以将某些财产排除在转让的范围之外，法律并没有强制、统一性规定；而企业合并时，被合并企业消灭，其权利和义务当然发生移转，由合并后存续的企业或者新设的企业概括承受，不得采取个别权利移转或者个别债务承担的方式。

第四，后果不同。营业转让是作为组织的营业财产的转让，不存在股东的接收或者股权的受让问题，同时不影响现有组织的存续；而企业合并时，被合并企业的股东当然为合并公司接收，同时被合并企业作为一个独立营业组织也宣告终止。

（三）营业转让的法律效力

营业转让的法律效力包括对当事人的效力和对第三人的效力。第三人又可分为营业上的债权人和营业上的债务人。

1. 营业转让对当事人的效力

对于当事人来说，营业转让主要发生下列效力：

第一，作为组织的营业财产的移转。

营业转让人应当依照转让合同的约定将构成营业的财产移转给受让人，并协助受让人办理相关的移转手续。例如有关物及权利的移转：动产的交付、不动产、商号、工业产权的登记，有价证券的背书交付、记名股份的过户等等。此外，如果转让包括事实关系的移交，包括专有技术（Know-How）、信誉、顾客关系、销售渠道等事实关系，则应进行相关的移转手续。

在移转上述财产及事实关系的同时，经转让人与受让人约定，转让人和第三人订立的合同，包括借贷合同、供货合同、劳动合同，可移转给受让人，由受让人履行，但应取得对方当事人的同意。例如《澳门商法典》第 110 条规定，取得人继受为经营企业而订立之合同所产生之非具人身性质之权利及义务，但另有约定者除外，且不影响特别规定之适用。

第二，营业转让人的竞业禁止义务。

为了保护受让人的利益，营业转让后，转让人就相同营业在一定区域和期限内负有竞业禁止的义务。其中的一定区域和期限可由当事人在转让合同中约定，如果没有约定，则适用法律规定。例如《日本商法典》第 25 条规定，转让营业时，当事人如无另外意思表示，则转让人在 20 年内，不得于同一市镇村内或相邻市镇村内经营同一营业。《韩国商法典》第 41 条规定：（1）在转让营业的情形下，若另无约定，10 年内该出让人不得在该同一特别市、广域市、市、郡，进行同种营业。（2）若出让人约定不进行同种营业时，该约定只在同一特别市、广域市、市、郡和相邻的特别市、广域市、市、郡，20 年内有效。《澳门商法典》第 108 条第（1）款规定：自转让日最多 5 年内，商业企业转让人不得自行、透过第三人或为第三人经营另一能因所营事业、地点或其他情况而使被转移企业之顾客转移之企业。

2. 营业转让对第三人的效力

营业转让同时会涉及第三人的利益，具体包括两个方面：

第一，对营业上债权人的效力。如果转让合同没有特别约定，营业上的债务也移转给受让人，但应当依照民法的规则办理债务承担的变更手续，否则，受让人并不是必然的债务人，转让人仍然有义务履行债务。

为了更好地保护债权人的利益，各国商法上还设置了一些特别规则。例如，日本商法典一般规定，营业受让人继续使用转让人的商号时，对于转让人因营业而产生的债务亦负清偿责任。这是因为营业受让人在继续使用让与人商号的情况下，债权人往往并不知道已经发生营业转让，或者认为受让人承担了营业上的债务，即使知道，营业财产也是债务的担保物，债务应当随着营业财产的转让而转让。但是，如果营业受让人将不承担债务的意旨进行了登记，或者已经通知债权人，则受让人可以对债权人免除清偿责任。

【拓展知识】

日本营业转让中受让人承担债务的判例情况[①]

有判例认为，从债权人的角度来看，认识营业主体的交替会比较困难，故

---

① 本资料由日本神户大学博士、汕头大学副教授刘小勇提供。

为保护债权人所信赖的这种外观，受让人也应当承担清偿债务的责任。① 而对于因认识营业主体交替的困难而产生对债权人的不利，有判例将其描述为：因为不容易认识到营业主体的交替，债权人很有可能失去了对转让人采取债权保全措施的机会。该条款应理解为以继续使用商号为要件，使受让人承担与转让人同一的法定责任的规定。②

有判例认为，商法第 17 条的旨趣是为保护以前营业上的债权人的外观信赖，也就是说，在继续使用商号的情形下，债权人通常会信赖已由受让人继受债务，该条为保护债权人的这种信赖的规定。③ 关于债权人为何信赖受让人已继受债务，有判例将其实质依据解释为债权人信赖的是既存的债务与作为其实质担保物的营业总体的一体性。④

有判例认为，商法第 17 条第 1 款所保护的外观信赖为对营业主体变更不知的信赖和债务继受的信赖，但该条不适用于知道营业主体变更和不继受债务事实的债权人。⑤ 但该观点的问题点在于，如何确定债权人为恶意的基准时点。对此，有判例认为，债权人的恶意应限定于从营业转让时起至如果进行登记或广告而获得免责之时止的时间内。

有的判例与学说认为，营业财产为营业上的债务的担保，故应承认受让人的清偿责任。有判例认为，站在受让人的立场来看，在营业的受让人拟通过继续使用商号，利用转让人的营业取得收益的情形，有合理的理由认为其已做好了继受转让人债务的心理准备。⑥

总之，在日本的司法实践中，案件大多为在继续使用原字号或店名的情形下，是否类推适用商法第 17 条第 1 款的问题。对此，多数案例的回答是肯定的。不过，也有少数案例作出了否定的判决，如日本的最高裁判所在其 1963 年 3 月 1 日的判决中认为，受让人使用"合资公司新米安商店"来取代原来的"有限公司米安商店"，由于加上了"新"的字样，且公司类型亦发生变化，故不能理解为继续使用原商号。

《韩国商法》第七章营业的转让中的第 42 条、第 44 条、第 45 条的规定与

---

① 最判例昭和二十九年 10 月 7 日，民集 8 卷 10 号 1795 页以下。
② 东京地判平成十二年 9 月 29 日，金融·商事判例 1131 号 60 页。
③ 东京地判昭和四十二年 7 月 12 日下级民集 18 卷 7·8 号 814 页、东京高裁平成十三年 10 月 1 日 金融·商事判例 1129 号 13 页。
④ 东京地判平成十三年 12 月 20 日，金融·商事判例 1158 号 38 页。
⑤ 东京地判昭和四十九年 12 月 9 日，判例时报 778 号 97 页
⑥ 东京地判平成十三年 12 月 20 日，金融·商事判例 1158 号 38 页。

《日本商法典》的规定相似。此外，《澳门商法典》第 113 条也有"与被转让之企业有关之债务"的规定。在英美国家，受让人应当承担转让企业的债务。例如，受英国法影响的我国香港特区的《营业转让（保护债权人）条例》第 3（1）条规定，不管转让人与受让人之间有无任何相反约定，受让人应当承担转让人经营业务现时而引起的全部债务和责任，包括应纳的税收。该条例同时还规定，受让人承担的债务数额不得超过转让业务的价值总额。并且，在转让人和受让人发出业务转让通知一定期限后，受让人不再承担任何责任。[①]

第二，对营业上债务人的效力。发生营业转让时，如果受让人继续使用原商号时，除非当事人有特别约定，营业转让人的营业债权原则上转让至受让人。即使当事人有特别约定，营业债权未移转至受让人，只要债务人善意、无过失而清偿了该债务，该清偿有效。例如日本《商法典》第 27 条规定，营业受让人继续使用转让人的商号时，就转让人因营业而产生的债权向受让人实行清偿时，以清偿人系善意且无重大过失情形为限，其清偿为有效。

三、我国现行法对营业转让的规定

（一）现状及缺陷

在我国，由于实行民商合一的立法体例，缺少独立的商法典，有关商法上的营业概念较为陌生，商法意义上的营业转让的概念、制度还没有建立起来；商法总则方面的营业转让制度很不完善，系统性制度规则远未形成，不能满足营业财产及营业转让的法律调整的需要。

【背景资料】

我国营业转让的有关规范

（一）法律对营业转让的规定

1. 公司法、证券法上关于公司、重大资产和主要财产转让的规定

我国《公司法》第 75 条将"公司合并、分立、转让主要财产"作为行使股权购买请求权的情形之一。第 105 条规定，"本法和公司章程规定公司转让、受让重大资产或者对外提供担保等事项必须经股东大会做出决议的，董事会应当及时召开股东大会会议，由股东大会就上述事项进行表决。"第 122 条规定，"上市公司在一年内购买、出售重大资产或者担保金额超过公司资产总额 30%的，应当由股东大会作出决议，并经出席会议的股东所持表决权的 2/3

---

① 石慧荣：《商事制度研究》，法律出版社 2003 年版，第 46 页。

以上通过。"该法是将公司转让与重大资产、主要财产转让相互区别的。此外,《证券法》第 67 条第 2 款规定信息披露时也有涉及。

2.《企业破产法》关于营业转让的规定。《企业破产法》第 69 条规定:"破产管理人转让全部库存或营业,须报告债权人委员会。"

3.《反垄断法》关于营业转让的规定。如《反垄断法》第 48 条规定作为一种排除措施使用"限期营业转让"。

(二) 行政法规关于营业与营业转让的规定

1.《营业税暂行条例》关于营业的规定

依据《中华人民共和国营业税暂行条例》第 1 条,营业税所称营业是在中华人民共和国境内提供该条例规定的劳务、转让无形资产或者销售不动产等。

2. 营业性演出条例对营业的规定。我国《营业性演出管理条例》第 2 条规定,"本条例所称营业性演出,是指以营利为目的为公众举办的现场文艺表演活动。"显然,这里的营业是指一种营利性活动。

3. 深圳经济特区《商事条例》对营业转让的规定。参见该条例第 32 条、第 33 条、第 34 条、第 36 条。

(三) 国务院有关部门、省级人民政府规章关于类似营业转让的企业产权转让的规定

1989 年国家体改委等部门曾制定《关于出售国有小型企业产权的暂行办法》,最早对小型国有企业产权转让作出规定。2003 年国资委、财政部根据《企业国有资产监督管理暂行条例》制定了《企业国有产权转让管理暂行办法》;一些地方性的规章也有关于产权的有关规定,例如《上海市产权交易市场管理办法》、《北京市产权交易管理规定》、《河北省企业国有资产产权交易管理暂行办法》。

有的地方还颁布了集体企业产权转让的规定,如《深圳市集体资产管理办公室关于实施〈深圳市城镇集体企业产权转让管理办法〉的通知》第 3 条。

(二) 营业转让中的法律风险防范

对于营业转让中的风险防范,可从营业转让的法律规定(公权力的介入)与合同约定(私人协议安排,private order)两方面进行制度完善,以使营业转让的风险减少到最低。

1. 营业转让的标的方面

营业转让不是单纯的物权、债权、知识产权流转,往往是各种权利客体的概括转让,因此,对于营业转让的标的受让人不能以单纯的权利客体对待。我

国未来营业转让的法律规定中应对营业转让的标的有所明确,如应对于不动产是否属于营业资产范围作出界定;在法律未有明文规定前,营业转让合同双方应白纸黑字予以明细协议,以免在营业转让的标的方面发生争执。

2. 营业转让时的债务承担方面

第一,确定好营业转让前债务的承担主体。大陆法系规定转让前债务由转让人承担,英美法系规定转让前债务由受让人承担,其共同点是法律给受让人提供了合理的预期,即受让人在受让企业时,能够根据法律的规定预测到自己行为的法律效果。相比之下,我国法律在这方面没有明确规定,以致实践中多生事端。为此,应当在立法上弥补此一漏洞。那么营业转让前的债务承担主体究竟为哪一方?考虑到有些债权、债务还未到履行期以及受让者的意愿等情况,应作出规定:(1)营业转让时的债务由转让人承担,除非受让人明确表示自愿承担。此种营业转让人对营业上发生的债务承担清偿责任的规定,可有效防止营业转让人逃避债务。(2)营业受让人继续使用营业转让人的商号,基于外观主义原则,应对营业上原有债务承担责任,基于此,继续使用营业转让人的商号的受让人必须对营业转让时的营业资产及债务作一正确评估、核实。(3)营业受让人虽未继续使用营业转让人的商号,但通过广告承诺承担营业上原有债务的,应承担其清偿责任。

第二,强化营业受让人的风险防范能力。虽然,受让人会以内部协议的方式进行防范,但内部协议因不能对抗善意第三人而无效。在法律对企业营业转让前债务的承担主体作出明确规定前,受让人可以要求与营业转让人双方联合发布债权、债务通知公告,明确告知相关债权、债务人在合理的期限内申报债权、债务,否则,不承担相关责任。这种防范措施的作用在于,一旦被债权人提起诉讼,受让人可以向法庭出示相关通知公告的证明,以对抗债权人和转让人。当然,在法律修改前,企业登记机关也可以善意提醒受让人进行债权、债务通知公告,促进个人独资企业营业转让安全有序地进行。

3. 营业转让人的竞业禁止方面

商法普遍规定转让人负有不经营与所让与营业相同营业的义务,它是保证受让人利益、达到受让人受让营业目的的重要保证。在我国立法上对转让人竞业禁止义务还没有正式规定前,营业转让合同中应明确约定以下几点:

(1)竞业禁止义务的约束时间。境外法的规定多到30年,少到5年,时间不等。我国属于新兴市场国家,企业更新换代快,合同上可将竞业禁止义务时限约定为10年。考虑到现代科技发展迅速,产业升级很快,竞业禁止义务时限减至5年为宜。

(2)竞业禁止义务适用的地域。许多国家将竞业禁止义务适用区域规定为与商号权保护的区域相同，这在商号随同转让的情况下具有合理性，但商号转让并不具有强制性。相比较而言，将其适用的地域改为与特定营业的市场挂钩更适当。在立法相关条文没有出台前，营业转让合同中应明确约定竞业禁止义务适用的地域范围。

（3）竞业禁止义务对人的约束力。多数国家仅约束营业转让人，我国澳门商法典的规定较转让人范围广，还包括"透过第三人或为第三人"、转让人的"关系人"、"主要股东"等。营业转让合同中对竞业禁止义务主体的范围也可作一明确限制。

4. 职工安排方面

营业转让中的职工安排（包括经理队伍）是一个普遍性问题，存在于各类商主体的营业转让之中。我国企业国有产权转让中强调，"转让企业国有产权导致转让方不再拥有控股地位的，应当按照有关政策规定处理好与职工的劳动关系，解决转让标的企业拖欠职工的工资、欠缴的各项社会保险费以及其他有关费用，并做好企业职工各项社会保险关系的接续工作"[①]。显然，这一要求有很明显的政策性与针对性，即针对国有企业改革后国有股不再具有控股地位的情况下对职工的安排。事实上，在制定营业转让中，是否应使职工安排成为营业受让人的一项义务。仍值得探讨。笔者认为，应对不同的商主体不同对待。在国有大中型企业的营业转让中，劳动合同原则上由受让人继受，因为《劳动合同法》第34条也规定，用人单位发生合并或者分立等情况，原劳动合同继续有效，劳动合同由承继其权利和义务的用人单位继续履行。

可见，营业转让中的职工安排在国有企业营业转让中应依法处理，而在个体、独资企业、合伙企业中则自主协议空间更大些，当事人应对此协商解决为好。

5. 营业转让的法律程序完善方面

以个人独资企业转让为例[②]，一般要经过两个步骤，一是营业转让双方签订企业转让协议，二是到登记机关进行投资人变更登记。这个程序存在缺陷，建议在个人独资企业营业转让变更登记前，增加企业债权、债务通知公告程序。债权、债务公告应当由转让双方联合在企业所在地地市级以上报刊上发布，公告的内容应包括企业转让前的债权、债务由谁承担，债权人申报债权的

---

① 《企业国有产权转让管理暂行办法》第22条。
② 参阅裴国强《个人独资企业营业转让中的债务风险及其防范》，载《中国工商管理研究》2008年第8期。

方法、期限等。转让双方在与债权、债务人达成债权、债务清偿协议后，方能向登记机关申请投资人变更登记，登记机关必须凭企业转让协议、债权债务通知公告证明及相关身份证明等材料才能进行变更登记。

值得注意的是，营业转让后，必须及时办理工商变更登记，没有办理有关的变更登记手续是否影响营业转让的效力呢？司法实践中，未办理变更登记即违反了行政法规，根据《民法通则》第58条的规定，营业转让合同是无效的，对合同双方不发生任何法律效力。如某法院在审理一起营业转让合同纠纷时，就以当事人订立、履行合同违反《城乡个体工商户管理暂行条例实施细则》的规定，对营业执照进行转让而未变更登记，认定双方签订的协议无效。本书倾向于认为，被转让企业变更工商登记只是当事人双方转让企业行为成立的形式要件，而不是生效要件，即营业转让人与受让人只要履行了相关的转让义务，该转让行为便有效，若受让人不改变原企业的工商登记，只是不具有对抗第三人的效力。只有违反了效力性强制规范，必须办理批准登记而未登记的，营业转让合同方才无效。

【相关案例】

营业转让后应办理相关手续，无资质资格
的药店受让人之缔约不能生效

2008年12月28日，某县食品药品监管局在一次专项检查中①，发现辖区内A药店经营的几十批次药品均从县城B药店调拨而来，现场无法提供上述药品的购进票据，但提供了B药店的"调拨单"。经查，2008年6月，A药店（投资人为王某）已经正式由B药店（法定代表人为赵某）接手经营，但未依法变更许可事项登记手续。B药店经营A药店期间，一部分药品是从B药店调拨而来，中间并无金钱往来，王某提供了上述药品的购进票据。

事实表明，这些药品均从该县某一合法药品批发企业购进。另一部分药品是以A药店的名义购进的，但在6~10月份为顾客开具销售票据的单位名称为A药店、11~12月份的单位名称为B药店。赵某解释这是因为A药店的销售票据已用完，因此就改用B药店的了，而且B药店是由总店（B药店）直接调拨药品到分店（目前所经营的A药店），只是还未变更许可事项登记手续。后经执法人员对双方当事人及多位店员查证，A药店确实在半年前就已经

---

① 李铭熙：《药店转让不能通过资产转让实现——从一案例看药店转让中涉及的法律问题》，载http://bbs.jkbaba.com/viewthread.php? tid = 34152&page = 1。

归 B 药店所属，目前它没有自己的独立财产，其实际占有、使用的财产均是 B 药店财产的一部分，并列入 B 药店的资产负债表中。

上述关于药店转让的案例在现实中非常普遍。实践中，药店的成功转让存在彼此关联的两个步骤：第一步，药店的资产转让。即双方签订合同，将药店资产的所有权从一方转移到另一方。如果资产的转让是整体的，那么转让的一方由于失去了药店经营的基本物质条件而不得不停止经营。第二步，药店的营业转让，即一方将合法经营药店所必需的基础条件整体转让给另一方，并协助另一方办理有关的许可证变更手续。很显然，药店的营业转让是以原药店继续存在且受让方以原药店的名义继续经营为前提的，否则，药店的转让行为在资产转让完毕之后即已终止。本案中，B 药店是否已从王某手中转让了 A 药店的基础经营条件？答案是否定的。原因在于现行法律、法规对于药品零售企业实行的是《药品经营许可证》和 GSP 认证证书的双重许可。换句话说，本案中即使 B 药店补办了《药品经营许可证》的变更手续，它仍然面临着 GSP 认证能否通过的问题；更何况，由于 A 药店原先工作人员的退出，药店的基础经营条件已经发生了重大的改变，变更手续能否办妥还不确定。所以，B 药店通过资产转让获得 A 药店时，并不必然地符合药店经营的基本条件。

本章小结

穷则变，变则通，对于企业经营而言莫不如此。企业改制与营业转让为市场经济运作中不可或缺的一道风景。

对于企业改制来说，其法律意义在于，通过企业依法合并、分立、变更组织形式等法律行为，实现企业法律主体的变更；其经济意义主要在于，通过企业改制实现企业产权结构的优化，建立"产权清晰、权责明确、政企分开、管理科学"的现代企业制度，提高企业经营管理的效益。企业改制主要有企业兼并、分立、企业公司制改造、企业股份合作制改造等几种形式，每种形式具有不同的特征和改制条件，企业可以根据自身的实际情况，选择适合的法律形态进行改造。企业改制应当依照法定的程序进行，在改制过程中，产权界定、资产评估、土地资产的处置、企业员工安置等问题应当依法妥善解决。企业改制过程中难免会引起法律纠纷，如国有资产的流失、企业改制的法律效力的确定、企业债权债务的承担、劳动合同纠纷等，企业经营者在改制前应当充分考虑并制定相应的措施，以有效防范这些法律风险的发生。

对于"营业"而言，商法上有两个含义。一为主观意义，指营业活动，即以营利为目的而进行的连续的、有计划的、同种类的活动（行为），一为客观意义，指营业财产，即供进行营业活动之用的有组织的一切财产以及在营业活动中形成的各种有价值的事实关系的总体。营业中的财产包括积极财产（资产）与消极财产（负债），如各种不动产、动产、无体财产、债权等，所谓事实关系则包括专有技术、信誉、顾客关系、销售渠道、地理位置、创业年代等。客观意义的营业可以作为转让、租贷的客体，所谓营业转让中的营业即指此意。至于营业自由中的营业则指营业活动。

从我国现行法律、行政法规、规章的规定不难看出，关于营业转让的规则是一种制度性的缺失，商法意义上的营业转让的概念、制度还没有建立起来，因而要完善营业转让的相关制度。

思考与练习

1. 何谓企业改制？可以选择那些法律形式？

2. 产权制度改革是企业改制的核心，在企业改制过程中，产权界定应当遵循哪些法律程序？

3. 结合企业经营实际，举例说明企业改制过程中会遇到哪些法律风险，并分析如何防范这些法律风险。

4. 如何理解客观意义上的营业或营业财产？

5. 比较营业转让与企业合并的异同。

6. 阐释营业转让的法律效力。

7. 找一个身边有关营业转让纠纷的案例，谈谈我国立法上应对营业转让如何规制？

案例分析

1. 阅读以下案例，回答：甲公司是否应当继续对丙公司的债务承担连带保证责任？[①]

甲（有限责任）公司、乙（有限责任）公司与银行签订了一份最高额保证合同，合同约定，2007年1月至2009年1月两年内，甲公司就乙公司欠银行的800万元以内的债务承担连带保证责任。2007年6月，乙公司依法变更为丙股份有限公司，2007年8月至2009年1月，丙股份公司连续向银行借款600万元，债务履行届满后，丙股份有限公司因经营亏损，无力还款，银行提起诉讼，要求保证人甲公司根据最高额保证合同承担连带责任保证。

---

① 钟亮、李靖编：《企业改制重组法律实务》，法律出版社2007年版，第486页。

2. 阅读下面案例，思考企业股份合作制改制中遗漏的担保债务如何承担？[①]

贵州省中国银行、中国银行凯里市支行，自1993年以来共同或分别与5家公司签订了5份借款合同，总计金额为2274万元。其中青溪酒厂为第一笔1572万元贷款中的400万元提供了担保。2000年9月13日，镇远县政府同意青溪酒厂进行改制，由青溪酒厂在职正式职工全额出资购买青溪酒厂国有净资产，将青溪酒厂从国有企业改组为有限责任公司，原企业债权、债务由新的股东承担（由改制后企业承担）。2000年6月22日，贵州省中行与中国东方资产管理公司南宁办事处（以下简称东方资产南宁办）签订债权转让协议，将上述5笔债权共计2274万元转让给东方资产南宁办。2002年7月5日，东方资产南宁办向贵州省高级人民法院提起诉讼，请求判令舞阳神公司偿还欠款24355403.39元及相应利息；青溪酒厂、建化公司、冶炼厂、东峡电厂、电力公司分别在其保证范围内对借款承担连带偿还责任。一审中，东方资产南宁办以青酒集团系青溪酒厂改制成立为由向贵州省高级人民法院申请追加青酒集团为共同被告，请求判令青酒集团对上述债务承担相应的连带担保责任。

参考分析：本案当事人上诉的主要争议问题是，改制后企业青酒集团对改制前企业改制中遗漏的担保债务是否承担保证责任。在企业股份合作制改造中未作价进去的担保债务应当按照企业改制中隐瞒、遗漏债务的处理原则来确定该笔债务的承担者。如果改制时未依法采取公告方式通知债权人，以至于造成某笔债务被隐瞒或者遗漏的，由股份合作制改造后的企业先行承担有关民事责任，其承担责任后可由企业职工再行向原资产管理人追偿；如果改制时进行了有效公告，则免除了债权人向改造后企业主张被隐瞒、遗漏债务的权利（除权期制度的适用），债权人只能依法向原资产管理人主张权利。

3. 阅读下面案例，阐明熊某与王某签订的碎石厂转让协议是营业转让还是财产转让纠纷。

2002年5月4日，熊某在与王某签订的碎石厂转让协议中约定：熊某将碎石厂生产经营权折价36800元给王某使用，将工商营业执照、采矿许可证、爆破证、税务登记证、采矿用地合同书交王某使用；协议签订后，王某于同月9日支付熊某30000元，并向熊某出具了6800元的欠条，熊某也向王某交付了碎石厂的有关财产和证照。因他人干涉王某对碎石厂的经营，王某以转让采矿许可证、营业执照违法为由，于2002年5月31日诉至法院要求判决协议无效，熊某返还转让费30000元，熊某提出反诉，要求支付6800元转让费。

[①] 载http://finance.ce.cn/law/alk/jjfal/200708/16/t20070816_12482309.shtml，2010年1月17日访问。

一审法院认为，熊某与王某签订碎石厂转让协议是双方真实意思的表示，该协议名为"生产经营权"的转让，实为碎石厂财产的转让，对于财产转让为有效，而对于营业执照等证照交被告使用为违法，也是无效的，对这一部分的无效不影响财产转让的效力，故判决驳回王某的诉讼请求，王某支付尚欠熊某的转让费 6800 元。

一审判决生效后，王某于 2002 年 9 月 18 日与李某签订碎石厂的买卖合同约定：王某以 36800 元的价格将碎石厂转让给李某。王某于 2003 年 1 月 30 日向检察院申诉，检察院向法院提出再审的检察建议，法院依职权于 2003 年 3 月 24 日决定对该案进行再审，经再审后认为，熊某转让碎石厂给王某，未在原审判决前在矿产资源管理部门办理矿业资源开采许可的过户登记，其行为违反了《矿产资源法实施细则》第 10 条规定而无效，双方签订的买卖协议属无效合同，双方因该行为取得的财产应各自返还，对于该协议的无效双方均有过错，应当承担相应的民事责任，故判决撤销原判，双方签订的碎石厂经营权转让协议无效，王某返还取得碎石厂的财产及有关证照，熊某返还取得的转让费 30000 元。

再审判决后，熊某以本案的标的物碎石厂已由王某转让给李某、一审判决返还碎石厂根本不可能实现、与王某签订的协议实为碎石厂的财产转让、采矿权等证照的移交是合同的附随义务、再审法律适用错误为由提出上诉。二审审理后认为，王某能否返还碎石厂系另一法律关系，可另案予以解决，该事实与本案的处理结果并无冲突，再审的事实清楚，法律适用正确，故予以维持判决。

参考分析：本案一审和再审判决的分歧点为财产转让如果为自由流通物，双方意思表示成立后协议便生效，如果为限制流通物，则必须经过批准才能生效，而禁止流通物不能进行转让。本案双方协议约定的内容为生产经营权的转让，是一种典型的营业转让（交付了营业的证照）而非财产转让，一审只将其看作财产转让，属于合同性质认识错误，故依法应当予以纠正。

第四章 解散清算与破产重整

改革开放之初，国内经济建设资金匮乏，而企业信用机制亦不完善，国外投资者望而却步，一些窗口公司通过建立承载着"政府信用"的经济实体，发挥着实现融资、技术引入、对外交流等方面的功能。由广东省政府全资所有的广东国际信托投资公司（以下简称广国投）堪为典型，其在广东改革开放的 20 世纪 80 年代起为广东的经济和社会发展发挥了积极作用。进入 20 世纪 90 年代以后，我国加快推进政企分离改革的步伐，但广国投没有顺应这一重大转变改革其经营管理机制，以致发生了严重的外债支付危机，在内部经营管理上也混乱不堪，终于在 1999 年被宣告破产。此一破产案件同时给司法界带来严重挑战。首先，我国破产立法的严重滞后，妨碍了案件的法律适用。其次，司法经验的不足也影响了广国投案件的审判。最后，案件牵涉面广，利益纠纷复杂。然而在广东省司法界的努力之下，广国投案件的审理最终取得了骄人成果，被誉为"政府信用转向市场信用"的里程碑，也极大地提高了我国的信用程度。①

从上述案例可以看出，完善的市场退出机制对于国民经济乃至国家形象均具有重要作用。而完善的市场退出机制涉及企业的解散、清算以及破产、重整等诸制度内容。考虑篇幅所限，本章主要围绕《公司法》上的解散、清算制度以及《企业破产法》的相关规定为中心，来加以阐述。

一、公司解散

高效、安全的市场退出机制对于整个市场经济运转至关重要，而公司解散则是实现商事主体退出市场的常见途径之一。

（一）公司解散的含义

公司法意义上的公司解散指公司因法律或章程规定的事由出现而终止其营业并继而清算的一种状态。公司解散，须经清算程序，其人格始为消灭，因为一个公司的解散牵系股东利益债权人和公司职工利益、社会交易秩序等，故法律对此慎之又慎。

---

① 参见《广国投破产案创新成就经典案例》，载 http://www.chinacourt.org/public/detail.php? id=283856,2009 年 5 月 20 日访问。

【拓展知识】

公司解散的法律性质

对于公司解散的法律性质，学界有不同的理解，有人认为解散属于一种法律事实[①]，也有认为其属于法律行为[②]，实际上，上述定性并不周延，无法完整反映公司解散的全貌，并且在实务之中并没有太大影响。对于企业经营者来说，掌握下述逻辑关系即可：广义上的公司解散，是旨在消灭公司的法人人格的一整套制度的总称，在法定解散事由出现之后，公司应当通过一定程序（主要是清算程序），最终达到消灭公司主体资格的结果。由于是一整套制度的集合，当中的法律关系不能一概定性，因此较妥当的处理方式就是仅从制度设立的宗旨来理解，而无谓强行定性。[③]

（二）我国公司解散制度的立法变迁

公司相对于其他商业组织形式，很大的一个优势在于，因为其具有独立的法人人格，得"永久存续"[④]，不直接受到成员变动的影响，其营业活动可以持续。然而，永久存续实际上只是理论上的假设。公司同样也会经历"生老病死"的过程。

【拓展知识】

公司解散制度与企业寿命理论[⑤]

企业的寿命有一定上限，"永久存续"仅仅是一个理论假设，企业也有其自身的寿命。如著名企业春都集团的变迁过程，就非常引人注目。

春都集团在企业负责人高凤来的果断决策下，通过火腿肠生产并迅速形成了强大的产业群体优势。然而成功之后，春都乱投资、乱扩张、花样翻新的改制最终拖垮了企业。2000年5月，中国证监会郑州特派办向春都股份有限公司

[①] 王林清、顾东伟：《新公司法实施以来热点问题适用研究》，人民法院出版社2009年版，第483页。

[②] 施天涛：《公司法论》，法律出版社2006年版，第571页。

[③] 这也是大多数学者的态度，如王文宇、刘俊海等均持这种观点。应当认为，法律上精确的定性有助于法律分析和适用，但是过于笼统的定性实际上无法反映当中程序的细节，反而不利于法律适用。

[④] 王文宇：《公司法论》，中国政法大学出版社2004年版，第13页。

[⑤] 新华社通讯：《企业盲目扩张，政府职能错位》，载http://www.chinanews.com.cn/2001-11-4/26/135885.html，2009年6月1日访问。

提出整改要求，限其在 2000 年底解决大股东资金占用问题，同时向有关领导机构通报了春都股份有限公司在机制转换、募集资金使用、资产质量较差、重大信息披露不充分等方面存在的问题。此时的春都已经陷入了困境之中。

如春都集团这样的现象在我国商业界并不少见。近年来，中国企业的短寿现象引起了关注，如商务部副部长姜增伟表示，中国企业的平均寿命只有 7.3 年，品牌的生命力平均不足两年。① 总结来说，企业老化主要有以下几种情况：

（1）人员：由于人力资本的专用型投资成本问题，阻碍了企业人员更新，增加了企业的营运成本。

（2）结构：组织协调成本跟随企业发展而逐步增大，导致机构臃肿。

（3）应变能力：由于已经占有一定市场份额，企业会在新的商机面前过于谨慎，而导致机会的错失。

（4）创造力：由于科层的限制以及搭便车的机会主义行为，企业员工的创造力受到限制。

（5）权力的腐化：表现在企业的掌权者消耗公司资源却对工作懈怠，或者内讧导致企业资源内耗。

因此，对于已经老化、不适应经济形势、无法重新焕发生机的公司，应当通过各种方式使其"老有所终"，退出市场，以实现资源的优化配置。

我国 1993 年《公司法》规定了公司解散的事由，但是存在着局限，主要体现在：规定的解散事由少；规定过于原则，可操作性小；尤其对于股东解散公司的权利规定得相当不足，在实践之中引发了相当多的问题（如公司形成僵局后无司法救济）；2005 年《公司法》对此作了修改，取得了一定的进步。

首先，修订后的《公司法》将行政解散并入公司解散事由，不再单列，表明行政解散依旧与自愿解散等在相关程序上无特殊性的立法意旨。

【拓展知识】

两大法系公司解散的立法特点以及理由②

在大陆法系国家，立法通常先设定股份有限公司的解散事由，后将这些事由准用于有限责任公司，再规定仅适用于有限责任公司的解散事由。德国有学

---

① 载《深圳商报》，引自 http://news.sohu.com/2006-6-14/n243720159.shtml。
② 叶林：《公司法研究》，中国人民大学出版社 2008 年版，第 328~329 页。

者认为，公司法关于股份有限公司的解散事由的规定属于完全列举式，而对于有限责任公司的解散理由的规定属于不完全列举式。在英美法系，立法区分闭锁公司和公开公司，分别规定不同的解散事由。

可以看出，两大法系关于公司解散事由有其共同特点，即对于不同规模的企业规定了不同的解散事由，主要是因为公司的信用基础在不同公司中并不一致。相比之下，我国《公司法》对两类公司的解散事由适用同一规定，在设计上似欠妥。

其次，也是最为重要的立法亮点，是增加了小股东强制解散公司的诉讼制度，更加注重对小股东的保护。

尽管修订后的立法更加注重小股东权益的保护，然而对于这一权利的价值取向以及适用效果仍然存有疑义。主要体现在营业自由与企业维持的价值冲突上。

【拓展知识】

营业自由与企业维持的价值冲突

案例一：A 公司主营猪肉销售业务，后因业务蒸蒸日上，被 B 食品加工公司兼并，A 公司原股东共持有 B 公司 10% 的股份。后在经营之中，这些小股东发现 B 公司大股东曹某飞扬跋扈，任人唯亲，且为压低成本，在猪肉生产线上做手脚，导致企业信誉大大受损，市场份额锐减，多次抗议无效后，小股东无奈之下向法院提起公司解散之诉。

案例二：A 公司主营猪肉销售业务，后因业务蒸蒸日上，被 B 食品加工公司兼并，A 公司原股东共持有 B 公司 10% 的股份。然而加盟之后，对企业管理一窍不通的原股东多次不当干预企业事务，严重干扰了企业的正常生产经营，大股东曹某希望将其除名，但均因其威胁一旦除名，就提起解散公司之诉，使得曹某束手无策。

从上述案例，我们可以看到一个矛盾，赋予小股东强制解散公司的权利是否必然有利于公司上的利益平衡？在例一之中，我们发现小股东得运用这一权利保护自己的利益，对抗大股东的欺压；而在例二之中，这一权利反而成为小股东挟制大股东、损害公司整体利益的利器。回想起《公司法》修订时学界和司法界对这一权利近乎一面倒的高度赞誉，不由得引起我们的反思。《公司法》第 183 条在实践中的运行是否能够达到保护小股东的立法意旨？大股东的滥权和小股东的滥诉哪个危害更大？有学者认为，小股东强制解散公司的制度是非常有必要的,只有赋予其用脚投票的自由,才能有效避免和遏制大股东滥权;而反对意见则从制度经济学角度对此提出了质疑,认为这一权利很容易被滥用,从一个宏观的视角来看,对于企业的健康发展和国民经济整体来说,是不利的。究竟这一权利在现实之中的运行状况如何,目前尚未有实证材料支撑,进一步的结论还有待观察。

(三) 公司的自愿解散

1. 公司自愿解散的意义以及基础

一般认为,组织资源配置有两种主要方式,即计划或市场。制度经济学理论已经充分证明,通过计划进行资源配置往往会导致低效率,在市场经济下,有必要赋予市场主体充分的自主决定权,而自由退出市场的权利是其中的应有之义。如果受到来源于公权力的不当干预,只能导致竞争的扭曲以及资源的浪费,更严重的是腐败的滋生,进而破坏市场经济。

因此,赋予企业退出市场的自主决定权,有利于企业审时度势、见好就收。各国立法均确立了公司得自愿解散的权利以及相关程序。

我国修订后的《公司法》第181条规定了三种主要的解散情形,即公司章程规定的营业期限届满;股东会或者股东大会决议解散;因公司合并或者分立需要解散。以下分别述之。①

2. 公司自愿解散情形一:章程规定事由②

公司得通过章程自主约定解散事由,这是公司意思自治的当然体现。尽管现在大多数公司均希望大展宏图、长久经营,却也不能忽视一些企业家另有考虑,希望在一定条件出现时解散公司。较为常见的情形就是约定一定的经营期限。

然而有疑义的问题是,营业期限届满是否必须要解散公司。

【拓展知识】

营业期限的法律意义③

在少数国家的立法之中,营业期限是公司章程的必要记载事项,如果营业期限届满而又没有依法申请延长的,公司就应当直接解散,目前采取这种做法

---

① 值得注意的是,本条还规定了公司章程可以约定其他解散事由,因此自愿解散并不限于上面列举的三个原因。

② 合伙企业也可以通过合伙协议约定解散事由或者营业期限。另外如果合伙协议约定的合伙目的已经实现或者无法实现,合伙企业应当解散。

③ 徐强胜主编:《公司法——原理精要与实务指南》,人民法院出版社2008年版,第595页。

的国家有法国、意大利、比利时等。而在大多数国家的公司法之中并没有这种要求，但是如果营业期限届满，股东会没有作出继续营业的决议，则公司就应当解散。

我国《公司法》中，营业期限属于章程的任意记载事项，如果章程规定了营业期限，则期限届满之时，公司可以解散，但是股东会也可以形成延长营业期限的决议，或者通过修改公司章程来延续公司。

在章程之中约定营业期限，是股东对公司营业事项作出的约定，一般情况下，股东作此安排，可能是基于对商业风险的预期等，然而商业社会中商机无限，如果在营业期限届满之时，公司运营状况良好，此时不应僵化地理解营业期限的法律性质，而应当允许股东通过决议或者修改章程来延续公司经营。这点在我国《公司法》也有规定，公司可以通过修改公司章程而存续。

3. 公司自愿解散情形二：决议解散

公司解散牵涉利益极大，因此属于特别表决事项，我国《公司法》依据企业形态的不同，分别作出了以下规定：

（1）有限责任公司：必须经代表 2/3 以上表决权的股东通过。

（2）国有独资公司：必须由国有资产监督管理机构决定；重要的国有独资公司合并、分立、解散、申请破产的，应当由国有资产监督管理机构审核后，报本级人民政府批准。

（3）股份有限公司：必须经出席会议的股东所持表决权的 2/3 以上通过。

在司法实践之中，公司决议解散最多涉及的纠纷争点是股东大会解散决议的效力问题。对于是否需要解散公司，股东总是会有不同意见，而尤其在章程对解散决议的表决约定了一定限制条件的情况下，更加容易引起纠纷。从目前的司法实践来看，股东可以通过章程规定比《公司法》要求更严格的决议解散条件。

4. 公司自愿解散情形三：合并分立而解散

面对变化莫测的市场状况，企业通过合并以强强联合或分立以剥离不良业务，是企业运营中的常态。在两种情形之下，原公司均有可能解散。《公司法》出于平衡各方利益的考虑，防止企业通过合并、分立逃避债务承担，损害债权人利益，作出了强制性的规定，"公司合并时，合并各方的债权、债务，应当由合并后存续的公司或者新设的公司承继"。因此因合并、分立而退场的公司无需进行清算，只需直接办理注销登记手续即可。

【拓展知识】

公司合并、分立解散如何避免无形资产损失[①]

对于索尼和爱立信这两个品牌，大多数人都耳熟能详，但是对于"索爱"这个名词，恐怕只有年轻人才比较熟悉。实际上，索爱这一品牌的出现，是企业合并避免无形资产损失的典型成功实例。

以电信起家的爱立信，自1990年末起，面临一连串手机品质瑕疵、生产及供应链、市场经营等问题，因处理不当，手机业务逐渐走下坡路，与索尼手机业务合并前，连续6个季度亏损。而当时的索尼手机业务也面临存亡之秋。虽然贵为全球消费性电子巨擘，但市场始终局限于日本国内，全球市场占有率甚低。在与爱立信合资组成手机公司前，索尼分别与高通及西门子合作过，最后皆无疾而终。

索尼和瑞典的爱立信公司于2001年4月24日宣布，两家公司将合并手机业务部门，并各出资50%成立新公司"索尼爱立信移动通信"。有关决定和爱立信共同出资成立新公司的理由，并原常务执行董事列举了以下几点：（1）爱立信拥有开发第三代手机所必需的通信基础设施的技术；（2）爱立信正在向全世界100个国家的通信经营商销售产品；（3）为了推进需要巨额投资的下一代手机的开发，必须确保一定的业务规模等理由。

在当代商业社会，某项业务发展积累起来的商誉等无形资产往往可以为其他业务带来"正外部性"，假如企业合并或分立，很有可能导致这些无形资产流失。因此，有必要维护既有利益。像"索爱"这样的品牌，即延续了两大品牌的"优良传统"，更给消费者造成了强强联合的印象，对于新产品的销售是极为有利的。

（四）公司的行政解散[②]

1. 公司行政解散的意义以及基础

尽管市场经济要求尽量尊重市场主体的意思自治，以尽可能发挥其主观能动性，但这并不意味着政府要完全处于"守夜人"的位置。尤其是，近代经

[①] 资料来源：《索尼和爱立信合并手机业务》，载 http://japan.people.com.cn/2001/4/25/riben2001-4-25_5045.html；《冷眼看全球通信业兼并》，载 http://economy.enorth.com.cn/system/2006/09/06/001402808.shtml，2009年7月2日访问。

[②] 在我国，行政解散的事由基本上在各种企业形态都差不多，主要限定在企业经营违反行政法规等不正当经营情形。

济变迁史早已证明，政府的调控非常必要。落实到公司解散这一层面的制度反映就是，政府得以在一定情况之下，通过行政手段强制解散公司。

2. 公司行政解散情形之一——吊销营业执照

政府对市场的干预主要有事前控制和事后监督两种方式，营业执照的授予属于事前控制，通过行政机关的审核判断企业是否得从事营业活动。尽管从商自由的制度理念得到了广泛的支持，但是这并不否认事前控制手段的必要性，事前批准的控制手段可以维持最低程度的质量标准，限制不正当竞争，避免发生不符合公益的行为，其正当性在于信息问题、情境性垄断、家长主义、外部性等市场无法克服的问题。① 然而，事前控制也不是万能的，更何况随着市场经济的进程，国家逐渐放松了相关的管制，营业能力的审查多为形式审查，因此事后监督也是相当必要。尤其是在出现特定情形、营业许可的授予可能危害公众利益的时候，行政机关更应当积极干预，以实现矫正正义。

我国《公司法》以及《公司登记管理条例》对此作出了具体规定②，当中最为常见的就是虚报注册资本的情形。在公司法之中，注册资本制度的实质在于保证对公司债务的一定清偿能力，然而商人遇到一定商机，难免有投机心态，在启动资金不足或者较少的情形下，通过虚报注册资本，得在形式上造成公司具有较高清偿能力的外观，这种行为实际上对债权人的利益造成了潜在的损害，属于欺诈，因此法律规定在情节严重的情形之下可以构成吊销营业执照的事由。

判定虚假出资的时间标准问题属于司法实践中经常遇到的疑难问题，我国法律并没有清晰界定虚报注册资本的构成，尤其是虚报行为与抽逃资金在外观上很相似，但是法律为二者规定的后果并不相同，其区分应当予以明确。一般认为，公司成立与否是区分虚报注册资本和抽逃资金的主要标准。有学者指出，应当注意对投资者主观意图的考察，即如果投资者缴纳出资的目的在于取得营业执照，于公司成立后无偿或低成本取回出资的，可以推定为虚报出资，不解释为抽逃资金；如果投资者通过正常关联交易取得公司资金的，既非虚报出资，也非抽逃资金。③ 出于对企业维持的考虑和价值平衡以及对行政权介入的审慎态度，这种意见值得重视。

3. 公司行政解散情形之二——责令关闭

责令关闭的含义在立法之中并没有明确，一般认为，其指有权机关发布决

---

① ［英］奥格斯：《规制，法律形式和经济学理论》，骆梅英译，中国人民大学出版社2008年版，第十章有关内容。
② 参见《公司法》第199、208、212、214条，《公司登记管理条例》第73、76、77条。
③ 叶林：《公司法研究》，中国人民大学出版社2008年版，第343页。

定,迫使企业或者公司停止全部或者部分营业和经营①,由于这种惩罚手段主要对付的情形并不是公司在登记时候的问题,而是公司在经营期间违反了相关的行政法规,因此并非由公司登记机关、而是由所违反的行政法规规定的有权行政机关作出。

然而对于责令关闭的法定后果,现在还存有争议,焦点在于是否需要对被政府责令关闭的企业吊销营业执照。

【相关案例】

责令关闭的法律后果②

2004年6月15日,某县县政府作出决定,对经限期治理仍未能符合环保要求的3家玻璃拉丝厂责令关闭,并要求当地工商局吊销其营业执照。工商局接县政府决定后,在以下问题上出现了不同意见:第一,对政府责令关闭的企业和个体工商户,是否需要吊销其营业执照?第二,如果未吊销其营业执照,相关企业或个体工商户拒不执行政府关闭决定、继续从事生产经营的,工商局有无管辖权和监管职责,能否按无照经营进行查处?

主流意见认为:(1)对因不具备安全生产条件而被政府责令关闭的,工商局应当吊销其营业执照。(2)对因其他原因被责令关闭的,工商局则不一定要吊销其营业执照,而应当先责令经营者限期办理注销登记;对不按规定办理注销登记的,再依法吊销其营业执照。(3)在吊销营业执照或办理注销登记之前,相关企业或个体工商户拒不执行关闭决定、继续从事生产经营的,工商机关不能以此为由行使管辖权。

有学者认为,主导意见符合现行有关法律的规定,但也存在明显的弊端。一是对同样的问题,不同的法律之间存在冲突,不利于维护国家法律的统一性。二是现行的逾期不注销再吊销营业执照的模式,不利于体现政府责令关闭这种行政处罚的严肃性。三是现行的逾期不注销再吊销营业执照的模式,不利于将政府关闭令落到实处。四是现行的逾期不注销再吊销营业执照的模式,将吊销营业执照作为与注销登记并列的一种企业终止方式,混淆了企业终止原因和终止方式,不符合《民法通则》与《行政许可法》的有关规定。

应当认为,上述分析较为全面,叶林教授也指出,禁止公司从事某些营业

---

① 叶林:《公司法研究》,中国人民大学出版社2008年版,第343页。
② 资料来源:《对被政府责令关闭的企业是否需要吊销其营业执照》,载《中国工商报》2005年1月13日A3版,转引自作者博客 http://www.bloglegal.com/blog/cac/950005837.htm#。

和取消公司营业资格并不相同，我国《公司法》规定公司应当依据关闭命令而解散，不仅存在理论解释上的障碍，还容易诱发其他行政机关代行公司登记机关的职权。比较合理的安排是，公司登记机关根据其他行政机关的关闭命令，吊销公司的营业执照。①

4. 公司行政解散情形之三——撤销公司登记

撤销公司登记是由公司登记机关依职权作出的具体行政行为，目前我国法律规定了两种情形：虚报注册资本，取得公司登记，情节严重的；提交虚假材料或者采取其他欺诈手段隐瞒重要事实，取得公司登记的，情节严重的。作为公司解散的原因，在法律后果上，撤销登记与吊销营业执照并无本质区别。

（五）公司僵局与司法解散

所谓公司僵局是指公司在存续运行中由于股东或董事之间发生分歧或纠纷，彼此不愿妥协，导致股东会、董事会等权力或决策机关陷入权利对峙而不能按照法定程序作出决策，从而使公司陷入无法正常运转甚至瘫痪的事实状态。② 公司僵局容易在人合性基础丧失的有限责任公司中发生。依照我国修订后的《公司法》的规定，出现公司僵局且无其他办法解决时，可以诉诸法院。2008年5月5日由最高人民法院通过的《关于适用〈中华人民共和国公司法〉若干问题的规定（二）》（以下简称《解释二》），对法院审理公司解散问题作了更细规定，有以下几点是值得注意的：

第一，公司法设置股东强制解散公司的权利，在于为公司僵局困境中增加最后的一种救济措施。因此，主要保护的是公司僵局中的受害者，而不是对形成公司僵局负有主要过错的责任人。对形成公司僵局负有主要过错的股东对解决公司僵局困境、维持公司存续无疑也负有主要责任，对其提出解散公司的诉讼请求，应从严审查诉讼目的，防止诉讼滥用权利，使其他中小股东利益再次受损。

第二，为了防止小股东滥用诉权，影响公司的存续，法律对提起解散公司诉讼的主体有一定的条件限制。即单独或者合计持有公司全部股东表决权10%以上的股东才可以提起解散公司诉讼。

第三，为了便于法院识别公司僵局，以及便利股东行使诉权有一定的依据，法律对公司僵局规定了一定的类型化标准。主要有几种情况：（1）公司

---

① 叶林：《公司法研究》，中国人民大学出版社2008年版，第344页。
② 周友苏：《新公司法论》，法律出版社2006年版，第358页。

持续两年以上无法召开股东会或者股东大会，公司经营管理发生严重困难的；（2）股东表决时无法达到法定或者公司章程规定的比例，持续两年以上不能作出有效的股东会或者股东大会决议，公司经营管理发生严重困难的；（3）公司董事长期冲突，且无法通过股东会或者股东大会解决，公司经营管理发生严重困难的；（4）经营管理发生其他严重困难，公司继续存续会使股东利益受到重大损失的。最后这一种情形是法定的兜底条款，以避免封闭性的规定导致一些僵局情形无法得到救济。

第四，"通过其他途径不能解决的"具有特定的意义。目前主流的司法意见是，判断"通过其他途径不能解决的"，一方面不能将"通过其他途径"机械地理解为前置程序，未穷尽其他途径，股东就不得提起请求解散公司之诉；另一方面必须切实审查"通过其他途径"解决公司经营管理困境的现实可能性。法院需进行必要的司法调解，要在最广泛的层面上，全方位地寻找扭转公司经营和管理困境的其他途径，包括通过公司自力救济、行政部门管理、行业协会协调，以及仲裁或其他司法程序摆脱困境的可能。要结合市场与公司发展前景，客观评定通过其他途径对于解决公司经营管理困境的现实性。譬如，修订后的《公司法》引入了"一人公司"、"异议股东股份回购请求权"等制度，为公司僵局司法解散制度寻找非解散替代措施提供了法律依据。

二、公司清算

这里所谓公司清算是指非破产清算（破产清算专由破产法调整），是公司解散后，由专门的机构依法定程序清理公司债权、债务，处理公司剩余财产并终止公司法律人格的行为。公司解散之后必须经过清算的意义主要在于了结公司的各种债权、债务，防止公司解散给社会经济安全和市场经营秩序带来不安定的影响。因公司合并或分立而解散的，其合并或分立的程序中已有对债权人保护的制度安排，并且落实了合并或分立后的债权、债务承继者，因此不必清算。

修订后的《公司法》规定，公司解散的，应当在解散事由出现之日起15日内成立清算组，开始清算。逾期不成立清算组进行清算的，债权人可以申请人民法院指定有关人员组成清算组进行清算，人民法院应当受理该申请，并及时组织清算组进行清算。一方面，法律强化了公司的清算义务；另一方面，纠正了过去由行政机关和法院共同主导清算的局面，将权利归于司法机关，无疑体现了避免行政权过度干预，司法权适度干预市场经济的精神，是符合市场经济发展规律的。

（一）强制清算的启动主体

公司解散应当自行清算，但是由于清算涉及利益较多，因此很有可能出现股东迟迟不清算的情形，损害债权人利益。依据新《公司法》规定，股东逾期不成立清算组进行清算的，债权人可以申请法院组织清算。《解释二》规定债权人未提起清算申请，公司股东可以申请法院指定清算组进行清算。此外，我国法律未规定公司的职工、甚至税务机关等利害关系人有权申请法院清算。一些境外立法对此有所规定，如美国《特拉华州公司法》，德国《股份公司法》、《有限责任公司法》，日本《公司法》等。这些规定有利于迅速启动公司清算，平等保护其他利害关系人。比较而言，我国法律还有待于进一步完善。

【相关案例】

江苏省一起股东不履行公司清算义务案[①]

2003年2月8日，黄晓菊、蔡月兰经协商各投资25万元成立瑞祥公司，开办不到一年就产生了矛盾。2004年12月瑞祥公司因为未进行年检而被吊销了营业执照。黄晓菊遂要求对公司的剩余资产进行清算，但蔡月兰自恃其控股股东身份始终不睬。无奈之下，黄晓菊只好诉诸法院。对于黄晓菊的起诉，蔡月兰却认为黄晓菊不具有本案主体资格；同时成立清算组是股东会的职权范围，不属于人民法院的受案范围，黄晓菊的诉求没有法律依据和事实依据，法院应驳回其诉讼请求。

一审审理法院认为，对于公司被吊销企业法人营业执照后，股东是否有权请求人民法院指定清算组，法律虽无直接的规定，但黄晓菊作为公司的非控股股东，在公司被吊销企业法人营业执照的情况下，要求清算公司，符合《公司法》规定的公司解散后应当进行清算的原则，属于正当的请求，应予支持。对于上诉人与被上诉人之间的争议，二审审理法院认为，瑞祥公司被工商行政管理机关吊销了营业执照，处于歇业状态。根据法律规定，股东应当组成清算组进行清算。组成清算组进行清算不仅是公司股东的法定义务，同时也是股东的法定权利，即各股东有权组成清算组进行清算。

（二）被吊销营业执照企业的债务清偿问题

按新《公司法》的规定，在清算期间，公司法人资格视为还存续。在这

[①] 杨阳：《公司瘫痪是否清算莫衷一是：法院判定股东及时履行清算义务》，载 http://www.legaldaily.com.cn/bm/2006-2/21/content_268946.htm。

种情况下仍可以以公司为被告诉诸法院。由于清算制度的主要目的在于防止公司在解散过程中出现隐匿财产、逃避债务、损害债权人和投资人权益的情况，因此，债权人可以通过提起诉讼追究违反清算义务的行为人的责任。

【相关案例】

佳阳公司的营业执照被吊销后法院判决股东承担赔偿责任，合理吗？[①]

本案中，八一机械公司与佳阳公司先后签订的加工、租赁合同合法有效。佳阳公司在履行协议的过程中，向八一机械公司借材料、借钱和使用水电等，双方形成债权债务关系。后来因佳阳公司没有按约履行加工合同，导致协议终止。对于佳阳公司董事长周佳阳要求用围栏的加工费抵销债务的请求，法院认为：围栏加工合同是周佳阳以自己的名义与八一机械公司签订的，这是另一种法律关系，只能另案处理。因佳阳公司被吊销了营业执照，所以只能用佳阳公司清算后的财产偿还债务。佳阳公司是有限责任公司，因此佳阳公司的股东周佳阳、何美珍、何强，只需以各自的出资额对佳阳公司的债务承担有限责任，没有连带赔偿责任。

上述案例表明，公司营业执照被吊销后，股东应尽清算义务，给债权人造成损失的，法院判决股东仅在出资额范围内承担有限责任，没有追究连带赔偿责任。值得注意的是，如果满足了《解释二》第 18 条规定的条件，则应承担连带清偿责任。

（三）公司清算的法律责任

新《公司法》第 184 条从程序上规定了清算组的组成，但对清算义务人的法律责任未作明确规定。《解释二》中增加了公司股东有权提起公司强制清算之诉的规定，设定了债权人和清算人的协商清算程序，并根据不同情况细化了公司清算的法律责任规定。[②]

1. 明确了清算义务人承担清算责任的情况

公司是否有完备的账册，是公司股东承担连带清偿责任与否的要素之一，公司账册没有保管好，就不可避免地对公司债务承担连带清偿责任。另外财务账册是否合法，股东是否存在抽逃资金、恶意转移财产等行为，也是清算义务

---

① 谭启勇：《有限责任公司欠债股东应否连带偿还》，载《法治快报》，转引自 http://www. fzkb. cn/news/2007－1－12/fz8b/094128. htm, 2009 年 8 月 7 日访问。

② 段绍华：《从一起案例看〈公司法解释〉二关于清算义务人》，载http://www. sy148. com/Html/zz/syls1/0801B/1124163930660. html, 2009 年 8 月 7 日访问。

人承担清算责任的一个标准。《解释二》第18条规定：有限责任公司的股东、股份有限公司的董事和控股股东因怠于履行义务，导致公司主要财产、账册、重要文件等灭失，无法进行清算，债权人主张其对公司债务承担连带清偿责任的，人民法院应依法予以支持。

2. 拓宽了承担清算责任的主体范围

公司的董事、控股股东、实际控制人造成公司清算困难的（如造成公司账册等重要文件灭失、恶意处置公司财产、未经清算即行注销公司等情况），应当对公司债务承担连带清偿责任。由此可见，《解释二》在制度上保证了相关权利人的合法权益能够得到最大限度的救济。第18条规定：上述情形系实际控制人原因造成，债权人主张实际控制人对公司债务承担相应民事责任的，人民法院应依法予以支持。第19条规定：有限责任公司的股东、股份有限公司的董事和控股股东，以及公司的实际控制人在公司解散后，恶意处置公司财产给债权人造成损失，或者未经依法清算，以虚假的清算报告骗取公司登记机关办理法人注销登记，债权人主张其对公司债务承担相应赔偿责任的；公司未经清算即办理注销登记，导致公司无法进行清算，债权人主张有限责任公司的股东、股份有限公司的董事和控股股东，以及公司的实际控制人对公司债务承担清偿责任的，人民法院应依法予以支持。

3. 明确规定了在清算义务人内部根据"过错大小"分担责任

《解释二》第21条规定："有限责任公司的股东、股份有限公司的董事和控股股东，以及公司的实际控制人为二人以上的，其中一人或者数人按照本规定第18条和第20条第1款的规定承担民事责任后，主张其他人员按照过错大小分担责任。"这为企业经营者依法维权时划清清算义务人内部的责任界限提供了依据。

【相关案例】

公司注销债未还股东承担清偿责任[①]

2002年8月8日，良机公司与上海兴隆设备安装公司（以下简称兴隆公司）签订购买冷却塔合同书。2005年10月中旬，兴隆公司股东会决定由四被告（即上海兴隆设备安装公司四名股东）成立清算小组。同月26日，兴隆公司正式注销登记。2008年4月初，良机公司诉称兴隆公司尚

---

① 材料来源：http://www.court.gov.cn/news/bulletin/region/200808190010.htm, 2009年8月13日访问。

有货款11.2万元未履行,作为该公司的股东和清算责任人,未尽通知义务,故要求兴隆公司四名股东及清算人对11.2万元欠款承担连带责任及利息。

法院认为,张鑫等人身为兴隆公司的股东,在该公司注销清算时,没有通知债权人良机公司,就把兴隆公司所余资金予以分割,显然侵犯了债权人的合法权益。遂判决由张鑫等四名股东在分得的公司财产权益限额内承担连带清偿责任。

该案例中,上海静安法院适用《解释二》的相关规定,在企业法人清算终结后,认定清算组成员在清算中存在过错,判决承担连带清偿责任。

三、企业破产

(一) 企业破产的概念

1. 破产与破产法

法律上的企业破产,是指企业不能清偿到期债务,按法律规定的程序将其全部资产或变卖所得,按债权额比例公平地分配给全体债权人的全过程。对于债务人企业来说,破产意味着解除其继续清偿债务的义务并消灭破产企业法人资格的过程,而对于债权人企业来说,则是在债务人陷入支付不能的情形下,依法取得债权清偿的机会。

【拓展知识】

破产法的经济性质[①]

在论述破产法的作用时,一般论著都会强调,破产法有利于公平偿还债务,充分保护债务人的合法权益,有利于优胜劣汰,实现资源优化组合等作用,但是实际上,对于破产法意义的真正了解,必须从经济分析的观点来考察,尤其是要从债权人战略行为的角度进行分析。

波斯纳区分了两种无清偿能力,即单个债务人以及多个债务人的情况。在债务人拥有多个债权人的时候,破产就成为在公司和个人情况下同等重要的救济手段。债权人越多,搭便车问题就会越严重,当债务人无法满足所有债权人的权利主张时,每一个债权人都会更快地行动,而更缓慢地支付财产价值最大

[①] [美] 波斯纳:《法律的经济分析》,蒋兆康译,中国大百科全书出版社2003年版,第十四章;郁光华:《公司法的本质》,法律出版社2006年版,第57~59页。

化所需的费用,这些问题可以通过债权人之间以及债权人与债务人之间的事先契约解决。而破产法则可以被看做这种契约的标准,其存在可以节约交易成本,即债权人和债务人无需就相对低几率的事件进行谈判。法院指定的中立的破产财产托管人将彻底排除清偿优先权而以所有(非担保)债权人代表的身份管理破产者的财产。

在企业申请破产,债权人取得控制权之后,必须集体决策如何恰当利用债务人资产以及如何合理分配得到最佳利用的债务人的财产,但是由于在多方交易的过程中,机会主义、搭便车等因素会导致损害他方利益的战略行为出现,因此必须通过破产法对战略行为进行规制。从经济功能角度来说,破产法是基于公平理念对破产企业债权人的战略行为进行规制、保证破产企业债权公平清偿的制度。

破产法的本质就是一种财产的强制执行制度,美国著名破产法学者沃伦教授指出,"破产意味着债务人的财产馅饼不敷债权人分配,并且对那些未获清偿的债务要实施免责,就是矛盾的焦点集中在谁有权参与破产财产的分配以及可参与分配的债权额。因为,破产财产的合理分配成了破产制度的核心所在"①。对破产法本质的这一认识可能会引起一些误导,即将破产法理解为民事执行制度。但是实际上破产法与强制执行制度在内涵以及制度功能上虽有类似,但是却有很大的区别。现在一般认为,破产法属于商法的部门法,因为其实际上以债权人与债务人的关系为核心内容,属于私法的范畴。有学者认为破产法也具有一定的经济法性质,因为随着破产法在维护社会利益方面的作用日益得到重视,尤其是重整制度的建立,国家通过司法程序对破产案件的适当介入已经被法律确认。②但是,司法的适度介入并不能否认破产程序处理债权人、债务人关系的本质,在这一过程之中,起主导作用的还是债权人的集体意志,而不是法院或行政部门的意志,因此将破产法定性为经济法,容易混淆其私法本质。

《中华人民共和国企业破产法》已由第十届全国人大常委会于2006年8月27日通过,2007年6月1日起施行,此前原有破产法律规范散见于1986年的《企业破产法(试行)》,1991年《民事诉讼法》第19章"企业法人破产还债程序",以及相关的司法解释,即2002年7月18日通过,同年9月1日施行的《最高人民法院〈关于审理企业破产案件若干问题的决定〉》。这些文

---

① [美]爱泼斯坦等:《美国破产法》,韩长印等译,中国政法大学出版社2003年版,第3页。
② 王欣新:《破产法》,中国人民大学出版社2007年版,第12页。

件多属程序性规范,有的琐碎和繁杂,有的残缺不全。而新《企业破产法》在总结司法实践经验和借鉴国外先进立法的前提下,创设了许多新的法律制度,与原有破产法律规范相比,可以说是改头换面,耳目一新。

【背景资料】

对新《企业破产法》立法宗旨的探讨①

新《企业破产法》第1条明确提出了本法的立法宗旨,指出"为规范企业破产程序,公平清理债权债务,保护债权人和债务人的合法权益,维护社会主义市场经济秩序,制定本法"。王欣新教授对这一宗旨的创新作了详尽的分析和阐述,认为其意义在于:

第一是明确了破产法的特殊社会调整目标,区分了其直接社会调整作用与间接社会影响的关系;

第二是明确区分了破产法与社会保障法、劳动法等相关立法之间不同的调整范围,将不属于破产法调整的职工救济、安置等社会问题排除在破产程序之外,从理论上为破产法的实施扫除了最大的社会障碍;

第三是排除了政府不正当的行政干预,从而避免因地方政府执政利益的影响而再度歪曲破产法的实施,同时强调政府必须履行其应尽的提供社会保障、安置失业职工等职责,解决法院审理破产案件的社会干扰,保证破产法的顺利实施。

2. 破产能力

破产能力是民事主体可以被宣告破产的资格。新《企业破产法》出台后,企业法人、金融机构均具有破产能力,而企业法人以外的组织的清算,属于破产清算的,参照《企业破产法》规定的程序进行,另外还需要注意以下几点:

(1) 在中国目前商自然人(小商人)的破产不适用《企业破产法》

个人破产指的是个人作为一个债务人不能清偿到期债务的时候,个人的所有财产都要拿出来清偿给债权人,但基本的生活费用和生活保障品可以保留。被宣告个人破产的,很多权利要受到限制。②

---

① 王欣新:《论新破产法立法宗旨的创新》,2007年中国商法年会参会论文。
② 如曾经轰动一时的香港明星钟镇涛1997年和前妻章小蕙借巨款炒卖豪宅,后遇金融风暴,无法偿清高达2.5亿港元的债务,2002年钟镇涛入禀法院宣告个人破产,开始了四年的破产生涯,在这段时期里进入高消费场所、出国等都受限制,甚至出门打的也被禁止。

【拓展知识】

商自然人（小商人）破产的制度探索

在破产能力的立法上，各国存在两种立法主义，即商人破产主义和一般破产主义。前者是指债务人不能清偿债务时，只对从事商事（营利）活动的商人适用的破产程序，对一般的民事主体则使用民事强制执行程序。而后者是对所有人不能清偿债务的情况均适用破产程序解决。目前在国际上，一般破产主义是各国立法的主流。[①]

破产程序的启动并不必然意味着主体资格的消灭，在很多情况下，实际上可以帮助债务人摆脱负债，拥有一个"全新的开始"，因此实现一般破产主义具有积极的意义。这一主张在我国破产法立法之中被提出，但是最终未被采纳。反对者主张，目前我国的信用体制尚未健全，个人财产的公示制度没有建立，现在将自然人纳入破产法的调整范围可能会出现大量的破产逃债行为，进而影响社会秩序。[②] 尽管反对意见也有一定的合理性，然而仍然应当看到，实行一般破产主义具有积极的作用，不仅能够与国际惯例接轨，促进市场经济发展，而且体现了平等理念与公平理念，弥补了民事执行制度的不足。[③] 因此可以预见，随着信用体制的健全，我国破产法最终会采纳一般破产主义。

我国也出现了实行"商自然人破产"的前兆。2002年8月15日，四川泸州中级人民法院向21个不执行法院判决——欠账久不还的被执行人发出《限制债务人高消费令》，作为接受《限制债务人高消费令》的个人不得在宾馆、饭店、酒楼、歌舞厅、高尔夫球场等高消费场所消费；不得使用、租用机动车；不得乘坐火车卧铺、轮船四等以上舱位和飞机；不得使用无线电话等高档通讯工具……违反禁令者，法院将给予罚款、拘留，构成犯罪的将依法追究刑事责任。

(2) 农民专业合作社可以适用《企业破产法》

据统计，在农村改革发展实践中，我国地方上已经创办了十多万个农民专业合作社等农民专业合作经济组织。我国《农民专业合作社法》第48条规定，农民专业合作社破产适用企业破产法有关规定。同时该法规定，破产财产

[①] 王欣新：《破产法》，中国人民大学出版社2007年版，第33页。
[②] 同上书。
[③] 李国光主编：《新企业破产法疑难释解》，人民法院出版社2006年版，第31页。

在清偿破产费用和共益债务后，应当优先清偿破产前与农民成员已发生交易但尚未结清的款项。法律还规定，清算组负责制定包括清偿农民专业合作社员工的工资及社会保险费用，清偿所欠税款和其他各项债务，以及分配剩余财产在内的清算方案，经成员大会通过或者申请人民法院确认后实施。清算组发现农民专业合作社的财产不足以清偿债务的，应当依法向人民法院申请破产。农民专业合作社接受国家财政直接补助形式的财产，在解散、破产清算时，不得作为可分配剩余资产分配给成员，处置办法由国务院规定。

（3）非企业法人（事业单位及其他社会机构法人）的破产有条件适用《企业破产法》

依据新《企业破产法》第135条规定："其他法律规定企业法人以外组织的清算，属于破产清算的，参照适用本法规定的程序。"由此，学校事业单位之类的社团组织法人的破产清算，一要有法律规定（如教育法），二要参照适用《企业破产法》的程序性规定。目前，在我国教育财政补贴和《教育法》的规定下，公办普通高等学校不具备破产的条件，仅能参照适用《破产法》的程序性规定，对于和解、重整程序及实体性破产法律制度则还不能直接适用。至于民办学校，如果登记为企业法人的，则可适用《企业破产法》的规定。

此外，目前主流观点认为：承担无限责任的个人独资企业、普通合伙企业等组织是不宜适用企业破产法的。有限合伙企业的有限合伙人在破产清算时可以适用该法，但是也仅适用于破产清算程序，不适用于重整和和解。

3. 破产原因

破产原因是商事主体宣告破产的条件，同时也是对破产人进行破产预防（主要通过和解程序）和破产程序变更终结（破产原因有无消除）以及社会经济秩序的衡量因素（在一定程度上决定着破产率的高低）[①]。

【背景资料】

破产原因的立法主义

对于破产原因，各国立法有列举主义和概括主义两种。前者主要在英美法系之中实行，它主要受到早期破产犯罪立法思想的影响，着眼于债务人具体实施的不当行为，虽然规定具体，但是难免挂一漏万，不过由于得益于英美法系的判例法传统，法官的自由裁量权得在一定程度上弥补这一缺陷。后者是对破

---

① 李国光主编：《新企业破产法疑难释解》，人民法院出版社2006年版，第39页。

产原因从学理上进行抽象概括，着眼于破产发生的一般原因。通常是支付不能、资不抵债或停止支付三种情况。

目前国际上主流的趋势是概括主义，包括美国在 1978 年修订破产法之后也采纳了概括主义。而我国破产法同样遵循了大陆法系的传统，采纳了概括主义。

我国《企业破产法》在第 2 条中规定了破产原因，包括以下两种情形：

第一，企业法人不能清偿到期债务，并且资产不足以清偿全部债务。"不能清偿"是指"债务人已全面停止偿付到期债务，而且没有充足的现金流量偿付正常营业过程中到期的现有债务"①。这一标准强调的是债务人财产的客观状况，因此不以债权人已经提出清偿请求为必要条件。"不能清偿"的要件为②：

(1) 债务人丧失清偿能力，即不能以财产、信用或者能力等任何方法清偿债务。支付货币及财产为通常的债务清偿方法；以信用方法清偿债务，主要是指债务人借新债还旧债，或协议延期还债；以能力方法清偿债务，主要是指债务人以提供债权人接受的劳务、技能服务等折抵货币清偿债务。

(2) 债务人不能清偿的是已到偿还期限，提出清偿要求的、无争议或已有确定名义的债务。如果在未到期前，债权人认为债务人到期后将无法偿还，或债务人提出对未到期债务延期偿还的请求，都不能视为不能清偿，因此时清偿义务尚未产生。实践中，有几种特殊情形需要注意，首先，在履行期限不明的情况下，根据《合同法》的规定，债权人得随时要求履行，如果在合理的准备期间内无法履行，则构成到期；其次，可撤销的债务以及过了诉讼时效的"自然债务"，不得视为《企业破产法》规定的不能清偿的债务；最后，有担保的到期债权属于不能清偿的到期债权，这点在《关于佛山市中级人民法院受理经济合同纠纷案件与青岛市中级人民法院受理破产案件工作协调问题的复函》中有明确规定。③

(3) 债务不限于以货币支付为标的，但必须是能够以货币评价即能够折合为货币的债务。

(4) 债务人在相当长时期内或可预见的相当时期内持续不能清偿，而不

---

① 王卫国：《破产法精义》，法律出版社 2007 年版，第 5 页。
② 王欣新：《论破产原因》，载 http://www.civillaw.com.cn/article/default.asp? id = 9551,2009 年 9 月 13 日访问。
③ 《关于佛山市中级人民法院受理经济合同纠纷案件与青岛市中级人民法院受理破产案件工作协调问题的复函》指出：确定企业是否达到破产界限，并不以"连带清偿责任人清偿后仍资不抵债"为前提条件。

是因一时的资金周转困难等问题暂时中止支付。

第二，企业法人不能清偿到期债务，并且明显缺乏清偿能力。以"明显缺乏清偿能力"替代"资不抵债"作为与"不能清偿到期债务"并列的条件，是对后者的一个限定。根据这一限定，一时不能支付但仍有偿付能力的企业不适用破产程序。有学者指出，本项标准代表了《企业破产法》起草的一个指导思想，即鼓励适用破产程序，特别是再建型的破产程序（重整、和解），以积极清理债务，避免社会中大量的债务积淀和资产闲置，并减少企业长期困境下的道德风险以及由此造成的经济损失。[1] 但是，也有学者批评指出，这项标准在破产法理论上从未使用过，漏洞百出，难以使用。[2]

【相关案例】

盛运机械公司申请新纪元公司破产清算纠纷案

新纪元公司成立于2001年2月28日，注册资金200万元，其中胜利油田盛运集团公司精细化工厂出资50万元，占股权比例25%；胜利油田京联切诺基汽车维修中心出资45万元，占股权比例22.5%；张来义出资28万元，占股权比例14%；赵峰林出资28万元，占股权比例14%；朱明华出资28万元，占股权比例14%；丁启德出资21万元，占股权比例10.5%。经营范围：农产品生产加工销售、石油化工产品销售、农机具维修、技术开发服务；动物养殖。目前公司已停止生产。新纪元公司总欠款853.49万元，其中欠申请人盛运机械公司415.61万元，盛运机械公司多次催要，但新纪元公司无力偿还。

受理法院认为，债权人盛运机械公司申请债务人新纪元公司破产清算，新纪元公司在法律规定的期限内没有提出异议。由于不能清偿到期债务，且明显缺乏清偿能力，债权人盛运机械公司的申请符合法律规定，裁定受理申请人盛运机械公司提出的依法对新纪元公司进行破产清算的申请。

4. 破产申请

破产申请，就是企业向法院提出宣告债务人破产的请求。现今各国破产立法在破产程序上多以申请主义为主，职权主义为辅。申请主义是指法院根据关系人的申请开始破产程序，而职权主义是指法院在无关系人的申请时依职权开始破产程序。我国属于申请主义。

---

[1] 王卫国：《破产法精义》，法律出版社2007年版，第7页。
[2] 王欣新：《破产法》，中国人民大学出版社2007年版，第57页。

(1) 破产申请的主体

依据法律规定，债务人、债权人、依法负有清算责任的人可以向人民法院提出对债务人进行重整或者破产清算的申请。申请主体不同，对法院的审查工作会产生不同影响，按照司法政策，对债权人申请债务人破产清算的，人民法院审查的重点是债务人是否不能清偿到期债务，而不能以债权人无法提交债务人的财产状况等为由不受理债权人的申请。债务人不能证明其资产足以偿还全部债务或者不予证明的，则推定债务人出现了破产原因，人民法院应当依法裁定受理债权人对债务人的破产清算申请。[1]

另外法院受理破产申请前，申请人可以请求撤回申请。这也给企业一个机会，如果能够争取到债务免除或者清偿日期的延展等，自然没有必要强制进入破产程序。

(2) 破产申请的审查

由于存在债务人通过破产程序恶意逃避债务的情形，因此法院对于破产申请并非当然接受，而是需要进行一定的审查。法院主要审查债务人是否存在破产原因。如果法院驳回破产申请，债权人可以依法提出异议。法院受理破产申请之后，企业就正式进入破产程序。[2]

【拓展知识】

滥用申请权现象及其规制建议[3]

破产实务中滥用申请权现象较为严重，债务人为逃避债务或者债权人为损害债务人利益，而恶意申请破产的事件不时见诸报端。然而新《企业破产法》对破产原因的规定并未对此问题作出有效的回应，在 2007 年全国商法学研究会年会上，有与会代表指出我国在日后相关的司法解释中应当对申请破产的条件作出进一步限制以规制。但是多数与会代表反对，认为：(1) 破产条件的设置不应拘泥于债权数额的大小；(2) 未经调研很难确定实践中滥用申请权现象的实质影响；(3) 认定申请人是否恶意比较困难，这个问题即使出台司

---

[1] 参见《最高人民法院民二庭负责人答疑破产法司法适用问题》，载 http://www.fl168.com/Lawyer8428/View/174495,2009 年 10 月 15 日访问。

[2] 根据我国法律规定，一般会有以下法律后果：中止债务人其他案件的诉讼和仲裁；中止债务人民事案件的执行；解除有关债务人财产的保全措施；有关债务人的民事诉讼只能由受理破产申请的法院审理；中止债务人的个别清偿；要求债务人承担必要的义务。

[3] 王佩佩、方斯远：《中国法学会商法学研究会 2007 年学术研讨会综述》，载《中国商法年刊》，北京大学出版社 2008 年版。

法解释也不一定能解决;(4) 实践中申请破产往往是债权数额不大的债权人维护自身权益的一项有效的救济途径。

5. 债权人会议和管理人制度

破产程序中的核心工作债务分配主要是由债权人的意思所决定。由于一般情况下,债权人人数众多,且每个人都希望自己的债权尽可能得到满足,因此,必须设立管理机关即债权人会议以及破产管理人。前者是全体债权人参加破产程序并集体行使权利的决议机构,而后者则是由律师、会计师等专业人士组成的管理机构。

【相关案例】

全国首例破产案件撞击出法律困惑①

2004年12月,丹枫控股有限公司以丹耀公司不能偿还到期债务为由向北京市第二中级人民法院提出破产申请。次年2月,丹耀公司经董事会一致同意后,亦向法院提出破产申请。北京市第二中级人民法院正式立案受理,于2007年6月14日以民事裁定书宣告丹耀公司破产,并指定北京市企业清算事务所和北京市炜衡律师事务所为丹耀公司破产管理人,同时指定北京市炜衡律师事务所尹正友律师为破产管理人组长。丹耀公司破产案遂成为《企业破产法》实施后的全国首例破产案件。

2007年6月20日,破产管理人进驻丹耀公司,开始对破产企业的印章、文书档案、财务资料及资产等进行接管。但是,到现在为止,管理人账户还没有开立。但依法刻制管理人印章、开立管理人账户并不那么简单,中国人民银行条法司还没下文落实实施破产法。

(1) 债权人的意思机构——债权人会议

由于债权人会议是为债权人利益而产生的临时性机构,因此依法申报债权的债权人即成为债权人会议的成员,有权出席会议。然而申报债权并不意味着债权就真实确定,因此法律规定权利未确定的债权人不享有会议上的表决权②,鉴于表决权对于债权人至关重要,因此企业有必要尽早申报债权,以行

---

① 资料来源: http://www.legaldaily.com.cn/2007ajzj/2007-9/10/content_697955.htm。

② 根据我国法律,主要有:(1) 债权尚未确定,而人民法院未能为其行使表决权而临时确定债权额的;(2) 债权附有停止条件,其条件尚有待成就的,或者债权附有解除条件,其解除条件已成就的;(3) 尚未代替债务人清偿债务的保证人或者其他连带债务人。

使表决权，维护自身利益。

另外，基于对债务人职工的保护，法律规定，债权人会议应当有债务人的职工和工会的代表参加，对关涉其自身利益的有关事项发表意见。①

【拓展知识】

债权人会议第一次大会的意义②

债权人会议是债权人团体在破产程序中的意思发表机关，其中第一次债权人会议的召开属于法定召开，具有重要的意义。而管理人在这次会议中的工作问题引起了实务部门与理论界的争议。在 2007 年全国商法年会上，来自法院部门的与会代表指出，确定债权数额的难度很大，因此实务中的做法通常是在第一次债权人会议上仅仅确定债权人资格，而不确定债权数额，另外把第一次债权人会议与第二次债权人会议间隔时间拖长，以便管理人与有争议的债权人多沟通，从而确定数额，考虑到债权调查的工作量很大，间隔时间达到一两个月也很正常。

然而大多与会代表明确表示反对，指出：（1）新《企业破产法》把债权的调查和确认作为管理人的职责，而不是法院的职责，是修订的一大亮点。因此在实践中必须转变理念，把编制债权表作为管理人的首要任务。既然法律明文规定第一次债权人会议要核查债权，这就应当是管理人的义务。管理人必须尽可能确认债权数额，原则上第一次债权人会议应当尽可能对债权数额调查完毕，不应该把核查工作拖到第二次债权人会议。（2）管理人应当以其自身的能力保证确定债权数额工作的解决。第一次债权会议审查债权是以后相应工作的基础，必须严格遵循法定时间。（3）实在无法完成工作的情况下，法院可以通过增加管理人解决。但是拖延政策不可取，因为这样会歪曲破产法的理念。（4）法院的价值理念应当根据新《企业破产法》进行转变，积极作为。

（2）债权人委员会

由于每个债权人都希望尽可能满足自己的利益，如果没有一个机关来代表和主持债权人会议，可以预见，大小债权人必然会各自为政，乱成一锅粥；另

---

① 这里所说的"有关事项"，主要指：核查债权时职工债权清单的确认；债务人继续营业时的职工待遇；重整计划中的职工债权清偿方案；破产财产分配方案中的职工债权清偿方案；债务人财产管理方案、变价方案中涉及职工利益的问题（如职工住房的处置问题）。

② 王佩佩、方斯远：《中国法学会商法学研究会 2007 年学术研讨会综述》，载《中国商法年刊》，北京大学出版社 2008 年版。

外,管理人在债权分配的过程之中实际上占据了主导地位,由于代理问题的存在,也应当有一个机构来对其进行监督制衡,维护债权人的利益。这就是债权人委员会。

按照新《企业破产法》的规定,债权人委员会由债权人会议选任的债权人代表和一名债务人的职工代表或者工会代表组成,依法享有一般监督权、特别监督权以及知情权,在管理人失职的情形下,还能够依法追究其法律责任。

(3) 管理人的权利义务

新《企业破产法》首次引进了管理人制度,规定管理人可以由有关部门、机构的人员组成的清算组或者依法设立的律师事务所、会计师事务所、破产清算事务所等社会中介机构担任,大大突破了原来破产清算组的范围,是符合市场经济规律的一大创新。

管理人在破产程序之中具有重要的作用,其能力、职业操守与债权人利益息息相关,因此选任工作相当重要,目前我国对此予以规范的是《最高人民法院关于审理企业破产案件指定管理人的规定》,其中规定破产管理人由法院从管理人名册之中选定,也是基于对债权人战略行为的担心,以提高效率。另外,法律还规定了管理人负有勤勉义务和忠实义务,违反则应当承担法律责任。

【背景资料】

管理人制度的立法沿革

新《企业破产法》首次引进了管理人制度,规定管理人可以由有关部门、机构的人员组成的清算组或者依法设立的律师事务所、会计师事务所、破产清算事务所等社会中介机构担任,大大突破了原来破产清算组的范围,用比较市场化的、专业化的机构和专业人士来处理复杂的、市场化的破产事物,是一大创新。

新《企业破产法》以管理人为中心,但在有关管理人选任、管理人报酬、破产管理人开立账户等方面,都面临很多操作性问题。我国各地发展状况不一,很难由最高人民法院编制一个全国适用的名册,所以目前采取的方式是授权由高院编制或者中院编制,具体编制也将分批进行。

有学者批评了实践中的通行做法[①]:(1) 破产管理人的确定方式往往是受

---

① 王佩佩、方斯远:《中国法学会商法学研究会 2007 年学术研讨会综述》,载《中国商法年刊》,北京大学出版社 2008 年版。

理的同时指定管理人,多采取随机方式,但这一方式缺乏技术含量。在这个问题上北京市第二中级人民法院进行了有益探索:通过初步审查,筛选、确定有管理资格的机构,再通过随机方式进行确定,这样将上述两种方式有机结合起来,同时还可以防止暗箱操作,并可以有效运行管理人职责①;(2)完全由法院指定管理人有着种种弊端,应赋予债权人会议更换并重新选任管理人的权利②;(3)实践中出现指定名册外的管理人是因为名册制度不健全,或者一些部门的错误观念。必须明确,指定名册之外的人员作为管理人只是例外情况,绝不能成为常态。如果某地未完成名册制定,可以参照《企业破产法》规定的办法:以随机或竞争的方式确定。

6. 债务人财产,破产费用和公益债务

(1) 破产人财产的认定和范围

根据我国法律规定,债务人财产是破产宣告时至破产程序终结前,所有归破产人拥有的可用于破产分配的全部财产的总和。由于破产财产实际上就是可供分配的财产,因此其范围与债权人利益息息相关。我国法律原则上规定,破产申请受理时属于债务人的全部财产,以及破产申请受理后至破产程序终结前债务人取得的财产,属于债务人财产。

【相关案例】

划拨方式取得的土地使用权可否列入破产财产③

1995年6月,某服装集团公司与某对外贸易公司及某省外贸纺织品进出口公司三方共同出资成立了某制衣有限公司。2003年3月,制衣有限公司向人民法院申请破产还债,法院依法立案受理,并组成了破产清算组。在清算的过程中发现,服装集团公司用以出资的土地使用权为国有划拨土地使用权。

依据有关法律,服装集团公司以国有划拨土地使用权出资设立制衣有限公司的行为是履行了法定手续并经土地行政管理部门同意的。如果将该国有划拨土地使用权由出资人收回,不列入破产财产,视出资人服装集团公司出资不到位,将该部分出资列为破产企业的破产债权,由清算组负责向出资人清收(是否能完全清收到还是个未知数),那么破产程序对债权人的保护将变得相当脆弱。

---

① 尹正友、朱庆标:《破产管理人实务中的问题研究》,2007年商法年会参会论文。
② 罗琳娜:《论破产清算程序中管理人的确定》,2007年商法年会参会论文。
③ 张路:《以国有划拨土地使用权出资成立公司,公司破产时该土地使用权可否列入破产财产》,载 http://www.chinacourt.org/public/detail.php?id=86542,2010年2月5日访问。

由此将产生的弊端也是不言而喻的，一是将挫伤债权人参加债务人破产的积极性，更加深了债权人对该企业"假破产，真逃债"的疑虑；二是显失公平。制衣有限公司是按照我国《公司法》的规定运作，依法成立的，出资人以国有划拨土地使用权作为出资已经包括在该公司的注册资本范围之内，股东的资产在公司成立后就成为公司的财产，该资产是公司的责任财产，公司以其全部资产对外承担责任，根据公司"资本三原则"，股东在公司登记后不得抽回出资。如果允许出资人将该国有划拨土地使用权收回，将严重影响公司内部的稳定。债权人是基于对制衣有限公司资产与信誉的相信而与其发生交易行为的，且土地使用权的价值与一般商品的价值不同，一般商品的价值是由商品本身的投入量决定的，而土地使用权的价值除取决于使用者的投入外，在很大程度上更取决于周围环境的改善和城市社会经济的发展等因素。由于城市社会经济的发展和环境的改善，土地在使用过程中会不断增值，以致远远超出使用者最初取得土地使用权时的成本。

因此，在制衣有限公司破产时，应将该国有划拨土地使用权列入破产财产，用以清偿该公司的债务。

(2) 破产撤销权的行使

所谓撤销权，是指破产管理人对于破产人在破产宣告前一定期限内所为的有害于破产债权人利益的行为所享有的请求人民法院予以撤销该行为并追回该财产的权利。[①] 这一制度主要是防止企业通过破产逃避债务，对于债权人企业来说尤为重要。

【相关案例】

北京电力电容器厂破产管理人诉华北铝业有限公司破产撤销权纠纷案[②]

原告北容厂管理人诉称：通过对北容厂财务的审查，发现北容厂于2007年10月12日与华北铝业签订还款协议，由北京摩力圣汇健身服务有限公司（以下简称摩力圣汇公司）以消费卡及部分现金代为偿还120万元的债务。北容厂于2007年10月13日与摩力圣汇公司签订协议，由摩力圣汇公司替北容厂偿还华北铝业120万元的债务，摩力圣汇公司代为偿还的部分从应向北容厂支付的房屋租金中扣除。摩力圣汇公司于2007年11月给付华北铝业100万元

---

① 参见我国《企业破产法》第31条、第32条、第33条规定。
② 北京市朝阳区人民法院民事判决书（2009）朝民初字第04866号。

的消费卡和 20 万元现金，北容厂减扣了摩力圣汇公司的房租。北容厂在法院受理其破产申请前 6 个月内仍对债权人华北铝业进行清偿，北容厂管理人依法有权请求人民法院予以撤销。现北容厂管理人起诉要求撤销北容厂对华北铝业清偿 120 万元债务的行为，华北铝业退还北容厂管理人 120 万元，或 20 万元及 100 万元摩力圣汇公司消费卡。

审理法院认为：北容厂在人民法院受理其破产申请前 6 个月内已不能清偿到期债务，并且资产不足以清偿全部债务，但仍对华北铝业进行清偿，北容厂管理人有权请求人民法院予以撤销。

(3) 破产取回权和破产抵销权

取回权是指财产权利人从管理人接管的财产中取回不属于破产企业所有财产的权利。在商业活动之中，由于融资等需要，企业的财产很有可能因为担保等原因而交由交易对方占有，但是万一占有企业陷入破产，相关财产可能会因为审查不慎而被纳入破产财产，造成真正的所有人损失。因此法律有必要设置此一权利以保障真正权利人之权利不受侵犯。

取回权的标的物可能为所有的由破产人合法占有和非法占有的他人的财产。其行使只限于取回物。如原物在破产宣告前已被破产人卖出，就不能再要求取回价款，而只能以物价作为破产债权，通过破产程序要求清偿。原物的售出或灭失使取回权消灭，转化为破产债权。

【相关案例】

长峰公司对 4412685 元人民币能否行使取回权？[①]

汇通公司是一家非银行金融机构，为长峰公司办理了 2121 - 520900073 账户。此后长峰公司一直利用该账户进行公司的人民币资金收付及日常经济往来的资金结算业务。2005 年 4 月 22 日汇通公司被海口市中级人民法院宣告破产，长峰公司向法院申报债权时请求判令确认长峰公司在 2121 - 520900073 账户内的结算资金 4412685 元为长峰公司所有，长峰公司有权取回。

法院认为：我国《企业破产法》第 38 条规定，"人民法院受理破产申请后，债务人占有的不属于债务人的财产，该财产的权利人可以通过管理人取回。但是，本法另有规定的除外"。经向最高人民法院请示后研究认为，长峰公司 2121 - 520900073 结算账户内的资金属结算资金。结算账户实质上就是存

---

① 案例来源：北大法宝数据库。

款账户,结算资金也就是存款资金。在目前法律无明文规定、且长峰公司与汇通公司并未就结算账户内资金作出专门约定的情况下,应当遵循货币的所有权与占有权一致的原则,认定汇通公司对其占有的结算账户内资金享有所有权。长峰公司与汇通公司之间只是形成一种债的关系,在汇通公司破产时,长峰公司可以申报债权,不能享有取回权。

破产抵销权是指破产债权人在破产宣告前对破产人负有债务的,不论债务性质、种类及是否到期,在破产宣告前可等额抵销的权利。抵销权对当事人意义非常重要。在破产程序中如无抵销权,破产债权人对破产人享有的债权,因破产人无力清偿,只能从破产财产中得到不完全的偿还,但对破产人所负的债务,却必须完全清偿。相同的当事人之间,双方债权处于不平等的清偿地位,不仅使破产债权人的权益在清偿中受到损失,也有失公平。

【相关案例】

破产抵销权应当如何行使[①]

A县制药有限公司因经营不善,资不抵债,于2003年8月28日申请破产还债。受理该企业破产还债一案的法院于2003年9月6日向A县制药有限公司的债权人B县药业咨询服务有限公司发出债权申报通知书。B县药业咨询服务有限公司于2003年9月向A县法院递交了债权申报通知书,申报债权60万元。经法院审查,申报债权成立。A县制药有限公司破产清算组于2003年9月22日向B县药业有限公司发出清偿债务通知书,要求B县药业有限公司10日内偿还拖欠A县制药有限公司的货款60万元。由于B县药业咨询服务有限公司经营期限届满,经依法清算后,B县药业咨询服务有限公司停业,其清算后的全部债权、债务由B县药业有限公司承继。B县药业有限公司是B县药业咨询服务有限公司的控股公司。B县工商局于2004年12月30日准予B县药业咨询服务有限公司注销登记。B县药业有限公司于2005年1月10日向A县法院提出书面申请,要求行使抵销权。同时,向A县制药有限公司破产清算组送达了主张抵销债务的书面通知书。B县药业有限公司要求行使抵销权,其理由是:B县药业有限公司承继了B县药业咨询服务有限公司的债权债务,B县药业咨询服务有限公司对A县制药有限公司的债权产生于破产前,所以B县药业有限公司依法享有抵销权。B

---

① 程相锋、李丰安:《从一起案例谈破产抵销权的适用范围及立法建议》,载http://blog.chinacourt.org/wp-profile1.php? p=8711&author=1703,2010年2月5日访问。

县药业有限公司认为,继承债权债务不同于转让债权债务,继承的前提是被继承人的死亡或终止,而转让的前提是转让人的生存或存在,因此,B县药业有限公司继承B县药业咨询服务有限公司的债权,并用该债权抵销拖欠A县制药有限公司的货款,并不违背最高人民法院规定的司法解释,B县药业有限公司的合法权益应该得到法院的支持。但A县制药有限公司破产清算组认为抵销权不能成立,申请A县法院予以裁决。A县法院支持了A县制药有限公司破产清算组的主张,而没有支持B县药业有限公司的请求,确认B县药业有限公司不享有抵销权。

(二) 企业破产与重整

1. 设立重整制度是我国《企业破产法》借鉴国际经验的一大制度创新

所谓重整,是指经利害关系人申请,在法院的主持和利害关系人的参与下,对已经具有破产原因或有破产原因之虞而又有再生希望的债务人进行生产经营上的整顿和债权、债务关系上的清理,以期使之摆脱经营和财务困境,重获经营能力的特殊法律程序。

【相关案例】

北京海淀法院适用新《企业破产法》审理首例公司重整案[①]

截至2006年9月30日,北京仙琚生殖健康专科医院有限责任公司(以下简称仙琚医院)负债总额为2151.95万元。仙琚医院以无力清偿到期债务且资产不足以清偿全部债务为由申请破产还债。

在法官详细解释说服后,仙琚医院向法院递交了重整申请,并提出了具体的重整计划方案:仙琚医院股东兴业公司与置业公司将全部股权以零对价转让给维多利亚医疗投资有限公司(以下简称维多利亚公司),维多利亚公司通过与各债权人分别签订和解协议的方式,确定债务偿还主体、偿还比例,并在仙琚医院重新开业运营后,于约定期限内逐步偿还,而原股东兴业公司和置业公司负责安置职工,清偿拖欠工资,从而实现仙琚医院的重整。经过与债权人的反复接触和多轮磋商,维多利亚公司与39家债权人达成了债务清偿和解协议。

2007年5月25日,仙琚医院第二次债权人会议召开,仙琚医院提出的重整计划方案经债权人会议表决通过,仙琚医院随之申请裁定批准该重整计划方案,海淀法院遂依照《企业破产法》作出了前述裁定。这是新《企业破产法》中重整程序

---

① 李京华:《北京海淀法院适用新破产法审理一公司重整案》,载 http://www.chinacourt.org/html/article/200707/12/256283.shtml,2010年2月5日访问。

在司法实践中的首次适用。本案例被认为是企业重整的一个典型,海淀法院的创造性处理方式符合《企业破产法》规定破产重整的立法目的,即最大限度地使企业"起死回生",尊重商事主体的团体性,维护市场的稳定,减少了资源的浪费。

2. 重整制度对于企业经营的意义

首先,从一般企业的角度来看,对被申请破产企业的重整程序一旦启动,包括抵押权人在内的债权人就不能行权,企业赢得了自我拯救的时间。而如果重整方案获得通过,企业可以在不死亡的情况下,豁免巨额债务,从而摆脱困境获得重生。这种商业价值和社会价值是其他任何一部法律均无法给予企业的。[1]

其次,引入破产重整制度,将有利于上市公司重组。[2] 这主要缘与重整制度市场化安排,如:(1)破产重整提出方主体多元化,根据新《企业破产法》的规定,不仅债务人、债权人可提出重整申请,债务人的股东也可在一定条件下提出重整申请;(2)重整措施多样化,债务人可以灵活运用重整程序允许的多种措施达到恢复经营能力、清偿债务、重组再生的目的,如不仅可采取延期偿还或减免债务的方式,还可采取无偿转让股份,核减或增加公司注册资本,将债权转化为股份,向特定对象定向发行新股或公司债券,转让营业、资产等方法;(3)还有重整方式的多样灵活性,如当各个表决组不能一致以法定多数通过重整计划时,只要有一个表决组同意,那么管理人可根据企业具体情况,决定将重整计划提交法院强制批准。但法院强制批准重整计划必须符合《企业破产法》第87条规定的各项条件,保证所有当事人的既得利益不受损害。新《企业破产法》实施以后,事实上已经有很多企业,包括上市公司ST宝硕和ST沧化等向法院提出了重整申请。

再次,这对于现在股市中一些即将退市的ST股票甚至已经被申请破产的股票被爆炒的投资行为也会产生重大影响。[3]

---

[1] 参见《新企业破产法司法解释起草全面启动》,载 http://finance.sina.com.cn/g/20070913/00383972805.shtml。

[2] 参见《破产重整有利于上市公司重组》,载《证券日报》,转引自 http://www.cs.com.cn/ssgs/03/200708/t20070830_1186684.htm,2010年2月5日访问。

[3] 新《破产法》实施后,一些濒临破产的ST公司申请破产重整。一旦法院受理,股东权益就受限制,股东不能再用脚投票了,也就是说股东不能买卖股票了。很多股民疯狂购买ST股票有很大的风险,因为不是所有的破产重整程序都能成功,成功固然可能获得暴利,但如果不成功,公司转成清算,股东就会颗粒无收,而后者的可能性将比过去大。当然,现在地方政府仍重视上市公司的壳资源与外部效应,仍会千方百计影响破产重整程序走向成功的彼岸,最后上市公司走向破产清算的仅是少数。参见《破产重整有利于上市公司重组》,载《证券日报》,转引自 http://www.cs.com.cn/ssgs/03/200708/t20070830_1186684.htm。

【相关案例】

法院批准破产重整计划浙江海纳重获新生①

2004 年浙江海纳公司实际控制人邱忠保通过其掌控的"飞天系"公司挪用浙江海纳资金高达 2.51 亿元,擅自以浙江海纳的名义为其掌控的"飞天系"公司向银行贷款或个人贷款提供连带保证担保,本金总额高达 3.95 亿元。由此引发浙江海纳债务危机。之后,浙江海纳进入重组清算程序。2007 年 9 月 14 日,法院正式受理了有关浙江海纳破产重整的申请。10 月 24 日召开的浙江海纳第一次债权人会议中,各债权人就重整计划草案进行了表决,结果以 12 家同意、1 家不同意、2 家弃权通过了重整计划。

此次案件重整核心内容是:为避免破产清算,浙江海纳的实际大股东大地公司以浙江海纳资产价值 11072.87 万元为基数提供等值现金,用于清偿债权人。债权人债权本金获得 25.35% 的清偿,于重整计划裁定批准之日起 30 日内以现金方式一次性清偿,债权人免除浙江海纳剩余本金和全部利息债权及其他债权。大地公司代偿后,形成对浙江海纳 9845.61 万元新的债权。浙江海纳重获新生无论对公司本身还是对投资者抑或是整个资本市场都是件好事,也为今后同类型案件的审理提供了参照意义。

3. 重整制度的程序

根据我国立法,重整程序有如下步骤:(1)法定主体提出重整程序的申请;(2)法院对重整申请进行审查,必要时可依职权进行调查;(3)债务人财产和营业事务根据法院的批准,交由债权人或者管理人进行管理;(4)拟定重整计划;(5)债权人会议通过重整计划。

在重整程序期间,一些财产权利的行使受到限制:(1)担保债权人权利受限。重整期间,债权人对债务人的特定财产享有的担保权暂停行使。但是,因担保物有损坏或者价值明显减少的可能,足以危害担保权人权利的,担保权人可以向人民法院请求恢复行使担保权。这也是对担保权益的保护。(2)第三人取回权受限。重整期间,债务人合法占有他人的财产,该财产的权利人在重整期间要求取回的,应当符合事先约定的条件。(3)出资人权利受限。重整期间,债务人的出资人不得请求投资收益分配。(4)高管权利受限。重整期间,债务人的董事、监事、高级

---

① 材料来源:《法院:依法让破产企业重整旗鼓》,载《人民法院报》,转引自 http://rmfyb.chinacourt.org/public/detail.php? id=115184,选入时有删节。2010 年 2 月 20 日访问。

管理人员不得向第三人转让其持有的债务人股份,但人民法院同意的除外。

另外,为了尊重债权人意志,防止在重整计划草案中对各债务人的利益已经充分考虑并不损害债权人任何利益、重整计划草案仍不能通过的情况,重整草案符合一定条件,可以再次申请法院批准,即强行通过制度。其启动需要符合下列条件:(1)按照重整计划草案,《企业破产法》第82条所列债权就该特定财产将获得全额清偿,其因延期清偿所受的损失将得到公平补偿,并且其担保权未受到实质性损害,或者该表决组已经通过重整计划草案;(2)按照重整计划草案,《企业破产法》第82条所列债权将获得全额清偿,或者相应表决组已经通过重整计划草案;(3)按照重整计划草案,普通债权所获得的清偿比例,不低于其在重整计划草案被提请批准时依照破产清算程序所能获得的清偿比例,或者该表决组已经通过重整计划草案;(4)重整计划草案对出资人权益的调整公平、公正,或者出资人组已经通过重整计划草案;(5)重整计划草案公平对待同一表决组的成员,并且所规定的债权清偿顺序不违反《企业破产法》第113条的规定;(6)债务人的经营方案具有可行性。人民法院经审查认为重整计划草案符合前款规定的,应当自收到申请之日起30日内裁定批准,终止重整程序,并予以公告。

(三)企业破产和解

和解制度和重整制度是相互连接、有机结合的,都是避免企业破产并给以复兴的机会,两者在法定程序期限内进行并由其主管部门主持,在人民法院和债权人会议的监督下进行;对预防企业破产、保护债权人的利益及维护、促进社会稳定起到了积极的作用。

1. 和解制度概述

企业一旦经营,在数年之间往往积累了一定的商业价值,通过破产退出市场,实际上不可避免带来一定的社会成本,因此如果债权人愿意给予一定宽限,待债务人恢复生机,恢复偿债能力,法院应当允许。破产和解制度就满足了这一制度功能。法院受理破产案件后至破产程序终结前,为避免债务人破产,在互谅互让基础上,债权人会议与债务人得就债务的延期偿还或者减免达成协议,协议经法院裁定认可后生效,使破产程序中止。通过这一程序,给债务人一个再生的机会,并且,还有可能带来更高的经济价值,实现双赢的有利局面。

【相关案例】

首例上市公司破产和解案 39 天完结[①]

中辽国际公司于 1996 年 11 月 12 日至 16 日公开发行 A 股 1500 万股并随

---

① 参见《破产和解,企业重生的另一种方式》,载 http://www.fl168.com/Lawyer812/View/132456/。

后上市交易,成为一家在深圳交易所上市交易的上市公司。2000年,辽宁省国有资产管理局将所持股份全部划转给了辽宁省国际经济技术合作集团有限责任公司持有,2003年8月,辽宁国际集团将所持全部股权以股抵债,转给现大股东巨田证券有限责任公司。中辽国际因2001至2003年连续三年亏损,被深圳证券交易所于2004年4月29日起暂停上市,存在重大的退市风险。从中辽国际的年报看,早已经严重资不抵债。

中辽国际没有选择破产重整程序而选择了破产和解程序,有以下几个理由:该企业规模不算大,盘子比较小;该企业经营困难,严重资不抵债,指定破产财产还不足以支付破产费用;该企业停牌四年,如果在2007年底还不能完成重组,将彻底退市;战略投资人的成功引进和战略投资人成功整合债权,也是选择和解的重要原因。

尽管中辽国际破产和解的清偿率为5%,但与破产清偿率是零相比,已经使债权人感到债权比例的提升。中辽国际破产和解成功,使几万个流通股股民的利益得到保护;成功引进了有实力的战略投资人,和解后中辽国际发展前景良好。

2. 和解程序

根据我国立法,和解程序如下:(1)债务人直接向人民法院申请和解,或在法院受理破产申请后、宣告债务人破产前,向人民法院申请和解,并且提出和解协议草案。(2)法院经审查,认为和解申请符合法律规定的,应当裁定和解,予以公告,并召集债权人会议讨论和解协议草案。(3)债权人会议通过和解协议的,由法院裁定认可,终止和解程序,并予以公告。管理人应当向债务人移交财产和营业事务,并向人民法院提交执行职务的报告。(4)和解协议草案未通过,或者已经债权人会议通过的和解协议未获得人民法院认可的,法院应当裁定终止和解程序,并宣告债务人破产。债权人会议通过和解协议的决议,由出席会议的有表决权的债权人过半数同意,并且其所代表的债权额占无财产担保债权总额的2/3以上。

3. 和解协议的效力

根据我国立法,破产和解方案生效后,其法律效力可分为:

(1)破产清算程序的中止。我国《企业破产法》规定,破产和解方案一旦生效后,破产清算程序中止。一旦和解失败,则重新恢复破产清算程序。

(2)对债务人的效力。其一,基于破产和解的生效,在破产程序中止的同时,破产企业将恢复行使破产管理人所属财产的管理处分权。但是,如果在破产和解条件中对管理处分权设有限制,破产企业就必须服从该限制。其二,债务人应当按照和解协议规定的条件清偿债务。其三，按照和解协议减免的债务，自和解协议执行完毕时起，债务人不再承担清偿责任。

（3）对和解债权人的效力。和解债权人是指人民法院受理破产申请时对债务人享有无财产担保债权的人。其一，和解债权人未依照本法规定申报债权的，在和解协议执行期间不得行使权利；在和解协议执行完毕后，可以按照和解协议规定的清偿条件行使权利。其二，和解债权人对债务人的保证人和其他连带债务人所享有的权利，不受和解协议的影响。

（4）对保证人等的效力。破产和解的效力不能及于破产债权人对破产企业的保证人、共同债务人或者物上抵（质）押权人等所持有的权利。

（四）企业破产逃债的防范对策

在市场经济国家，企业破产、兼并、重组作为优胜劣汰、资源重新配置的一种手段乃司空见惯。但在我国社会主义市场经济初级阶段，企业破产往往走了调，甚至成为逃债的代名词。由于我国目前社会保障制度尚不健全，政府及现行法律、法规对破产考虑更多的是社会稳定、职工安置等问题，对债权人的保护、资源优化配置、优胜劣汰、建立现代企业制度等关注很少，甚至是忽略的。而地方政府和企业则往往从一己私利出发，利用法律不完善的空隙，想得更多的是如何通过破产逃废债务、转移资产，获取无债一身轻的新生。

在我国新《企业破产法》出台之前，破产逃债现象泛滥，债权人利益受到了严重的威胁。究其原因，在于我国《企业破产法（试行）》相关的制度设计存在严重的缺陷，为"假破产，真逃债"留下了很大的缺口，主要表现在[1]：（1）缺乏破产时间的明确界定，导致企业严重亏损时仍抱有侥幸心理，不愿申请破产，而致债权人未能及时维护自己的权益。（2）债权人会议享有的权利不充分，无法在必要时撤换管理人（清算组）等；未设置监察委员会；缺乏对破产财产的保护；清偿顺序与其他法规、政策不协调，导致破产清偿的操作无法规范化。（3）在多处体现了政府主导的行政色彩，地方保护主义泛滥。（4）对破产逃债缺乏严厉的法律制裁规制。

在我国新《企业破产法》出台之后，很多弊端得到了克服，作为破产企业债权人的经营者，应掌握好《企业破产法》的新规定，对逃债的法律风险早作防范。

1. 审慎选择交易对象，此为事后预防破产逃债之第一步。众所周知，在商业社会，效率往往是决定企业经营成败的关键因素，一旦发现了商机，经营者总是希望能充分利用以获取利润，这就为投机分子制造了可乘之机。由于我

---

[1] 傅玉良：《破产逃债成因及分析》，载《经济参考研究》2004年第53期。

国目前法人登记制度不健全，企业在选择交易相对人的时候，一旦没有审慎核查对方的"底细"，就很有可能遇人不淑，甚至可能造成与"死人"谈生意、竹篮打水一场空的结果。在我国，根据1993年《最高人民法院关于印发〈全国经济审判工作座谈会纪要〉的通知》所确立的司法政策，确定企业的法人资格，原则上以工商登记为准。

2. 正确界定好破产人财产的范围，尤其是对企业产权不明的财产、职工的集资款以及企业使用的土地等应否列入破产财产，由于法律规定不明确，应分别处理。①

对破产企业产权不明确的财产，坚持从实际出发。这主要是针对成立于20世纪五六十年代的企业，当时这些企业的资产是靠主管领导一手指划，未造册登记，或产权证已遗失。对此可采用公告寻找产权人，要求主张权利者限期到法院登记，提供相关的证明材料。期限届满无人主张产权，或仅有主张但无依据的，即裁定该资产归破产企业所有，列入破产财产，同时由清算组持法院裁定到相关部门办理产权登记。

对破产企业缴纳的集资款，据其集资性质予以处理：（1）名为集资，实为向职工借款的不列入破产财产；（2）如是投资入股，既承担企业的风险责任，又参与了分配企业的盈利的，应列入破产财产；（3）集资款属于劳动纪律保证金或产品质量保证金的，如果职工没有违反劳动纪律，也未出现不合格产品的情况，那么，应在企业宣告破产后，将此款退还职工，不作为破产财产。

而且，对于破产企业的无形资产，也应注意将其列入破产财产。破产企业往往因管理不严、经营不善等原因而处于资不抵债的状况，其无形资产很容易被忽视，在破产清算时一般只注重对有形财产进行评估，忽视了对无形资产的评估、处理或处理不当。这就要求办案人员提高素质，科学地界定无形资产的范围，加强和完善对无形资产的评估，规范对破产企业的无形资产进行的拍卖和转让，将其所得列入破产财产，防止无形资产流失。

3. 正确行使监督破产管理人的合法权利，全面保护自己的债权利益不受侵害。我国新《企业破产法》规定了管理人的忠实和勤勉义务，在破产程序中，债权人企业不应消极无为，而是要积极与管理人沟通，听取报告，甚至能够监督管理人的行为，促使其尽职勤勉地完成任务，从而充分保障自身利益，避免管理人与债务人串通逃债的可能，必要时候可以向法院申请更换管理人或

---

① 兰平：《浅析企业"破产"逃债及其预防对策》，载 http://www.chinacourt.org/public/detail.php? id=68641,2010年2月13日访问。

者依法追究不称职管理人的法律责任。

4. 应注意撤销权在法定期间内行使。新《企业破产法》第 32 条规定了管理人对债务人个别清偿行为行使撤销权的条件和例外，相对于修订前的《企业破产法》大有进步。但应当注意法定的期限，避免超过期限而无法得到支持的状况出现。如该法第 31 条规定，人民法院受理破产申请前一年内，涉及无偿转让财产、以明显不合理的价格进行交易、对没有财产担保的债务提供财产担保、对未到期的债务提前清偿、放弃债权等行为，管理人有权请求人民法院予以撤销；人民法院受理破产申请前 6 个月内，债务人有《企业破产法》第 2 条第 1 款规定的情形，仍对个别债权人进行清偿的，管理人有权请求人民法院予以撤销。但是，个别清偿使债务人财产受益的除外。

本章小结

高效、有序的市场退出机制与市场准入机制一样，对于整个市场经济的运转至关重要。公司的解散、清算本质上是商事主体资格的一种消灭过程，非经清算，不得在公司登记机关注销而逃避债务。公司的解散、清算主要涉及小股东、债权人等能否到法院申请解散、组织清算的问题，我国 2005 年修订的《公司法》及司法解释做了不少完善，企业经营者应依此处理，了结纠纷。

企业的破产是指企业不能清偿到期债务，按法律规定的程序将其全部资产或变卖所得按债权额比例公平地分配给全体债权人，从而解除其继续清偿债务的义务并消灭破产企业这一法人的全过程。《中华人民共和国企业破产法》已由第十届全国人大常委会于 2006 年 8 月 27 日通过，2007 年 6 月 1 日起施行。应注意该法的适用范围（排除了个人破产）、破产的实体性规则和程序性规则，作为债权人的经营者应充分把握破产界限、破产程序（包括重整与和解），了解取回权、撤销权等规定，保护好自己作为债权人应有的债权利益，防范"假破产、真逃债"的现象发生。

思考与练习

1. 何谓公司解散？我国修订后的《公司法》规定了哪几类公司解散制度？
2. 何谓公司清算？被吊销营业执照企业的债务如何清偿？
3. 从商事主体角度看，我国修订后的《企业破产法》适用的范围有哪些？民办学校、私立医院的破产也一律适用吗？
4. 何谓破产管理人制度？你认为该制度实施的难点在哪里？
5. 何谓公司重整制度？《企业破产法》做了哪些制度创新？

案例分析

1. 阅读浙江省首起股东申请公司清算案①,阐述如何完善强制清算的启动程序。

宁波大宁通讯技术发展有限公司成立不久,在经营方面即遇到了一系列困难。2004 年 7 月,大宁公司被宁波市工商局吊销营业执照。2006 年 3 月,宁波大学一纸诉状,将同人华塑和宁波科技开发两家大股东告上了宁波市中级人民法院,请求法院判令对大宁公司进行强制清算。宁波市中院经审理作出一审判决,判令原告宁波大学与被告同人华塑、宁波科技开发共同成立清算组对大宁公司进行清算。如逾期未清算,由法院委托清算,相关费用由公司列支,公司资产不足则由三方按股权比例分担。由于同人华塑未按期缴纳二审诉讼费,浙江省高级法院作出了自动撤回上诉的民事裁定书,至此,浙江省第一起小股东对大股东资产清算案尘埃落定。

2. 阅读下面高新区法院审理的一起公司清算纠纷案,思考在公司已歇业情况下如何进行清算?

北京普天和平通信技术公司(以下简称普天公司)的 318 万元注册资金来源于四川讯亨网络有限公司(以下简称讯亨公司)及许宁等 6 被告。截至 2005 年,讯亨公司尚欠普天公司货款 35 万余元,经催收无力偿还,普天公司遂诉至法院。该院受理后,经双方协商达成调解协议,讯亨公司承诺于 2005 年 7 月 28 日前付清货款,但到约定之时,讯亨公司仍无力偿还到期债务。其间,讯亨公司自 2003 年初自行歇业,连续两年未进行工商年检,也未依法成立清算组进行清算。

原告请求法院判令被告成立清算组,对讯亨公司财产进行清算。法院审理认为,讯亨公司未按照法律规定及时向工商部门办理注销登记,其行为违反了上述行政法规的规定,根据《公司法》"公司违反法律、行政法规被责令关闭的,应当解散"的立法精神,其未依法进行工商年度检验、且歇业后既未向工商部门办理注销登记又未对公司财产进行清算偿还债务的行为,严重影响了债权人的合法权益,故其依法应当解散,其法人营业执照应由工商部门予以吊销。工商机关虽未及时办理吊销手续,不能以此证明讯亨公司仍处于正常经营活动及未违反上述法律、法规的客观事实。据此,公司股东应当依法履行清算责任。

---

① 参阅余春红等:《宁波中院首次将小股东扩大理解为"债权人"——小股东要求强制清算的诉求获准》,载《浙江法制报》,转引自 http://www.001law.com/file/4/5664.html。

3. 阅读下面北京市房山法院审理的"五谷道场"案，思考公司如何进行重整？

2009年10月22日，一度在大众视野中消失的"五谷道场"方便面包装上多了中粮集团的标识，这标志着五谷道场破产重整案件华丽转身。

在2009年10月之前，"五谷道场"一直处于风雨飘摇之中。企业全面停产，负债总额高达6.2亿元，600多名债权人遍布全国15个省市。2008年10月16日，在严重资不抵债的情况下，"五谷道场"递交了破产重整申请书。2009年2月12日，北京市房山区人民法院裁定批准其破产重整计划，确定中粮集团为"五谷道场"的重组投资人。

在法院的努力下，中粮集团做出一个颇有诚意的承诺：重整计划批准后的10天内，将一次性向破产管理人账户提供1.09亿余元，专门用于五谷道场公司支付破产债务和费用，并尽快恢复五谷道场公司的经营生产，对有重整必要的五谷道场子公司进行重整，实现全国布局。中粮集团专门成立全资子公司中粮天然"五谷道场"投资有限公司，注册资本2亿元。

2008年11月7日，房山区人民法院发出公告，要求"五谷道场"的债权人自公告之日起40日内申报债权。截至12月18日，共有632名债权人申报债权总金额达7.5亿元。经过审查核准，最终确认了5.2亿元实际债务。

2008年12月26日和2009年1月16日，房山区人民法院分别召开了两次债权人会议，对重整计划草案进行表决。原企业出资人全票通过了重整计划，同意无偿让渡股权。

但"五谷道场"重整计划在执行过程中遇到了股权变更的司法困境。按照管理人提出的重整方案，"五谷道场"原股东中旺集团需要将所持有的五谷道场公司的股份全部无偿让渡给重组方。只有股权过户之后，中粮集团支付的1.09亿元五谷道场清偿债务及支付破产费用才能启用。但因为债务问题，中旺集团在"五谷道场"持有的36.67%股权被六家外地法院查封。股权查封发生在破产重整之前，因为涉及北京之外的六家法院，所以解封比较麻烦。按《企业破产法》规定："人民法院受理破产申请后，有关债务人财产的保全措施应当解除，执行程序应当中止。"但却没有对具体操作进行明确规定，特别是对破产企业股东股权被查封怎么办没有规定。房山区人民法院为此就重整方案执行过程遇到的司法困境及时向北京市高级人民法院、最高人民法院汇报。2009年7月3日，最高人民法院专项召开由广东、山东等六省市高级法院参加的研讨会，并作出特例批复，要求相关法院以维护经济稳定为大局，在不损害"五谷道场"股东债权人利益的情况下，协调解决股权解封事宜。之后，北京市高级人民法院和房山区人民法院先后与相关法院进行了几十次沟通,最终促使相关法院陆续裁定解除了对"五谷道场"股东股权的冻结。

2009年9月19日,"五谷道场"重整计划规定的相关事宜全部办理完毕,企业正式恢复生产,清偿款顺利发放。"五谷道场"破产重整案画上了圆满的句号。

第二编　商事行为

> 财富的一半来自合同。
>
> ——西方法谚

引言：自家面包车私载旅客是否构成"营业"？

　　2007年10月18日中央电视台《经济与法》栏目报道了这样一个案例：2005年11月3日，李某开着自家的面包车去邻近的石龙镇，途中为收取25元的报酬搭载了四名陌生客人，后该车被这四名客人劫走，李某基于盗抢险合同要求保险公司理赔，保险公司认为李某以牟利为目的搭载客人，即使是偶然性的一次，也属于"营业"，即以"营业免责条款"为由拒绝赔偿。2006年11月29日，广东省东莞市中级人民法院作出终审判决，认定：（1）李某以牟利为目的，为赚取25元的报酬，用涉案汽车搭载四名陌生男子，其行为显然改变了涉案汽车家庭自用用途，该行为依约当属营业运输行为。（2）汽车被抢的事实表明，李某改变车辆用途的行为不仅违反了保险条款的约定，还增加了涉案汽车被抢的危险程度，并实际导致了涉案汽车被抢。

　　上述案例中对"私载旅客"是否认定为"营业"的行为，能否归属于商事行为中的运输营业，直接关系到本案能否适用《保险法》，进言之，能否根据《保险法》相关规定判决保险公司免责呢？因为根据《保险法》（2009年修订）第52条的规定，被保险人在保险标的危险程度增加时负有通知义务。李某违反了这一义务，故保险公司可以"营业免责条款"为由拒绝赔偿吗？这在学理层面进一步激发了商法上的思考：对商事行为如何界定？有学者认为，保险公司和人民法院关于"营业"的认定是大可置疑的。法院显然混淆了民事有偿行为与商事营业行为。商事营业行为的认定在最低限度上必须满足"持续进行或多次进行的意图"这一要件，而从该案事实看，李某并不具备这种意图，尚不构成"营业"行为。① 该论点能站得住脚吗？这就需要对商事行

---

① 参阅张红松、李平：《论商人法的体系与体例——兼论是否需要制定〈商事通则〉问题》，中国法学会商法学研究会2007年年会提交论文。

为的基本理论有所了解,才能作出正确的判断。

一、商事行为的概念及特征

商事行为,简称商行为。它是指商主体为追求营利的目的而进行的经营行为。[①] 在不同国家法律中,商行为还被称为"商业活动"、"经济行为"、"企业行为"等等。

商行为制度是商事法律制度最基本的内容之一,大陆法系国家的商事立法主要围绕着"商主体"和"商行为"来构建整个制度体系,商事行为制度与商事主体制度在商法中如鸟之双翼、车之两轮一样构成了两大基本支柱。

【拓展知识】

"商行为"如何界定?

法国《商法典》虽然没有对"商行为"作出定义,但法国学者对于"商行为"的定义却有如下几种学说[②]:

1. 流通行为说。该说认为,商行为是一种流通行为。此为 19 世纪末商法学者泰勒(THALLER)所主张,泰勒认为,某一法律行为只要介入生产者与消费者之间的财富流通,便是商事行为。

2. 投机行为说。此说系由里昂—康与雷诺(LYON – CAEN 与 RENAULT)提出,他们认为,"商事行为是一种为实现利润之目的,就产品的加工或交换进行投机而实施的行为"。

3. 企业完成行为说。此说认为:商行为要以"行为的重复、有某种组织"为前提条件,说到底,要以企业为基础。"总之,按照《商法典》第 632 条的意义,'行为'一词并不是指孤立的法律行为,而是指一种活动:经商意味着

---

① 对于商行为的概念,不同国家法律有不同的界定方法,主要有以下三种类型:一是以法国为代表的客观主义模式,即主张按法律行为的客观性质来认定该行为是否属商事行为,在形式上一般采取将各种商行为进行列举的方式;二是以德国为代表的主观主义,即主张只有商人双方或一方参加的法律行为才是商行为;三是以日本为代表的折中主义,即认为确定商行为的标准应当兼采主观主义与客观主义,如《日本商法典》503 条规定:"商人为其营业所进行的行为,为商行为。"客观主义模式侧重于商事行为的样态枚举,将概念具体化,但失之难以穷尽所有商事行为;主观主义模式从"商人"概念导出商事行为,其有高度抽象的特点,但又不够具体、不易操作。主观主义与客观主义相结合,这种立法例又称折中主义原则,既有抽象概括,又有行为具体界定,能够形成严谨的逻辑关系,避免了单纯使用主观或客观主义的不足,不失为一种较科学的界定体例,为现代商法所采用。本教材对商事行为的界定即采纳这一观点。

② [法] 伊夫·居荣:《法国商法》(第 1 卷),罗结珍等译,法律出版社 2004 年版,第 47 ~ 50 页。

要有商业营业资产，工业活动则要有工厂，这是前提条件。"

4. 实现金钱利润意图进行的财富流通中介行为说。此说认为，前几种标准中没有任何一种标准完美无缺，但都有助于解释什么是商行为。因此，可对商行为作如下定义："商事行为是在带有实现金钱利润意图而进行的财富流通中实现某种中介的行为。"

5. 投资说（交换说）。此说认为，如果某个人将自己的资本投入某种生产性的活动中，并且是为了增加自己资本的目的，则该种行为是商行为。Didder认为，所谓投资，就是为了追求后来的收益而支出费用的行为，投资人通过现实的费用的支出而获得了超过支出费用的收益。

我国目前没有独立的商法，因此，在立法中不存在对商行为概念的界定。不过，个别地区制定的地方性法规中涉及了对商行为的界定。如《深圳经济特区商事条例》第5条第3款规定："本条例所称商行为，是指商人从事的生产经营、商品批发及零售、科技开发和为他人提供咨询及其他服务的行为。"

在商法学界，一般认为商事行为有以下三个典型的特征：

第一，主体的商人性。商法上，一般民事主体要从事严格意义上的商事行为就必须具有特定的商事行为能力。成为商事主体一般要通过登记取得商事行为能力，或依据其从事的经营行为性质的客观认定判断其具有商事行为能力。[①] 商法对商事主体资格的规定严于民法对民事主体资格的规定。一方面，商法对商人作出了较高的要求，这是因为商行为是重大的经济行为，需要行为人有足够的能力来管理或实现[②]，如在一些国家的商法中，未成年人不得成为商人；另一方面，商法也对商行为主体的消极资格作出了规定，某些人可以在具备消极资格的情况下从事民事行为，但不得从事商行为。[③]

【拓展知识】

惟有商人方可从事商事行为吗？

对此我国理论界有以下两种看法：

1. 认为商行为的主体必须是商人。此观点认为，商行为是商主体为追求

[①] 参见苗延波：《中国商法体系研究》，法律出版社2007年版，第350页。
[②] 参见傅静坤主编：《民法总论》，中山大学出版社2002年版，第146页。
[③] 例如自然人可以成为商人并从事商事经营活动，但是如果该自然人从事严重的违法行为或犯罪行为，则该人在一定的年限内不得从事商事活动。参见张民安：《商法总则制度研究》，法律出版社2007年版，第273页。

营利的目的而进行的经营活动，其行为主体必须是商人。① 还有学者认为，商事行为是指依商法所规定的商事主体以营利性为目的而从事的行为。② 类似观点还有，商事行为是商主体以营利性为目的，旨在设立、变更或消灭法律关系的经营性行为。该学者同时认为，商主体即为传统商法中的商人。③ 此外，还有学者认为，商行为是商主体所进行的经营管理行为。只有商主体的行为才可能构成商行为。若为列举，商行为的范围是商主体所从事的缔约行为、履行行为、经营管理行为；以营利为目的的行为和法定的为保障交易公平和交易安全而进行的行为。④

2. 认为商行为的实施主体不限于商人。持此观点的学者认为，商行为是指为营利目的而进行的经营行为。任何人，无论他们是否是商人，只要是为了营利的目的而进行的经营行为，其行为即构成商行为，否则不构成商行为。⑤ 另有学者认为，现代社会不应固守单一的理论，而应该走向兼容，即应从行为主体、行为本身的内容和形式来界定商行为，故认为商行为是商主体基于营业所实施的行为与其他具有商事性质的行为之和。这里所说的其他行为主要包括民事人从事的绝对商行为及推定商行为。⑥ 还有观点认为，商行为是指由商主体实施的营业行为以及一般民事主体实施的营业行为与投资行为。该学者同时认为，实际上，在立法上完全不必对商行为概念下一个明确的定义，而只需对其外延予以揭示即可。法国《商法典》、韩国《商法》、我国澳门特别行政区《商法典》中均未对商行为概念作出明确的界定，而只是规定商行为的确定方法或是对其外延加以界定。⑦

第二，动机的营利性。动机的营利性是指商人实施某种行为是为了追求营利的目标。商行为本质上为市场行为，最根本的目标在于实现利润最大化，因

---

① 参见徐学鹿主编：《商法教程》，中国财政经济出版社1997年版，第42页；任先行、周林彬：《比较商法导论》，北京大学出版社2000年版，第383页；转引自郭瑜编：《商法学》，北京大学出版社2006年版，第88页。

② 参见苗延波：《中国商法体系研究》，法律出版社2007年版，第350页。

③ 参见赵旭东主编：《商法学教程》，中国政法大学出版社2004年版，第41页；范健主编：《商法（第二版）》，高等教育出版社、北京大学出版社2002年版，第49页。

④ 参见陈醇：《商行为程序研究》，中国法制出版社2006年版，第18～19页。

⑤ 参见王保树主编：《中国商事法》，人民法院出版社2001年版，第51页；张民安、刘兴桂主编：《商事法学》，中山大学出版社2002年版，第37页；张民安：《商法总则制度研究》，法律出版社2007年版，第267页。

⑥ 参见高在敏、王延川、程淑娟：《商法》，法律出版社2006年版，第132页。

⑦ 参见范健、王建文：《商法论》，高等教育出版社2003年版，第640页；范健、王建文：《商法基础理论专题研究》，高等教育出版社2005年版，第350页。

此，追求营利就是商行为的典型特征。在判断某一行为是否以营利为目的以及是否为商行为时，各国的立法和司法实践往往根据法律推定的规则予以确定，但对于商人和非商人的判断标准不同。对于商人，在没有相反的证据的情况下，原则上推定商人的营业性行为具有营利目的；对于非商人，则根据其行为的客观目的、当地的交易习惯和惯例加以确定。①

第三，行为的经营性。经营性是指营利行为的反复性和连续性，它表明商主体至少在一段时期内连续不断地从事一种性质相同的营利活动。按照多数国家的商法规定，一般民事主体偶尔从事的营利行为（如家用物件的售卖）不属于商行为，也不适用商特别法的控制规则。从理论上来说，现代商法中有关商事主体登记规则、商业账簿规则、商业税收规则、商行为统制规则和商事责任规则主要着眼于对经营性主体（企业）的经济活动加以控制，而对于非经商业登记的一般民事主体间断的营利性活动之控制只具有从属性意义。但在实践中，不少国家的商法往往将某些交易行为推定为营业性行为，例如在公开市场从事的交易行为、证券交易行为、票据行为等等。

【相关案例】

网络服务商提供的免费电子邮件服务是否属于以营利为目的经营性商事行为？

传统观点认为，既然是免费服务就不是典型商事行为，不应受合同法和其他商法规范调整。笔者认为：网络服务商是以营利为目的的法人，其提供的免

---

① 实践中，对于营利目的是否为商行为的本质特征，仍有肯定说和否定说两种不同见解。在我国，学者大多认为，商行为的构成要件中应当包含营利目的这一要件。有学者指出，营利目标的追求是商行为的最核心要件，是某种行为是否构成商行为的最重要的判断标准。因此，如果商人实施某种行为是为了追求营利，则商人所实施的这种行为就是商行为；如果商人实施的某种行为不是为了追求营利，则商人所实施的行为是民事行为；同样，如果非商人实施的某种行为是营利行为，在符合商行为其他构成要件的情况下，则非商人所实施的某种行为构成商行为；如果非商人所实施的某种行为不是营利行为，则其行为不构成商行为。肯定说的主张在国外商法学界曾受批评。肯定说学者所称"以营利为目的"相当于法国理论界关于商事行为界定时所称的"实现利润的意图"。然而，这一界定不仅难以理解，也不十分准确。一则，"实现利润的意图"并非"实际实现利润"，而"单纯的意图"在实践中很难确定和捉摸。二则，有些商行为（例如，签发或背书汇票）只是一种单纯的支付手段，并不涉及"实现利润的思想"；而另外一些可以获得利润的行为（特别是手工业活动或农业活动以及自由职业活动）却不在商法的调整范围之内，因此，"以营利为目的"的表述也不准确。在我国，也有学者坚持否定说，认为不仅商行为的主体不必是商主体，而且商行为虽主要表现为但并不限于"以营利为目的的营业行为"。由非商主体实施的并且不具有"以营利为目的的营业行为"属性的投资行为业应纳入商行为之中。

费电子邮件服务同任何商业服务一样,在本质上仍是一种营利性的商业行为,是网络营销的一种手段,其免费其实是一种附加商业条件的免费,原因在于:(1)存在实质对价。网络服务商之所以热衷于提供免费电子邮件服务,是因为他们把注册用户作为其重要的商业资源,作为争取"眼球"、提高访问量、获取广告收入以及风险投资的资本,免费并不能改变电子邮件服务所体现的企业整体经营行为的营利性质。(2)从经济学角度看,商家长期以低于成本销售的"促销行为"(免费邮箱基本上都可以长期使用),如果没有经济对价为支撑,则很可能违背了公平竞争的原则,理应予以规制。

除了以上三个典型的特征外,商事行为还具有越来越明显的技术性、程序性以及便捷性。现代商事活动的技术性要求愈来愈高,如《美国统一商法典》就把具有专门知识和技能作为商人应具有的一个重要条件。商法之中还存在大量的商行为程序,商行为法在一定意义上说就是商行为程序法,例如商法之中的回避、信息公开和通知程序。商事行为的便捷性则主要体现在:(1)各国在实体法上一般都要求商行为简便、敏捷、方式定型化,重外观色彩,强调公知性,强调机会均等,并采取严格责任制度等。例如各国对于票据行为、债权发行行为等,都有法定的形式与标准。(2)为了对商业交易行为产生的债权的时效期间予以特别的缩短以尽快确定其行为的效果,各国法律多采纳短期消灭时效主义。

【拓展知识】

商事行为适用的特殊原理

1. 外观主义。它是指按商法要求,当事人以交易行为外观为准,而认定其行为所产生的法律效果。德国学者谓之为外观法理,英美法系言称禁反言主义(Estoppel by Representation)。在法律世界中,本质与外观不符时常发生,依外观主义,法律行为完成后,处于对交易安全之虞,原则上不得撤销。如各国商法上关于不实登记之责任、字号借用之责任、票据的文义性与要式性等,都体现了外观主义的要求。

2. 短期消灭时效主义。时效是指一定的事实状态持续一定期间,而产生一定法律上效果的法律事实。这种"法律上效果"是指权利的取得或丧失。其中,消灭时效制度则是指权利人在法定期间内持续不行使其权利,因而丧失其请求权或其权利的制度。为促成交易之迅捷,商事法多采短期消灭时效规定。例如,各国商法对于商事契约的违约求偿权多适用2年以内的短期消灭时效；对于票据请求权多适用6个月甚至更短期的消灭时效。如我国《票据法》第17条规定，持票人对前手的追索权，自被拒绝承兑或者被拒绝付款之日起6个月。

3. 严格责任主义。它是指为保障交易安全，特别地加重商事交易行为人的责任。表现在：(1) 比较普遍地实行连带责任。连带责任在通常实行单一责任的民法中还是例外，但在商法世界里已司空见惯。我国《公司法》规定，有限责任公司成立后，发现作为出资的实物、工业产权、非专利技术、土地使用权的实际价额显著低于公司章程所定额的，应由交付该出资的股东补交其差额，公司设立时的其他股东对其承担连带责任。公司负责人违法经营致人损害与公司负连带之责。(2) 广泛采用无过错责任和惩罚性赔偿。

二、商事行为的基本分类

1. 绝对商行为与相对商行为

绝对商行为，又称"客观商行为"，它是指依法律规定，无论是商人为之，或非商人为之，也不论是否以营业的方式进行，都可以称为商行为。如票据法上的票据行为——出票、背书、承兑、保证等，既不强调营利目的，也不以商人的概念为基础。绝对商行为基本属于传统上的商事经营范围，如票据行为、证券上市交易行为、保险海商行为等。这种由法律直接规定的商行为具有客观性和确定性，可以给司法实践带来便利。

相对商行为，又称"主观商行为"，这类行为要求行为的主体必须是商人所实施的行为。相对商行为不是当然的商事法律行为，在行为主体或目的不合要求时，只能适用民法中关于民事行为的有关规定。[①]

2. 基本商行为和附属商行为

基本商行为和附属商行为是依据同一商事营业内商事行为的内容进行的分类。这一分类的主要意义在于司法实践中把握具体商事行为的性质。基本商事行为是指在同一商事营业内直接以营利性交易为内容的商事行为。它具有直接媒介商品交易的属性，且限于基本商事营业领域，又称"买卖商事行为"、

---

① 《日本商法典》第502条中列举以下相对商业行为：(1) 为进行出租而有偿取得动产或不动产，或者以出租其取得的或承租的动产或不动产为目的的行为；(2) 有关为他人制造或加工的行为；(3) 有关电力或煤气供应的行为；(4) 有关运送的行为；(5) 作业或劳务的承包；(6) 有关出版、印刷或摄影的行为；(7) 以招徕顾客为目的设置场所的交易；(8) 兑换及其他银行交易；(9) 保险；(10) 承担寄存；(11) 有关居间或代办的行为；(12) 承担代理商行为。

"固有商事行为"。① 随着现代经济的发展，许多新的行业不断出现，如信息产业、知识经济产业，这样原有的对基本商行为的一些限制性规定就显得不能满足现实的需要。如金钱和有价证券的出借、信息情报的提供，这些活动如进行规模经营，则应该追加为商行为。

附属商行为又称辅助商行为，是基本商行为的对称，它虽然不具有直接营利性，但却能辅助基本商行为的实现。与基本商事行为相对，附属商事行为具有间接媒介商品交易性质，包括仓储、运送、广告、服务等营业。现代商法理论则认为任何商事营业范围内都存在基本商事行为和附属商事行为。例如买卖活动中的销售行为是基本商行为，而其运送和仓储等辅助性活动则是附属商行为。

3. 单方商行为和双方商行为

这一分类的标准是行为人是否具有商事主体资格。单方商行为，是指在商事交易活动中，行为人一方是商人，另一方是非商人，或当事人一方所实施的是商行为，另一方所实施的是非商行为。在现实交易活动中广泛存在的专业销售商与广大消费者之间的买卖行为、商业银行与广大顾客之间的存取款行为、旅馆与顾客之间的交易行为即为此类。

双方商行为，是指交易当事人双方均为商人，同时双方的活动都是商行为，如生产商与销售商之间的买卖行为。

【拓展知识】

单方商行为的法律适用

对于单方商行为的法律适用，各国法律规定存在差异。如日本商法规定，当事人一方从事商行为的，双方当事人均适用商法，当事人一方有数人时，其中一人为商行为时，则全部适用商法；法、英、美国家则规定，商法中针对商事行为的规定只能适用于商事主体一方，而相对方只适用民法的规定。

关于单方商行为的法律适用，我国主流商法学界认为应借鉴《德国商法典》的规定。《德国商法典》第345条规定："对于对双方中的一方为商行为的法律行为，对双方均适用关于商行为的规定，但依此种规定无其他规定为限。"其原因在于如果双方都统一适用商法，则可以保证法律适用上的统一；但如果法律有其他规定，则适用其他法律规定，这又可以实现对非从事商事行为方的保护。

---

① 苗延波：《中国商法体系研究》，法律出版社2007年版，第363页。

目前我国对商主体一方进行义务性的规定除了商法的规定外，还有其他法律的义务性规定，例如《合同法》、《消费者权益保护法》、《产品质量法》等。这些规定也都体现了保护弱者的立法目的。

三、商事行为法体系

商事行为包罗万象，随着市场经济的发展，商事交易的形式与方法也趋多样，并日渐形成了一套特殊的商事行为规则。与此同时，商事行为也逐步脱离了传统意义上的民事行为，而拥有了自己的特性与法则。例如报酬请求权制度，根据传统的民法原理，如果是平等民事主体之间的交易行为，双方没有约定报酬请求权的，则应推定为无偿，但如果是商事主体之间的交易，基于商事主体追求利润和报酬的特性，则应该推定为有偿。此外，商事行为中的商事代理、商事保证、法定利率，商事留置、商事诉讼时效等制度，均具有不同于民事行为的特性。

【拓展知识】

商事行为的独立性

商事行为是否具有独立性是一个有争议的话题，有学者认为，商事行为是民事行为的具体形态，商事行为无非就是主观上具有营利目的的特殊形态的民事行为，所以商事行为并没有区别于民事行为的本质属性，即商事行为不存在独立性。也有学者指出，商事行为已经形成一套不同于民事行为的特殊规则，这一特殊性除了体现在若干具体的商事行为规则中，还体现在司法实务中。与传统的民事行为相比，商事行为在形式、意思表示的认定以及法律后果方面就有明显的区别：

1. 商法对意思表示采取表示主义的原则，法官在解释商行为时，往往采取形式主义的手段进行，而民法恰好相反。

2. 商事行为和民事行为的形式要求不同。现代法律对于商行为的作出形式规定得更为宽松和自由。主要是因为商法要贯彻便捷的原则，如果对商行为提出过高的要求，就会妨碍商事交易的快速进行。

3. 在行为人违反意思表示的法律后果上，也并不相同。比如基于欺诈、胁迫和误解而进行的商行为并非必然是无效、可撤销的，有时被认为是有效的。

由于中国的商法起步较晚，国家商事立法不尽完善，因此目前的法律制度远未能充分反映商事行为的特性。对于一些典型的商事行为，如证券交易、商业票据、商业银行业务、商事保险等，我国已有专门的商事单行法予以调整；但是对于商事行为具有基础意义的基本法律规则，在民商合一的立法体制下，则依然适用《民法通则》、《合同法》等一般性立法。因此，我国目前的商事行为立法体系实际上是由调整特殊商行为的《公司法》、《证券法》、《票据法》、《保险法》、《信托法》、《海商法》等商事单行法以及调整一般民商事行为的《民法通则》、《担保法》、《合同法》等基础法律构建而成的。

从司法实践看，目前我国法院在区分民事纠纷和商事纠纷时，虽然会综合考虑行为和主体标准等多种因素，但主要采取以行为标准为主、主体标准为辅的划分方式。即对于一些特殊的行为，例如票据、保险、证券、公司组织机构等典型的商事纠纷，无论当事人是企业还是自然人，均被视为商事纠纷，而一般的合同纠纷，则要考虑行为主体的性质，当双方当事人均为企业时，则一般作为商事案件处理；当其中双方为自然人时，则一般视为民事案件。

【背景资料】

大陆法系关于商行为的立法及适用[①]

在大陆法系中，德国、日本和法国等国家采取民商分立主义，将商行为、商事合同与法律行为、民事合同区分开来，分别由商法典、民法典调整。在适用法律的效果上也有不同。不过，司法适用上，商法规范在解决案件中很少单独适用，而往往是和民法的规范相结合。例如，商事交易是否有效成立，是否有意思表示之瑕疵等问题，商法典甚少明文规定，而须回归民法之一般规定。

大陆法系中瑞士、意大利和我国的台湾地区等采用民商合一主义。商行为是法律行为的一部分，商事合同是民事合同的一部分。在具体的法律适用过程中，全部由民法典中的债法、合同法进行规范。然而，实质规范上仍存有民事行为与商行为之差异。例如，《瑞士债法》不仅在第一编通则第32条以下就意定代理之一般原则有规定，对特别诸如经理权等商事代理，于各种契约关系编第十七章第458条以下也有专章之规范，与民商分立国家的情形殊无二致；关于民事买卖与商事买卖的区别立法，就同一契约类型分别规定民事契约与商事契约；质权有所谓营业质与民事质之区别，二者适用的法律有若干重大差异等。

[①] 参见樊涛：《商行为法律地位研究——兼论与法律行为制度的区别》，载2007年商法年会论文集。

四、商事行为制度与企业经营管理

"商事行为"是商法学上一种学理性的表述，它与经济学上的"经营管理"相对应。在法律上，企业的经营管理活动就是指商人的商事行为，或者叫商人的商事活动。对于企业经营管理而言，学习商事行为法律制度的意义在于：

1. 经营决策者应把握我国当前商事行为法律制度的"刚性"，只有在约束性条件下行动才有自由、效益才有保障。如企业营业活动要遵守现代商法中有关商事登记（办领营业执照、确认营业范围）的强制性规定。在我国企业经工商登记方可开张经营，变更主营业务和办公场所的都应在规定的时间内依照法定的程序办理变更登记手续；此外，企业开展营业还应遵守商事行为的严格责任规则、商事交易管理规则（如公司关联交易应予以披露、发行股票和债券及开展公司收购也应披露），商业账簿与报表设置规则，禁止不正当竞争规则等等。

2. 经营决策者应注意我国当前商事行为法律制度的"特性"，作出相应的对策和行动计划，以降低成本和风险，提高效率。以我国票据行为为例，就应注意特殊规则的适用。如我国《票据法》第10条第1款规定，"票据的签发、取得和转让，应当遵循诚实信用的原则，具有真实的交易关系和债权债务关系"。这对于企业管理尤其是财务管理而言，就应根据现行的商事（票据）法律环境，在经济交往中对汇票、本票、支票等票据结算工具的使用更多地注意其"具有真实的交易关系和债权债务关系"（尽管此规定不符国际惯例），否则就难免留下隐患和风险。

3. 经营决策者应时刻把握我国商事行为立法的"弹性"，立足"国情"与"行情"，寻求替代性约束工具，包括遵守行业惯例，以保障经营决策的稳定可靠。商事行为的当代发展"日新月异"，一旦商业实践中出现尚未有单行法调整的营利行为，企业管理人员也应该寻求替代性约束工具，如求助于民事法律（《民法通则》）和商事交易习惯（《合同法》第51条），来保障决策的稳定可靠、交易预期的顺利实现。同时，作为企业经营者应时刻了解商事行为立法动态，像证券投资者把握股市行情一样，使经营风险降到最低、立于不败之地。

然而，在真实的商业世界，商事行为丰富多彩，限于篇幅，笔者不可能去详述包括期货、信托、海商、证券在内的所有商事行为法律的内容，而以企业经营管理的实际需要为标准，择取其中与企业经营联系最为紧密的商事行为——买卖与合同、融资与担保、中介与代理、运输与保险、票据与结算等问题分而述之。

第一章 买卖与合同

讲好了钢材价格也预付了款，因为涨价又反悔，故意违约造成对方损失。江苏省无锡市中级人民法院判令江阴某物资公司为"不诚信"行为买单，赔偿对方购买钢材差价损失166万余元。

2007年11月25日，江阴某物资公司通过签订合同约定向张家港某装备公司提供一批钢材。双方约定2007年12月底前交付部分钢板，2008年1月20日前货物全部由钢厂发出，需方必须在订立合同当天向供方支付全部合同货款的30%，合同成立，双方签字盖章后合同生效。如果钢价上涨，各承担50%。2007年11月29日，装备公司向物资公司汇款220万元。物资公司却没有供货。

2008年3月14日，装备公司通知物资公司要求解除合同，双倍返还定金或赔偿一切损失。3月25日，物资公司通过汇款退还了220万元。装备公司只得以每吨8100元从其他公司购买了钢材。随后，装备公司提起诉讼要求物资公司赔偿购买钢材的差价损失。而物资公司则辩称装备公司没有按约定当日付款，合同没有成立。

无锡市中级人民法院审理后认为，装备公司与物资公司签订的买卖合同合法有效，双方均应按约履行。合同既约定在签订当天支付30%货款合同成立，又约定双方签字盖章后生效，以上约定相互矛盾，应当视为约定不明。按照合同法规定，该合同已成立并生效。装备公司在合同签订四日后支付了30%货款，物资公司收到该款后已经使用，该行为应当视为对装备公司履行合同行为的接受。但物资公司收款后在约定期限一直没有供货，装备公司有权解除合同，并要求赔偿损失。双方在合同中约定钢价上涨，各承担50%，物资公司应赔偿装备公司向他人购买钢材差价损失166万余元。[1]

这是一个典型的企业之间的买卖合同纠纷，涉及合同是否成立、合同在何种情况下可以解除以及违反合同所应承担的法律责任等问题。而纠纷的焦点就在于合同是否成立。对于这一棘手的问题，如果没有对有关商事买卖的立法与法理有所了解，则难以判断。

---

[1] 徐冰、陈其生：《钢材涨价又反悔公司为"不诚信"埋单166万》，载http://www.chinacourt.org/html/article/200810/29/327853.shtml，2008年10月29日访问。

一、什么是商事买卖

商行为的基本特点是营利性,营利的标的主要是商品利润,而商品利润的实现只能依靠于商事交易,即商品买卖。因此,可以说,买卖行为是最基本的商事行为,了解商事买卖的基本知识是洞悉企业交易具体法律问题的第一步。

在法律上,商事买卖是指商主体之间或者商主体与非商主体之间以商事交易为目的而成立的商行为。传统的法律观点认为,买卖是由卖方向买方转移买卖标的物的所有权、而买方向卖方支付约定的价金的行为。[1] 如《美国统一商法典》第 2-106 条规定:"买卖是指依据一定价格,所有权从卖方转移至买方。"因此,转移所有权和支付价金是商事买卖的两大核心要件。也就是说,在买卖行为中,一方必然要支付价金,而另一方必然要转移其对商品的所有权,否则不构成买卖。

表 2-1-1　哪些不属于商事买卖[2]

类 型	易货或互换	服 务	租 购	租 赁
原 因	无货币对价	合同的实质不是转移货物所有权	租购人无义务接受货物所有权的转让	未规定转移货物所有权

(一) 商事买卖的标的

在传统买卖法中,买卖的标的仅限于有体物,然而随着买卖形式和内容发展的多样化,实践中买卖的标的物已经从有体物扩展到了无体物、财产权利等类型。现代学者观点认为,在商品经济社会里,一切具有价值和交换价值的财产均为商品,商品欲实现其价值必通过交易的方式,买卖不过是实现商品权利让渡的一种手段。[3] 因此,应当扩大买卖标的物的范畴,一切可让与的物和权利均可成为买卖之标的。依照现代商事实践,商事买卖的标的可以分为以下几类:

---

[1] 但在同一所有者之间的买卖只转移财产的实际处分权。如我国国有企、事业单位财产所有权归国家,因此它们之间的买卖转移的只是财产的实际处分权。所以在我国国情下,对于上述定义应有所变通。又如涉及土地的买卖,由于我国实行土地公有制,因此土地的买卖实际上转移的只是处分权而非所有权,但是它确实是企业经营实践中非常常见的一种买卖形式。

[2] 该图表借鉴了《最新不列颠法律袖珍读本:商法》,武汉大学出版社 2003 年版,第 5 页表格的内容。

[3] 陈本寒、周平:《买卖标的之再认识——兼论〈合同法〉第 130 条及 132 条之规定》,载《法学评论》2000 年第 2 期。

1. 物。这里的物包括有体物和自然力。所谓有体物是指物质上占有一定的空间而具有一定形状的存在物，如固体、液体等。而随着科技的发展，人们在日常生活中对电、热、声、光的运用也已经十分普遍，这些自然力在某些情况下也能成为买卖的标的。

2. 权利。与有体物相对，权利属于无体物，如商标、专利、著作等智力成果都属于无体物的范畴。除此以外，土地使用权、债权以及有价证券权等权利由于其本身具有交换价值，因此也可以作为买卖的标的。权利作为买卖的标的在若干国家中的法律均有体现。①

3. 将来物。将来物，是相对于现在物而言的，在德国民法中，它被称为"将来财产"。它是指"现时不存在，将来才能存在的物……有时也指事实上已存在，不过订约时还不属于当事人所有的物"②。将来物是否能作为买卖的标的，各国的做法有所不同。但大多数国家与国际立法均主张应将将来物纳入买卖标的的范畴。在大陆法系中，日本和俄罗斯均立法规定将来物可作为买卖的标的。在英美法系中，承认将来物可以成为买卖标的的主张，在立法和判例中占据了绝对优势。如美国《统一商法典》将"货物"分为"现货"和"期货"两种。从商事实践来看，以将来物作为标的的买卖已大有存在。如期货买卖，而"以销定产"，即依照订单组织企业的生产，已成为大多数企业经营的运作模式。

（二）商事买卖的特征

在传统的法学理论中，买卖具有如下几个基本特征。

第一，权利的转移性。买卖最重要的特征是转移财产的所有权。在对买卖的定义中，不论是大陆法或英美法都体现出这一特点。这也是买卖不同于租赁和借用的地方。

第二，双务性和有偿性。由于买卖行为的对价性，所以买卖行为又总是双务的和有偿的。所谓双务有偿是指买卖双方互负一定的义务，即卖方必须向买方交货，买方必须向卖方付款。买方不能无偿取得对方的财产，卖方也不能无因取得对方的价款。

第三，诺成性。买卖关系除法律另有规定外，只要当事人之间意思表示一致买卖关系即可成立，并不以实物交付为成立的必要条件。这也是买卖合同不同于实践性合同的地方。

---

① 如《德国民法典》第433条就规定："（1）因契约买卖，物的出卖人负有向买受人交付其物，并使其取得该物所有权的义务。（2）权利的出卖人负有使买受人取得权利的义务。"

② 参见周枏：《罗马法原论》（上），商务印书馆1994年版，第296页。

现代商事买卖虽然也具备了买卖的以上基本特征，但是，上述基本特征却不能体现传统买卖与现代买卖之间的区别，尤其是随着社会经济生活方式的转变和科学技术的发展，传统买卖与现代买卖从买卖的主体、客体以及买卖的目的、方式等方面，已经出现了极大的不同，具体体现在以下几个方面：

1. 买卖主体从自然人到企业。与以自然人为主的传统买卖相比，现代商事买卖的主体更多的是以企业、公司的组织形式存在，与自然人相比，企业的规模化经营能够降低交易成本，从而提高商事买卖的效率。

2. 买卖客体从特定物到种类物。随着现代生产方式的规模化与标准化，商品生产的流水线作业以及商品的普遍适用性使得商品种类物逐步替代了特定物，成为商事买卖的主要客体。

3. 买卖的目的从实际利用到转卖营利。传统买卖主要是为了对商品进行实际利用，其目的在于获取商品本身的使用价值，而现代商事买卖则更加注重商品的交换价值，在买卖客体大量以种类物为主后，以转卖种类物而营利的商事买卖则更加普遍。

4. 买卖对价从等价到不等价。传统买卖强调等价交换，但是现代买卖则引入了风险规则，比如股票交易、期货买卖等，其等价性不再有实质性的衡量标准，而代之以形式上的公平为标准，由于风险在一定意义上的不可预测性，因此商事买卖对价的实质等价性也就因时、因事而异。

5. 买卖的链条由短到长。随着现代社会分工的专业化与细致化，一次商事买卖往往需要涉及数个不同的生产单位和部门，同时，伴随着商事转卖行为的大量出现以及为卖而买的交易理念的转变，使得买卖链条越拉越长，从而增加交易潜在的安全隐患。

6. 买卖的条件从任意到定型。传统买卖对于商品的条件与买卖方式一般不存在强制性与规范化的要求，在买卖双方之间存在更多的商量余地，带有较强的任意性，而现代商事买卖为了提高效率、节约成本，对于买卖的条件多有格式化、标准化的要求，大量格式合同文本的出现就是一个例证，又如现代商业活动中大量存在的行业标准、行业规范等，都体现了买卖的定型化交易。

（三）商事买卖的种类

1. 一般买卖与特种买卖

以法律对买卖行为是否有特殊的规定为标准，商事买卖可以分为一般买卖与特种买卖。特种买卖是法律对其法律要件和法律效果均作了特别规定的买卖，包括：试用买卖、分期付款买卖、凭样品买卖、买回买卖、拍卖、标卖等有特殊方式的买卖，除此之外无特殊方式的买卖为一般买卖。

由于特种买卖具有不同于一般买卖的交易规则与法律效力，因此企业如果在实践中适用特种买卖的交易方式，则必须特别关注其特殊的交易规则，以防止合同纠纷的出现。

表 2-1-2　特种买卖类型特征一览表[①]

类型	定义	特点	效力
分期付款买卖	指买卖合同成立时双方约定买受人在取得标的物之前先支付一部分价款，而在交付标的物后按照一定期限分批向出卖人付清价款的买卖	分期支付价款，在价款付清之前交付标的物，标的物风险负担自交付标的物时转移，当事人另有约定除外	分期付款买卖的买受人未支付到期价款的金额达到全部价款的 1/5，出卖人可以要求买受人支付全部价款或者解除合同。出卖人解除合同的，可以向买受人要求支付该标的物的使用费
凭样品买卖	又称为货样买卖、样品买卖，指按照特定的样品确定买卖标的物的标准的买卖	买卖合同中约定了按照样品交付标的物的条款，封存样品并按样品交付标的物	按照样品的质量标准交付标的物，按照样品交付不免除出卖人的隐秘瑕疵担保责任
试用买卖	指卖方把标的物交给买方，由买方在一定期间内试用。买方在试用期内有权选择购买或退回	在买卖合同成立前将标的物交付给买受人试用是出卖人的基本义务	买受人接受标的物应妥善使用，并于试用期间内明确表示是否购买，既可以确定买卖，又可以拒绝买卖。在试用期间内或届满后，买受人既不返还标的物、又不表示购买的，推定其同意购买

2. 现货买卖与期货买卖

以标的物在买卖合同成立之时是否存在为标准，买卖可以分为现货买卖与期货买卖。现货买卖是指买卖合同成立之时已经存在标的物。期货买卖是指在买卖合同成立之时标的物尚不存在。两者的主要区别在于：

第一，买卖的标的不同。现货买卖交易标的物是实际货物，而期货买卖交易标的物是期货合约。

第二，买卖的目的不同。现货买卖的目的是通过实物交割转移货物所有权。而期货买卖的目的则不同，套期保值者的目的是通过期货交易转移现货市

[①] 标卖与拍卖将在下文中专门提到，故此处不再列出。

场的价格风险，投资者的目的是为了从期货市场的价格波动中获得风险利润。

第三，买卖的方式不同。现货买卖成交的时间与地点由买卖双方自行确定达成交易，期货买卖只能在商品交易所内，按交易所的开市时间进行交易。

第四，买卖的履行不同。现货买卖的卖方应按合同交付实际货物，买方按合同规定接受货物，支付货款；期货买卖的双方不一定交割实际货物，而是支付或取得签订合同之日与合同履行交割之日的价格变化的差额。此外，在现货买卖中，买卖双方一般会见面并有直接往来，而期货买卖的双方并不见面，合同履行也不需要双方接触，通过有交易所会员资格的期货佣金商负责买卖和履行合同。

随着市场经济的发展，期货交易日益发达，已形成独立的期货买卖市场，并具备了一套特殊的期货买卖规则，主要有中国金融期货交易所颁布的《中国金融期货交易所交易规则》以及相配套的若干实施细则，如《中国金融期货交易所结算细则》、《中国金融期货交易所信息管理办法》等。

3. 即时买卖与非即时买卖

以合同订立和合同履行时间的关系为标准，商事买卖可以分为即时买卖与非即时买卖。即时买卖指当事人在买卖合同成立时即将买卖标的物与价金对交，即时清结。非即时买卖指当事人在买卖合同成立时非即时清结，待日后履行。

非即时买卖又有预约买卖、赊欠买卖等多种划分。预约买卖是指买卖成立时买受人先支付预付款、出卖人日后交付货物的买卖。这种买卖从出卖人角度称预售，从买受人角度称订购。赊欠买卖指买卖成立时出卖人先交付买卖标的物、买受人日后支付价金的买卖。赊欠买卖从出卖人角度称赊售，从买受人角度称赊购。

即时买卖是商事买卖的常态，涉及的法律关系较为简单，而非即时买卖则是商事买卖的非一般形态，它有利于缓解企业的资金周转问题，可以提高交易的频率与效率，但非即时买卖毕竟预支的是企业或个人的信用，因此比起即时买卖有更高的风险，其间的法律关系也更为复杂，区分即时买卖与非即时买卖，有助于企业选择更合适的交易方式。

【拓展知识】

商品房预售的法律问题

商品房预售，又称"期房买卖"、"楼花买卖"，它是指商品房预售方和预购方双方约定，预售方在约定时间内将建成的商品房所有权转移于预购方，预购方向预售方交付定金或部分房款并按期接受商品房的协议。商品房预售以建造中的房屋为标的物,属于买卖合同的一种。由于商品房的预售尚不同于房屋的实质性买卖,它购买的仅仅是房地产开发销售部门的一纸承诺,真正的房屋交接尚未形成,对购买者来说,则将冒着商品房能否如期、按质、按量交付的风险。因此,我国对楼花市场一向持慎重的态度,1996年1月1日施行的《中华人民共和国城市房地产管理法》对预售商品房作了严格的规定。即房地产开发企业预售商品房,应当符合下列条件:(1)已交付全部土地使用权出让金,取得土地使用权证书;(2)持有建设工程许可证和施工许可证;(3)按提供的预售商品房计算,投入开发建设的资金达到工程建设总投资的25%以上,并已确定施工进度和竣工交付日期;(4)已办理预售登记,取得商品房预售许可证明。

4. 特定物买卖与种类物买卖

按照买卖标的物是特定物还是种类物,可分为特定物买卖和种类物买卖。买卖标的物是特定物①的,为特定物买卖。买卖标的物是种类物②的,为种类物买卖。种类物买卖有瑕疵的,可以更换种类物。特定物与种类物在法律上有截然不同的意义,因此特定物买卖与种类物买卖也相应地具有不同的法律效力。

首先,履行上的不同。种类物买卖中,只需要交付同种类的商品即可,而特定物买卖则要求债务人必须按规定的特定商品交付。

其次,风险转移上的不同。在法律规定或当事人约定的情况下,特定物买卖中的标的物的所有权可在合同成立时发生转移,标的物意外灭失的风险随之转移,而种类物买卖的标的物的所有权及其意外灭失风险则自交付时才转移。

最后,救济方式上的不同。在买卖中,如果卖方交付的标的物有瑕疵,依照法律规定,买方可以要求对方采取补救措施,包括修理、更换、重做等,但假如有瑕疵的标的物不是种类物,而是特定物,那么买方的追加履行请求权的内容就只限于要求修理,不包括要求更换或重作,除非双方另有变更合同的约定。

5. 一时买卖与连续交易买卖

根据当事人双方的买卖是否以一次完结为标准,可分为一时买卖与连续交

---

① 所谓特定物是指自身具有独立的特征,或者被权利人指定而特定化、不能以其他物代替的物,包括在特定条件下独一无二的物和从一类物中根据民事主体的意志而特定化的物。
② 所谓种类物是指具有共同特征,用品种、数量、质量规格,即通过度、量、衡加以确定的物。

易买卖。一时买卖是指当事人双方仅进行一次交易即结束双方之间的买卖关系的买卖，即使双方之间有多次交易，每次交易也都是单独的，而无连续性。连续交易的买卖是指当事人双方于一定的期限内，卖方定期或者不定期地供给买方某种物品，买方按照一定标准支付价款的买卖，双方之间的每次交易都是有关联的。

一时买卖与连续交易买卖都是企业经营实践中经常运用的交易方式。一时买卖中买卖双方的权利义务关系更为清晰明确，而连续交易买卖则通常是基于企业之间建立的长期契约关系，其优点在于可以节省每次交易的谈判成本与签约成本，而其缺点就在于当连续交易买卖发生纠纷时，难以确定买卖双方的权利义务关系，而且在赔偿问题上容易发生争议。因此，企业在选择何种买卖方式时，应当结合买卖的具体情况，例如标的物的性质、市场变动以及企业之间的关系基础等因素进行综合考量。

【相关案例】

A公司能否停止供货？[①]

A公司与B公司签订一供货合同，合同约定：由A公司为B公司的某项工程提供钢铁若干吨，合同有效期至2008年12月31日。供货方式：B公司根据工程进展向A公司提出供货要求。A公司在收到B公司的供货要求后提供相应货物。结算方式：在A公司供货后的下个月15号之前，B公司向A公司支付货款。同时，合同中还明确规定，除得到B公司的书面同意，A公司不得以任何理由迟延交货。在第三批、第四批货物交易过程中，A公司如期供货，而B公司并未支付货款。此时，A公司想停止第五批货物的发运，但又害怕承担迟延交货的违约责任。请问A公司能否停止供货？

评析：这是一个典型的连续交易买卖，在法律上又称为分批交货合同，在分批交货合同中，每个分批合同都有相对的独立性。由于我国《合同法》仅将分批交货合同的解除权赋予了买方，因此本案中，A公司不能解除合同，但可以援引不安抗辩权停止供应第五批货物。对于A公司是否能够以B公司未支付第三、四批货物的价款而主张其违约从而停止供应第五批货物，则存在争议。

（四）商事买卖制度的演进

无论是大陆法系还是英美法系，各国的商事立法均是以商事交易制度或买

---

① 许小莺：《关于分批交货买卖合同性质及其问题初探》，载《法制与社会》2007年第6期。

卖制度为中心构建整个商法体系。

实物买卖是传统商事买卖的主要形式，但是随着经济与科学技术的发展，买卖的标的与形式已经有了极大的发展。诸如股票、债券、专利权、商标专用权等特殊商品的转让或者买卖不但发展迅速，而且已经逐渐形成一系列特殊的规则。而诸如电子商务交易等先进交易方式则越来越多地运用到企业的经营实践之中。因此，关于我国应否制定独立的买卖法的问题也提上了议程。

中国现行的买卖立法主要体现在买卖合同立法上，因为买卖合同是买卖的基础形式，在1999年颁布施行的《合同法》中，分则中专设买卖合同一章，但考察买卖立法现状及其他商事法的立法状况，买卖立法仍然存在许多缺陷，例如许多特殊买卖仍然无法可依，那么是否有必要重新制定一部单独的商事买卖法呢？学界基本有两种意见：一种意见认为，《合同法》已经出台，虽然有关买卖合同的立法尚待完善，但是也不必完全抛弃，可以针对其中规定过于简略或没有规定的问题进行补充完善，这样做有利于节约立法成本，而且效率较高，符合中国实际；另一种意见则认为，基于民事买卖与商事买卖的不同特性，应当单独制定一部货物买卖法，专门对商事领域内最为频繁的货物买卖进行规定。

（五）商事买卖与合同

如果当事人双方达成了进行买卖的协议，那么在法律上就称其缔结了一份买卖合同。如英国《1979年货物买卖法》规定：货物买卖合同是指出卖人为取得价金货币之对价而向买受人转让或同意转让其货物所有权的合同。我国《合同法》第130条规定：买卖合同是出卖人转移标的物所有权于买受人，买受人支付价款的合同。因此，商事买卖的全部过程，在法律上也就是买卖合同从订立到履行的全过程。

【背景资料】

各国有关买卖合同适用范围的立法规定

在各国合同法中，买卖合同是最基本的有名合同，但是对买卖合同的适用范围有不同的规定，大体有两种立法例：

一种以英美法中的买卖合同为代表，将买卖合同仅限于实物买卖。如《美国统一商法典》买卖篇中第2-105条规定，"货物"是指除作为支付价款之手段的金钱、投资证券和通过法律程序追索金钱或者其他动产的权利以外的所有在特定于买卖合同项下可以移动的物品（包括特别制造的货物）。《联合国国际货物买卖合同公约》也采此含义。公约第2条将"国际货物买卖"定义为个人消费品,是指拍卖、国家强制买卖、股票、投资证券、流通票据以及货币的买卖,船舶、气垫船、飞机买卖和电力买卖以外的动产买卖。

另一种立法例是买卖合同不仅适用于货物买卖,也适用于其他财产权利的交易,大陆法系的立法例即以此为代表。依此例,买卖合同是指卖方将财产所有权及其他财产权转移给买方,买方为此支付价款的合同。如《日本民法典》第550条规定,"买卖,因当事人相约,一方转移某财产权于相对人,相对人支付价金,而发生效力"。从我国《合同法》对买卖合同的规定看,采取的是前一种含义。因此,我国买卖合同的标的仅限于实物,而且只能是有体物,包括动产和不动产。无体物,主要是财产权利的转让,则不属于买卖合同的调整范围,如专利权的转让适用技术转让合同规范。

但是在我国"民商合一"的立法背景下,《合同法》、《民法通则》等调整买卖行为的相关立法并没有对民事买卖合同和商事买卖合同进行区分,因此本章的内容也将结合我国的相关法律规定,重点讲述商事买卖的特殊原理与规则。

二、买卖的开始:买卖合同的订立

商事买卖成立的第一步通常是缔约。所谓缔约,就是双方当事人达成进行买卖的协议。缔约的法律意义在于双方当事人就买卖的内容达成了一致协议后,在日后的履行中必须受该协议的约束,如果当事人违反该协议,就必须承担违约的后果。因此,买卖协议的拟订非常重要。它涉及的关键问题有:(1)买卖合同是否成立?(2)买卖合同的内容是什么?(3)在缔约过程中是否需要承担法律责任?

(一)缔约的方式

1. 一般程序:要约与承诺

签订买卖合同是企业进行买卖活动的第一步。无论是通过口头形式还是书面形式达成的买卖,它都必然经过一个双方讨价还价、最后达成协商一致的过程。在法律上,就把这个讨价还价的过程技术化为两个部分:即"要约"与"承诺",当事人是否协商一致,就用要约与承诺规则来处理。[①] 需要指出的是,要约与承诺规则不仅适用于买卖合同,而且适用于任何类型的合同。

要约是一方当事人以缔结合同为目的,向对方当事人提出合同条件,希望对方当事人接受的意思表示。日常商业活动中的"报价"、"发盘"或"发

---

① 参见龚赛红、李婉丽主编:《合同法》,中山大学出版社2007年版,第46页。

价"即属于要约。承诺是指受要约人同意要约的意思表示,又称"受盘"、"接受提议"。如果一方当事人向另外一方当事人发出要约,另外一方当事人给予相应的承诺,这时我们就称双方达成了一份合同。

表2-1-3 一项有效的要约与承诺必须具备的要件

类型	构成要件			生效时间
	1. 主体要求	2. 内容要求	3. 其他	
要约	必须是特定人所为;必须向特定人发出。	内容必须具体确定。	必须表明经受约人承诺,要约人即受该意思表示约束。	到达受要约人时生效
承诺	必须由受要约人发出;必须向要约人发出。	内容应该与要约的内容一致。	必须在要约的有效期间内进行。	到达要约人时生效

要约可以撤回,要约撤回是要约发出后但在发生法律效力前,要约人对该要约不发生法律效力的意思表示。但是撤回要约的通知应当在要约到达受要约人之前或与要约同时到达受要约人时才有效。同理,承诺也可以撤回,但撤回承诺的通知应当在承诺通知到达要约人之前或与承诺通知同时到达要约人有效。

要约还可以撤销,要约撤销是要约人在要约发生法律效力后而受要约人承诺前,使该要约失去法律效力的意思表示。撤销要约的通知应当在受要约人发出承诺通知之前到达受要约人。①

与要约的撤销不同,承诺不能撤销,因为承诺到达要约人时合同即告成立。

【拓展知识】

商人对于要约"沉默"的法律效果

按照民法的原理,沉默不产生义务,只有法律明确规定沉默发生效力的时候,当事人才会因为沉默产生义务。但是在商法里,情况却有所不同,在一些国家的商事立法中,一般规定,商人对要约的缄默行为具有承诺的法律效力。

---

① 但是存在下列情形之一的,则要约不得撤销:要约中确定了承诺期限或者以其他形式明示要约不可撤销;受要约人有理由认为要约是不可撤销的,并且已经为履行合同作了准备工作。

如日本《商法典》第 509 条规定："商人自素常交易人处接受属于其营业部类的契约要约时，应从速发承诺与否的通知。怠发其通知者，视为承诺要约。"韩国与德国亦有类似规定。

《国际货物销售合同公约》和《国际商事合同通则》对此问题规定基本一致，即缄默或不行动本身不构成承诺，但是如果双方当事人在此问题上有一致的合意或是存在交易习惯或惯例，则另当别论，我国《合同法》亦规定："承诺应当以通知的方式作出，但根据交易习惯或者要约表明可以通过行为作出承诺的除外。"

目前商法学者趋于认为，商事合同的订立，对要约缄默的行为产生承诺的效力，应具备以下条件：（1）商主体之间的要约行为；（3）商主体间有经常业务往来；（3）要约内容在商主体营业范围之内；（4）商主体对要约怠于通知。

在商业实践中，要约和要约邀请、承诺与反要约的区分是合同成立环节最容易产生法律纠纷的问题。要约邀请是希望他人向自己发出要约的意思表示。如寄送的价目表、拍卖公告、招标公告、招股说明书、商业广告等为要约邀请。但商品广告的内容符合要约规定的，则视为要约。要约邀请只是作出希望别人向自己发出要约的意思表示，因此要约邀请可以向不特定的任何人发出，也不需要在要约邀请中详细表示，无论对于发出邀请人还是接受邀请人都没有约束力。[①]

【相关案例】

"我店急需 25 寸彩电 500 台"的发函是要约还是要约邀请？[②]

某市温泉大酒店分别向三家电视机厂发函称："我店急需 25 寸彩电 500 台，如贵厂有货，请速来函电，我方愿派人前往购买。"三家电视机厂都先后向被告回复，告知备有现货，且通报了彩电价格。而海浪电视机厂在发出函件的同时，给酒店发送了 500 台彩电。在该批彩电送达酒店之前，温泉大酒店了解到"长江"牌彩电质量较好，且价格合理，因此向长江电视机厂发出函件

---

① 电子商务交易中也存在要约邀请。《国际合同使用电子通信公约》第 11 条"要约邀请"规定："通过一项或多项电子通信提出的订立合同的建议，凡不是向一个或多个特定当事人提出，而是可供使用信息系统的当事人一般查询的（accessible），包括使用交互式应用程序通过这类信息系统发出订单的建议，应当视作要约邀请，但明确指明建议的当事人打算在建议获承诺时受其约束的除外。"

② 案例来源：法律 168 网址，http://www.fl168.com/Askq/141/a9jy.html，2010 年 1 月 19 日访问。

称:"我酒店愿购买贵厂25寸彩电500台,盼速送货,运费由我方负担。"发函后第二天上午,长江电视机厂发函称准备发货。下午,海浪电视机厂500台彩电送到,酒店告知海浪厂,他们已决定购买长江电视机厂彩电,因此不能接受送来的彩电。海浪电视机厂认为,酒店拒收货物已构成违约,双方协商未成,海浪电视机厂遂向法院提起诉讼。

问题:对本案中被告是否构成违约,关键看合同是否成立。被告(某市温泉大酒店)向原告(海浪电视机厂)的发函在性质上究竟是要约还是要约邀请?

对于承诺与反要约,如果受要约人对要约的内容作了实质性变更的,即构成反要约。有关合同标的、数量、质量、价款或者报酬、履行期限、履行地点和方式、违约责任和解决争议方法的变更,是对要约内容的实质性变更。有关合同是否成立的各种情形,可以参见下图。

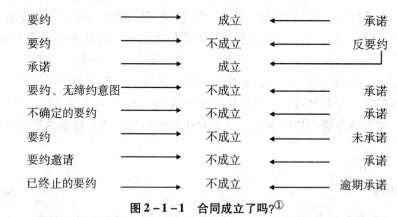

图 2-1-1 合同成立了吗?[①]

2. 两种特殊的缔约方式

除了上述所介绍的关于要约承诺的一般方式外,商事买卖还有两类特别的缔约程序,即招标投标与拍卖。招标投标是市场经济条件下进行大宗货物买卖或者建设工程发包与承包通常采用的竞争方式,它是指由招标人向公众或数人发出招标通知或公告,在许多投标中由招标人选择其中自己最满意的一人与之订立的合同。拍卖则是以公开竞价的方式,将标的物所有权转移给最高应价者的买卖方式。这两种缔约的方式实际上是在合同的订立过程中引入一种竞争机制,它是对要约承诺规则的一种具体运用。招投投标和拍卖都各有一套特定

---

① 安德森:《商法与法律环境》,机械工业出版社2003年版,第148页。

的法定程序。我国《招标投标法》以及《拍卖法》分别针对此类买卖进行了规定。

需要注意的是，在招标投标程序中，招标只是要约邀请，除非招标人在招标公告中明确表示将与报价最优者订立合同，投标人的投标才构成要约。只有当招标人对有效标书进行评审，选出自己满意的投标人，决定其中标，此时才构成承诺，合同方告成立。

而在拍卖程序中，在一般情况下，拍卖的表示也属于要约邀请，竞买人的应价则属于要约，竞买人应该受其约束，而在拍卖人说明拍卖标的无保留价时，拍卖的表示即构成要约，竞买人的应价即为承诺，竞买人一旦应价则成立买卖合同，但以没有其他竞买人的更高应价为生效条件。①

【拓展知识】

电子商务合同的订立——电子签名

电子商务合同是指采用数据电文形式订立的商务合同。实践中，电子商务合同一般通过 EDI、电子邮件等方式借助互联网而订立。由于电子商务合同不是通过口头谈判订立，也不是在书面的合同上签名盖章，因此其订立需要特殊的技术手段。其中，电子签名的确认是鉴别当事人身份以及意思表示真实性的首要环节。

电子签名的目的是利用技术手段对签署文件的发件人身份作出确认以及有效保障传送文件内容不被当事人篡改，不能冒名顶替传送虚假资料，以及事后不能否认已发送或已收到资料等网上交易安全性问题。对于电子签名，我国《电子签名法》作了如下规定：

第 13 条：电子签名同时符合下列条件的，视为可靠的电子签名：（一）电子签名制作数据用于电子签名时，属于电子签名人专有；（二）签署时电子签名制作数据仅由电子签名人控制；（三）签署后对电子签名的任何改动能够被发现；（四）签署后对数据电文内容和形式的任何改动能够被发现。当事人也可以选择使用符合其约定的可靠条件的电子签名。

第 14 条：可靠的电子签名与手写签名或者盖章具有同等的法律效力。

第 16 条：电子签名需要第三方认证的，由依法设立的电子认证服务提供者提供认证服务。

---

① 参见崔健远主编：《合同法》，法律出版社 2003 年版，第 350 页。

(二) 缔约的形式与条款

1. 缔约的形式

缔约的形式是指买卖双方达成协议的表现形式。我国《合同法》规定："当事人订立合同，有书面形式、口头形式和其他形式。"，但是，"法律、行政法规规定采用书面形式的，应当采用书面形式。当事人约定采用书面形式的，应当采用书面形式。"

在强调以交易便捷为首要追求的市场经济条件下，法律对合同的形式要求趋向自由，当事人可以自由选择合同订立的形式。但是对于标的金额较大、法律关系较为复杂的事项，基于交易安全的考虑，一般建议采用书面形式，其优点在于发生纠纷时容易举证，便于分清责任。

【拓展知识】

谈判备忘录、谈判记录、意向性协议书、确认书、预约

在商业实践中，常常运用到谈判备忘录、谈判记录、意向性协议书、确认书、预约等书面形式，但是它们的效力各不相同，其中有些具有书面合同的性质，有些则不然。

谈判备忘录是指双方进行了初步谈判后，认为有可能进行深入一步洽谈时，拟出的双方都能接受的初步协议书，一般都规定双方对本备忘录有保守秘密的义务。

谈判记录是对双方谈判过程的及时记载，特别是对于未能及时签订或条款不完善的合同来说，谈判记录相当于一份补充协议，是一项重要的解释依据。它虽不形成正式合同文本，每一轮谈判后都要根据记录对文本进行整理，然后由双方确认，是一项很重要的事实凭证。

意向性协议是指，因当事人的主观意愿和客观内容不同而产生不同法律效果的意向书，一般有预约、本约或不具有任何法律意义三种。意向性协议要产生合同效力须满足当事人意思表示一致、内容确定和愿意受协议约束三个条件。

确认书是指双方磋商达成交易后，加以确认的列明达成交易条件的书面证明。经双方签署的确认书，是法律上有效的文件，对买卖双方具有同等的约束力。确认书包括销售确认书和购货确认书。《合同法》第33条规定："当事人采用信件、数据电文等形式订立合同的，可以在合同成立之前要求签订确认书。签订确认书时合同成立。"

预约是指当事人之间约定将来订立一定合同的合同。将来应当订立的合

同,称为"本约",而约定订立本约的合同,称为"预约"。在预约中,本合同在预约成立时尚未成立,预约合同的成立和生效仅使当事人负有将来按预约规定的条件订立合同的义务,而不负履行将来要订立的合同中的义务。预约合同也属于合同的一种,一方如不履行"订立本约"的义务,则另一方有权请求法院强制其履行该义务及承担违约责任。

至于"其他形式",在学理上学者又称为"推定形式",即指当事人未用语言、文字表达其意思表示,仅用行为向对方发出要约,对方接受该要约,作出一定或指定的行为作承诺,合同成立。最高人民法院最新颁布的《关于适用〈中华人民共和国合同法〉若干问题的解释(二)》亦规定:"当事人未以书面形式或者口头形式订立合同,但从双方从事的民事行为能够推定双方有订立合同意愿的,人民法院可以认定是以合同法第十条第一款中的'其他形式'订立的合同。"

2. 缔约的条款

我国《合同法》规定:合同一般应包括以下共同性的条款:(1)当事人的名称或者姓名和住所;(2)标的;(3)数量;(4)质量;(5)价款或者报酬;(6)履行期限、地点和方式;(7)违约责任;(8)解决争议的方法。实践中,签订一份商事买卖合同,对于以上条款,有以下几个方面必须关注:

1. 当事人的名称或者姓名和住所。当订立买卖合同的当事人为法人或其他组织时,在合同中应当写明该法人或其他组织的名称、主营业场所或住所、法定代表人或主要负责人的姓名职务。

2. 标的。标的是合同权利义务所指向的对象,如果一份合同标的不清楚,不明确、甚至没有标的,该合同一定不成立。在制定合同的标的条款时,应该明确写明物品或服务的名称,使合同标的特定化。

3. 数量。数量即对买卖合同标的的计量要求,包括计量单位和计量方法。数量条款可以说是买卖合同中最核心、最基本的条款,是衡量当事人权利、义务大小的一个尺度。数量应以特定数字直接表述,否则可能因该条款约定不当产生严重影响;而且由于条款不明确,也无法追究违约者的责任。

4. 质量。质量是对买卖合同标的的标准和技术方面要求。买卖合同一定要明确标的物的质量,这是最主要的条款之一,也是实践中最容易引起纠纷的问题,在合同中必须写明执行的标准代号、编号和标准名称,若买方有特殊要求的,按买卖双方在合同中商定的技术条件、样品或补充的技术要求执行。

5. 价款。价款又称价金，是指买卖合同中买受人为了得到标的物向出卖人支付的货币。价款同样是买卖合同的主要条款之一。应注意：（1）明确约定计算方法。如双方约定价款以实际消耗数量结算，而实际消耗数量很难衡量时，双方因此发生分歧，若没有补救约定，则会引发法律风险。（2）在约定合同总价时，要注意每项单价价款。在购销合同中，要注意列明每项商品的单价。若只在合同中明确商品的总价款，而不确定具体每种商品的单价，一旦合同部分履行后发生争议，就难以确定尚未履行的部分商品的价款。（3）价款支付方式约定不能简单化。作为供方最好争取到"先款后货"方式，这样经营风险转移到需方身上，供方风险很小。其次可采用先交部分定金方式，以减少供方风险。再次，如果确需采用"先货后款"方式，则要注意把握好需方资信、付款时间长短及手续交接等。

【拓展知识】

商事交易中的"活价条款"[①]

活价条款，又称非固定价格条款，是指合同当事人在进行交易时，对于合同标的的具体价格不是采用固定规定的方法，而是采用只规定一个确定价格的方法或时间，或暂定一个价格，待日后根据情况予以规定。商品市场变化莫测，价格的剧涨暴跌屡见不鲜，为了减少风险，促成交易，提高合同的履约率，在合同价格的规定方面采取的变通做法。其具体方法有如下三种：

1. 具体价格待定。（1）在价格条款中明确规定定价时间和定价方法。例如，"在装船月份前50天，参照当地及国际市场价格水平协商议定正式价格"；或"按提单日期的国际市场价格计算"。（2）只规定作价时间。例如，"由双方在xx年x月x日协商确定价格"。这种办法只适用于双方有长期交往、已经形成比较固定的交易习惯的合同。

2. 暂定价格。在合同中先订立一个初步价格，作为开立信用证和初步付款的依据，待双方确定最后价格后再进行最后清算，多退少补。

3. 部分固定价格，部分非固定价格。一般用在分期分批交货的合同中，交货期近的价格在订约时固定下来，余者在交货前一定期限内作价。

6. 履行期限、地点和方式。履行期限是指买卖合同的当事人所约定的履

[①] 参见智库百科："非固定价格"词条，载http://wiki.mbalib.com/wiki/%E9%9D%9E%E5%9B%BA%E5%AE%9A%E4%BB%B7%E6%A0%BC,2010年1月31日访问。

行合同义务的时间界限，包括交货和付款时间。履行地点是指买卖合同当事人所约定的履行合同义务的具体地点，比如合同规定的提货地点、付款地点等。履行方式是指买卖合同当事人履行合同义务的具体方式，比如交付标的物方式上是送货式、自提式还是代办托运式等。

7. 违约责任。违约责任是指合同当事人因违反合同义务所应承担的责任。当合同履行出现问题时，可以根据违约责任约定妥善解决相关纠纷。许多企业经营者在约定违约责任时，失之粗糙，如泛泛约定，"违约方应当承担违约责任，赔偿守约方因此发生的所有损失"，这种约定很难起到弥补损失的预期作用，更难发挥违约制裁的功能。为此，应注意尽可能地预见未来对合同履行有影响的因素，将违约责任条款约定明确、周全。

8. 解决争议的方法。解决争议的方法是指买卖合同当事人约定发生争议后是诉讼解决还是仲裁解决的条款。当事人在订立买卖合同时，应当约定争议解决方法。不同的约定会导致不同的法律后果。如当事人约定通过仲裁程序解决争议，则合同争议就不能通过法院审理解决。在国际买卖中，当事人在约定合同争议解决方法的同时，还应约定解决合同争议所适用的法律。

需要注意的是，以上条款并非合同的"必备条款"，而只是倡导性的规定。大多数国家的立法规定，只要合同具备当事人名称、标的与数量，即视为合同已成立。如《联合国国际货物销售合同公约》第14条规定，一个发价如果写明货物并且明示或暗示地规定数量和价格或规定如何确定数量和价格，即为十分确定。《美国统一商法典》第2-204亦规定，一个货物买卖合同只要有标的和数量就是一个成立生效的合同。因为价格、履行地点与时间可以事后确定。最高人民法院《关于适用〈中华人民共和国合同法〉若干问题的解释（二）》第1条同样规定：当事人对合同是否成立存在争议，人民法院能够确定当事人名称或者姓名、标的和数量的，一般应当认定合同成立。

（三）不能忽略的缔约过失责任

在缔约磋商过程中，即使最终没有达成买卖协议，但是企业也有可能需要承担一定的法律责任。这种责任在法律上称之为缔约过失责任。缔约过失责任是指在缔约磋商阶段缔约人故意或有过失地违反缔约过程中应遵守的注意义务，而依法承担的民事责任。如果在缔约过程中，企业有以下行为，则构成缔约过失责任：

（1）假借订立合同，恶意进行磋商；（2）故意隐瞒与订立合同有关的重要事实或者提供虚假情况；（3）当事人在订立合同过程中知悉的商业秘密，无论合同是否成立，不得泄露或不正当地使用；（4）有其他违背诚实信用原则的行为。企业在订立合同过程中有上述行为，并给对方造成损失的，应当承担损害赔偿责任。

（四）缔约的技巧：如何进行合同谈判

商务合同谈判是指当事人之间为实现一定的经济目的，准备订立合同的双方或多方当事人为相互了解、确定合同权利与义务而进行的商议活动，它集法律性、经济性、技术性、艺术性于一体，除了包含商务活动的特点，具有一般谈判的特征外，同时还是为明确相互的权利义务关系而进行协商的行为，因此应当符合法律规定。一个善始善终的谈判对合同的签订及其内容起着决定性的作用。谈判是签订合同的前奏，甚至有的谈判过程就是签订合同的过程，因此应当遵守一定准则。

首先，挑选合适的谈判代表，"一切行动听指挥"。一般而言，企业单位作为合同谈判的一方时，法定代表人是理所当然的谈判代表。但日常经济交往中，法定代表人一般并不亲自参加，大量的合同谈判尤其在异地谈判桌前，通常由合同签订的代理人出席会议，选择谈判代表就是选择代理人。这就要求代理人不仅要谙熟业务知识和法律知识，还要有高尚的职业道德，谈判桌上能够最大限度地维护所代表的单位的合法权益。

其次，平等互利、友好协商，备选多元方案、切忌走入"死胡同"。合同法上一大基本原则就是主体平等。谈判双方不分单位大小，实力强弱，只有平等互利才能达到"双赢"结果。当有争议发生，急躁、强迫、要挟、欺骗等手段皆不可取。谈判往往是在冲突中实现双方的目的和需要，应通过友好协商的方式进行，在法律理性的天平上衡量利益，也为以后顺利履行合同创造和谐前提。

再次，依法办事、慎防圈套、善断文书、及时巩固谈判成果。（1）谈判中要依法办事。双方只有把自己的想法和愿望放置于法律框架内，才能防范在市场经营过程中可能带来的风险，其权益才能受到国家法律的保护。（2）要谨防所设的"圈套"、陷阱。如以特价优惠作诱饵，引人上钩；制造假象，先支付小笔货款、骗取信任后再谈大宗买卖，等得手后携巨额货款逃之夭夭；馈赠物品或给回扣收买谈判对手，等等；都与诚信经商相背离，为法律所不许。（3）在每一轮谈判中，应制作好与谈判有关的法律文书，如合同谈判备忘录、合同谈判记录、意向性协议书，这既是及时对先前谈判成果的巩固，也为正式签约铺垫好基础。

三、买卖的核心：买卖合同的履行

买卖合同的履行是买卖的关键环节。如果合同得以顺利履行，则双方各取所需，一项买卖即告成功。如果合同在履行过程中出现问题，则可能引起一系列后续问题，如产生合同纠纷，延误企业生产经营计划等。因此，企业在履行合同时必须充分了解双方各自的权利义务，做到"知己知彼"，才能"百战不殆"。

（一）卖方的义务

买卖的本质就是标的物所有权的转移，因此出卖人的义务主要是交付标的物和转移所有权。

1. 交付标的物的义务

卖方应当按照合同约定的时间、地点、包装方式交付合格的标的物，这是出卖人的主要义务。具体而言，卖方在履行该义务时应当注意以下几个方面：

（1）时间。卖方应当按照约定的期限交付标的物。但是有时双方约定的是某个交付期间，如7月到9月之间。在这种情况下，卖方可以在该交付期间的任何时候交付，但应当在交付前通知对方。如果卖方想要提前交付标的物则必须取得对方的同意，否则买方可以拒绝受领，但是提前交付不损害买方的利益的除外。此外，如果卖方提前交付给买方增加费用的，由卖方负担。

【相关案例】

批发商提前交货，副食品厂拒收合法吗？[①]

2005年3月，某市副食品厂与某辣椒批发商签订了一份干辣椒买卖合同，合同约定副食品厂向批发商订购特定质量的干辣椒5000公斤，交货日期为：2005年9月上旬交付3000公斤，10月中旬再交2000公斤；交货地点为副食品厂仓库，批发商负责运货，副食品厂验收后付款。

合同签订后，2005年9月，批发商按期交付干辣椒3000公斤，副食品厂验收后付款。9月下旬，该批发商电告副食品厂，希望副食品厂能提前接受第二批干辣椒。副食品厂接此电报后，因故未作答复。

批发商考虑到长期积压可能严重影响辣椒和其他货物的质量，遂于9月26日向副食品厂发出了第二批货物即2000公斤干辣椒。货抵副食品厂库房后，批发商要求验货付款，副食品厂则认为对方擅自将货物运来，未经其同意，违反了合同约定的交货时间，同时自身的库房也紧张，于是拒绝接收货物。

后经法院调解，副食品厂同意接收货物并支付货款，但其因另租仓库存放干辣椒而产生的费用由批发商承担。

---

① 参见《提前交货副食品厂拒收合法吗？》，http://quality.scol.com.cn/2005/11/07/3612916.html，2009年9月9日访问。

评析：本案需参考《合同法》第71条规定："债权人可以拒绝债务人提前履行债务，但提前履行不损害债权人利益的除外。债务人提前履行债务给债权人增加的费用，由债务人负担。"

（2）地点。卖方应当按照约定的地点交付标的物。在合同没有约定交付地点或者约定不明确的情况下，当事人可以签订补充协议，达不成补充协议的，按照合同的有关条款或者或者交易习惯确定，仍不能确定的，适用下列规定：①标的物需要运输的，卖方应当将标的物交付给第一承运人以运交给买方；②标的物不需要运输，卖方和买方订立合同时知道标的物在某一地点的，卖方应当在该地点交付标的物；不知道标的物在某一地点的，应当在卖方订立合同时的营业地交付标的物。

（3）质量。卖方应当按照约定的质量交付标的物。此义务即为大陆法中的物的瑕疵担保义务。物的瑕疵担保义务是指卖方就其所交付的标的物具备约定或法定品质所负的担保义务。即卖方须保证标的物移转于买方之后，不存在品质或使用价值降低、效用减弱的瑕疵。如果卖方提供有关标的物质量说明的，交付的标的物还应当符合说明的质量要求。

（4）数量。卖方应当按照约定的数量交付标的物。对于多交付的标的物，买方可以接收或拒绝接收。买方接受多交的部分的，按照原合同的价格给付价款。在卖方少交付标的物的情况下，买方有权拒绝接收。合同约定分批交付的，卖方应当按照约定的批量分批交付。

（5）包装方式。卖方应当按照约定的包装方式交付标的物。

（6）权利瑕疵担保义务。卖方应当保证其交付的标的物的所有权没有瑕疵，这就是权利瑕疵担保义务。我国《合同法》第150条规定：出卖方就交付的标的物，负有保证第三人不得向买受人主张任何权利的义务，但法律另有规定的除外。实践中，标的物权利瑕疵主要表现为两种情形：一是标的物的所有权属于第三人或者第三人是标的物的共同共有人；二是标的物的所有权上存在权利限制。比如标的物上已设定抵押权或租赁权等，卖方不能自由处分。[①] 在这两种情形下，必然会损害买方对标的物进行占有、使用或者处分的权利，因此不为法律允许。所以，买方有确切证据证明第三人可能就标的物主张权利的，可以中止支付相应的价款，但卖方提供适当担保的除外。

2. 转移标的物所有权的义务

转移标的物所有权，是指卖方将标的物的所有权转移给买方，以便买方占

[①] 参见龚赛红、李婉丽主编：《合同法》（第二版），中山大学出版社2003年版，第341页。

有、使用、受益和处分。转移所有权是买卖的实质，因此标的物所有权的转移就是卖方一项主要的义务。一般情况下，标的物所有权自标的物交付时开始转移。但是法律另有规定的除外。

具体而言，实践中标的物所有权的转移有以下几条规则：(1) 动产。就一般动产而言，标的物的所有权在交付时随之转移。(2) 不动产。不动产所有权的转移必须依法办理所有权转移登记。未办理登记的，尽管买卖合同已经生效，但是标的物的所有权不发生转移。(3) 知识产权保留条款。出卖的标的物是具有知识产权的计算机软件等标的物时，该标的物的知识产权并不随同标的物的所有权一并转移给买方。(4) 所有权保留条款。所有权保留条款是指当事人在买卖合同中约定买方未履行支付价款或者其他义务的，标的物的所有权属于卖方的条款。在买卖中，为了降低买卖合同中买方不付款的危险，卖方往往要求在出卖其标的物的同时保留对标的物的所有权，直到买方付清货款为止。

所有权保留条款的一个典型运用是分期付款合同，它通常用于房屋、高档消费品的买卖中。在分期付款买卖合同中，虽然买方已经占有卖方的标的物，但在标的物全部款项付清之前，卖方仍享有标的物的所有权，只有当买方将标的物全部款项付清之后，标的物的所有权才转移给买方。

（二）买方的义务

1. 支付价款

支付价款是买方的主要义务。买方应当按照约定的数额、时间、地点和结算方式支付价款。如果在合同中没有事先约定价款或约定不明，当事人可以通过事后协商解决。协商不成的，应当按照订立合同时履行地的市场价格履行；依法应当执行政府定价或者政府指导价的，则按规定进行。

值得注意的是，在企业的经营中，尤其是在一些购销合同中，经常出现"先出发票，后付款"的付款方式，这种基于信赖的付款方式已经成为某些行业的商业交易习惯，但它却存在一定的法律风险。因为这种付款方式往往缺乏相应的特别书面约定或者其他补充材料予以证明买方并未付款。当卖方为货款起诉至法院时，双方最基本的信赖丧失，诚信交易就变成了诉讼对抗。因此，企业最好遵行发票管理的有关规定，尽量"先付款，后开发票"，以防范未知的法律风险。

【相关案例】

"先出发票，后付款"的法律风险及化解

2007年9月28日至2008年5月21日，佛山市顺德区北滘镇汇丰化工有限公司共分 18 次向广州市番禺飞达电器有限公司送货。收货时，双方在《购销协议书及送货单》上签名。在此交易过程中，双方通过传真方式进行对账。在每次的对账单中并记载尚欠发票金额。2008 年 6 月 18 日双方最后一次对账，广州市番禺飞达电器有限公司的员工杨旋确认，截至 2008 年 5 月 25 日，未付货款余额 331128.39 元，尚欠发票金额 0 元。佛山市顺德区北滘镇汇丰化工有限公司则主张之后对方仍拖欠已开具的 9 张增值税发票对应的 294427.5 元货款未付，从而导致纠纷而上诉至法院。①

以上案例就是一个典型的由于"先出发票后付款"的付款方式引起的法律纠纷。这种方式下，付款方往往要求先开出发票挂账，然后陆续付款，而《发票管理办法》明确规定，发票是付款的凭证，收到发票就意味着已经收到款项。此时，若买方以付款发票证明其已经支付货款，卖方则处于不利的诉讼境况。实践中这种做法有两个弊端：

（1）诉讼中，没有证据或举证困难，可能败诉。很多当事人在起诉时没有能够证明款未付的证据，这时只能申请证据保全，发票开过去后，对于正规单位来说就是挂账待付，这笔款是放在应付款账户上，所以申请法院进行证据保全。但是这种证据保全是有成本的，需要交保全费用，并且要提供担保。

（2）一旦对方提前准备或财务不全，可能导致欠款无法追回。如对方收到发票后，把发票直接入在支出账上，则原告无法找到对方未付款的证据。

法律建议：制定一套格式单据，用来化解这种先开发票后付款的风险。这种单据的内容是："今有我单位×××向你单位送来发票张（发票号×××，金额×××)，以便你单位入账，以上金额——未付，请签字盖章，以便我公司记账。"②

2. 接受标的物

接受标的物既是买方的权利，也是买方的义务。卖方按照合同的预定交付标的物时，买方不能拒绝接受，否则就要承担违约责任。如果买方没有正当理由而拒绝接受标的物，那么卖方可以将标的物提存。卖方一旦将标的物向有关机关提存，则相当于已经履行交货义务。

---

① 《广州市番禺飞达电器有限公司与佛山市顺德区北滘镇汇丰化工有限公司买卖合同纠纷上诉案》，载北大法宝案例库，http://vip.chinalawinfo.com/newlaw2002/slc/slc.asp?db=fnl&gid=117619285。

② 资料来源：田守玉律师服务网，http://www.fl168.com/Lawyer177/View/86476/，2009 年 12 月 12 日访问。

3. 对标的物进行检验

对标的物进行检验对买方而言是一个重要的环节，因为只有经过检验才能确认标的物的数量和质量是否符合合同的约定，从而保护买方的利益。在法律上，对标的物进行检验是买方的不真正义务，违反该义务不会引起违约责任，但是因此造成的损失，须由买方自己承担。

4. 拒收时保管标的物

当买方因为交付的标的物不符合规定，如多交付、提前交付、标的物存在质量瑕疵而拒绝接受标的物时，买受人仍然负有妥善保管标的物的义务，否则因此导致卖方受损的，出卖人必须承担损害赔偿责任。

【拓展知识】

商人对受领货物的保管义务

商人对受领货物的保管义务，是商事严格责任主义的体现，是对商人行为的强制性规范。德国《商法典》、日本《商法典》以及韩国《商法典》均有类似规定。德国《商法典》第362条第2款规定："即使商人拒绝要约，其对随同寄送的货物，为避免发生损害，仍应以要约人的费用暂时进行保管，但以其对此种费用已得到抵偿，并以此举不对其造成不利益即可发生为限。"日本《商法典》第510条规定："商人接受属于其营业部类契约的要约，又与要约一起受领的物品时，该商人即使拒绝要约，也应以要约人的费用保管该物品。但是，如物品价额不足以抵偿保管费用时，或商人因保管物品将受损失时，不在此限。"韩国《商法典》第60规定："商人接到属于其营业范围内的合同的要约的同时收到有关样品或者其他物品时，虽然已拒绝该要约，但仍应以要约人的费用来保管该物品。但是，以该物品的价值不足以清偿费用或者因其保管而有受害之虞时，除外。"商人对其接收的货样的保管义务，与是否由其常客送来，以及对方是不是商人都没有关系。

（三）买卖的意外事故：货物的风险负担

在买卖合同中，标的物的风险一般是指标的物在生产、储存、运输、装卸等过程中可能遭受的各种意外损失情况，如遭遇盗窃、自然灾害以及不属于正常损耗的腐烂变质、物品碎裂等。那么究竟由哪一方承担上述"天灾人祸"所带来的损失呢？如果买卖双方事前就对该问题作了约定，则按约定处理；如果当事人没有特别约定，则按照法律规定的风险负担规则处理。

依照我国法律规定，风险负担的总原则是：标的物毁损、灭失的风险依标的物的交付而转移，即在交付之前由卖方承担，交付之后由买方承担。但是，在以下特殊情况下，则有相应的处理方法：

1. 因为买方的原因导致标的物不能按照约定的期限交付的，从约定交付的时间开始，标的物的风险转移给买方。

2. 如果卖方出卖的是交付给承运人运输的在途标的物，则从合同成立之时起风险转移给买方。

3. 如果当事人没有约定交付时间，按照规定标的物需要运输的，则自卖方将标的物交付给第一承运人后，风险转移给买方。

4. 卖方按照约定将标的物送到交付地点，买方违约没有收取的，自买方违约之日起，风险转移给买方。

5. 如果标的物的质量不符合要求致使不能实现合同目的的，买方拒绝标的物或者解除合同的，标的物的风险由卖方承担。

【拓展知识】

风险分配的经济学解读[①]

从经济学的角度看，风险的防范需要成本的支出，风险的承担造成利益的损失，所以法律的功能就在于以最小的成本防范风险的出现，如果风险是不可避免的，则应由造成最小损害的方式平衡风险。为了达成最高经济效率的目的，契约履行所发生的风险应当由当事人中能以较低成本消化该风险的一方负担，该当事人成为具有优势风险承担人。与优势风险承担人相关的还有廉价保险人概念。决定当事人之中何者为最廉价保险人，其标准在于：第一，能以较低的成本估算风险，包括预估风险发生的概率及可能招致损害数额的大小；第二，能以较低的交易成本"分散危险消化损失"，获得保险者。例如，购买相关的责任保险或履约保险等。

四、违约与救济

尽管每个商人都希望每次买卖能顺利完成，但是因为大量主观或客观因素的存在，在买卖中总是难免出现差错。比如事先没有商量好货物的交付地点，导致交付无法顺利完成；或者卖方由于价钱的考虑而把标的物转卖给了出价更高的第三人。因此，商人如果要切实维护自己的利益，还必须了解法律有关违约的规定以及救济方式，以便"未雨绸缪"或"亡羊补牢"。

---

① 柴振国：《契约法律制度的经济学考察》，中国检察出版社 2006 年版，第 163~164 页。

(一) 什么是违约救济

违约是指合同当事人不履行合同义务或者履行合同义务不符合约定。在法律上,违约可以分为三种类型,分别是不履行、迟延履行和瑕疵履行。

表 2-1-4 违约类型

类型	履行情况	违约表现	包含情形
不履行	未履行	当事人一方完全不履行自己的合同义务。	1. 预期违约 2. 期限届满时完全不履行义务 3. 履行不能
迟延履行	已履行	履行在时间上迟延	1. 卖方给付迟延 2. 买方受领迟延
瑕疵履行	已履行	没有按合同规定的要求履行	数量、质量、地点、方式不符合约定

其中,预期违约又称先期违约,它是指在合同依法成立之后、履行期届满之前,当事人一方明确肯定地拒绝履行合同或以其自身行为或客观事实预示其将不履行或不能履行合同的一种违约行为。预期违约是英美法独有的制度,它包括明示毁约和默示毁约两种形态。明示毁约是指在合同履行期限届至之前,一方当事人无正当理由而明确肯定地向另一方当事人表示他将不履行合同。默示毁约是指在履行期限到来之前,一方当事人有确凿的证据证明另一方当事人在履行期届至时,将不履行或不能履行合同,而另一方又不愿意提供必要的担保。我国吸收了预期违约制度,《合同法》第 108 条规定:"当事人一方明确表示或者以自己的行为表明不履行合同义务的,对方可以在履行期限届满之前要求其承担违约责任。"

【拓展知识】

效率违约理论

效率违约 (theory of efficient breach),又称为有效违约,是以波斯纳为代表的美国经济分析法学派提出的一种违约理论。它的含义是:合同的一方当事人只有因违约带来的收益将超出己方以及他方履约的预期收益,并且针对预期收益的损害赔偿为限,使之在承担违约责任后仍有盈余,违约才是一个理性的选择。

创立效率违约制度的关键在于经济分析法学派通过对交易过程中成本与风

险关系的分析来重新评价合同责任的功能和价值基础。从经济学的角度来看，效率违约使社会资源的配置达到了一种"潜在的帕累托优势"（或称帕累托改进或卡尔多-希克斯改进）。这种效率并不只表现为有人获利、有人受损；而是在此基础上强调了获利方对受损方要进行足够的补偿。

当事人一旦出现上述违约行为，并且不存在法定或约定的免责事由时，就必须负违约责任。违约责任是一种民事责任，它具有财产性、补偿性和惩罚性。违约责任的形式主要有以下几种：继续履行、补救措施、赔偿损失、支付违约金、定金。

1. 继续履行

一般而言，要求违约方继续履行其合同义务是维护守约方利益的首要手段，在法律上，要求对方履行合同义务的救济方法称为继续履行。继续履行又称强制履行、强制实际履行，是指在当事人一方违反合同义务时，由法院或者仲裁机构根据对方当事人的要求，强制违约方继续按合同规定的标的履行义务。继续履行是有效实现当事人订约目的的补救方式，但是否采用该救济方式则由受损害方决定。

但是，并非任何情况下都能运用继续履行这一救济方式，我国法律规定：当事人一方不履行非金钱债务或者履行非金钱债务不符合约定的，对方可以要求履行，但有下列情形之一的除外：（1）法律上或者事实上不能履行；（2）债务的标的不适于强制履行或者履行费用过高；（3）债权人在合理期限内未要求履行。此外，如果买方已经采取了与继续履行相抵触的救济方法，如解除合同，就不能再采取该方法。

2. 采取补救措施

当事人违反合同义务后，为了防止损失发生或进一步扩大，违约方根据法律规定或约定以修理、重做、退货或降价等方式对守约方损失进行补偿或弥补的形式称为补救措施。如在卖方交付的标的物与合同规定不符的情况下，买方可以要求卖方交付替代物或对标的物进行修理、更换或重作。这几种方式都属于合同救济中的补救措施。即通过对标的物在质量或数量方面存在的瑕疵进行修补，以达到合同的要求，但是上述补救措施并不妨碍卖方因买方违约而享有的要求损害赔偿的权利。

3. 请求损害赔偿

损害赔偿是指当事人一方违反合同义务给对方造成损失时，以支付一定数额的货币的方式弥补对方的损失。违约行为本身并不直接导致违约方承担损害赔偿责任，只有违约导致了损害的产生，才可以要求违约方承担赔偿责任。承担赔偿损失责任的构成要件有以下四个：

第一，存在违约行为，当事人不履行合同或者不适当履行合同。第二，存在损失后果，违约行为给另一方当事人造成了财产等损失。第三，违约行为与财产等损失之间有因果关系，违约行为是财产等损失的原因，财产等损失是违约后果。第四，违约人有过错。

对于赔偿损失的范围，当事人可以事先约定，在没有约定的情况下，法律规定，损失赔偿额应当相当于因违约所造成的损失，包括合同履行后可以获得的利益，但不得超过违反合同一方订立合同时预见到或者应当预见到的因违反合同可能造成的损失。损害赔偿范围的确定必须遵循下面两大规则：

（1）合理预见规则：只有当违约所造成的损害是违约方在订约时可以预见的情况下，才能认定损害结果与违约行为之间具有因果关系，违约方才应当对这些损害进行赔偿。如果损害不可预见，则违约方不应赔偿。

（2）减轻损失规则：一方违约后，另一方应当及时采取合理措施防止损失的扩大。否则，不得就扩大的损失要求赔偿。减轻损失规则是依据诚实信用原则而产生的。未尽到减轻损失义务，已构成对诚实信用原则的违反。

对于赔偿损失的金额，关键在于计算标的物的价格，还要确定计算的时间及地点。通常以违约行为发生的时间作为确定标的物价格的计算时间，以违约行为发生的地点作为确定标的物价格的计算地点。在买卖合同中，买方迟延支付货款的违约行为常有发生。对于此种违约行为，我国立法并没有规定计算当事人经济损失的方式，长期的司法实践中则形成了依银行同期存款利率计算当事人经济损失的标准。这一做法显然以损害赔偿金的"赔偿性"为主要考量，但是实践中越来越多的学者及法官则主张应以带有"惩罚性"的贷款利率为计算标准，以此促进商人还款的积极性。

【拓展知识】

商事法定利率的计算

商行为的法定利率，实际上是商行为报酬请求权的延伸。在立法上，各国多规定，因商行为所生之债为有偿之债，对于此类债务，即使合同未作约定，债务人亦应按照法律规定支付利息。对于商行为的法定利息，许多国家（地区）（例如，德国、日本、韩国、澳门、瑞士等）在其商事立法上都有明确规定，不少国家商法均规定了一个确定的数值。其中，德国为年利率5%，韩国、日本为年利率6%。值得注意的是，在采法定利率制的国家，大多区分对待商行为所生债务的法定利率和一般民事行为所生债务的法定利率。通常，商法典中规定的法定利率大多高于其民法中所规定的法定利率,这是由商行为的营利性所决定的。

我国现行法对商事法定利率并无直接规定,立法中也一直没有关于损失或损害的计算标准的规定。实践中,我国多年的司法实践形成了依银行同期存款利率计算当事人经济损失的标准,而该标准正不断受到质疑和挑战。笔者倾向于主张,如果一方当事人逾期付款的,应当判决支付贷款利率。

4. 支付违约金

违约金是指由当事人事先约定的,在当事人一方违约时支付给对方当事人一定数额的货币。违约金具有补偿性,而且有一定的惩罚性。我国《合同法》第114条规定,当事人约定了违约金的,一方违约时,应当按照该约定支付违约金。如果约定的违约金低于造成的损失的,当事人可以请求人民法院或者仲裁机构予以增加;约定的违约金过分高于造成的损失的,当事人可以请求人民法院或者仲裁机构予以适当减少。由于实践中存在大量有关违约金的争议,因此,在适用该条款时,根据最高人民法院《关于适用〈中华人民共和国合同法〉若干问题的解释(二)》,还应注意以下几点:

第一,当事人可以通过反诉或者抗辩的方式请求法院调整违约金。

第二,当事人请求人民法院增加违约金的,增加后的违约金数额以不超过实际损失额为限。增加违约金以后,当事人又请求对方继续赔偿损失的,法院不予支持。

第三,当事人主张约定的违约金过高,请求予以适当减少的,人民法院会以实际损失为基础,兼顾合同的履行情况、当事人的过错程度以及预期利益等综合因素,根据公平原则和诚实信用原则予以衡量。

第四,当事人约定的违约金超过造成损失的30%的,法院一般认定为《合同法》114条规定的"过分高于造成的损失"。

【拓展知识】

法院不应过多干预商人约定的赔偿金

有学者认为,商人在经营其营业中约定的违约金,法院或者仲裁机关不得以其过分高于所造成的损失为由减少。因为商人对其行为后果有足够的经验与判断能力,其利益计算能力较强、风险识别和风险规避能力也较强,商人在订立合同过程中,能够较好地判断合同风险,包括违约责任的大小以及自己是否能承担该责任。因此,法院或仲裁机关没有介入的必要。何况,《合同法》上的违约金调整规则本来并非针对商人而设,而是为了保护弱势民事主体。但是,由于现行《合同法》以及其他民事法律未区分商事合同与非商事合同,所以才导致为民事主体而设定的违约金调整政策常常不当运用于商事领域。但是,这一观点并不否定法院可以根据情势变更原则对违约金进行调整,同时认为当守约方的损失过分高于违约金时,当事人仍然可以根据《合同法》第114条请求法院或仲裁机关予以增加。

如果当事人专门就迟延履行约定违约金的,该种违约金仅是违约方对其迟延履行所承担的违约责任,因此,违约方支付违约金后,还应当继续履行债务。

5. 定金

定金是指根据法律的规定或合同约定,为保障合同履行,一方当事人在合同履行前先行支付给对方一定数额的货币。定金应当以书面形式约定。当事人在定金合同中应当约定交付定金的期限。定金合同从实际交付定金之日起生效。定金的数额由当事人约定,但不得超过主合同标的额的20%。

给付定金的一方不履行约定的债务的,无权要求返还定金;收受定金的一方不履行约定的债务的,应当双倍返还定金。

【拓展知识】

定金、违约金和损害赔偿金三者的适用规则

首先,定金与违约金的适用关系。由于我国的定金在性质上属违约定金,具有预付违约金的性质,因此它与违约金在目的、性质、功能等方面相同,两者是不可并罚的。《合同法》第116条规定了当合同既约定定金、又约定违约金的,可以且只能由非违约方选择一种对其最有利的责任形式。如果合同中约定的违约金和定金是针对不同的违约行为,且两者在数额上的总和也不太高,在一方同时实施不同的违约行为形态时,两种责任形式是可以并用的。

其次,违约金与损害赔偿金的适用关系。一般来说,合同中约定的违约金应视为对损害赔偿金额的预先确定,因而违约金与约定损害赔偿是不可以并存的。对违约金和法定损害赔偿的适用关系可以概括为:(1)原则上不并存;(2)就高不就低;(3)优先适用违约金责任条款。

(二)责任的豁免:免责事由

免责事由是指法律规定或者合同约定的免除当事人违约责任的情况。它通

常也被称为免责条件。法律上规定的免责事由，主要有不可抗力、货物的自身性质、货物的合理损耗以及情势变更原则等。当事人事前约定的免责事由则称为免责条款。

1. 不可抗力

不可抗力是指不能预见、不能避免并不能克服的客观情况。它包括自然灾害和社会事件两大类，前者如台风、地震、水灾等；后者如战争、暴乱、罢工、禁运等。构成不可抗力的意外事故应具备下列条件：（1）意外事故是在签订合同以后发生的；（2）意外事故是当事人所不能预见、不能避免和不可控制的。不可抗力的事故主要包括两种情况，一种是由于自然力量引起的，如水灾、风灾、旱灾、地震等；另一种是社会原因引起的，如战争、封锁、政府禁令等；（3）意外事故的引起没有当事人疏忽或过失等主观因素。

不可抗力发生后，当事人一方因不能按规定履约，要取得免责权利，必须及时通知另一方，并在合理时间内提供必要的证明文件，以减轻可能给另一方造成的损失。但在两种情形下则不能援引不可抗力条款要求免责：（1）金钱债务的迟延责任不得因不可抗力而免除。（2）迟延履行期间发生的不可抗力不具有免责效力。不可抗力事件可以依法进行公证。

2. 货物本身的自然性质、货物的合理损耗

如果货物的损毁与灭失是由货物本身的自然性质或者合理损耗造成的，出卖人也不用承担赔偿责任。例如气体的自然挥发，水果的自然发酵等。

3. 免责条款

免责条款指当事人在合同中约定的免除或者限制其未来责任的条款。免责条款是合同的组成部分，必须经当事人双方充分协商，并以明示的方式作出。指出免责条款的一方当事人应当提醒对方注意，在对方提出要求时还应予以说明。

4. 情势变更原则

情势变更原则是指在合同成立后至其被履行完毕前这段时间内，因不可归责于双方当事人的原因，发生了非当初所能预料得到的变化，如果仍然坚持原来的法律效力，将会产生显失公平的结果，有悖于诚实信用的原则，因此，应当对原来的法律效力做相应的变更的一项基本原则。情势变迁原则的理论依据是"合同基础论"，即认为合同的有效性应以合同成立时所处的环境继续存在为条件。

情势变更原则的运用必须具备以下几个要件：

（1）必须有情势的变更，所谓"情势"指合同成立时作为该合同存在前提的客观情况，如币值、物价、一定的交通状态等，这种客观情况发生了重大变化。

（2）情势变更必须在合同成立后、消灭之前发生。在合同成立时，如

对合同现实内容、行为目的有重大误解或显失公平，则不得适用情势变更原则，仅适用《民法通则》第59条有关重大误解、显失公平的规定，由当事人请人民法院或仲裁机关予以变更或撤销即可。如在合同消灭之后，情势发生变化，鉴于这种变化不影响合同当事人的利益，因此，在合同消灭后不适用该原则。

（3）情势变更必须为当事人没有预料到，而且不可能预料到。如果当事人在签订合同时能够预见或应当预见，则其对合同因情势变更所导致的不公平后果应当承担责任，若仅一方当事人不可预见，则仅该当事人可以主张情势变更。

（4）情势变更必须是因不可归责于当事人的原因发生的。如果情势变更系当事人的主观过错，因此造成另一方的损失，过错方应当承担责任，如一方当事人迟延履行后，发生情势变更造成合同履行后的不公平，则过错方不能以情势变更作为自己免责的理由。

（5）情势变更必须是已成立的合同如继续保持效力会带来显失公平的结果，而且不公平的程度必须显著，或者导致行为后果与行为人的行为目的相悖并造成较大的伤害，这是情势变更的核心条件。

【背景资料】

情势变更原则纳入最高人民法院《合同法》司法解释（二）

1999年我国制定《合同法》时，《合同法》草案第77条即为情势变更原则，但是考虑到当时我国市场经济体制正处于不断变化发展的建设阶段，如果将该原则纳入立法中，担心会引发大量违约行为，因此将该条删去。而随着我国市场经济制度的完善，立法者对于情势变更原则不再有"被滥用"的顾虑，而且随着实践中不可预见因素的增加，如金融危机的发生，我国法院终于将情势变更原则纳入司法解释中。最高人民法院《关于适用〈中华人民共和国合同法〉若干问题的解释（二）》第26条规定："合同成立以后客观情况发生了当事人在订立合同时无法预见的、非不可抗力造成的不属于商业风险的重大变化，继续履行合同对于一方当事人明显不公平或者不能实现合同目的，当事人请求人民法院变更或者解除合同的，人民法院应当根据公平原则，并结合案件的实际情况确定是否变更或者解除。"

解读：上述解释主要解决合同订立后显失公平的问题，一方面为各级法院在审判实践中取得最好的法律效果和社会效果而适用情势变更提供了法律依据，另一方面在实质要件上作出了规定，从而也规范了人民法院在情势变更的适用方面的自由裁量权。这就是说，在合同订立的时候是公平的，而合同生效后由于社会环境发生重大变化，使一方当事人遭受重大的损害，造成双方当事人利益上显失公平，按照实际情况履行不了的，就可以在符合司法解释规定的情形下，审慎、严格地适用情势变更原则。①

五、常擦金钥匙，"法锁"更牢靠：企业合同管理和风险防范

商场如战场，商机处处有，商情时时变。为保证商务贸易的正常进行，买卖双方都乐于用合同来规定相互间的权利义务，合同一旦依法签订生效，对双方就具有拘束力，签约各方必须依约履行，否则须承担相应的违约责任。故合同有当事人之间的"法锁"之称。而"法锁"的金钥匙在于合同管理，即统一审核、管理合同的签订和管理合同的履行。

具体而言，企业合同管理可以分为三个阶段：合同缔约前的管理、合同缔约管理和合同履行管理。

（一）缔约前的管理

资信调查是企业签约前进行的一项重要的合同管理活动。企业在签署重大合同之前进行资信调查有利于提高合同的履约率和经济交往的安全性。资信调查分为签约主体资格调查和签约主体信用调查。②

1. 签约主体资格调查

企业对签约主体资格进行调查的主要内容包括：（1）主体资格是否合法；（2）经营范围是否合法；（3）签约人是否合法。

合同中对当事人的描述一般都比较靠前，容易引起注意，有时通过企业名称就可以判断合同主体是否合格。许多公司的合同在提交审查时，对方当事人一栏处于空白状态，这非常不利于审查，因此，为稳妥起见，必须对定稿后的合同进行审查，以防止主体资格上出错。③

对企业经营范围的审查也十分重要，根据传统的法人越权理论，为保护公司债权人与投资者的利益，法人超越其经营范围的行为是无效的。但是这一传统理论随着实践情形的复杂化而有所突破。在实践中，法人超越经营范围的行为已不必然无效。最高人民法院《关于适用〈中华人民共和国合同法〉若干

---

① 胡经华：《有必要在整个民事领域承认事实合同——最高人民法院研究室负责人详解合同法解释（二）》，载 http://www.chinacourt.org/html/article/200906/08/359953.shtml，2009年6月8日访问。
② 参见鲁照旺编：《采购法务与合同管理》，机械工业出版社2009年版，第230页。
③ 参见王博、王冰：《合同时代的生存——合同签订、履约与纠纷预防》，武汉大学出版社2008年版，第159页。

问题的解释（一）》第 10 条规定："当事人超越经营范围订立合同，人民法院不因此认定合同无效。但违反国家限制经营、特许经营以及法律、行政法规禁止经营规定的除外。"因此，必须检查企业的经营范围是否存在违反国家限制经营、特许经营以及法律、行政法规禁止经营的情况。

【背景资料】

审查企业是否具备合同主体资格应注意的问题

  审查企业的主体资格时，不仅要审查对方是否具备营业执照，还时应注意其执照是否已经经过年检并在批准的经营期限内，此外，许多行业除了需要营业执照外，还需要获得相关业务主管部门的行政许可证才能经营。如从事金融业还必须拥有中国人民银行批准的金融许可证才能营业。因此还必须审查该企业是否已经获得相应的行政许可证。

  企业还应该注意在签约前要求对方当事人出具签约资格证明。签约人是法定代表人的，应出具法定代表人证明；签约人是代理人的，代理人必须事先取得法定代表人的授权，并根据授权范围以委托人的名义签订合同，才能对委托人直接产生权利义务。① 对于代理人，应当注意审查以下四方面的事项：一是其是否有被代理人签发的授权委托书；二是其代理行为是否超越了代理权限；三是其代理权是否超出了代理期限；四是授权委托书上被代理人的签章是否真实有效。

2. 签约主体信用调查

  对签约主体的信用调查关系到企业是否能够履约以及在违约情况下是否能够承担相应责任的问题。企业对签约主体信用的调查主要包括以下两个方面：

  第一，履约能力的调查。我国法律规定，法人因合同发生的债务承担有限责任，公民、私营企业和个体组织等对合同发生的债务承担无限责任。因此，企业在签订合同时应当了解对方的履约能力是否能够承担相应的责任。基于此，企业应该在缔约前了解对方的财产状况，包括注册资本、实有资本、公积金以及其所拥有的其他形式的财产，尤其是对于企业的资产负债情况应当有比较清楚的了解，此外，对于对方的生产能力和经营能力也应当有所了解。

  第二，履约信用的调查。履约信用调查是对履约企业的信用、信誉的调查。对企业信用的调查可以通过多种渠道获取。包括：（1）从官方渠道获得资料；（2）委托金融机构及其分支机构对客户进行资信调查；（3）从被调查

---

① 参见鲁照旺编：《采购法务与合同管理》，机械工业出版社 2009 年版，第 322 页。

企业的贸易关联处获得相应资料；（4）从资信调查机构的数据库中查询企业信用记录；（5）直接从被调查企业得到资料等等。

【拓展知识】

从谈判中获悉企业的信用度与履约能力

谈判是考察客户信用度与履约能力的重要的第一手材料。因为在谈判中，对方的经营作风、经营能力以及对本企业的贸易态度都会得到体现。谈判中也往往需要涉及客户的资本、资金、目前的经营状况等资料，因此，谈判是搜集客户资料的极好机会。另外，一般单位都保存有客户往来函电资料以备查询，包括询价、发盘、还盘、接受等交易磋商函电，也包括执行合同、争议处理等来往函电。这些函电可以从侧面反映客户的经营品质、经营作风和经营能力，反映客户关注的问题以及交易态度等。

（二）缔约管理

合同缔约管理的重点在于在正式签约前，审查合同的内容和形式是否符合法律规定，这有利于保证合同的合法性，防止违法和无效合同；有利于保证合同的真实性，防止显失公平和重大误解，最终达到保护企业合法权益的目的。在实务中，企业应重点审查以下几个方面的内容。

1. 审查合同主体是否合法。当事人在订立合同时必须具有相应的民事行为能力。主体不合格，所订立的合同不能发生法律效力。

2. 审查合同形式是否合法。合同的形式包括书面形式、口头形式和其他形式，如果法律对合同形式有强制性规定，则应当依照法律的要求。

3. 审查合同内容是否合法，注意格式条款的使用。

格式条款又称格式合同，是指当事人为了重复使用而预先拟定、并在订立合同时未与对方协商的条款。如：保险合同、房地产买卖合同书等，都是格式合同。格式合同可以提高签约的效率，其条款常常偏向于保护提供方的利益，因此，作为格式合同提供方的企业应注意以下一些法律规定的限制：第一，提供格式条款一方有提示、说明的义务，应当提请对方注意免除或者限制其责任的条款，并按照对方的要求予以说明；第二，免除提供格式条款一方当事人主要义务、排除对方当事人主要权利的格式条款无效；第三，对格式条款的理解发生争议的，应当作出不利于提供格式条款一方的解释。

【背景资料】
最高人民法院《关于适用〈中华人民共和国合同法〉若干问题的解释（二）》中关于格式条款的规定

第6条 提供格式条款的一方对格式条款中免除或者限制其责任的内容，在合同订立时采用足以引起对方注意的文字、符号、字体等特别标识，并按照对方的要求对该格式条款予以说明的，人民法院应当认定符合合同法第39条所称"采取合理的方式"。

提供格式条款一方对已尽合理提示及说明义务承担举证责任。

第9条 提供格式条款的一方当事人违反合同法第39条第1款关于提示和说明义务的规定，导致对方没有注意免除或者限制其责任的条款，对方当事人申请撤销该格式条款的，人民法院应当支持。

第10条 提供格式条款的一方当事人违反合同法第39条第1款的规定，并具有合同法第40条规定的情形之一的，人民法院应当认定该格式条款无效。

4. 注意是否存在使合同不具备法律约束力的情形。在企业的经营实践中，还必须注意，合同成立后并不必然生效。在法律上，合同的成立与生效是两个不同的概念。合同成立是指当事人经由要约、承诺，就合同的主要条款达成合意，即双方当事人意思表示一致而建立了合同关系，表明了合同订立过程的完结。而合同生效是指已经成立的合同在当事人之间产生一定的法律拘束力。如果不具备以下条件，则合同不能生效：(1) 行为人具有相应的民事行为能力。这一要件前文已述。(2) 意思表示真实。意思表示真实是指当事人双方具有真实的订立合同的意图，因此，在以下情形下，合同由于当事人不具备真实的意思表示，因此不能生效。

表2-1-5 因意思表示不真实合同不能生效的情形

情形	范例
1. 以欺诈、胁迫手段订立的合同	以威胁对方人身安全的方式订立合同
2. 以合法形式掩盖非法目的	以转移资金为目的签订虚假买卖合同
3. 乘人之危	在对方企业陷入财政困难时要求大幅减价
4. 显失公平	100万元购买10台普通电脑
5. 重大误解	把货物价格60元/斤看成6元/斤

5. 不违反法律或社会公共利益。合同的内容不得违反法律或社会公共利

益，例如签订买卖毒品或者买卖人口的协议，因其内容违反了法律的规定，因此不能生效。我国调整合同法律关系的法律规定除了《民法通则》与《合同法》外，还有大量法律、法规和部门规章以及国际条约与协定，例如《产品质量法》，我国参加 WTO 签署的有关国际贸易的各类协议等等。如果企业在对外签订合同的过程中违反了上述法律文件的效力性强制性规定，就会导致合同无效，造成企业的损失。

【拓展知识】

商事合同中对"重大误解"应严格限定

我国《合同法》规定，因重大误解而订立的合同可变更可撤销，但是未就重大误解的范围做出限定。根据《民法通则》司法解释的定义："行为人因对行为的性质、对方当事人、标的物的品种、质量、规格和数量等的错误认识，使行为的后果与自己的意思相悖，并造成较大损失的，可以认定为重大误解。"它适用在商事合同中，范围则过于宽泛。商人是专业领域具备专业知识和技能的人，误解存在的空间很小，在商人对商业术语和交易习惯熟悉的时候通常不会产生误解，如果是故意造成误解则属于欺诈的范围了，应当另当别论。是故商事合同规则对"重大误解"应该做出严格的限定。

6. 形式或程序符合法律或行政法规的规定。这是指按照法律或行政法规的规定，某类买卖必须具备履行一定的手续才能成立。例如房屋买卖必须到行政机关登记才能生效。

需要注意的是，合同不能生效并不意味着合同一定无效。一份未生效的合同可以通过一定的补救措施而使其生效，例如补充登记。为了尽量促进交易，现行司法实践的态度倾向于尽量使合同成立，除非其违反了法律的效力性强制性规定。[①]

【拓展知识】

关于合同效力的最新司法实践[②]

根据合同法立法精神，在合同效力方面，司法解释严格适用合同无效的法

[①] 强制性规范可分为效力性规范和管理性规范（或取缔性规范），进一步解释可参见本书第一篇第一章之"主体法定"相关内容中对效力性规范和管理性规范的阐述。

[②] 胡经华：《有必要在整个民事领域承认事实合同——最高人民法院研究室负责人详解合同法解释（二）》，载 http://www.chinacourt.org/html/article/200906/08/359953.shtml，2009 年 6 月 8 日访问。

定条件，坚持从宽认定有效的态度：第一，对合同的必备条款从宽认定。第二，对合同的形式除法律有特别规定以外不作限制一体承认。第三，对因违反法律行政法规强制性规定而无效的作了限缩型解释，即将强制性规定解释为效力性强制性规定，排除了管理性强制性规定。第四，对格式条款区分可撤销条款和无效条款，认定无效的，仅仅根据《合同法》第39条还不够，还要根据第40条从严掌握。第五，多重买卖合同不仅仅因为"一女两嫁"而无效，无效按照无效的条款认定，有效则依法支持在合同成立生效以后不能按照合同约定取得买卖财产所有权的买受人追究出卖人违约责任的诉讼请求。第六，对能够导致合同无效的"强制性规定"作出缩小解释。

（三）履约管理

企业履行合同的主要依据是合同中对双方权利义务的规定，在合同履行的过程中，企业不仅要依约履行自己的义务，同时也要防止对方作出违约的行为，对某些事项"未雨绸缪"，才能保证在发生纠纷或意外事故时最大限度地保护己方的利益。具体而言，企业在履行合同时，应注意以下三点：

1. 按合同约定交接货物和结算

交接货物，就是交付和接受合同的标的物。货物应当按时、按地、按质、按量交接，即应按照指定时间、指定地点以及以指定的数量和质量进行交接。如果合同在交接过程中对其中的某项内容作出了改变，则视为合同已经变更，企业可以接受变更，也可以拒绝。但企业一旦接受该变更，则日后不得以对方违反合同为由提起诉讼。因此，企业如果不接受该变更，应明确表明其态度。

结算是指双方在交接货物后，按合同规定的价款、结算方式、结算期限办理货币支付。有关结算的具体内容，参见本篇第五章。

2. 合理运用抗辩权，防止债权落空

法律上为了促进双务合同的履行，保护诚信一方的当事人，规定了三种类型的抗辩权。所谓抗辩权又称异议权，是指当事人根据法律规定或合同约定拒绝履行义务，或拒绝对方权利主张的对抗权。这三种抗辩权分别为不安抗辩权、同时履行抗辩权和先履行抗辩权。

在法律上，所谓不安抗辩权是指具有先给付义务的当事人，当对方财产状况恶化或明显减少或者履行资信明显减弱，不能保证对待给付时，在对方未给付或未提供担保时，拒绝自己给付的权利。实务中，应当先履行债务的企业必须采取有效的方法收集对方当事人的情况，如果发现并有确切证据证明对方经营状况严重恶化的；转移财产、抽逃资金，以逃避债务的；严重丧失商业信誉；有其他丧失或可能丧失履行债务能力情形的；有上述情形之一的，就可以使用不安抗辩权。行使不安抗辩权的效果在于中止合同的履行。行使不安抗辩权时，应当及时通知对方。等待对方提供了担保，才恢复履行。如果对方在合理期间内未恢复履行能力或提供有效担保，则可以解除合同。

此外，企业还可以按照具体情况，行使同时履行抗辩权和先履行抗辩权。同时履行抗辩权的基本含义是法律没有规定或合同没有规定应由哪一方先履行的情况下，合同双方都可以要求对方当事人同时履行，对等给付，否则有权拒绝给付。先履行抗辩权则是指合同的当事人互负债务，且有先后履行顺序，先履行一方当事人未履行合同义务或者先履行一方履行债务不符合合同的规定，后履行一方有权拒绝其履行的请求或有权中止履行合同的权利。

【相关案例】

先履行抗辩权行使的条件有哪些[①]

2000年8月10日，喜雨公司与东南开发公司签订一份购销合同，约定：喜雨公司供给东南开发公司国际中级毛绿豆（含水量2%）3000吨，每吨价格985元，于同年9月20日前交货，并负责办理商检证、免疫证、产地证等。东南开发公司在合同生效后预付22万元定金，8月底付足货款的50%，包括定金共1477500元，余下货款在货到后付清。合同签订后，东南开发公司于2000年8月11日给付合同定金22万元，并在收到喜雨公司提供的商检、产地等证和河南省经贸委的绿豆计划外销售批件后，于同年8月25日将合计金额为1257500元的两张汇票交给喜雨公司。喜雨公司收到定金及汇票后，于9月13日向需方发出毛绿豆3000吨，并要求需方收货后结清余款。东南开发公司在验货后发现：毛绿豆的含水量高出合同约定标准4%，无法制浆，所以以供方履约有瑕疵为由，拒付余款。而喜雨公司则认为：需方收货后迟迟未将余款结清，构成违约，双方遂发生纠纷。

评析：本案涉及后履行抗辩权行使的问题。本案中购销合同依法有效。按照合同，供需双方互负义务，喜雨公司负有"提供符合约定标准的绿豆"的义务，东南开发公司则负有"支付约定的货款与定金"的义务，且双方的履行次序依次是：需方支付定金及部分货款，然后供方供货，最后需方结清余款。但在本案中，在需方按时支付定金及部分货款后，供方提供的货物并不符合合同约定，因此，根据先履行抗辩权的相关规定需方有权拒绝支付余款。

[①] 案例来源：司法案例网，http://www.yayahi.com/html/ycategory/%E5%90%88%E5%90%8C%E6%B3%95%E6%A1%88%E4%BE%8B/page/18，2009年10月24日访问。

3. 及时采取保全措施，保证债权实现

所谓保全措施乃是我国合同法上规定的合同保全制度，它是指为防止债务人的财产不当减少给债权人的债权带来危害，法律允许债权人对债务人或者第三人的行为行使撤销权或代位权，以保护其债权得以实现的法律制度。

（1）如何行使代位权

所谓代位权，是指债务人怠于行使其对第三人享有的到期的权利，而对债权人的债权造成危害时，债权人为了保全自己的债权，向人民法院请求以自己的名义向第三人代为行使债务人的债权。代位权的行使须符合下列要件：

第一，债权人对债务人享有的债权是合法债权并已到期。法律只对合法的权利予以保护，因此，债权合法是债权人行使代位权的首要条件；到期是指债权人可以向他的债务行使请求权，即通过诉讼程序，不包括国际仲裁和国内仲裁程序。

第二，债务人怠于行使到期债权，对债权人利益造成损害。债务人怠于行使到期债权是指应该行使而没有行使。按最高人民法院《关于适用〈中华人民共和国合同法〉若干问题解释（一）》第13条的规定，债务人怠于行使到期债权表现为不以诉讼方式或者仲裁方式向其债务人主张其享有的具有金钱给付内容的到期债权，致使债权人的到期债权未能实现。

第三，债务人的债权不能是专属于债务人自身的债权。也就是说，这些债权不能是与债务人人格权、身份权相关的债权，按最高人民法院《关于适用〈中华人民共和国合同法〉若干问题解释（一）》第13条的规定，《合同法》第73条第1款规定的专属于债务人自身的债权，是指基于扶养关系、抚养关系、赡养关系、继承关系产生的给付请求权和劳动报酬、退休金养老金、抚恤金、安置费、人寿保险、人身损害赔偿请求权等权利。

第四，代位权的行使范围以债权人的债权为限。债权人行使代位权请求清偿的财产额，应以债务人的债权额和债权人所保全的债权为限，超越此范围，债权人不能行使。

【相关案例】

案件执行中发现债务人不收外债，债权人行使代位权合法吗？[①]

上海恒洋国际贸易有限公司对子能公司享有巨额债权，但因子能公司未自

[①] 杨克元：《债务人不收外债权人依法行使代位权获支持》，载中国法院网，http://www.chinacourt.org/html/article/200802/14/287333.shtml，2009年12月23日访问。

觉履行而申请执行。申请执行中,发现该公司对徐先生也享有110万元债权却没有主张。于是,2007年7月5日一纸诉状告之法院,请求判令通过代位权追款,直接要求徐先生归还。

法院经审理认为,本案中,债权人恒洋公司依照合同法规定提起代位权诉讼,符合法律规定。徐先生在人民法院对其所作的笔录中自认其向子能公司借款130万元,并已归还20万元,该事实与恒阳公司提供的证据相印证,予以确认。徐先生虽提出其与子能公司的债务已过诉讼时效,但因徐先生在2005年12月对上述借款予以了确认,并承诺归还,故认定徐先生与子能公司之间债务的时效期间中断。2008年2月5日,上海市闵行区人民法院判决徐先生直接向恒阳公司归还110万元。

评析:这是一起典型的代位权纠纷案件,案中原告对代位权的行使符合行使代位权的条件,因此法院予以支持。

(2) 如何行使撤销权

撤销权最早源于古罗马法中的"废罢诉权",是指债权人对于债务人所为的危害债权的行为,可请求法院予以撤销的权利。撤销权的功能在于保全或恢复债务人的财产,从而保障实现自身的债权。撤销权使特定当事人之间的合同效力延伸至其他非合同关系人,从而形成了权利人为了保全自己的利益便可有条件地干涉他人之间的法律关系。譬如,债权人行使撤销权,可请求因债务人的行为而获得利益的第三人返还财产,恢复债务人财产的原状。这样使债权的法定权能得到有力的补充,体现了债的对外效力,增加了权利人的选择性权利,从而更有利于维护交易的安全。

在我国,债权人行使撤销权必须符合以下法定条件:

首先,债权人与债务人之间有合法有效的债权债务关系。债权人与债务人之间债权债务关系的是发生在债务人实施处分行为之先,而且合法有效,这是在债权人、债务人及受让人之间将利益和负担合理分配的前提。

其次,债务人实施了一定的处分财产的行为,包括实施了处分财产的积极行为(无偿转让或明显低价)或者实施了放弃债权的消极行为。

再次,债务人的行为必须有害于债权。债务人实施的行为在结果上直接导致作为债权担保的责任财产减少,侵害到债权人的实现。

最后,撤销权的行使范围以债权人的债权为限,并在法律规定的期限内行使。《合同法》第75条规定,撤销权自债权人知道或者应当知道撤销事由之日起一年内行使,自债务人的行为发生之日起5年内没有行使撤销权的,该撤销权消灭。

本章小结

本章介绍了商事买卖法的基本知识,以及与商事买卖密切联系的商事买卖合同的基本制度,包括商事买卖合同的订立、履行、违约责任承担以及企业合同管理与风险防范等内容,其中不但介绍了买卖合同的基本法律规范,同时也涉及实务中签订、履行商事买卖合同的基本技巧以及重点、难点问题。

商事买卖合同的订立一般需要经过要约与承诺两个程序,合同的形式可以有口头、书面和其他形式;合同的条款中如果具备了当事人名称、标的与数量,则可以视为合同已成立。但为了防范法律风险,合同条款一般应包括:(1) 当事人的名称或者姓名和住所;(2) 标的;(3) 数量;(4) 质量;(5) 价款或者报酬;(6) 履行期限、地点和方式;(7) 违约责任;(8) 解决争议的方法等。合同的履行就是买卖双方各自履行其义务、实现其权利的过程。对于买方而言,其主要义务在于支付价金;对于卖方而言,其主要义务则是交付标的物。如果出现合同违约,则可以通过要求继续履行、补救措施、赔偿损失、支付违约金、定金等方式实现救济。

企业为了降低合同法律风险,应当建立一套适当的合同管理制度,善于运用撤销权制度与代位权制度维护企业的权益。

思考与练习

1. 什么是商事行为?商事行为的判断标准是什么?
2. 我国并未像国外如德国、美国那样出台商法典就商事活动设置特殊规则,而是以统一的合同法来调整民事合同、商事合同,结合企业经营实际,你认为此种立法利弊何在?
3. 网上购物广告载:"一台冰箱卖xxxx元,只要按下定购按钮就可以立刻定购。"这属于卖方发出的要约么?如果商家认为顾客的定购属于要约而需要它们的确认作为承诺是否合法?为什么?
4. 有人认为,买卖标的物的风险转移必须以合同的成立和生效为前提,也有人认为只要买卖双方签订了合同,不管合同是否生效,买卖的风险转移规则即生效。请结合企业经营实践,谈谈你的看法。
5. 《合同法》规定,在违约救济问题上,买卖合同中受损害方"可以合理选择要求对方承担修理、更换、重作、退货、减少价款或者报酬等违约责任",你认为在什么情形下,债权人对违约责任行使的选择是合理的?在什么情况下这一要求应当予以限制?
6. 以你所在企业的合同审核、管理实践为例,说明如何强化契约意识、完善合同管理工作、防范交易风险?

案例分析

1. 阅读下面材料,你认为企业的资助行为是否构成商行为?

虽然商行为的本质特征是"以营利为目的的营业行为",但有些非营业行为,譬如商人对文艺、体育、政党的资助行为,虽然表面看不是为了营利,但是,其终极目标是商人为了将自己的商标形象融入公众的思想,产生品牌效应。例如,2006 年拉开帷幕的、大型的选秀活动——"江中亮嗓呼唤红楼梦中人",是由江西江中药业股份有限公司独家冠名赞助的,时间长达一年之久。根据江中药业股份有限公司方面的资料显示,自"江中亮嗓呼唤红楼梦中人"这档选秀节目播出以来,江中亮嗓在全国范围内的品牌认知度达到了 40%以上,在红楼选秀海选赛区所在城市的认知度更是达到了 80%。

2. 阅读下面案例①,谈谈要约、预约、本约的区别与联系。

被告(某市一食品公司)欲购买原告(该市某渔业公司)的海产品,2001 年 5 月 20 日被告通过电话与原告联系,请原告寄一份价目表。同年 5 月 28 日,被告收到一份价目表,其中载明带鱼单价每公斤 18 元,黄鱼单价每公斤 22 元。被告遂于当日与原告电话联系,称愿购买带鱼和黄鱼各 2 万公斤,但带鱼价应降至每公斤 16 元,黄鱼价应降至每公斤 20 元,原告称,价目表规定的价格一般不能变,但由于被告要的量大,可以考虑降价,但需要研究后答复。次日,被告向原告正式发去函电,称"带鱼每公斤 16 元,黄鱼每公斤 20 元,各要 2 万公斤,可在一周内答复。如无异议,一周后正式订合同,6 月份分批交货"。三天后,有另一家渔业公司向被告推销海产品,被告认为带鱼、黄鱼等价格合理,遂决定向该公司购买,双方订立了正式的合同。同年 6 月 2 日,原告给被告打电话,称同意按被告提出的价格出售,并已备齐带鱼、黄鱼各 1 万公斤,准备交货。被告称已与他处订立合同,故不必发货。双方发生争议,原告认为被告已构成违约,遂向法院提起诉讼,请求被告实际履行合同,接受货物并支付价款,并赔偿损失。本案涉及要约与承诺的认定及预约合同的成立和效力问题。

3. 阅读下面案例,回答:"随行就市"中蕴涵了什么样的法律问题?应该如何从法律上确定"随行就市"的标准?该案件的判决结果是否合理?

个体户江某与绿园公司于 2004 年 8 月签订一份购销合同,约定:由绿园

---

① 王利明:《预约合同的成立与效力》,载 http://www.civillaw.com.cn/article/default.asp?id=10030,2010 年 2 月 2 日访问。

公司在一年内为江某提供50吨草鱼,并由绿园公司送货到江某处,具体供货时间和数量以江某要货传真为准,价格以当时市场价格7元/公斤为基础,随行就市。此后,双方按7元/公斤履行了10吨。2005年3月2日,江某发传真给绿园公司,要求以7元/公斤的价格提供10吨草鱼,绿园公司以当地鱼价上涨为由,告知江某只能以9元/公斤的价格供货,而江某却以本地鱼价未涨为由拒绝。由于绿园公司未供货,江某遂以绿园公司违约为由,诉诸法院,要求绿园公司按合同约定支付5万元违约金。法院最后判决绿园公司构成违约。①

4. 阅读下面不良贷款案,思考销售公司转让土地使用权及房产的行为可以被撤销吗?行使撤销权条件有哪些?

2008年1月,某汽车工业集团销售公司(系某汽车工业集团的下属全资子公司,下称销售公司)向某钢材公司购买了一批钢材,约定于2008年10月付清300万元的货款。2008年8月,销售公司欲将其位于某市开发区面积为3200平方米、净值约为人民币500万元的划拨土地使用权及其地面建筑物转让给某进出口贸易公司(该公司后变更为某汽车工业集团下属的全资贸易公司,下称贸易公司)。同年8月30日,省国有资产管理局(下称省国资局)回复同意该公司转让上述划拨土地使用权及房产。汽车工业集团亦在该批复上注明:"销售公司与贸易公司均系公司全资子公司,同意上述资产转让。"同年9月,销售公司办理了房产变更登记手续,贸易公司取得(土地房屋权证),贸易公司向销售公司共支付款项200万元。2008年12月,因销售公司逾期未能偿还货款,且已不具备清偿能力,钢材公司向法院提起诉讼,并同时以销售公司无偿处分资产导致其责任财产减少、不能清偿合同债务为由,请求法院撤销销售公司转让上述土地使用权及房产的行为。法院受理后,将贸易公司追加为无独立请求权的第三人参加诉讼。

---

① 案例来源:http://news.sina.com.cn/o/2006-07-05/11029377958s.shtml,2010年1月20日访问。

第二章 融资与担保

2009年3月，由中国银行联席主承销的横店集团控股有限公司2009年度一年期短期融资券在全国银行市场成功发行。从2005年开始发行短期融资券以来，横店集团已经通过这一方式获得了累计40亿元的融资。横店集团曾于2005、2006年先后发行两期短期融资券，2007年11月又发行了5亿元10年期公司债券，这些都是横店集团在融资渠道上的开拓创新，使企业的直接融资与间接融资协调平衡，形成一个健康的企业金融生态系统。短期融资券的滚动发行和企业长期债券的发行，不但大大降低了企业的融资成本，而且保证了横店集团长期投资项目源源不断的资金需求。

尽管如此，能够像横店集团这样无需提供担保、顺利发行短期融资券进行直接融资的大型民营企业毕竟是少数，大多数中小企业仍需要通过银行等金融机构进行间接融资，为了防范融资过程中的违约风险，银行普遍要求企业提供担保。由于在融资借款的履行过程中，借款人的信用状况是一个变量，即便在交易前选择信用较高的交易对象，也难以避免在之后的交易中债权不能得到有效保障，因此，融资担保制度是在充分考虑债务人信用变动因素的基础上，为避免债务人信用恶化而导致交易风险、为确保交易安全而建立的法律制度。

伴随着商品经济逐渐从实物经济向虚拟经济发展，企业发展愈发与资本运营密不可分，如何融资已经成为企业成功的关键。而商事担保作为一项重要的商事信用，是保障债权实施、维护交易安全以及促进资金融通的润滑剂，企业要成功融资，必须了解有关商事担保的基本法律制度。

一、融资

现代市场经济竞争越来越体现为资金流转的竞争，流动资金越充足、资金流转周期越短，企业的生命力就愈强。因此，懂得如何融资、了解各类融资方式、并谙熟其中的法律风险如何防范，是企业成功经营的关键之一。

（一）融资与融资法

1. 什么是融资

所谓融资，即资金的融通，是企业为了发展经营的需要，采取一定的方式筹集资金的行为与过程。广义的"融资"是资金在持有者之间流动，以余补缺的经济行为，它包括资金融入和融出的双向互动，即不仅包括资金的来源，还包括资金的运用。① 狭义的"融资"仅指资金的融入,是企业为了保证经营发展需要,采用一定的渠道和方式筹集资金的经济行为。本章从狭义的角度分析企业融资。

"金融活,经济一盘棋皆活",足以表明融资对经济发展的促进作用。对于企业经营而言,融资的意义在于:首先,为企业经营提供资金支持,从而扩大生产与经营规模。其次,改善企业的治理结构。例如,股权融资能够改变企业的股权结构,并有效地改善企业的治理结构,从而实现企业的最大价值。最后,提高企业的创新和管理能力。例如,股权融资为企业提供的不仅是股权资本,同时还有先进的管理经验,债券融资要求企业定期还本付息,也能为经营管理提供有效的激励。

2. 融资的分类

(1) 内源融资与外源融资

这一分类的依据是资金来源的方向。内源融资是企业不断将资金的储蓄(包括留存盈利和折旧)转化为投资的过程,它对企业资本形成具有原始性、自主性、低成本性的特征。外源融资是企业吸收其他经济主体的闲置资金,使之转化为自己投资的过程。一般而言,企业在创立之初,主要依靠内源融资来积累资金、扩大生产规模。随着企业发展态势的稳定化与生产规模的加大,内源融资无法满足企业生产经营的需要时,外源融资便成为企业扩张的主要手段。

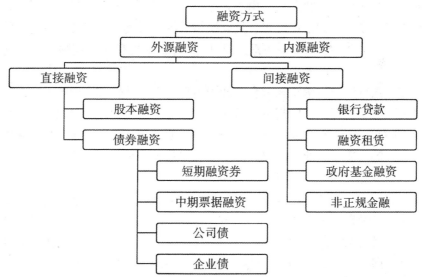

图 2-2-1 内源融资、外源融资与直接融资、间接融资之间的关系

---

① 方晓霞:《中国企业融资:制度变迁与行为分析》,北京大学出版社 1999 年版,第 8 页。

(2) 直接融资与间接融资

根据是否要通过银行等中介机构来融资为标准，外源融资可分为直接融资和间接融资。直接融资包括权益性融资与债券融资，如上市股票融资、债券融资等。间接融资包括银行贷款、融资租赁、政府基金借贷、非正规金融等方式。

3. 融资法体系

融资的本质在于资金的配置，因此，良好的融资立法目的就是构建一个能够促进资金优化配置、实现资金增值并以此促进企业发展的融资法律环境。

(1) 融资法的概念与特征

融资法是调整资金融通的法律规范。广义的融资法包括所有与融资有关的法律，如银行法、货币法、票据法、证券法等一系列涉及宏观监管与微观调整的法律规范。狭义的融资法则是从企业的角度而言，指与企业融资活动密切相关、直接调整企业融资行为的法律，包括合同法、证券法、担保法等。

融资法具有如下特征：

第一，公法与私法相融合。融资活动不仅关系企业的经营发展，而且与整个社会的经济安全紧密相连，因此融资法的调整对象不仅包含平等主体之间的组织协作关系，还包括不平等主体之间的监管关系，牵涉到的部门法包括民法、商法、刑法等。

第二，实体与程序相融合。由于企业融资不仅要符合法律规定的条件，还要遵守法定程序，比如上市流程、贷款手续等等。因此，融资法不仅包括诸如公司法、银行法等实体性法律规范，而且包括证券法等程序规则较多的法律规范。

第三，强行法与自治法相融合。融资活动具有公共性和高风险性，各国法律都对金融活动进行严格的规范和监管，如证券法对企业发行股票、债券活动的规范。同时，融资行为是企业自主经营的重要表现，企业是否融资、采取哪种融资方式等取决于企业的决议，此时，公司章程、公司法起着重要作用。

(2) 融资法的性质：商法还是经济法

如上文所述，融资法具有纵横统一性，在某种程度上具有与经济法相似的特征。从广义融资法的角度而言，此论断基本成立。但是从狭义融资法的视角，即企业经营的角度出发：融资活动是商主体的行为，目标在于追求企业利润最大化，即以营利为目的，企业往往定期或不定期地根据自身资金循环状况连续采取各种方式进行融资，如在银行授信额度内多次贷款、一次短期融资券发行中的多期发行等，因此，融资是企业经营中的一种商行为。在企业融资过程中，虽然涉及公私法各类法律法规，但最基本的当属《合同法》、《公司法》、《证券法》等商事规范。加之，当今商法发展日益具有公法规范与私法规范相融合的趋向，因此，融资法对于企业经营而言，属于商法的范畴。

资本关系是商业社会的物质基础，资本流关系亦是商法的重要调整内容，比如《美国统一商法典》将银行、商业投资、担保等金融制度均包括在内。在商业资本日益证券化和信用化的现代市场经济，资产流动日益呈现出从"财产资本化"到"资本权利化"到"权利证券化"再到"证券流通化"的特征，金融服务越来越成为现代商法调整的核心内容，融资法的商法特性愈加明显。

【拓展知识】

中小企业融资难的法律问题

由于法律制度上的原因，我国中小企业目前主要面临着如下融资困境：

（1）融资渠道单一，主要依赖于银行贷款。《证券法》规定股票上市公司股本总额必须达到一定规模，生产经营必须符合国家产业政策。中小企业由于受各种因素制约，经营规模偏小，且大多为一般生产加工企业和流通服务性企业，绝大多数不能进入公开的证券市场筹资，只能采取银行贷款或在企业内部融资的形式。

（2）金融垄断，缺乏为中小企业服务的中小民营金融机构。我国融资体系是以国有大企业为主要对象设计、实施的。四大国有商业银行分配了90%的贷款，而贷款的75%－80%分配给了国有企业，其中非国有企业获得的贷款不足10%。

（3）缺乏统一规范信用的法律。中小企业一般规模较小，实力弱，固定资产少，缺乏可抵押的资产，并且中小企业的贷款时间紧、风险大、频率高。而现有的企业信用评估体系都是以大企业为对象，缺乏考虑中小企业的一些具体情况，这种信用评估体系不利于中小企业融资。我国有关维护信用的法律条款在多部法律中虽有涉及，但内容比较零散，至今没有一部完整、规范的维护信用的法律。

（二）直接融资

直接融资是资金供求双方直接进行资金融通的活动，也就是资金需求者直接通过金融市场向社会上有资金盈余的机构和个人筹资，一般不需要提供担保，而是注重企业的资信级别，因此，会计师事务所、律师事务所、资信评级机构等社会中介组织[①]在其中发挥着重要的信誉评价作用，以帮助投资者分析

---

① 有关中介组织的具体阐述，参见本编第三章"中介与代理"。

风险。

1. 股票融资

股票在资本市场中占据流通证券的多数，由于股票在融资方面存在规模大等诸多优势，越来越多的企业待自身发展到一定程度，便会上市发行股票融资。

（1）股票融资的概念与特征

股票是指股份有限公司发行的证明股东持有公司股份的要式证券。股票融资，是股份有限公司通过非公开或者公开上市发行股票以筹集资金的行为，它具有如下特征：

第一，股票融资是股份有限公司的经营行为。根据我国《公司法》，有限责任公司的股份不采用股票的形式，而是由公司向股东签发出资证明书，并称之为"出资额"。股份有限公司包括非上市公司和上市公司，其股份的表现形式都是股票。

第二，股票融资可分为公开发行与非公开发行融资。公开发行的股票即"社会公众股"，公司上市后称为"流通股"，且根据《证券法》，公开发行股票时股份有限公司必须遵循严格的前提条件和程序；非公开发行的股票在公司上市后在转让方面受到限制，称为"限售股票"，其在发行条件方面没有公开发行严格。

第三，股票融资可以推动企业建立完善的治理机制、增强企业发展潜力。由于受股票价格波动的影响，经营透明、业绩优秀的公司股票的股价通常能保持较高水平，促使公司能以较低的融资成本筹集大量资本，从而与公司经营绩效之间形成良性互动。

（2）股票发行

股票首次公开发行并上市，简称 IPO（Initial Public Offering），是指发行人初次向社会不特定投资者公开发行股票并上市交易的行为。它一般需要经历以下步骤[1]：首先，股东大会对股票发行的具体方案、募集资金使用的可行性等事项作出决议。第二，保荐和申报。保荐包含保证和推荐的含义，其核心是保证发行人申请文件和信息披露资料的真实性。[2] 第三，证监会受理申请、初审和预披露。预披露在于发动社会公众，以发现申请材料中的虚假。第四，发审委审核。中国证监会对初审意见补充完善的申请文件进一步审核通过后，将

---

[1] 我国《公司法》与《证券法》关于 IPO 的程序及条件没有直接规定，根据《证券法》第12条，证监会颁布并于 2006 年 5 月 18 日起施行的《首次公开发行股票并上市管理办法》是其主要依据。

[2] 关于保荐制度的具体规定可参见 2003 年中国证监会发布的《证券发行上市保荐制度暂行办法》。

初审报告和申请文件提交发行审核委员审查。第五，核准。国务院证券监督管理机构或者国务院授权的部门依法作出予以核准或者不予核准的决定。第六，公告与发行。经核准后，发行人在指定的报刊和网站上刊登招股说明书及发行公告等信息，证券公司与发行人进行路演，向投资者推介和询价，并根据询价结果确定发行价格，进而正式发行股票。最后，发行人向证券交易所提交上市申请，经批准后与证券交易所签订上市协议，发布上市公告，正式挂牌上市交易。

【背景资料】

股票首次公开发行并在创业板上市

创业板又称二板市场，即第二股票交易市场。在我国，主板指的是沪、深股票市场。创业板指专为暂时无法在主板上市的中小企业和新兴公司提供融资途径和成长空间的证券交易市场，是主板市场的重要补充。

我国《首次公开发行股票并在创业板上市管理暂行办法》于2009年5月1日起施行。与主板市场相比较，法律对创业板上市的要求有以下特点：

一是对财务方面要求较低。创业板要求拟上市企业最近两年连续盈利，总额不少于1000万元，而主板则要求最近三年连续盈利，总额不少于3000万元。创业板要求最近一年营业收入不少于5000万元，最近两年营业收入增长率均不低于30%，而主板要求最近三年营业收入不少于3亿元。我国出于风险控制的考虑，这些准入条件仍然普遍高于部分海外创业板，如美国纳斯达克要求企业最近一年税前利润不低于70万美元，而香港地区则未设最低利润线。

二是对发行规模要求较小。创业板要求企业上市后总股本不低于3000万元，而主板最低要求是5000万元。

三是对投资人要求高。创业板要求建立与投资者风险承受能力相适应的投资者准入制度，向投资者充分提示风险，在投资者资金门槛和涨跌停板的限制方面，也比主板更加严格。由于创业板上市公司盘子小，为避免成为投机炒作的场所，创业板必须制定严格信息披露和退市机制。

公司上市之后，出于扩大规模、增加流动资金等原因，仍有融资的需要，除了公开发行股票外，上市公司还可以选择发行可转换公司债券以及非公开发行股票。

可转换公司债券是发行公司依法发行的，持有人可以在约定时间按照约定的条件，决定是否转换为发行人的股票。可转换公司债券的期限为1-6年，每张面值 100 元。证监会要求公开发行可转换公司债券应当提供担保，但最近一期未经审计的净资产不低于人民币 15 亿元的公司除外。除了应当符合上述公开发行股票的一般条件之外，《上市公司证券发行管理办法》针对公开发行可转换公司债券的公司规定了额外条件。①

非公开发行股票，是上市公司采用非公开的方式，向特定对象发行股票的行为。依据《上市公司证券发行管理办法》，非公开发行股票的特定对象应当符合股东大会决议规定的条件且发行对象不超过 10 名。如果发行对象为境外战略投资者的，应当经国务院相关部门事先批准。

【拓展知识】

企业融资的捷径——借壳上市

企业直接上市融资的手续繁杂，需要花费较大的时间和费用成本。如果企业通过借壳上市，则可以通过迅速交易控制"壳公司"，避免 IPO 的高准入门槛与长期等待，在短期内实现上市目标。借壳上市是一种高级形态的资本运营手段，一方面非上市公司通过借壳实现自身资产、业务的间接上市，拓宽企业融资渠道，另一方面上市壳公司通过被借壳实现业绩提升。

狭义的借壳上市，即上市公司的控股母公司（集团公司）借助已拥有控制权的上市公司（子公司），通过资产重组将自己的资产、业务注入上市公司（子公司），扩大其运营规模、提高盈利水平、增强其融资能力，以满足集团公司战略发展的需要，并逐步实现集团整体上市目的的一种行为和方式。② 其步骤一般为：集团公司先剥离一块优质资产上市，然后通过上市公司大比例的配股筹集资金，将集团公司的重点项目注入上市公司，最后再通过配股将集团公司的非重点项目注入上市公司实现借壳上市。广义的借壳上市，还包括买壳上市，即非上市公司通过收购上市公司的股权取得控股地位，然后由上市公司反向收购非上市公司、企业的资产业务，从而实现间接上市的一种企业并购行为。

实质上，无论母借子壳上市，还是买壳上市，都是非上市公司先通过拥有上市公司的控股权，然后利用控股地位由上市公司反向收购非上市公司，从而

---

① 包括：最近三个会计年度加权平均净资产收益率不低于 6%。扣除非经常性损益后的净利润与扣除前的净利润相比，以低者作为加权平均净资产收益率的计算依据；本次发行后累计公司债券余额不超过最近一期净资产额的 40%；最近三个会计年度实现的年均可分配利润不少于公司债券一年的利息。

② 卢阿青主编：《借壳上市》，企业管理出版社 1999 年版，第 3 页。

实现自身间接上市,只不过在运作过程中取得上市公司控制权的方式和时间不同而已。企业要实现借壳上市,首先必须结合自身经营资产情况、融资能力及发展计划来选择壳公司,壳公司要具备一定的盈利能力和重组的可塑性,不能具有太多不良债权债务。

2. 债券融资

债券融资,是指企业通过在证券市场或者货币市场发行债券,以获得外部资金支持的行为。证券市场的债券融资行为包括发行公司债券、企业债券;货币市场的债券融资行为包括发行短期融资券、中期票据等。

(1) 公司债券

公司债券是指有限责任公司或者股份有限责任公司依照法定程序发行约定在一定期限还本付息的有价证券。与股票相同,公司债券也属于有价证券,可以自由转让,但是与股票所代表的股东权益不同,公司债券反映的是一种债权债务关系,债券持有人是公司的债权人,不是所有人,债券持有人不能参与公司的经营管理。

公司债券包括普通公司债券与可转换公司债券,法律对公司债券发行的条件和程序要求严格。①

金融危机将股票融资的高风险、信息不对称等方面的弊端暴露无余,企业债券由于信息更加透明、监管更加严格,具有良好的安全性,其融资优势越发突显。另外,通过公司债券融资可避免因发行股票融资而分散股权。发行股票再融资会削弱公司股东的控股地位,且有可能降低每股收益,进而导致股价下跌。在企业需要资金的情况下,发行公司债券更容易获得股东的支持。

【背景资料】

公司债券与企业债券

我国当前同时存在公司债券和企业债券,这两种债券有什么不同?

1993年《企业债券管理条例》将企业债券界定为企业依照法定程序发行、约定在一定期限内还本付息的有价证券。现实中企业债券主要是经政府审批、由国有企业或国有独资企业发行的融资工具,因此企业债券特指国有企业发行的债券。1993年《公司法》首次对公司债券作出规定,证监会于2007年颁布《公司债券发行试点办法》。根据相关规定及实践中的操作,公司债券与企业

---

① 《公司债券发行试点办法》第7条、第8条。

债券之间主要存在以下不同:

1. 发行主体方面。企业债券是由国有独资企业或国有控股企业发行,一般以政府信用为后盾。公司债券则是基于公司信用,依法设立的公司均可以发行。

2. 审批核准机构方面。中央企业发行企业债券,由中国人民银行会同国家计划委员会审批;地方企业发行企业债券,由中国人民银行分行会同同级计划主管部门审批。公司债券的发行经证监会核准。

3. 资金用途方面。企业债券的资金用途比公司债券的要求更为严格。

4. 管制程序方面。公司债券监管机构往往要求严格的信用评级和发债主体的信息披露,特别重视发债后的市场监管工作;而企业债券要求银行予以担保,一旦债券发行,审批部门不再对发债主体的信用披露和市场行为进行监管。

(2) 短期融资券与中期票据

短期融资券和中期票据,是指具有法人资格的非金融企业依照法律规定的条件和程序在银行间债券市场发行和交易并约定在一定期限内还本付息的有价证券。二者的区别在于:短期融资券的期限最长不超过一年;中期票据的期限主要集中在三到五年。

短期融资券可以解决企业短期内对流动资金的需求;中期票据则是企业三到五年期银行贷款的替代品种。这两种融资渠道的优势在于审批简单、发行速度快,在中国银行间市场交易商协会注册后就可发行;还可免担保,承销商视发行企业的实际情况决定是否需要提供担保。

(三) 间接融资

间接融资是指通过银行等金融机构所进行的资金融通活动。银行是间接融资的核心机构。在间接融资中,银行一般要求企业提供担保,例如保证、抵押、质押等。

表 2-2-1 直接融资与间接融资的优势比较

	优点	缺点
直接融资	(1) 筹资规模和风险度可以不受金融中介机构资产规模及风险管理的约束; (2) 具有较强的公开性; (3) 受公平原则的约束,有助于市场竞争,资源优化配置。	(1) 直接凭企业资信度筹资,风险较大; (2) 缺乏管理的灵活性; (3) 公开性的要求,有时与企业保守商业秘密的需求相冲突。

续表

	优点	缺点
间接融资	（1）社会安全性较强； （2）授信额度可以使企业的流动资金需要及时方便地获得解决； （3）保密性较强。	（1）社会资金运行和资源配置的效率较多地依赖于金融机构的素质； （2）监管和控制比较严格保守，对新兴产业、高风险项目的融资要求一般难以及时足量满足。

1. 银行贷款

（1）综合授信贷款

综合授信即银行对一些经营状况好、信用可靠的企业，授予一定时期内一定金额的信贷额度，企业在有效期与额度范围内可以循环使用。综合授信额度由企业一次性申报有关材料，银行一次性审批。企业可以根据自己的营运情况分期用款，从而节约融资成本。银行采用这种方式提供贷款，一般是针对年检合格、信誉可靠、同银行有较长期合作关系的企业。

（2）担保贷款

我国《商业银行法》第36条规定，商业银行贷款，借款人应当提供担保。商业银行应当对保证人的偿还能力，抵押物、质物的权属和价值以及实现抵押权、质权的可行性进行严格审查。经商业银行审查、评估，确认借款人资信良好，确能偿还贷款的，可以不提供担保。因此，企业在向银行借款融资时，原则上需要提供担保，不提供担保是例外情形。

【拓展知识】

影响企业获得银行贷款的因素

根据《贷款通则》、《商业银行法》，如果企业有下列不符合法律、法规规定的情形之一，一般不能获得银行贷款：

（1）不具备借款人主体资格和基本条件；

（2）生产、经营或投资国家明文禁止的产品、项目或未取得环境保护部门许可；

（3）违反国家外汇管理规定；

（4）建设项目按国家规定应当报有关部门批准而未获得批准文件；

（5）在实行承包、租赁、联营、合并、合作、分立、产权有偿转让、股权制改造等企业改制过程中，未清偿原有银行贷款或未提供相应担保等。

企业在经营过程中,不仅要审慎防止上述情形的发生,还要不断增强自身偿债能力,增加银行对企业的信心,以便顺利获得贷款。

2. 融资租赁

融资租赁,是指出租人根据承租人对租赁物和供货人的选择或认可,将其从供货人处取得的租赁物按合同约定出租给承租人占有、使用,向承租人收取租金的交易活动。其缔结程序一般为:(1)由用户与供应商之间商定设备买卖合同的条件;(2)用户向出租人提出订立租赁合同的申请并由双方签订租赁合同;(3)出租人和供应商订立买卖合同,供应商向用户交货,用户进行验收;(4)用户向出租人交付物件受领证,并支付第一期租金,同时出租人向供应商支付买卖价金。关于融资租赁各方当事人之间的关系,如下图[①]:

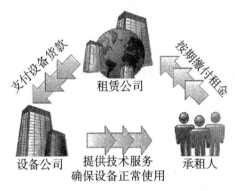

图 2-2-2 融资租赁各方关系

融资租赁合同具有以下特征:

第一,融资租赁合同是由两个合同(买卖合同和租赁合同)、三方当事人(出卖人、出租人、承租人)有机结合在一起的独立合同。

第二,融资租赁合同是以融资为目的、融物为手段的合同。

第三,融资租赁合同中的出租人必须是具有从事融资租赁经营范围的租赁公司。否则,融资租赁合同无效。

第四,融资租赁合同中通常明文规定租赁公司不承担租赁物的瑕疵担保责任。这是因为:融资租赁通常是由用户基于自己的知识和经验,选定设备的制造厂商、种类、规格、型号等,租赁公司完全按照用户的指定设备予以购买。因此选择错误的结果应由用户负责。但是在一些特殊情形下,出租人对租赁物

---

① 图表来源:http://juxingj.com/business_count.htm,2009 年 7 月 14 日访问。

的瑕疵担保免责约定亦可能被确认为无效：一是出租人根据租赁合同的约定完全是利用自己的技能和判断为承租人选择供货人或租赁物的；二是出租人为承租人指定供货人或租赁物的；三是出租人擅自变更承租人已选定的供货人或租赁物的。①

企业可以通过分期付款的方式支付融资租赁租金，从而保持企业资金的流动性，对于刚刚起步的企业而言，一方面可以避免预算规模上的限制，而且融资成本低，比银行贷款时间短、手续简便，更适应中小企业融资的需求。对于租赁公司而言，融资债权具有相对安全性，当承租人不能清偿租金时，由于租赁资产所有权不归承租人所有，租赁公司可以通过出售或者再出租的方式收回投资，从而大大降低其投资风险。即使承租人破产，租赁公司仍享有特殊地位，根据最高人民法院《关于审理融资租赁合同纠纷案件若干问题的规定》，承租人破产时，租赁公司可以将租赁物收回，也可以申请法院拍卖租赁物，将拍卖所得款用以清偿承租人所欠出租人的债务。租赁物价值大于租赁公司债权的，其超出部分应退还承租人；租赁物价值小于租赁公司债权的，其未受清偿的债权应作为一般债权参加破产清偿程序，或者要求承租人的保证人清偿。

3. 政府基金融资

政府基金融资，是指由政府创立、参股或保证，不以营利为目的，为贯彻、配合政府社会经济政策或意图的机构，在特定的业务领域内，直接或间接地为企业融资提供资金来源。政府基金的投入方式包括三种：一是贴息，二是资助，第三是投资占股份。近年来，为了增强区域竞争力，政府机构不断采取各种方式扶持科技含量高的产业或者优势产业，并相继设立一些政府基金予以支持。比如，我国财政部设有"产业技术成果转化资金"、信息产业部设有"电子信息产业发展基金"，科技部设有"科技型中小企业技术创新基金"等，都面向中小企业，这对于拥有专业技术的诸多科技人员是很好的融资创业机会。

4. 非正规金融

非正规金融，是指非金融机构的自然人、法人及其他经济主体之间，在国家法定金融机构之外，以取得高额利息与取得资金使用权并支付约定利息为目的而采用民间借贷、民间票据融资、民间有价证券融资和社会集资等形式暂时改变资金所有权的金融行为。

---

① 具体规定可参见：最高人民法院《关于审理融资租赁合同纠纷案件若干问题的规定》。

【拓展知识】

社会关系网络与民营企业非正规融资

在民营企业被"贷款难"问题所困扰的同时,非正式的民间金融为其提供了重要的支撑源泉。特别是在中国熟人关系根深蒂固的社会环境下,非正式的民间金融与民营企业有着天然的亲和力。非正式金融的交易范围往往限于一定的社会关系网络,而长久以来重视关系、人情、面子的传统文化和社会契约机制就为金融交易的开展提供了最为根本的信用基础。在这种以家庭为核心的关系网络和熟人圈子中,大家互惠互利、风险共担,频繁的接触与交往为贷款人了解借款人信息和把握贷款收回可能性提供了便利,而基于社会网络的关系信任还可以使借贷双方绕开繁杂的法律程序,灵活处理抵押担保,从而降低融资的交易成本。这种非正规金融契约的执行也会通过社会网络机制得以自我实施,从而避免了通过正规法律途径进行诉讼所需的高昂费用。因此,虽然非正规金融是游离于官方金融监管范围之外的金融行为,而且又缺乏正规法律渠道对债权人的保护,但是依靠社会网络的私人治理机制,通过重复博弈、信誉机制、社会资本隐性抵押等各种治理形式共同保证了金融契约的有效实施。可见,在中国的转轨经济阶段,一方面存在着正规金融对民营企业资金供给的短缺,另一方面又存在着非正规金融的有效供给,两方面因素的共同作用自然会使民营经济与民间金融不断融合、相互促进、互为支撑,非正规金融既为民营企业提供着替代性的融资支持,也随着民营企业的发展而不断发展壮大,并最终形成了正规金融和非正规金融双轨运行的二元金融结构。

非正规融资处于央行和金融监管机构监管之外,属于体制外的金融供给。从金融管制的法律、法规来看,我国对企业非正规金融的限制相当严格。

(1) 公民与企业之间的借贷

根据1999年最高人民法院《关于如何确认公民与企业之间借贷行为效力问题的批复》,确认了建立在真实意思基础上的公民与非金融企业之间的借贷属于有效的民间借贷,但同时附加了认定借贷行为无效的许多条件。司法实践中的处理原则是,企业向公民借款只能向特定的、少数人借款,而不能面向社会公众;企业只能因某些特殊的事由而向公民临时借款,不得是经营性行为;企业借款给公民只能是满足其临时特殊需要,而不能以借贷形式挪用企业的流动资金或以此牟利。

(2) 企业之间的借贷

对于标会、台会、地下钱庄等金融"三乱"问题，法律不仅明文取缔，而且经常进行大规模的整顿和查处。法律长期以来对企业之间的借贷予以严格限制，但近来有松动和改善的迹象。

私募基金实质上属于一种企业间的借贷，它在我国逐渐走向阳光化，在设立方面已经基本没有法律障碍。私募基金融资，是私募股权机构通过私下协商向目标公司进行股权投资，然后通过行使股东权利，介入目标公司的管理经营，从而实现股权增值，最后私募机构通过不同的方式退出，转让其所持有的股权获利。近来私募基金在我国风头正劲，蒙牛、新浪、无锡尚德等企业均是通过私募基金融资完成规模的扩张。

为企业创造优良的融资环境，使我国的金融市场秩序得以健康、规范发展，需要对非正规金融促进中小企业发展的作用予以充分肯定和重视，将非正规金融与非法黑色金融相区分，通过因势利导将非正规金融纳入法律规制和金融监管的框架之中，用疏导、规范来降低其金融风险，而绝非堵塞、打压来激化其金融风险，使非正规金融能够和正规金融相配合，以适应企业不同层次的融资需求。

二、融资担保

在民事责任财产化、商业和银行信用兴起、交易过程不能即时清偿已成为市场交易典型特征的现代社会，担保的作用越来越突显。特别是我国，在债权人与债务人地位倒置、企业发展急需大量资金的情况下，通过担保制度确保商业借贷的正常进行，保护债权人的权利、促进资本和物资的融通，就显得更加重要。目前担保法发展的趋势之一是功能的转变，以前的担保法主要是为了担保债权的实现，而现在的担保法的主要功能却是以融资为目的。比如《美国统一商法典》第九编关于动产担保交易的规定只适用于为融资目的而设定的担保，如果应收账款、动产契据、本票买卖等是基于商业买卖而引起的，并且是作为商业买卖的一部分，那么它们就不受第九编的调整。①

（一）什么是融资担保

1. 融资担保的概念与特征

融资担保指债权人与借款人或者第三人在融资活动中依法约定保证履行借款合同的活动。以银行贷款为例，贷款银行是担保权人，借款人或第三人以自己的财产提供担保即成为担保人，设定贷款担保的目的在于，如果借款人到期不能偿还贷款，担保人代为清偿贷款或者将担保物折价、拍卖，使银行贷款得

---

① 徐海燕主编：《英美担保法》，对外经济贸易大学出版社2006年版，第46页。

以收回。融资担保包括人的担保与物的担保以及其他担保形式。

融资担保作为一种商事担保，与一般的民事担保相比较，具有以下特征：

(1) 融资担保是一种商行为，是商主体出于企业营利的目的融通资金、从而扩大规模或者提升技术而进行的经营性行为。民事担保则是担保一般债权的实现，比如电器修理店因为顾客不支付修理费而留置电器。

(2) 融资担保是以融资为对象的一种担保行为，融资为目的，担保为手段。民事担保则一般是以消费行为为担保对象，比如居民购房贷款抵押等。

(3) 融资担保关系中，金融机构往往作为债权人出现，所以常常作为担保法律关系中的担保权人。民事担保的担保权人则更加多样化。

(4) 提供融资担保行为的主体往往是中小企业，由于受制于中小企业自身的性质与规模，银行往往不愿意为其提供信用贷款，因此中小企业融资基本上需要提供人的担保或者物的担保，以确保银行债权的安全。

(5) 融资担保的债权标的额一般比较大。企业通常通过融资来扩大生产经营规模、投资新产品等，因此需要的资金规模较大。

(6) 融资担保的商行为特征决定了其与民事担保之间的关系是特殊与一般的关系，关于融资担保的法律规定主要是对民事担保的基本内容作补充性规定。例如，在民事保证责任中有一般保证责任与连带保证责任，而融资保证由于具有营利性，所以其保证责任要严于民事保证，一般以连带保证责任为原则，这一点在我国突出地表现于票据保证中，《票据法》第50条规定，被保证的汇票，保证人应当与被保证人对持票人承担连带责任。

需要说明的是，采民商分立立法例的国家或者在《民法典》之外制定有专门《商法典》的国家，一般在立法上区分民事担保与商事担保。由于我国采民商合一的立法体例，在立法上没有体现出形式上的民事担保与商事担保之分，但并不表明我国不存在实质上的商事担保，例如《物权法》已经确认了企业之间的商事留置权；《票据法》对票据保证行为作出的特殊规定；《海商法》关于担保的规定等。但在没有专门的商法典出台之前，关于担保，无论是一般的民事担保还是商行为性质的融资担保，都统一适用《担保法》和《物权法》的规定。

2. 融资与担保的关系：从属关系

在融资贷款关系中，银行（债权人）对于各种借款人（债务人）的信息掌握得越完备，就越能最大限度地避免信贷风险且在竞争中处于优势地位。对借款人而言，信息不对称的减少将会降低借款代价。因此，借款人有向银行提供担保的主动性，这种主动性根源于债务人为减少贷款前其与债权人信息不对称而导致的借款成本的动机；而债权人愿意接受抵押贷款根源于债权人为减少贷款后其与债务人之间信息不对称而产生的贷款成本。担保成为融资契约关系中应付不确定性的一种有效机制。

融资与担保之间有如"搭档",具体表现为主从关系,融资借款合同为主合同,担保合同为从合同,担保从属于融资借款债权债务。主要表现在以下几方面:

(1) 成立的从属性。担保是为了融资借款债权债务存在或将来存在而存在,若前者不存在,担保亦不成立。

(2) 变动的从属性。融资借款债权债务的内容发生变更的,担保的权利义务关系亦随之变更。例如,保证期间,债权人依法将主债权转让给第三人,保证债权同时转让,保证人在原保证担保的范围内对受让人承担保证责任。

(3) 担保随着融资借款债权债务的转让而转让。例如,我国《海商法》规定,抵押权人将被抵押船舶所担保的债权全部或者部分转让给他人的,抵押权随之转移。

(4) 消灭与效力的从属性。融资借款债权债务关系因偿还或其他原因而消灭的,担保随之消灭。在效力方面,融资借款合同无效,担保随之无效。但是,也有两种例外的情形:第一,保证合同中,当事人对保证合同的效力另有约定,按照约定;第二,物的担保合同中,法律对抵押、质押、留置等物的担保合同另有规定,按照法律的规定。

(5) 范围的从属性。担保合同所担保债务的范围从属于融资借款合同所确定的债权债务数额。一般包括:融资债权、利息、违约金、损害赔偿金、实现债权的费用。但当事人另有约定的除外。

(6) 诉讼的从属性。主要表现在:第一,当融资借款合同关系发生纠纷,债权人提起诉讼的,担保人同主债务人将作为共同被告。第二,融资借款合同与担保合同发生纠纷提起诉讼的,依主合同确定管辖地法院。

【拓展知识】

"独立担保"的适用范围

独立担保是指独立于主债权或者在效力上不受主债权影响的担保,包括独立保证和独立物保。关于独立担保的适用,《担保法》与《物权法》作出了不同的规定[①],由于《担保法》调整的范围不仅包括担保物权,而且包括人保,

---

① 《担保法》第5条第1款规定:"担保合同是主合同的从合同,主合同无效,担保合同无效。担保合同另有约定的,按照约定。"《物权法》第172条第1款规定:"设立担保物权,应当依照本法和其他法律的规定订立担保合同。担保合同是主债权债务合同的从合同。主债权债务合同无效,担保合同无效,但法律另有规定的除外。"且第178条规定:"担保法与本法的规定不一致的,适用本法。"

可以认为，除了法律明文规定外，独立担保不适用于担保物权。最高人民法院在（1998）经终字第184号"湖南机械进出口公司、海南国际租赁公司与宁波东方投资公司代理进出口合同案"终审判决否定独立保证在国内适用，但并未涉及独立物保的效力问题。

独立担保通过由银行出具独立保函或备用信用证，使申请人获得融资能力。由于能够及时、便捷地保障交易安全的进行，独立担保常见于交易规模大、周期长的国际交易中，并常常以人保的形式出现。独立担保最大的特点在于独立于基础交易关系，其本身的效力脱离了主债关系，银行仅需根据表面一致原则核查单据，而无须牵涉进基础合同纠纷，同时也增强了受益人与债务人为交易的信心。独立担保可以缓和担保物权的从属性，为担保物权的流转提供条件。金融资产的流动性越高，就越容易被转换为现金，转换成本越低，所需时间越短。这样，金融资产的持有人可以保持资产的变现能力，以合理的成本方便地筹集资金。①

（二）融资担保设定的一般规则

企业融资过程中，成立担保关系，需要签订书面的担保合同，除了独立的担保合同，担保关系的成立还包括以下方式：第一，融资借款合同中订立担保条款；第二，担保人向融资债权人发出的具有担保性质的信函、传真等；第三，保证人在融资借款合同中以保证人身份签字。

1. 融资担保合同的各方当事人

情形一：债权人——融资借款人（提供物的担保）

此时，债权人与融资人之间成立两个法律关系：一个是借款的债权债务关系，另一个是融资借款人提供物的担保的担保物权关系。

情形二：债权人——融资借款人

　　　　　　　↑
　　　　　担保人（保证人或者提供物的担保）

此时，涉及三方当事人，包括三个法律关系：债权人与融资借款人之间的债权关系，融资借款人与担保人之间的委托受托关系，债权人与担保人之间的担保关系。

2. 融资担保合同的效力

无论是银行还是企业，在签订融资担保合同时，都应当谨慎地对合同主体、标的、订立程序等方面进行检查，以防合同无效给双方利益带来不必要的

---

① 杨长江、张波、王一富编：《金融学教程》，复旦大学出版社2004年版，第76页。

损害。担保合同无效的原因具体包括：

第一，以法律、法规禁止流通的财产或者不可转让的财产设定担保；

第二，国家机关和以公益为目的的事业单位、社会团体违反法律规定提供担保；

第三，未经国家主管部门批准或无相应资质企业提供的对外担保。[1]

当担保合同具有上述无效情形时，担保合同的各方当事人要根据其过错程度承担缔约过失责任[2]。

【相关案例】

以公司资产为股东提供担保是否有效？[3]

中国进出口银行与借款人四通集团公司、保证人光彩集团就之前发放的1.8亿元贷款签订《贷款重组协议》（下称"《协议》"），约定贷款重组金额为1.6亿元。四通集团保证按约定还款计划分期分批偿还债务，并提供房地产作为抵押担保，光彩集团对协议项下全部债务提供连带责任保证。若四通集团未按约定偿还债务并支付利息或未及时办理房产抵押，则进出口银行有权宣布全部债务到期，并要求四通、光彩立即清偿全部债务。四通集团董事长作为代表在《协议》上签字。光彩集团向进出口银行提交了有两名董事签字的、为四通集团提供连带责任保证的董事会决议。进出口银行随后按约为四通集团办理了贷款手续，但四通未按约办理房产抵押，也未完全按承诺的还款计划偿还贷款。后进出口银行向法院起诉要求四通集团和光彩集团清偿全部债务本金及利息。

一审法院认为，光彩集团以董事会决议形式做出为股东四通集团提供连带责任保证的决定，违反了修订前《公司法》第60条关于"董事、经理不得以公司资产为本公司股东或其他个人债务提供担保"的强制性规定；并且参会董事人数未达到章程规定召开董事会的最低出席比例，程序上存在严重瑕疵亦

---

[1] 见《担保法司法解释》第6条。

[2] 《担保法司法解释》第7条规定：主合同有效而担保合同无效，债权人无过错的，担保人与债务人对主合同债权人的经济损失，承担连带赔偿责任；债权人、担保人有过错的，担保人承担民事责任的部分，不应超过债务人不能清偿部分的1/2。第8条规定：主合同无效而导致担保合同无效，担保人无过错的，担保人不承担民事责任；担保人有过错的，担保人承担民事责任的部分，不应超过债务人不能清偿部分的1/3。第9条规定：担保人因无效担保合同向债权人承担赔偿责任后，可以向债务人追偿，或者在承担赔偿责任的范围内，要求有过错的反担保人承担赔偿责任。担保人可以根据承担赔偿责任的事实对债务人或者反担保人另行提起诉讼。

[3] 最高人民法院民事判决书（2007）民四终字第2号，资料来源于北大法宝司法案例库。

导致做出担保的董事会决议无效，因而《协议》中保证条款应属无效。

二审法院认为，光彩集团的公司章程未规定公司不得为股东进行担保，该公司为四通集团提供担保的董事会决议上签字董事持有该公司91.2%股权，符合公司章程规定2/3以上的标准。董事会决议加盖了董事会公章，《协议》上加盖了光彩集团公章，应当认定光彩集团签署《协议》是其真实意思表示，并不违背占资本绝大多数股东的意志，该保证行为亦不违反法律和行政法规的禁止性规定，应为有效。即使董事会决议有瑕疵，也属其公司内部行为，不能对公司的对外担保行为效力产生影响。据此，光彩集团应对四通集团公司的债务承担连带保证责任。

分析：修订前的《公司法》约束董事、经理个人不得滥用担保方式来处置公司资产，但不等于限制董事会或者股东会依法履行公司担保权能。所以，凡经公司董事会或者股东会有效决议作出的公司为其股东所提供的担保，只要公司对外代表权的行使不存在瑕疵，应认为合法有效。

3. 反担保

在第三人为担保人时，融资借款人不能履行到期债务时，担保人须以自己的财产或者其提供的作为担保的特定财产的价值清偿借款人应清偿的款项。担保人代为清偿之后，即取得在其为借款人清偿的债权范围内向借款人的追偿权。为了保障担保人能够实现自己的追偿权，法律规定当第三人为借款人向债权人提供担保时，担保人可以要求借款人提供反担保。反担保人可以是借款人，也可以是借款人之外的其他人。

反担保方式可以是借款人提供的抵押或者质押，也可以是其他人提供的保证、抵押或者质押。反担保适用物权法、担保法等法律规定，它与担保的不同之处在于：

(1) 担保是一种独立的担保方式；反担保不是一种独立的担保方式，其依附于在先设立的担保。

(2) 担保人为第三人；反担保中的担保人为借款人或借款人之外的其他人。

(3) 担保所担保的是借款债权；反担保所担保的是担保人对借款人的追偿权。如果借款人不能偿还贷款，担保人亦无力承担责任，则债权人亦无权要求反担保人承担清偿责任。因为反担保人保证的仅是担保人向借款人的追偿权。

反担保是控制担保风险的事后措施，企业之间往往互相提供担保以获得银行贷款，作为担保方的企业为了保证自身权益不受损害，应当积极落实反担保。在建立反担保关系的过程中，应当确保法律手续的完备有效，主要包括以下方面：第一，以书面形式签订反担保合同；第二，依法履行登记或公证等公示手续;第三,确保抵押物、质押物没有权利瑕疵,不存在流动性风险,且在可预计的期间内抵押物、质押物的变现价值大于担保金额。

三、融资担保中的"人保"

所谓"人保",就是人的担保,即保证,是保证人和债权人约定,当融资借款人不清偿借款时,保证人按照约定代为清偿借款或者承担责任的行为。

我国中小企业之所以融资难,一个重要因素是欠缺担保财产,这时,人的担保可以起到补充的作用,尤其是在目前担保公司、政府担保基金日益发展的形势下。

(一)保证人

保证人必须具备两个条件:一是具备完全民事行为能力;二是具有代为清偿债务能力。符合此条件的法人、其他组织或者公民,均可以作保证人。

其中,"其他组织"包括:依法登记领取营业执照的独资企业、合伙企业、中外合作经营企业、乡镇、街道、村办企业;经民政部门核准登记的社会团体;从事经营活动的事业单位、社会团体;企业法人的分支机构(其经营管理的财产需要足以承担保证责任,且经法人书面授权、授权范围明确)。

国家机关[①],学校、幼儿园、医院等以公益为目的的事业单位、社会团体、企业法人的职能部门等不能作为保证人。另外,任何单位和个人不得强令银行等金融机构或者企业为他人提供保证;银行等金融机构或者企业对强令其为他人提供保证的行为,有权拒绝。可见,银行等金融机构有作为保证人的资格,但是否提供担保取决于自己的意思自治。

【拓展知识】

政府"安慰函"是否构成保证?

20世纪末、21世纪初,我国沿海地区为了促进本地企业发展对外贸易,扩张涉外融资,地方政府往往为企业向涉外金融机构的贷款出具名为"安慰函"、"承诺函"等文件。此类文件的内容通常表述为:"本政府愿意督促该企业切实遵守协议责任,如该企业到期不能按协议规定偿还贵行本息时,本政府将负责解决拖欠贵行的债务,不让贵行在经济上蒙受任何损失。"因安慰函内容措辞模糊,缺乏法律规范,当事人对其认识相差甚远,司法实践对其是否具

---

① 经国务院批准为使用外国政府或者国际经济组织贷款进行转贷的情形除外。

备保证效力存在很大分歧。在佛山市政府与交通银行香港分行担保纠纷案[①]中,一审和二审法院对"承诺函"具有不同的认定:

广东省高级人民法院审理认为:佛山市政府出具的承诺函是否具有担保书的效力,应当依据承诺函的内容来认定。佛山市政府在各《承诺函》中分别明确表示:如果中亚公司、景山公司出现逾期或拖欠贷款本息的情况,佛山市政府将负责解决,不使香港交行在经济上蒙受损失。佛山市政府这一承诺明显表达的是清偿债务的意思。安慰函不是保证合同,但作为一种书面表述,与保证合同有相似之处,在特殊情况下,安慰函可以构成保证合同。因此,佛山市政府和香港交行之间存在担保法律关系。

最高人民法院二审认为:首先,名称上《承诺函》并非担保函,对于其是否能构成担保应根据其内容来认定。其次,从内容来看,"负责解决"、"不让贵行在经济上蒙受损失"并无明确的承担保证责任或代为还款的意思表示。再次,在香港交行向中亚和景山公司出具的授信函中,在"抵押品及法律文件"项下,除了《承诺函》外,还有不动产的抵押、保证及存单质押等,且《承诺函》均在这些授信函中被列入区别于"保证"的"其他"文件项下,这说明香港交行明知《承诺函》并非保证函。最后,从合作以来的三份会议纪要记载来看,香港交行从未要求佛山市政府承担保证责任,佛山市政府也未作出过承担保证责任的意思表示,而双方谈到解决途径均是政府在适当时机对企业进行资产重组,以解决原有债务。综上,佛山市政府从向香港交行出具的书面文件上,到实际的行动上,从未有过承担保证责任或代所属企业还款的意思表示,佛山市政府的《承诺函》不构成保证。

(二) 订立保证合同应当注意的事项

1. 保证合同的订立

保证合同应当以书面形式订立,并包括以下内容:被保证的融资债权的种类、数额;债务履行期限;保证方式;保证担保的范围;保证期间;双方认为需要约定的其他事项。

由于商事交易的高效性与灵活性,国外商法一般规定商行为不适用民法上的某些形式要求。就保证而言,为了节约时间成本,提高交易效率,商事保证可以不受民事保证书面化形式的要求。比如德国《商法典》第350条对于保证意思表示的书面形式作出修正性的规定:"对于保证、债务约定或债务承

[①] 具体案情请参见:最高人民法院民事判决书(2004)民四终字第5号,载北大法宝司法案例库。

认,以保证在保证人一方、约定或承认在债务人一方为商行为为限,不适用《民法典》第 766 条第 1 款、第 780 条和第 781 条第 1 款的方式规定。"①

实践中,企业订立保证合同时往往会发生欺诈现象,这时应当如何承担保证责任?需要分情况来看:第一,融资借款合同当事人双方串通骗取保证的,保证人不承担责任。第二,融资债权人欺诈、胁迫保证人,使其在违背真实意思的情况下提供保证的,保证人不承担责任。第三,融资借款人欺诈、胁迫保证人,使保证人在违背真实意思的情况下提供保证,且债权人知道或应当知道欺诈、胁迫事实的,保证人不承担责任。第四,融资借款人与保证人共同欺骗债权人,订立主合同和保证合同的,债权人可以请求人民法院予以撤销。因此给债权人造成损失的,由保证人与借款人承担连带赔偿责任。

【背景资料】

担保公司在企业融资中的作用

担保公司在企业融资中起到增加企业信用、化解银行风险的作用,具体的担保方式由担保公司与贷款银行、被担保人共同商定,一般采用连带责任保证。担保公司在提供担保过程中向融资企业收取担保费,担保收费按照体现为中小企业服务的宗旨和信用保证的风险程度确定。

担保公司一般都会建立一套担保风险防范与控制机制,包括:(1)建立被担保人准入制度;(2)实行严格的内部控制制度,主要包括审、保、偿、监相分离制度和担保评审委员会一票否决制度;(3)对被担保人实行抵(质)押物反担保和综合反担保制度;(4)实施在保项目保后监管和风险预警制度;(5)建立严格的代偿和追偿管理制度。公司当年代偿总额控制在公司净资产总额的一定范围以内。

在企业融资的迫切发展需求下,我国的担保机构数量不断增长,2005 年为 2914 家,2008 年为 4046 家,3 年内增长幅度达 38.8%,担保行业逐渐向健全发展。②

2. 保证合同的种类

根据借款的数额以及使用方式,保证合同可分为普通保证与最高额保证。

---

① 德国《民法典》第 766 条规定:"为使保证合同有效,必须以书面做出保证的意思表示。不得以电子形式做出保证的意思表示。在保证人履行主债务的限度内,形式的瑕疵做补正。"
② 《2008-2009 中国担保业研究报告》,载 http://my.icxo.com/412681/viewspace-487062,2009 年 8 月 30 日访问。

最高额保证必须有关于借款最高额的约定,没有最高额约定的即为普通保证。

最高额保证合同有以下特征:第一,保证合同成立在前,借款合同成立在后;其次,保证的借款债权具有不特定性,只具有一个最高限额;最后,最高额保证未约定保证期间的,保证人可以随时单方书面通知对方解除合同。合同解除后,保证人仅对通知到融资债权人前已发生的借款债权承担保证责任。

3. 保证的方式

一般保证,是指当事人在保证合同中约定,融资借款人不能清偿借款时,由保证人承担保证责任。一般保证人享有先诉抗辩权,仅承担补充性的保证责任。所谓先诉抗辩权,就是指一般保证的保证人在主合同纠纷未经审判或仲裁,并就借款人财产依法强制执行仍不能履行债务前,对债权人可以拒绝承担保证责任。例如,甲公司向乙银行借款1000万元,丙公司为保证人,保证合同中约定:"若甲不能履行债务时,由丙承担保证责任。"后甲未按期清偿借款,乙银行能否要求丙公司还款1000万元?根据保证合同的表述,该保证为一般保证,保证人享有先诉抗辩权,在乙银行对甲公司提起诉讼或仲裁并经强制执行后甲公司仍不能偿还贷款时,丙公司才承担保证责任。因此,丙公司可以拒绝乙银行的请求。

连带责任保证,是指当事人在保证合同中约定保证人与融资借款人对债务承担连带责任。即借款人到期不清偿借款,债权人既可要求借款人清偿,也可要求保证人清偿,借款人和保证人对债权人履行债务并无顺序和主次之分的限制。

表2-2-2 一般保证与连带保证的比较

	一般保证	连带保证
责任承担	借款人到期不清偿借款,且借款人不能清偿借款时,保证人才承担保证责任	借款人到期不偿还借款,债权人可以一并要求借款人、保证人承担连带保证责任
先诉抗辩权	保证人享有先诉抗辩权	保证人不享有先诉抗辩权
产生的形式	保证合同明确约定保证方式为一般保证	保证合同明确约定保证方式为连带保证;保证合同未约定或约定不明的推定为连带保证
诉讼地位	一般保证的债权人向融资借款人和保证人一并提起诉讼的,人民法院可以将借款人和保证人列为共同被告参加诉讼。但是,应当在判决书中明确在对借款人财产依法强制执行后仍不能履行债务时,由保证人承担保证责任	连带责任保证的债权人可以将融资借款人或者保证人作为被告提起诉讼,也可以将借款人和保证人作为共同被告提起诉讼

我国立法没有民事保证和商事保证之分,因此,民事担保与商事担保均存在一般保证与连带保证。但在国外立法例上,一般将民事保证和商事保证区分开来,民事保证一般为一般保证,商事保证一般为连带保证。如德国《民法典》中规定的保证具有先诉抗辩权,为一般保证;在其《商法典》中规定的商事保证则不具有先诉抗辩权,为连带责任保证。日本《商法典》与韩国《商法典》也做了类似规定。① 之所以要求商事保证中的保证人与主债务人承担连带责任,原因在于:第一,保证人作为商主体,其营利的目的决定其应该承担相应较严格的义务;第二,为了保护商事交易中债权人债权的实现。

4. 约定保证期间

保证期间,是指依照法律规定或者当事人约定,保证人承担保证责任的期限。法律对保证期间作了规定,分为以下三种情形:

第一,当事人可自由约定;若未约定,推定为融资借款债务(主债务)履行期届满之日起6个月。

第二,保证合同约定的保证期间早于或者等于融资借款债务履行期限的,视为没有约定,保证期间为融资借款债务履行期届满之日起6个月。

第三,保证合同约定保证人承担保证责任直至主债务本息还清时为止等类似内容的,视为约定不明,保证期间为融资借款债务履行期届满之日起2年。

(三)合同变更对保证责任承担的影响

1. 融资债权转让

保证期间,融资债权人依法将债权转让给第三人的,保证债权同时转让,保证人在原保证担保的范围内对受让人承担保证责任。但有两个例外情况:保证人与融资借款人事先约定仅对特定的债权人承担保证责任或者禁止债权转让的,保证人不再承担保证责任。

2. 融资债务转让

保证期间,融资借款债务转让,保证人继续承担保证责任的条件是:第一,经债权人同意;第二,取得保证人书面同意。否则,保证人不再承担保证责任。

---

① 日本《民法典》中规定了一般保证和连带责任保证,当事人特别约定为连带责任保证的,才成立连带责任保证。对于商事保证责任的承担,日本《商法典》第511条第2项规定:"于有保证人情形,债务由主债务人的商行为产生时,或保证系商行为时,即使发生主债务与保证人以不同的行为负担债务,其债务也由主债务人及保证人连带负担。"因此,如果债务是由主债务人的商行为产生的,或者保证为商行为的,则保证人与主债务人承担连带责任。韩国《商法典》第57条第2项规定:"在有保证人的情形下,若该保证为商行为时或者主债务是因商行为而产生时,主债务人与保证人应承担连带清偿责任。"

3. 融资借款合同内容变更

第一，借款合同数量、价款、币种、利率等内容变动的情形：未经保证人同意的，如果减轻融资借款人的债务的，保证人仍应当对变更后的合同承担保证责任；未经保证人同意的，如果加重融资借款人的债务的，保证人对加重的部分不承担保证责任。

第二，借款合同履行期限变动的情形：未经保证人书面同意的，保证期间为原合同约定的或者法律规定的期间。

第三，新贷偿还旧贷的：融资借款合同当事人双方协议以新贷偿还旧贷，除保证人知道或者应当知道的外，保证人不再承担民事责任。但是这一规则有一例外情形，即新贷与旧贷系同一保证人，不论保证人是否知道或者应当知道"借新还旧"的事实，均应对新贷款承担保证责任。这是因为新贷偿还了旧贷，致使原来的贷款合同得以履行，从而减少或消灭了保证人对旧贷的保证责任，由保证人承担新贷的保证责任，没有加重保证人负担。

综上，实践中，作为保证人的企业在为其他企业申请银行贷款过程中提供保证时，如果借款人一旦发生问题，使得担保总额超过其偿还能力，甚至资不抵债，就很容易诱发保证方企业的财务风险。因此，保证企业应当从以下方面审慎而行，防范因融资借款人的原因而不得不承担保证责任：

第一，在作出保证承诺前，应当对借款人的状况做认真调查，了解借款合同的资金用途是否正常，贷款额度和还款时间是否合理；借款企业经营状况是否正常，是否存在违法经营的状况；借款企业财务状况是否良好，资产流动性如何，是否有偿债能力；是否存在重大的诉讼事项等。这些情况也可以通过借款企业的资信级别来了解。

第二，在项目贷款情形中，保证方企业应当了解项目的可行性、项目施行计划的合理性以及未来收益的状况。

第三，可要求借款人提供反担保，同时也要注意审查反担保实现的可能性与有效性。

第四，从保证方企业内部的角度而言，完善公司内部管理机制，将公司对外提供担保的程序与条件写入章程，防止公司管理人员滥用职权，擅自提供担保，损害公司利益。

第五，紧密关注借款人的经营状况，及时了解其资产负债情况，以保证及时发现问题并采取措施。

四、融资担保中的"物保"

所谓"物保"，即物的担保。实践中企业以自有财产提供担保进行融资的比重较高，银行一般较为愿意接受以企业建设用地使用权、厂房、机械设备等财产设定担保。随着现代社会从强调人的信用向侧重物的信用发展，物保在企业融资中的作用日益凸显。

(一)"物保"的一般规则

1. 什么是物的担保

物的担保，是在物（包括动产和不动产）上设定担保物权，以直接取得或者支配特定财产的交换价值为内容，从而确保融资债权的实现。抵押、质押、留置都属于物的担保。物的担保所担保的范围包括融资债权及其利息、违约金、损害赔偿金、保管担保财产和实现担保物权的费用。在我国，调整"物保"的法律主要包括《物权法》、《担保法》及其司法解释，当《担保法》及其司法解释与《物权法》规定不一致时，适用《物权法》的规定。

物保有以下特征：第一，物的担保是在借款人或第三人的特定财产上设定的。物保的标的物必须是特定物，否则就无从由其价值中优先受清偿。第二，物的担保以支配担保物的交换价值为内容。第三，物的担保具有物上代位性。物保的效力及于担保物的代位物，包括保险金、赔偿金或赔偿物，如设定质押的知识产权，遭第三人侵权所获得赔偿金成为质权的标的物。

2. 如何处理"人保"与"物保"并存的关系

现实经济活动中，融资借款当事人为了充分保证借款的依约清偿，往往会要求借款人同时提供人保与物保，此时，应分情况处理人保与物保之间的清偿责任顺序。首先，同一融资债权既有人保又有借款人提供的物保时，若对担保责任未约定或约定不明，物保责任绝对优先，保证人承担补充担保责任。即借款人先承担担保责任，债权未获满足的部分由保证人承担保证责任，保证人承担保证责任后有权向借款人追偿。

其次，同一融资债权既有人保又有第三人提供的物保时，若对担保责任未约定或约定不明，保证人和物上保证人处于同一清偿顺序，债权人对二者有选择权。即债权人既可向第三人主张担保物权，又可向保证人主张保证责任，也可以同时向二者主张承担担保责任。二者承担担保责任后均可向债务人甲公司追偿。

银行等融资债权人在处理人保、物保并存关系时应注意以下问题：第一，尽可能在担保合同中明确约定如何处理保证和担保物的执行顺序问题，防止引发纠纷。在具体约定时，应关注担保物的价值和保证人财产的充足性和可执行性问题。第二，在发生约定不明或未约定的情形，融资债权人应区别担保物是由借款人提供还是第三人提供的情况，及时主张权利。另外，融资债权人在实践中要谨慎对待借款人提供担保物的问题，因为法律规定对此应先执行，假如借款人提供的物难以执行或者执行成本高、收效低,则可能导致债权难以实现。

3."流质条款"的效力

流质是指在担保物权实现以前,担保物权人和担保人在合同中约定"债务履行期限届满担保物权人未受清偿时,担保物的所有权移转归债权人所有",这种约定被称为"流质条款"。

从民法上看,多数国家的《民法典》禁止流质契约[①],我国《担保法》第66条沿用了这一规定,《物权法》第186条、211条也规定了流质契约无效。但是,我国台湾地区"民法典"物权编2009年最新修订规定流质条款有效,其第873-1条规定"约定于债权已届清偿期而未为清偿时,抵押物之所有权移属于抵押权人者,非经登记,不得对抗第三人。抵押权人请求抵押人为抵押物所有权之移转时,抵押物价值超过担保债权部分,应返还抵押人;不足清偿担保债权者,仍得请求债务人清偿。抵押人在抵押物所有权移转于抵押权人前,得清偿抵押权担保之债权,以消灭该抵押权"。另有一些国家则通过商法放宽了流质条款的限制,规定民法典中的流质禁止条款不适用于"为担保商行为债权而设定的质权"[②]。可见,流质契约在这些国家和地区并非绝对被禁止,而是根据普通民事主体和商事主体不同特征,作出了不同规定。

融资担保关系的主体一般是银行与企业,具有较强的利益得失判断能力,也更加追求意思自治和交易便捷,允许"流质契约"不仅符合融资关系参与主体的需求,而且有利于激励企业按时清偿借款,从而保障融资债权人的利益。

4. 担保物权的行使时限

《物权法》规定的行使抵押权的期限为主债权的诉讼时效期间,亦即债权人应该在对主债权提起诉讼时同时要求实现抵押权。[③] 该期限短于《担保法》司法解释所规定的主债权诉讼时效结束后两年内。因此,主债权诉讼时效结束的结果不但可以对抗债权,而且可以对抗用来担保主债权的抵押权。融资债权人如果没有在融资债权的诉讼时效期间内行使抵押权,后果是"人民法院不予保护",而不是"抵押权消灭"。因此,在诉讼时效完成后,融资债权人只

---

① 如《法国民法典》第2088条、《日本民法典》第349条、《德国民法典》第1229条、《瑞士民法典》第894条。

② 《日本商法典》第515条、《韩国商法典》第59条。

③ 《物权法》第202条规定,抵押权人应当在主债权诉讼时效期间行使抵押权;未行使的,人民法院不予保护。最高人民法院《关于适用〈中华人民共和国担保法〉若干问题的解释》第12条第2款规定,担保物权所担保的债权的诉讼时效结束后,担保权人在诉讼时效结束后的2年内行使担保物权的,人民法院应当予以支持。这是《物权法》的一个重要的变化。

是不能通过法院请求拍卖或变卖抵押财产,但仍可以通过与借款人(或担保人)协议等方式就抵押财产优先受偿。

与抵押权不同的是,《物权法》没有对质权和留置权的行使期限作出规定,质权和留置权不受主债权诉讼时效的影响,在主债权的诉讼时效完成后,质权人和留置权人原则上仍然有权行使质权和留置权,担保人不能依据诉讼时效进行抗辩。

(二)抵押

抵押是指融资借款人或者第三人不转移对财产的占有,将该财产作为融资债权的担保。借款人不履行债务时,债权人有权依法以该财产折价或者以拍卖、变卖该财产的价款优先受偿。作为物保的一种形态,抵押制度是对交易安全与效益最大化的双重考虑和平衡。对融资债权人而言,就特定物的优先受偿性比人保具有更强的担保功能。对抵押人(包括融资借款人和第三人)而言,抵押不移转抵押物的占有,不妨碍抵押人对抵押物的使用,抵押人可以充分利用该物的使用价值,利益损失较小。因此,抵押能获得担保双方的推崇,成为民商法中最重要的担保制度,被誉为"担保之王"。

1. 抵押财产

表2-2-3 可抵押财产与不可抵押财产

可抵押财产	不可抵押财产
建设用地使用权、建筑物和其他地上附着物	土地所有权
以招标、拍卖、公开协商等方式取得的荒地等土地承包经营权	耕地、宅基地、自留地、自留山等集体所有的土地使用权,但法律规定可抵押的除外
生产设备、原材料、半成品、产品	学校、幼儿园、医院等以公益为目的的事业单位、社会团体的教育设施、医疗卫生设施和其他社会公益设施
正在建造的建筑物、船舶、航空器	所有权、使用权不明或者有争议的财产
交通运输工具	依法被查封、扣押、监管的财产
法律、行政法规未禁止抵押的其他财产	法律、行政法规规定不得抵押的其他财产

根据上表,依抵押财产的不同可将抵押分为三种:

第一,不动产抵押,是以不动产为抵押物而设置的抵押,包括建筑物和其他地上定着物。在建工程亦属于不动产,《物权法》明确将在建工程列入了可抵押财产范围,使在建工程抵押的法律效力在法律层面得以确认,这一方面增加了企业的贷款途径,另外也稳定了贷款银行的预期,有利于贷款行防范担保合法性风险。

第二,动产抵押,是以动产为抵押物,不转移动产的占有而设立。如以机器、交通运输工具和其他财产设定抵押。

第三,权利抵押,是以法律规定的各种财产权利作为抵押客体,如国有土地使用权,抵押人依法承包并经发包方同意抵押的荒地使用权。

【拓展知识】

"资本的秘密"

经济学家德·索托在《资本的秘密》中谈到,"在埃及,穷人积累的财富是外国在埃及的直接投资总和的55倍;在第三世界国家和前共产主义国家,穷人所掌握但并不合法拥有的房地产总值至少为9.3兆美元!可见穷人其实并不'穷',阻碍穷人将资产转化为资本的原因,正是因为其资产的所有权无法得到适当的'表述',并进一步从资产中发掘并提取资本的缘故"[1]。

我国也是如此,农民掌握了大量的土地,但却始终不能摆脱贫困,是因为得不到将手中的财产转化为资本的制度支持。比较国民的穷富,不是看每个人的存量资产,而是看将资产转化为资本能够获得法律多大程度的支持。当前我国限制土地承包经营权和宅基地使用权的流转与抵押,这与社会发展的现实需要不相符合,从社会角度,物不能尽其效用,社会财富被闲置浪费;从私人角度,权利人的权利受到了限制,难以充分实现收益,物权的激励功能减弱。[2]财产在流转过程中创造价值。"有效率的产权要求产权具有可转让性,所以为了促进资源由较小价值的用途向较大用途的转移,产权在原则上应该是可转让的。"[3]

2. 抵押合同与登记

设定抵押权涉及两个法律事实:签订书面抵押合同和进行抵押登记。抵押合同是抵押权产生的依据,抵押登记是抵押权的生效或者对抗第三人的要件。

融资借款当事人在订立抵押合同时,务必对抵押财产的名称、范围等作清晰约定。实务中抵押合同或抵押条款往往不规范地表述为"若到期不偿还贷

---

[1] [秘鲁] 德·索托:《资本的秘密》,于海生译,华夏出版社2007年版,第87页。
[2] 周林彬:《物权法新论》,北京大学出版社2002年版,第139页。
[3] [美] 科斯等:《财产权利与制度变迁》,陈昕主编,上海三联书店、上海人民出版社1994年版,第77页。

款,以借款人所有的财产清偿",这种表述实际上没有法律效力。依据最高人民法院《关于适用〈中华人民共和国担保法〉若干问题的解释》第 56 条第 1 款规定:"如果担保债权种类、抵押物未约定或约定不明,又无法补正的,抵押合同不成立。"

抵押权登记的效力包括两种:一种是登记为抵押权的生效要件,不登记抵押权不成立,如不动产抵押;一种是登记为抵押权得以对抗第三人的要件,不登记抵押权成立,但是不能对抗第三人,如动产浮动抵押。

需要注意的是,在借新贷还旧贷时,旧贷款因新贷款的发放而偿还,原贷款的债权法律关系与担保法律关系都归于消灭。在非最高额抵押担保的情形中,即使旧贷款中的抵押物已办理了抵押登记,并在新贷款合同时采用的是同一抵押财产,也应就原抵押物重新签订抵押合同,重新办理抵押登记手续,并做到借款合同和新抵押合同在时间与内容上一致,以确保抵押权的有效确立。

3. 抵押方式

抵押方式分为一般抵押和最高额抵押。最高额抵押是为保证融资债务的清偿,借款人或者第三人对一定期间内将要连续发生的融资债权提供财产担保,借款人不清偿到期借款或者发生当事人约定的实现抵押的情形,融资债权人有权在最高债权额限度内就该担保财产优先受偿。

同最高额保证相似,最高额抵押具有明显的商事担保的特征,它是为了适应连续性商业交往而产生的一种特殊担保形式,既有抵押的一般功能,又有经济、便捷的优势。相对于一般抵押权,最高额抵押的特征在于:

第一,所担保的融资债权是未来发生的一系列债权,具有不确定性[1],但有一个最高限额。

第二,不完全的从属性。如上文所述融资与担保之间具有从属性的关系,但最高额抵押作为一种特殊抵押权,既有从属于融资债权的属性(例如,不得与债权分离而单独转让),也具有相对独立性,主要表现在:(1)一般先于所担保的融资债权成立;(2)最高额抵押所担保的债权确定前,部分债权转让的,最高额抵押权不随之转让,但当事人可做特别约定;(3)最高额抵押所担保的融资债权额内的某一债权因清偿、抵销、免除等原因消灭时,最高额抵押并不随之消灭,仍作为剩余债权的担保而存续。

最高额抵押权的设立与实现过程中,有下述一些特殊规则,需要当事人予

---

[1] 根据《物权法》的规定,当发生下列情形之一时,最高额抵押所担保的债权确定:(1)约定的债权确定期间届满;(2)没有约定债权确定期间或者约定不明确,抵押权人或者抵押人自最高额抵押权设立之日起满 2 年后请求确定债权;(3)新的债权不可能发生;(4)抵押财产被查封、扣押;(5)债务人、抵押人被宣告破产或者被撤销;(6)法律规定债权确定的其他情形。

以特别注意：

第一，最高额抵押权设立前已经存在的债权，经当事人同意，可以转入最高额抵押担保的债权范围。

第二，最高额抵押担保债权未确定的情形下，允许当事人约定抵押权的转让或者协议变更债权确定的期间、债权范围以及最高额债权额等，但不得对其他抵押权人不利。

第三，最高额抵押权实现时，若实际发生的债权余额高于最高限额的，以最高限额为限优先受偿，超过最高限额部分的债权为一般债权；若实际发生的债权余额低于最高限额的，以实际发生的债权额为限优先受偿。

4. 如何实现抵押权

借款人不清偿到期借款或者发生当事人约定的实现抵押权的情形，融资债权人可以与抵押人协议以抵押财产折价或者以拍卖、变卖该抵押财产所得的价款优先受偿。当融资债权人与抵押人未就抵押权实现方式达成协议的，融资债权人可以请求人民法院拍卖、变卖抵押财产。

由于我国实行"房地一致"原则，融资债权人在实现抵押权时应当注意：第一，建设用地使用权抵押后，该土地上新增的建筑物不属于抵押财产。该建设用地使用权实现抵押权时，应当将该土地上新增的建筑物与建设用地使用权一并处分，但新增建筑物所得的价款，融资债权人无权优先受偿。第二，依照《物权法》第180条第1款第3项规定的土地承包经营权抵押的，或者以乡镇、村企业的厂房等建筑物占用范围内的建设用地使用权一并抵押的，实现抵押权后，未经法定程序，不得改变土地所有权的性质和土地用途。

此外，当一个抵押财产上存在两个以上抵押权时，拍卖、变卖抵押财产所得的价款依照以下规则清偿：第一，抵押权已登记的，按照登记的先后顺序清偿；顺序相同的，按照债权比例清偿；第二，抵押权已登记的先于未登记的受偿；第三，抵押权未登记的，按照债权比例清偿。

5. 动产浮动抵押

浮动抵押制度起源于英国的衡平法，我国的动产浮动抵押制度是《物权法》新规定的一种担保方式，指特定的抵押人（企业、个体工商户和农业生产经营者）以现有的和将来所有的生产设备、原材料、半成品、产品等动产为债权人设定抵押权担保，当债务人不履行债务时，债权人有权以抵押人于抵押权实现时尚存的财产优先受偿。动产浮动抵押的设立，需要书面抵押合同或者主债权合同中的抵押条款，并且应当到抵押人住所地的工商行政登记管理部门办理登记，未经登记不得对抗善意第三人。相对于一般的抵押，动产浮动抵押具有以下特征：

第一，浮动抵押的标的物范围不确定，浮动抵押设定后，用于抵押的财产并不固定，而是在浮动抵押期间不断发生变化。

第二，浮动抵押期间，债务人仍继续占有、经营管理并自由处分公司财产，直到约定或法定事由发生，才由浮动抵押转为固定抵押，抵押人不得再处分公司的财产，浮动抵押转为固定抵押。此时，抵押权人得行使优先受偿的权利，这一状态为"浮动抵押的结晶"①。依照《物权法》，主要有以下四种情况引发浮动抵押的结晶：债务履行期届满，债权未实现；抵押人被宣告破产或者被撤销；当事人约定的实现抵押权的情形；严重影响债权实现的其他情形。

第三，浮动抵押期间，对于债务人在经营过程中处分的财产，债权人无追及效力。也就是说，动产浮动抵押权人不得以其抵押权对抗正常经营活动中已支付合理价款并取得抵押财产的买受人。

《物权法》确立动产浮动抵押制度，对于促进企业融资具有重要的作用：首先，拓宽了广大中小企业的融资渠道。浮动抵押人可以利用其现有的和将来拥有的财产进行抵押，这对于一些技术含量高、发展前景好的中小企业十分重要。其次，简化了抵押手续，只需对财产进行概括性描述，降低了抵押成本。浮动抵押期间，抵押人新取得的动产，不需要任何手续就可以当然成为浮动抵押的标的物。再次，浮动抵押有利于抵押人进行正常的商业活动。如果没有出现法定或者约定的事由，抵押人在日常经营管理活动中，可以对其设定抵押的财产进行处分，抵押权人不得干预，设置浮动抵押对于抵押人开展经济活动并无大碍。

（三）质押

质押，是融资借款人或第三人将其财产转移给融资债权人占有，以该财产作为融资债权担保的财产，当借款人不清偿到期借款时，融资债权人可将此财产折价或以拍卖、变卖所得的价款优先受偿的一种物保方式。为质押担保之用的财产称为质物，提供财产的融资借款人或者第三人称为出质人，享有质权的融资债权人称为质权人。

1. 质押财产

企业可以动产与权利两种财产形式相应地设立动产质押和权利质押。动产质押包括除现金以及不动产以外的财产提供的质押。由于动产质押以转移财产占有为要件，在现代商事交易中的地位逐渐没落，转移占有不仅增加了债权人的保管责任和费用，而且使出质人失去财产的使用权，难以做到物尽其用。

---

① 李政辉：《论浮动抵押》，载《民商法论丛》（第14卷），法律出版社2000年版，第732页。

权利质押，是以出质人提供的财产权利为标的而设定的质权，例如票据权利、股权、知识产权质押等。随着经济和金融的发展，逐渐有新的权利或金融产品被法律认可为可以出质的权利，如基金份额、应收账款质押。目前不少保险公司、银行已经开展保单质押贷款业务，具有储蓄功能的养老保险、投资分红型保险及年金保险等人寿保险保单也可以设定质押贷款；另外，根据《合伙企业法》，合伙人可以其在合伙企业中的财产份额出质。

2. 如何设立质权

设立质押，当事人应当订立书面合同。一般而言，质权自出质人交付质押财产时设立。以不同财产设定质押，其方式也不同，具体如下：

第一，以动产设定质押的，质押自质物交付融资债权人占有时设立。应该注意的是，出质人（融资借款人或第三人）将质物转移归融资债权人占有是设定质押的关键，其重要性表现为：（1）借款人或第三人代融资债权人占有质物的，不产生质权。（2）融资债权人将质物返还出质人占有，质权不能对抗第三人。（3）出质人迟疑移转占有的，质权在移转时生效，因此给融资债权人造成损失的，出质人应当根据其过错承担赔偿责任。

第二，设定权利质押的，分别为：（1）以汇票、支票、本票、债券、存款单、仓单、提单出质的，质权自权利凭证交付质权人时设立，没有权利凭证的，自有关部门办理出质登记时设立。（2）以基金份额、证券登记结算机构登记的股权出质的，质权自证券登记结算机构办理出质登记时设立；以其他股权出质的，质权自工商行政管理部门办理出质登记时设立。证券登记结算机构登记的股权一般是上市公司股权。2008年9月，国家工商行政管理总局发布了《工商行政管理机关股权出质登记办法》，专门适用于有限责任公司和非上市股份有限责任公司股权出质登记。（3）以注册商标专用权、专利权、著作权等知识产权中的财产权出质的，质权自有关主管部门办理出质登记时设立。（4）以应收账款出质的，质权自信贷征信机构办理出质登记时设立。中国人民银行征信中心是应收账款质押的登记机构。

3. 应收账款质押融资

应收账款质押是《物权法》新规定的质押融资方式，中国人民银行制定的《应收账款质押登记办法》对应收账款的解释为：权利人因提供一定的货物、服务或设施而获得的要求义务人付款的权利，包括现有的和未来的金钱债权及其产生的收益，但不包括因票据或其他有价证券而产生的付款请求权。

商业银行信贷实践中围绕存货、应收账款担保，已经创新出厂商银三方合作担保、供应链金融等融资方式。至于我国现阶段债权信用较差，允许应收账款作为担保物会不会增加银行呆坏账比例的担心,《物权法》的做法是,应收账款的价值和变现可能性问题由当事人自己去衡量,法律上不作考虑。例如商业银行在放贷时可以拒绝某些账期较长的应收账款作为担保物,对于风险较大的应收账款可以确定较低的质押率。[1]

企业可以设定质押的应收账款包括:(1)销售产生的债权,包括销售货物,供应水、电、气、暖,知识产权的许可使用等;(2)出租产生的债权,包括出租动产或不动产;(3)提供服务产生的债权;(4)公路、桥梁、隧道、渡口等不动产收费权;(5)提供贷款或其他信用产生的债权。

【拓展知识】

供应链金融[2]

供应链金融指银行通过分析供应链及链条上的每一笔交易,借助核心企业的实力,以及存货、应收账款等担保形式,为供应链上的单个企业或上下游企业链条提供融资、结算、理财等全面金融服务。

应收账款质押是供应链融资的重要形式,如银行推出的"应收账款池"融资业务。此业务主要针对固定向某大企业供货、签有长期供货合同的中小企业。这些企业往往同时拥有多笔对固定买家的应收账款,因此而形成了一个类似于蓄水池的应收账款定额,企业只要将应收款委托银行管理,银行将根据"应收账款池"的数额核定一个合理的融资额,企业即可获得连续的融资安排和应收账款管理服务,而无需提供其他保证或抵押担保。

仓单质押也是供应链融资的一种方式。由于动产的流动性与不可控性,银行与仓储公司或物流公司合作,推出仓单质押贷款融资模式,公司将货品运至指定的仓库,物流、仓储公司向公司出具仓单,并交付银行,银行据此发放贷款。当公司需取用货品时,需征得物流、仓储公司及银行的同意。目前这种方式已被许多产成品、原材料数量较大的企业所采用。

(四)留置

留置是指债权人按照合同约定占有债务人的动产,债务人不按照合同约定的期限履行债务的,债权人有权依照法律规定留置该财产,并可就该财产折

---

[1] 朱亚平、朱琴梅:《浅议担保物权在民事执行程序中的实现》,载法律快车网,http://www.lawtime.cn/info/wuquan/dbwq/200903041174.html,2009年12月3日访问。

[2] "供应链金融课题组":《供应链金融》,上海远东出版社2009年版,第25~28页。

价、拍卖、变卖的价款优先受偿。与可以由当事人自由约定的抵押、质押等担保方式不同，留置是法定担保，由法律明确规定留置适用的情形。

【背景资料】

民事留置与商事留置

广义上的民事留置起源于罗马法，并非有物权的效力，仅认为是诉讼法上的抗辩权，债权人对于相对人负有关联于其债权之债务时，在相对人未履行其债务期间得拒绝自己所负担债务之履行，它与抵销之抗辩权、同时履行之抗辩权同为恶意抗辩权的一种。而商事留置，萌生于中世纪意大利商人团体之习惯法，之后在德国旧商法典和新商法典中都作出了明文规定，系指商人间因营业发生债权债务关系，债权人于其债权未受清偿前，就所占有债务人之物得行使之留置权而言。

在民商分立的立法模式下，往往在民法典和商法典中分别规定民事留置权和商事留置权，如德国、日本。在民商合一的立法模式下，通常在民法典中统一规定留置权制度，但对商事留置权作特别规定，如瑞士、中国等。

1. 商事留置权的成立条件

商事留置，是指商主体在双方商行为的场合下，债权人为实现其债权，有权留置已占有的债务人的动产。商事留置权的成立要件是：

第一，主体均为商人。我国《物权法》将商事留置权的主体限制于"企业"之间，包括个人独资企业、合伙企业、公司企业等。但"企业"不足以囊括所有的"商人"，例如个体工商户等。根据法律的目的解释，在法律适用时，对企业以外的其他商人之间的留置权应类推适用该条。

第二，债务已届清偿期，并且行使留置权以实现的债权、债务系因商人之间的商行为而产生。

第三，商人之间的留置无须债权与留置的动产基于同一法律关系而生，只要动产的占有和债权均由营业关系而产生，就可认定债权与标的物之间存在牵连关系。由于商人间的交易多具有连续性与持久性，若只限定一次交易中产生的债权与占有的标的物之间存在牵连关系，则不利于保护债权人利益，也不利于促进商人之间的交易往来。

2. 关于留置财产

《物权法》虽然确立了商事留置，但是在实践中，关于"什么财产可以留置"的问题仍然需要进一步清晰化：

首先,留置财产是债务人合法占有的动产。对于不属于债务人所有的或者非法占有的财产能否作为留置财产,即商事留置是否适用善意取得?各国立法规定不同,瑞士《民法》第895条第3款规定留置权的标的物以属于债务人为前提。债权人善意取得不属于债务人的物,以第三人没有基于以前的占有权提出请求为限,有留置权。日本《商法典》第521条规定,留置权的标的物以属于债务人的所有物或有价证券为限,不承认商事留置权的善意取得。我国《担保法》对留置权的善意取得未加以规定,但最高人民法院《关于适用〈中华人民共和国担保法〉若干问题的解释》第108条规定,债权人合法占有债务人交付的动产时,不知债务人无处分该动产的权利,债务人可以按照《担保法》第82条的规定行使留置权。该条弥补了立法关于留置权善意取得的空白。实质上,留置权的产生不仅在于维护债权人与债务人之间的公平,而且应维护交易安全,只要留置权人留置的动产为债务人所占有,则根据债务人动产占有的公信力,债权人对其善意取得的不属于债务人所有的物享有留置权。

第二,留置的动产是否包括有价证券?有价证券指设定或证明持有人有权取得一定财产权利的书面凭证,它主要包括提单、仓单、股票、债券、票据等。《物权法》第230条规定留置权的标的物为"动产",国外立法诸如日本《商法典》、韩国《商法典》、德国《商法典》等,都将有价证券规定在留置财产范围内。在"财产证券化"的当今商业社会,有价证券适用越来越广泛,它具有动产的属性,将有价证券纳入留置财产的范围一方面可以增加债权人实现债权的机会,同时又符合商行为快速、高效的需求。

第三,留置权不仅优先于债权受偿,而且优先于抵押权和质权受偿,基于对公共政策与善良风俗的考虑,法律明定或当事人约定"不得留置"的财产不能留置。

(五)典当

中国旧时有谚语"气死不告状,穷死不典当",在当今社会却有"急事告贷,典当最快"的说法,这体现了典当在社会中功用的转变。[①] 所谓典当融资是指是指当户将其动产、财产权利作为当物质押或者将其房地产作为当物抵押给典当行,交付一定比例费用,取得当金,并在约定期限内支付当金利息、偿还当金、赎回当物的行为。

[①] 据商务部统计,2006年,我国典当行业企业共2052家,行业注册资本总额170多亿元,2006年典当总额预计达800亿元。参见罗键魁:《旁门左道的新融资方式》,载《牛津管理评论》2007年4月30日。

目前我国典当行从事的典当业务具有以下特征：第一，从事典当业的是经依法批准的企业①，即典权人是商人，典当行为属于商行为。第二，在典当中，出典人应将典物或财产权利凭证移交给典权人，典权人将一定款项出借给出典人。典当行要求的担保方式主要包括：动产及权利质押、房地产抵押。第三，当出典人还本付息后，典权人将典物返还给出典人；而当出典人在规定的回赎期内不能回赎典物时，则该典物的所有权归属于典权人所有（绝当物估价金额不足3万元时），或由典权人以当物的价值优先清偿（当物估价金额超过3万元时）。

典当融资对于中小企业与短期内急需资金的企业而言，具有极大的便利性，与其他融资担保形式相比，具有以下优势：

1. 融资门槛低。典当行一般只注重典当物品是否货真价实，对当户不挑剔，也无须他人提供担保。

2. 贷款期限、用途自由。典当期限由借贷双方共同约定，最长期限为6个月，到期可申请办理续当手续；借款金额由借贷双方协商确定，最多以不超过当行注册资金总额的1/3为限。典当行对贷款资金用途没有要求。

3. 融资手续简便。客户无须提供财务报表等相关资料，对抵、质押物价值的评估主要由双方协商或请有关评估部门认定，没有繁琐耗时的层层审批。

4. 融资产品种类较多。一般商业银行只接受不动产抵押，而典当行则动产质押与不动产抵押均可，只要是有价值的财物都可以典当。

【拓展知识】

当票与绝当

当票，是典当行与当户之间的借贷契约，是典当行向当户支付当金的付款凭证。当票上一般记载当物名称、状况、估价金额、当金数额，利率、综合费率，典当日期、典当期、续当期等事项。典当行和当户不得将当票转让、出借或者质押给第三人。

当户应当在典当期限或者续当期限届满后5日内赎当或者续当，如果当户逾期既不赎当也不续当的，则为绝当。对于绝当的物品，典当行应当按照法律的规定处理：（1）当物估价金额在3万元以上的，可以按照《担保法》有关规定处理，也可以双方事先约定绝当后由典当行委托拍卖行公开拍卖。

---

① 根据2005年《典当管理办法》，典当行可以经营下列业务：（1）动产质押典当业务；（2）财产权利质押典当业务；（3）房地产（外省、自治区、直辖市的房地产或者未取得商品房预售许可证的在建工程除外）抵押典当业务（典当行不得从事动产抵押业务）；（4）限额内绝当物品的变卖；（5）鉴定评估及咨询服务；（6）商务部依法批准的其他典当业务。

(2) 绝当物估价金额不足 3 万元的，典当行可以自行变卖或者折价处理，损益自负。(3) 对国家限制流通的绝当物，应当根据有关法律、法规，报有关管理部门批准后处理或者交售指定单位。(4) 典当行在营业场所以外设立绝当物品销售点应当报省级商务主管部门备案，并接受监督检查。(5) 典当行处分绝当物品中的上市公司股份应当取得当户的同意和配合，典当行不得将其自行变卖、折价处理或者委托拍卖行公开拍卖。

五、其他担保形式

融资担保的形式，除了人保、物保之外，还包括其他形式，比如票据保证、信用证担保等形式，它们具有更明显的商事特征，比如专业性、技术性等。

（一）票据保证

票据保证[①]，是指票据债务人以外的第三人以担保特定票据债务人履行票据债务为目的，在票据或者粘单上记载保证文句并签章的一种附属票据行为。根据我国《票据法》与《支付结算办法》的规定，票据保证仅适用于银行汇票、商业汇票和银行本票的债务，而不适用于支票以及其他票据的债务。

票据保证与"人保"有相同之处，比如：设立的目的是为了担保债权的实现；保证人是债务人之外的第三人；保证人享有向被保证人追索的权利；二者都是要式法律行为等。但票据保证作为一种票据行为，又与融资担保中的"人保"不同。票据保证由《票据法》调整，而"人保"则由《担保法》、《合同法》等法律调整。

表 2-2-4 票据保证与"人保"的比较

	票据保证	融资担保中的"人保"
法律行为的性质	单方法律行为，不必经过持票人的同意	双方法律行为，保证人和融资债权人之间必须签订保证合同
债务转移	通过背书即可完成，无需征得保证人的同意	应当征得保证人同意，保证人对于未经过其同意转让的债务，不再承担保证责任
是否可以附加条件	应经过保证人同意，保证人对于经过其同意转让的债务，不再承担保证责任	经融资债权人同意，保证人可以在保证合同中提出附加条件

[①] 票据保证是票据行为的一种，关于票据行为的具体阐述参见本编第五章"结算与票据"。

续表

	票据保证	融资担保中的"人保"
连带责任的性质	法定连带责任，保证人为两人以上的，保证人之间承担连带责任	保证的责任可约定为连带保证，或一般保证，没有约定的，推定为连带保证 多个保证人的，保证人之间可以约定按保证份额承担保证责任，没有约定的，保证人承担连带责任
独立性	独立性较强，被保证的债务因实质要件欠缺而消灭时，保证责任依然存在。	独立性弱，融资债务消灭，保证责任也随之解除。

对于票据担保，保证人必须在票据或者粘单上记载下列事项：（1）表明"保证"的字样。（2）保证人名称和住所。（3）被保证人的名称。（4）保证日期。（5）保证人签章。上述五种记载事项中，第1项、第2项、第5项是绝对必要记载事项，若不记载，保证无效；第3项、第4项是相对必要记载事项。票据上未记载被保证人名称的，已承兑的汇票推定承兑人为被保证人；未承兑的汇票，出票人为保证人。之所以这样推定，是为了更有利于票据债权人，加强票据的信用。同理，票据未记载保证日期的，推定出票日期为保证日期。保证行为与其他票据行为一样，应具备单纯性，因而保证不得附条件；附有条件的，该附条件记载被认为是无益记载事项，不发生任何效力，而保证行为仍有效。

【拓展知识】

票据贴现融资

票据贴现融资，是指票据持有人将商业票据转让给银行，取得扣除贴现利息后的资金。在我国，商业票据主要是指银行承兑汇票和商业承兑汇票。这种融资方式的好处之一是银行不按照企业的资产规模来放款，而是依据市场情况（销售合同）来贷款。企业收到票据至票据到期兑现之日，往往是少则几十天，多则几百天，资金在这段时间处于闲置状态。企业如果能充分利用票据贴现融资，远比申请贷款手续简便，而且融资成本很低。票据贴现只需带上相应的票据到银行办理有关手续即可，一般在3个营业日内可办妥，对于企业来说，这是"用明天的钱赚后天的钱"，这种融资方式值得中小企业广泛、积极地利用。

（二）信用证担保

信用证是进口方银行（开证行）应进口商（申请人）的要求开立给出口商（收益人），承诺当出口商提交与信用证条款相符的单据时，将会作出承兑或付款的保证文件。信用证是一种国际结算工具，同时也可以为企业融资提供便利。通过有效利用信用证，企业在进出口时可减少资金占用，解决短期资金融通问题。信用证为进口商提供的融资方式有以下几种：

第一，进口开证授信额度。开证额度是指银行信贷部门给客户核定的减免保证金开证的最高限额。企业申请减免保证金开证需要有授信额度，开证时扣减额度，信用证付汇时恢复额度。

第二，进口押汇。进口押汇是指开证行收到出口方提交的信用证项下单据并审核无误后，开证申请人出现资金困难无力按时对外付款时，由开证银行先行代其付款，使申请人取得短期的资金融通。进口商申请办理进口押汇，须向银行出具信托收据，将货物的所有权转让给银行，银行代企业付款，进口商代银行保管有关货物，同时保证在规定期限内用销售收入归还全部银行垫款。进口押汇的期限自每笔对外付款日起至押汇归还日止，原则上不超过3个月。

第三，提货担保。当货物先于正本货运单据到达进口商所在地时，信用证开证申请人可向银行申请开立提货担保保函，交给承运单位先予提货，待取得正本单据后，再以正本单据换回原提货担保保函。提货担保可使进口商及时提货，减少进口商货物停滞费用，及早提货销售，加速资金周转。

本章小结

融资作为一种商事行为，越来越成为企业经营成败的关键。本章从狭义的角度分析企业融资，即资金的融入，是企业为了保证经营发展需要，采用一定的渠道和方式筹集资金的经济行为，包括直接融资与间接融资。本章对股票融资、债券融资、银行融资、民间融资等方式作了介绍。当然关于企业的融资方式还包括私募基金、天使基金等新的融资渠道，这些融资方式体现了现代商事经营的特点，即高风险、高收益。本章侧重将融资与担保结合起来讲述，这些融资方式花费笔墨较少，但不表示可以忽视其对企业经营的作用，其中的法律问题及风险需认真对待。企业在融资过程中，应当根据自身发展特点，结合各种融资方式的特点，选择适合的融资渠道。

融资与担保如影相随，除了股票融资、债券融资等直接融资方式之外，间接融资需要企业提供担保。本章介绍了与企业融资密切相关的各种担保形式，包括人的担保与物的担保等。与一般的民事担保相比较而言，作为商行为的融资担保更加体现了商事的特征——快速、高效、交易安全等。应该指出，由于我国采取的是民商合一立法体例，没有充分注意民、商事担保之间的各种差异，忽视了区别不同情况加以调整的必要性，因而我国民、商事担保区别立法的完善还任重而道远。

思考与练习

1. 企业融资方式有哪些？各类融资方式分别有什么特点？
2. 股票融资与银行贷款融资相比较有什么优势？
3. 融资担保与一般的民事担保相比有何特点？
4. 人保中一般保证责任与连带责任保证两种保证方式有什么不同？
5. 《物权法》对担保物权制度有何新规定？
6. 票据在金融担保中可以发挥什么作用？

案例分析

1. 阅读下述"融资租赁合同纠纷案"，思考：融资租赁关系中，承租人可否因租赁物有瑕疵而要求出租人承担责任？

甲、乙公司签订融资租赁合同，约定甲根据乙的要求从丙公司购买数码冲印设备一套，由丙负责向乙交付设备，甲向丙支付货款，即购销合同是以甲作为购货方与丙公司签订的，原告只承担根据购销合同规定向丙支付设备货款的责任，除此之外，购销合同规定的其他义务均由乙承担，甲对设备的任何瑕疵不负责任；在租赁期满、乙支付完全部租金后，乙向甲支付留购价格，甲将设备所有权转让给乙。后甲依约与丙签订数码冲印设备的买卖合同。上述合同签订后，甲向丙公司支付货款，丙向乙交付设备，乙出具了设备验收报告。此后，乙未按期足额支付租金，故甲起诉。乙提出没有支付剩余租金的原因是原告一直没有提供设备的进口证明文件。

2. 阅读下面"保证期间保障债权安全的重要性"一案，思考：此案中丙公司应当承担何种保证责任？保证期间经过，保证人是否承担保证责任？

2006年1月23日，乙公司经丙公司担保向甲公司借款50万元，双方约定2个月内还清。乙公司为甲公司出具了借据，注明于3月23日之前还清欠款，丙公司作为保证人在借据上签名。后乙公司未按时清偿借款，甲公司于10月8日向法院提起诉讼，要求乙公司还清欠款，丙公司作为保证人承担连带保证责任。

3. 阅读下面"浮动抵押标的价值降低，可否要求另行提供担保"案例，思考：如何理解浮动抵押制度？

甲公司向银行贷款，并以其一套流水线和两个仓库的原材料、产品作为抵押。双方签订了抵押合同并进行了登记。半年后，由于甲公司严重亏损，仓库中的物品总价值日渐降低。银行要求甲公司归还贷款，或者另行提供相应资金的担保。此时，甲公司不能偿还贷款，也无力再提供担保，于是银行向法院起诉，要求实现其抵押权。

4. 阅读下述"进口押汇担保纠纷"案件，思考：进口押汇中如果质押不转移物的占有，是否构成银行对物的担保的放弃？

甲银行应乙公司申请开出不可撤销信用证，金额为100万元。在收到受益人寄来的单据时，乙公司资金周转出现困难，遂向甲银行申请进口押汇资金100万元。为降低押汇风险，甲银行要求乙公司向其出具《贸易融资总质押书》，乙公司承诺将信用证项下有关的提单、运单和货运收据等物权凭证质押给银行，作为押汇款的担保。同时，乙公司还向甲银行出具一份信托收据，约定信用证项下货物的货权归甲银行所有，乙公司只是代表甲银行处理货物的运输、保管、保险及出售。乙公司保证将该货物出售后所有款项专户存储，一次或分次归还甲银行，在甲银行的款项未获偿付前，货物的销售款将由乙公司代表甲银行持有，并随时可为甲银行取得。为确保债权的实现，在甲银行的要求下，丙公司向甲银行出具了一份担保书，承诺对乙公司因申请押汇而欠甲银行的全部债务承担连带责任，并且保证范围不因甲银行持有任何其他担保而受影响。此后，甲银行为乙公司办理了进口押汇。然而乙公司销货后，没有偿还甲银行的押汇款，甲银行在向乙公司及担保人丙公司追讨未果的情况下，向法院提起诉讼，要求乙公司偿还押汇款及相关利息、罚息，丙公司承担连带保证责任。问：甲银行的行为是否构成放弃质权？丙公司是否应当对全部债务承担连带责任？

第三章 中介与代理

江苏省旺厦公司将旗下257套商铺委托凯思达独家策划销售，并向其支付代理费用。合同约定："销售总额在1000万元之内的部分，按销售额的4%提取佣金；销售总额在1000万——2000万元之内部分，按销售额的5%提取佣金；销售总额在2000万元以上时，按销售额的6%计算，超底价部分甲乙方各提取50%；结算方式为每月一次；合同期限为2003年5月18日至2004年1月30日。"2004年2月6日双方又签订了一份续约（简称合同二），约定合同有效期为2004年2月1日至2004年5月31日，在续约的补充协议里双方表示：旺厦同意继续支付第一份协议的佣金，但从那部分佣金中扣除36000元，且在续约期内的代理费降至销售额的2%，双方继续履行协议。至2004年4月，旺厦公司认为双方合同一约定的提成比例违反了《价格法》及江苏省有关房地产中介服务收费法规①，故拒绝支付佣金，并向凯思达公司发函。同月，凯思达公司诉至原审法院要求被告旺厦公司给付2004年2—4月的佣金、赔偿款及违约金合计28万余元。②

本案焦点在于，商品房独家销售代理是否属于中介服务？若属于，则受有关中介服务收费法律法规调整，不得收取规定以上的中介费用；若不属于，则佣金费取得按当事人合同约定执行。然而，我国中介相关法律、法规规定的中介服务未列明商品房销售代理，那么该如何认定行为的性质呢？这就需要对中介的基本法理与法律制度有所了解。

---

① 《中华人民共和国价格法》第12条规定，经营者进行价格活动，应当遵守法律、法规，执行依法制定的政府指导价、政府定价和法定的价格干预措施、紧急措施。第14条规定，经营者不得有下列不正当价格行为：……（七）违反法律、法规的规定牟取暴利。
江苏省物价局苏价服（2003）224号文件《江苏省房地产中介服务收费管理办法》及徐州市物价局徐价服（2003）224号文件《关于贯彻江苏省房地产中介服务收费管理办法的通知》虽然不是国家法律、行政法规，但是属于《中华人民共和国价格法》第12条规定的"依法制定的政府指导价、政府定价和法定的价格干预措施、紧急措施"的范围，故一审法院认为双方签订的浙江华东副食品综合市场徐州分市场策划销售代理合同中关于佣金提取比例的约定（4%－6%是本市政府指导价的2－3倍）违反《价格法》第14条的强制性规定，是无效条款，但该条款不影响该合同其他部分的效力。

② 《中介商牟取暴利超标准订立合同，两审均败诉付出沉重代价》，载http://www.fzzx.cn/S/Bookpages/228/57079.shtml，2005年5月21日访问。

一、商事中介

商事中介的特点在于以市场化营业为主要内容，服务于企业及消费者，是企业之间、企业与消费者之间、消费者相互之间的链接纽带。商事中介组织是独立的、具有商事能力的商人，其进行的中介活动本质上是商行为。

（一）什么是商事中介？

1. 商事中介的概念与特征

中介可分为社会型中介及市场型中介两种。社会型中介是指沟通政府、企业及个人之间，依法设立的具有社会性功能的组织。我国社会型中介产生于政府推动及政府职能市场化两大原因，因此表现出较强的政府部门依附性，典型如从事计量审查、商品验证、质量检查、物价检查等监督鉴证类中介机构。这类中介机构不具有商业性质，其特点为代表政府提供一定公共产品的功能。但也有一些中介组织既为商品流通提供服务，同时也监督市场运行，如审计师事务所。当这种中介进行的活动具有商事性质时，才成为本书所言商事中介。

市场型中介是指市场经济活动中，在企业与企业之间、企业和消费者之间提供消费服务的服务型企业，以及在消费者之间从事信息沟通和获取，产品传递，资金流转以及辅助决策，并为企业的生产经营提供劳动力、资金等生产要素的一类企业和组织。本章所研究的商事中介，指以市场化营业为主要内容的、具有商业性质的市场型中介组织。

商事中介的特征主要体现在以下几个方面：

第一，主体为独立的商人。商事中介是一名独立的商事经营者，它依法享有权利和承担法律责任，这也是商事中介区别于商辅助人的特征。

第二，须具备商事能力。商事能力是商主体在商法上的商事行为能力与商事权利能力的统称。商事中介须具备商事能力意味着：（1）商事中介必须依法登记成立，商事中介的成立必须具备一定资格。（2）商事中介必须具有从事营业性行为以及依法承担商法上权利义务的能力。商事中介具有商法上的资格和地位，与一般民事中介具有本质差别。商事中介可以为商个人、商合伙或商法人，但都必须具备商事能力。

【相关案例】

"中介"二字毁百万金[①]

青青公司与陈某签订《协议书》，约定：双方就东方市场和西村 C 地块两

[①] 《"中介"二字毁百万金》，载 http://blog.soufun.com/9954819/3557/articledetail.htm，2010 年 2 月 3 日访问。

项工程结算款项事宜达成协议：由陈某支付现金人民币100万元整，借给青青公司作"东方市场"工程投资款，再加上青青公司应支付给陈某的西村C地块（暂定名"金鼎大厦"）项目策划、中介、劳务费等共人民币现金400万元整，两项工程款项合计为人民币现金500万元整。后来，青青公司将金鼎大厦项目转让，未及时与陈某结算，为此陈某向法院起诉，请求判令青青公司返还借款人民币500万元及利息。

本案经广东省高级人民法院审理，认为：该协议载明400万元人民币为房地产项目策划、中介、劳务费，而陈某不具房地产业的经纪人资格，陈某向青青公司收取中介费没有合法依据，此部分款项不予保护。至于项目策划和劳务费的收取以及陈某某将该款转作借款予青青公司，不违反法律禁止性规定，应予确认。由于协议书未明确项目策划费、中介费、劳务费各占400万元人民币的比例，事后双方又未能协商一致，故按策划费、中介费、劳务费分别占400万元人民币的1/3计取。因此，青青公司应偿付陈某某款项3,666,667元人民币及其利息。中介费1,333,333元人民币应予扣除。

评析：此案例的争议焦点在于，个人能否进行房地产项目中介？能否收取中介费用？本案陈某因在合同中签有"中介"二字，损失了130余万元。原因在于，法院把案件定性为房地产中介活动，是一种商行为而非民事行为，但陈某不具有房地产经纪人资格，即不具备商事中介主体资格，因此陈某没有收取中介费的合法依据。

第三，具有专业性。中介组织在市场中发挥的作用有很多，而多数中介服务对专业有相当的要求，如律师事务所、广告代理商等。因此，商事中介存在基础是必须具有专业的知识和技能。

2. 商事中介的类型

商事中介一般可以分为四大类：

第一类为市场交易中介机构。市场交易中介是根据委托人的要求，为委托人开始商事活动提供方便和服务，从而降低委托人市场交易费用的中介组织。主要包括运输代理服务、房地产中介服务、广告业、知识产权服务、职业中介服务等。

第二类为信息咨询服务机构。主要是指信息、经济、技术等咨询机构，其服务行为具有明显的商业性质。即其活动仅仅是依法为服务客体提供多方面的信息、咨询等服务，既考虑社会效益，也注重经济效益。主要包括市场调查、社会经济咨询等行业。

第三类为法律财务服务机构。主要是指会计师事务所、律师事务所、资产评估机构等。但需要注意的是，当这类法律财务服务进行的中介行为是以市场化营业为主要内容、具有商业熟悉时才作为本章所讨论的商事中介范围，若其履行的是社会性职能，则不为商事中介。

第四类为自律性行业组织。主要是指各类行业协会、商会等自律性组织。其服务行为主要依据市场规则，制订行规或公约，协调本行业事务，实行同行企业自律，维护行业整体利益，主要是指行业性团体这个行业小类。①

（二）商事中介制度的演进

各国对商事中介制度的重视程度均很高，但由于商事中介形式的多样性，各国在商事中介立法中一般采用单行立法的方式，如《房地产中介法》、《经纪人法》、《律师法》等，通过规范商事中介的主体资格、商事中介行为等方式完善市场中介制度。

随着我国商事中介活动的快速发展，商事中介法律也逐渐暴露出它的不足。

首先，对商事中介行业进行过分行政干预，阻碍商事中介市场化进程。以律师中介服务业为例，在中国，中央政府不仅对律师资格的认证制定了资格与从业标准，而且通过所有权控制与法律服务的定价控制直接控制律师事务所的业务。与其他市场中介服务业相比，律师服务业的市场化进程要缓慢得多。

其次，立法滞后。很多国家，如美国、法国、德国、日本等，均已形成规范有序的中介服务制度，这类国家以立法规范、政府扶持、严格准入、资格审查和严格责任追究为主要特征。反观我国中介法律制度，中介立法没有形成统一的专门针对中介业的法律法规，不利于商事中介活动有序运行。

最后，过分强调政府监管，忽视从商法角度进行商事中介责任追究等制度立法。目前我国对商事中介的规范主要从政府监管、政府管理的角度进行，但对商事中介中的民事责任问题，如商事中介不履行保密义务危害交易当事人利益、商事中介的赔偿责任如何追究等，则没有得到很好的解决。

【拓展知识】

中介与《中介组织法》

目前，我国中介行业纠纷日益增多，而我国对中介组织的监管主要依靠行业管理，使中介机构脱离不开政府的管制，难以进行真正的"中介"。

随着中介活动发展及市场中"黑中介"增多，制定一部《中介组织法》

---

① 《浙江中介服务业发展现状及对策研究》，载《经济与管理》2006年第10期，第26页。

（或《中介法》）规范市场中介活动已成为大势所趋。然而，在制定《中介组织法》时，首要面临的问题是：中介组织是否包括代理商、居间商和行纪商？是否应把中介组织定性为具有委托代理性质的代理商？以房地产中介为例，目前我国对于房地产中介组织是否包括房地产居间出现两种立法模式。主流观点认为房地产中介包括居间商，支持这种观点的立法包括《宁波房地产中介服务管理条例》、《青岛市城市房产中介服务管理规定》等；而另一种立法模式把代理组织、行纪组织包含在房地产中介组织范围内，但对房地产居间活动不予支持，典型的如《上海市经纪人条例》、《浙江省经纪人管理条例》。

本书认为，从本质上而言，居间、行纪与委托代理行为都是根据他人的委托进行法律行为，因此，把居间商、行纪商和代理商纳入中介商主体制度范畴更有利于建立统一、协调的中介法律体系。

（三）居间

1. 什么是居间？

居间，是指居间人向委托人报告订立合同的机会或者提供订立合同的媒介服务、委托人支付报酬的一种制度。所谓居间商是为委托人与第三人进行商事法律行为报告信息机会或提供媒介联系的中间人，居间商主要分为"委托人报告订立合同的机会"的报告居间商以及"提供订立合同的媒介服务"的媒介居间商两大类。

居间的法律特征主要有以下几点：

第一，居间人无须为委托人及第三人订立的合同承担法律责任。以一房屋买卖为例，房产中介人得知买方有购房欲望，且卖方欲出售房屋符合买方要求，因此拉拢买卖双方，后买卖双方就该房产达成交易协议并签订买卖合同。此时，房产中介人、买卖人三者形成的法律关系如下：

图 2-3-1

可见，买卖双方达成买卖合同后，居间活动即告结束，至于该买卖合同是否履行或履行过程中出现法律纠纷，居间人对此不负法律责任。

第二，居间人与合同相对人之间的三角关系同时体现了居间人的独立性。作为中间人，居间人不以一方的名义或自己名义与第三人订立合同，它仅仅为委托人报告订约的机会或提供订约媒介的服务，独立于合同双方当事人。

第三，居间合同是有偿、诺成、不要式合同。①

【拓展知识】

居间商和代理商的区别

在大陆法系国家的商法中，居间商是指职业性从事契约促成活动并获得佣金的商人。在我国现有的一些规范性文件中，居间商又可成为"经纪人"；然而，我国现有法律法规对"经纪"一词却无明确定义。江平教授认为："经纪商与顾客之间的法律关系是代理人和委托人的关系。"② 与代理商不同，居间商的法律特征在于：

第一，居间商并非根据契约关系固定地为委托人从事促成活动，它是自由独立的商人，不受雇佣契约约束；而代理商一般为固定的委托人所用，以委托人利益为基础进行代理活动。

第二，居间商并非合同当事人，对促成的商事活动及其导致的法律后果不负责任；在某种情况下（如隐名代理），代理商需要对代理活动负法律责任。

第三，居间商可以与合同双方当事人约定合理佣金，居间商的佣金由合同当事人两者负担；而代理商不得"双方代理"，其佣金取得来源于委托人。

2. 居间人的权利义务

有别于民事居间，商事居间在进行居间活动时，必须具备一定的主体资格：一方面应当经工商部门登记，领取营业执照；另一方面应具备相应的专业知识和能力。对于居间人而言，它享有以下权利：

获得报酬及费用偿还请求的权利。居间人可与当事人自行协商居间费，但费用额度不得超过国家限定标准。居间未能促成合同时③，居间人不得请求报

---

① 根据我国《合同法》的规定，一切居间合同都是有偿合同。居间人向委托人报告订立合同的机会或者提供订立合同的媒介服务，是为了从委托人那里取得报酬；委托人也必须为居间人的服务提供报酬。

② 江平：《西方国家民商法概要》，法律出版社1984年版，第222页。

③ 对于居间费取得条件，学界存在两说，一种意见认为：居间费取得以合同有效成立为前提；一种意见认为，只要促成合同即可取得居间费，不以合同有效成立为条件。而在司法实务中，如何认定"居间人已促成合同成立"仍存在模糊。

酬。居间人为促成当事人合同而为的必要支出，一般包括在报酬内，居间人不得另行主张费用偿还。但合同中约定应有委托人负责的费用，居间人已垫付时可主张费用偿还请求权。

居间人义务则包括：第一，据实报告及忠实义务。居间人的报告义务是居间人在居间合同中承担的主要义务，居间人应依诚实信用原则履行此项义务。订约的有关事项，包括相对人的资信状况、生产能力、产品质量以及履约能力等与订立合同有关事项。

第二，保密义务。居间人对在为委托人完成居间活动中获悉的委托人的商业秘密以及委托人提供的信息、成交机会、后来合同的订立情况等，应按照合同的约定保守秘密。居间人如违反隐名和保密义务致使隐名当事人或委托人受损害的，应承担损害赔偿责任。

第三，介入义务。居间人的介入义务是指在隐名居间中，在一定情形下由居间人代替隐名当事人以履行辅助人的身份履行责任，并由居间人受领对方当事人所为的给付的义务。

二、商事代理

有生意就有代理。商事代理关系是商事中介活动中重要的法律关系之一。企业经营离不开商事代理活动，市场中的代理商可谓企业"伸长的手足"，帮助企业寻找合作对象、达成交易。

（一）什么是商事代理？

1. 商事代理的概念及特征

"商事代理"是指代理行为人以自己的名义或以委托人名义，为委托人买或卖或提供服务，并从中获取佣金的经营性活动。商事代理作为一种特殊的商事行为，具有区别于民事代理的特征，主要表现在：

（1）主体资格不同。民事代理对主体一般不设要求；但商事代理中，代理人必须具备商人主体资格及商事能力。

【拓展知识】

代理商及其资格取得

代理商，是指根据其他商人的委托，在代理权限内，促成委托人及第三人交易，或代替委托人从事某种商行为的独立商人。

广义的代理商应包括狭义代理商、居间商和行纪商。代理商是基于代理合同或委托人授权取得代理权。如代理商是基于合同取得代理权时，应与委托人签订代理合同，明确代理期限、代理范围、代理事项等内容。若代理期限不明，则视为不定期合同；若授权范围不明时，代理商与被代理人对第三人负连带法律责任。

代理商可以是商个人、商合伙或者商法人，但无论是那种组织形式，都应根据相应的法律法规，如《公司法》、《个人独资企业法》和《合伙企业法》，取得营业资格。

（2）显名要件不同。民事代理必须显名，即代理人须以被代理人之名义或在行为时披露被代理人之身份，因而民事代理一般为直接代理；而商事代理则因业务本身的特点和需要，以代理人自己名义所实施的代理较为多见，因而商事代理不以显名为必要，且间接代理为商事代理的一种主要形态，如行纪代理、贸易代理、经销代理等。

（3）代理权的存续限制不同。在民事代理中，被代理人的死亡、被代理人行为能力的恢复、被代理人的撤销行为、代理人之死亡均会产生代理权的终止；而商事代理权的存续有所放宽。①

（4）代理权范围不同。在民事代理中，不同代理人的权限不一致，其中法定代理人享有相当于本人的权利，而委托代理人、指定代理人的权限则受制于委托人的限制和指定人的限定；在商事代理中，代理人的代理权限往往以其职务以及合同为限，代理权的差异不表现在类型上，而是表现在具体的代理事务之中。

（5）行为的营利性不同。商事代理中代理人以营利为目的，它使商事主体的利益形成多元化，并从根本上区别于民事代理；民事代理不以营利为特征，代理人实施行为的目的并不一定是为了获取报酬。

（6）法律后果不同。在民事代理中，由于代理须以被代理人之名义进行，故代理所生之法律后果应归于被代理人。而在商事代理中，由于间接代理的大量存在，在代理人未向第三人披露被代理人身份的前提下，代理人或独立承担责任，或事后披露被代理人身份时由被代理人承担责任，或者由代理人与被代理人向第三人承担连带责任。

（7）价值观念不同。民事代理基本体现公平理念，而商事代理体现当事人意思自治及效率观念。

---

① 如我国《民法通则》第69、70条和有关司法解释规定：代理关系中的被代理人死亡或终止，代理关系一般应终止。大陆法系各国民法一般有类似制度，但在商事代理中，国外商法中对此加以放宽，规定被代理人（本人）死亡不影响代理关系的存续。

【拓展知识】

代理商是否可以从事与委托人存在竞争关系的业务？

从理论而言，代理商是为了委托人利益而从事商行为，不应与委托人存在竞争关系，分享委托人的社会资源。然而，实务中，由于商事代理关系的错综复杂以及资源的有限性，委托人更愿意把某一事务交给已经拥有一定社会基础、从事同类营业的代理商进行，使委托人与代理商之间存在竞争关系。

盲目规定代理商不得与委托人存在竞争关系，会使代理商在接受委托人委托后，必须放弃自己原有的事业，这是难以接受的。因此，很多国家的商事代理制度中，均没有"一刀切"地规定代理商具有竞业禁止义务，而是根据意思自治，由双方通过代理合同规定双方权利义务。但为了防止代理商滥用委托人资源赢取私利，在同等商业条件下，代理商应当把商业机会让与委托人。

2. 商事代理的意义

商事行为可由本人实施，也可通过代理人实施。商事代理的作用表现在：

第一，突破某些商事活动中的资格限制，扩张了商人营业能力。从事特定的商事活动需要有专业的资格条件，一些商主体自己可能没有资格从事，但可以聘请专业代理商代为操作，大大扩张了商人营业能力。例如，药厂寻找代理商，往往要求其拥有一批具有医药知识的推销队伍。

【背景资料】

代理商的发展

在现代商事交易中，代理商制度发展可谓"一日千里"，几乎渗透了市场经营的各个环节，营业比重、市场份额节节攀升，与商事代理相关的从业人员人数逐年增长。代理商的发展是市场分工细化及市场营销战略的双向结果。在"以顾客为本"的经营理念下，市场产品与服务分工进一步细化，传统的单一化企业已无法在细分的市场中站稳，而代理模式则是企业拓展市场空间的有效路径。典型的如金融服务推广及金融衍生品的推销，如今金融业的市场拓展主要通过代理商进行，金融衍生品的推销也借助于代理销售模式。

有人认为，现代市场营销战略已从传统的"制造商——一级代理商——二级代理商——……——经销商——消费者"向"制造商——消费者"模式转化，典型的如国美电器连锁店。然而，对销售领域而言，代理商营销策略仍然占主导地位,特别在我国物流相对落后的中西部地区,厂家直接运作的物流成本高,仍需要依靠代理商模式进行市场拓展和占有。

第二,有利于大量降低商业活动成本。通过代理商的商事代理,企业可以节省营业场所,节省供货仓库,减少固定成本的投入。作为被代理人的商事组织一般只需依照销售结果向代理商支付佣金,免去雇员工资、培训等费用。

第三,有利于商事活动专业化、技术化、国际化的发展。生产经营讲究效率至上,商事代理所提供的专门化、技术化服务可以推动商事活动向分工细致化、专业化发展,从而实现市场的高效、便捷运行。

【拓展知识】

代理的法经济学意义

第一,减少信息搜索成本,提高效率。在商事活动中,各种各样的信息充斥市场,而代理商在长期的经验中,积累了丰富的、与自己行业相关的信息,借助代理商的帮助,委托人可以迅速地找到所需信息,减少时间和信息搜索成本,提高工作效率。

第二,减少交易链,提高效益。代理商的作用在于帮助委托人缩小交易链,委托人只需与代理商洽谈即可,代理商可根据委托人提供的资料,为委托人寻找合适的合作对象,或向终端消费者了解其对委托人产品的评价。

第三,解决信息不对称问题,预防委托人订立错误的契约。在商事交易中,很多时候发生信息不对称的情况,即一方当事人明显掌握比另一方当事人更多的信息(如大企业与小企业的交易)。此时,缺乏信息的一方当事人可能由于错误判断对方履约能力等而与对方订立契约。而借助代理商的帮助,信息匮乏一方可以正确掌握对方企业实际情况,避免日后可能发生的经济损失。

3. 商事代理法律制度的完善

由于英美法系和大陆法系法律传统不同,调整代理活动的规则也有差异。在大陆法系民商分立的国家中,分别在其民法典和商法典中确立起了民事代理和商事代理的制度。[①] 英美普通法国家虽没有严格的民事代理和商事代理之分,但代理制度已经成为一项单独的法律制度。

在我国,随着市场经济的发展和交易的扩大,商事代理迅速发展,代理行为日益专业化,但我国至今没有关于代理商或商事代理行为的专门立法,只在

---

① 如法国及日本的商法典。

《民法通则》和《合同法》中对包含了代理合同的委托合同作了一些规定，司法实践中，对于商事代理也适用这些规定，这显然不适应我国商事代理活动的快速发展。目前我国商事代理法律制度的缺陷主要表现在以下几个方面：

首先，无法为普遍存在的商事代理提供法律依据。目前，简单适用《民法通则》有关代理的规定调整商事代理关系，无法为客观存在的商事代理问题提供依据：第一，《民法通则》中规定，代理是以本人名义为代理行为，但是生活中存在大量的不以本人名义进行的商事代理行为，如果严格适用《民法通则》相关规定，会对商事交易的效率性与便捷性造成严重的影响。第二，代理商法律地位不明确，代理商资格要件没有相关规定。作为一个商事主体，代理商应当具有自己的营业场所、商号、商业账本，并进行登记，但我国法律没有对上述问题进行规范调整，导致代理商在经济生活中法律地位不明确、资格要件缺乏等问题。第三，有关责任规定不切实际。我国只承认代理的外部关系，其内部关系只认为是委托合同关系，但现实问题是，更多的代理纠纷是内部关系产生的纠纷，而这些内部关系的处理不能从现行法律中找到依据。第四，商事代理的营利性、独立性、存续性等难以体现，代理商权利义务责任不清。我国现行代理制度为"委托人中心主义"，而这种制度缺陷在于漠视代理人的主观需要，导致代理商的营利性和独立性难以体现；此外，对代理商权利义务和责任问题规范不清，对代理商的佣金取得权、商事留置权等没有提供法律依据。

其次，法律法规之间存在冲突。关于商事代理的法律法规冲突主要存在于民事基本法律之间、民事基本法律与行政规章之间、《民法通则》与《合同法》之间，以及《合同法》内部规范冲突几方面。如我国《民法通则》并未规定间接代理，但一些行政规章，如工商行政管理局颁发的《期货经纪公司登记管理暂行规定》等均承认了间接代理，且《合同法》对间接代理的某种程度上的承认无疑已经突破了《民法通则》所界定的代理的外延。

最后，过于注重行政管理。我国现有的专业代理法规中，真正秉承民商法立法理念来规范商事代理各方主体之间的权利义务的法律规范寥寥无几，绝大多数属于行业管理方面的行政性规范。这些规范难以很好地起到调整平等主体之间的商事代理关系的作用。

针对我国商事代理立法的缺陷，可以从以下几个方面进行完善：

第一，以商事基本法律为基础，配合商事代理专门立法，为我国商事代理活动提供法律基础。鉴于商事代理的发展及我国商事代理制度的缺陷，我国应以商事代理基本法为基础、以专门立法为辅构建我国商事代理制度。

第二，以代理权为中心构建代理关系，明确商事代理当事人权利义务关系。代理权是商事代理制度的核心，以代理权为中心构建商事代理关系，对实践中诸如表见代理、经理人行为、代办人职务代理等代理行为的定性具有重大作用；此外，明晰代理人代理权限，能进一步划分商事代理当事人权利义务关系，疏通商事代理活动中的纠结问题。

第三，明确代理商法律地位。代理商是我国商事代理的典型形态，但我国现行立法多注重对委托人的保护，忽视代理商的法律地位。因此，我国商事代理制度的完善必须重视代理商的法律地位，明晰代理商权利义务，为代理商的发展提供制度基础。

（二）商事代理的分类

在学理上，根据不同的标准，商事代理可以有不同的分类，了解商事代理的分类，关键在于把握各种商事代理的法律特征与后果。

1. 依照代理行为的名义，可分为显名代理、隐名代理与代名代理三种

显名代理又称直接代理，代理人在交易中既公开委托人的存在，又公开被代理人的姓名，而且在合同中注明代表委托人签订本合同和明示委托人的姓名。隐名代理又称为间接代理，代理人在代理行为中虽没有直接以委托人名义作出，但却明确有委托人的存在，行为人仅是受人委托的代理人。代名代理又称未披露代理关系的代理，在代理行为中代理人并未提及有委托人的存在，同时，代理人是以其名义与第三人签订合同。

区分显名、隐名和代名代理的意义在于厘清代理行为的法律后果归属。代理人进行显名代理时，法律后果毫无疑问归于被代理人；代理人进行隐名代理时，第三人知道被代理人与代理人关系时，该代理行为约束第三人和被代理人。[①] 对于第三人不知代理人与被代理人的商事代理关系时的法律后果归属如何？《合同法》第403条赋予第三人选择权，当由于被代理人原因导致合同不能履行时，经代理人披露，第三人可向代理人或被代理人一方主张合同权利。

2. 根据选任代理人的不同，可分为本代理和复代理

复代理指代理人为处理代理事务，为被代理人选任其他人进行代理。复代理所基于的代理，即由代理人进行的代理，称为本代理。本代理与复代理均以代理权为基础，复代理权权限一般小于本代理权。复代理人是被代理人的代理，而非代理人的代理人，因此，复代理人应以被代理人利益需要进行商事代理活动。

---

① 《合同法》第402条规定："受托人以自己的名义，在委托人的授权范围内与第三人订立的合同，第三人在订立合同时知道受托人与委托人之间的代理关系的，该合同直接约束委托人和第三人，但有确切证据证明该合同只约束受托人和第三人的除外。"

民事代理中，代理人转委托需要事前征得被代理人同意，或事后及时告诉被代理人，否则代理人须对代理行为负法律责任。而在商事代理中，代理商选择其他人进行代理行为是否需要征得被代理人同意？我国法律没有明确规定。鉴于现代商行为的复杂性和专业性，笔者认为，代理商选任复代理人可不需征得被代理人同意，但必须对复代理人进行监督，由于代理商选人不当或授权不明对被代理人、第三人造成损失时，代理商应对此负赔偿责任，复代理人存在过错的，应负连带责任。

【相关案例】

复代理纠纷案[①]

水果商刘某委托运输个体户张某将一批新鲜水果按时运到指定地点卖给北京的客户，价格由张某根据当时水果的状况在刘某拟定的价格范围内自由决定。刘某给予张某运输费 3000 元，并且约定抽取卖水果所得的 4% 作为张某的报酬。张某开往北京运输水果的途中，在安徽境内某饭店吃饭时食物中毒，被紧急送往医院救治。张某考虑到水果保鲜期较短，而自己身体虚弱无法开车进行长途运输，与刘某联系得知刘某已出国，10 天后才能回国。于是，张某找到了一个当地的运输公司委托其将水果运到北京指定地点卖给北京的客户并告知了其价格范围。该批水果运到北京时已经很不新鲜而被迫降价，结果该笔水果交易损失将近 5000 元。刘某提出，张某在中途委托运输公司出售水果属于越权代理，并且，原来说按指定价格范围卖出，按比例提成。现在卖价只有给定最低价格的一半，张某就不应再拿 4% 的报酬。张某则认为延误是由于饭店的饭菜存在卫生问题造成的，自己并没有过错，自己当然应当拿 4% 的报酬。最后，刘某起诉至人民法院。

评析：本案涉及的是代理中的复代理制度。本案中，张某在中途委托运输公司处理水果，是紧急情况下做出的保护被代理人刘某利益的转委托行为，属于代理中的复代理。所以刘某不能以张某是越权代理为由请求其赔偿损失。但是张某应对刘某的损失承担赔偿责任，这是因为张某与刘某就运输水果形成的是运输合同关系，根据《合同法》的规定，在运输合同中，承运人应当承担无过错责任，除非有法定的免责事由。在本案中，张某没有法定的免责事由，因此应当就造成的损失承担赔偿责任。当然，张某有权向导致其食物中毒的饭

---

① 《水果商刘某与运输个体户张某复代理纠纷案》，载 http://anli.lawtime.cn/mfqita/2006102649870.html，2006 年 7 月 1 日访问。

店提起侵权之诉要求赔偿。

3. 按照代理人有无代理权限，可分为有权代理和无权代理

有权代理，指代理人在代理权限内为代理行为。而与有权代理相对应的，则为无权代理。无权代理并不是代理的一种形式，而是具备代理行为的表象但欠缺代理权的行为。无权代理表现为以下三种形式：第一，行为人没有代理权的无权代理，即行为人虽然实施了代理行为，但并没有代理权，也称狭义无权代理。第二，行为人虽有代理权，但超越了代理权限范围的无权代理，即行为人越权代理。第三，代理权终止以后，行为人仍然以被代理人的名义实施代理行为的无权代理。无权代理人与第三人签订的合同属于效力待定合同。

4. 以代理人之身份为依据，可分为职务代理与非职务代理

职务代理即代理人本身是在商事主体内部特定职务、职位、岗位任职而进行的代理。如银行柜台营业员的店员代理、公司销售经理的代理即为职务代理。非职务代理即由不在商事主体内部任职或虽在商事主体内部任职但其代理事务与任职无关的代理人所为的代理，如代理商代理即为典型的非职务代理。①

在实践中，由于职务代理行为引起的法律纠纷很多，比较多的如公司员工持有空白合同与第三方订立合同或向其他公司借款、持印有公司名称单据进行消费等。职务代理行为很多时候具有无权代理或表见代理的外观，但三者法律后果归属不同。职务代理行为的法律后果归于代理人所属单位，无权代理法律后果由无权代理人承担（被代理人追认除外），而表见代理的法律后果则由被代理人承担。对于职务行为是否认定为表见代理，司法实践中一般根据"高度盖然性原则"② 以及最高人民法院《关于贯彻执行〈中华人民共和国民法通

---

① 例如，《德国商法典》第84条第1款规定："代理商是指一种独立的商事经营者，它接受委托，固定地为其他企业主促成交易，或者以其他企业主的名义缔结交易。"法国1991年的《关于商业代理人与其委托人之间关系的法律》规定："商业代理人是指不受雇佣合同约束，以制造商、工业商、商人或其他商业代理人的名义，为他们的利益谈判，并通过签订购买、销售、租赁或提供服务的合同，且将其作为独立的经常的职业代理人。"在美国，商事代理主要是在行业惯例范围和代理权限范围内所从事的专项商务代理，如代销商（即代办商）、代销保证人（即保付商行）、各类经纪人、特权代办、拍卖人等实施的代理行为。参见肖海军：《商事代理立法模式的比较与选择》，载《比较法研究》2006年第1期。

② 最高人民法院《关于民事诉讼证据的若干规定》明确提出了"人民法院应当以证据能够证明的案件事实为依据依法作出裁判"，规定如果一方提供证据的证明力"明显大于"另一方提供证据的证明力，就可确认证明力较大的证据。最高人民法院的这一规定，采用的即是盖然性规则标准。

则〉若干问题的意见》第 58 条规定予以认定。①

【相关案例】

根据高度盖然性原则界定职务代理行为②

佛山市千叶花园公司的中层管理人员叶某等 6 人，从 2002 年起在大佛口公司进行签单消费，所签单据的单位名称一栏都注明为"千叶花园公司"，消费目的为千叶花园公司员工用餐或公务接待等，累计签单欠款共 5 万多元。后卢某、陈某 2 人与千叶花园公司发生股权矛盾离开该公司，大佛口公司知悉后多次派人向千叶花园公司催收欠款，千叶花园公司确认并同意偿付其中 4 人的签单消费欠款，但千叶花园公司以已离职的两人并无授权签单消费为由拒绝支付剩余欠款。为此，大佛口公司向佛山市人民法院起诉请求千叶花园公司继续偿付签单欠款。千叶花园公司辩称，它根本不知道卢某、陈某两人的签单消费活动，事前没有上诉人千叶花园公司的授权，事后也没有上诉人千叶花园公司的追认，上诉人千叶花园公司与被上诉人大佛口公司之间没有任何书面甚至口头约定卢某、陈某的签单消费均由上诉人千叶花园公司负责。

评析：该案焦点在于：已离职的 2 名中层管理人员签单消费的债务是否应由千叶花园公司承担给付责任？依据最高人民法院《关于民事诉讼证据的若干规定》第 64 条关于"运用逻辑推理和日常生活经验对证据有无证明力和证明力大小独立进行判断"、第 73 条第 1 款关于民事证据高度盖然性占优势原则的规定，结合案件情况，法院认定卢某、陈某两人在被上诉人大佛口公司处的签单消费行为已形成职务上的表见代理，其法律后果即两人签单消费的债务应由千叶花园公司承担给付责任。

5. 以代理权产生依据来分，可以基于明示委任、默示推定而产生

这一分类产生于英美法系国家。明示委任是给予代理人具体的指示，它的取得既可以采用口头方式，也可以采用书面方式。默示代理依附于明示代理，在商事活动中，通常可以根据一个人在公司中的地位、经常的行为以及商事惯

---

① 最高人民法院《关于贯彻执行〈中华人民共和国民法通则〉若干问题的意见》第 58 条规定：企业法人的法定代表人和其他工作人员，以法人名义从事的经营活动，给他人造成经济损失的，企业法人应当承担民事责任。在民商事活动中，对职务行为的认定适用外观主义原则，只要在客观上具备执行职务的特征，又以法人名义实施，相对人有理由相信该行为是执行职务的行为，就可以认定该工作人员的行为是执行职务的行为，即形成职务上的表见代理。

② 《法官可根据高度盖然性原则认定职务表见代理》，载 http://www.xici.net/u10866216/d44878268.htm,2010 年 1 月 31 日访问。

例推断出该代理权存在与否,这种代理权有时也被称为"固有的代理权"。

默示代理权并不同于表见代理,默示代理人是享有实际代理权的。一个良好的商业习惯是签署一份书面的代理协议,明确本人和代理人之间的权利关系,但是即使是非常细心地起草的代理协议,也不可能覆盖代理人职权的各个方面。因此,某些职权是作为代理人拥有的默示代理权存在的,也就是通过默示授权。默示的代理权可能导致本人承担责任。譬如,公司的总裁拥有相当大的默示代理权而使本人,也就是公司受到合同的约束。

【拓展知识】

代理商商誉损害赔偿请求权

"商业信誉损害赔偿请求权",按著名国际贸易法专家施米托夫的解释,是指在代理关系终止后,本人利用代理商在为其工作期间逐步建立起来的商业信誉,继续与客户交易并获得利益,代理商可基于公平原则就其代理行为的持续性影响而请求补偿的权利。

区别于民事代理,代理商的代理是一种持续性、必须投入一定时间和成本的商事行为。代理商通过技术、劳动以及金钱投入逐步为被代理人建立起相当价值的商誉。为此,不少学者认为,代理商与被代理人共同分享被代理人的商誉。鉴于此,在代理关系结束后,代理人有资格为自己付出的努力向被代理人求偿。目前,很多国家都已通过立法保护代理商求偿权,如法国、德国、英国、日本等。

(三) 经理人

公司经理,负有对内管理公司事务、对外代理所在企业从事民商事活动两大职能。随着现代企业规模的扩展,经理人的出现节约了企业的生产成本及社会成本。但是,经理人缺乏诚信的、不当的、或超越权限的代理行为也可陷企业于不利境地。因此,经理人问题已经成为当今各国商事代理法的一个基础内容。

1. 什么是经理人?

何谓"经理人",各国立法、学说与判例中的定义并不一致。[①] 目前我国

[①] 在民商分立立法例的国家和地区(如德、日、韩、中国澳门等),一般在商法典总则中将经理人归入"商业辅助人"作出规定;而采民商合一立法例的国家和地区(如意大利、瑞士、中国台湾地区等),则一般在民法典中对经理作出规定。《意大利民法典》中将经理定义为"接受企业主的委托经营商业企业的人"(《意大利民法典》第2203条),我国台湾地区"民法"将经理规定为"有为商号管理事务,及为其签名之权利之人"(我国台湾地区"民法"第553条);在英美判例法上,对"经理"的理解曾被表达为"Manager",意指一个被选任用来经营、指导或管理他人或公司及其分支机构事务的人,他被授予一定的独立经营权。

理论界所说的经理班子、高级经理阶层、经理人员等，大多是指一般含义的经理人，并不包括中下层专业管理人员。从公司关系看，经理人进入公司并不直接与出资者——股东发生关系。作为出资者的股东选择了自己的托管人——董事会来决策公司事务，并代表公司履行法人职权。董事会由此与经理人通过有偿聘任，建立起委托代理关系。

【拓展知识】

公司经理是法人代表，还是法定代表人？

"法人代表"一般是指根据法人的内部规定担任某一职务或由法定代表人指派代表法人对外依法行使权利和义务的人，它不是一个独立的法律概念。"法定代表人"则是一个确定的法律概念，是指依照法律或法人章程的规定，代表法人行使职责的负责人。法定代表人是法人机关的对外代表人，权利直接来自法人的民事权利能力和民事行为能力。"法定代表人"与"法人代表"的区别主要表现在：

一是二者所指的对象不同。法人只有一个法定代表人，一个企业只能有一个，即企业的厂长或者经理，代表法人独立行使法人职权；而法人代表则是不确定的，可以是一个，也可以是多个。

二是承担的法律责任不同。法定代表人，意味着是法人的首要责任人，法人一旦违法被追究刑责，自己作为法定代表人，也难逃其咎；而法人代表在授权范围内行使权利时造成他人损失或者其他法律后果的，都由法人承担。只有超出委托权限范围所为的行为所造成的损失，才由法人代表本人承担。

三是变更程序不一样。法人代表的变更没有一定的程序，不需要登记；而法定代表人是法人应登记的事项之一，这是法律规定的必经程序，如有变更，应及时办理变更法定代表人登记手续。我国企业经理法律地位从原本的一元制向多元制方向的转变，在修订后的《公司法》的规定下，企业经理既可以为法人代表，也可以为法定代表人。

从公司治理角度看，企业经理既是公司内部管理者，又是对外代理人，这决定了其具有独特的法律地位。

第一，经理为公司的代理人。企业经理与公司、股东之间为委托代理关系，在公司处于代理人地位。经理对外与第三人做交易或签订合同时，与公司是"职务代理"关系，是公司的法定代理人。

第二，经理为企业核心人力资本，是从属的商事辅助人。公司经理不是商主体，而是基于委任或雇佣合同关系而从属于商主体。

第三，公司经理须对公司日常经营管理事务负责。公司经理在经营事务时须履行忠诚、竞业禁止等义务，若出现违反义务造成公司利益受损时应追究经理责任，承担适当法律责任。①

【相关案例】

经理人代理权纠纷

某甲系有限责任公司 A 的总经理，主要负责公司的日常管理和业务接洽。根据 A 公司的章程和内部文件规定，总经理对外签约须由董事长授权。B 公司与 A 公司有长期业务往来，一日，B 公司急需从 A 公司进货，在双方业务人员谈好交易细节后，恰逢 A 公司董事长出国且一时无法与之联系。甲在没有正式的书面授权文件的情况下出面签约，B 公司的代理人表考虑到甲的身份，遂与甲分别代表自己的公司签订了协议，但 A 公司未加盖公司公章。B 公司签约后当即按合同预付了货款。后由于种种原因，A 公司未能按时交货，B 公司遂向法院起诉，要求追究 A 公司的违约责任，并赔偿自己损失。A 公司的抗辩理由是甲未经公司授权擅自与 B 公司签订了合同，该合同应当无效。

评析：对此案的处理主要存在三种不同的意见。一种意见认为，A 与 B 之间的合同无效，甲的行为构成无权代理。第二种意见认为 A 与 B 之间的合同有效，依据《民法通则》第 43 条，甲作为总经理当然是 A 公司的工作人员，其经营活动的法律后果应当由 A 公司承担。第三种意见认为，A 与 B 之间的合同有效，但依据不是《民法通则》第 43 条，而是《合同法》第 50 条：法人或者其他组织的法定代表人、负责人超越权限订立的合同，除相对人知道或者应当知道其超越权限以外，该代表行为有效。本案中，甲虽然不是公司的法定代表人，但也是公司的主要负责人之一，《公司法》正式使用了"高级管理人员"的概念，并对其规定了与董事基本相当的法律义务。所以，作为高级管理人员的总经理也应当作为越权代表的主体。

2. 经理权

经理权是指由享有公司法定代表权和经营权的机关授予的，对内经营管理公司、对外代表公司从事与营业有关的商行为及代理公司行使诉讼之权的权

---

① 我国《公司法》第 150 条规定："董事、监事、经理执行公司职务时违反法律、行政法规或者公司章程的规定，给公司造成损害的，应当承担赔偿责任。"

利。经理权作为经理制度的核心，本质上是一种商事代理权。

经理权的特征表现为：

第一，经理权具有法定性。作为特殊商事代理权的之一的经理权，各国都以商法或公司法等形式对其授予方式、权力范围等加以限制，使经理权具有浓厚的法定色彩。

第二，经理权具有身份性。公司经理作为高级雇员，在执行职务时为公司负责人。其职位及在公司的角色展现为一种"外观主义"，故西方国家多将经理权视为基于特定身份而产生的身份性权力。

第三，必须以明示方式授予经理权与经理职位，且为了符合商法外观主义要求，这种授予行为必须进行登记，未经登记不得对抗第三人。

【拓展知识】

有关经理权的两个问题

一、经理权的登记效力

各国立法对经理权登记的效力语焉不详，主流观点有两种，一种观点为登记要件主义，认为经理权授予的前提是注册登记，未经登记则经理权不生效；另一种观点为登记对抗主义，即未经登记经理权依然生效，但不得对抗第三人。

二、共同经理权

商人对几个人共同授予的经理权成为共同经理权，这意味着在企业中几个人对企业主拥有代理权。韩国、德国、法国以及我国台湾地区都规定了共同经理权。共同经理权的设置本质上是为了限制经理人的经理权，使单独的经理人行使受限的经理权时，对公司不产生效力。我国《公司法》没有对共同经理权作规定，那么是否应加入共同经理权制度？笔者认为，从法理上而言，经理作出的意思表示对企业的法律效力直接使用经理的一般规定即可，没有必要设置共同经理权制度。

第四，经理权具有复合性及广泛性。如前文所说，经理权的权限有二，一为对内管理权，二为对外商事代理权。而这两种权限所涉及范围极为广泛，既包括实体权限，也包括程序权限。纵观各国立法，一般对经理人的权限采用概括性授权加例外规定原则。概括性规范主要表现为经理人日常事务管理、对外代表企业进行诉讼的权利；而例外规定包括：（1）特定事项只有在相应特别授权时才能实现，如不动产让与和设定负担；（2）企业对经理权限的限制不得对抗善意第三人。

3. 我国经理人制度的完善

中国现行公司经理制度形成于20年世纪90年代初,它在实践层面上表现为对国有企业厂长(经理)负责制的继承和延续。由于立法机关对公司经理的地位和性质认识不清,特别是对作为公司机构核心的分权与制衡原则认识不足,加之我国的经济体制改革处于新旧体制交替时期,没有完全具备充分借鉴其他国家现代公司机构立法、在公司机构立法上强调与国有企业公司制改革的衔接,从而形成了现行的公司经理制度。①

我国没有对经理制度进行统一立法,相关的规定散见于各单行的法律、法规中,如《公司法》、《中外合资经营企业法》、《民法通则》、《合伙法》和《个人独资企业法》等等。目前,我国的经理制度主要存在以下缺陷:

第一,法律定位模糊。目前,我国《公司法》授予经理人职权的相关规定使经理人拥有对抗董事会的权利,这表明我国相关经理制度把经理人的法律地位定义为公司机关。但事实上,经理人并非公司机关,其与公司形成委任或雇佣合同关系,是商事代理人、商事辅助人。

第二,经理权范围界定不清。我国经理制度相关法律对经理权的界定范围过于笼统,没有授予经理就业务执行代表公司的权利,如经理签字的效力,使司法实践中经常出现董事长为否定合同效力而主张经理签字无效等纠纷。

第三,经理权授权、解除方式的规则缺漏。我国《公司法》对经理权授权的方式等均无明确规定;且对如何解除、撤销经理权也不能找到相应法律依据。

相比之下,西方国家对经理制度的规定比较完备,从经理权的授予、范围、行使到经理权的解除都有较为详细的规定。目前有关经理制度的立法主要有两种体例,一是以韩国、日本为代表的采取民商合一的大陆法系立法例,该立法体系不明确区分经理和商业雇员的内外部关系,统一在"商业使用(支配)人"一章规范经理权;另一种以德国、英美的国家为代表,区分经理、商人和第三人的内部和外部关系,内部关系由"商业辅助人"(如德国)或公司制定法(如英美)进行调整,外部关系由"经理权和代办权"或《代理法》进行规范。

对于我国经理人制度的构建,可借鉴德国、英美等国家的立法体例,该体例条例清晰,凸显商事代理权的特殊性。此外,鉴于我国经理制度发展的特殊性,"经理"一词在我国商事实践中使用混乱,在具体立法中可使用"营业

---

① 许晓松:《中国公司经理制度探微》,载《中国法制日报》2001年4月8日。

权"等其他替代概念。

【拓展知识】

我国经理制度是否放弃"经理权"概念？

第一，在商事交易中，"总经理"、"执行经理"、"业务经理"等对"经理"一词使用混乱，若立法中使用"经理权"则可能使其内容及意义与生活实践不相统一。

第二，有关企业立法中已存在经理的上位概念，如"经营管理人员"、"高级管理人员"等，但其与境外商法的"商业辅助人"、"商业使用人"等商事代理人概念并不对应，如果使用"经理权"概念，难以建立起如同境外商法上那种以经理权为重心的商事代理权制度。

第三，企业立法意义的"经理"，主要以企业管理理念为基础进行使用，与境外商事代理理念的企业负责人意义不同，若立法中使用"经理权"一词，可能与企业内部管理的"经理职权"概念相混淆。

4. 经理人代理行为的风险防范

经理人在企业中占有独特地位，而正是由于这种独特地位，使经理人容易利用职务之便对企业造成损害。对企业而言，经理人风险包括：第一，经理人利用企业信息进行隐藏行动，损害企业利益。经理人掌控企业经营，他们掌控企业全部信息，与企业主、股东等处于信息不对称状态。为此，经理人容易利用企业信息进行转移财产、造假账、吃回扣等隐藏行动，损害企业利益。第二，经理人为追求自身短期利益最大化，任意挥霍公款、盲目扩大企业经营等，不利于企业长远发展。第三，经理人因疏于管理工作、泄露企业机密信息、背信弃义频繁跳槽等，对企业造成不利影响。

【拓展知识】

经理人的道德风险

经理人道德风险，指经理人在对其行为不必承担全部责任的情况下，因追求自身效用最大化而作出损害委托人利益的不道德行为。[①] 传统理论认为，经理人与企业之间是委托代理关系，而经理人道德风险产生于经理人与企业间的

---

① 李建华、易珉：《委托代理关系与企业的风险》，载《伦理学研究》2008年第3期。

信息不对称及监督不完善，经理人利用经营过程中积累的信息优势，通过减少要素投入或采取机会主义行为实现自我效用最大化目的。此外，由于经理人追求短期利益，企业则追求长期利益，这种目标不一致也导致经理人在经营过程中作出牺牲长远利益达到短期利益最大化的不道德行为。

从企业管理角度而言，防范经理人风险主要从激励和约束机制两方面着手：

第一，制定合理激励性报酬制度结构，刺激经理人积极性。经理人报酬制度向来是企业经营的核心问题之一。企业可根据实际发展战略和政策，摒弃传统"现金+实物"的报酬方式，制定长期激励性报酬形式如持有股票期权、限制性股票等虚拟报酬形式的合理激励性报酬制度。

第二，聘任合同中明确竞业禁止条款，实行离职经理人职业取向追踪措施，防止经理人向竞争对手泄露企业机密。主流观点均认为，忠诚义务是经理人对企业的主要义务之一。虽然我国法律中规定了经理人竞业禁止义务，但从实践上看，竞业禁止还属于自愿签处范畴。为此，企业在与经理人签订聘任合同时应当明确竞业禁止条款，且对离职经理人进行追踪，一旦发现经理人实行可能损害企业利益的行为时，向法院提起诉讼，防止企业机密信息外泄。

第三，增强董事会及监事会监督检查功能。为避免经理人在经营中"只手遮天"损害公司利益，企业董事会和监事会应当定期对经理人开展监督检查活动。

（四）表见代理

"表见代理"是商事代理最为典型且产生纠纷最多的一种无权代理行为。在商事实践中，除公司经理人外，企业中高级管理人员，甚至企业员工均可代理企业与第三人为法律行为。当上述人员超越权限与第三人订立合同，且第三人因信赖其外观而作出相应行为时，即发生表见代理。

1. 什么是表见代理？

所谓"表见代理"指本属于无权代理，但因本人与无权代理人之间的关系具有授予代理权的外观（即所谓外表授权），致使相对人信其有代理权而与其为法律行为，法律使之发生与有权代理同样的法律效果。[①] 表见代理制度设立的目的在于保护交易安全，保护善意无过失的交易相对人的利益，维护市场有序运转。

---

① 梁慧星：《民法总论》（第二版），法律出版社2001年版，第232页。

【背景资料】

无权代理与表见代理

在商业法律实践中经常会遇到无权代理的法律纠纷问题。无权代理并不是代理的一种形式,而是具备代理行为的表象但欠缺代理权的行为。无权代理包括狭义无权代理、越权代理及表见代理三种。

从本质而言,表见代理属于无权代理的一种。表见代理之所以定性为无权代理,是从代理权的渊源来看的。代理权由本人的授意而发生,在表见代理制度下,本人并没有授权给代理人,显然就应当定性为无权代理。

表见代理的构成要件有四:第一,代理人无代理权;第二,该无权代理人有被授予代理权之假象;第三,相对人有正当理由信赖该无权代理人有代理权;第四,相对人基于此信赖与该无权代理人成立法律行为。随着市场经济的发展和对交易安全的倚重,表见代理在商业领域的适用范围不断扩大。

【相关案例】

徐某擅自对外签订合同的行为不构成表见代理[①]

原告是东海为民食品厂,该厂是由徐某、李某两人于2005年11月共同投资成立的一家私营合伙企业,合伙协议约定由李某负责该厂的具体事务。因该厂经营有方,产品销路好,其所生产的"AA"牌蛋糕很快成为该地区的知名商品。2007年1月,徐某利用掌管食品厂合同专用章的便利,在未经合伙人李某同意的情况下,与赵某签订了一份合同,"许可"赵某在自己所生产的蛋糕上也使用"AA"字样作为蛋糕的名称对外销售。后被李某发现,起诉到当地人民法院,要求其赔偿损失,停止侵权行为。

评析:判断赵某的行为是否构成擅自使用知名商品特有名称这一不正当竞争行为,关键在于认定赵某和徐某签订的上述许可合同是否具有法律效力。而认定该合同是否具有法律效力的关键,在于徐某在未经合伙人李某同意的情况下擅自对外签订合同的行为对赵某来说是否构成表见代理。就本案而言,徐某背着食品厂的具体事务执行人李某与赵某签订"AA"名称许可合同的行为,

---

[①] 袁夕康、田爱华:《"偷"签合同买来的蛋糕案》,载 http://www.jjyfzk.com/news_detail.asp?id=910,2010年2月3日访问。

恰恰违反了《合伙企业法》①第 30 和 31 条，因此属于非法行为，而对非法行为根本不存在适用表见代理的法律问题。对赵某来说，徐某擅自对外签订合同的行为不构成表见代理，该合同无效，赵某使用"AA"作蛋糕名称的行为也就构成《中华人民共和国反不正当竞争法》第 5 条第（2）项所指的"擅自使用知名商品特有的名称"行为。据此，受诉法院判决赵某赔偿食品厂相应损失，并停止在其商品上使用 AA 名称。

2. 表见代理的风险防范

表见代理是无权代理的一种，在善意相对人尽到了一个理智商人应尽的注意义务后有理由相信行为人有代理权的情形下，表见代理才产生法律效力。

（1）本人对风险的防范

表见代理中，本人往往因其过错行为使得相对人有理由相信行为人有代理权。在此情形下，本人防范表见代理的风险的成本最小，可以作出如下应对之策：

第一，明确授权、严格管理代理证明文件。在委托授权时，本人应当对代理人代理的地域范围、事项范围、授权期间等作出明确的规定。当代理权终止或者被撤销时，本人应当及时收回代理权证书、介绍信、公章等证明代理人身份的证件以及本单位的空白合同纸、合同专用章等。

【拓展知识】

企业印章有何法律效力？

商法上所谓印章，或称公章，是指将商事主体名称刻制于其上、足以表示该主体之图章是商事主体经营管理活动中行使职权的重要凭证和工具。企业印章具有替代签名、特殊证明和对外公示、公信的功能。

法定代表人以外的人非法使用公章，或法定代表人非正当使用公司印章，本质上属于无权代理，对善意第三人则构成表见代理。根据我国《合同法》49 条关于表见代理的规定，即使公章的使用与法定代表人意思表示不一，但只要使用公司印章之人所实施的行为足以让相对人相信其获得授权，则在此情况下订立的合同对企业具有约束力，企业应当承担合同后果。

---

① 《合伙企业法》第 30 条第 3 款规定："合伙人不得从事损害本合伙企业利益的活动"；第 31 条规定："合伙企业的下列事务必须经全体合伙人同意：……（三）转让或者处分合伙企业的知识产权和其他财产权利……"徐某的行为属于擅自处分合伙企业知识产权事务、损害本合伙企业利益的行为。

第二，及时告知合作伙伴实情，加大公示举措、增强公信效果。表见代理的产生除了本人制作和管理授权委托证明文件的过错外，还有告知上的过错。本人应对撤销代理权、解除某人职务、丢失公章或者文书被盗的情形及时通知重要的合作伙伴和进行公告。当发现行为人在无代理权情况下以本人的名义进行活动时，应当通知相对人。本人对相对人进行的查询、核实代理人身份、权利范围的，应当予以明确答复。

第三，慎用挂靠经营行为，杜绝连带责任发生。挂靠经营纠纷在建筑、旅游和医药销售等行业大量发生，被挂靠的企业因表见代理发生的连带责任苦不堪言。为减少不确定的经营风险，规范市场行为，企业要依法经营，慎用挂靠行为。

【背景资料】

《最高人民法院关于当前形势下审理民商事合同纠纷案件若干问题的指导意见》对表见代理认定的意见①

第一，当前在国家重大项目和承包租赁行业等受到全球性金融危机冲击和国内宏观经济形势变化影响比较明显的行业领域，由于合同当事人采用转包、分包、转租方式，出现了大量以单位部门、项目经理乃至个人名义签订或实际履行合同的情形，并因合同主体和效力认定问题引发表见代理纠纷案件。对此，人民法院应当正确适用合同法第四十九条关于表见代理制度的规定，严格认定表见代理行为。

第二，合同法第四十九条规定的表见代理制度不仅要求代理人的无权代理行为在客观上形成具有代理权的表象，而且要求相对人在主观上善意且无过失地相信行为人有代理权。合同相对人主张构成表见代理的，应当承担举证责任，不仅应当举证证明代理行为存在诸如合同书、公章、印鉴等有权代理的客观表象形式要素，而且应当证明其善意且无过失地相信行为人具有代理权。

第三，人民法院在判断合同相对人主观上是否属于善意且无过失时，应当结合合同缔结与履行过程中的各种因素综合判断合同相对人是否尽到合理注意义务，此外还要考虑合同的缔结时间、以谁的名义签字、是否盖有相关印章及印章真伪、标的物的交付方式与地点、购买的材料、租赁的器材、所借款项的

---

① 最高人民法院《关于当前形势下审理民商事合同纠纷案件若干问题的指导意见》，载http://www.xingyunlawyer.com/show_hdr.php? xname=RUSCR01&dname=T06FV01&xpos=53,2009年7月7日访问。

用途、建筑单位是否知道项目经理的行为、是否参与合同履行等各种因素，作出综合分析判断。

(2) 表见代理的相对人对风险的防范

第一，进行必要的审慎审查。相对人在与自称是本人代理人的人进行磋商、谈判、进行法律行为时，特别是对不熟悉的客户或代理人，应要求对方出示代理证书、介绍信、身份证明等，以了解和证实其身份、权限、期限等。

第二，应作出理智的判断，识破假象。在进行表面审查的同时，要根据代理人的外在行为举止判断其代理权的真实性。一般来讲，相对人应考虑以下因素：涉及的标的金额是否与代理人的表象相当；是否与代理人的职位、阅历一致；是否需要交付定金、预付款或先履行主要义务；代理人在交易中是否具有明显的直接利益等，以便决定是否需要核实。

第三，进一步沟通，核实确认对方资格。一般来讲，相对人并没有特别核实的义务。但如果对当事人利益影响较大，如存在标的额较大，与代理人不熟悉，需要交付定金等；或通过谨慎的判断，发现可能存在瑕疵，相对人就有义务要求对方提供核实身份的方法，并与本人核对。

总之，只要企业提高表见代理的法律意识，积极做好防范工作，本人从减少自己的过错来防范风险，相对人从审查行为人代理资格来减少表见代理的发生，就能尽量减少表见代理的风险，提高经济效益。

【扩展知识】

表见代理与表见代表

企业在实际经营中，除了防范经理人诚信风险意外，还需要防范企业代表人或负责人的表见代表行为。表见代表，指法人的代表行为超于法人代表权限，但善意第三人由于其表现的外观而相信其具有代表法人的权利，从而与其进行交易，该代表行为有效。表见代表是表见代理在法人中的运用，其与表见代理的主要区别在于：

第一，表见代表人从属于企业法人，代表人的行为视为被代表主体的行为；而表见代理人具有独立的人格，非隶属于被代理人。

第二，表见代表除适用法律行为外，还适用于事实行为，甚至违法行为；而表见代理仅适用于法律行为。为此，表见代表的法人代表除应承担民事责任外，还应承担行政或刑事责任；而表见代理的越权代理人一般只承担民事责任。

第三，法人代表与法人之间具有一定的职权基础，反映法人的内部关系；而代理人与法人是一种偶尔联系的外部关系。①

三、特许经营

"特许经营"是当今重要的营销模式之一。自麦当劳公司这一"第一代特许经营"发展以来，特许经营模式经历了翻天覆地的变化。特许经营的优势在于低成本实现大规模扩张、短时间营造商誉、便于统一管理等，但在特许经营中，存在许多需要注意的法律风险。

（一）什么是特许经营？

1. 特许经营的概念和特征

"特许经营"广义上包括两种：第一种是指国家或有关机关将某些受国家控制的特定行业：如将城市供水、公共交通、污水处理等市政公用事业的一定期限和范围内的经营权以有偿方式授予特定人。第二种则是指商业特许经营，它是一种分销商品和服务的新型商业营销模式，主要是由特许者将自己的商标、品牌、技术、管理等授权给被特许经营者使用，后者须向前者缴纳一定的特许加盟费用，双方共担市场风险，分享利润。本书主要讨论"商业特许经营"问题（以下简称"特许经营"）。②

【背景资料】

麦当劳严格的运营制度—QSCV

麦当劳兄弟1937年创办汽车餐厅起家，通过改进厨房设备与生产程序，使汉堡生产制作速度大大提高，吸引了大量顾客。麦当劳利用特许经营形式建立了自己的经营体系。一开始，它们采取的是"第一代特许经营"方式，即只在开业之初指导店铺外观和外送服务的细节，以后就两不相干了。这种"大撒把"式的方式造成了危机，许多加盟商按照自己的理解改变了汉堡口味，有的甚至增加了许多复杂的品种，这是对麦当劳经营方式的"腐蚀"。为了"防腐拒变"，1955年麦当劳在芝加哥东北部开设了第一家"样板店"，并

---

① 参见李建华：《表见代理及其使用》，载《法律科学》2000年第6期。
② 按2007年1月31日国务院第167次常务会议通过的《商业特许经营管理条例》第3条的定义："所称商业特许经营，是指拥有注册商标、企业标志、专利、专有技术等经营资源的企业（以下称特许人），以合同形式将其拥有的经营资源许可其他经营者（以下称被特许人）使用，被特许人按照合同约定在统一的经营模式下开展经营，并向特许人支付特许经营费用的经营活动。"

建立了一套严格的运营制度——QSCV运营系统，包括品质（Q）、服务（S）、清洁（C）、价值（V）即优质服务、质佳味美、清洁卫生等。麦当劳借助这样的经营模式推行了第二代特许经营，全世界所有麦当劳使用的调味品、肉和蔬菜的品质均由公司统一规定标准，制作工艺也完全一样，每推出一个新品种，都有一套规定。麦当劳正是依靠这样的经营使其获得迅速发展。

特许经营具有以下法律特征：(1) 特许经营的核心是特许权的授予。特许权是包括商标、商号、经营模式、服务标志、专利、商业秘密、经营诀窍等权利的知识产权性质的综合性使用权。(2) 被特许人与特许人对外具有共同的外部特征。被特许人与特许人在品牌、质量、商标以及经营理念上实现高度统一性，在组织制度、经营模式、企业形象方面整齐划一。(3) 被特许人的经营活动往往要受到特许人的直接支配，尤其表现在市场计划、经营体系、质量标准、店址选择、经营范围、营业时间等方面。(4) 特许经营的双方当事人是相互独立的法律主体，自负盈亏、自担风险，不存在隶属关系。

2. 特许经营的种类

按照不同的划分方法，特许经营可以分为以下几类：

(1) 按所需资金投入划分，可分为工作型特许经营、业务型特许经营和投资型特许经营。工作型特许经营投资少，甚至不需营业场所。业务型特许经营一般需要购置商品、设备和营业场所，如冲印照片、洗衣、快餐外卖等，需要较大投资。投资型特许经营则需要更多的资金投资，如饭店等。

(2) 按交易形式划分，可分为四种：制造商对批发商的特许经营，如可口可乐授权有关瓶装商（批发商）购买浓缩液，然后充碳酸气装瓶再分销给零售商；制造商对零售商的特许，如石油公司对加油站之间的特许；批发商对零售商的特许，如医药公司对医药零售店的特许；零售商之间的特许，如连锁集团招募特许店，扩大经营规模。

(3) 按加盟者性质划分，可分为区域特许经营、单一特许经营和复合特许经营。区域特许经营是指加盟者获得一定区域的独占特许权，在该区域内可以独自经营，也可再授权次加盟商。单一特许经营是指加盟商全身心地投入特许业务，不再从事其他业务。复合特许经营是指特许经营权被拥有多家加盟店的公司所购买，但该公司本身并不卷入加盟店的日常经营。

(4) 按加盟业务划分。按加盟业务划分，可分为转换型特许经营和分支型特许经营。前者是加盟者将现有的业务转换成特许经营业务，特许商往往利用这种式进入黄金地带。后者则是加盟商通过传统形式来增加分支店，当然需要花费更多的资金。

3. 特许经营与相关概念的区别

（1）与设立分公司的比较

分公司是总公司机体扩展的结果，企业所有权完全属于总公司所有。因此建立分公司，总公司必须做直接的资本投资。特许经营则不同。特许人和受许人是两个各自独立的法律实体，受许人是其企业的所有人，特许人没有责任和义务为其企业投资。因而它们没有投资可能带来的风险。可是受许人却在一定程度上起到特许人分公司的作用。因为它们要受到特许人的监督、指导和控制，长期地专门推销特许人的产品或服务项目，并且向特许人缴纳提成费。这样当特许人的特许经营制度建立起来以后，就有可能很快地在一定的区域范围内建立起自己产品或服务项目的一体化批发零售网，减少了许多设立分公司所带来的弊病和法律问题。

（2）与商事代理的比较

特许经营是美国零售业连锁经营上发展起来的一项独特的营销方式，商事代理也是一种营销方式，这就决定了二者的相似之处，但区别也是明显的：

第一，法律后果的归属不同。在特许经营法律关系中，特许者独立于被特许者，被特许者在其营业过程中产生的任何法律后果由其自己承受，与特许者无关。从特许经营的实践来看，双方会在特许经营合同中明确约定，被特许者不是特许者的代理人；而在商事代理关系中，商事代理产生的法律后果是由委托商号承受的，与代理商无关。

第二，法律关系客体不同。在特许经营法律关系中，其客体就是特许权，是一种组合式的知识产权。而商事代理关系中，其客体为代理商的代理行为，它不涉及买卖关系和知识产权的许可使用问题。

第三，支付报酬的方向不同。在特许经营中，被特许者取得了特许者的特许权，故应向特许者支付相应的费用；而在商事代理中，代理商向委托商号提供了代理服务，由委托商号向代理商支付一定的佣金作为报酬。

【相关案例】

是"特许经营"还是普通的"销售代理"？[①]

2008年4月4日，陈子剑（乙方）与酷特地带商贸公司（甲方）签订《聪明贝贝经销合作协议书》。该协议书主要约定以下内容：（1）……乙方以

[①] 《陈子剑诉北京酷特地带商贸有限公司案》，载 http://case.mylegist.com/1455/2009-11-28/26.html，2009年11月28日访问。

向甲方交保证金的形式向甲方保证按协议规定经营从而取得"聪明贝贝"特约经销权;且须按甲方要求经营管理,不得超越协议范围和协议期限,未经甲方书面同意,不得私自将该项权利转让。(2)甲方授予乙方在浙江省依法开办"聪明贝贝"超市,经营许可期与本合同期限自 2008 年 4 月 4 日起至 2009 年 4 月 4 日;乙方实际进货额从乙方第二次进货起按进货额每累计达 1 万元,甲方一次性返保证金 800 元,直到返完全部保证金为止。(3)甲方有权对其拥有的商标进行改进或变更;有权对乙方的管理标准及经营行为进行监督,并提出相应的整改建议;(4)乙方有权在甲方授权地点的授权项目使用"聪明贝贝"品牌形象,有权在甲方授权地点运用甲方特有的经营模式及管理标准经营"聪明贝贝"超市;乙方拥有从甲方进货并在协议约定的范围内进行销售的权利……

而后,两者在经营中发生纠纷,陈子剑要求按照《商业特许经营管理条例》解除合同,并要求酷特地带商贸公司赔偿相应损失。但酷特地带商贸公司认为,双方签订的不是特许经营合同,而是普通销售代理合同,不适用《商业特许经营管理条例》的规定。

评析:法院认为,双方签订的合同符合特许经营的特征,属于特许经营合同。根据相关的法律规定可知,商业特许经营合同的特征在于在合同中当事人双方约定了特许人许可被特许人使用其拥有的经营资源、收取特许经营费以及被特许人遵循合同约定的统一经营模式进行经营的内容,因此判断合同的性质是否属于商业特许经营合同也以此为标准。在本案中,双方签订的合同具有如下特点:第一,陈子剑需按照约定的模式统一经营。第二,"聪明贝贝"系被告所拥有的经营资源。第三,支付相应保证金是陈子剑获得经营许可的费用和依约经营的保证,由此可知该笔保证金系特许经营费用的表现形式。故本案双方当事人签订的合同性质为特许经营合同。

4. 我国特许经营法律制度

特许经营作为一种全新的现代商业模式,在我国将引爆一场新的商业革命。然而随着中国特许经营规模日益庞大,与此相关的法律纠纷日益增多,如何如范我国特许经营市场已成为法学界及实务界的热点问题。

我国特许经营纠纷的现实表明健全相关法律制度是整顿和规范市场经济秩序、进一步规范特许经营活动的客观需求。早在 1997 年我国原国内贸易部就发布了《商业特许经营管理办法(试行)》,但该试行办法规定得比较原则,远远不能适应中国特许经营快速发展的需要。而后根据中国入世承诺,中国应在加入世界贸易组织后 3 年内对特许经营取消市场准入和国民待遇限制。从

2005年2月1日起商务部发布施行《商业特许经营管理办法》，它是我国一部专门调整特许经营法律关系的规范性文件，规定的内容虽较原国内贸易部发布的《商业特许经营管理办法（试行）》更为详细、具体，但在立法位阶上属于部门规章，不属于法律、行政法规，在审判实践中属于参照的范围，并且该部门规章只有42条，需要进一步补充、完善。为此，国务院颁布了《商业特许经营管理条例》，自2007年5月1日起施行。该条例的颁行意味着中国特许经营领域已进入一个有法可依的新阶段，在一定程度上将改变我国国内特许经营市场鱼龙混杂、投资人和潜在加盟商的权益无法得到有力保障的局面。但是，我国相关立法仍然相对落后，立法位阶较低，应当通过相应的立法给予完善。

（二）特许经营法律关系

特许经营法律关系实际上是特许人和被特许人之间的合同关系，双方的权利和义务都通过特许经营合同予以确定。

1. 特许人

特许人，指在特许经营活动中，拥有注册商标、企业标志、专利、专有技术等经营资源，以合同形式许可其他经营者使用其拥有的经营资源，并收取相应费用的企业。根据我国《商业特许经营管理条例》，特许人与被特许人从事特许经营活动应当具备一定资格。

第一，特许人必须是拥有注册商标、企业标志、专利、专有技术等经营资源的企业，且企业以外的其他单位和个人均不得作为特许人从事特许经营活动。

第二，特许人应具备"两店一年"资格。所谓"两店一年"，指特许人从事特许经营活动应当至少拥有2个直营店，且经营时间超过1年。

【拓展知识】

不具备"两店一年"条件，是否影响特许经营合同的效力？

根据条例，"特许人从事特许经营活动应当拥有至少2个直营店，并且经营时间超过1年"。对于这条规定的效力到底应该如何认识，实务界与理论界存在很大分歧。

商务部表示，"两店一年"在立法时是从行政管理角度予以考虑而制定的管理性强制规范，条例中也明确规定了未达标时的处罚措施，而且商业特许经营并不需要有关部门的审批或行政许可，只需"备案"即可。因此，即使特许人不具有"两店一年"等资质条件，也不能导致合同的无效。

而与上述观点截然不同的是，有法官认为，"两店一年"是一种资质，属于法律明确规定的特许经营行业准入性规定,没有这种资质,就不能够从事特许经营活动,即使签署了相关合同,也应属于无效合同。也有法官认为,"两年一店"的影响应当根据实际情况综合考虑,若特许人为"圈钱"不具备"两年一店"资格,可认定为合同无效;相反,为了顾及合同稳定性,不应轻易以不具备"两年一店"条件简单认定合同无效。① 可见,关于"两店一年"的效力如何,需要我国立法尽早作出统一规定。

在特许经营活动中,特许人的基本权利包括收取特许经营权费及各种服务费用、终止被特许人的经营资格权利等。而基本的义务包括:

第一,信息披露义务。② 特许人与被特许人之间存在天然的信息不对称情况,被特许人处于明显弱势地位。在缺乏特许人信息披露的情况下,被特许人难以正确判断特许人掌握的资源、财力等信息,也可能由于特许人恶意隐瞒造成错误判断,因此,在各国有关特许经营的立法中,特许人的信息披露制度始终作为核心制度被予以规定。

【相关案例】

特许人不尽信息披露义务的后果

2005年7月3日,徐某与山东省烟台市某食品公司签订《加盟协议书》,约定食品公司方授权徐某为该公司"××"蜂蜜大麻花全国加盟店四川成都地区总代理,代理费为16万元人民币,有效期限为两年。在协议的权利义务内容部分,同时约定徐某可在授权区域内发展代理及加盟店。协议签订后徐某于2005年8月9日办理了个体工商户营业执照,在成都市设立了直营店。在此后的经营过程中,徐某发现食品公司在与其签约之前已于2003年2月6日与廖某签订了《加盟协议》,该协议约定廖某为食品公司在四川省成都市经营"××"蜂蜜大麻花的加盟店,不可另开分店,并保证食品公司提供的配料只应用于本店的日常生产,不可对外销售;如停业两个月,食品公司方将视为退出加盟。协议签订后廖某在成都市开店经营,后由于食品公司没有提供后续技术支持等原因,廖某于2005年7月22日停业。其在经营期间一直未办理工商营业执照。徐某知晓上述情况后,认为食品公司隐瞒了其已与廖某签订《加

---

① 《特许经营面临"自毁长城"》,载 http://www.legaldaily.com.cn/fycj/content/2009-04/27/content_1083315.htm,2009年4月27日访问。
② 《商业特许经营管理条例》第13条规定:"特许人向被特许人收取的推广、宣传费用,应当按照合同约定的用途使用。推广、宣传费用的使用情况应当及时向被特许人披露。"

盟协议》的重要事实,并导致自己陷入错误而违背真实意愿订立《加盟协议书》,根据《合同法》的相关规定,食品公司的行为构成欺诈,应予以撤销。

评析:根据最新的《商业特许经营管理条例》规定,特许人在与被特许人签订特许经营合同之前,要对被特许人进行相应的信息披露,披露的内容包括"在中国境内现有的被特许人的数量、分布地域以及经营状况评估"。从《条例》规定看,特许人披露文件时应披露目前中国境内所有的加盟商的相关信息。对于潜在的加盟商来说,了解其他加盟商的数量、分布地点、经营状况等信息,尤其是同一区域内的其他加盟商的信息,有利于自己做出合理的利益衡量,以决定是否投资。在上述案例中,烟台某食品公司在与徐某签订《加盟协议书》之前,未向徐某披露成都市存在另一加盟商的事实,显然没有充分履行自己的信息披露义务,烟台食品公司就要承担合同解除的法律后果。[①]

第二,特许人应当向被特许人提供特许经营操作手册,并按照约定的内容和方式为被特许人持续提供经营指导、技术支持、业务培训等服务。

第三,特许人应当履行供货义务,向被特许人提供符合法律、行政法规和国家有关规定的质量要求的货物。

2. 被特许人

被特许人,指在特许经营活动中,通过向特许人支付特许经营费用方式,获得特许人的经营资源,并按照合同规定在同一的经营模式下开始经营活动的企业。被特许人享有的主要权利包括:第一,获得特许人的经营资源;第二,获得特许人提供的培训和指导;第三,获得按照合同约定价格的供货等。

而被特许人的义务包括:第一,支付特许经营权使用费义务。第二,被特许人未经特许人同意,不得向其他人转让特许经营权。第三,被特许人不得向他人泄露或允许他人使用其掌握的特许人的商业秘密。

---

① 本案发生在《商业特许经营管理条例》实施之前,因此,虽然徐某与食品公司之间签订的是特许经营合同,但只能依据《民法通则》及《合同法》的相关规定进行审理。从徐某与食品公司《加盟协议书》的内容来看,食品公司授权徐某为四川成都地区总代理并可在授权区域内发展代理及加盟店,并未明确约定食品公司在签订该合同之前或之后不得与他人订立加盟协议,也没有授予徐某在成都地区排他的允许他人加盟权,食品公司无义务告知徐某其在订立合同时已与他人订有加盟协议的事实;而且食品公司在成都地区设有其他加盟店的这一事实的存在,并不会影响徐某实现订立合同的目的从而对徐某是否有订立合同意愿产生影响;另外,徐某也没有其他证据证明食品公司有其他故意陈述虚假事实和隐瞒真实情况使其陷入错误从而订立合同的情形,因此,食品公司未告知徐某其与廖某订有《加盟协议》事实并不构成欺诈,徐某关于撤销其与食品公司签订的《加盟协议书》的起诉理由也很难成立,最终法院驳回了徐某的诉讼请求。

参见赵新春:《特许人应严格履行自己的信息披露义务》,载 http://lawyer.110.com/68662/article/show/type/3/aid/141330/,2009 年 7 月 20 日访问。

(三) 特许经营的法律风险防范

特许经营是以特许人（总部）与被特许人（加盟商）订立特许经营合同而开始的契约式经营，特许经营合同不过是对特许经营活动中涉及的有关特许授权、特许经营费用、店铺设立与经营、物流配送、财务税收管理、信息管理、清算规则等事项的约定，特许经营合同涉及的经营问题也是法律问题。下面从特许经营中常见的几类法律纠纷来看风险防范问题。

1. 特许加盟合同的违约风险防范

这类纠纷主要是因一方出现违约行为或双方都出现违约行为引起的。从主体角度看，加盟合同分险可分为加盟者违约风险和特许者违约风险两种，而且一般说来后者发生风险的情况多于前者。

【背景资料】

十大常见的特许加盟纠纷[①]

1. 加盟店对总部提供的"行销支援与辅导"不满意。（66%）
2. 加盟店对总部提供之"商品的价格"不满意。（62%）
3. 加盟店对总部的"政策配合度及执行力"很低。（49%）
4. 加盟店对每月的营业额并不满意。（47%）
5. 加盟店与总部之间对于"商品采购限制不得自行进货"的争议。（43%）
6. 加盟店对于总部举办的促销活动不愿配合。（40%）
7. 加盟店与总部之间对于"商圈保障范围"的看法有分歧。（38%）
8. 加盟店对于总部举办的"教育培训"不配合。（36%）
9. 加盟店对"每月上缴的权益金与管理费用"有争议。（34%）
10. 加盟店不能每月按时缴交货款。（32%）

基于此，加盟商应做好防范风险的措施。

首先，加盟商应仔细审查加盟项目的真实性。特许经营陷阱比比皆是，面对如此之市场环境，在选择加盟项目上，就要查清该项目的真实性，识别广告是否虚假、考察总部组织机构是否完备、是否具备完善的特许经营体系（物流配送、运营指导、信息管理等）、国外项目本土化特许成功事例是否

---

① 参见《十大常见的特许加盟纠纷》，载 http://franchise.icxo.com/htmlnews/2005/8/23/614996.htm，2005年8月23日访问。

存在。

其次,应审查加盟项目中"特许权利"的合法性。特许者是否具有独立法人资格,对产品、注册商标、商号、专利和专有技术等是否拥有所有权或支配权;特许者是否享有授权他人使用的上述权利;在授权合同中包含哪些调整和控制条款,特许者是否有资源、能力和权利以持续支持、监督、指导被特许者的经营活动。

再次,进一步调查加盟项目盈利的可行性。签约前加盟商应要求特许人提供其直营店、加盟店以往的财务报告和单店投资分析预测,并要求在合同中注明,在确定加盟店选址后,由总部提供单店投资预测分析报告。一般投资分析报告要求加盖公章,这样对该项目的可行性就多了份公信力。

此外,还应关注加盟店的盈利模式,即加盟店以何种方式获得盈利。例如,物流型店铺(服装、鞋帽、箱包、化妆品等)以获取批零差价为盈利来源,而经营指导型店铺(餐厅、美容、洗衣等)则以产品销售和提供服务为盈利模式。所以,选择哪类加盟项目,不仅要看总部的直营店是否盈利,而且还要看总部推行的盈利模式是否符合加盟商当地的市场需求。①

2. 特许经营合同引发的侵犯知识产权纠纷的风险防范

特许经营容易引发知识产权纠纷,而商标纠纷又往往与企业名称权等结合而产生纠纷。这其中既有加盟商未经许可超范围使用特许商标,也包括特许经营合同解除后,原加盟商继续使用特许商标而产生的纠纷等等,还包括企业名称与特许商标产生的侵权纠纷。"上岛咖啡"商标纠纷案即为著名案例。②

【相关案例】

800 加盟商何去何从③

上岛咖啡 1968 年创建于我国台湾地区,以经营各国高品质咖啡而著称。1997 年上岛创始人陈文敏先生进入祖国大陆发展,由于当时不可以用个人名义注册商标,于是由天津广泰国际工贸有限公司代为注册了商品类"上岛"(及图)的商标。1998 年,陈文敏和游昌胜等共同成立了海南上岛农业开发有限公司。当年 11 月,海南上岛从广泰手中受让了"上岛"(及图)的 30 类商

---

① 林晓:《签订特许经营合同时的"三大纪律"》,载 http://www.fclaw.com.cn/Details.asp?id=3353,2010 年 2 月 3 日访问。

② 该案例已被列入《中国消费者报》推选的"2005 年度十大最值得消费者关注的商标侵权(纠纷)案例",另据《经济参考报》报道称,上岛商标案还被收入美国哈佛大学商战教材。

③ 纪亮:《上岛讼争:800 加盟商何去何从》,载《法人》2005 年第 9 期。

品商标（使用范围为咖啡、咖啡代用品、可可、茶和糖），并同时申请了42类服务类商标（使用范围为提供食宿的旅馆、咖啡馆、餐厅、自助餐馆等）。2000年4月14日，海南上岛农业开发有限公司经过国家商标局注册登记取得了"上岛"注册商标使用权。

后由于业务发展需要，2001年1月，陈文敏在杭州注册成立杭州上岛有限公司；而海南上岛于2000年6月在上海注册成立上海上岛咖啡有限公司。2001年7月海南上岛公司撤销。2002年5月30日经过国家商标局核准，海南上岛将"上岛"注册商标转让给上海上岛。2003年3月19日陈文敏与杭州上岛公司签订了许可协议，许可杭州上岛公司使用本人拥有著作权的"上岛"（及图）美术作品，并保证不向任何第三方授予许可使用"上岛"（及图）的权利。

2003年9月，杭州上岛和陈文敏向上海市第二中级人民法院提起了诉讼，认为上海上岛将"上岛图案"作为商标使用，侵犯了陈文敏的著作权和杭州上岛对陈文敏美术作品的独占使用权。经过长达两年的诉讼时间，最终，2005年7月22日北京市高级人民法院终审判决撤销"上岛"（及图）商标。

北京市高级人民法院做出的撤销"上岛"（及图）商标终审判决，使得上海上岛人心涣散，坊间纷纷传出"上岛"800余家加盟店面临被"摘牌"危机。上海上岛除了及时向最高人民法院提出申诉要求再审之外，还向杭州市中级人民法院起诉杭州上岛公司商标侵权，杭州市中级人民法院于2005年11月3日作出判决：杭州上岛公司侵权，赔偿上海上岛公司损失40万元。

评析：上海上岛与杭州上岛耗时耗财的商标纠纷损害了加盟者的利益，因此投资者加盟前必须注意，加盟企业是否具备健全的知识产权和严格完备的管理制度，这是保护自己、避免损失的前提。对于特许商而言，出现这种情况时，应该向加盟商通报公司现状，以便让加盟者看到风险并更好地应对风险。国务院颁布的《商业特许经营管理条例》第23条规定："特许人向被特许人提供的信息应当真实、准确、完整，不得隐瞒有关信息，或者提供虚假信息。特许人向被特许人提供的信息发生重大变更的，应当及时通知被特许人。特许人隐瞒有关信息或者提供虚假信息的，被特许人可以解除特许经营合同。"

3. 特许经营中滥用特许权利的风险防范

由于特许经营中特许方控制着特许经营所涉及的以知识产权为主的经营许可权，容易滥用权利，限制竞争，这就使得特许经营中对此类风险防范大有必要。

从各国竞争法或反垄断法来看，欧盟在《欧盟条约》的基础上专门颁布了《关于特许专营类型协议适用条约第 85 条第（3）款的 4087/85 号法规》（简称《4087/85 号法规》），该法由法规的适用范围、白色清单（豁免条款）和黑色清单（禁止条款）等部分组成。其中，白色清单列出了两类豁免条款：（1）为保护特许权的知识产权而为的限制行为。（2）为维持特定特许经营网络的同一和声誉而为的限制行为，并且具体列举了一系列被豁免的限制性行为。[①] 这些允许适当限制竞争的除外规定使得判断特许经营的限制性行为合法与否有了依据。

《4087/85 号法规》在规定某些限制竞争行为豁免的同时，又排除了某些行为获得豁免的可能性。如：（1）限制受许人从其他受许人或经授权的分销商得到特许产品。（2）特许人限制受许人提供的产品或服务的价格，但提供给受许人的参考价格不在此限。（3）限制受许人经营与特许人的产品有关的零部件或限制其从第三人处获得这些零部件。（4）因为顾客的住所或营业所而限制受许人向他们提供产品或服务。[②]

可见，限制竞争行为存在着合法与非法之别，真正的风险是来自滥用特许权利、过度的限制竞争。因此，应该从以下方面认定：（1）限制的目的是否出于保护特许经营当事人的合法权益；（2）客观上是否存在合法利益，并且有通过限制进行保护的必要；（3）与公共利益是否保持一致；（4）是否存在滥用权利等。超此限度，其合法性就转变为违法性。

特许经营的违约风险、侵权风险、限制竞争风险在实际运作中会交织并存。而且，特许人与被特许人的关系也不纯粹限于典型的特许经营方式，而可能发生多种投资组合、多种法律关系，使得纠纷解决更加复杂化，防范风险任务更加艰巨。在面对涵盖多种法律关系的特许经营合同时，当事人应以不同的合同形式分别确定不同的法律关系，以明确各类法律关系和各方应承担的权利义务。

本章小结

中介组织具有独立性、自治性和专业性的特征。对企业经营而言，市场中介组织的作用在于提供有用信息，降低企业搜寻成本；而社会中介组织则在为企业提供信息、进行市场预测和可行性论证、制定行业发展规划、政策和标

---

① 例如：专营人不得在约定区域之外招徕顾客；专营人在合同约定的特定区域内享有特许专营独占权；专营人不得销售或提供与特许方相竞争的商品或服务等。束小江：《特许专营中的反竞争问题研究》，载《外国经济与管理》1999 年第 6 期。

② 范在峰：《特许经营限制竞争行为法律研究》，载《北京大学学报》（哲学社会科学版）2002 年第 6 期。

准、规制市场准入、监督等规范企业行为等方面起到重要作用。中介组织与交易双方当事人的法律关系错综复杂，其中以"居间关系"以及"代理关系"最为广泛。

商事代理作为一种举足轻重的商事活动。商事代理与传统民事代理在显名要件、代理权的权限、法律责任等方面都有巨大区别。在商事代理的风险防范中，表见代理及经理人代理行为的风险防范尤为重要。

特许经营有广义和狭义之分。在特许经营法律关系中，特许者和被特许者在产权上并没有从属关系，作为分别独立的经济实体，特许者和被特许者对外分别独立享有权利和承担义务。特许者和被特许者的权利与义务由特许经营合同约定。特许经营的法律风险应根据特许加盟合同纠纷、知识产权（专利、商标权、品牌）特许纠纷、限制竞争纠纷的不同特点加以防范。

思考与练习

1. 什么是中介组织？我国现行法律对中介组织的规定是否完善？
2. 简述商事代理与民事代理的主要区别。
3. 表见代理与表见代表有何区别？
4. 阅读下面这段材料，为防范特许经营风险，你觉得聘请专业法律人士参与特许经营的全过程服务有必要吗？如何发挥应有作用吗？试举例加以说明。

《特许圣经》（Franchise Bible）一书详细介绍了如何选择具有商业头脑、精通特许经营业务的律师。因为专业法律人士不仅可以为特许者拟订《特许经营合同》、《商标专利许可合同》，还可以为特许商塑造品牌、建立经营体系、制定文件、审查加盟者资信以及在运营期间指导企业使用、保护知识产权并处理合同终止后的相关事宜。鉴于加盟者在特许经营中处于弱势地位，且大多数缺乏该行业的经营经验，因此聘用法律专业人士对特许商的资信进行评价、对特许商拟订的合同进行合理的修改更有其不可低估的作用。在国内，具有超过100年历史的"全聚德"集团因充分重视法律服务，使其在国内的特许经营业务开展得如火如荼。上海华联超市亦因注重理顺法律关系而实现了其与"加盟商共舞"的宗旨。

案例分析

1. 阅读下面的案例，思考房地产中介应如何保障自己的合法权益？

上海中原物业是一家规模不小的公司，它在从事房屋中介活动中碰到赖账不付佣金的现象较多。在2005年12月间，该公司曾居间了多起房屋买卖，均被购房人"赖掉"佣金而不得不起诉到法院。

在2005年12月初，该公司曾居间带谈某看了本市虹井路一处房屋，谈某表示愿意通过中介商求购该房屋。当日同该公司于出卖方和谈某共同签订了《房地产买卖居间协议》。

根据房地产中介公司的通行做法，上海中原物业当天即与谈某签署了《房地产求购确认书》，确认"经由中介商员工带谈某实地看房，谈某表示愿意通过中介商求购该房屋"这一事实。同时，该确认书约定："谈某在验看过该房地产后六个月内，其本人或委托人、代理人、代表人、承办人等与谈某有关联的人与出卖方达成买卖交易或者利用了中介商提供的信息、机会等条件，未通过中介商而与出卖方达成买卖交易的，都应按该房地产买卖达成的实际成交价1%向中介商支付违约金，中介商还保留追究其他损失的权利。"

在双方签订的《房地产买卖居间协议》中，约定谈某问题中介商以118万元总价购买该房屋，为表示购房诚意，谈某先支付了意向金1000元。因出售方委托代理出售物业手续不符合规定，谈某与出售方终止了交易，谈某取回了1000元。不久，出售方又办妥了出售委托书，与谈某签订了《上海市房地产买卖合同》，谈某在一个月后就取得了上述物业的所有权。买卖双方自行完成房地产交易后，拒绝向中介商支付居间服务费。

无独有偶，在2005年12月21日，购房人谢某夫妇与中原物业公司、房屋出卖方陈某签署了《房地产买卖居间协议》。约定通过中介商居间谢某夫妇购买陈某坐落在西藏北路一处物业，谢某夫妇以50万元总价购买该房屋，其中35万元以贷款形式来支付第二期房款。当天，谢某夫妇还与中介商签订《佣金确认书》，由谢某夫妇自愿代房屋出售方支付佣金。谁知，白纸黑字刚刚签署一天的《上海市房地产买卖合同》，即被谢某夫妇与房主陈某协商解除。又过了3个月，谢某夫妇却与房主陈某私下签订《房地产交割监管合同》，再次建立买卖关系，以原合同总价完成交易并过户。

2. 阅读下面的案例，分析以下代理行为合法有效吗？

王立生是某单位后勤处的负责人。1995年9月，其亲戚家的一头牛得了一种传染病，且使其他15头牛全部被传染，王立生利用职权之便以该单位食堂的名义买下其亲戚家中的16头病牛，随后又找人将该16头病牛全部杀掉，并把牛皮送给亲戚，牛肉运回本单位食堂，其亲戚送给他1000元作为酬谢。由于牛肉感染病毒，本单位职工食用后9人发生中毒，食堂只好将剩余的牛肉倒掉，造成经济损失2万余元。有人将此事向单位反映后，单位责令王立生追回牛肉款。王立生表示，牛肉是其亲戚的，他是代理单位购买牛肉，发生损失应当由单位负责，与其个人没有关系。其所在单位遂起诉至区人民法院，要求王立生及其亲戚归还牛肉款。

3. 阅读下面的案例，思考：特许经营合同中品牌使用的保证金概念如何理解和处理？

2003年8月，张小姐加入某知名香水卡洛琳娜的连锁经营体系，合同约定加盟者应在合同签订之日向特许方支付5万元的品牌使用费（即特许权使用费），同时承诺将萧山地区的商圈交给张小姐独占经营，合同对于履行期限的约定是"合同期限为1年，在期限届满之前3个月，任何一方未提出解除合同，合同期限自动延长1年"。签下合同后，张小姐并没有按照合同的约定支付品牌使用费，但是根据特许方的要求支付了1万元的品牌使用保证金（这在合同中并没有约定，是张小姐和特许方自行商定的）。

2003年9月，张小姐经过考察后决定将地址选择在萧山某商场，为方便张小姐经营，特许方于9月3日向张小姐出具了《特许经营授权书》一份，授权使用期限为1年。但在一切准备就绪的情况下，萧山的商场因为某些原因无法开业，特许方表示只要在萧山的商圈内都可以另定地址，但是此后张小姐一直没找到合适的经营地点。

2004年9月，张小姐认为合同已满一年，自己一直没有使用该品牌，也不存在损害特许方品牌的情况，于是提出要特许方退回保证金1万元。特许方则认为，张小姐连品牌使用费也没交，双方还存在债权债务纠纷，同时合同还在履行期限内，婉言拒绝。最后，双方进行了调解，特许方并未退还1万元保证金，只给予一点折价货品。

第四章 运输与保险

华联公司与瑞士迪高谷物有限公司签订买卖黄豆12000吨合同,约定CRF蛇口,每吨280.6美元,装船期从11月6日至12月6日。同时,华联公司与保险人华安公司签订一份货物运输保险单,保"一切险"和"战争险",且规定了保险人"仓至仓"责任。

12月15日,装船完毕。承运人印度船务有限公司签发了清洁提单(证明货物符合合同规定要求)。12月30日,"仁达思"轮抵赤湾,次日开始卸货。卸货次日,装卸工人发现第四舱内豆粕发红变质。华联公司及时通知了华安公司,华安公司派人到现场查看。华联公司申请深圳进出口商品检验局对货物进行检验,《检验结果单》鉴定认为上述货物发红变质系货物装船后运输过程中发生的。后华安公司基于以下两个原因拒绝赔偿保险人:(1)华联公司不在蛇口而在赤湾卸货,与保险合同不符;(2)被保货物在途中变质,且华联公司不能提供有力证据证明货物运输过程中存在"外来风险",不属于"一切险"范围。[①]

上述案例表明,"运输"与"保险"这两个环节在现代物流活动当中具有重要作用。运输是实现货物位移的重要途径,企业输入、输出各种原材料、半成品或商品都必须经过运输环节。保险是企业分散风险的重要方式,它贯穿企业经营的全程。货物运输保险,财产保险与企业高管保险等都是企业常见的保险项目。了解有关运输与保险的法律制度,是企业成功运营的基础。

一、运输

任何货物买卖都离不开运输,脱离了运输环节,企业无法把生产品输出到购买者手中,造成生产链中断。可以说,运输是企业经营最必不可少的一个环节。

(一)运输与物流

传统运输中涉及的法律关系较为简单,而现代物流法律关系已变得十分复杂。了解现代物流的过程以及其中涉及的法律关系,有利于企业控制货物输送

[①] 改编自"'仁达思'轮船载货物保险合同纠纷案",参见金正佳:《海商法案例与评析》,中山大学出版社2004年版,第113~116页。

环节，保证企业商品的有效流转。

1. 什么是运输？

一般认为，"运输"是指人类利用一定的运载工具、线路、港站等实现旅客、货物的空间位移的活动，包括铁路、公路、航空、水路、管道等方式。

【背景资料】

我国运输相关法律法规

一般而言，对运输进行的法律调整是与各种运输方式紧密联系的。我国交通部、铁道部、民航总局分别管理公路和水路、铁路、航空运输。我国的运输立法主要表现为专门性立法，如已颁布的《铁路法》、《海商法》、《民用航空法》和《公路法》等，以及与其相配套的法律规章。

此外，《民法通则》、《合同法》等基本法律也对运输法律关系进行调整。我国现行的运输法律体系基本框架为：以《宪法》为基础，以交通运输法律为龙头，以交通运输行政法规为骨干，以交通运输行政规章为补充的纵横相结合的系统。在这个结构中，横向构成包括与交通运输运营关系密切的各种法律规范，如《民法通则》、《合同法》等一些基本法律；纵向构成则按照我国现行的立法权限、效力层次，分为交通运输法律、交通运输行政法规、交通运输行政规章三个层次。[①]

目前，我国运输法律制度存在的问题主要有：第一，运输相关法律注重政府管制，轻视商法意义的运输立法；第二，运输法律制度立法层级较低，部分规范之间存在矛盾和冲突；第三，运输法律制度立法滞后，不能适应现实的需要。

根据不同的标准，运输有不同的分类。

第一，根据服务对象不同，可分为客运与货运。客运是指以旅客为运输对象有目的的运输活动；客运服务中主要涉及人身侵权赔偿的法律问题。货物运输简称货运，是以货物为运输对象的运输活动。货运服务中涉及的法律问题包括货物损害赔偿、货物单证纠纷等。

第二，根据运输工具不同，可分为水路运输、铁路运输、公路运输以及航空运输。水路运输是以船舶为主要运输工具、以港口或港站为运输基地、以水域（海洋、河、湖等）为运输活动范围的一种客货运输；铁路运输是以火车

---

① 郑国华：《交通运输法教程》，中国铁道出版社2006年版，第1~17页。

为主要交通工具的运输活动,是最有效的路上交通方式;公路运输指在公路上运送旅客和货物的运输方式;航空运输指使用飞机、直升机及其他航空器运送人员、货物、邮件的运输方式。

第三,根据运输方式不同,可分为单式运输、多式联运。单式运输指只运用一种运输工具的运输活动;多式联运指由两种及其以上的交通工具相互衔接、转运而共同完成的运输过程,统称为复合运输。《联合国国际货物多式联运公约》对国际多式联运所下的定义是:按照多式联运合同,以至少两种不同的运输方式,由多式联运经营人把货物从一国境内接运货物的地点运至另一国境内指定交付货物的地点。而中国海商法对于国内多式联运的规定是,必须有一种方式是海运。

【背景资料】

多式联运

多式联运是指根据实际运输要求,将不同的运输方式组合成综合性的一体化运输,通过一次托运、一次计算、一张单证、一次保险,由各运输区段的承运人共同完成货物的全程运输。多式联运将全程运输作为一个完整的单一运输过程来安排,被认为是实行"门到门"运输的有效方式。

根据多式联运公约的规定和现行的多式联运业务特点,开展多式联运应具备以下基本条件:(1) 无论使用多少运输方式,作为负责全程运输的多式联运经营人必须与发货人订立多式联运合同。(2) 多式联运经营人必须对全程运输负责。(3) 如果是国际多式联运,多式联运经营人接管的货物必须是国际运输的货物,即跨国境的一种国际运输方式。(4) 多式联运使用两种或两种以上的不同运输方式,而且必须是不同运输方式下的连续运输。(5) 多式联运的费率为全程单一运费费率,通常包括运输成本(全程各段运费的总和)、经营管理费用(通讯、制单及劳务手续费等)以及合理利润。(6) 货物全程运输时,多式联运经营人应签发一份全程多式联运单证。①

第四,根据运输范围不同,可分为国内运输以及国际运输。国内运输指运输范围只在一国境内的运输活动;国际运输则指运输范围不限于一个国家,具有国际性。

---

① 郑国华:《交通运输法教程》,中国铁道出版社2006年版,第308~322页。

【背景资料】

海上运输与海商法

海商法是随着着海上运输的繁荣昌盛发展起来的,它起源于欧洲,形成于中世纪的海上贸易和运输,传播并发展到世界各地。在众多运输方式中,海上运输从古至今、从国内到国外一直是主要运输方式之一,这决定了海商法在世界范围的作用。

海商法是商法的重要组成部分之一。从调整对象的区分而言,海商法的定义有狭义及广义之分。狭义的海商法指调整平等主体间民商事关系的法律;而广义的海商法除了调整上述关系外,还调整政府与商人、政府与公民的纵向行政关系。从形式及实质意义的区分而言,形式意义的海商法特指1992年通过的《中华人民共和国海商法》这一法典,而实质意义的海商法除海商法典外,还包括一切调整海商事关系的法律法规、部门规章、国际条约等。

与其他法律部门相比,海商法具有自己显著的特征:

第一,海商法具有国际性和涉外性。海商法的国际性与涉外性可从其调整对象、法律表现形式及效力范围体现。

第二,海商法具有技术性。实践中,海商法是法律理论和航海技术、航运业务紧密联系的法律,因此技术性较强。

第三,海商法具有特殊性。海商法领域形成了一些其他法律所不存在的特殊的法律制度,如船舶抵押制度、船舶优先权制度、海上救助制度、共同海损制度、海事赔偿责任限制制度、海上保险制度及海事请求保全制度等。

我国海商法法律体系是以1993年7月1日生效的《海商法》为标志,陆续发展和完善起来的,由国内立法、国际条约和国际惯例三部分组成。

2. 什么是物流?

所谓物流,即物流运输,是指货物运输及其过程服务的总称。物流是传统运输的扩展,它涵盖了运输、仓储、配送、加工等以生产企业的生产、销售计划为前提的全过程。发达的商业以发达的物流为基础,现代物流业是传统运输方式的革新,其宗旨是"更全面、更综合地提高经济效益与效率"。可以说,一国商业是否发达,物流业的发展是一个重要的衡量指标。

现代物流是对传统运输的革命性突破,这种突破表现在:

第一,现代物流是多种运输方式的集成,它把传统运输方式下相互独立的海、陆、空的各个运输手段按照科学、合理的流程组织起来,从而使用户获得最佳的运输路线、最短的运输时间、最高的运输效率、最安全的运输保障和最低的运输成本。

第二，现代物流打破了运输环节独立于生产环节之外的分界线，通过供应链的概念建立起对企业生产、供销全过程的计划和控制，从整体上完成优化的生产体系设计运营。

第三，现代物流坚持运输服务中心是运力的观点，强调了运输服务的宗旨是客户第一，客户的需求决定运输服务的内容和方式。

第四，现代物流更着眼于运输流程的管理和高科技信息情报，使传统运输的"黑粕作业"变为公开和透明的。

第五，现代物流借助日新月异的电子信息手段与电子商务日益紧密地结合在一起，极大地跨越了时间与空间的阻隔，使得人流、货流、资金流、信息流得以高效整合。①

在实际物流活动中，企业与物流公司签订的第三方物流合同中涉及的比较常见的法律关系有：

（1）运输合同法律关系。企业与物流公司之间形成运输合同法律关系是最为常见的一种法律关系。此时，企业作为托运人角色，与物流公司签订运输合同，物流公司承诺将货物在规定时间内送达目的地并向企业收取相应运费。

（2）委托代理法律关系。物流公司不可能拥有履行物流合同的所有资源，因此不可避免地在第三方物流合同中约定物流公司在一定权限内可以物流需求者的名义委托第三方完成物流业务，这时物流合同的当事人之间就形成了委托代理关系，即第三方物流公司以物流需求者的名义同第三人签订分合同，履行物流合同的部分内容，物流需求者也应享有和承担对该分合同的权利、义务。另外，物流公司也常常接受货主的委托，以货主的名义办理货物的报关、报验、保险、结汇等业务，此时物流公司除了和物流需求者之外，还以货主的名义与海关、商检、动植物检疫、保险公司、银行或其他有关第三方发生法律关系。

（3）居间或者行纪法律关系。在实际业务操作中，物流公司可能提供与运输有关的信息、机会等服务，促成物流需求方与物流提供方（如货主与承运人、港口经营者等）之间的交易，从中收取一定的费用和报酬，并协调有关当事方的利益，而自己并没有同任何一方签订委托代理合同或向任何一方提供实体物流服务，此时物流公司处于居间人的法律地位。

3. 我国物流法律体系

现代物流业涉及的业务繁多，包括运输、仓储、加工、包装等，因此其涉

---

① 参见张三省：《仓储与运输物流学》，中山大学出版社 2007 年版，第 175～185 页。

及的法律关系也较为复杂。我国物流行业、物流活动的法律规范主要包括物流运输、物流业市场准入、物流采购、物流搬运和卸载、物流包装、加工和配送等。

我国物流法律体系主要以《合同法》以及相关法律法规中关于运输合同的规定、国务院及相关部委颁发的物流企业资格准入、相关行业行规等法律法规组成，如在运输法律关系中，物流运输法律关系的调整是以适用《合同法》及相关法律法规中关于运输合同的规定为基础，同时配合适用国务院及相关部委颁发的与铁路、水路、航空运输相关的法律法规。又如在物流仓储法律关系中，主要法律依据是《合同法》中仓储合同的有关规定，此外还包括仓储业务的有关规章，如《医药仓库管理办法》、《商品仓储管理办法》等。

目前我国物流法律制度的不足之处在于：

第一，缺乏全国统一的物流业发展规划。目前我国各地物流市场是条块分割的，缺乏全国统一规划的缺陷在于物流运营成本高、物流行业内部效率低。此外，我国很多物流企业是从传统仓储、运输企业转变而成，这类物流企业往往运输方式单一、规模小、市场份额少、竞争力较弱。

第二，物流相关法律制度分散，缺乏关于物流基础建设、物流服务、产品生产加工和流通的系统性政策和法规。正如上文所述，目前与物流相关的法律制度主要分散于各单行立法中，缺乏一部专门而系统的调整物流法律关系的部门法，物流制度缺乏系统性，不利于指导和规范物流业的发展。

第三，现有物流规范存在"真空地带"。现代物流业发展日新月异，以突破传统的仓储运输，但对于新出现的物流问题和物流业务，现有法律规范不足以对其进行调整。

【相关案例】

仓储合同货物存放条款不明，水果商受损[①]

麦润福公司与上海新天天大众低温物流有限公司（以下简称新天天公司）签订仓储租赁合同，主要内容为：储存商品种类是水果类，商品储存温度为冷藏库0-4度、5-8度，仓储价格为冷藏库人民币（以下币种同，略）3元/吨/日，合同履行期限自2005年1月26日起至2005年4月25日止，商品储存位置为新天天公司A库。2005年1月26日、1月28日，麦润福公司分别将

---

① 《上海麦润福商贸有限公司与上海新天天大众低温物流有限公司仓储合同赔偿纠纷上诉案》，载http://vip.chinalawinfo.com/newlaw2002/SLC/slc.asp? db=fnl&gid=117515730,2005年11月16日访问。

青枣 747 箱、549 箱交新天天公司储存，新天天公司分别出具入库库位单交付麦润福公司，库位单上均写明 A 楼 3 楼川堂，麦润福公司未提出异议。2005 年 1 月 25 日至 2005 年 2 月 6 日期间，A 库 3 楼 - 6 楼川堂温度为 5 - 8 度。2005 年 2 月 5 日，麦润福公司至新天天公司处提青枣时发现已严重变质，遂要求新天天公司赔偿其损失。

评析：麦润福公司作为专业水果经销商，理应知道系争水果的存放条件和时间，由于本案讼争双方的仓储合同并没有对涉案水果的存放条件作出具体的约定，故麦润福公司在系争水果入库时应当明确通知新天天公司具体的存放条件和时间，以便保管人进行合理安排。虽然麦润福公司坚持称其已通知新天天公司将系争水果存放于 0 - 4 度，但由于商品信息表只是记载入库商品种类的凭证，并不能以该信息表上的商品排列顺序视为水果存放温度的顺序，故麦润福公司以此认定新天天公司构成违约显然依据不足。此外，由于麦润福公司未对其存放于新天天公司的易变物品进行说明，提供相关资料履行告知义务，新天天公司实际存放系争水果的条件也未违反合同约定，因此新天天公司不需担负赔偿责任。

（二）运输合同

1. 什么是运输合同？

运输合同，是指承运人承诺将旅客托运人交付的货物运送到合同约定地，旅客或托运人为此支付运费的合同。运输合同一般可分为客运合同与货运合同。

客运合同，又称旅客运输合同，指旅客与承运人订立的，承运人承诺将旅客及其行李安全运送到目的地，旅客为此支付运费的合同。货运合同，又称货物运输合同，是指托运人与承运人订立的，承运人承诺将托运人交付货物运送到合同约定地，托运人为此支付运费的合同，它往往涉及托运人、承运人及收货人三方。

【背景资料】

货物运输合同当事人的权利与义务

一、承运人。承运人的权利包括：运费、保管费及其他运输费用的请求权；货物留置权；对违反约定的包装方式的货物拒绝运输的权利。承运人的义务包括：及时通知收货人领取货物；对运输过程中货物的损毁、灭失等承担赔偿责任（由于不可抗力、货物本身自然属性及合理损耗等除外）；与托运人签订多式联运合同的承运人对各运输区段发生的货物损失承担连带责任。

二、托运人。托运人的权利包括：货交收货人前可要求承运人中止运输、变更到达地或收货人、返还货物，但对此造成的损失承担赔偿责任。托运人义务包括：准确提交收货人名称、收货地点、货物性质、数量等运输情况；办理有关审批、检验等手续；按约定包装货物。

三、收货人。收货人的权利包括：货物取得权；货物受损时的损害赔偿请求权。收货人的义务包括：及时提货、按约定检验货物。

2. 运输合同的特征

（1）合同成立的特殊性

首先，从合同行为主体方面而言，对于承运人制定的标准运输合同是要约还是要约邀请①，必须区分具体情况不同对待。不同运输方式形成的运输合同，对何种形式构成要约，具体情况差异很大。例如，出租车司机将出租车停在路边招揽顾客，如果根据当地的规定和习惯，出租车可以拒载，则此种招揽为要约邀请；若不能拒载，则认为是要约。

其次，从标准合同的内容上分析，承运人所制作公布的客票、运单以及价目表、班次时刻表等，直接或间接地构成合同内容；但是否构成合同内容，以合同是否成立为界限。

最后，从合同行为上分析，承运人超出其能力范围发出的要约，其行为无效。

运输合同生效需具备一定条件。根据我国《合同法》、《民法通则》以及相关运输法律、法规的规定，运输合同的生效条件为：第一，运输合同的主体（包括承运人、旅客和托运人）应具备民事权利能力和民事行为能力。承运人应依照有关法律、法规的规定，取得运输经营许可证，并经工商登记，才能从事运输经营活动。第二，运输合同意思表示真实。第三，运输合同内容不得违法。②

（2）合同的变更与解除有限制

首先，承运人不得单方变更或解除运输合同。

---

① 对于要约邀请，只要没有给善意第三人造成利益损害，要约邀请人不承担法律责任；但有效的要约一经发出后就产生拘束力。由于运输合同具有特殊性，有时候难以分清何时为要约，何时为要约邀请。

② 郑翔：《运输合同签订与风险控制》，人民法院出版社2007年版，第93~106页。

其次，托运人①可以单方变更或解除合同，托运人行使变更权与解除权时不需要经过承运人同意，承运人对其变更、解除合同的行为不能反对。托运人行使上述权利时应遵守以下规定：第一，托运人只能要求承运人"中止运输、返还货物、变更到达地或将货物交付其他收货人"；第二，权利行使时间为"承运人将货物交付收货人之前"；第三，对于承运人造成的损失以及因变更、解除合同引发的费用需依法赔偿。

【相关案例】

已收取的运费为何要被退回？②

2005年8月29日，原告委托被告代理运送一批货物，双方约定货物由上海港出发到香港，清关离港，再派拖车运到广东中山市目的地，全程报价为人民币7400元。

9月15日，被告发函通知原告，称货物在香港滞留数日，用公路运输至深圳和香港交接处被查，原告的客户决定用船运，因此增加了陆运费、船运费、港口建设费、单证操作费等费用，要求原告盖章确认。原告于同日回函称，请被告依照约定将货物送至客户处，原告不承担超出约定的费用。

9月16日，被告再次发函通知原告，称若原告不及时汇款，可能造成货物被海关拍卖。原告回函称，为了明确责任与减少损失，原告同意凡因原告或客户原因所产生的所有费用，被告可凭相关单证向原告申请，原告确认支付。被告应及时、安全地将货物送到原告的客户处。该回函还称，为了使双方明确和理解，原告确认以船运方式请被告立即办理，因此发生的所有费用由原告确认支付。

9月16日和19日，原告按照被告要求，分两次向被告支付人民币26805元和人民币1876.50元，共计人民币28681.50元。

2006年1月6日，原告向法院提起诉讼，认为其客户从未要求对涉案货物的运输方式作出变更，被告的做法违背了双方关于费用的约定，故请求法院判令被告返还原告多支付的相关款项计人民币21281.50元。

评析：被告多收取的费用，应当视为不当得利予以返还。③ 本案中，被告虽然提出变更合同，但原告开始明确表示拒绝，并要求被告按照合同约定履行

---

① 《合同法》第308条规定："在承运人将货物交付收货人之前，托运人可以要求承运人中止运输、返还货物、变更到达地或者将货物交给其他收货人，但应当赔偿承运人因此受到的损失。"
② 倪中月：《已收取的运费为何要被退回？》，载《航海》2008年第4期。
③ 有关不当得利的理论，可参考王泽鉴：《不当得利》，北京大学出版社2009年版。

义务。在被告反复催促且表示将放弃对原告货物处理的情况下，原告虽未作出明确的承诺，但还是向被告支付涉案争议的增加费用，其真实的意思是为了减少损失。因此，法院依法判决被告返还费用。

（3）合同违约责任的制度具有特殊性

首先，由于运输合同的专门化和标准化及其标的物的特殊性，运输合同违约的损害后果一般表现为侵犯旅客人身权或托运人财产权；为此，在运输合同中的违约责任与侵权责任混同。

其次，运输合同多种责任并存。现代任何一种运输生产活动都存在着与其他社会经济活动不同的风险，尤以海上运输、航空运输为甚。不同的运输方式所具有的风险程度不同。因此，运输经济要求对承运人实行不同的责任原则，各运输方式中的责任原则又共同体现为不同程度的赔偿责任限制和免责规定。

再次，在运输合同中，除个别情况外，损害赔偿为唯一责任形式。这是运输合同与合同法中支付违约金、赔偿金、强制履行责任形式的区别。①

最后，因铁路、公路、水上、航空运输和联合运输合同纠纷提起的诉讼，由运输始发地、目的地或者被告住所地人民法院管辖。铁路合同纠纷及与铁路运输有关的侵权纠纷，由铁路运输法院管辖。因保险合同纠纷提起的诉讼，如果保险标的物是运输工具或者运输中的货物，由被告住所地或者运输工具登记注册地、运输目的地、保险事故发生地的人民法院管辖。

3. 运输合同当事人

（1）客运合同当事人

客运合同当事人一般涉及旅客与承运人两方。客运合同的合同目的明确，即运送旅客及其行李到达目的地，其发生的纠纷主要集中在旅客在途时发生的人身损害及行李的损害和丢失两种。客运合同承运人的主要义务包括：第一，按约定运输旅客的义务；第二，旅客在运输过程中患有疾病、遇险等情况时的救助义务；第三，对旅客伤亡的赔偿责任；第四，对行为损害的赔偿责任。客运合同旅客义务为支付约定票款、按时承运、限量携带行李物品等。

（2）货运合同当事人

货运合同当事人一般涉及承运人、托运人及收货人三方。承运人与托运人协商后，订立以托运人和承运人双方为合同当事人的货物运输合同；但若收货人为不同于托运人和承运人的第三方时，收货人即成为货运合同第三

---

① 孟宝森：《运输合同违约责任与损害赔偿》，载 http://vip.chinalawinfo.com/newlaw2002/SLC/slc.asp?gid=335569072&db=art。

人，它同样是合同利益的关系人，享有货运合同规定的权利，并承担相应法律义务。

【相关案例】

是雇佣关系还是运输法律关系？[①]

2007年11月9日，麻栗坡县建筑工程总公司的全权代表人邱真才将该公司承建的某土方工程承包给王清仁（无资质）施工。王清仁在土方工程的开挖、运输、回填过程中，向开有中型自卸货车的驾驶员进行宣传："凡开中型自卸货车来我工地在200米的范围内运送土方的，每车按11元计价，凭记录员登记发放的纸票进行结算。"不少驾驶员得知后开其中型自卸货车前来拉运。2008年4月6日，王加康（无驾驶执照）开其中型自卸货车在拉运土方的过程中，未按规定将车斗放下行驶，导致车斗挂住横跨工地的电缆线时处理不当，使电缆线摆动弹回使其从车顶坠落，造成胸椎骨折、脱位并脊髓完全性损伤。送医治疗及经医院司法鉴定所鉴定为一级伤残，护理依赖为一级。王加康按照相关规定向王清仁、麻栗坡县建筑工程总公司、广南清华房地产开发有限公司主张各种费用80余万元。后经双方协商未果而诉至法院。

评析：王加康与王清仁之间属于何种法律关系？就本案而言，究竟是雇佣法律关系还是运输法律关系，可以综合分析下列因素，结合案件具体情况予以认定：（1）当事人之间是否存在控制、支配和从属关系；（2）是否由一方指定工作场所、提供劳动工具、限定工作时间；（3）是定期给付劳动报酬还是一次性结算劳动报酬；（4）是继续性提供劳务，还是一次性独立提供劳务；（5）当事人一方所提供的劳务是构成合同相对方的业务或者经营活动的组成部分。上述判断标准，理论上被称为控制标准和契约形态标准。如当事人之间存在控制、支配和从属关系，由一方指定工作场所，提供劳动工具或设备，限定工作时间，定期给付劳动报酬，所提供的劳动是接受劳务一方生产经营活动的组成部分，应认定为雇佣法律关系。反之，则应认定为运输法律关系。

货物运输合同中，不同当事人承担的义务及享有的权利有所不同。

承运人的权利包括：运费、保管费及其他运输费用的请求权；货物留置

[①] 《本案是雇佣关系还是运输法律关系？》，载http://www.zhinanzhen.net/skbj/ShowArticle.asp?ArticleID=16149，2010年2月3日访问。

权；对违反约定的包装方式的货物拒绝运输的权利。承运人的义务包括：及时通知收货人领取货物；对运输过程中货物的损毁、灭失等承担赔偿责任（由于不可抗力、货物本身自然属性及合理损耗等除外）；与托运人签订多式联运合同的承运人对各运输区段发生的货物损失承担连带责任。

托运人的权利包括：货交收货人前可要求承运人中止运输、变更到达地或收货人、返还货物，但对由此造成的损失承担赔偿责任。托运人义务包括：准确提交收货人名称、收货地点、货物性质、数量等运输情况；办理有关审批、检验等手续；按约定包装货物。

收货人的权利包括：货物取得权；货物受损时的损害赔偿请求权。收货人的义务包括：及时提货；按约定检验货物。

（三）货物运输的法律风险防范

在企业实践中，主要涉及的为货运运输合同，为此，下文主要从企业实际经营出出发，介绍货运实务中经常出现的三种风险，并提出相应的防范措施。

1. 包装环节

在运输合同中，妥善包装是托运人的主要义务，有些情况下由承运人负责包装（如配送商品），承运人对托运货物的包装也应当检查并审查是否适于运输，对明显包装不当的可以拒绝收货。

企业在订立包装条款时，应当注意以下事项：

第一，用词明确，不轻易使用类似"习惯包装"、"适合海运包装"等模糊字眼，对设备等贵重、易燃易爆或易损的货物，应规定防震措施等条件。实践中，买卖双方经常就何谓"普通包装"、"标准包装"发生争议，造成货损时，买方可能因条款不明确蒙受损失。

第二，明确包装费与货物价格的关系，即包装费用是否包括在货物价格内。如对方需要特殊包装时，应把包装价格和材料明确告诉对方。

第三，企业进行出口贸易时，尽量使用自己一方的包装，以免由于对方延迟寄出包装导致己方违约。

第四，对于危险货物的包装，有关行政法规、规章对危险物品的运输和包装都有特殊的规定，承运人如未对危险物品包装进行检查并在包装物上粘贴危险标志造成运输货物或其他财产损失的，要承担赔偿责任。在涉及出口货物运输时，要注意运输货物经过的国家对包装有特殊的要求、并且可能要求检验检疫的，应当严格按照当地标准对货物进行包装，以免由于包装检验检疫不合格造成限制或禁止入境。

【相关案例】

合同包装条款制订不明确导致交货纠纷案[①]

某乡镇企业（以下简称"乡企业"）与香港地区的 M 贸易发展公司签订了一份出口烤花生的合同。付款方式采用即期信用证，交货时间为 4 月 30 日之前目的港为香港。合同的包装条款有一款为："内包装袋由港方提供。"乡企业于 4 月 15 号将货物加工完毕，只等港方包装袋到位，但港方包装袋始终未到。多次催促后，内包装袋终于在 4 月 24 号到货。乡企业立即组织装袋打包，但货物终于没能赶上 28 号的船期。在这种情况下，乡企业要求修改信用证。4 月 29 日，对方回电拒绝修改信用证，但建议可将全套单据通过银行办理跟单托收。乡企业加工厂在接到对方的电函后，考虑到货物迟交已经形成事实，虽然跟单托收（D/P）方式风险大一些，但货物已经就绪，就同意了对方的要求。5 月 14 日，货物到达香港，港方公司突然来函提出，近来市场行情不断看跌，由于乡企业迟交，导致对方货物销售进一步困难。在这种情况下，对方只能请求乡企业在价格上减让 10%，否则对方认为接货有实际困难。乡企业此时陷入了极大的被动。经过交涉，乡企业价格减让了 8%，又一次作出了重大的让步。

评析：本案发生的主要原因是因为合同的包装条款规定不明确。本案中，M 公司拖延包装袋交付时间，使乡企业不能按时包装发货，并最终使港方企业以此为借口要求降价。该合同对 M 公司提供包装袋的具体时间无约束，但对乡企业交货时间有约束，是乡企业蒙受损失的根本原因。因此，企业在订立包装合同时应注意合同中的"软条款"，明确合同包装条款。

2. 国际贸易术语的运用

贸易术语，是国际贸易中习惯采用的、用简明的语言来概括说明买卖双方在货物交接方面的权利与义务的一种术语，其主要内容是规定买卖双方在货物交接方面的责任、风险和费用的划分。在商事交易中，买卖双方的权利和义务直接影响交易价格，而繁琐的磋商过程无疑会增加交易成本，降低效率。因此，形成一种统一的、普遍适用的惯例十分必要。国际贸易中，贸易术语就是这样一种惯例。

[①] 刘德标、罗凤翔：《新国际贸易实务实例分析》，中国对外经济贸易大学出版社 2005 年版，第 45~48 页。

慎选贸易术语,有利于防范受贿风险、提高经济利益。在对外贸易中,应当注意合同相关贸易术语的一些关键问题:如运费由哪一方负责?风险何时转移?保险费由哪一方负责?在水路运输中,由哪一方负责租船?另外,贸易术语后跟什么地点以及每一种适用何种运输方式也是十分重要的。

【相关案例】

一起 CIF 贸易术语下的纠纷

宁波 N 公司与德国 G 公司签订一工具买卖合同,CIF 汉堡,信用证付款,12 月 31 日前装运。12 月 2 日,N 公司凭收货待付运提单、保单、商业发票、质检证书等单据至银行议付被拒,后于 12 月 5 日提单经加批注货物已装运才被银行接受,顺利结汇。12 月下旬,G 公司获悉货物在途中遭遇碰损,40%货物严重损坏,12 月底 G 公司付款赎单后,为按时履行其和德国某连锁超市的供货合同,只能从法国以较高价格订购同类园艺工具代替这部分货物。而后,G 公司要求 N 公司赔偿从法国重购货物的价款损失,N 公司不允,认为本方已履行了 CIF 合同中卖方义务,双方就此发生争议。

评析:该案是一起 CIF 价格术语下的贸易合同纠纷。根据《联合国国际货物销售合同公约》第 30 条、第 31 条的规定,卖方义务为必须按照合同和公约规定交付货物、移交一切与货物有关的单据并转移货物所有权,销售合同涉及货物运输的,卖方应把货物移交给第一承运人,以运交买方。本案中,N 公司在 12 月 5 日将符合信用证规定的已装运提单、保单、发票、质检证书等所有单据交予银行议付结汇,即完成了交货义务。符合合同约定事项"货物于 12 月 31 日前装运"这一对交货时间的规定,完全遵守《公约》第 33 条交付货物时间的条款。同时,卖方在装运港交付的货物质量合格。因此,卖方在向银行交付与货物有关的单据后即完成了合同项下的交货义务,不必承担 40%货物遭碰损的赔偿责任。

3. 运输单据的使用

运输方式不同,运输的单据各异。运输单据,包括海运提单、海运单、铁路运单、航空运单等,是承运人向出口商签发的,证明其已收到承运货物的文件。运输单据,是运输合同的表现形式,它是交接货物、索赔与理赔以及向银行结算货款或议付的凭证。

提单(Marine Bill of Lading or Ocean Bill of Lading;B/L),是一种用以证

明海商运输合同和货物由承运人接管或装船,以及承运人据以保证交付货物的单证。单证中关于货物应交付指定收货人或按指示交付,或交付提单持有人的规定,即构成这一保证。提单有三个主要功能:

第一,具有货物收据功能。提单一经承运人签发,即表明承运人已将货物装上船舶或已确认接管。作为货物收据,提单证明了收到货物的种类、数量、标志、外表状况以及装船时间等。

第二,具有物权凭证功能。《汉堡规则》和我国《海商法》均规定提单是承运人保证据以交付货物的单据,承运人应将货物交给提单持有人,而不能将其交给持有人以外的其他任何人。通过法律和贸易惯例的确认,提单也就成为表彰货物所有权的物权凭证,具有货物所有权的推定效力。

第三,是运输合同的证明。[①] 一方面,提单证明了承运人与托运人之间存在运输合同;另一方面,提单的背面条款属于海上货物运输合同的内容,它是承运人与托运人达成海上运输合同条款的实体内容的证明,提单背面条款对提单承运人和提单持有人均有约束力。

运输单据中条款不明,可能导致企业蒙受巨大损失;而在运输单据纠纷中,又以海运提单纠纷最为多发。那么,企业在审理提单时,应当留意那些事项?

第一,留意提单签发的装船期与实际装船期是否一致。若两者不一致时,即形成预借提单或倒签提单。预借提单(Advanced B/L)指在货物尚未全部装船,或货物虽已由承运人接管、但尚未装船的情况下签发的提单。其特征是:货物在承运人掌管之下,货物还未装船,或装船还未结束;在托运人请求之下,提单的签发日期早于实际装完船的日期。预借提单通常是在信用证规定的装船日期和交单结汇日期即将届满时,应托运人的要求签发的。此种提单的签发有可能构成承运人与托运人合谋欺骗善意第三者。[②]

倒签提单(Antedated B/L),是指承运人在货物装船完毕、签发提单时,应托运人的请求将提单签发日期提前到信用证规定的日期。简言之,就是提单签发日期早于货物实际装船日期的一种提单。

预借提单或倒签提单的发生,是由于承运人没有按合同约定装船,或发生其他原因致使承运人不能在信用证规定的时间内及时装船,为了配合单证相符而作出的违约或欺诈行为。

---

① 也有学者认为,提单就是海上运输合同本身,但主流观点认为提单只是海上运输合同的证明。
② 张湘兰、邓瑞平、杨松:《海商法论》,武汉大学出版社1996年版,第76~82页。

【相关案例】

收货人如何面对倒签提单问题?①

2002年6月，江阴中立机械设备厂与美国H公司签订进口设备合同，合同规定：不可撤销信用证；2002年7月31日前装船，装运港纽约，卸货港上海。8月初，H公司致电称货已于7月31日前装船，要求8月7日前付款。后江阴设备厂经了解得知，货船于7月29日刚从上海返航，H公司所提供之提单系虚假或倒签提单，于是决定终止履行合同。H公司以"单证相符，单单相符"为借口，态度傲慢。在此关键时刻，公司金属建材部请教有关专家找到了单据的不符点，提单的收货地（PLACE OF RECEIPT）为纽约，不同于信用证规定的装运港为纽约，并坚决要求开证行对外拒付。在此情况下，美国商人先前不可一世的傲慢态度荡然无存，提出降价10000美元协商解决，进口商没有同意出口商的要求，美国HAUCK公司最终将所谓货值56052美元的燃烧器及零件拉回美国。

可见，在面对倒签提单问题时，收货人应做到：第一，审慎检查单据是否与合同相符；第二，应对信用证条款加以研究，针对不同的客户，申请开出不同条款的信用证，并对开证行有所选择，以防止国际威望不高、国际结算水平较低的银行碰到问题缺乏处理能力。

第二，留意提单背书格式是否合法。② 以背书方式行使提单转让时，需要注意背书的连续性以及背书转让中的时间限制。

提单的转让方式一般有背书及交付两种。背书指背书人（指示人）以手写、印刷、打印或其他方式在指示提单背面记载并签名的行为，是提单转让人在提单上所作的由谁或凭谁的指示提取货物的说明，该签字不得与提单签发地的法律抵触。提单背书意味着运输合同权利义务的转让，属于单方民事行为。

提单转让后产生两个效力：（1）对内，提单所证明的运输合同的全部内容均移转于受让人，所有利益和瑕疵包括货损索赔权亦随之移转，但让与人与受让人之间另有约定的除外；（2）对外，承运人只需也只能向受让人履行提

---

① 《倒签提单案例分析》，载 http://hi.baidu.com/%CC%D4%CD%FA%BC%C7/blog/item/ba798b58a6d9a583810a1800.html，2010年2月3日访问。

② 根据我国《海商法》的规定，指示提单必须经过适当的背书并交付后才能转让，但空白提单通过交付提单即能实现提单转让的法律效果。实践中，通过交付实现空白提单转让的纠纷较少，但通过背书方式转让指示提单产生的纠纷很多，下文主要详述提单背书这一转让方式。

单项下的合同义务并承担义务不履行的责任，而不再向提单出让人履行合同义务并承担责任。

提单背书的连续性，是指提单上记载的背书，自出票时的收款人开始到最后的被背书人，在提单背书形式上相互连接而无间断。提单背书的不连续，有可能导致提单持有人得不到正常所能行使的权利。提单的转让时间是受限制的，当货物由承运人接管和装船并签发提单后，就可以转让。货物在运输中，只要尚未到达卸货港，提单的转让就不停止。但是，货物抵卸货港，承运人开始交付货物，提单就不能再转让。这是因为，承运人在卸货港根据一份正本提单交付货物后，其他几份提单就失去物权凭证作用，再转让失去意义。①

二、保险

企业经营离不开保险。经历了金融风暴、金融海啸的经济危机，经历了特大地震、洪水、沙尘暴等自然灾害，越来越多的企业日渐认识到保险的重要性。对企业而言，保险的作用在于转嫁风险及实现储蓄功能。合理的企业财产保险组合，可帮助企业减少因自然灾害或意外事件产生的损失。

（一）保险与保险法

1. 保险

保险，是指投保人根据合同约定，向保险人支付保险费，保险人对于合同约定的可能发生的事故因其发生所造成的财产损失承担赔偿保险金责任，或者当被保险人死亡、伤残、疾病或者达到合同约定的年龄、期限时承担给付保险金责任的商业保险行为。保险具有自愿性、有偿性及互助性三大特征。

保险的作用有许多，对企业经营而言，它的作用突出表现为以下几方面：

（1）转嫁风险。企业经营过程中的风险存在于生产、运输、材料存放等各个过程中，这要求企业必须进行风险管理。对企业而言，保险的作用在于把经营中产生的风险"转嫁"给保险公司，再通过保险公司把风险转嫁给社会。

（2）实现储蓄功能。现代保险公司设计了多种新险种，保险计划已被视为一种长远的理财工具。保险可将保障及储蓄融为一体，是一种双向理财工具。对企业经营而言，它除了能为公司提供财产损失保障以外，还具有储蓄功能，协助企业积累资金，为日后企业生产经营提供资金基础。

---

① 高言、康军：《海商法理解适用与案例评析》，人民法院出版社1996年版，第249页。

【背景资料】

保险职能的学说[①]

第一,单一职能论。该说主张保险只有经济补偿的唯一职能,该学说只是强调了保险机制的目的和社会效应,但是对于保险如何达到它的目的和取得它的效应方面却未能加以说明,也就是说"单一职能论"不能完整地说明保险运行机制的全过程,从而不能完整地表现保险的性质。

第二,基本职能论。该说坚持保险具有分散危险职能和经济补偿职能,两个职能是相辅相成的。"基本职能论"准确地表述了保险机制运行过程上目的和手段的统一,完整地表现了保险的性质,所以说分散危险职能与经济补偿职能的统一就是保险。该说在我国理论界得到比较普遍的认可。但是,保险除了其两大基本职能外,是否还存在其他职能呢?该说未加以揭示。

第三,多元职能论。该说认为保险不仅具有分散危险和经济补偿两个基本职能,还应包括给付保险金、积累资金、融通资金、储蓄、防灾防损等职能,或者其中的若干个。多元职能论者的表述并不一致。该理论往往把一些属于保险公司的职能(诸如融通资金、防灾防损等)归属于保险的职能,这就混淆了保险公司经济组织的概念,因而是不正确的。

第四,二元职能论。该说认为保险具有补偿职能和给付职能。即:从财产保险的角度,保险具有经济补偿的职能;从人身保险的角度,保险又具有保险金给付的职能。

2. 保险法

保险法有形式意义和实质意义之分。形式意义的保险法,是指以保险法命名的专门性规范文件,如我国公布的《保险法》。实质意义的保险法,泛指法律体系中有关保险法律规范的总和,它不仅限于成文的保险法,有关保险的习惯、判例和法理,也都包括在内。[②] 本书中所指的保险法,指调整商业保险的活动中,保险人与投保人、被保险人与受益人以及受益人间的社会关系的商事法律。

保险法具有以下特征:

第一,社会性。保险在社会生活中居于重要地位,与普通人民群众的切身

[①] 李玉泉:《保险法》,法律出版社1997年版,第16~20页。
[②] 彭虹、豆景俊:《保险法》,高等教育出版社2003年版,第19页。

利益密切相关，它具有分散风险、补偿损失、融通资金等职能，能有效地推动社会经济交往，扩大积累规模，安定人民生活，平衡个人及家庭的财务收支。正是由于保险具有上述重要职能与作用，各国在保险领域的立法对于保险关系的法律调整越来越倾向于注重强调保险业的社会责任与公众责任。社会性也就理所当然地成为保险法最重要的特性。

第二，强制性。由于保险事业涉及社会公共利益，具有社会性和公益性的特征，因此，为了防范可能出现的道德风险，在一定程度上注重保护保险关系中的弱势当事人，保险法中存在着诸多不允许保险关系当事人作出变更或限制的规定。

第三，技术性。保险的技术性表现为保险经营行为中的保险费、保险金额、赔偿金额的计算以及保险资金的运用、各种准备金的提取比例都需要以精细的数理计算为基础。因此，保险法也相应地极为强调技术性，保险法的许多规定均从技术角度对保险经营活动作出要求。①

我国保险法律体系是以《保险法》为核心，其他保险相关法律、法规和规章为辅调整保险法律关系。纵观世界各国在保险立法的立法体例，主要有两种模式：一种是把保险合同法与保险业法两种内容合并，统称保险法，如日本、英国；另一种是把两者分开立法，形成两个单独法律，如菲律宾、美国某些国家。我国保险法立法体例经历了分别立法到合并立法这一过程。改革开放初期，我国颁行《财产保险合同条例》以及《保险企业管理暂行条例》两个单行法规，但在随后的1995年《保险法》中，则把保险法以及保险业法涵盖其中，形成统一的体例。

【背景资料】

新《保险法》的亮点

第一，保险公司拒赔难。新《保险法》增设了不可抗辩规则，规定自合同成立之日起超过两年的，保险人不得以该投保人未履行如实告知义务而解除合同。

第二，保险利益主体范围扩大，必须具有保险利益的主体由单一的投保人扩展为投保人或被保险人。这一修订使生活中合理不合法的保险行为如赠与型保险等，找到了法律依据。

第三，不知条款不再成问题。新《保险法》规定，对保险合同中免除保险人责任的条款，保险人在订立合同时应当在投保单、保险单或者其他保险凭证上做出足以引起投保人注意的提示，并对该条款的内容以书面或者口头形式

---

① 李玉泉：《保险法学——理论与实务》，高等教育出版社2007年版，第18页。

向投保人做出明确说明；未作提示或者明确说明的，该条款不产生效力。

第四，理赔不再"拉锯战"。新《保险法》明确规定了保险公司理赔、核定及拖赔必须在法定时间内完成，解决保险公司"拖赔"的历史难题。

第五，理赔"真空期"被放气。新《保险法》规定："依法成立的保险合同，自成立时生效。"考虑到保费缴纳与保单正式生效之间需要必要的核保环节，新《保险法》也规定："投保人和保险人可以对合同的效力约定附条件或者附期限。"①

3. 保险法基本原则

保险法的基本原则众多，包括最大诚信原则、保险利益原则、近因原则、损失补偿原则、保险与防灾减损相结合原则等等。这些基本原则在理论和实务中均具有重要的意义，下面介绍其中三个保险法基本原则：

（1）最大诚信原则

诚实信用原则，不止是民法的基本原则，也是保险法的基本原则。该原则主要运用于海上保险。由于保险人无法查验航行在海上的货船，保险人承保与否全凭投保人提供的材料，因此，投保人很容易使用欺诈手段订立合同，使保险人蒙受损失。为此，各国法律中对保险合同当事人的诚实信用提出了超出一般合同的要求。②保险人主要通过投保人的告知和保证决定是否对投保人承保以及保险费的高低，因此，投保人故意隐瞒实际情况可以直接影响保险人的判断，并使保险人受损。在保险领域，诚实信用原则同时适用于投保人与保险人，对投保人而言表现为"告知"与"保证"，对保险人而言则表现为"弃权"与"禁止抗辩"。

第一，投保人的告知与保证。投保人的"告知"，是指投保人在与被保险人订立保险合同时，应当向保险人或保险代理人披露与保险标的有关的信息。实践中，由于保险人对保险标的的危险程度、范围等认识程度不如投保人，若投保人故意隐瞒与投保标的有关的信息，可能影响保险人的判断，保险人可为此主张保险合同不成立。③而投保人的"保证"，指在保险合同履行过程中，

---

① 《新保险法》，载http://www.cs.com.cn/bxtd/01/20090928/，2010年2月3日访问。
② 魏迎宁：《保险法精要与依据指引》，人民出版社2006年版，第2页。
③ 我国《保险法》第17条规定："投保人故意隐瞒事实，不履行如实告知义务的，或者因过失未履行如实告知义务，足以影响保险人决定是否同意承保或者提高保险费率的，保险人有权解除保险合同。投保人故意不履行如实告知义务的，保险人对于保险合同解除前发生的保险事故，不承担赔偿或者给付保险金的责任，并不退还保险费。投保人因过失未履行如实告知义务，对保险事故的发生有严重影响的，保险人对于保险合同解除前发生的保险事故，不承担赔偿或者给付保险金的责任，但可以退还保险费。"

投保人（或被保险人）向保险人就特定事项作为或不作为的保证许诺。

【相关案例】

投保人未如实告知能可能获赔？①

投保人在投保时，应当履行告知义务，否则保险人可以据此不履行保险义务。然而，2009年9月14日，最高人民法院发布的《关于适用〈中华人民共和国保险法〉若干问题的解释（一）》有可能改变这一局面。

2009年10月1日实施的新《保险法》中新增不可抗辩条款，是对保护消费者利益的一次重要突破。如果投保人购买重疾险等保险之前故意隐瞒了自己的某些病情，按原条款，投保人日后出现重大疾病，保险公司可以拒赔。但新《保险法》实施后，如果投保人的这一重大疾病在两年内没有发作，此后再发作，保险公司必须给予理赔，但"保险人可以在知道有解除事由之日起30日内解除合同"。

对于上述新规定，旧合同出现上述情况如何理赔，最高人民法院的司法解释规定，"保险法施行后，保险人按照保险法第16条第2款的规定请求解除合同，适用保险法第16条规定的两年的"。据《保险法》第16条第2款的规定，"投保人故意或者因重大过失未履行如实告知义务的，保险人有权解除合同。但自保险合同成立之日起超过两年的，保险人不得解除合同；发生保险事故的，保险人应当承担赔偿或者给付保险金的责任"。

此外，司法解释还规定，保险合同成立于保险法施行前而保险标的转让、保险事故、理赔、代位求偿等行为或事件发生于保险法施行后的，适用保险法的规定。保险合同成立于保险法施行前，保险法施行后，保险人以投保人未履行如实告知义务或者申报被保险人年龄不真实为由，主张解除合同的，适用保险法的规定。

第二，保险人的弃权与禁止抗辩。"保险人的弃权"，是指保险人放弃保险合同中的某些权利。例如，被保险人在保险合同期限届满后向保险人发出通知或提供损失证明，而保险人对此并未提出异议并予以赔偿时，意味着保险人放弃了拒绝赔付的合同权利。根据不同情况，保险人一旦弃权，就在保险人与投保人、被保险人或受益人间产生放弃合同解除权、放弃合同终止权、放弃拒

---

① 王雪琼：《投保人如未如实告知仍可能获赔》，载 http://www.cs.com.cn/bxtd/03/200909/t20090925_2223500.htm，2009年9月25日访问。

绝赔付权等法律后果。"保险人禁止抗辩",又称保险人的失权、禁止反言,指保险人就某种事项向投保人或被保险人做出错误陈述,而投保人或保险人合理地信赖,以至于如果允许保险人不受其陈述的约束将损害投保人或被保险人的权益时,保险人只能接受其陈述的事实的约束,失去反悔的权利。①

(2) 保险利益原则

保险利益是指投保人对保险标的具有的法律上承认的利益。投保人对保险标的不具有保险利益的,保险合同无效。以财产保险为例,财产保险利益的构成应当包括以下几条件:利益须合法、能以货币衡量、须为确定的或未来可以实现的利益。因此,诸如赌博、毒品,或无法定论利益的如日记、纪念品等所具有的利益均不被我国法律所承认。

【拓展知识】

新《保险法》对保险利益范围的扩张

主流观点认为:在财产保险合同中,保险利益是对被保险人的要求;在人身保险合同中,保险利益是对投保人的要求。人身保险的投保人在保险合同订立时,对被保险人应当具有保险利益。财产保险的被保险人在保险事故发生时,对保险标的应当具有保险利益,否则,保险合同无效。

新《保险法》第31条将具有保险利益的范围扩展为与投保人具有劳动关系的劳动者。同时,为了防止企业将为员工投保的人身保险的受益人指定为企业自身,新《保险法》特别规定,投保人为与其有劳动关系的劳动者投人身保险的,不得指定被保险人及其近亲属以外的人为受益人。②

笔者认为,这种修改是顺应社会潮流的。虽然保险的目的主要是为填补受益的损害,但随着保险业的发现,人们对"保险利益"产生了更为深刻的理解。例如,现在不少单位以福利的形式为职工投保家庭财产险,由单位作为投保人出钱投保,职工作为被保险人享受保险保障。众所周知,单位对于职工的个人家庭财产一般毫无保险利益可言。但按修订前的《保险法》规定:投保人和保险标的应当具有保险利益,因此如果严格按照这一规定来判断,则这类保险合同均为无效。因此,《保险法》的修订顺应了我国保险业的现实需求。社会生活中大量存在的赠与型保险、团体保险等险种以及代购代付保险费等行

---

① 张秀全:《保险法学》,郑州大学出版社2005年版,第28页。
② 修订前的《保险法》第53条规定:"投保人对下列人员具有保险利益:(一)本人;(二)配偶、子女、父母;(三)前项以外与投保人有抚养、赡养或者扶养关系的家庭其他成员、近亲属。除前款规定外,被保险人同意投保人为其订立合同的,视为投保人对被保险人具有保险利益。"

为，将告别合理不合法的尴尬境地。①

(3) 损失补偿原则

损失补偿原则，指保险标的发生保险责任范围内的损失时，被保险人有权获得的补偿以被保险人损失的保险利益或恢复被保险人在遭受保险事故前的经济状况为限，被保险人不得因损失取得额外的利益。

(二) 保险合同

1. 什么是保险合同？

从世界范围内看，各国对保险合同的定义大多从保险合同双方当事人的具体权利义务方面阐述。我国《保险法》规定："保险合同是投保人与保险人约定保险权利义务关系的协议。"

【背景资料】

保险合同的特征

第一，保险合同是射幸合同。射幸合同是指合同的法律效果在缔约时不能确定的合同。在保险合同中，投保人支付保险费的义务虽在合同成立时已经确定，但保险人承保的危险或者保险合同中约定的给付保险金的条件发生与否，均不能确定。

第二，保险合同是附合合同。它与一般经过双方当事人协商、在意愿一致的基础上订立的协商性的经济合同不同，是由保险人提出保险合同的主要内容，投保人只能在此基础上作出投保或不投保的决定。附合合同也叫格式合同或标准合同，保险合同的格式化、标准化，主要是为了适应保险事业的发展需要。

第三，保险合同是双务合同。保险合同的一方在发生保险事故造成损害时，或者在约定的给付保险金的其他条件具备时，有义务按照合同约定向他方给付保险金，而他方则负有支付保险费的义务。因保险人和投保人互负义务，故保险合同为双务合同。

第四，保险合同是有偿合同。投保人请求订立保险合同转移风险，要求保险人承担保险责任，应当按约定向保险人支付保险费。保险费为保险人承担保险责任的代价，并构成保险合同效力的要件，投保人不支付保险费或者停止支付保险费，保险人不负担给付保险的责任。保险人向投保人收取保险费，相应地负担消化保险风险的责任。可见，保险人和投保人依保险合同享受的权利或

---

① 高鸿：《研读新〈保险法〉对保险利益的规定》，载《中国保险报》2009年3月刊。

者利益都不是无偿的,所以,保险合同为有偿合同。①

按照不同的标准,保险合同有不同的分类:

第一,按照保险标的性质,可分为财产保险合同及人身保险合同。这种分类是我国《保险法》中最基本的分类方式,下文将详细介绍。

第二,按照保险金给付的性质,可分为损失补偿性保险合同及定额给付性保险合同。损失补偿性保险合同,简单而言指"无损失则无补偿",指保险金的给付以保险事故的发生为前提,保险事故发生后保险公司根据被保险人的实际损失而给付保险金的保险合同。大多数财产保险合同都属于损失补偿性保险合同。定额给付性保险合同,指不以实际经济损失为前提,双方当事人约定保险事故发生后保险人按合同约定承担定额保险金责任的保险合同。大多数人身保险合同属于定额给付性保险合同。

第三,按照保险责任次序,可分为原保险合同及再保险合同。原保险合同又称第一次保险合同,指投保人与保险人订立的初始保险合同;再保险合同又称第二次保险合同或分保险合同,指保险人将其承保的保险危险转向其他保险人再为保险的保险合同。再保险合同的建立以原保险合同为基础,其内容受原保险合同制约,且原保险合同失效时,再保险合同也同时失效。

第四,按照保险金请求权归属可分为为自己利益保险合同、为他人利益保险合同及为自己利益兼他人利益的保险合同。投保人以自己名义为自己订立的保险合同为为自己利益保险合同,投保人同时为被保险人;投保人以自己名义为他人订立的保险合同为为他人利益保险合同,此时投保人与被保险人分离,如国际贸易中 CIF 条件下的交易即为典型代表;投保人以自己名义为自己及他人订立的保险合同责任为自己利益兼他人利益的保险合同。

2. 保险合同主体

广义上的保险合同主体,指所有与保险合同的签订或履行有关的人,包括投保人、保险人、被保险人、受益人、保险代理人、保险经纪人、保险公证人;狭义上的保险合同主体则仅指保险合同的当事人和关系人,即投保人、保险人、被保险人、受益人。② 其中,投保人与保险人为保险合同的当事人,而被保险人及受益人为保险合同关系人。本节主要从狭义角度分析保险合同的主体。

---

① 孙瑞玺:《保险合同的概念、性质和特征》,载 http://www.civillaw.com.cn/article/default.asp?id=23271,2010 年 1 月 31 日访问。

② 张秀全:《保险法学》,郑州大学出版社 2005 年版,第 84 页。

（1）保险合同当事人——投保人与保险人

投保人，指与保险人签订保险合同并按照约定给付保险金的合同当事人。投保人既可以为自然人，也可以为法人，但必须具备几个条件：第一，必须具有完全民事行为能力；第二，对保险标的有保险利益；第三，承担交付保险费的义务。

保险人，即承保人，是指依法成立，与投保人签订保险合同并按照合同约定享有收取保险费权利，于事故发生时给付保险金或承担赔偿责任的保险公司。

（2）保险合同关系人——被保险人和受益人

被保险人，指保险事故发生时，遭受损失、享有赔偿请求权的人。我国《保险法》将其定义为："被保险人是指其财产或人身受保险合同保障，享有保险金请求权的人。"保险受益人是指由被保险人或者投保人指定，在保险事故发生或者约定的保险期限届满时，依照保险合同享有保险金请求权的人。①

【案例分析】

保证保险合同的性质②

2001年4月13日，贾汪农行（下称农行）与保险公司签订《汽车消费贷款保险业务合作协议书》。约定：为培育汽车消费市场，农行为不能一次性向指定汽车销售商支付货款的购车人提供购车消费贷款，并督促购车人向保险公司办理汽车消费贷款保证保险和机动车辆保险。购车人（投保人）如不能按期偿还贷款本息，保险公司承担连带还款责任。

同年5月15日，农行徐州市新城分理处与王某签订《消费借款合同》。约定：新城分理处向王某发放汽车消费贷款14万元，借款期限自即日起至2003年5月15日止。若王某不能按期足额还本付息时，新城分理处有权提前收回已发放的贷款，并按规定对逾期的本金按日2.1‰计收逾期利息。同日，新城分理处与保险公司、王某三方签订《分期还款消费贷款履约保险合同》。约定：新城分理处向王世猛发放14万元汽车消费贷款，若王某连续6个月未履行合同规定的还款计划，保险公司负责向新城分理处赔付王某所欠的所

---

① 保险受益人一般分：身故受益人（保险合同上明确指定的受领人即被保险人抚恤金领取者；未指定则由法定受益人领取）；伤残受益人（一般是被保险人）；年金受益人（一般是投保人即签订保险合同人也就是付保险费人）；医疗费等受益人（一般是被保险人）。

② 梁冰、付嘉丰：《借款保证保险合同案例分析》，载 http://www.chinacourt.org/html/article/200308/08/73655.shtl，2003年8月8日访问。

有未清偿贷款本息及逾期利息。保险期限自 2001 年 5 月 15 日零时起至 2003 年 11 月 15 日零时止。另约定贾汪保险公司所承担的分期还款履约保险责任为不可撤销的连带责任。

合同签订后,新城分理处依约发放了贷款,王世猛于同日向原告出具了借款凭证,向贾汪保险公司缴纳了保险费。王某最终未能按时还款,故贾汪农行提起诉讼,要求贾汪保险公司与王某连带支付余款。

评析:对于保证保险的性质,当前理论界和实务界主要存在两个方面的争议,一种争议为其性质是保险之一种,还是担保之一种;另一种争议是保证保险合同是独立合同还是主合同(借款合同)的从合同。该案中农行与王某、保险公司签订的《保险合同》,其中王某为投保人,保险公司为保险人,农行为被保险人。保险公司承担的是保险责任。只要约定的保险事故发生,保险人就应按被保险人的赔付请求承担赔偿责任。赔偿范围仅限于保险金额。保证保险合同作为财产保险合同的一种,既适用保险法的一般规定,也适用财产保险合同的有关规定。中国保监会认为,保证保险是财产保险的一种,是保险人提供担保的一种形式;最高人民法院(1999)经监字第 266 号复函认为,保证保险虽是保险人开办的一个险种,其实质是保险人对债权的一种担保行为。

3. 保险合同的内容

保险合同的内容体现了合同双方当事人的权利和义务,而当事人的权利义务关系则主要体现在保险合同条款中。保险合同的条款,是指保险人和投保人约定而载明于保险合同或者并入保险合同而作为其内容的、用以明确当事人相互间的基本权利和义务的条文。保险合同条款具有格式条款的性质,其特征主要表现为:

第一,由保险人单方制定,具有格式合同性质。与一般合同需要经过双方合意才能订立不同,保险合同条款一般是由保险人事前单方订立的,若投保人变更或否定保险合同条款,则可能导致保险合同不成立。

【拓展知识】

保险合同条款与格式条款

保险合同条款与格式条款有很多相同之处[①],如两者均为当事人一方事前

---

① 格式条款,按照我国《合同法》的定义,是指"当事人为了重复使用而预先拟定,并在订立合同时未与对方协商的条款"。

订立、合同条款均面对不特定相对人、合同条款具有不可变更性、签订合同双方处于不平等地位等等。从性质看，保险合同条款属于典型的格式合同。两者的区别在于：

第一，保险条款适用商法中的保险法，而格式条款则适用民法中的合同法。

第二，合同无效条件不同，保险合同规定的无效情况限于《保险法》第18条两者情况，而格式条款适用《合同法》第40、53条等情况。

第三，制定原则不同。《合同法》第39条规定了格式合同订立的基本准则①，而《保险法》只是规定有关保险人责任免除条款的，保险人在订立保险合同时应当向投保人明确说明，未明确说明的，该条款不产生效力。

第四，两者对合同的效力不同。格式条款无效，以格式条款为内容的格式合同也会雁于无效，但保险条款的审批备案与否不影响保险合同的效力。

第二，规定各险种的最基本事项。保险合同条款覆盖范围很广，其规定的内容包括保险责任、责任免除、保险费率、保险人及被保险人权利义务等等。根据合同条款的性质不同，保险合同条款可分两类：（1）基本条款和附加条款。基本条款是指保险人在事先准备或印就的保险单上，根据不同险种而规定的有关保险合同当事人双方权利义务的基本事项的条款。它构成保险合同的基本内容。附加条款又称单项条款，是指保险合同双方当事人在基本条款的基础上所附加的，用以扩大或限制原基本条款中所规定的权利和义务的补充条款。（2）法定条款和选择性条款。法定条款是指法律规定的，在保险合同中必须订明的条款。《保险法》第18条载明的就是保险合同的法定条款。② 选择条款是由保险公司当事人自由选择的条款，又称任意条款。

实践中，选择条款也是由保险人根据某种实际需要订入保险单条款的。如保险人办理某些人身保险业务需要对保险金额加以限制，则在条款中予以规

---

① 《合同法》第39条规定了格式合同订立的基本准则：（1）遵循公平原则。采用格式条款订立合同时，应遵循公平的原则确定当事人之间的权利和义务，要坚持和贯彻权利和义务平等的原则，既要注意相对一方当事人所享有的权利，又要注意相对一方当事人所享有的义务。（2）合理提示原则。制订格式条款时，应采取一种合理提示的方法提醒另一方当事人注意。（3）解释说明原则。相对人要求解释对制订格式条款免责或限制免责的条款的，制订格式方应加以详细解释和说明。

② 它包括四个部分，即：（1）声明事项，包括保险当事人（投保人、保险人）、保险关系人（被保险人、受益人）的名称和住所；保险标的；保险价值；保险金额；保险期间及保险责任开始期间；保险费及支付办法；保险金赔偿办法；违约责任及争议处理、订立日期等。（2）保险事项，即保险人所承担的责任。（3）除外事项，即保险人的责任免除。（4）条件事项，即合同当事人的权利义务。大多为被保险人享有赔付权利应具备的条件。

定。再如机动车保险中的安全无事故优待条款也是选择条款。①

4. 保险合同的效力

（1）有效保险合同

《保险法》规定，投保人提出保险要求，经保险人同意承保，并就合同的条款达成协议，保险合同成立。然而，保险合同的成立并不意味着合同条款对双方当事人具有法律约束力，只有当保险合同的有效性得到承认时，保险合同才在当事人之间产生约束力。② 保险合同的生效存在以下三种情况：

第一，保险合同一经成立及生效，双方根据合同约定享有权利、承担义务。正常形态的保险合同均属于这种情况。

第二，人身保险合同于投保人交付保险费时生效。人身保险合同中，投保人交付保险费既是合同中投保人的义务，也是合同生效条件。

第三，保险合同成立后不立即生效，等到合同所附条件成立或所附期限到达后才生效。典型例子如：人寿保险合同中规定的体检程序，属于附条件保险合同。只有在被保险人在指定医院体检后确定健康达标后，保险人才签发保险单，此时保险合同正式生效。

【拓展知识】

保险合同成立与生效的两大难点问题

一、保险费交付是否是保险合同的生效要件？

我国《保险法》规定："保险合同成立后，投保人按照约定交付保险费。"对于保险合同的生效是否以保险费交付为要件，目前学界存在争议。有学者认为，保险合同应以保险费交付为生效要件；有学者认为，保险费交付仅为合同义务，并无证明合同生效的意义。此外，由于人身保险与财产保险的法律性质不同，保险费的是否交付对人身保险及财产保险合同的效力影响也不同。

二、保险单的签发是否影响保险合同的成立？

保险人签发保险单具有十分重要的意义，它既是证明保险合同成立与生效的证据，又是当事人双方约定合同的权利义务事项的基本文件，更是被保险人

---

① 李玉泉：《保险法学——理论与实务》，高等教育出版社2007年版，第223~229页。

② 保险合同只有具备法律要求的一般有效要件及特殊有效要件时，方被视为有效的保险合同。具体而言，根据我国《合同法》、《民法通则》以及相关法律、法规的规定，保险合同的一般生效要件判定标准主要有：第一，投保人和保险人均具备法定的行为能力及权利能力；第二，保险合同是在双方意思表示真实的情况下订立的；第三，保险合同条款不得违反法律或社会公共利益。

请求赔偿或给付保险金的法律凭证。① 理论上而言，保险合同成立后，保险人应及时向投保人签发保险单。但由于险种的复杂性，使得保险合同成立后，投保人不能立刻拿到保险单。

在实务中，保险公司为控制承保风险，一般在审核保单后才签发保险单，因此，保险单很多时候都作为保险公司承保的标志，签发了保险单证明保险公司同意承保，保险合同由此成立。

(2) 无效保险合同

第一，法定无效的保险合同，指因违反法律法规，使保险合同自始不产生法律效力。保险合同法定无效包括我国《合同法》第52、53条规定的五种合同无效情形及两种免责条款无效情形；还包括无保险利益保险合同、恶意超额保险合同、危险不存在保险合同、恶意复保险合同等情况；此外，保险合同当事人不具备主体资格或保险标的不合法，也会导致保险合同的无效。

第二，约定无效的保险合同，指保险合同当事人根据实际情况，为保障当事人和关系人利益，约定保险合同无效的事项，当该事项出现时，保险合同无效。但是，这种约定不得与我国法律法规、行政法规强行性规定冲突，也不得违反社会公序良俗或国家、社会、公共利益。

(三) 保险法律责任

广义的保险法律责任是指保险人、投保人、保险代理人、经纪人、公证人及其保险监督管理机构等保险关系主体违反保险公法和保险私法之保险法律关系，并应依法承担的法律后果。而狭义的保险法律责任则指保险人、投保人、保险代理人、经纪人、公证人及其保险监督管理机构等保险关系违反保险私法而依法应当承担的法律后果。

按照违法行为的性质和危害程度，保险法律责任可分为民事责任、刑事责任以及行政责任三种。而按照违法主体的不同，可分为投保人、被保险人和受益人、保险代理人、保险经纪人等的法律责任。下面主要介绍实务中较为多发的保险人及投保人保险法律责任。

1. 保险人的保险法律责任

保险人的保险法律责任，指保险公司及其从业人员在工作过程中违反我国保险相关法律、法规或行政法强制性规定，依法应当承担的法律责任。保险人

---

① 《保险法》规定："保险合同成立，保险人应当及时向投保人签发保险单或者其他保险凭证，并在保险单或者其他保险凭证中载明当事人双方约定的合同内容。"

的保险法律责任多产生于：(1) 在保险业务中的欺诈行为[1]；(2) 擅自设立保险公司或从事非法商事保险业务活动或超出业务范围的非法营业行为[2]；(3) 违反偿付能力管理的行为，如未按规定提取保证金、违规运用保险公司资金等。

保险人在从事保险业务过程中违反我国保险相关法律、法规或行政法强制性规定的，应当承当承担刑事或行政责任。

【相关案例】

保险代理人失职，保险公司是否应承担责任？[3]

某工厂自 2000 年 1 月起向某保险公司投保企业财产险。2001 年 1 月，该厂向保险公司业务员王某续保，王某亦收取足额保费，但因种种原因未递交保险公司。几天后，该厂发生火灾致大量财产受损，该厂向保险公司索赔时遭拒。保险公司认为并未收到该厂的保险费，也未经核保签发保单，因此拒绝承担赔偿责任。该厂诉至法院，要求保险公司承担赔偿责任。

保险公司内部对该案的处理存在两种意见：第一种意见认为虽然该厂填写了投保书，并将投保书和保险费交给了保险公司的业务人员，但保险公司并未收到该厂的保险费，也未经核保同意承保，保险合同尚未成立，因此，保险公司不应承担赔偿责任。第二种意见认为王某作为保险公司的代理人，接受投保人的投保书和保险费的行为视同保险公司的行为。该行为是对投保人订立保险合同的要约行为的承诺，表明保险合同已经成立，保险公司应当承担赔偿责任。

问题：请问你同意哪种意见，请说明你的理由。

2. 投保人的保险法律责任

对于投保人的违法行为，《保险法》规定了五类保险诈骗活动作为投保人的法律责任：(1) 虚构保险标的骗保的行为；(2) 未发生保险事故而谎称保险事故已发生的骗保行为；(3) 故意造成保险标的损害的骗保行为；(4) 故意造成保险人死亡、伤残或疾病等人身事故，骗取保证金的行为；(5) 伪造、编造与保险事故有关的证明、资料和其他证据，或指使、唆使、收买他人提供

---

[1] 参见《保险法》第 140 条规定。
[2] 参见《保险法》第 149 条规定。
[3] 案例来源：http://www.chinanet2000.com/news/bxcyzg_bxdlr_ksfd/2008/219/viyqCJ7p.html，2010 年 2 月 3 日访问。

虚假证明、资料和其他证据，编造虚假的事故原因或夸大损失程度的骗保行为。

【相关案例】

企业骗保面临银行信贷制裁

2006年10月，彭某在工作时受伤。由于彭某未参加工伤保险，其所在企业为减少经济损失，联合彭某及单位相关工作人员，令彭某以其他员工名义进行治疗，并向保险公司骗保。

在保险公司掌握了大量的证据之后，企业才不得不承认了违法事实。该企业骗取工伤保险待遇的违法行为造成恶劣的社会影响，深圳横岗社保站已依法提请对该企业进行严厉惩处。①

目前，企业和个人骗保的违法行为不但收到社保部门的处罚，企业和个人承担法律责任，且骗保企业或个人还面临银行信贷的制裁。如东莞社会保障局与中国人民银行东莞市中心支行建立了协调联动机制，用人单位社会保障违法信息将纳入银行的企业信用信息基础数据库，社会保障部门定期将用人单位和相关责任人违法信息移交人民银行。协调联动机制建立起来后，社保部门将定期向人民银行传送违法企业信息，同时重点传送责任单位及个人的严重违法信息，使其不仅承担相应的行政法律责任，还将面临信贷限制。② 可见，为了企业的资金流通，日后企业对骗保行为要"三思而行"。

（四）企业保险

企业保险是指为企业设计的，为巩固企业财务基础、建立良好信誉关系的保险系列。不同规模的企业应为企业制定不同的保险类别。企业保险的作用在于：（1）保障企业财务稳定；（2）避免企业专才人员因死亡、离职或错误操作等对企业造成损失。下面介绍几种常见的企业保险。

1. 企业财产保险

财产保险是指以补偿投保人的经济损失为基本目的，以特定的财产物资及其相关利益为承保标的的保险活动。③ 财产保险有两个基本特征：（1）财产保险的保险标的是"特定财产及其有关利益"，包括各种实体的财产物质及各种

---

① 张优学、黄佳湘：《精心策划骗保，难逃法律惩罚——横岗查获一起企业骗保案》，载《深圳侨报》2008年8月19日。
② 谭志红：《企业骗保面临银行信贷制裁》，载《南方日报》2009年7月24日。
③ 我国《保险法》规定的财产保险合同指"以财产及其有关利益为承保标的的保险合同"。

有形或无形财产及其有关利益。①（2）财产保险合同具有要式合同的性质，只有在特定条件成就时，保险人才根据财产保险合同承担经济赔偿义务；（3）财产保险的目的在于补偿投保人或被保险人因保险事故发生而遭受的经济损失，但该补偿以保险标的实际价值为限，保险受益人不能获得大于实际损失的保险金。

企业财产保险种类包括：企业车辆安全保险、机器设备安全保险、现金保险、计算机保险等。财产保险，是为了保证企业动产或不动产受到损害时，由保险人按照保险合同进行赔偿。但企业进行财产保险时，应当注意财产保险包括财产基本险、财产综合险和财产一切险三种，选择不同的险种，保险人的保险责任不同。

2. 企业高管保险

高管人员是企业的核心动力，企业高管人员的表现直接影响企业的发展。目前，因企业高管人员致使企业遭受经济损失的原因有三：一为由于高管人员身体状况被迫停工；二为由于劳动合同到期、高管人员自身原因引发的离职或休假；三为由于高管人员行使职权时因过错导致第三人经济受损，依法承担相应责任的风险转嫁给企业的情况。企业高管保险主要由企业高管人身保险及责任保险两部分组成。

（1）企业高管人身保险。人身保险，指以人的身体和生命作为保险标的的保险。人身保险的保险人在被保险人投保后，根据约定在被保险人因保单载明的意外失误、灾难及衰老等原因而发生死亡、疾病、伤残、丧失工作能力或退休等情况时给付一定的保险金或年金。②

高管人员所处岗位业务繁忙、压力重大，现实中很多高管人员的健康问题突出，比一般员工更容易出现健康问题；此外，由于高管人员外出公干时间较多，发生人身意外的概率较一般员工高，因此，如何避免高管人员因健康问题、意外人身伤害引发的脱离岗位、昂贵医疗费用给企业带来的经济损失，已成为当今企业经营的重要一环。

（2）企业高管责任保险。董事及高管人员责任保险是发源于美国职业责任保险的一种，该保险制度是因董事和高管人员的经营责任而产生的救济方式。当今，董事及高管人员在经营过程中会面对不同风险，若处理不当则可能产生民事、行政甚至刑事责任。在欧美国家曾经还出现过高管人才惧于承担法律风险而出走，导致企业缺乏管理人才的情况。为此，董事及高管人员责任保

---

① 根据《保险法》的规定，财产保险业务包括财产损失保险、责任保险、信用保险等保险业务。
② 范健：《商法》，高等教育出版社 2002 年版，第 534 页。

险的产生与发展是与当今企业经营发展紧密联系的。

【拓展知识】

董事及高管人员的责任保险制度

董事与高管人员责任保险的内容为：（1）指法律规定，或保险公司与高管人员约定，当出现由于高管人员责任导致其就职企业需要对第三人赔偿或补偿时，由保险公司代为承担该部分责任；（2）当高管人员被诉工作疏忽或不当行为而要求其承担义务时（且不属于上述第一种情况），由保险公司在保险合同约定限额内承担赔偿责任。当然，恶意违背忠诚义务、故意作虚假陈述等违法行为是不在保险内容中的。

我国第一个"公司董事及高级职业责任保险"于 2002 年 1 月由中国平安保险股份有限公司联合美国丘博保险集团合作推出。然而，比起英美等国家，该险种在我国还是一个新兴的法律制度和实践，需要在立法和实践层面不断完善。该制度的价值有二：（1）有利于独立董事制度的发展。独立董事作为特殊的董事，其地位特殊且责任重大，但由于独立董事对公司了解不充分，往往在经营过程中由于信息不对称而作出失误的判断或分析，董事及高管人员责任保险有利于减低独立董事风险。（2）有利于避免高管人员无辜遭受不正当指控（如股东的无理诉讼），鼓励具有才能的高管人士进入企业就职。

思考：该保险制度会否使董事和高管人员疏于履行其注意义务，从而导致企业不必要的损失？我国是否有相关责任保险制度？

3. 货物运输保险

货物运输保险，是指以运输中的货物作为保险标的，在自然灾害或意外事故发生导致货物损失时，由保险人负赔偿责任的保险。

对企业而言，购买货物运输保险可以在发生货损时及时得到补偿，有利于商品生产和流通的顺利进行，因此，购买货物运输保险，是货物运输风险防范的重要一环。然而，若对货运保险基本原理理解不清，企业可能面临"投了保，赔不了"的困境。企业在购买货运运输保险时，应当注意善用"仓至仓条款"保护企业权益。"仓至仓条款"是货运运输中的典型条款（主要用于海上货物运输），但切勿盲目认为，只要投保了"仓至仓条款"，企业就能得到保险公司的赔偿。

进出口公司要得到运输货物的保险赔偿，必须同时具备四个条件：(1) 所发生的风险是在保险责任范围之内；(2) 所遭受的损失与发生的风险之间具有直接的因果关系;(3)在保险标的遭受风险时,索赔人对其具备保险利益,即货物损失与索赔人之间存在利害关系;(4)依照"仓至仓条款",被保险货物遭损的时间和地点是在保险期间之内。这四个条件须同时具备,缺少其中任何一个,索赔人都不会得到赔偿。

此外,依照国际贸易习惯,买卖双方在海上运输中的风险,一般是以货过船舷为界限来划分的。即货物装船前的风险由卖方承担,装船后的风险由买方承担,所以货物在装船前对卖方具有保险利益,装船之后对买方具有保险利益。如前所述,不具备保险利益则得不到保险赔偿,因此,尽管"仓至仓条款"涵盖全部运输过程,若损失在装船前发生则索赔权仅在卖方,若损失在装船后发生则索赔权大都转到了买方。①

【背景资料】

仓至仓条款

目前世界上几乎所有国家的海上货物运输保险都采纳了"仓至仓条款"。所谓"仓至仓条款"是海运货物保险责任起讫的基本原则,它规定了保险人承担责任的时空范围,从保单载明的发货人仓库或储存处所开始运输时生效,在正常运输过程中继续有效,直到保险单载明的目的地收货人最后仓库或储存处所或保险人用作分配、分派或非正常运输的其他储存处所为止,货物进入仓库或储存处所后保险责任即行终止。如未抵达上述仓库或储存处所,则以被保险货物在最后卸载港全部卸离海轮后满60天为止。如在上述60天内被保险货物需转运到非保险单所载明的目的地时,则以该项货物开始转运时终止。"仓至仓条款"是运输货物保险中较为典型的条款,它具有充分性、严密性的特点。货物保险人对被保险货物的保障程度贯穿于货物运输全过程的每个环节,涉及各种运输方式,整个运输过程无遗漏。②

4. 企业贸易信用保险

企业贸易信用保险是一种在买卖双方开展赊销业务中,用以保障卖方因买方破产或拖欠贸易货款而造成损失的险种,它在规避和转嫁贸易信用风险、降低应收账款所造成的巨大经济损失方面具有得天独厚的优势。

---

① 《外贸公司如何运用"仓至仓条款"保护企业权益》,载 http://www.sealaw.cn/gb/242.html, 2007年4月29日访问。

② 刘宇:《浅析贸易术语与"仓至仓条款"》,载 http://www.studa.net/guojimaoyi/090115/1041381.html, 2009年1月15日访问。

贸易信用保险保障的是企业的应收账款安全,承保的风险主要是买家信用风险,包括因买方破产、无力偿付债务以及买方拖欠货款而产生的商业风险。因此,它具有四方面功能,包括:市场拓展功能、融资便利功能、风险管理功能及风险保障功能。①

企业贸易信用保险可分为出口贸易信用保险及国内贸易信用保险两种。而两种信用保险的主要作用都在于规避贸易对方由于破产等原因导致的赊账、支付不能等贸易风险。

【相关案例】

借助信用保险工具,企业逆市闯市场②

辽宁成大集团(下称成大)是大连市的一家上市公司,原来一直以经营服装出口为主。该公司是一家以化工原料为主打的外向型出口企业,以往,由于对国外买家风险信息掌控受限,加上国外客户账款期限较长导致企业出口资金周转延长,对企业扩大出口形成阻力。2008年初,成大接触了一个欧洲的买家,要求成大提供毛织品,并且提出采取"赊销"的结算方式,订单额为300多万美元。由于对买家心里没底,成大没有贸然作决定,而是请保险公司协助调查买家资信。保险公司迅速提供了买家资信情况,使成大吃上了"放心丸",大胆地以"赊销"的方式向对方出口。最后,合同执行顺利,回款情况良好,仅这笔生意辽宁成大就实现利润约150万元人民币。

评析:受次贷危机影响,许多出口企业海外市场萎缩,订单量减少,即使有订单,出口企业面对全球市场风险不断加剧的形势,也是谨小慎微。其实,在这种情况下,出口企业可以选择出口信用保险来作为避险工具。一方面可以由信保专家对下订单的买家进行经营状况、财务状况、付款记录等多方面考察,确保交易对象资质佳、信誉好,避免与受次贷危机影响已经出现经营困境和财务危机的买家进行高风险贸易,最大限度地减少交易风险。另一方面,在货物发运之后,一旦发生损失,信保能够向企业作出相应赔偿,最大限度地减少企业损失。

---

① 李希琼、李凌:《利用国内贸易信用保险促进市场信用体系建设》,载《中国经济时报》2007年10月29日。

② 《借助信用保险工具,大连出口企业逆市闯市场》,载 http://www.sinotf.com/GB/Insurance/1224/2008-11-17/17221149JB56B.html,2008年11月27日访问。

本章小结

　　运输是社会物质生产的必要条件之一，企业的每个物流过程都需要通过运输来连接，而运输是否合理直接决定企业的资金周转速度以及营利空间。运输当事人通过订立运输合同明确其权利义务关系，运输合同的生效意味着运输合同对双方当事人产生法律约束力。随着物流业发展，现代物流已逐渐取代传统单一的运输方式。发达的商业以发达的物流为基础。而现代物流的宗旨正是"更全面、更综合地提高经济效益与效率"，可以说，一国商业是否发达，物流业的发展是一个重要的衡量指标。

　　保险，对企业而言，可以转嫁风险及实现存蓄功能。我国保险法律体系以《中华人民共和国保险法》为核心、其他保险相关法律法规和规章为辅调整保险法律关系。保险法的基本原则众多，包括最大诚信原则、保险利益原则、近因原则、损失补偿原则、保险与防灾减损相结合原则等等。保险当事人的权利义务关系通过保险合同予以确定。保险合同的核心在于主体、内容与效力。保险贯穿企业经营的全部分，常见的企业保险项目包括企业财产保险、企业高管保险及企业贸易信用保险等。

思考与练习

1. 传统运输与现代物流有何联系与区别？
2. 运输合同主要存在哪几类风险？
3. 新《保险法》作了哪些修改？这些修改对企业有何启示？
4. 请谈谈你对保险基本原则的理解。

案例分析

　　1. 若你是企业物流部门主管，现公司需要运输一批罗非鱼，请你为其订立合理的运输方式。

　　罗非鱼是一种热带鱼类，具有生长快、肉质好、没有肌间刺的特点，所以深受广大消费者的欢迎。罗非鱼的另一个特点是最低致死温度为8℃~10℃，即使在10℃~15℃的温度也很容易冻伤，冻伤后的罗非鱼很容易得水霉病死亡。5月份南疆池塘水温已升到20℃以上，适宜罗非鱼的投入，新疆生产建设兵团农一师水产技术推广站于2006年5月上旬从新疆石河子运输3万尾罗非鱼苗到阿克苏，运距1200公里，横跨天山南北。本次运输有两个难点，一是罗非鱼是热带鱼，运输时温度不能低于15℃，但水温又不能太高，水温太高会导致罗非鱼活动加剧，新陈代谢加快，容易引起缺氧；另一个是运输路途长，气候多变，可能引起水温下降太多。

2. 下面的案例中，航运公司是否倒签提单？丰益公司的经济损失是否与倒签提单有因果关系？①

2003年5月16日，丰益公司与雅仕公司签订了硫磺买卖合同，丰益公司向雅仕公司购买硫磺10000吨（正负10%），付款方式为不可撤销可转让信用证，货物装运地为伊朗Bandar Abbas，目的地为中国天津。

丰益公司向中国交通银行天津市分行申请开立了以雅仕公司为受益人的第LCL0200360264号信用证，金额为848,400美元，信用证载明的最晚装船日期为2003年6月10日，后应雅仕公司请求将信用证的货物最晚装船日期修改为2003年6月15日。涉案提单记载：提单编号为4085号，托运人为雅仕公司，收货人凭指示，货物数量10,100吨，提单签发日期为2003年6月15日。五矿公司持有的4086号提单记载内容与4085号提单完全一致，签发日期也为2003年6月15日。上述三票货物自2003年6月12日开始装船，截至6月15日06：00时共装货10,060吨，从15日06：00时到16日06：00时又装货3,955吨，16日06：00时共有14,015吨货物装上船。航运公司2003年6月20日签发的、与4085和4086号提单对应的两张大副收据（船章位置不同）内容完全一致，编号均为0001。

2003年7月14日，开证行交通银行天津分行通知丰益公司付款赎单并将全套提单交付丰益公司，"Iran Sarbaz v.63654"轮同日抵达天津港。7月15日，丰益公司持提单在航运公司的代理人处换取了提货单。7月17日，丰益公司申请天津海事法院对"Iran Sarbaz"轮的航海日志、大副收据、装货事实记录等文件进行证据保全。7月18日，丰益公司以航运公司与雅仕公司合谋倒签提单欺诈为由向天津海事法院提出诉前财产保全申请，请求该院冻结LCL0200360264号信用证项下的货款848,400美元。同日，该院以（2003）海告立保字第37—1号民事裁定书裁定准许丰益公司的申请。

2003年7月15日，丰益公司以雅仕公司交货迟延、货物市场价格下跌为由要求雅仕公司每吨货物降价4美元，雅仕公司同意并补偿丰益公司40,400美元。涉案货物由案外人伊朗海湾资源有限公司（Gulf Resources Development Corporation）销售给雅仕公司，价格条件为CNF天津新港，雅仕公司将货物转卖给丰益公司，并将涉案信用证转让给案外人伊朗海湾资源有限公司。

---

① 《丰益（天津）国际贸易有限公司、伊朗航运公司与雅仕化工国际有限公司倒签提单侵权损害赔偿纠纷案》，载http://www.chinawuliu.com.cn/oth/content/200609/200620237.html,2006年9月6日访问。

丰益公司共发生如下经济损失：天津港短途公路运输费48,183.15元，银行开证费10,844.64元，修改信用证费用200元，天津港代理费和港杂费525,200元，律师费30,000元，证据保全费用6,000元，财产保全费用37,729元。

3. 根据我国修订后的《保险法》，下面案例中，保险合同是否成立并生效？保险公司是否需要尽赔偿责任？

2003年1月12日，刘某雇佣船舶运送95吨重型废钢，并到保险公司对该批货物进行投保，保险公司向刘某签发了保险单，该保险单载明：投保人为刘某，被保险人为刘某，保险的货物为95吨重型废钢，保险金额为99750元。保单生效后，该船舶在行驶途中沉没，船上货物全部灭失。事故发生后，海事部门无法认定沉船原因，刘某向保险公司报告并请求赔偿保险金，但保险公司认为：刘某雇佣的船舶的核定吨位仅为60吨，货物严重超载，导致事故发生，因刘某投保时未履行如实告知义务且违章超载运输，有重大过错，保险公司可免责，故拒绝理赔。刘某诉至法院，要求保险公司给予赔偿。

第五章　结算与票据

　　金建物业与天同证券委托理财合同期满后，天同证券没有依约归还受托管理资金，金建物业欠恒丰银行的 1 亿元借款亦未归还。2005 年 1 月 18 日，恒丰银行与金建物业签订债权转让协议，约定金建物业为还清借款本息，将其在天同证券的 1 亿元国债保证金转让给恒丰银行，由恒丰银行向天同证券主张权利。同年 2 月 5 日，金建物业将 1 亿元债权转让的事实书面通知了天同证券。同年 2 月 7 日，恒丰银行济南分行从天同证券济南经七路证券营业部在该行开立的客户交易结算资金专用账户内扣划资金 8000 万元；青年路支行从天同证券烟台长江路营业部在该行开立的客户交易结算资金专用账户内扣划资金 1000 万元。同年 5 月 22 日，青年路支行从天同证券烟台长江路营业部在该行开立的客户交易结算资金专用账户内扣划资金 1200 万元。同日，恒丰银行济南分行返还 200 万元资金到天同证券经七路营业部客户交易结算资金专用账户。至此，恒丰银行两下属机构从天同证券两营业部开立的客户交易结算资金专用账户内实际扣划 1 亿元资金。①

　　上述案例充分说明了在企业经营中商业结算的重要地位。任何一个企业在正常的经营中都离不开结算。采用何种方式结算、如何结算、如何避免结算风险等都是企业关注的问题。因此，本章结合企业经营的实践，介绍有关结算的法律制度。

一、汇付和托收

　　企业结算是指企业在社会的经济生活中通过现金、票据等结算工具进行的货币给付和财务结算行为，在运作过程中实现了资金从一个主体向另一主体转移的效果，银行在这个过程中作为企业结算的中介机构发挥作用。汇付和托收是两种企业常用的结算方式，与信用证等基于银行信用的结算方式相比，汇付和托收是建立在企业的商业信用的基础之上，虽然可能存在一定的风险，但在长期合作的企业之间仍然是重要的结算方式，其运作成本也往往比含有银行信用的结算方式为低。

---

　　① 《天同证券有限责任公司清算组诉恒丰银行股份有限公司、恒丰银行股份有限公司济南分行、恒丰银行股份有限公司烟台青年路支行客户交易结算资金纠纷案》，载北大法宝案例库，http://vip.chinalawinfo.com/Case/displaycontent.asp?gid=117544510,2010 年 2 月 4 日访问。

(一) 汇付

企业结算最基本的方式之一是汇付,汇付就是我们常说的汇款,是企业经营中常见的结算方式,是一种买方把货款寄交给卖方的行为,实现这种寄交的中介是银行。由于交易的双方在现实中很可能处于异地,甚至是不同的国家,因此在汇付的主体中不仅包括汇款人、收款人,还往往包括汇出行和汇入行。其中汇出行是根据汇款人的委托进行汇付的银行,汇入行则依据汇出行的委托向收款人进行付款。企业常用的汇付方式包括信汇、电汇和票汇三种。

1. 信汇

信汇是一种费用较低廉、但效率也相对较低的汇款方式。信汇的方式是通过邮寄的方式实现的。当汇款人要求汇款时,汇出行即向汇入行通过邮寄的方式寄出支付授权书,汇入行再向收款人支付交易款项。

【相关案例】

信汇在企业经营中的运用[①]:

在琼海三联渔业服务有限公司与海南万泉河水上旅游有限公司加工承揽合同纠纷上诉案中,三联公司称:原审判决关于"被告不能依约交付已完工船体构成违约"的认定是错误的。其一,双方签订的《造船合同》约定,造船工程款为172,000元,但是,至今为止被上诉人仅信汇60,000元,余下112,000元一直未予给付。上诉人开具两张共计人民币172,000元货款发票是事实,但实际上是上诉人轻信了被上诉人的实际经营管理者郑波"先开发票、待其回公司出账报销后再付完船款"的谎言,而造成此后果。其实,上诉人开出发票后,一直未收到被上诉人余欠的112000元船款。这是被上诉人违约事实之一。其二,双方签订《造船合同》并收到被上诉人信汇60,000元之后,被上诉人就开始备料施工,在此期间,被上诉人经营者郑波又口头委托上诉人代理购买一台船用柴油机和一台齿轮箱,以便安装在其定做的钓鱼船上。……

问题:信汇是银行信用还是商业信用,主动权掌握在哪方手里?

2. 电汇

电汇的原理与信汇基本一致,汇出行一般通过加押电传的方式实现支付授

---

① 《琼海三联渔业服务有限公司与海南万泉河水上旅游有限公司加工承揽合同纠纷上诉案》,载北大法宝案例库, http://vip.chinalawinfo.com/Case/displaycontent.asp? Gid = 117543916&Keyword = 信汇, 2009 年 12 月 1 日访问。

权书的寄出。如果是国际贸易,电汇也可能是通过环球银行金融通信会实现的。无论是运用电汇还是信汇进行结算,都存在支付指示或者支付授权书作为汇付中使用的凭证。

【相关案例】

电汇中的证据①

原告为了证明其主张提供了广州市华恒皮革纺织品有限公司(以下称广州华桓公司)于2006年12月4日加盖公章出具的借条一张,借条写明:"今借到朱英智人民币工厂周转计大写金额伍万圆正(¥50000元)。"原告认为广州华桓公司欠款不还,于2008年5月12日提起本案诉讼。原告提供的证据包括:2007年2月8日,江门华强手袋厂有限公司付给广州华桓公司50000.16元的中国银行《网上银行付款凭证》。2006年12月11日,江门市蓬江区柏如皮具厂付给广州华桓公司27041.75元的中国银行《电汇凭证》。2007年1月22日,江门市蓬江区柏如皮具厂付给广州华桓公司36429.92元的中国银行《电汇凭证》。2007年5月8日,江门市蓬江区柏如皮具厂付给广州华桓公司14260.25元的中国银行《电汇凭证》……

问题:企业电汇中的证据如何保存?

3. 票汇

票汇是一种运用汇票实现交易的方式,其优势在于可以充分发挥汇票的流通性。和电汇与信汇不同,票汇的汇票虽然是由汇出行开立,付款人也是汇入行,但汇票本身却是由汇款人寄交收款人。

4. 汇付的风险与防范

汇付作为一种交易中的支付工具,交易安全较为没有保障,归根结底在于汇付是基于商业信用设立的结算方式,和信用证这种包含了银行信用的结算方式有着本质的区别。

【拓展知识】

商业信用②

商业信用一般在以下三种意义上被使用:(1)企业在正常的经营活动和

---

① 北大法宝案例库,载 http://vip.chinalawinfo.com/Case/displaycontent.asp?Gid=117622147&Keyword=电汇,2009年12月23日访问。

② 载MBA智库·百科,"商业信用"词条,载 http://wiki.mbalib.com/wiki/%E5%95%86%E4%B8%9A%E4%BF%A1%E7%94%A8,2009年12月23日访问。

商品交易中由于延期付款或预收账款所形成的企业常见的信贷关系。(2)在商品销售过程中,一个企业授予另一个企业的信用。如原材料生产厂商授予产品生产企业、或产品生产企业授予产品批发商、产品批发商授予零售企业的信用。(3)是指工商企业之间相互提供的、与商品交易直接相联系的信用形式。包括企业之间以赊销分期付款等形式提供的信用以及在商品交易的基础上以预付定金等形式提供的信用。

商业信用的形式主要有:赊购商品、预收货款和商业汇票。商业信用是社会信用体系中最重要的一个组成部分,由于它具有很大的外在性,因此,在一定程度上影响着其他信用的发展。从历史的维度而言,中国传统的信用,本质上是一种道德观念,包括两个部分,一个部分为自给自足的以身份为基础的熟人社会的私人信用,一个部分为相互依赖的契约社会的商业信用。私人信用由于儒家建立起一套制度化的法律和实践系统,通过传播逐渐深入到习俗之中,通过权力、真理和制度之间相互配合使得中国人接受了这一观念。而商业信用由于缺乏社会的现实基础,没有相应的理论证明其合理性,没有制度的支持缺乏合法性,处于自然的失范状态。这种契约社会培植出来的以平等互利为基础的、以诚实信用为标志的商业道德在身份社会缺乏存在的社会基础。

在现实中卖方往往希望得到预付货款,买方往往希望货到付款,双方的博弈很可能导致汇付这种高风险的支付方式被企业经营者所放弃。但是在具有长期契约的交易者之间(比如两个具有长期合作关系的企业)的交易、具有关联性的企业之间(比如子公司和母公司)的交易或者是对风险保障要求很小的小额支付,汇付的结算方式仍然有着重要的运用。

对于不了解对方商业状况、信息不全甚至只是一次交易的企业,应尽量避免使用汇付这一结算方式。在各种汇付的往来中,我们往往会获得各种手续材料,这些应该在企业的日常法务管理中进行保存,以便在发生风险时作为证据使用。

(二)托收

1. 什么是托收

根据《托收统一规则》,企业结算中的托收是指银行依据所收到的指示处理所限定的金融单据、商业单据,以便于"取得付款及或承兑",或者"付款交单或承兑交单",又或者"按照其他条款和条件交付单据"的结算工具。

企业结算中托收涉及各种单据,和托收统一规则密切相关的概念包括金融单据和商业单据。其中金融单据是指企业结算中的汇票、本票、支票或其他类似的可用于取得款项支付的凭证;商业单据是指企业结算中的发票、运输单据、所有权文件或其他类似的文件,或者不属于金融单据的任何其他单据。

【拓展知识】

《托收统一规则》的适用

(1) 国际商会第 522 号出版物《托收统一规则》,应适用于本规定界定的托收项目,且除非另有明确的相反约定,或与无法规避的某一国家、政府或地方法律法规相抵触,本规则对所有的当事人均具有约束力。

(2) 银行没有义务必须办理某一托收或任何托收指示或以后的相关指示。

(3) 如果银行无论出于何种理由选择不办理它所收到的托收或任何相关的托收指示,应毫不延误地采用电讯,或者如果电讯不可能时,采用其他快捷的工具,通知向其发出托收或指示的当事人。

企业可以选择的托收结算形式包括光票托收和跟单托收两种。其中,光票托收是指不附有商业单据的金融单据项下的托收。跟单托收又存在两种情况,一是有商业单据的金融单据项下的托收;二是不附有金融单据的商业单据项下的托收。在托收关系中,托收的关系人有:委托人,即委托银行办理托收的有关企业;寄单行,即委托人委托办理托收的银行;代收行,即除寄单行以外的任何参与处理托收业务的任何银行;付款人,即根据托收指示向其提示单据的人。

2. 企业托收指示

所有送往托收的单据必须附有一项托收指示,注明该项托收将遵循《托收统一规则》并且列出完整和明确的指示。银行只准许根据该托收指示中的命令和本规则行事。除非托收指示中另有授权,银行将不理会来自除了他所收到托收的有关主体以外的任何任何指令。

结算中的托收指示应当包括下述适宜的各项内容:收到该项托收的银行详情,包括全称、邮政和 SWIFT 地址、电传、电话、传真号码和编号;委托人的详情包括全称、邮政地址或者办理提示的场所以及电传、电话和传真号码;付款人的详情包括全称、邮政地址或者办理提示的场所以及电传、电话和传真号码;提示银行的详情包括全称、邮政地址;待托收的金额和货币;所附单据清单和每份单据的份数;待收取的利息,如有的话,指明是否可以放弃，包括利率、计息期、适用的计算期基数（如一年按360天还是365天）；付款方法和付款通知的形式；发生不付款、不承兑和/或与其他批示不相符时的指示。

结算中托收指示的内容还包括凭以取得付款或承兑的条件条款以及凭以交付单据的条件。制作托收指示的有关方应有责任清楚无误地说明，确保单据交付的条件；否则的话，银行对此所产生的任何后果将不承担责任；托收指示应载明付款人或将要办理提示场所的完整地址。如果地址不全或有错误，代收银行可尽力去查明恰当的地址，但对因所提供地址不全或有误所造成的任何延误将不承担责任或对其负责。

3. 托收结算提示的形式

提示是表示银行按照指示使单据对付款人发生效力的程序。

托收指示应列明付款企业将要采取行动的确切期限。诸如"首先"、"迅速"、"立即"等类似的表述不应用于提示或付款人赎单采取任何其他行动的任何期限，否则银行可以不予理会。单据应当以银行收到时的形态向付款人提示，但一些特殊情况例外：银行被授权贴附任何必需的印花；另有指示表明费用由向其发出托收的有关方支付；银行被授权采取任何必要的背书或加盖橡皮戳记；出现了其他托收业务惯用的和必要的辨认记号或符号。

为使委托人指示得以实现，寄单行将以委托人所指定的银行作为代收行。在未指定代收行时，寄单行将通过他自身的任何银行作为代收行，或者往往在付款或承兑的国家中选择另外的银行。单据和托收指示可以由寄单行直接寄送给代收行，也可以通过另一银行作为中间银行寄送给代收行。如果寄单行未指定某一特定的提示行，代办行有自行选择提示行的权利。如果是见单即付的单据，提示行必须立即办理提示付款，不得延误；如果不是即期而是远期付款单据，提示行必须在要求承兑时毫不拖延地提示承兑，在要求付款时，不应晚于适当的到期日办理提示付款。

商业单据的发放包括承兑交单（D/A）与付款交单（D/P）。如果托收包含远期付款的汇票，则托收指示不应要求付款才交付商业单据，应说明商业单据是凭承兑交单（D/A）还是凭付款交单（D/P）发放给付款人。若无上述说明，商业单据只能是付款放单，而代收行对由于交付单据的任何延误所产生的任何后果将不承担责任。

在托收行指示代收行或者付款人来代制托收中未曾包括的单据（汇票、本票、信托收据、保证书或其他单据）时，这些单据的格式和措辞应由托收行提供，否则，代收行对由代收行及/或付款人所提供的任何该种单据的格式和措辞将不承担责任或对其负责。

4. 托收结算的义务和责任

根据《托收统一规则》第9条关于诚信和合理的谨慎的规定,"银行将本着诚信的原则、尽合理的谨慎来办理业务"。这就为银行义务进行了原则性规定。该规则也对单据与货物、服务、履行方面的义务进行了规定。未经银行事先同意,货物不得直接发送到该银行地址、或者以该行作为收货人或者以该行为抬头人。但是,如果未经银行事先同意而将货物直接发送到该银行地址、或者以该行作为收货人或者以该行为抬头人,并请银行凭付款或承兑或凭其他条款将货物交付给付款人,该行将没有提取货物的义务,其风险和责任仍由发货方承担。即使接到特别指示,银行也没有义务对与跟单托收有关的货物采取任何行动,也不对货物进行存储和保险。银行只有在个案中、在其同意的限度内,才会采取该类行动。

无论银行是否收到指示,当银行为保护货物而采取措施时,对有关货物的结局、状况,对受托保管、保护货物的任何第三方的作为、不作为,都不承担责任。当然,代收行必须毫不延误地将其所采取的措施通知向其发出托收指示的银行。银行对货物采取任何保护措施所发生的任何费用及或花销将由向其发出托收的一方承担。根据规则,如果货物是以代收行作为收货人或抬头人,而且付款人已对该项托收办理了付款、承兑或承诺了其他条件和条款,且代收行因此对货物的发放作了安排时,则应视为托收行已授权代收行如此办理。如果代收行按照托收行的指示或者规则的其他规定安排发放货物,托收行应对该代收行所发生的全部损失和花销给予赔偿。

对受托方行为的免责包括三方面:第一,为使委托人的指示得以实现,银行使用另一银行或其他银行的服务时,是代为该委托人办理的,因此其风险由委托人承担;第二,即使银行主动地选择了其他银行办理业务,如该行所转递的指示未被执行,作出选择的银行也不承担责任或对其负责;第三,一方指示另一方去履行服务,指示方应受到外国法律和惯例施加给被指示方的一切义务和责任的制约,并应就有关义务和责任对受托方承担赔偿责任。

银行必须确定它所收到的单据应与托收指示中所列内容表面相符,如果发现任何单据有短缺或非托收指示所列,银行必须以电讯方式,如电讯不可能时,以其他快捷的方式,通知发出指示的一方,不得延误。银行对任何单据的格式、完整性、准确性、真实性、虚假性或其法律效力、或对在单据中载明或在其上附加的一般性或特殊性的条款,都不承担责任;银行也不对任何单据所表示的货物的描述、数量、重量、质量、状况、包装、交货、价值等承担责任,也不对货物的发运人、承运人、运输代理、收货人或保险人或其他任何人的诚信、行为、清偿力、业绩、信誉承担责任。

【相关案例】

环球摩托有限公司诉东亚银行有限公司①

原告系在中国香港特别行政区登记注册的企业，该公司在被告处申请开立了一个账号为144001537的来往账户。上述账户设立时，原告签署了一份账户授权书给被告。该授权书的第6条明确，被告可在不通知原告的情况下，将原告账户内托管的款项、所存款项及原告欠被告的债务加以合并，并抵销或拨付原告欠被告或其他应偿之债务。2004年8月3日，原告委托被告托收两张支票。其中，一张支票的编号为121250、出票人为GUESTHOUSEINC.，付款人为NATIONALCITYBANK，收款人为原告；另一张支票的编号为022857、金额为17,430美元，出票人为SPENCERQUARRIESINC.，付款人为SECURITYSTATEBANK，收款人为原告。2004年9月17日，被告向原告出具了编号为0312N25110的结汇清单，通知原告编号为121250的支票托收成功，并将扣除手续费后的19,202.57美元划入了原告的账户。同时，另一张编号为022857的支票遭退票处理。2004年10月9日，被告未经原告同意，以编号为121250的支票系变造的支票为由，从原告的账户中扣划了19,470美元。嗣后，原告与被告交涉未果，以致涉讼。

思考：本案是否存在银行免责的情况？

二、信用证结算

在企业结算中，仅仅依靠商业信用是不够的。比如在商业买卖中，当卖方不了解买方的经营能力、资信能力和实际财务状况时，许多本来可以达成的交易将无法达成。这时候，企业的经营者往往就需要一个具有较强可靠性的、具有较强经济能力的中介——银行，来作为交易的信用中介。这样，信用证就因为企业经营的需要而应运而生了。

（一）什么是信用证？

信用证，指一项不可撤销的安排，无论其名称或描述如何，该项安排构成开证行对相符交单予以承付的确定承诺。② 信用证现在主要由国际商

---

① 判决书网站，http://www.panjueshu.com/shanghai/zhongyuan2/m20050525200512.html，2010年2月3日访问。

② UCP600 的定义。

会的《跟单信用证统一惯例》（简称 UCP600）所调整。《跟单信用证统一惯例》是 2007 年修订本，属国际商会第 600 号出版物。根据 UCP600，除非信用证明确修改或排除，惯例的各条文对信用证所有当事人均具有约束力。

【背景资料】

UCP600 的新变化[①]

新的跟单信用证统一惯例（UCP600）于 2006 年 10 月 25 日通过后，将于 2007 年 7 月 1 日正式生效。为配合国际贸易实务的发展，UCP600 相对于 UCP500 的规定做出了较多实质性变动，其中一个重要修订便是对信用证融资功能的肯定——虽然没有继续沿用"正当持票人"的提法，表示国际商会无意干涉信用证关系当事人之间票据关系这些属于国内票据法调整的法律关系，但 UCP600 的确通过相关条款的构架，从作为票据关系的基础——信用证关系方面入手，为指定行对受益人提供的融资行为进行了保护：

（1）UCP600 出现了一个新定义"承付"，"承付"概括了在即期付款、延期付款和承兑信用证下，开证行、保兑行或指定行除议付外的其他向受益人进行支付的行为。

（2）除在定义中明确信用证的融资功能外，UCP600 还增加了开证行对于指定行对受益人进行贴现的授权。UCP600 的新规定中，开证行的授权不仅包括允许指定行进行承兑和做出延期付款的承诺，还允许指定行对这两种信用证进行贴现。因而指定行的贴现行为也受到了统一惯例的保护。

（3）与上述规定相呼应，UCP600 在开证行的责任中规定，开证行必须偿付已经对相符的交单进行了兑付或议付的指定行。该条规定还特别指出，开证行偿付指定行的责任独立于开证行对受益人的责任。

在企业的运营中，信用证作为一种重要的交易工具受到广泛采用。相对于一般的交易方式，其安全性不言而喻，因此企业的经营者有必要对其有一定的了解。要掌握信用证，首先要了解一些相关的基本概念。

---

① 李露：《正当持票人规则在信用证下的重构》，载 http://www.civillaw.com.cn/article/default.asp?id=30622，2010 年 2 月 3 日访问。

表 2-5-1 UCP600 对重要概念的定义

概念	UCP600 中的定义
银行工作日	银行在其履行受本惯例约束的行为的地点通常开业的一天。
保兑	保兑行在开证行承诺之外做出的承付或议付相符交单的确定承诺。
承付	a. 如果信用证为即期付款信用证，则即期付款。 b. 如果信用证为延期付款信用证，则承诺延期付款并在承诺到期日付款。 c. 如果信用证为承兑信用证，则承兑受益人开出的汇票并在汇票到期日付款。
议付	指定银行在相符交单下，在其应获偿付的银行工作日当天或之前向受益人预付或者同意预付款项，从而购买汇票（其付款人为指定银行以外的其他银行）及/或单据的行为。
交单	向开证行或指定银行提交信用证项下单据的行为，或指按此方式提交的单据。

在企业结算中使用信用证，除了上述重要的概念，还要明确《跟单信用证统一惯例》对一些重要问题的解释，这些解释直接影响着信用证的使用。比如对于信用证的不可撤销性，在 UCP600 的解释中已经明确了"信用证是不可撤销的，即使未如此表明"。信用证使用中，单据签字可用手签、摹样签字、穿孔签字、印戳、符合或任何其他机械或电子的证实方法为之。对于同一银行分支机构的问题，UCP600 明确了一家银行在不同国家的分支机构被视为不同的银行。UCP600 解释的问题包括但不限于上述问题，企业在使用信用证时，应该把这些解释作为理解信用证使用的基础。

【拓展知识】

信用证结算的实质相符理论[①]

开证行的模糊性审单标准在法律上的反映就是实质相符理论。所谓实质相符，是指在信用证的要求与提示的单据之间存在一定差异时，仍然认定单据符合信用证要求的一种标准。实质相符说认为，应当抛开信用证条款的字面意思，要考虑不符点是否给银行在审查信用证单证时造成了不确定感、该不符点是否将误导开证银行作出对自身有害的决定等问题。实质相符标准要求首先考虑信用证交易的背景，然后再从字面上判断受益人所提交的单据与信用证的要求是否相符。

---

① 徐冬根：《银行信用证审单标准的法哲学思考：精确性、模糊性还是原则性》，载 http://www.civillaw.com.cn/article/default.asp? id=20716,2009 年 12 月 25 日访问。

根据模糊性审单标准的实质相符说，变更以后的名称虽然与信用证的约定不符，但由于该主体仍然是原先的主体，因此，不能认为单证不符。这样的审单标准对开证行来说，显然审单的难度大大增加。

信用证的效益原本来自开证行的快速审查单据、审查结果的可预测性以及收费的低廉。但实质相符标准却要求银行不但具备银行业知识，同时需要对基础合同作出只有有关行业的专业人员才有能力作出的判断。这不仅使银行的负荷大大增加，并且损害了信用证交易的基础——单据交易原则与独立性原则，抹杀了信用证交易自身的特性。

（二）信用证当事人关系

企业运用信用证结算，实质是在利用银行的信用来实现结算中的交易安全，因此往往涉及多方当事人。信用证的基本当事人包括开证行、通知行、受益人和指定银行。

1. 开证行。开证行是指应申请人要求或者代表自己开出信用证的银行。开证行的位置通常是申请人所在地，信用证关系最基本的部分在于开证行与受益人之间的关系，开证行有义务对受益人进行最终的付款。

开证行在信用证中的角色极其重要，UCP600也对其担负的责任做出了明确的规定。无论是下列五种情况中的任何一种，只要规定的单据提交给指定银行或开证方，并且构成相符交单，则开证行必须承付。这五种情况包括：信用证规定由开证行即期付款，延期付款或承兑；信用证规定由指定银行即期付款但其未付款；信用证规定由指定银行延期付款但其未承诺延期付款，或虽已承诺延期付款，但未在到期日付款；信用证规定由指定银行承兑，但其未承兑以其为付款人的汇票，或虽然承兑了汇票，但未在到期日付款。信用证规定由指定银行议付但其未议付。

2. 通知行。通知行指应开证行的要求通知信用证的银行。通知行所在的位置通常是受益人所在的地方。开证行一般是通知行的委托人，它们之间有着委托代理关系。根据UCP600，通知行在信用证通知、信用证修改中扮演着重要的角色：信用证及其任何修改可以经由通知行通知给受益人。非保兑行的通知行通知信用证及修改时不承担承付或议付的责任。通知行通知信用证或修改的行为表示其已确信信用证或修改的表面真实性，而且其通知准确地反映了其收到的信用证或修改的条款。

通知行可以通过另一银行（"第二通知行"）向受益人通知信用证及修改。第二通知行通知信用证或修改的行为表明其已确信收到的通知的表面真实性，并且其通知准确地反映了收到的信用证或修改的条款。

3. 受益人。受益人指接受信用证并享受其利益的一方。信用证中的受益人往往是买卖合同中的卖方。在商业实践中存在大量的实质供货方也是受益人，笔者认为其是第二受益人。

4. 指定银行。指定银行指信用证可在其处兑用的银行，如信用证可在任一银行兑用，则任何银行均为指定银行。指定银行就是向受益人付款、承担延期付款、承兑汇票或者议付的银行。信用证中指定兑用信用证的银行可能是特定的某银行，也可以由任何一处银行（此时任何银行都视为指定行），这取决于信用证的指定。在信用证的实践中，出于方便考虑，指定行可以由通知行兼任，其所在地往往也在受益人的所在地。

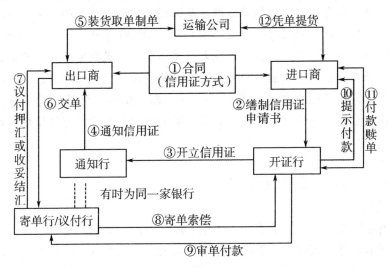

图 2-5-1 信用证流程图①

另外，根据 UCP600，申请人指要求开立信用证的一方。保兑行指根据开证行的授权或要求对信用证加具保兑的银行。交单人指实施交单行为的受益人、银行或其他人。

【拓展知识】

法官眼中的企业信用证结算②

信用证作为国际贸易的一种资金融通工具，解决了分处不同国家的买卖双

---

① 图表来源：http://www.tjexport.com。
② 《株式会社友利银行与北京宣联食品有限公司信用证纠纷上诉案》，载北大法律信息网，http://vip.chinalawinfo.com/Case/displaycontent.asp?Gid=117574005&Keyword=信用证，2009 年 12 月 26 日访问。

方的国际结算问题。在现代的国际贸易中,凭银行信用证结汇已成为一种主要的贸易结算方式。……首先,信用证是个独立自主的契约,信用证一旦开出,它便既独立于买卖合同,也独立于开证申请书。对于银行和受益人来讲,双方的权利和义务完全依信用证条款而定,即使在信用证中包含有买卖合同或开证申请书的任何援引,银行亦与这两份契约无关。其次,银行的信用证业务,就其性质而言,实际上是单据买卖业务。在信用证结算的过程中,无论是受益人向议付行议付,议付行向开证行索偿,以及开证行要求开证申请人付款赎单,都体现了单据与票款的对流。最后,信用证单证的相符原则就是通常所说的单证相符、单单相符。单证的相符原则是开证行履行付款承诺的先决条件,也是受益人主张信用证上权利的必要前提。根据 UCP500 第 9 条 a 款的规定:"对不可撤销的信用证而言,在信用证规定的单据全部提交指定银行或开证行,并且这些单据又符合信用证条款的规定时,便构成开证行的确定承诺:对即期付款的信用证,开证行应即期付款;……"可见,在单证相符的情况下,银行就必须履行它的第一性付款义务;如果单证不相符,银行就有权按规定程序予以拒付……

(三) 信用证的法律风险防范

1. 信用证欺诈

信用证欺诈,实质上是欺诈者利用了银行不经手基础关系、仅仅进行书面审核的技术特点而实现的。信用证作为基础关系的结算方式,其实质上是独立于基础关系的,在交易中要求遵循严格相符的原则。在一般情况下,当事人不得以基础关系中的事由来请求止付信用证或者请求宣告信用证无效。但是"有原则必有例外",信用证欺诈例外原则就是指在基础关系中存在实质性欺诈时,会导致信用证关系和基础关系相独立的例外情形。在实践中,受益人往往是信用证欺诈的常见主体,作为受益人的卖方常常利用其在信息上的优势地位进行欺诈。[①]

[①] 最高人民法院《关于审理信用证纠纷案件若干问题的规定》第 8 条规定:"凡有下列情形之一的,应当认定存在信用证欺诈:(一) 受益人伪造单据或者提交记载内容虚假的单据;(二) 受益人恶意不交付货物或者交付的货物无价值;(三) 受益人和开证申请人或者其他第三方串通提交假单据,而没有真实的基础交易;(四) 其他进行信用证欺诈的情形。"

【相关案例】

企业经营中的信用证欺诈①

某中行曾收到香港 BD 金融公司开出的以海南某信息公司为受益人的信用证,金额为 USD992,000.00 元,出口货物是 20 万台照相机。信用证要求发货前由申请人指定代表出具货物检验证书,其签字必须由开证行证实,且规定 1/2 的正本提单在装运后交予申请人代表。在装运时,申请人代表来到出货地,提供了检验证书,并以数张大额支票为抵押,从受益人手中拿走了其中一份正本提单。后来,受益人将有关支票委托当地银行议付,但结果被告知:"托收支票为空头支票,而申请人代表出具的检验证书签名不符,纯属伪造。"更不幸的是,货物已被全部提走,下落不明。受益人蒙受重大损失,有苦难言。

常见的信用证欺诈有以下表现方式:

(1) 利用单据欺诈。受益人可以伪造、变造单据,也可以提交记载内容不真实的单据,以欺骗的方式通过书面审查。(2) 交货行为上的欺诈。受益人往往会恶意地根本不交付货物给承运人。有的狡猾的受益人在欺诈时,甚至会在表面上交货,但实质上交付的货物几乎没有价值,造成实质上的义务不履行。(3) 和他人联手欺诈。受益人可能会和开证申请人或其他的第三方联手串通提交单据,这些单据往往是伪造的,从而让银行相信其存在真实的交易基础,而实现欺诈。

在信用证欺诈的防范中,除了在日常使用中对单据等材料的审核保持必要的警惕和细心外,还应该明确法院是如何认定信用证欺诈的,因为要运用"信用证欺诈例外原则",法院是否认定受益人的行为为信用证欺诈是至关重要的。

【相关案例】

五金矿产厦门进出口公司诉斯里兰卡 AMM 实业私人公司②

2004 年 10 月 26 日,两提单载明的承运人东方海外货柜航运(中国)有限公

---

① 资料来源:http://knowledge.cnexp.net/xinyong-zheng-anli/15_20_37_765.htm,2010 年 1 月 3 日访问。
② 《原告福建省五金矿产厦门进出口公司与被告斯里兰卡 AMM 实业私人有限公司、第三人招商银行股份有限公司厦门分行信用证欺诈纠纷案》,载北大法宝案例库,http://vip.chinalawinfo.com/Case/displaycontent.asp?Gid=117519266&Keyword=信用证%20欺诈,2009 年 12 月 27 日访问。

司广州分公司出具一份证明,确认上述两提单原载明的装船日期应为2004年10月3日,上述两提单装船日期的修改并未知会该公司,同时也不是该公司科伦坡代理 SRI LANKA SHIPPING COMPANY ITD 所改。同时附上了两提单原文副本和 SRI LANKA SHIPPING COMPANY LTD 的函件一份。两副本均显示,收货日期为2004年10月1日、装船日期为2004年10月3日。SRI LANKA SHIPPING CONPANY LTD 的函件中则明确声明,该公司没有修改货物的装船日期。

第三人招商银行厦门分行收到上述单据后,经过审查,以检疫证书中一处修改未经授权、原产地证书中"CONSI GNEE"一栏中存在与信用证要求不符的不明确之处等单证不符为由,于北京时间2004年10月27日下午16时58分向卖方银行发出拒绝收单承兑的通知。同时,在该电文提及,该行已经收到承运人的前述函件和函件的主要内容。卖方银行收到上述电文通知后,于同年11月4日向第三人招商银行发来电文,认为单证相符,要求尽快安排付款,此后未再就此提出异议。

在法官看来:信用证欺诈,是指卖方提交的信用证项下单据属伪造或者其所提出的议付请求是虚假地建立在根据真实情况其无权获得这一给付的基础上之情形。因此,这种欺诈应当包括单证欺诈和基础合同履行中的欺诈。

2. 事前防范:企业日常使用中的必要警惕

企业对信用证的运用为交易结算带来了安全和便利,但由于在信用证的使用中,银行扮演的角色的核心部分仅仅是审查单证是否一致而决定付款,对于货物是一概不经手的。这种制度的设计能有效地保护受益人的权益,但也导致了信用证欺诈实现的现实可能性。为了应对现实中广泛存在的信用证欺诈,仅仅简单地通过单证一致就认定付款的制度设计显然无法解决问题,因此通过司法机关的介入停止银行的付款就成为一种现实中采用的制度。当然,要避免信用证欺诈的风险,最首要的方式不是通过司法程序止付,而是在运用信用证时保持必要的警惕,对于相关文件作必要的审查。

【相关案例】

信用证事前防范实例[①]

河南某外贸公司曾收到一份以英国标准麦加利银行伯明翰分行名义开立的

---

① 案例来源:http://knowledge.cnexp.net/xinyong-zheng-anli/15_20_37_765.htm, 2009年12月23日访问。

跟单信用证，金额为 USD37,200.00 元，通知行为伦敦国民西敏寺银行。因该证没有像往常一样经受益人当地银行专业人员审核，发现几点可疑之处：(1) 信用证的格式很陈旧，信封无寄件人地址，且邮戳模糊不清，无法辨认从何地寄出；(2) 信用证限制通知行——伦敦国民西敏寺银行议付，有违常规；(3) 收单行的详细地址在银行年鉴上未查到；(4) 信用证的签名为印刷体，而非手签，且无法核对；(5) 信用证要求货物空运至尼日利亚，而该国为诈骗案多发地。根据以上几点，银行初步判定该证为伪造信用证，后经开证行总行联系查实，确是如此。从而避免了一起伪造信用证件诈骗。

为了应对信用证诈骗，企业应该对文件中的一些细节，应特别注意：第一，信用证上签名、签章的真实性，签名、签章的核对问题；第二，信用证的格式是否正常，有的信用证欺诈中信用证的格式和一般使用的可能存在出入；第三，相关文件的通信信封、邮戳的真实性问题；第四、信用证中涉及的银行当事人是否存在，或者是否真实；第五、信用证中涉及的货物进出口地等地点是否是信用证诈骗的多发地；第六，其他可能带来风险的细节问题；最后，如果存在任何怀疑，可以与相关银行进行联系查实，避免相关的风险。

【拓展知识】

信用证结算中严格相符的审单标准[①]

严格相符的审单标准是由英美判例法所确认并逐渐形成的一项原则性审单标准。在英国 1926 年的 Equitahle Trust Co. of New York v. Dawso Partners Ltd. 案中，Summer 法官对信用证严格相符的审单标准作出了精辟的论述。Summer 法官说："在类似于本案的信用证交易中，接受单据的银行只有严格遵循了对其授权中规定的各项条件，以此为依据审查单据后，才有权请求获得偿付。就单据而言，不存在'几乎一样'或'作用差不多'的余地。商业交易不可能按照除此之外的其他交易进行。银行的国外分支机构对构成融资基础的交易一无所知。它不能自作主张决定什么可以、什么不可以。如果它按指示行事，那是安全的；如果它什么都不做，也是安全的；如果它偏离了规定的条件，则只能由自己承担责任。"该判词在以后的案例中被多次引用，成为信用证严格相符审单标准的经典论述。

---

① 徐冬根：《银行信用证审单标准的法哲学思考：精确性、模糊性还是原则性》，载 http://www.civillaw.com.cn/article/default.asp？id=20716, 2010 年 2 月 3 日访问。

3. 事后防范：司法止付程序

如果实践中万一信用证已经发生了信用证欺诈的情形，通过司法程序保障权利是一种较为可行的方式。信用证的独立性是受到普遍尊重的原则，但是由于存在欺诈，各国司法机关又不得不通过一定的方式保护被害人的利益，于是就构成了对该原则的一定限制。最高人民法院《关于审理信用证纠纷案件若干问题的规定》第8条规定的情况，实质上是认定信用证欺诈、进而运用信用证欺诈例外原则的情况。①

在信用证欺诈引起的止付之诉中，如果人民法院认定存在信用证欺诈，将会导致裁定中止支付或者判决终止支付信用证项下款项，但是在以下情况下无法实现止付：开证行的指定人、授权人已按照开证行的指令善意地进行了付款；开证行或者其指定人、授权人已对信用证项下票据善意地作出了承兑；保兑行善意地履行了付款义务；议付行善意地进行了议付。

上述四种情况规定，由于信用证中的其他参与者的善意行为导致不能做出止付的行为，实质上是为了保障信用证制度本身，以免开证行等承担过重的责任。但是"善意"的要求也就意味着，如果是开证行的指定人、授权人已按照开证行的指令恶意地进行了付款，或者开证行或者其指定人、授权人已对信用证项下票据恶意地作出了承兑，或者保兑行恶意地履行了付款义务，又或者议付行恶意地进行了议付，都不能构成对止付的排除。只要上述当事人在知情的情况下仍然付款、承兑或者议付，通过止付之诉减少信用证欺诈损失仍然是可行的方案。

为了有效地通过司法手段减少损失，企业起诉前申请中止支付信用证项下款项应该满足以下要求：（1）受理申请的人民法院对该信用证纠纷案件享有管辖权，要向正确的法院进行申请。（2）提供的证据材料证明可能存在"信用证欺诈"的基本情况。（3）申请止付救济应该属于如不采取中止支付信用证项下款项的措施将会使申请人的合法权益受到难以弥补的损害的紧急情况。（4）最高人民法院根据《关于审理信用证纠纷案件若干问题的规定》，申请人还要提供可靠、充分的担保。这样的规定是为了防范通过司法程序申请中止支付信用证项下款项的不当使用。（5）不存在上文所述的排除止付的情况，排除止付的情况即：开证行的指定人、授权人已按照开证行的指令善意地进行了付款；开证行或者其指定人、授权人已对信用证项下票据善意地作出了承兑；

---

① 最高人民法院《关于审理信用证纠纷案件若干问题的规定》第5条规定："开证行在作出付款、承兑或者履行信用证项下其他义务的承诺后，只要单据与信用证条款、单据与单据之间在表面上相符，开证行应当履行在信用证规定的期限内付款的义务。当事人以开证申请人与受益人之间的基础交易提出抗辩的，人民法院不予支持。具有本规定第8条情形的除外。"

保兑行善意地履行了付款义务;议付行善意地进行了议付。另外,如果在诉讼中申请中止支付信用证项下款项,也同样要符合上述的要求。①

在企业申请中止支付信用证项下款项的裁定做出后,对方当事人可以与我们过招的手段是"申请复议",只要其对人民法院作出中止支付信用证项下款项的裁定有异议,都可以在裁定书送达之日起10日内向上一级人民法院申请复议。

根据最高人民法院《关于审理信用证纠纷案件若干问题的规定》,人民法院在审理信用证欺诈案件过程中,必要时可以将信用证纠纷与基础交易纠纷一并审理。当事人以基础交易欺诈为由起诉的,可以将与案件有关的开证行、议付行或者其他信用证法律关系的利害关系人列为第三人;第三人可以申请参加诉讼,人民法院也可以通知第三人参加诉讼。

如果法院通过实体审理,认定构成信用证欺诈并且不存在下述情况的,会导致终止支付信用证项下的款项的判决:受益人伪造单据或者提交记载内容虚假的单据;受益人恶意不交付货物或者交付的货物无价值;受益人和开证申请人或者其他第三方串通提交假单据,而没有真实的基础交易;其他进行信用证欺诈的情形。

三、票据结算

在企业经营中,票据是一种重要的结算工具,从法的视角看,票据是一种有价证券,企业涉及票据的活动受我国票据法调整。《票据法》第2条规定:"在中华人民共和国境内的票据活动,适用本法。"并进一步界定了票据的外延:"本法所称票据,是指汇票、本票和支票。"

(一)票据与票据法

1. 票据与票据法

所谓票据,指的是出票人所签发的,承诺自己或者委托他人于到期时无条件付款的有价证券。这里的"委托"和传统民法中委托的概念不同,因为票据从本质上说是一种无条件支付的指令,并没有进行协商支付设立民事委托的意思。

票据有以下特征:

第一,票据是债权证券。企业结算中的票据是一种货币证券,它代表着确

---

① 最高人民法院《关于审理信用证纠纷案件若干问题的规定》第12条规定:"人民法院接受中止支付信用证项下款项申请后,必须在48小时内作出裁定;裁定中止支付的,应当立即开始执行。人民法院作出中止支付信用证项下款项的裁定,应当列明申请人、被申请人和第三人。"

定数额的金钱，票据的兑付请求权和追索具有债权性质。企业持有票据的目的，不是为了对票据本身进行占有、使用、处分或收益，不是为了行使管理的权利，更不是为了证明债权的存在。票据本身就是一种债权证券，和物权证券、社员权证券、证明文书都不同。

第二，票据是无因证券。企业在运用票据进行结算时应注意票据是一种无因证券。传统的票据法理论认为，即使法律根据无效或存在瑕疵也不应影响已发行票据的效力。票据产生的原因不应影响票据本身。这种"无因"的制度设计，是为了保障票据作为交易工具的信用与流通。

第三，票据是严格的要式证券。企业结算中，票据是作为要式证券使用的，票据的成立、转让、保证和承兑是按照严格的形式规则进行的，票据的权利是按照票据上的字面记载为准，体现了文义主义的立场，判断票据的效力，是以其形式本身作为标准的。由于票据是一种具有无因性的交易工具，形式主义和文义主义体现了商法"保障交易安全"的原则。

第四，票据是流通证券。企业要实现良好的发展，就要充分利用交易工具的流通作用。为了实现票据的核心功能——信用功能，票据具有流通性。传统民商法债权的转让是受到一定限制的，但票据的转让却是自由的。流通甚至可以被认为是票据的生命，票据作为交易工具，法律一般对票据的转让对象和转让次数都不作限制，就是为了更好地发挥票据的流通功能。

《票据法》是调整票据法律关系的立法，也是企业进行票据结算的指南，基于票据行为的特性，《票据法》具有典型的技术性、强制性与国际性。

（1）《票据法》是讲究商业技术的法律。为了保证商事交易的"便捷性"和"安全性"，《票据法》在长期的实践中也发展出一套技术性较强的技术体系，这种技术既可以看做人类商业经验的总结，又可以看做一种操作技巧的积累。

（2）票据法具有强行法的特征，具有一定的公法性。商法虽然强调"从商自由"，崇尚"意思自治"，但作为商法不可或缺部分的票据法却是一种具有强行性的法律。

作为商法组成部分的票据法虽然属于私法，但和一般的私法相比，具有一定的公法性。为了实现交易的安全和便捷，保障票据规则的实现，许多国家都运用了包括公法在内的手段去制裁相关的不法行为，这些公法性的调整手段使得票据法和一般的民商法相比有着更强的公法性。值得指出的是，票据之所以具有公法性，其根源在于为了保障票据效力的确定性和确保票据的有效流通，这些都是票据法具有公法性的目的。

（3）票据法具有国际性。商法具有国际性，票据法也不例外。票据法虽然属于国内法,是一国国家意志的体现,但从立法的内容来看,却有趋同和统一的趋势。在法律实践上看,各国也通过《日内瓦统一票据法公约》等方式推进票据法的国际性。笔者认为,票据法是实质商法中国际统一性的典型代表,无论是大陆法还是英美法,都无法避免全球化趋势下票据法国际性的发展。

2. 票据结算的"无因性"

企业经营中可能被涉及票据关系和基础关系。票据关系是相对于基础关系而言的法律关系,任何票据行为,比如出票、背书等,都不可能是凭空产生的,基于这些行为的票据关系是有一定原因和前提的。因此我们有必要在企业的经营中区分这两种不同的法律关系。

(1) 企业交易的基础关系

由于基础关系是票据关系产生的原因或前提,我们先来了解基础关系是什么。在企业的经营中可能涉及的票据基础关系包括票据原因关系、票据预约关系和票据资金关系。

票据原因关系在企业中常见的就是合同关系,比如买卖合同、贷款合同。企业经营中涉及的各种合同都有可能成为票据关系的原因关系。

(2) 企业结算的票据关系

票据关系就是企业之间基于票据行为发生的法律关系,我们可以把它理解为一种票据上的债权债务关系。虽然票据法律关系也是一种民商事法律关系,但在企业经营中,应注意它与一般民商事法律关系不同的地方。

票据关系的产生是由于存在票据行为。在企业经营中,如果没有票据行为,自然也就没有票据关系。一般来说,出票、背书、承兑、保证、参加承兑等行为都可以认定为票据行为,这些行为可能产生票据关系。

表2-5-2 企业结算中常见的票据行为与票据关系

票据行为	出票	背书	汇票承兑	汇票参加承兑	汇票保证	本票保证
产生的常见票据关系	出票人—收款人	背书人—被背书人	收款人/持票人—承兑人	持票人—参加承兑人	保证人—持票人	保证人—持票人
	收款人—付款人	被背书人—付款人		参加承兑人—被参加人	被保证人—前手	被保证人—前手

(3) 结算中票据关系的无因性

企业在结算中产生的票据关系具有无因性,无因性本身源于德国法,由德国著名法学家萨维尼提出,并为体系严密、逻辑严谨的德国法所采纳。无因性是指行为的效力本身与基础行为（比如企业在经营中与其他企业签订的买卖合同）的效力无关，哪怕基础行为是无效的、基础行为不存在或者基础行为从来就没有履行。我们可以把无因性理解为行为的效力独立于其基础行为的效力。

结算中票据关系的无因性是由于票据作为一种交易工具，其本身是通过其文义和形式外观来实现功能，任何持有票据的企业都没有义务证明其持有票据的原因，票据的义务人自然也就没有权利对票据权利进行原因性的审查。

【相关案例】

企业经营中的票据无因性①

2008年5月21日，宣诚公司与润泽厚公司签订临时大门工程施工合同，约定：润泽厚公司负责京香青科项目AD区（临时）南门安装工程施工；合同固定总价款14万元，包括人工费、材料费以及与本工程相关的一切费用；宣诚公司于同年5月24日支付1万元定金，于同年5月27日支付3.2万元，润泽厚公司必须将钢筋及其物料送达现场，其他款项根据工程进程分期支付等。陈龙代表润泽厚公司在该合同上签字。宣诚公司为支付材料费将涉案支票交付给陈龙。宣诚公司当庭提出其已另付合同价款，向陈龙索还涉案支票时，陈龙称支票已丢失。

问题：该案中的票据效力如何？

从票据实现企业间交易便捷的角度出发，我们能很好理解无因性的优点。如果票据关系是有因的，那么票据就往往通过书面程序实现债权转让，并且还要通知债务人。这样通过便捷的交付、背书转让票据权利，以达到企业经营中给付对价、清偿债务、向银行贴现等目的就难以实现。② 最高人民法院《关于审理票据纠纷案件若干问题的规定》第10条规定："票据债务人依照票据法第13条的规定，对与其有直接债权债务关系的持票人提出抗辩，人民法院合

---

① 《北京宣诚时代企业策划有限公司与张贺兵票据追索权纠纷案》，(2009) 二中民终字第11574号，载北大法宝案例库，http://bjgy.chinacourt.org/public/paperview.php? id=69338，2010年2月3日访问。

② 《中华人民共和国票据法》第13条规定："票据债务人不得以自己与出票人或者与持票人的前手之间的抗辩事由，对抗持票人。但是，持票人明知存在抗辩事由而取得票据的除外。票据债务人可以对不履行约定义务的与自己有直接债权债务关系的持票人，进行抗辩。本法所称抗辩，是指票据债务人根据本法规定对票据债权人拒绝履行义务的行为。"

并审理票据关系和基础关系的，持票人应当提供相应的证据证明已经履行了约定义务。"

【相关案例】

票据与企业拒绝付款①

永固房地产有限责任公司从丽德贸易进出口公司购进2000吨水泥，总价款50万元。水泥运抵后，永固房地产有限责任公司为丽德贸易进出口公司签发一张以永固房地产有限责任公司为出票人和付款人、以丽德贸易进出口公司为收款人，3个月后到期的商业承兑汇票。一个月后，丽德贸易进出口公司从吉祥有限责任公司购进木材一批，总价款45万5千元。丽德贸易进出口公司就把永固房地产有限责任公司开的汇票背书转让给吉祥有限责任公司，余下的4万5千元用支票方式支付完毕。永固房地产有限责任公司发现2000吨水泥中有一半质量不合格，双方发生纠纷。汇票到期时，吉祥有限责任公司把汇票提交永固房地产有限责任公司要求付款，永固房地产有限责任公司拒绝付款，理由是丽德贸易进出口公司供给的水泥不合格，不同意付款。

思考：永固房地产有限责任公司是否可以拒绝付款？

（二）两种重要的票据行为：出票与背书

在企业的结算中，需要运用作为交易工具票据的许多功能，其中，出票行为与背书行为是最为常见也是最为重要的两种票据行为。在企业的现实经营中，现行的立法和司法实践是企业管理者最为关注的，我们在分类介绍票据涉及的热点法律问题过程中，除了对理论知识进行简要的介绍，还会结合现行的立法和司法解释对相关问题进行介绍。由于在我国票据法中，企业结算中汇票、本票和支票都是常用的结算工具，但本票和支票除了部分其自身的特殊规定，许多重要的内容实质上是参照汇票的相关规定，掌握了汇票，也就能较好地理解企业结算中本票和支票的相关问题。②

---

① 王志远：《商法案例票据法》，载 http://61.153.237.28/jxdd_kczy_062/upload/2006_11/06111508574025.doc，2010年2月3日访问。

② 《票据法》第81条规定："本票的背书、保证、付款行为和追索权的行使，除本章规定外，适用本法第二章有关汇票的规定。本票的出票行为，除本章规定外，适用本法第24条关于汇票的规定。"

《票据法》第94条规定："支票的背书、付款行为和追索权的行使，除本章规定外，适用本法第二章有关汇票的规定。支票的出票行为，除本章规定外，适用本法第24条、第26条关于汇票的规定。"

表 2-5-3　结算中汇票、本票与支票的比较

		汇票	本票	支票
支付属性		委托支付	自己付款	委托付款
当事人	出票人	✓	✓	✓
	付款人	✓		✓
	收款人	✓	✓	✓
支付人资格		不限	出票人	银行、其他金融机构
主债务人		承兑人	出票人	无
到期		见票、指定日期	见票	见票
承兑		✓	×	×

1. 出票与票据权利出票

企业的出票行为可以看作运用票据结算的开始。票据权利的产生是票据权利义务的开端，票据权利的产生和票据权利的原始取得①密切相关。原始取得指的是最初的取得，这是票据权利产生的开端。原始取得是指票据权利的发生，它具有一定的成立要件。一方面，出票人应当按照规范在票据上进行签署；另一方面，出票人应当把票据交付给权利人。如果出票人没有签署就交付票据，那票据本身根本没有生效，也就不存在持有人的票据权利了。如果出票人签署了票据却没有交付，那相对方同样没有获得票据的权利。②

（1）企业汇票的出票。③ 除了对委托关系和可靠资金来源的要求，我国《票据法》还对票据的记载事项作了明确的规定，汇票要表明"汇票"的字样，要有无条件支付的委托，还要有确定的金额、付款人名称、收款人名称、出票日期和出票人签章。如果缺少了任何一项，都会导致产生票据无效的风险。除了汇票的必须记载事项，汇票上还可以记载一些其他事项，但值得注意

---

① 继受取得和后文的票据转让相关，在此先不赘述。

② 《银行结算办法》第 13 条规定，汇款人申请办理银行汇票，应向签发银行填写"银行汇票委托书"，详细填明兑付地点、收款人名称、用途（军工产品可免填）等项内容。能确定收款人的，须详细填明单位、个体经济户名称或个人姓名。确定不了的，应填写汇款人指定人员的姓名。个体经济户和个人需要在兑付地支取现金的，须填明兑付银行名称，并在"汇款金额"栏先填写"现金"字样，后继写汇款金额。确定不得转汇的，应当在备注栏注明。

③ 《票据法》第 19 条规定，汇票是出票人签发的，委托付款人在见票时或者在指定日期无条件支付确定的金额给收款人或者持票人的票据。第 21 条规定，汇票的出票人必须与付款人具有真实的委托付款关系，并且具有支付汇票金额的可靠资金来源。不得签发无对价的汇票用以骗取银行或者其他票据当事人的资金。

的是，这些记载事项是不具有票据效力的。根据我国《票据法》第 24 条，汇票上可以记载本法规定事项以外的其他出票事项，但是该记载事项不具有汇票上的效力。①

（2）企业本票的出票。票据法对于本票的取得条件做出了相应的规定，和汇票一样，本票的出票也被要求具有资金来源。根据我国《票据法》第 74 条，本票的出票人必须具有支付本票金额的可靠资金来源，并保证支付。和汇票相比，由于本票不存在汇票的委托付款关系，因此在立法中没有对委托付款关系作出规定。②

【相关案例】

出票与票据权利③

2008 年 3 月 3 日，代春霞持 1 张出票人为北京市金川峡海鲜家常菜酒楼、支票号码为 G/0 E/2 05093614、票面金额为 20 万元的交通银行转账支票向银行请求付款时，被银行以"空头"为由退票。现吴桂青至今未向代春霞支付票面金额。另查，吴桂青出具上述转账支票时，收款人一栏为空白。代春霞在取得该转账支票后，自行在收款人处填写了"个体户代春霞"字样。

法院认为，票据是要式证券，将票据法所规定的必须记载事项记载完整的票据，即为有效票据；票据亦是无因证券，持票人非因重大过失或恶意取得票据，即享有票据权利。本案中，代春霞所持支票，记载事项完备，系有效票据。现代春霞基于善意合法取得该支票，依法享有追索权。吴桂青以其支票系开具给金悦洲公司，其与代春霞之间无债权债务关系来对抗持票人代春霞的票据追索权，无法律依据，法院不予支持。吴桂青作为支票的出票人必须按照支票金额承担保证向持票人代春霞付款的责任。吴桂青所称的在朝阳法院审理的另一案件，与本案主体和证据均不同，故与本案处理无关。现代春霞在票据权利时效期间内提起诉讼，其行使追索权的诉讼请求于法有据，应予支持。

---

① 《票据法》第 22 条规定，汇票必须记载下列事项：（一）表明"汇票"的字样；（二）无条件支付的委托；（三）确定的金额；（四）付款人名称；（五）收款人名称；（六）出票日期；（七）出票人签章。汇票上未记载前款规定事项之一的，汇票无效。

② 《票据法》第 76 条规定，本票必须记载下列事项：（一）表明"本票"的字样；（二）无条件支付的承诺；（三）确定的金额；（四）收款人名称；（五）出票日期；（六）出票人签章。本票上未记载前款规定事项之一的，本票无效。

③ 吴桂青与代春霞票据追索权纠纷案，载法律图书馆，http://www.law-lib.com/cpws//cpws_view.asp?id=200401242058，2010 年 1 月 31 日访问。

(3) 企业支票的出票。支票的签发是实现持票人支票原始取得的方式。由于支票是一种结算较为便捷的交易工具，其付款人只能是金融机构。因此我国票据法对支票的签发做了条件上的限制。在开户方面，申请人必须使用其本名，并提交证明其身份的合法证件；在信用和资金方面，不但要求有可靠的资信，而且要求存入一定的资金；在程序方面，还要求申请人预留其本名的签名式样和印鉴，以保证安全。①

【相关案例】

空白支票②

弘和有限责任公司遗失空白转账支票一张。2003年4月1日，青年甲持该空白转账支票到东安百汇商厦购买物品，价值合人民币1万2千4百元。东安百汇商厦售货员根据该青年提示填写了支票，包括开户银行名称、签发人账户、用途及大小写金额等事项。其中大写金额中的"百"字错写。4月2日，东安百汇商厦财务持该支票到银行转账，银行以账户不符退回支票。东安百汇商厦凭支票上的印鉴要求弘和有限责任公司偿付货款。弘和有限责任公司以该支票已作废为由拒绝支付，东安百汇商厦遂起诉。

对此，有两种意见：第一种意见认为：弘和有限责任公司违反有关金融法规，擅自签发预留印鉴的空白支票，且未妥善保管该支票。在该支票遗失后，又未按《中华人民共和国民事诉讼法》规定的公示催告程序宣告票据无效，致使他人冒用该支票购物，对此弘和有限责任公司应承担责任。另一种意见认为：虽然弘和有限责任公司遗失空白转账支票，但是，东安百汇商厦不能仅凭一张作废的支票，请求弘和有限责任公司承担责任。

问题：你认为哪种意见是正确的？

2. 背书

"背书"是指企业在票据背面或者粘单上记载有关事项并签章的票据行

---

① 《票据法》第82条规定，开立支票存款账户，申请人必须使用其本名，并提交证明其身份的合法证件。开立支票存款账户和领用支票，应当有可靠的资信，并存入一定的资金。开立支票存款账户，申请人应当预留其本名的签名式样和印鉴。第84条规定，支票必须记载下列事项：（一）表明"支票"的字样；（二）无条件支付的委托；（三）确定的金额；（四）付款人名称；（五）出票日期；（六）出票人签章。支票上未记载前款规定事项之一的，支票无效。

② 王志远：《商法案例票据法》，http://61.153.237.28/jxdd_kczy_062/upload/2006_11/06111508574025.doc，2010年2月3日访问。

为。在企业现实结算中，可能出现票据位置不足的情况，导致不能满足背书人记载事项的需要，此时可以加附粘单，粘附于票据凭证上。使用粘单时应该符合规范，粘单上的第一记载人应当在汇票和粘单的粘接处签章。

【拓展知识】

《日内瓦公约》中的背书

在《日内瓦公约》中，虽然就背书的形式要件欠缺是否导致其后的背书一律无效没有直接的规定，但是根据该公约，在背书不连续的情况下，只要持票人能够证明其取得票据的合法性，仍产生票据权利转移的效力。也就是说，某一背书即使因欠缺形式要件而无效，只能视为该背书无效，被背书人不能基于该背书取得票据权利，但是并不当然否定在其之后的其他持票人基于合法的票据行为取得票据权利。因此，从保障票据的流通性、发挥票据功能的角度出发，日内瓦公约的精神值得借鉴。[1]

背书不但要求背书人签章，还要求背书人记载背书日期。如果背书没有记载日期，根据票据法，法院会认定背书是在汇票到期日前的作的。背书不得附有条件，背书时附有条件的，所附条件不具有汇票上的效力。将汇票金额的一部分转让的背书以及将汇票金额分别转让给二人以上的背书都是无效的背书。由于票据是一种交易工具，如果任意允许附加条件，将会减低票据的流通效果，削弱其效率价值。票据法不允许将票据的金额部分转让，也不允许转让给多个不同主体，同样是为了保障其作为交易工具的功能。票据本身的功能就是为了减低交易成本，实现商业活动的高效率，如果允许按份额转让，会在现实中造成诸多操作上的不便，增加交易成本。[2]

【相关案例】

合法持票人问题[3]

2003年10月5日，鱼龙经济发展有限责任公司持一个异地建设银行签发

---

[1] 吕来明主编：《票据法前沿问题案例研究》，中国经济出版社2001年版，第145~146页。

[2]《票据法》第27条规定，持票人可以将汇票权利转让给他人或者将一定的汇票权利授予他人行使。出票人在汇票上记载"不得转让"字样的，汇票不得转让。持票人行使第1款规定的权利时，应当背书并交付汇票。背书是指在票据背面或者粘单上记载有关事项并签章的票据行为。

[3] 王志远：《商法案例票据法》，载 http://61.153.237.28/jxdd_kczy_062/upload/2006_11/06111508574025.doc，2010年2月3日访问。

的未到期银行承兑汇票，在其所在地工商银行办理了汇票贴现手续。贴现时，鱼龙经济发展有限责任公司在汇票背面背书人一栏内加盖了单位公章和法定代表人印章，但是未作文字背书。12月5日，汇票到期后，该工商银行向本地建设银行，即汇票承兑行，提示付款。建设银行受理该提示付款以后，并未向工商银行付款，而是向汇票最后签章人——鱼龙经济发展有限责任公司付出票款，划入鱼龙经济发展有限责任公司在建设银行开立的存款账户。随后直接扣收，抵偿了鱼龙经济发展有限责任公司欠建设银行的借款。工商银行交涉未果。

思考：承兑汇票最后的合法持票人是谁？

在企业把汇票背书转让的过程中，汇票以背书转让或者以背书将一定的汇票权利授予他人行使时，必须记载被背书人名称。这样的规定是为了明晰谁是被背书人，并为实现背书连续提供了条件。根据我国《票据法》，以背书转让的汇票，背书应当连续。持票人以背书的连续证明其汇票权利，这是证明汇票权利的基本方法。当然，如果票据非经背书转让，而以其他合法方式取得汇票的，也可以依法举证，证明汇票权利。所谓背书连续，是指在票据转让中，转让汇票的背书人与受让汇票的被背书人在汇票上的签章依次前后衔接。票据是可以设置质押的，这也是其作为交易工具的功能之一。

企业在票据权利行使出现障碍时，其背书转让是受到限制的。汇票被拒绝承兑、被拒绝付款或者超过付款提示期限的，不得背书转让。因为此时票据如果背书转让，不知情的被背书人会无法实现权利，导致票据的交易工具功能无法实现。如果此时做出票据转让行为，背书人应当承担汇票责任。背书人以背书转让汇票后，即承担保证其后手所持汇票承兑和付款的责任。根据《票据法》第37条，背书人在汇票得不到承兑或者付款时，应当向持票人清偿本法第70条、第71条规定的金额和费用。该规定明确了背书人在票据得不到承兑或者付款时的法律责任，涉及追索权的相关规定。①

---

① 《票据法》第70条规定，持票人行使追索权，可以请求被追索人支付下列金额和费用：（一）被拒绝付款的汇票金额；（二）汇票金额自到期日或者提示付款日起至清偿日止，按照中国人民银行规定的利率计算的利息；（三）取得有关拒绝证明和发出通知书的费用。被追索人清偿债务时，持票人应当交出汇票和有关拒绝证明，并出具所收到利息和费用的收据。《票据法》第71条规定，被追索人依照前条规定清偿后，可以向其他汇票债务人行使再追索权，请求其他汇票债务人支付下列金额和费用：（一）已清偿的全部金额；（二）前项金额自清偿日起至再追索清偿日止，按照中国人民银行规定的利率计算的利息；（三）发出通知书的费用。行使再追索权的被追索人获得清偿时，应当交出汇票和有关拒绝证明，并出具所收到利息和费用的收据。

表 2-5-4　票据的时效期间

		时效期限	起算
持票人对出票人、承兑人的权利	汇票、本票	2年	到期日
	见票即付的汇票、本票	2年	出票日
	支票	6个月	出票日
持票人追索前手		6个月	拒绝之日
持票人再追索前手		3个月	清偿日、被诉日

（三）票据的法律风险防范

企业在结算中不可避免地要和大量的票据打交道，因此也就面对着票据伪造的风险。票据伪造就是行为人为了获得不法利益或实现不法目的而做出的假冒他人名义的票据行为，这在现实中往往导致企业成为受害者。

1. 持票企业负担风险的可能性。如果持票企业为正当持票人，应当享有完善的票据权利。但如果持票企业从他人（虚假出票人或虚假背书人等）处取得的票据系伪造票据，当该持票企业请求付款时因种种原因（可能是付款人辨认出票据上的签章是虚假的）被拒绝，而这种票据上又没有其他当事人的真正签章时，尽管持票人属于正当持票人，他也无从实现其票据权利。除非能从伪造者处得到民事赔偿，否则，该持票企业须负担风险。

2. 付款企业负担风险的可能性。在票据运作实务中，付款企业负担风险的可能性最大。对付款企业来说，无论他自身负有票据义务还是受人之托，在付款时，都应当按照《票据法》第57条的规定对票据作必要的审查。如果付款企业应当能够辨认签章的真伪但由于疏忽而未能辨认却对伪造票据付了款，该付款企业应当负担风险；如果付款企业已负了普通善良人的谨慎义务却未能辨认出签章的真伪而对票据付了款，错误付款的风险就不应该由该付款企业负担，至少不能让其独自承担。在这种情况下，应当比照民法上的"公平责任"由参与该票据活动的当事人分担风险。

3. 作为被伪造人企业负担风险的可能性。原则上讲，作为被伪造人的企业往往是无辜的，无需承担任何责任或风险。但在某些伪造行为中，存在着可归责于被伪造人的事由，如表见代理等，被伪造人须对正当持票人负票据责任，不得以"签章虚假"为由拒绝履行票据义务。

4. 票据上真正签章企业负担风险的可能性。根据"票据行为独立性"的原则，当票据上既有伪造行为又有真正行为时，为保障票据流通的便利，保护正当持票人的利益,法律规定由真正签章人对持票人负本来应该负的票据义务,不能因为票据上有伪造行为而拒绝持票人的权利主张。真正签章企业负了票据义务后,可以向在他之前签章的主体行使票据权利,如此依次向前追索,直至最前面的真正签章人。该签章人通常是从伪造人处取得票据之人,也应该是最后的风险负担人。①

四、交互计算

各国商法典一般都规定了交互计算。在企业的结算中,除了具体的结算工具,还涉及企业间的交互计算问题。交互计算作为一种特殊的债务抵销方式,能方便企业之间结算的开展。

(一) 什么是交互计算?

企业结算中的交互计算,是指企业为了实现结算目的,对相互之间的债务每隔一段时间进行计算,最后仅支付余款的结算方法。这种结算方式的优点在于有利于企业结算便捷性的实现,避免了每次具体交易都进行结算的弊端,减少不必要的风险,并且在客观上增加了企业经营中可用的现金流。

【拓展知识】

票据对交互计算的排除

票据这类有价证券所发生的债权、债务原则上是不适用商事交互计算规定的。在外国立法例中,韩国《商法典》第73条规定:"将因票据或者其他有价证券而发生的债权债务算入抵销范围的情形下,若该证券债务人不清偿,当事人则可以将该债务从抵销中排除。"日本《商法典》第530条也规定:"将自票据或者其他商业证券所产生的债权、债务计入交互计算,证券债务人不实行清偿时,当事人可以将其债务有关项目从交互计算中除去。"

票据行为是一种相对独立的行为,票据权利以持有票据为前提条件,因此因为票据产生的债务并不能简单地通过交互计算进行抵销。因此,在我们进行商事交互计算的结算中,可参考外国立法例的规定,票据等有价证券的债权人不履行债务,当事人可以将其排除出抵销的范围。

企业间的交互计算结算方式,实质上是一种对企业商业信用的运用,是基

---

① 最高人民法院《关于审理票据纠纷案件若干问题的规定》第24条规定,票据丧失后,失票人直接向人民法院申请公示催告或者提起诉讼的,人民法院应当依法受理。

于一种"不完全契约"关系的结算,既涉及结算的法律问题,又牵涉到企业风险管理的经营战略。企业之间运用交互计算的方式进行结算,体现了企业之间的合作伙伴关系。

在交互结算中,互易是一种在现实中经常运用的结算方式。互易指当事人以货币之外的财物相互交换的合同。互易合同的双方当事人均称为互易人。在互易合同中,每一方要移转自己的财产权归他方所有,因此,都应对所转移财产的权利的欠缺和实物的瑕疵负担保责任。如果一方转让某种财物给他方,他方除交付他种财物外,并另付一定数额的货币作交换物的差价时,则货币部分适用关于买卖价金的规定。

互易可以分为一般互易与补足价金的互易;一般互易又有单纯互易与价值互易之分。一般互易是指当事人双方约定互相交付给对方财产并移转财产权。单纯互易则指当事人双方并不考虑对方给付的标的物的价值的一种互易。价值互易则指当事人双方以标的物的价值为标准、互相交换财产并移转财产权的一种互易。这种互易特点在于当事人双方以两个价值相同的物进行交换。补足金的互易,指的是当事人约定一方向另一方移转金钱以外的财产权,而另一方除移转金钱以外的财产权外并应支付一定的金钱,以补足互换的两物的差价的互易。它不同于买受人向出卖人支付价款、但可以给付一定的实物作价的买卖。

(二)交互计算的要件与效力

1. 交互计算的要件

企业交互计算的结算方式包含的要件有[①]:(1)交互计算结算的当事人。在实践中虽然交互计算结算方式运用的主体往往为企业,但实际上这种结算方式的运用主体既包括商人,又包括非商人。(2)交互计算结算的交易关系。交互计算的一个重要特性在于运用这种结算方式,使企业之间存在发生债权、债务关系的可能。(3)交互计算结算的客体。能通过交互计算进行结算的,往往是金钱标的、金钱债权,是适用于抵销的计算客体。从范围上看,只要是企业间的债权、债务关系,无论是买卖、贷款、垫付等都可以纳入交互计算的范畴。但是,运用交互结算的一个重要前提是,这些债权、债务是企业之间因为交易而产生的,比如无因管理之债就不能纳入交互计算结算的范畴。

---

① 参见史尚宽:《债法各论》,中国政法大学出版社 2000 年版,第 108~118 页。

【背景知识】

关于交互计算的国外立法例

德国《商法典》第 355 条第 1 款规定:"某人因与商人有交易关系,致使计算由此种关系产生的双方的请求权和给付连同利息,并且定期以计算和确认一方或另一方产生的盈余的方法进行结算的(继续的计算,交互计算),在决算时应该取得盈余的人,可以自决算之日起请求该盈余的利息,即使在计算中已包含利息,也不例外。"在德国商法理论中,交互计算的概念具有一定的法定属性,它常常以商法上的规定为其行为的重要特征和行为构成的基本要素。除了德国《商法典》中规定的交互计算以外,还存在着其他形式的、类似于交互计算的结算方式,主要包括准交互计算和非真正交互计算两种。

日本《商法典》第 529 条规定:"交互计算,因商人之间或商人与非商人之间相约,在进行素常交易时,就一定时期内交易产生的债权、债务总额实行抵销,只交付其差额而发生效力。"韩国《商法典》第 72 条规定抵销的定义(即商事交互计算):"抵销,因商人之间或者商人与非商人在进行日常交易时,约定对在一定期间内因交易而发生的债权、债务总额进行相互抵销并仅支付其差额而发生效力。"

2. 交互计算的法律效力

交互计算这一结算的法律效力包括消极的效力和积极的效力[①]:消极的效力包括,企业债权人不能把已经纳入交互计算结算范畴的债权以交互计算结算方式之外的债权、债务进行抵消,不能让与或作为质权标的。消极的效力还包括,什么结算纳入交互计算的范畴虽然由企业决定,但一经决定后,非经相对人同意,不得从结算的计算项目中除去。积极的效力则包括:抵销的效力,企业不需要特别的意思表示,只要交互计算的期间一旦届满,自然发生债务抵销的法律效力;这种结算还会确定差额,双方企业会同结算,一方的结算计算数因对方的承认而实现差额的确定。和交互结算密切相关的结算还有互易,也是一种在现实中得到运用的结算方式。

五、商事账簿

企业在经营活动中常与其他企业进行经济往来,如原材料采购、货物购销

[①] 参见史尚宽:《债法各论》,中国政法大学出版社 2000 年版,第 108~118 页。

等，在这些活动中，企业将各种会计凭证以一定的会计准则编入商事账簿，并根据商事账簿进行企业的常规结算，以反映企业营业活动和财产状况。因此，在企业经营活动中，商事账簿是企业进行常规结算的基础。本节将通过对商事账簿的介绍，以求企业对商事账簿有初步了解，使商事账簿的编制符合法律要求，并为企业经营活动的常规结算提供可靠资料。

（一）商事账簿的概念与特征

1. 什么是商事账簿？

商事账簿是商主体为了记载和表明其营业活动和财产状况，根据会计原则依法制作的书面簿册。商事账簿有形式意义与实质意义之分。形式意义上的商事账簿又称为法定账簿，它是指商主体依照法律的规定而编制的账簿。依照我国现行法律的规定，包括会计凭证、会计账簿、会计报表。商法就是在这个意义上使用这个概念的。而实质意义的商业账簿则是指商主体所制作的一切账簿，既包括法定账簿，又包括商主体依据自身的实际需要而自行备置的账簿。

【背景资料】

商事账簿的历史

我国是世界上建立账簿制度最早的国家之一，早在西周时就有了簿记制度。不仅用于考核官厅的岁入岁出，而且也被商人用来考核自己的成本和盈亏，并设立专门的账房先生。在欧洲，商事账簿起源于10世纪的海商贸易。随着海商贸易的发展，商船主因运输及海事的需要而在商船上设立了"书记"，专司记账之职，对营业及相关事项作册记载，遂形成了商事账簿的最初形态。[①] 在繁荣的简单商品经济条件下，商事账簿虽然有一定的发展，但仅由商人自便采用，而法律尚无强制性要求。后来随着行会的兴起和商业联盟的扩展，商事管理日趋成熟和规范，商事账簿也随之完善。随着商事活动的日趋复杂，商人之间的联系日渐密切，客观上要求商人编制商事账簿，借以维护自身利益和社会公共利益，确保商事交易的安全和有序。为了适应这一客观要求，各国立法逐渐确认和建立了商事账簿制度，对商事账簿的内容和编制规则予以规范，使之由商事习惯走向了法制化轨道，并形成了当代商法中的一项十分重要的制度。

---

① 任先行、周林彬：《比较商法导论》，北京大学出版社2000年版，第259页。

2. 商事账簿的特征

(1) 商事账簿是商主体所制作的账簿

商事账簿是商主体所制作的，用于表彰其经营活动的重要手段。商主体通过将经营活动用六大会计要素依照一定的会计方法表示出来，以反映商主体的财务状况和经营成果。通过会计要素制作商事账簿可以使财务会计更加科学严密，不仅为企业的常规结算活动提供真实、可靠的财务资料，而且为投资者等商事账簿使用者提供了富有价值的信息。

【拓展知识】

关于会计的六大要素

(1) 资产：企业过去的交易或者事项形成的，由企业拥有或者控制的，预期会给企业带来经济利益的资源。

(2) 负债：企业过去的交易或者事项形成的，预期会导致经济利益流出企业的现时义务。

(3) 所有者权益：企业资产扣除负债后，由所有者享有的剩余权益。

(4) 收入：企业在日常活动中形成的，会导致所有者权益增加的、与所有者投入资本无关的经济利益的总流入。

(5) 费用：企业在日常活动中发生的，会导致所有者权益减少的，与向所有者分配利润无关的经济利益的总流出。

(6) 利润：企业在一定会计期间的经营成果。

其中资产、负债、所有者权益要素侧重于反映商主体的财务状况，收入、费用、利润要素侧重于反映商主体的经营成果。

(2) 商事账簿的设置具有法定性

设置商事账簿是商主体的法定义务，商主体应当根据法律的规定依法设置商事账簿。现代各国法律均对商主体制作商事账簿的义务作出了明确的规定。如《法国商法典》第8条规定："凡是商人均应制定日用账簿，把自己每日的营业情况记入自己的收入与支出额内。"《德国商法典》第238条规定："任何商人均负有记账和依通常簿记的原则在账簿中记载其商行为和财产状况的义务。"根据我国《会计法》、《税收征收管理法》的规定，各单位（包括企业、公司）和从事生产、经营的纳税人必须依法设置账簿。但多数国家也规定小商人无需设置账簿。

【拓展知识】

设置商事账簿的原则

强制主义原则：大陆法系国家多采此原则。法律既规定商主体必须设置账簿，又对账簿种类、内容及记载方法有详细规定，而且还规定政府有关部门对商事账簿制作及其内容进行审查与监督。

自由主义原则：英美法系国家多采此原则。法律不直接规定商主体必须设立账簿，对于商事账簿是否设置，纯粹是商人的自由，法律不干涉。

折中主义原则：法律仅规定商主体有置备商业账簿的义务，但并不规定商业账簿的记载内容、形式和方法，也未规定国家主管机关的监管。另外，对于从事小规模商事交易活动的商个人，一般均不要求制作商事账簿。

(3) 商事账簿反映商主体的营利性

营利性是商主体的基本属性，商主体的任何经营活动都是为了实现其营利性目的。商事账簿作为商主体经营活动的重要组成部分，必然反映商主体的营利性，而区别于反映消耗性的政府账簿。商主体、投资者、交易相对人以及政府监管机关所关注的也是其反映出的商主体的营利性。

3. 商事账簿与企业经营

商事账簿是商事实践活动的产物，商事账簿制度的产生与商事经营活动有着内在的必然联系。真实、及时、全面、明晰地制作商事账簿以反映企业的真实财务状况对于企业而言具有重要意义，它不仅为企业的各项常规结算活动提供准确、可靠的资料，而且有利于提高企业自身财务管理水平，增强企业的社会信任度与认可度。

2001年以来，美国爆发一系列财务丑闻，导致安然、世通等大公司破产，也史无前例地导致安达信这样一个有90多年历史的世界级会计师事务所退出审计市场。财务信息是资本市场存在与健康发展的基石，商事账簿是财务信息的有形载体，企业在经营活动中应当完善公司治理，建立健全内部控制制度，依据会计准则和商业道德，健全商事账簿制作、管理、保存等机制。如果企业出现财务丑闻，不仅会使企业面临行政处罚的风险，而且会使企业投资者失去投资信心，从而导致企业丧失再生能力。

【相关案例】

商事账簿——股东知情权的载体

2006年12月,潘某与杨某共同出资成为佳诚时空中心的两个股东,潘某持有30%的股份,杨某持有70%的股份。但自出资后,佳诚时空中心始终未向潘某提供过任何公司财务会计报告和会计账簿,致使潘某无法了解公司经营和财务状况,潘某多次请求查阅,于2009年3月5日向佳诚时空中心邮寄一封《请求查阅公司财务报告及会计账簿的函》,均被拒绝。

法院认为,股东可以要求查阅公司会计账簿,股东要求查阅公司会计账簿的,应当向公司提出书面请求,说明目的。公司有合理根据认为股东查阅会计账簿有不正当目的,可能损害公司合法利益的,可以拒绝提供查阅,并应当自股东提出书面请求之日起15日内书面答复股东并说明理由。公司拒绝提供查阅的,股东可以请求人民法院要求公司提供查阅。潘某作为佳诚时空中心的股东,有权查阅、复制公司的财务会计报告,并可以要求查阅公司会计账簿,但应向佳诚时空中心提出书面请求并说明目的,在公司拒绝其查阅后方可向人民法院起诉要求公司提供查阅。潘某提出曾于2009年3月5日向佳诚时空中心邮寄《请求查阅公司财务报告及会计账簿的函》,但在物流快运单上并没有邮件内容的记载,亦无收件人的签字,故该证据并不能证明潘某曾向佳诚时空中心提出过查阅会计账簿的要求,对该证据该院不予认可。

商事账簿是股东行使知情权的载体,但是股东查阅商事账簿应当通过法定的程序。本案中股东潘某行使查阅商事账簿的程序不符合法律的规定,因此法院不支持其诉求。

(二)商事账簿的种类

各国商法对商事账簿的种类的规定并不一致。在我国,一般认为商事账簿包括会计凭证、会计账簿、财务报告。

1. 会计凭证

会计凭证是记录经济业务、明确经济责任、按一定格式编制的据以登记会计账簿的书面证明。它用来记载经济业务的发生,明确经济责任,作为记账根据的书面证明,包括原始凭证和记账凭证。前者是在经济业务最初发生之时即行填制的原始书面证明,如销货发票、款项收据等。后者是以原始凭证为依据,作为记入账簿内各个分类账户的书面证明,如收款凭证、付款凭证、转账凭证等。会计凭证不仅记录了经济业务的发生和完成情况,为会计核算、结算提供原始依据，而且核查经济业务的真实性、合法性和合理性，为会计监督提供重要依据。因此，商主体从事各种经济活动，都必须依法如实进行会计记载，保留会计凭证，以便商主体的会计核算、结算合法合规，真实可靠。

表2-5-5 会计凭证的种类

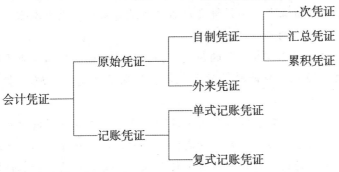

2. 会计账簿

会计账簿，是按照会计科目开设账户、账页，以会计凭证为依据，用来序时、分类地记录和反映经济业务的簿籍。单位发生的各种经济业务，首先由会计凭证作了最初的反映。其中原始凭证对经济业务进行了记录和证实，记账凭证则对经济业务的信息作了初步的会计确认和初步的分类记录。这样，经过初步加工的数据，即可输入复式账簿系统了。

在会计核算中，对每一项经济业务，都必须取得和填制会计凭证。但会计凭证数量很多，又很分散，而且只能分散地反映个别经济业务的内容，不能全面、连续、系统地反映和监督一个经济单位在一定时期内某类和全部经济业务的变化情况，且不便于日后查阅。因此，为了给经济管理提供系统的核算资料，就要运用登记账簿的方法，把大量分散的会计凭证核算资料加以集中和归类整理，登记到账簿中去。企业通过将会计凭证中反映的经济内容记入相应账簿，可以全面反映会计主体在一定时期内所发生的各项资金流动，储存所需要的会计信息；通过账簿的设置和登记，可以将企业不同的信息分门别类地加以反映，提供企业一定时期内经济活动的详细情况，也可以反映企业财务及经营成果状况。

【拓展知识】

企业如何设计会计账簿？[①]

会计账簿的设计应当做到总分结合、序时与分类项结合，层次清楚，便于

---

① 资料来源：中华会计网，http://www.chinaacc.com/new/403/404/410/2006/1/ad369215174710116002855-4.htm，2010年1月31日访问。

分工。在设计会计账簿时应当遵循以下原则：

与企业规模和会计分工相适应原则。企业规模较大，经济业务必然较多，会计人员的数量也相应较多，其分工较细，会计账簿也较为复杂，册数也多，在设计时应当考虑这些特点以适应其需要。而企业规模小，经济业务量少，一个会计足以处理全部经济业务，在设计会计账簿时没有必要设置多本账本，所有的明细分类账集合成一两本即可。

既满足管理需要又避免重复设账的原则。会计账簿设计的目的是为了取得管理所需要的资料。因此，会计账簿设置也以满足需要为前提，避免重复设账、记账、浪费人力物力。

会计账簿设计与账务处理程序紧密配合原则。账务处理程序的设计实质上已大致规定了账簿的种类，在进行账簿的具体设计时，应充分注意已选定的账务处理程序。例如若设计的是日记总账账务处理程序，就必须设计一本日记总账，再考虑其他账簿。

会计账簿设计与会计报表指标相衔接的原则。会计报表是根据账簿记录编制的，报表中的有关指标应能直接从有关总分类账户或明细分类账户中取得和填列，以加速会计报表的编制，而尽量避免从几个账户中取得资料进行加减运算来填报。

3. 会计报表

会计报表是根据日常会计核算资料定期编制的，综合反映企业某一特定日期财务状况和某一会计期间经营成果、现金流量的总结性书面文件。它是企业财务报告的主要部分，是企业向外传递会计信息的主要手段。

一个企业日常发生的会计事项，基本上反映了企业在一定日期的财务状况和经营成果。但这些会计记录比较分散，不能集中概括地说明企业经济活动的总面貌。会计报表不仅能反映企业在整个财务报告期间内的经营状况以及期初与期末的资产负债状况，而且能借助其评价企业的经营效率，找出企业生产经营活动中存在的问题，而这些正是企业生产经营决策的依据。所以，财务会计报表是企业生产经营财务状况的历史总结和记录，也是企业未来生产经营决策的现实依据，脱离了财务会计报表，企业将无法确定自己在市场中的位置和航向。同时，会计报表也为财政、银行、信贷等机构提供必要的财务资料，为现在和潜在的投资者、债权人提供有用的信息，以便帮助他们做出合理的投资和信贷决策。

我国现行制度规定，企业向外提供的会计报表包括资产负债表、利润表、现金流量表、资产减值准备明细表、利润分配表、股东权益增减变动表、分部报表和其他有关附表。

(三) 商事账簿的制作与保管

1. 商事账簿的制作

商事账簿的制作，是指商主体根据法律规定的要求和方式，将商主体经营活动记录下来，形成书面的会计材料，以反映商主体营业上的财产及损益状况。各国法律规定制作商事账簿是商主体的法定义务。我国《公司法》第 164 条规定，公司应当依照法律、行政法规和国务院财政部门的规定建立本公司的财务、会计制度。

随着市场经济的发展，企业在市场经济中的地位和作用日益提升，企业与其他主体的联系也越来越密切，交易已成为企业发展必不可少的活动。在交易开始时第三人往往通过商事账簿了解企业的经济实力，以进一步决定是否与之进行交易；在交易完成后，企业通过交易中的会计凭证编制商事账簿，为企业的常规结算提供信息。因此，制作商事账簿不仅是企业存在的需要，也是企业发展的需要。

2. 商事账簿的保管

商主体制作的商事账簿作为反映商主体财务状况和经营成果的凭证，应当妥善保管，不得损毁或者灭失，并且应当达到法定的保管期限。保管商事账簿是商主体的法定义务，违者承担法律责任。我国《会计法》第 23 条规定，各单位对会计凭证、会计账簿、财务会计报告和其他会计资料应当建立档案，妥善保管。会计档案的保管期限和销毁办法，由国务院财政部门会同有关部门制定。

【相关案例】

账簿保管不善企业被处罚款[①]

2006 年 6 月，深圳某公司因丢失公司财务账册被宝安区国家税务局某分局依法处以 800 元罚款。目前，该公司已按期缴纳了罚款。

该公司为增值税小规模纳税人。2006 年初，该公司因会计人员疏忽，导致部分财务资料遗失，该公司随后在媒体上刊登启事，声明相关财务资料作废。在管理检查中，该公司陈述了上述情况，并提供了相关证明。分局检查人员在核实后，根据《中华人民共和国税收征收管理法》第 60 条的规定，给予

---

① 案例来源：《账簿保管不善企业被处罚款》，载新浪财经网，http://finance.sina.com.cn/roll/20060614/0415743881.shtml，2010 年 1 月 31 日访问。

罚款 800 元的处罚。

根据《中华人民共和国税收征收管理法》第 60 条的规定："未按规定设置、保管账册或者保管记账凭证和有关资料的，由税务机关责令限期改正，可以处 2000 元以下罚款；情节严重的，处 2000 元以上，10000 元以下的罚款。"纳税人（企业）必须依照税务主管部门的规定设置账簿，并妥善保管相关账务资料。

对于商事账簿保管的期限，各国法律都作出了明确的规定。我国《税收征收管理法实施细则》第 29 条规定，账簿、记账凭证、报表、完税凭证、发票、出口凭证以及其他有关涉税资料应当合法、真实、完整。账簿、记账凭证、报表、完税凭证、发票、出口凭证以及其他有关涉税资料应当保存 10 年。而《会计档案管理办法》第 8 条规定，会计档案的保管期限分为永久、定期二类。定期保管期限分为 3 年、5 年、10 年、15 年、25 年五类。其中会计账簿类档案的保管期限为 15 年。

【拓展知识】

商事账簿保管的主体

商事账簿的保管主体是一个非常重要的问题。我国法律、法规没有对商事账簿的保管主体作出明确的规定，仅在《会计法》第 4 条规定，单位负责人对本单位的会计工作和会计资料的真实性、完整性负责。实践中，对于商事账簿保管不到位的商主体，主管部门往往仅对商主体进行处罚，而由于保管主体不明确，导致无法处罚具体的责任人。因此，在立法中明确规定商事账簿保管的主体，落实"责任制"，有利于商事账簿的妥善保管。

有学者认为[1]，对于商事账簿的保管的主体，在未来的商法总则中可以做这样的规定：个体工商户的商业账簿，由户主负责制作和保管；个人独资企业的商业账簿，由业主负责制作和保管；合伙企业的商业账簿，由普通合伙人或者执行合伙事务的合伙人负责制作；公司的商业账簿由董事会或者执行董事负责制作和保管，公司控股股东和实际控制人承担连带制作和保管责任。公司控股股东和实际控制人不承担自己的责任，致使公司未制作账簿或者制作不符合规定，或者致使账簿遗失的，应当对由此给利害关系人造成的损失承担连带赔偿责任。

---

[1] 任尔昕：《论统一商事立法中的商业账簿制度》，载《兰州大学学报》第 36 卷第 6 期。

（四）商事账簿立法

1. 我国目前有关商事账簿的立法

目前，我国关于商事账簿的立法主要集中在会计、税收法律、法规中，如《会计法》第3条规定，各单位必须依法设置会计账簿，并保证其真实、完整。《税收征收管理法》第19条规定，纳税人、扣缴义务人按照有关法律、行政法规和国务院财政、税务主管部门的规定设置账簿，根据合法、有效凭证记账，进行核算。《税收管理法实施细则》第22条规定，从事生产、经营的纳税人应当自领取营业执照或者发生纳税义务之日起15日内，按照国家有关规定设置账簿。这些法律带有明显的公法性质，其关于商业账簿设置、保管的规定有一个基本特征，即是基于国家加强对商人的监管及税收的需要，从经济秩序的稳定、国家收入为出发点，而不是以商人自治、商行为自由和以维护商人商事利益为价值考量。

此外，在部分商事法律法规中也有针对商事账簿的简单规定，如《个人独资企业法》第21条规定，个人独资企业应当依法设置会计账簿，进行会计核算。《中外合作经营企业法》第15条规定，合作企业必须在中国境内设置会计账簿，依照规定报送会计报表，并接受财政税务机关的监督。《外资企业法》第14条规定，外资企业必须在中国境内设置会计账簿，进行独立核算，按规定报送会计报告，并接受税务机关的监督。

2. 我国目前相关立法的不足

我国法律、法规对于商事账簿虽然已有较为详细的规定，但在以下方面仍存在不足：

首先，相关立法较为分散。目前我国有关商事账簿的规定散见于各种法律、法规中，并且多集中于公法性质的法规中，立法位阶较低，且在一定程度上存在重复规定、交叉规定的现象。反观其他国家和地区，对于商事账簿的立法主要从商主体角度出发，以私法方式进行。因此，我国应当从私法角度加强对商事账簿的立法规范，使商事账簿的设置、保管既符合政府监管又体现商主体的利益。

【背景资料】

大陆法系国家关于商事账簿立法的基本特点

1. 关于商业账簿的制作，各国基本采取强制主义。但有些国家规定小商人、表见商人和拟制商人在法律上不负制作商业账簿的义务。

2. 关于账簿的保管及保管期限。大多数国家均规定商人有保管账簿的义务，保管期限最短10年，最长20年。

3. 关于账簿的提交和效力。德国、日本商法典均规定商人有提交账簿的义务，但法国明确规定此义务仅限于诉讼时。同时，各国和地区一般都规定有义务提交账簿拒不提交者，承担不利的法律后果（如免除对方举证义务、直接认可对方所主张事实为真实等）。

4. 规定账簿制度的法律情况。日本、德国、法国规定商业账簿制作义务、提交义务、效力及保管期限的法律主要为商法典，此外还有民事诉讼法、公司法等。我国台湾地区则主要为会计法、民事诉讼法和公司法。

5. 大多数国家和地区的法律均为对账簿的具体制作和保管责任人作出规定。

其次，有关立法仍存在缺陷。例如关于制作与保管商业账簿的具体负责人问题。这是一个非常重要的问题，但我国法律对此仍无明确规定，《会计法》只规定了单位负责人对本单位的会计工作负责。但具体谁是单位的负责人、如何负责，则没有相关的立法规定。又如商业账簿的法律效力问题，国内现有法律、法规和规章没有对商业账簿的法律效力问题作出规定。许多法律、法规只是规定经过审计的财务会计报表作为证明商人经营、财务和资产状况的依据。

再次，关于电子账簿和电子账簿保存的相关法律仍属空白。由于电子商务的普及，企业应用电子系统，形成和保存交易、经营成果和现金流量等商业账簿的做法已经十分普及，因此对于构成电子账簿的电子记录以及经过电子计算机处理做成的账簿等系列问题亟须在法律上给予明确和界定。

最后，现行商事账簿设置、保管的规定是基于国家加强对商人的监管及税收的需要，从经济秩序的稳定、国家收入为出发点，而不是以商人自治、商行为自由和以维护商人或其成员的商事利益为价值考量。这不仅违背商事账簿的功能和价值，而且容易使商主体产生"逆反心理"。况且，世界各国和地区对商事账簿的立法主要是从商主体的角度出发，以私法方式进行的。比如，在商法典中规定商主体设置、保管商事账簿的义务。

本章小结

任何一个企业在正常的经营中都离不开结算。采用何种方式结算、如何结算、如何避免结算风险等都是企业关注的问题。结算问题在企业经营中占有重要的地位，也是商法调整的重要对象。对于商法，没有调整结算的商事法律，商法的体系就不完整，商法规制下的营利性行为也很难顺利地开展。因此我们只有重视结算问题，才能理解商法对企业活动的调整。

在企业经营的结算中，汇付和托收是企业财务结算的两种重要形式，根据

《托收统一规则》,托收是指银行依据所收到的指示处理所限定的金融单据、商业单据,以便于"取得付款及或承兑",或者"付款交单或承兑交单",又或者"按照其他条款和条件交付单据"的结算工具。信用证是指一项不可撤销的安排,无论其名称或描述如何,该项安排构成开证行对相符交单予以交付的确定承诺。信用证现在主要由国际商会的《跟单信用证统一惯例》所调整。信用证是结算工具中充分运用了银行信用的重要制度,在企业国际贸易中扮演着重要的角色。

票据是一种重要的商业结算工具。票据指的是出票人所签发的、承诺自己或者委托他人于到期时无条件付款的有价证券。票据的成立、转让、保证和承兑是按照严格的形式规则进行的,票据的权利是按照票据上的字面记载为准,体现了文义主义的立场,判断票据的效力,是以其形式本身作为标准的。

商事账簿是商事主体为了记载和表明其营业活动和财产状况,根据会计原则依法制作的书面簿册。商事账簿是商事实践活动的产物,商事账簿制度的产生与商事经营活动本身有着内在的必然联系。真实、及时、全面、明晰地制作商事账簿以反映企业的真实财务状况对于企业而言具有重要意义,它不仅有利于提高企业自身财务管理水平,而且有利于增强企业的社会信任度与认可度。

思考与练习

1. 托收是一种怎样的制度?它和汇付之间的关系如何?在企业的商业活动中,这两种结算制度有着怎样的风险?什么是信用证?信用证欺诈是怎样实现的?如果你是企业的经营者,你会采取什么措施防范信用证欺诈?

2. 为什么说结算制度和企业的经营联系密切?结算制度与企业履行合同有什么联系,是如何体现在我国现行立法上的?在企业的经营中,汇票、本票和支票是如何在结算中发挥作用的?为什么说票据具有无因性,这会给企业经营带来怎样的风险?

3. 什么是商事账簿?会计凭证、会计账簿、会计报表分别在企业经营结算中发挥着怎样的作用?

案例分析

1. 请结合案例,回答下面的问题:
广东广弘国际贸易集团有限公司诉广州广聚力新材料工程有限公司等代开信用证纠纷案[①]:

---

① 北大法宝案例库,http://vip.chinalawinfo.com/Case/displaycontent.asp?Gid=117605645&Keyword=信用证。

2006年3月16日，被告广聚力公司以委托方的身份，该公司法定代表人陈江海以担保人的身份在《进口代理协议》上签名盖章后传真给原告，原告收到传真后在协议上盖章予以确认。该协议的主要内容为：1. 原告为广聚力公司提供进口代理服务，代理进口项目为广聚力公司与外商签订的国家大剧院景观水池防水施工工程项目项下进口防水材料、施工设备及国外专家指导施工的合同（合同号：WGS/WH5335）；2. 原告向银行申请开立金额为1297500美元的信用证，专项用于WGS/WH5335号合同项下的防水材料及设备进口和国外专家指导施工费用；3. 原告在履行代理协议过程中所产生的关税、增值税、报关、商检、银行、保险、港务、港监、卫生检疫、动植检等费用均由广聚力公司负担；4. 广聚力公司必须在信用证项下的单据到达后的3个工作日内将信用证金额及所有相关费用按照原告付款指示支付到账；5. 原告的代理进口手续费用按进口合同货价1∶8.1的汇率折合成人民币后1%计算；6. 如广聚力公司不履行本协议或履行本协议不符合约定条件的，应偿付原告为其垫付的一切资金、费用、税金及利息，支付约定的手续费和违约金；7. 为保障原告方资金安全，陈江海同意以自己名下的公司股权为广聚力公司履行还款责任提供连带责任担保。同年3月13日，广聚力公司向原告传真《还款计划书》，表示：原告为广聚力公司开具金额为1297500美元的信用证。广聚力公司根据实际情况对原告进行分期付款，计划如下：1. 一次性汇入20万美元到原告账户，作为开具信用证的保证金；2. 国家大剧院景观水池防水工程由国库拨款的全部工程款人民币218万元（按即时汇率购汇约272500美元）全部转入原告公司账户，作为部分还款；3. 广聚力公司采购的货物到达中国口岸在北京提货时，广聚力公司支付787894.95美元给原告；4. 广聚力公司在2006年8月30日完成剩余全部工程施工时，向原告支付37105.05美元。上述协议签订后，广聚力公司与卖方外商直接签订了货物销售合同，货物进口报关等手续均由广聚力公司办理，原告只负责向银行申请开立信用证。为此，广聚力公司于2006年3月21日向原告支付了保证金800940元。

3月23日，原告向中国工商银行广东省分行申请开立信用证，银行经审核后开立了以原告为申请人、额度为1297500美元、有效期至2006年8月31日、通知行为BANK OF AMERICA SAN FRANCISCO, UNITED STATES OF AMERICA的即期信用证（信用证号码为：LC442500600520）。该信用证项下正本单据分别于2006年4月26日和2006年5月26日到达，到单金额分别为751551.5美元和36343.45美元。原告向中国工商银行广东省分行分别以人民币6091076.96元、292201.34元购买等值美元外汇后支付了上述信用证项下的到单款项。原告在代开信用证过程中还支付了开证手续费人民币 21175.73 元、信用证修改费人民币 5420 元。同年 6 月 21 日，广聚力公司购买的进口货物运抵北京后，该公司因资金周转困难，向原告出具《借款申请》，要求借款人民币 1633446.33 元用以交缴货物进口关税及增值税。同年 7 月 6 日，原告代广聚力公司向北京海关交缴了货物进口关税及增值税人民币 1633446.33 元。

(1) 有一种观点认为，"原告代理开立信用证后支付了信用证项下的款项，实际是以代为申请开立信用证的方式为广聚力公司垫付进口货物的货款，足以证明双方是以代开信用证之名，行借贷之实。"你同意这样的观点吗？为什么？

(2) 本案的主体是否都是商主体？如果是，那么法院在适用涉及信用证等结算工具的相关法律时应该注意什么？这种法律适用和非商事的自然人间结算的法律适用有什么不同？

2. 请结合案例，回答下面的问题：

北京奥利安达化工有限公司诉北京安广美生防水材料技术开发有限公司票据付款请求权纠纷案[①]：

2009 年 5 月 7 日，奥利安达公司从李峰处取得一张票据号码为 33810686、金额为 3.51 万元的转账支票，票面记载事项全面，出票人为安广美生公司，出票日期为 2009 年 5 月 7 日；奥利安达公司向银行提示付款，因密码错误而遭银行退票；奥利安达公司要求安广美生公司更换支票，遭到安广美生公司拒绝，至起诉日仍未给付。

审理本案的北京市昌平区人民法院认为：安广美生公司签发的支票号码为 33810686 的转账支票，法定记载事项齐全，属有效票据，安广美生公司作为该支票的出票人，应当按照支票金额承担保证向持票人付款的责任。奥利安达公司依据合法持有的支票，向安广美生公司主张票据权利，证据充分，本院予以支持。依据票据关系无因性原理，票据关系与原因关系相分离。安广美生公司的转账支票一经签发便与其基础关系相分离，因此安广美生公司未向奥利安达公司购买化工产品并不构成其不向奥利安达公司支付票面金额的抗辩理由。安广美生公司抗辩未向奥利安达公司购买化工产品而不予支付票据金额的意见不能成立，本院不予采信。奥利安达公司向银行提示付款的转账支票的票面记载事项全面，出票日期为 2009 年 5 月 7 日，安广美生公司提供的转账支票存根不足以证明该支票签出时未标明出票日期，安广美生公司抗辩称该支票为无

---

① 北大法律信息网, http://vip.chinalawinfo.com/Case/displaycontent.asp? Gid = 117617119&Keyword = 票据。

效票据的意见证据不足,本院不予支持。

(1) 被告抗辩的理由认为"票据号码 33810686 的转账支票是一张作废(无效)的支票",你同意吗?为什么?

(2) 在本案中,法院对票据关系无因性原理的运用是否恰当?安广美生公司的转账支票是否一经签发便与其基础关系相分离?

3. 请结合案例①,回答下面的问题:

从安然神话的幻灭进行分析,企业在经营活动中应该如何加强商事账簿的设置与管理以真实反映公司的财务状况?

回顾 2000 年以前,安然还是众多管理教材中的经典成功案例。该公司 2000 年收入为 1010 亿美元,在《财富》500 强中位列第 16 名,其股价最高时曾超过 90 美元。除了能源交易外,安然的经营范围还涉及商品运输、化工、宽带、水务以及金融管理服务等。这样一个庞大的帝国究竟是怎样在短短三个月内彻底崩溃的?素以监管严格、专业著称的美国证监会为何在事发前竟毫无察觉?

安然破产最直接、最致命的原因就是来自于它自身财务管理的失控。安然通过复杂的财务结构,肆无忌惮地虚构巨额利润,隐匿债务。而这个复杂的财务结构就是安然财务做假的关键。安然公司财务欺诈案在美国乃至世界范围内形成了巨大的冲击波。在一个法制堪称完备、发达的国家,尤其是其公司法、证券法、会计法等半个多世纪来一直引领着世界同类立法的国家,却频频发生如此大案,其原因是多方面的。有学者分析认为,其中一个重要原因就是由于美国奉行自由主义原则,未在商法中建立完善的商事账簿制度,从而在很大程度上不仅使公司内部失去了监督的机会,更使国家、社会失去了监管的依据。20 世纪 90 年代中期,人们都沉浸在知识经济的辉煌成就中,而置基本的会计原则、必要的谨慎等于脑后。股票市场处在过于乐观的气氛之中。财务分析师、基金经理、甚至政府和自律组织都在推波助澜。泡沫破裂之后,投资者纷纷抛售所持证券,股价暴跌,资产严重缩水,资金链中断,公司纷纷陷入经营和财务困境,公司内部控制薄弱、财务信息虚假的问题顿时集中暴露出来。

安然神话的幻灭,警示我们:财务管理作为企业最重要的管理之一,直接关系着企业的经济命脉,关乎企业的生死存亡。安然财务管理上的造假与失控,是导致安然崩塌的最直接原因。

---

① 案例来源:中国营销网,http://www.b770.com/downinfo/6297.html,2010 年 1 月 31 日访问。

第三编　商事管理

> 对社会中的每个产业来讲，国家要么是一种可能的资源，要么是一种威胁。国家凭借其权力，收取或给予货币，可以并的确有选择地帮助或伤害了许许多多的产业。
>
> ——1983 年诺贝尔经济学奖得主 G. 斯蒂格勒

引言：天价拉面引发的思考

一份大排面就要卖 45 元，一杯咖啡也要卖 40 元……此种价格畸高之怪状乃中国一些机场所独有，机场价格之乱象乃经营者利欲熏心的结果，而公平规则、诚信规则、等价原则等市场经济的游戏规则丧失殆尽。在国外，无论是作为"法国的窗户"的巴黎戴高乐机场还是东京的"成田机场"，候机厅内都有酒吧、快餐店、餐馆多家，其价格都与巴黎或东京市内相仿，因为营利不是靠卖高价，而是靠竞争。

像某些机场"天价"之类的现象在中国出现，背后的主要原因是"暴利"的概念不清，可操作性差。① 国外虽然目前也无反暴利的专项法律，但是相关内容往往比较定量化，可操作性比较强。奥地利的《价格法》规定：价格超过官方管制价格，或超过法令规定作价办法制定价格的 3% ~ 10%，或放开的价格其售价明显超过了同类企业提供的同类商品在当地的一般价格水平，都属哄抬物价。

"天价拉面"引发了对市场自由及国家监管的思考。人类商事活动发展至今，是一部市场自发与监管博弈的历史。政府、市场都会失灵，不能迷信依赖任何一方，应树立一种商事管理的新思维。

传统大陆法系商法学教材通常只涉及"商主体"及"商行为"内容，将

---

① 当然，我国学者很早就从定性角度作了讨论，指出暴利行为直接表现为一种不正当价格行为，商品经营者凭借优势地位，通过与处于弱者地位的消费者所缔结的、给付不均衡的价格约定所获取的非法利润，法律上即界定为暴利。参见亦冬：《关于反暴利立法问题的讨论述要》，载《政治与法律》1995 年第 2 期。

"商事管理"排除在外。① 本书认为，现代商法是一个开放的体系。20世纪以来，随着自由资本主义向垄断资本主义的过渡，社会生活发生了深刻的变化，"商法公法化"趋势日益明显，商事管理在商法体系中逐渐扮演起重要角色。以美国商法教科书为例，尽管有《统一商法典》，但商法教材通常涵盖了"企业和私法"、"企业的组织形式"和"企业与行政管制"等内容。② 因此，本书突破了传统大陆商法学教材的体系，从实务性、开放性角度出发，体现企业经营的特色，将与企业经营密切相关的政府规制、商会自治以及公司治理纳入"商事管理"中予以详细阐述。

一、商事管理的概念

现代商事活动中越来越多地体现政府经济职权色彩和干预意志、调节个人与政府和社会间经济关系、维护社会公共利益的内容，这些内容都体现了国家公权力干预市场经济，而且，如导论所述，无论是商法的公法性特征还是商法的兼容性特征，商事管理关系都应成为商法的调整对象，因此商事管理制度就属于商法的重要内容。

【拓展知识】

商法公法化了吗？

将民法、商法一同视为私法范畴，是大陆法国家的普遍观念，如意大利法学家米拉格得亚指出："私法分为民法和商法，商法为私法的一种形式，私法的义务与权利有适当的关联，因为它的关系包纳自个人意志而得与集体目的和谐的特殊目的和手段。"我国学者也大都同意这种观点。的确，商法私法性是相当显著的，其立足点即是调整市民社会中的商事活动、保护商事主体（个人或法人）的合法利益。但是，进入20世纪后，公、私法之划分已趋动摇，其历史背景即是西方经济在19世纪末到20世纪初从自由放任的市场经济进入国家干预的垄断资本主义经济，从而引发了"法律社会化"、"私法公法化"之动向，表现在商法领域，即商事立法中越来越多体现政府经济职权色彩和干预意志、调节私人、团体与政府、社会间经济关系、维护社会公共利益的内容，这些内容鲜明地烙有公法属性。例如，商业登记账簿制度、公司法中的组

---

① 本书基于结构考虑，"商事登记"详见第一编第二章商主体；"商事账簿"详见第二编第五章商行为的论述。

② 参见：[美] Herbert M. Bohlman Mary Jane Bundas：《商法：企业的环境、道德和国际环境》，张丹、林莺、李勇、陈婉婷译，清华大学出版社2004年版。

织形态、章程中的法定记载事项，海商法中的船舶登记、海事赔偿责任限制、保险法中的责任准备金制度、保险监管制度、证券法上的证券监管制度等等，均为公法性质之规定。不过，"私法公法化"、公法和私法的相互渗透并不表明否定二者本质区别。将公法、私法的划分视为现代法基本原则的日本学者美浓布达吉指出："公法和私法在其相接触的区域间极为近似，欲截然区分开来，绝非易事，但是，这和在自然科学领域中，动物和植物于其相近的境界内彼此区别也不常明了一样，不能成为否定二者区别的理由。"①

商事管理，是指国家或行业组织、企业，为维护商业秩序、保护商主体以及其他相关社会主体的利益，对商事活动进行监督和管理的制度。与具有私法性质的传统商法的商主体和商行为制度相比，具有公法性质的商事管理具有以下特征：

第一，传统的商主体，仅指私法主体。商事管理的主体，除了作为私法主体的商人或行业组织，还包括作为公法主体的政府。

第二，传统的商行为，仅指商人之间的交易行为，具有双方法律行为的特点。商事管理主体的管理行为，因其管理主体履行某种法定义务或职责的行为，管理行为往往表现为行为人单方的、面对不特定的任何人的行政管理行为，具有单方法律行为的特点。②

第三，传统商主体的商行为，是商主体之间的外部交易行为，因而该行为具有营利性特点，使得商行为体现了平等主体之间的等价有偿特点。商人的商事管理行为，无论是内部的管理行为，还是外部的管理行为，因该管理行为都具有非营利性特点，从而使得商事管理行为具有非等价有偿性的特点。

上述商事管理的特征，特别是有关政府的商事管理，与经济法意义上的市场管理或市场规制法律制度（下简称市场管理）的形式和内容相似或相同，由此产生了商法与经济法的交叉或兼容关系。这种关系是否会引发商法与经济法"抢地盘"的局面？答案是否定的。这是因为：

一方面，商事管理与经济法市场管理形式与内容的相似或相同，反映的是商法与经济法的密切联系。主要表现在：（1）二者反对绝对的私法自治和私法优先，强调为了保护交易安全和社会公益，有必要通过公法规范私法行为，对事关国计民生的重要经济活动和商事行为进行法律调整，坚持"法定大于约定"的法律适用原则。（2）同时，二者也反对绝对的公法优先，强调为了

---

① 赵中孚：《商法总论》，中国人民大学出版社1999年版，第20页。
② 赵旭东：《商法的困惑与思考》，载《政法论坛》2002年第1期。

便利和提高效率,有必要通过私法规范限制私法行为,对事关市场主体利益的日常经济活动和商事行为进行法律调整,坚持"约定大于法定"的法律适用原则。

另一方面,商法意义上的商事管理与经济法意义上的市场管理的区别主要表现在:(1)各自的法律定位和调整法域不同。经济法调整的是国家在组织、协调、管理市场经济中发生的经济关系,商法所调整的是营利性主体在商事营业性活动中所发生的商业流通经济关系。(2)商事关系的主体以公司企业为主,而经济法的主体以国家管理机关为主。(3)在法律渊源上,商法大量的是商事习惯法和商事惯例;而经济法主要是各种成文的经济法律。(4)在调整方法上,商法多采取自律性和非权力性的方法;而经济法多采取他律式和权力式的方法。(5)就性质而言,商法以私法性质为主,着重保护社会经济主体间的利益;而经济法以公法性质为主,侧重于国家整体经济生活的调整。

由此可见,商法意义上的商事管理虽然在有关政府对市场的监管方面与经济法意义上的市场管理相似,但是在部门法属性上,二者是不同的。如前所述,商事管理主体包括商人的内部管理与行业协会的外部管理,是商法意义上的商事管理,不同于经济法意义上的市场管理,该例证印证了商法区别于经济法。因此,以商法公法化否定商法的相对独立性的观点是片面的。

二、商事管理的基本原则

(一) 商人自治原则

私法自治是民商法领域的基本原则。历史上,近现代意义上的商法是在早期的商事惯例、商业行规或者商人法的基础上发展起来的。这些管理和行规本身就是私法自治的体现。商事管理的尊重商人自治原则是指国家在进行商事管理的过程中,应首先尊重商主体的自治权利,体现为尊重商业行规、商事惯例的运用,尊重商会、行业协会的自治地位等等。只有在涉及公共利益以及自治本身无法克服商主体行为外部性的时候,国家的强制性管理才能实施。

(二) 公示原则

商事管理的公示原则是商行为"外观主义"的延伸。公示原则要求国家和行业组织在进行商事管理的过程中应该将有关的信息充分向社会公众公示,以起到公信作用,其最终目的是维护交易安全。公示原则的应用表现为商事主体的设立和变更登记、商事账簿内容的公示、商事信用的登记和公示等等。

(三) 效率至上原则

效率原则是指商事管理在维护公平、平等和秩序要求的同时,必须兼顾交易便捷和经济效益。效率至上原则是商法营利性原则的延伸。商事活动以营利性为基本目的，传统的理论和实践也认为商法本身具有营利性特点。这种营利性与管理的效率原则在追求经济效益方面不谋而合。因此在商事管理过程中，应该重视对管理措施的成本收益分析，重视对各种管理途径的比较和选择，以及重视对商主体合法经济利益的维护。

（四）公共利益原则

公共利益原则是指商事主体从事商事活动应当遵守商业道德、不得损害社会公共利益，不得侵害其他商人和消费者的合法权益，它是对私法自治原则的补充。（1）要在法益之间取得平衡。商事管理不仅要从积极的角度肯定从商自由以及保障商事活动的安全与便捷，而且也需要从消极的角度对商事行为的"道德底线"和"合法底线"作出规定。换言之，商法作为以保护商人利益为己任的私法，应当赋予商人从事商事活动的最大空间，但同时，商法也应当防范不法商人为所欲为，商法更应当倡导从事商事活动的行为规范和道德伦理，因此需要规定公共利益原则条款，以克服不法商人利益的膨胀，获得市场活动中各主体利益之平衡。（2）突出反映时代发展的需要。近年福寿螺、苏丹红、红心鸭蛋等系列食品安全事件曝光，食品安全问题引起广泛的公众关注；阜阳婴儿奶粉事件、三鹿奶粉事件的发生使得日渐抬头的商人社会责任思潮愈加汹涌。因此，商事管理中应规定和强调公共利益原则。

商事管理是一种国家公权力对企业经营"有形之手"的干预，相对于传统商法规则，商事管理规则中强制性、禁止性规定比较多，企业一旦违反法律规定，就必须承担严重的法律后果。现实生活中，一些企业为了规避商事管理法中的强制性规定，选择绕着红灯走，这种行为称为"法律规避"。实践中，规避法律很容易被司法机关认定为"无效"并承担相应的法律责任。①

相对于传统商法，商事管理为了适应社会发展的需要，立法及修法的速度比较快，企业必须在第一时间内按照法律规定调整经营策略。如我国《企业所得税法》施行后，就对企业的经营产生了重大影响。新法规定：企业所得税为25%，对符合条件的小型微利企业实行20%的优惠税率，对国家需要重点扶持的高新技术企业实行15%的税率；同时，取消了对生产型外资企业"两免三减半"和高新技术产业开发区"两免"等所得税定期减免税优惠政

---

① 如2003年上半年，广州市国税局依法调增广州宝洁企业应纳税所得额共5.96亿元、补缴企业所得税8149万元一事，曾在业界引起广泛关注。2002年，P&G在华子公司广州宝洁从广东某银行获得高达20亿左右的巨额贷款，然后从中拨出巨资以无息借贷的方式借给关联企业使用。这样做，一方面可将其所承担的利息支出在税前扣除，少缴纳所得税；另一方面，提供巨额无息贷款给关联企业，也回避了正常借贷产生利息所得税的税负。参见杨小强：《中国税法：原理、实务与整体化》，山东人民出版社2008年版，第291页。

策，这些法律信息对企业的经营具有至关重要的意义。总之，商事管理相关立法、执法、司法都会直接或间接影响到企业的生产成本，从而影响企业的盈利能力。充分认识到商事管理的重要性，有助于企业更好地节约成本，适时控制法律风险，提升企业的声誉以及经营绩效。因此，了解商事管理法律规定，明确企业行为的界限，对企业经营决策有着重要的实践意义。

【拓展知识】

修订后的《企业所得税法》框架下，企业经营应该关注什么？

（1）修订后的《企业所得税法》统一了内外资企业所得税率。（2）新法启动税收杠杆，鼓励企业进行公益性捐助。《企业所得税法》将企业公益性捐赠支出的纳税扣除额度提高了9个百分点。新税法关于慈善公益事业税收优惠政策的出台，意在鼓励企业更多地参与公益性活动，为实现社会财富的更公平分配提供机制保障。（3）企业节能环保项目可享受税收减免。《企业所得税法》规定企业在节能环保方面所作的投资或在节能环保项目上的所得，今后可享受税收上的减免。（4）上市公司的所得税负担将明显减轻。新《企业所得税法》规定企业所得税税率为25%，大部分上市公司的所得税负担将明显减轻，中国股市整体投资价值将得到进一步增强。（5）高新技术企业全面享受低税率。新《企业所得税法》将国家高新技术产业开发区内高新技术企业低税率优惠扩大到了全国范围。

本书突破了传统商法的体系，从实用商法的角度出发，采取广义商法理念，将"商事管理"纳入商法体系。本编将商事管理分解为三个方面加以阐述：一是国家通过公法性规范要求必须实施某种积极行为，如进行竞争规制、产品质量规制、消费者权益保护、强制遵守劳工安全、环境保护等，以建立统一的国家管理机制和市场秩序；二是行业自律、自治、自我管理，主要通过商会（行会）自治进行自我管理；三是市场经营主体的法人治理，即公司的激励与约束治理机制。

第一章 政府规制

2002年5月16日,中国电信集团和中国网通集团挂牌成立,其中电信占据南方21个省市的电信资源,而网通则据守包括北京在内的北方10个省市的固定电话业务。为了避免因竞争给双方带来的损害,2007年2月16日,《中国电信集团公司与中国网络通信集团公司合作协议》(以下简称"《协议》")在北京签订,协议内容包括:(1)从2007年3月1日起,双方停止在非主导区域发展新用户。(2)控制重复建设,加强资源合作。(3)实行投资收入预算调控。2007年,中国电信北方10省投资不超过30亿元,收入预算不超过55亿元;中国网通南方21省投资预算不超过70亿元,收入预算不超过105亿元。双方在非主导区域不得进行预算外投资。

本案中,中国电信与中国网通签订的《协议》,一方面是按照我国《合同法》契约自由的精神从事市场行为;另一方面,双方的合作协议中,有不少内容涉及相互之间的"不竞争"或"减少竞争"的安排,因而很可能是一种限制竞争协议,即垄断协议。《协议》明确规定双方从此不再进入对方"领地",停止在非主导区域发展新用户,停止在非主导区域的所有项目投资,并且提出了多个具体措施来消除或限制双方之间的竞争。其内容不少已经越过契约自由的底线,进入反垄断法视野,其实施可能对社会经济造成一定的影响。①

上述案例表明,企业本质上有取得市场力量的内在动力,但是拥有市场力量的企业会充分利用其所能利用的经济力量,并可能侵犯其他企业的自由。因此,管制企业行为的法律制度就成为必要。管制竞争的目的是防止企业市场势力的产生和加强,由此创造和保护自由竞争的条件。② 政府规制是商事管理的重要手段之一,目的是为了保证市场正常、健康、有序地进行。本章分为三部分,第一部分为政府规制的基本理论,第二部分为商事管理中的经济性规制,第三部分为商事管理中的社会性规制。

---

① 商务部条法司编:《反垄断法理论与中外案例评析》,北京大学出版社2007年版,第61页。
② [德]乌尔夫伯格:《竞争是自由经济与社会秩序的基石》,载王晓晔主编:《反垄断立法热点问题》,社会科学文献出版社2007年版,第2~5页。

一、政府规制的基本理论

政府规制是商事管理的一项重要手段,为了弥补市场失灵,由政府依据一定的法律、法规对企业和个人行为所进行的干预。传统上把规制分为经济性规制与社会性规制。

(一) 政府规制的概念

"政府规制"的概念,最早为日本经济学家植草益使用,它是指政府为实现某种公共政策的目的,依据一定的规则对特定社会的个人和构成特定经济关系的主体的活动进行规制的行为。① 在传统自由主义国家观看来,市民社会由一个个追求自身经济利益和幸福的个体组成,国家只不过是为了个体利益的实现而设立的管理者,是从市民社会"长"出来的一个政治组织。对于市民社会和个人而言,实行充分自治,国家被称为"夜警",只享有"警察权力",其职能限于维持治安。但在现代社会条件下,国家公权力不得不干预市民社会的领域越来越广泛、也越来越深入。

从政府规制的理由依据看:主要基于市场失灵论。市场失灵有四种情况:一是垄断,即某个或某些市场主体影响或控制市场价格;二是信息的不对称和不充分,即有关交易的信息不真实、不完全或不对称,从而影响市场主体的决策;三是公共物品的供给,如国防、道路、指示牌等,为社会所需,但因为在消费上不具有排他性,因此没有哪个企业愿意生产,造成供给上的缺乏;四是外部效应,市场主体的生产和消费本身产生对外部的负面影响,自己不负担成本却影响社会的总体福利,典型例子是污染。正如美国著名历史学家赫斯特指出,"市场并非一种自给自足的社会控制论机构。任其自我发展,不仅会产生为了眼前利益的短期效率问题,而且也会产生无法用市场测算法进行衡量的社会福利问题"②。

【背景资料】

关于政府规制的"俘虏理论"(capture theory of regulation)
与"公共选择理论"(theory of public choice)

俘虏理论认为,产业对规制提出了规制需求,从而立法者被产业所俘虏;

---

① [日]植草益:《微观规制经济学》,朱绍文译,中国发展出版社1992年版,第1页。
② [美]赫斯特:《美国史上的市场与法律:各利益间的不同交易方式》,郑达轩译,法律出版社2006年版,第55页。

而规制机构对某个产业的规制实际是被这个产业"俘虏",规制的最终结果提高了产业利润而不是社会福利。斯蒂格勒在1971年发表的《经济规制论》论证了:规制主要不是政府对社会公共需要的有效和仁慈的反应,而是产业中的部分厂商利用政府权力为自己谋取利益的一种努力,规制过程被个人和利益集团利用来实现自己的欲望,政府规制是为适应利益集团实现收益最大化的产物。

20世纪70年代兴起的公共选择理论被应用到政府规制的研究中。公共选择理论解释政府规制时,就是把政府规制政策的形成看成是一个类似于市场交易的过程,那些需求政府规制的人(如消费者)与那些被规制的人(如产品和服务的供应商)经过讨价还价达成了协议。在此过程中,还涉及选民、立法机关、行政机构、法院、独立的专家等政治力量,它们都可以参与到讨论中来,并力图说服对方。但是,在这一过程中,产品和服务的供应商可能占据上风,因为它们在政府规制中所具有的巨大经济动力会比一般的公民或政府机构更多地影响规制决策。①

从政府规制看,重要任务是合理界定政府干预的主体及其权限大小,划清与市场自由的边界,并且,通过限制政府权力来抑制其负面效应。国家角色不是被动和消极的,在道德上国家还被赋予"恶"的属性,成为一个令人生厌和恐惧的想像物——"利维坦"。当国家"怪兽"之手超出履行公共职能领域之外,便是触犯了国家干预和插手个人事务的"禁地"。美国大法官霍姆斯呼吁,国家制定法的作用"应当勾画出一些实用的标准以及干预程度的差异"。难点是确定谁是最佳裁判?权力的边界在哪?如果上述任务能够很好地完成,发挥政府作用和保护市场效率就能达到平衡。政府规制的内容主要包括两大类:经济性规制与社会性规制。

1. 经济性规制

经济性规制是指存在着自然垄断和信息不对称问题的部门,以防止无效率的资源配置发生和确保需要者的公平利用为主要目的,通过许可、处罚等各种行政手段,对企业的介入、退出、价格、服务的质和量以及投资、财务、会计等方面的活动所进行的规制。经济性规制主要适用于具有垄断倾向的产业,防止资源配置的无效率。在我国,经济性规制主要是指竞争法的规制。

2. 社会性规制

社会性规制主要是基于社会公共利益的正当性,是以保障劳动者和消费者利益为目的,对物品和服务的质量和伴随着为提供它们而产生的各种活动指定

---

① [美]陈富良:《放松规制与强化规制》,上海三联书店2001年版,第14~15页。

一定的标准,并禁止、限制特定行为的制度性安排。它的有关规定可用以矫正经济活动所引起的各种派生后果和外部性问题。①

大多数研究表明,经济规制的主要后果是效率的损失和大量的收入再分配。社会规制的绩效记录是混合的,有些有明显的效益,而其他一些只有巨额损失和很小的收益。② 从长期发展趋势看,我国政府应放松经济性规制,加强社会性规制。

【拓展知识】

社会性规制的谱系③

决策者可以从根据国家干预程序不同而进行区分的一系列规制工具中进行选择运用。在该谱系中干预程度较低的一端,可以划分出三种规制形式:信息规制,强制要求提供方披露商品或服务的质量信息的细节;"私的"规制,设定仅仅只能由从中受益的个人才能执行的义务;经济工具,不是强迫性的,而是通过财政激励来引导合意的行为。在谱系的另一端,干预程度最强的事前批准,没有行政机关的许可或者授权,某一行为就是禁止的。在两个极端之间还存在着一项被广泛运用的规制工具——有时候被称为"指令与控制"的——标准,它以刑事惩罚为后盾,被施加于产品提供者之上。

(二) 政府规制与企业经营

从政府规制的手段分析,政府主要通过行政立法、行政许可、行政处罚、行政命令、行政征收等多种手段对企业的经营行为予以规制。与企业经营密切相关的主要有行政许可和行政处罚。

行政许可是指在法律一般禁止的情况下,行政主体根据行政相对人的申请,通过颁发许可证或执照等形式,依法赋予特定的行政性对人从事某种活动或实施某种行为的权利或资格的行政行为。④ 我国《行政许可法》实施后,压缩了行政许可的审批范围,明确了政府的权力边界,加强了对行政许可行为的

---

① [美] 保罗·萨缪尔森、威廉·诺德豪斯:《经济学》(第18版),萧琛主译,人民邮电出版社2008年版,第297页。
② 同上书,第301~302页。
③ [英] 安东尼·奥格斯:《规制:法律形式与经济学理论》,骆梅英译,中国人民大学出版社2008年版,第5页。
④ 姜明安主编:《行政法与行政诉讼法》,北京大学出版社、高等教育出版社1999年版,第182页。

监督措施以及问责机制。《行政许可法》对于企业经营而言，将减轻办事的许多负担和烦恼；对于政府而言，将面临从全能政府到有限政府、从规制政府到服务政府的转型。对企业而言，关键要了解哪些事项需要申请行政许可。[①] 针对行政机关在实施行政许可中的行政行为，企业享有陈述权、申辩权；有权依法申请行政复议或者提起行政诉讼；企业的合法权益因行政机关违法实施行政许可受到损害的，有权依法要求赔偿。

企业违反行政管理制度的行为，有可能被责以行政处罚。[②] 企业在经营过程中遭遇到行政处罚，可以主张以下抗辩理由：第一，行政处罚行为是否有法律依据。按照《行政处罚法》规定，限制人身自由的行政处罚，只能由法律设定。行政法规可以设定除限制人身自由以外的行政处罚；地方性法规可以设定除限制人身自由、吊销企业营业执照以外的行政处罚；国务院部委规章、地方性政府规章对尚未制定法律、行政法规的，可以设定警告或者一定数量罚款。除此以外，其他规范性文件不得设定行政处罚。第二，政府的行政处罚行为是否遵守了法定程序。行政处罚的程序有两种：一是简易程序，即当场处罚程序，适用简易程序有一定的条件：违法事实确凿，有法定依据、较小数额罚款或警告的行政处罚（即对公民处以50元以下、对法人或者其他组织处以1000元以下的罚款）；二是一般程序，其步骤包括：立案、调查、决定、制作处罚决定书、说明理由并告知权利、当事人陈述和申辩、正式裁决、行政处罚决定书的送达。

二、商事管理中的经济性规制

商事管理中的经济型规制主要是指竞争法的规制。公平、自由竞争为市场经济之灵魂。要保障市场的有序运作机制，就必须对不正当竞争行为、垄断行为等破坏正常市场秩序的行为加以法律控制和制裁，因此，运用反不正当竞争

[①] 《行政许可法》第12条规定："下列事项可以设定行政许可：（一）直接涉及国家安全、公共安全、经济宏观调控、生态环境保护以及直接关系人身健康、生命财产安全等特定活动，需要按照法定条件予以批准的事项；（二）有限自然资源开发利用、公共资源配置以及直接关系公共利益的特定行业的市场准入等，需要赋予特定权利的事项；（三）提供公众服务并且直接关系公共利益的职业、行业，需要确定具备特殊信誉、特殊条件或者特殊技能等资格、资质的事项；（四）直接关系公共安全、人身健康、生命财产安全的重要设备、设施、产品、物品，需要按照技术标准、技术规范，通过检验、检测、检疫等方式进行审定的事项；（五）企业或者其他组织的设立等，需要确定主体资格的事项；（六）法律、行政法规规定可以设定行政许可的其他事项。"

[②] 按照《行政处罚法》的规定，我国行政处罚种类有：**警告**；**罚款**；**没收违法所得**、**没收非法财物**；**责令停产停业**；**暂扣或者吊销许可证**、**暂扣或者吊销执照**；**行政拘留**；以及法律、行政法规规定的其他行政处罚。

法（反垄断法）的有力武器维护市场竞争秩序，促进经济繁荣，便成了政府规制的重要组成部分。

竞争法，是以市场竞争关系和市场竞争管理关系为调整对象，以保护公平、自由竞争为主旨，以反垄断法和反不正当竞争法为核心内容的竞争实体性法律规范与竞争管理程序性法律规范的总和。① 现代竞争法产生于19世纪末，以三部法律的颁布与实施作为标志。第一部法律是美国的《谢尔曼法》，它是世界上第一部成文的反垄断法。《谢尔曼法》共8条，规定"任何以托拉斯和其他形式作出契约、联合或共谋，如被用以限制州际间或与外国间的贸易或商业，均属严重犯罪；任何垄断或者企图垄断，或与他人联合或共谋州际间或与外国间的贸易或商业之任何一部分，均被视为严重犯罪"。第二部法律是德国于1896年颁布的世界上第一部《反不正当竞争法》。第三部是《保护工业产权巴黎公约》（巴黎公约），这是国际立法第一次对反不正当竞争行为予以规制。

各国和地区对竞争法的立法模式主要有两种：一是采取分别立法的方式，如德国1896年颁布了《反不正当竞争法》、1957年颁布了《卡特尔法》；二是采取合并立法的方式，如我国台湾地区《公平交易法》不仅在实体法上处于同一法律中，并且适用相同的行政程序。我国竞争法主要是采取了分别立法的模式。1993年我国颁布了《中华人民共和国反不正当竞争法》，目的是为了保障社会主义市场经济健康发展，鼓励和保护公平竞争，制止不正当竞争行为，保护经营者和消费者的合法权益。2008年8月1日起，针对市场中的垄断行为，我国开始实行《中华人民共和国反垄断法》。由于历史原因，我国《反不正当竞争法》和《反垄断法》分别颁行，前后相差十多年，前者的价值理念是保护公平竞争，后者价值理念是保护自由竞争，作为维护市场竞争秩序的法律制度，两者在功能上相辅相成，缺一不可，共同组成广义的"竞争法"（狭义的"竞争法"则仅是指反垄断法），即维护市场竞争秩序的法律制度。企业经营者必须了解两部法律的规制内容，才能依法经营，而不是以身试法。

【拓展知识】

竞争法的商法性质

竞争法是规范商主体竞争行为的法律。在德国商法、法国商法的教材中，均把竞争法作为商法的一部分内容。从商事管理角度分析竞争是平等商

---

① 种明钊主编：《竞争法》，法律出版社2008年版，第12页。

主体之间的私人行为，受商法的调整。但是，实践证明，竞争行为是一把双刃剑，市场中存在正当的竞争，也存在不正当的竞争。不正当的竞争将损害其他商主体的合法利益，损害消费者的利益，如果放任不正当竞争的存在，不予以适当的商事管理，那么整个市场的健康、有序发展将不复存在。因此，竞争法的作用是保护竞争，保障市场机制或竞争机制能够在资源配置中发挥基础性的作用。

在经济法学界，竞争法通常被冠以"经济法的核心"、"经济大宪章"、"经济宪法"等光环。从经济法的角度理解竞争法，逻辑出发点是国家干预，即国家凭借其公权力对商主体的行为予以行政性干预。因此，商事管理与经济法各自从不同的角度对商主体的商行为予以法律规制，但目的都是为了建立一个有序、健康的市场。

(一) 反不正当竞争法

1993年9月2日，八届全国人大常委会第三次会议通过了《中华人民共和国反不正当竞争法》（以下简称《反不正当竞争法》），并于1993年12月1日开始施行。该法对于保障社会主义市场经济的健康发展、鼓励和保护公平竞争、制止不正当竞争行为、保护经营者和消费者的合法权益起到了积极的促进作用。《反不正当竞争法》对两大类不正当竞争行为作了规制。一是限制竞争行为，包括：（1）公用企业或其他依法享有独占地位经营者的限制竞争行为；（2）政府机构的限制竞争行为；（3）搭售或附加其他不合理条件；（4）串通投标。二是不正当竞争营业行为，包括：（1）欺骗性交易行为；（2）商业贿赂行为；（3）侵犯商业秘密；（4）虚假广告；（5）掠夺性定价；（6）不正当有奖销售；（7）诋毁商誉。①

在我国，工商行政管理部门是具体查处不正当竞争案件的执法主体。1994年，国家工商行政管理局成立了公平交易局，其任务是监督、检查市场主体的交易行为。根据《反不正当竞争法》第3条第2款的规定，县级以上人民政府工商行政管理部门对不正当竞争行为进行监督检查；法律、行政法规规定由其他部门监督检查的，依照其规定。其他部门如：保险业领域的不正当竞争行为，由保险监督管理委员会监督检查；建筑领域内的不正当竞争行为由建设行政主管部门监督检查；低价倾销等不正当竞争行为由政府物价部门监督检查；招标投标的业务主管部门和项目审批部门对招标投标行为

---

① 本节主要论及商业贿赂行为、欺骗性交易行为、不当销售行为；其他不正当竞争行为散见于本章产品质量法、劳动合同法，以及第一编第二章商事人格与营业能力的论述。

监督管理等等。

【拓展知识】

我国《反不正当竞争法》的修订与完善①

1. 确立一个能够操作的一般条款（兜底条款）。《反不正当竞争法》第2条涉及反不正当竞争行为的一般规定，但还算不上具有操作性的一般条款。即使能够按照第2条规定认定新的不正当竞争行为，由于没有对应的行政责任条款，至少对行政执法是没有意义的。

2. 增加规定新的不正当竞争行为和完善现行的一些规定。根据多年的执法实践，总结经济生活中比较严重的新出现的不正当竞争行为，在修改和完善法律时增加一些新的行为。

3. 完善法律责任制度。有些需要增加处罚幅度、改变处罚方式；有的则需要增加新的处罚种类。

4. 强化行政执法手段。主要加强查封、扣押、冻结等行政强制措施，以适应反不正当竞争的艰巨性和复杂性的需要。

1. 商业贿赂行为

商业贿赂是指经营者为了争取交易机会，排斥竞争对手，暗中给与交易对方有关人员和能够影响交易的其他相关人员以财务或其他好处的不正当竞争行为。商业贿赂为我国《反不正当竞争法》明令禁止。我国《反不正当竞争法》第8条规定"经营者不得利用财物或者其他手段进行贿赂以销售或者购买商品"②。构成商业贿赂行为，必须满足三个条件：第一，经营者采用财物或者其他手段实施了贿赂；第二，行贿的目的是争取交易机会之目的；第三，行贿人是经营者。

在企业经营中，要分清楚回扣、折扣与佣金的区别。如果给对方回扣的，以行贿论处。但是，法律规定可以以明示方式给对方折扣，可以给中间人佣金。折扣是一种降价方式，只能发生在交易双方之间，必须以明示方式进行。折扣是合法的，回扣是非法的。佣金是指经营者在市场交易中支付给为其提供

---

① 孔祥俊：《反不正当竞争法的适用与完善》，法律出版社1998年版，第6~7页。
② 2006年2月，中共中央办公厅、国务院办公厅共同发布了《〈关于开展治理商业贿赂专项工作的意见〉的通知》，将工程建设、土地出让、产权交易、医药购销、政府采购以及资源开发和经销六大领域的商业贿赂行为确定为重点治理的对象。因此，企业切不可为贪图小利而冒违反法律之风险。

服务且具有合法经营资格的中间人的劳务报酬。佣金是合法的，回扣是非法的。经营者给对方折扣、给中间人佣金的，必须如实入账。

【拓展知识】

从商业贿赂看关系的社会成本

商业贿赂是关系型商业模式所衍生的一项恶果，由于缺乏健全的市场经济规则体系，再加上商业运营中对关系网络的过度依赖，造成商业贿赂深入各行各业已成为一种"潜规则"，小到出租车拉客的"回报"、医院中的药品"回扣"、大到外资公司向官员行贿，商业贿赂可谓无孔不入，不仅政府、商业部门，甚至连高校、医院都不能幸免。根据中央治理商业贿赂领导小组办公室的统计，2005年8月至2007年8月，全国共查结商业贿赂案件31119件，涉案总金额70.79亿元。其中涉及公务员的案件6971件、涉案金额17.13亿元。[①]此外，2006年10月"透明国际"组织发布了全球行贿指数排名，对全球30个经济体的商人境外行贿情况作了披露。该组织在2006年达沃斯世界经济论坛期间，向125个国家的1.1万名企业负责人发放了问卷，让他们对各国商人的行贿情况进行打分。而中国排在30个经济体中的第29位，仅次于印度，居倒数第二。[②]

那么，为什么商业贿赂会在关系型商业社会中泛滥，在中国的转轨经济阶段商业贿赂又具有什么样的特点呢？如果说通过商业贿赂来开拓市场，中外企业都概莫能外的话，中国的商业贿赂却有着独特的特点，那就是人情与贿赂相融，关系与腐败相通。此外，由于转轨阶段对权力约束、监督的法律制度并不健全，形成了权力的异化和公权私用，出现了所谓的"国家权力部门化，部门权力个人化，个人权力商品化"的现象，权力的可交易性更加剧了商业贿赂的盛行。

可见，要建立法治、公平、竞争的市场交易秩序，就必须打破支撑商业腐败的关系网络和潜规则，极大地警惕和限制关系网络的负面影响，通过完善法律规则、加强法律执行来建立长效的治理机制，为经济秩序和交易规则的转型创造良好的环境和条件。

---

① 《全国查结商业贿赂案件三万多件涉案七十多亿元》，来源：《法制日报》，载《中金在线》2007年9月30日。

② 《透明国际发布全球行贿指数排名中国位列第29位》，载《环球》2006年10月24日。

2. 欺骗性交易行为

欺骗性交易的手段表现为：（1）假冒他人的注册商标①；（2）擅自使用知名商品特有的名称、包装、装潢，或者使用与知名商品近似的名称、包装、装潢，造成和他人的知名商品相混淆，使购买者误认为是该知名商品；（3）擅自使用他人的企业名称或者姓名，引人误认为是他人的商品。

企业经营过程中，若发现自己的合法权益受到侵害，首先要全面收集侵权的证据。特别是：侵权产品样本以及被侵权人的产品样本；被侵权人的在先权利证明文件；购买侵权产品的证明文件等等。证据材料收集完毕后，企业可以采取多种途径寻求权利救济：第一，请求行政机关查处商标侵权行为。行政查处力度大，行动快，可以较快解决问题并制止侵权行为进一步蔓延；第二，可以通过司法程序寻求赔偿。

【相关案例】

施华洛世奇有限公司诉北京施华洛婚纱摄影有限公司侵犯注册商标专用权及不正当竞争纠纷案

原告施华洛世奇有限公司成立于1968年，由丹尼尔·施华洛世奇先生始创于奥地利，以切割水晶产品的制造销售为主营业务。上世纪80年代，原告进入中国市场。原告的系列商标具有极高的知名度与美誉度，是享誉世界的驰名商标。为了获得全球性保护，原告陆续在全球许多国家和地区注册了"SWAROVSKI"、"SWAROV"、"施华洛世奇"、"施华洛"等系列商标，核定使用的商品及服务达二十多个类别。原告的商标在中国相关公众中广为知晓并具有很高的声誉，事实上已成为驰名商标，应获得跨类保护。被告北京施华洛婚纱摄影有限公司是一家婚纱摄影连锁企业，2006年进入中国市场，并分别于同年1月和10月在天津、北京成立旗舰店。原告经调查发现，被告在未经原告同意的情况下，擅自将原告的注册商标及与原告注册商标相近似的文字使用在其企业名称、公司网站、广告及新品宣传上，侵犯了原告的商标专用权。

评析：根据最高人民法院《关于审理商标民事纠纷案件适用法律若干问题的解释》第1条第（2）项规定，复制、模仿、翻译他人注册的驰名商标或

---

① 根据2001年修改后的《中华人民共和国商标法》第52条的规定，下列行为属侵犯注册商标专用权的行为：（1）未经注册商标所有人的许可，在同一种商品或者类似商品上使用与其注册商标相同或者近似的商标；（2）销售侵犯注册商标专用权的商品的；（3）伪造、擅自制造他人注册商标标识或者销售伪造、擅自制造的注册商标标识的；（4）未经商标注册人同意，更换其注册商标并将该更换商标的商品又投入市场的；（5）给他人的注册商标专用权造成其他损害的。

其主要部分在不相同或者不相类似的商品上作为商标使用,误导公众,致使该驰名商标注册人的利益可能受到损害的,为侵犯注册商标专用权的行为。因此,被告侵权行为成立。

3. 不正当销售行为

不正当销售行为,主要是指降价销售和不当有奖销售。降价销售行为是指经营者以排挤竞争对手为目的,以低于成本的价格销售商品的行为。法律规定,经营者折本销售鲜活商品、处理有效期限即将到期的商品或者其他积压的商品以及季节性降价、因清偿债务、转产、歇业降价销售商品的行为不属于不当销售。不当有奖销售是指经营者销售商品或者提供服务,附带性地向购买者提供物品、金钱或其他经济上的利益的行为,主要表现有:以谎称有奖或者故意让内定人员中奖的欺骗方式进行有奖销售;利用有奖销售的手段推销质次价高的商品;抽奖式有奖销售,最高奖的金额超过 5000 元。

【相关案例】

"中宝马"有奖销售案引发的法律思考[①]

2008 年 5 月,江苏南通市区一家大型家具经营企业为了扩大影响和促销商城内的各种品牌的家具商品,进行"中宝马、奖家电"有奖销售活动。原告张某在商城家具促销期间购买了 1 万余元的家具,依照商城的规定领到了 5 张兑奖奖券并中奖。当张某凭据中奖奖券要求商城发放奖品时却遭到了拒绝。商城辩称,依据我国《反不正当竞争法》的规定,有奖销售的奖励金额超过 5000 元属于违法行为,商城宣传中"中宝马、奖家电"是指商城将拿出相当于 1 辆宝马车价值的奖品给中奖的消费者,实际操作中系每中一组数字号码消费者可以从商城获得 1 台不超过 5000 元家电的奖励,而非真正的宝马车。

评析:实务中,一种意见认为,我国法律明确规定商家进行有奖销售单项奖励不得超过 5000 元的限制,否则属于不正当商业竞争的违法行为。从本案看,商家宣传中所称的"中宝马、奖家电"与其抽奖后的解释能够相符,就是所有奖项控制在一辆宝马车价值的范围,单项中奖金额不超过 1 台家电(5000 元以下)的价值,消费者对商家的宣传有理解误区,具体应以商家的最终解释为准,故原告张某在规定兑奖期间内也最多获得一台家电的奖励。另一

---

① 孙兴旺:《"中宝马"有奖销售案引发的法律思考》,载 http://www.dffy.com/sifashijian/al/200807/20080717185821.htm,2010 年 1 月 5 日访问。

种意见认为，我国法律关于"有奖销售单奖不得超过5000元"的强制规定，针对对象是经营者而非消费者，经营者如有违反，国家工商管理部门可以依法对其采取行政处罚措施。商家在销售家具前并未具体说明"中宝马、奖家电"的内容，只是到了兑奖时才予以说明，明显有违诚实信用原则，属于商业欺诈行为，为了保护消费者的合法权益，应当对被告商城的宣传内容作有利于消费者的解释。针对此案，谈谈你的看法。

（二）反垄断法

1. 什么是垄断？

根据《布莱克法律辞典》的解释，垄断是指"赋予某个人或公司或更多的人或公司的一种特权或特别优势，正是由于这种专有权利（或实力）的存在，上述人或公司才能从事一种特别的事业或贸易，制造某种特别的产品或控制某种特殊商品的整个供应规模，垄断是一种市场结构形式，在这种市场结构中，一个或仅仅少数几个人或公司支配着某项产品或某项服务的总供应规模"。垄断可以是一种行为，也可以是一种状态。但现代各国反垄断法大多倾向于认为垄断状态本身并不违法，反垄断法规制的主要是垄断行为。[1]

【拓展知识】

垄断行为的认定原则：本身违法原则与合理原则[2]

本身违法原则是指企业的某些特定行为，不管事实上是否已经产生了限制竞争的后果，均被视为非法垄断。美国联邦最高法院在早期的两个托拉斯案件的裁决中，遵循的是"依法裁决"，法官拒绝对价格协议进行合理性分析。合理原则出现在美孚石油公司案中，法官认为探究《谢尔曼法》条文的精确含义，第1条是对所有垄断贸易方式的禁止，第2条是为了尽可能全面地、完备地表达所禁止的事项；当第2条与第1条相一致并且有意成为第1条的补充时，显然在一个特定案件中用来查明是否违反了第2条规定的行为标准是"合理原则"。本身违反原则只适用于少数竞争者之间签订的具有明显限制竞争的协议，如竞争者之间的横向价格协议、横向市场划分协议、转售价格的维持协议、部分搭售协议和联合抵制协议等。其他的纵向协议及优势地位企业的

---

[1] 有关商会的垄断行为将在本编第二章商会自治中予以详尽论述。
[2] 郑鹏程：《论"本身违法"与"合理法则"》，载王艳林主编：《竞争法评论》（第1卷），中国政法大学出版社2005年版，第75页。

单方行为可能适用合理原则。

反垄断法是市场经济领域的核心法律，有"经济宪法"之称。在我国，《反垄断法》的制定是市场经济发展历程中的一个里程碑。早在1994年，全国人大已经把反垄断法列入立法规划。2006年6月，国务院已原则通过《反垄断法（草案）》，并于2006年6月底首次提请全国人大常委会审阅，最终于2007年8月30日通过，自2008年8月1日起施行。我国《反垄断法》的立法目的主要有两方面：第一，《反垄断法》通过禁止、限制各种不正当竞争的行为，维护市场公平竞争的环境，促使市场机制对资源配置发挥最好的作用。第二，保护消费者利益和社会公共利益。《反垄断法》的实施将给垄断企业带来压力，并让企业重新认识市场竞争秩序。

各国反垄断执法机构的设置主要有两种模式，一种是司法模式，如美国司法部执行《谢尔曼法》的模式；另一种是行政模式，如欧盟委员会执行欧盟竞争法的模式。根据《反垄断法》规定，国务院设立反垄断委员会，负责组织、协调、指导反垄断工作。国务院反垄断执法机构负责反垄断执法工作。根据工作需要，国务院反垄断执法机构可以授权省、自治区、直辖市人民政府相应的机构负责有关反垄断执法工作。我国《反垄断法》所设计的执法体制可概括为"双层次多机构"。"双层次"是指国务院反垄断委员会与反垄断执法机构；"多机构"是指众多机构将享有反垄断法的执法权。

2. 反垄断法的规制内容

反垄断法规定了三种垄断行为：经营者达成垄断协议；经营者滥用市场支配地位；具有或者可能具有排除、限制竞争效果的经营者集中。

（1）垄断协议

垄断协议，是指排除、限制竞争的协议、决定或者其他协同行为。垄断协议分为横向垄断协议与纵向垄断协议。横向垄断协议，指处于同一经济层次上的企业之间通过协议、决定或其他方式限制竞争的行为。我国《反垄断法》第14条采用列举的方式，将横向协议分为五大类：固定或变更价格、限制数量、划分市场、限制创新、联合抵制，国务院反垄断执法机构认定的其他垄断协议作为兜底条款。纵向垄断协议，指处于不同经济层次上的企业之间通过协议、决定或其他协同方式限制竞争的行为。纵向垄断协议的目的在于限制纵向企业所在经济层次上的竞争，其主要形式是固定或限定转售价格，在有些国家，搭售、独家交易等也被视为纵向垄断协议。

《反垄断法》规定了在六种特殊情形下协议可以获得法律的豁免：①为改进技术、研究开发新产品的；②为提高产品质量、降低成本、增进效率，统一产品规格、标准的;③为提高中小经营者经营效率、增强中小经营者竞争力的;④为实现节约能源、保护环境、救灾救助等社会公共利益的;⑤为保障对外贸易和经济合作中的正当利益的;⑥在经济不景气时期,为缓解销售量严重下降或者生产明显过剩的。这些协议虽然具有限制竞争的后果,但却在整体上有利于技术进步、经济发展和社会公共利益。

【背景资料】

我国经济现实中的固定或变更价格行为[①]

我国市场上出现的固定或变更价格行为主要有以下几类:(1)限制低价:如2000年6月9日,9家彩电企业达成合作意向,指定一个时期各类彩电的最低限价,形成价格联盟。(2)统一定价:如1998年12月,某市3家最大的色彩扩印企业,以"彩扩企业经理恳谈会"的名义,把全市30多家彩扩企业组织在一起,串通联合,协议定价,作出了共同涨价的规定,致使该市彩扩冲洗费一夜之间上涨50%。(3)联合提价:如2006年12月起,世界拉面协会中国分会联合康师傅、统一、今麦郎等十多家知名企业多次商讨方便面涨价,最终于2007年6月各企业先后调高了方便面价格。(4)价格自律:如:2001年山西省17家骨干镁生产和3家重点出口企业签署"加强镁行业价格自律、维护行业经济秩序"的共同宣言,约定削价减产、协调价格。

(2)滥用市场支配地位

市场支配地位,是指经营者在相关市场内具有能够控制商品价格、数量或者其他交易条件,或者能够阻碍、影响其他经营者进入相关市场能力的市场地位。《反垄断法》规定的市场支配地位包括:①以不公平的高价销售商品或者以不公平的低价购买商品;②没有正当理由,以低于成本的价格销售商品;③没有正当理由,拒绝与交易相对人进行交易;④没有正当理由,限定交易相对人只能与其进行交易或者只能与其指定的经营者进行交易;⑤没有正当理由,搭售商品,或者在交易时附加其他不合理的交易条件;⑥没有正当理由,对条件相同的交易相对人在交易价格等交易条件上实行差别待遇;⑦国务院反垄断执法机构认定的其他滥用市场支配地位的行为。我国《反垄断法》采用了国际反垄断立法惯例,将50%的市场份额作为经营者独立拥有市场支配地

[①] 商务部条法司编:《反垄断法理论与中外案例评析》,北京大学出版社2007年版,第97页。

位的推定标准。①

《反垄断法》一般只禁止滥用市场支配地位，而不禁止市场支配地位本身，进言之，具有市场支配地位不是垄断的判别标准；滥用市场支配地位才是垄断。针对国有经济占控制地位的关系国民经济命脉和国家安全的行业以及依法实行专营专卖的行业，《反垄断法》予以专门的规定。② 调查表明，中国企业500强中大多数是国有企业，所在行业大部分为石油、电力、钢铁等垄断性行业；而前十位都是垄断性行业的企业。《反垄断法》的目的不是反对企业因自身的效益而取得的市场支配地位，但企业以合法方式取得了市场支配地位后，有可能会滥用市场支配地位，例如通过不合理的涨价损害消费者利益，或者通过掠夺性定价、价格歧视、拒绝交易、搭售等行为排挤竞争对手，这些行为要受到《反垄断法》的制裁。

【相关案例】

微软公司阻止竞争产品与其"视窗"相兼容的违法行为案③

微软公司垄断违法案经过5年多的调查，欧盟委员会在2004年3月认定微软公司违反了欧共体条约第82条，并对微软处以4.97亿欧元的罚款。此外，针对微软公司阻止竞争产品与其"视窗"相兼容的违法行为，欧盟委员会勒令微软公司与其竞争者"共享秘密编程资料"，并且必须向个人电脑生产商提供没有捆绑媒体播放软件的"视窗"版本。微软案说明，具有市场支配地位的企业虽然原则上可与其他企业一样参与经济交往，但如果它们凭借其市场支配地位限制竞争，那就是滥用交易自由或者合同自由原则，应当予以

---

① 《反垄断法》第18条规定：认定经营者具有市场支配地位，应当依据下列因素：（一）该经营者在相关市场的市场份额，以及相关市场的竞争状况；（二）该经营者控制销售市场或者原材料采购市场的能力；（三）该经营者的财力和技术条件；（四）其他经营者对该经营者在交易上的依赖程度；（五）其他经营者进入相关市场的难易程度；（六）与认定该经营者市场支配地位有关的其他因素。第19条规定：有下列情形之一的，可以推定经营者具有市场支配地位：（一）一个经营者在相关市场的市场份额达到1/2 的；（二）两个经营者在相关市场的市场份额合计达到2/3 的；（三）三个经营者在相关市场的市场份额合计达到3/4 的。

② 《反垄断法》第7条规定：国有经济占控制地位的关系国民经济命脉和国家安全的行业以及依法实行专营专卖的行业，国家对其经营者的合法经营活动予以保护，并对经营者的经营行为及其商品和服务的价格依法实施监管和调控，维护消费者利益，促进技术进步。前款规定行业的经营者应当依法经营，诚实守信，严格自律，接受社会公众的监督，不得利用其控制地位或者专营专卖地位损害消费者利益。

③ 王晓晔：《反垄断法是维护社会主义市场经济秩序的基本法律制度》，载 http://news.xinhuanet.com/politics/2008-01/31/content_7532911_2.htm，2009年12月23日访问。

禁止。

问题：在微软案中，法院是如何认定微软滥用市场支配地位的？

（3）经营者集中

经营者集中是指通过合并、取得股权、合同等方式取得对其他经营者的控制权或者能够对其他经营者施加决定性影响。经营者集中的后果是双重的。一方面，在一定的限度内经营者集中有利于发挥规模经济的作用，提高经营者的竞争能力；另一方面，过度集中可能导致经营者数量减少，加强市场支配地位，限制竞争，损害效率。在我国，对经营者集中既要有利于企业通过依法兼并做大做强、发展规模经济，提高产业集中度，增强竞争能力，又要防止经营者过度集中形成垄断。因此，《反垄断法》在总则中规定，经营者可以通过公平竞争自愿联合，依法实施集中，扩大经营规模，提高市场竞争能力。

《反垄断法》规定，经营者集中达到国务院规定的申报标准的，经营者应当向国务院反垄断执法机构申报，未申报不得实施集中。商务部是经营者集中反垄断审查执法机构，承担受理和审查经营者集中申报的具体执法工作。①

【拓展知识】

企业战略选择：申报还是不申报？②

当经营者决定是否进行反垄断审查申报时，一般按照如下步骤进行：

第一步：判断是否已达到应当进行申报的标准。对申报标准的理解，经营者应当会同法律顾问、经济学进行研究。法律顾问对于法律专业术语可以提供定义解释上的意见，而经济学家可以帮助确定经济学指标的含义。对于资产额、关联企业、营业额的数据，经营者可以查看相关企业的数据报表。对于市场占有率，可以借助权威部门发布的数据进行测算。在可申报亦可不申报的情况下，按照申报优先的原则进行处理，以免引发违法处罚。

第二步：如果已经触及申报标准，决定是否申报。相对于违反《反垄断法》的严厉后果来讲，进行反垄断审查申报的代价并不大。由于经营者集中行为牵涉面广，社会影响大，往往会引起竞争者和规制部门的注意，经营者心

---

① 《国务院关于经营者集中申报标准的规定》对申报标准作出了规定，即：参与集中的所有经营者上一会计年度在全球范围内的营业额合计超过 100 亿元人民币，或者在中国境内的营业额合计超过 20 亿元人民币，并且其中至少两个经营者上一会计年度在中国境内的营业额均超过 4 亿元人民币。

② 詹昊：《反垄断法下的企业并购实务：经营者集中法律解读、案例分析与操作指引》，法律出版社 2008 年版，第 168~170 页。

存侥幸、逃避申报的想法一般是不现实的。

(4) 行政垄断

在中国的反垄断立法进程中,对行政垄断问题一直存在激烈争议。根据我国经济发展的现状,《反垄断法》对滥用行政权力排除、限制竞争行为,即行政性垄断行为作了禁止性规定。总则第8条作了原则性规定:"行政机关和法律、法规授权的具有管理公共事务职能的组织不得滥用行政权力,排除、限制竞争";第五章对行政垄断作了具体规定。我国《反不正当竞争法》规定的行政垄断,主要指:强制限定交易行为(第32条)、地区封锁行为(第33条)、排斥或限制外地经营者参加招投标(第34条)、排斥或限制外地经营者在本地投资(第35条)、强制从事经济性垄断的行为(第36条)、抽象的限制竞争的行政行为(第37条)。行政垄断表现为政府职能部门利用权力进行行政强制交易、强制限制竞争、限制市场准入,行政垄断的成因很复杂,包含政治、经济、文化、法律的因素。要彻底解决行政垄断,必须依靠政治、经济、法律等多种手段综合治理。

【相关案例】

不是好奇,而是期待——评反垄断第一案[①]

2008年8月1日,北京4家防伪企业将国家质量监督检验检疫总局诉至北京市第一中级人民法院,请求确认国家质检总局推广电子监管网经营业务、强制要求企业对产品赋码交费加入电子监管网的行政行为违法。被告国家质检总局不是一个普通的行政机构,具有特殊的身份和地位,是国务院直属机构之一。因此,公众对于起诉能否顺利立案、立案后能否得到公平审理的担忧是可以理解的。这不仅仅是对反垄断法的检验,也是对作为反垄断法实施机制之一的行政诉讼的考验。

评析:国家质检总局遭诉案,至少给我们呈现了行政权力对于市场竞争环境和秩序具有重要影响的画面。无论案件结果如何,只要敢于并且善于反思,行政机关应当受益最多。观察本案,原告选择以提起行政诉讼的方式,质疑、挑战其认为涉嫌滥用行政权力限制竞争的行为,无论原告的诉讼请求最后是否能够得到支持,我们都不要忘记,是本案的原告以它们提起诉讼的实际行为,运用既有的制度资源,把行政诉讼激活并将进一步强化为反行政

---

① 时建中:《不是好奇,而是期待——评反垄断第一案》,载《南方周末》2008年8月27日。

性垄断的现实机制，公众可以从中感受并学习运用行政诉讼直面行政性垄断的勇气和经验。

三、商事管理中的社会性规制

小贾尔斯·伯吉斯曾说过："社会管制的出现是我们经济增长取得成功的一个标志。"随着经济发展和人民生活水平的提高，政府日益关注产品质量、消费者权益保护、劳动者保护、环境保护等问题，加强社会性规制成为必然趋势。商事管理中的社会性规制主要涉及：产品质量、消费者权益保护、劳动者保护以及环境保护四方面内容。

（一）产品质量法

在我国，产品质量法调整两大对象，一是产品质量责任关系，即生产者、销售者与消费者之间进行商品交易所发生的经济关系；二是产品质量监督管理关系，即经济管理机关执行产品质量监督管理职能而发生的经济关系。我国的产品质量法兼具市场运行和国家监管两个方面的法律规范，其结构为"产品责任法＋产品质量监管法"。① 在立法层面，我国现行法律体系中与产品质量相关的法律主要有《民法通则》、《合同法》、《标准化法》、《计量法》、《消费者权益保护法》、《食品安全法》、《刑法》等。在法规、规章层面，各级政府、相关部委颁布了大量的行政法规、部门规章、地方性法规、地方性规章，对产品质量相关环节作了具体规制。

1. 产品质量法律风险

产品质量法律风险是指当产品因自身的缺陷、瑕疵违反相关法律法规政策、质量标准以及合同内容对产品的适用性、安全性和其他特性的要求时，产品生产者、销售者可能承担的不利法律后果。产品质量风险产生的原因主要是：(1) 因产品瑕疵导致的产品质量风险。产品瑕疵指一般性的产品质量问题，如产品的外观、包装等。(2) 因产品缺陷导致的产品质量风险。《产品质量法》规定的"缺陷"，是指产品存在危及人身、他人财产安全的不合理的危险；产品有保障人体健康和人身、财产安全的国家标准、行业标准的，是指不符合该标准。

如何处理产品质量危机，事关企业的生存。企业既要主动积极，同时又要全面分析。(1) 对明确属于企业责任造成的产品质量危机事件，要及时与对方进行沟通，了解其对事件的基本态度；主动以谈判方式与对方沟通，

---

① 杨紫烜主编：《经济法》，北京大学出版社、高等教育出版社2006年版，第267页。

争取以和解方式解决产品质量危机事件;在谈判破裂时,争取与权威和中立的第三方联系,同时进一步调整谈判立场,争取实现有第三方参与和主持下的调解。(2)对事件原因不明,责任一时难以判定的产品质量危机事件,要及时与对方进行沟通;阐明本方立场和态度,并提示对方行为的法律后果;与行业专业鉴定部门或主管部门取得联系,通过技术手段对产品质量危机事件的性质和原因加以认定。(3)对明确不属于企业责任造成的产品质量危机事件,要明确阐明本方的态度和立场,并提示对方其行为的相应法律后果;主动与媒体进行沟通,通过新闻发布会等形式向公众传达企业的立场和态度;如对方恶意进行司法诉讼,则积极应诉,通过法律手段捍卫企业的合法权益和社会形象。①

【拓展知识】

绿色壁垒之法律防范②

绿色贸易壁垒,是指进口国以保护生态环境、自然环境,以及人类和动植物的健康为由限制进口的措施。其初衷是世贸组织成员为保护环境和国民健康,对进出口商品提出的技术、安全和卫生标准。绿色壁垒已成为国际贸易领域巨大的障碍,为最大限度地消除绿色壁垒给中国外贸带来的不利影响,当前必须采取以下对策:(1)生产企业提高环保意识,健全产品质量管理规章。(2)增加科技投入,开发更多的绿色产品。(3)采取有效措施,杜绝涉及污染和影响环保的原材料和零配件供应商成为本企业的合作伙伴,在选取企业的上下游合作企业时,应当将绿色认证作为一个重要标准,以此来确保企业产品能够在整个产业链条中自始至终保持与污染和公害相绝缘。(4)借助国际先进技术手段,提高企业清洁生产和绿色生产的技术手段,在实现可持续发展的前提下,避免因投入过大而导致企业产品成本过高、生产效益下降的问题。(5)推行绿色营销策略。企业营销的重点是企业、市场与环境之间关系的平衡,以达到企业利益、社会利益与环境利益的一致。(6)实行绿色包装。世界上发达国家确定了包装要符合"4R+1D"的原则,即低消耗、开发新绿色材料、再利用、再循环和可降解。目前,国内食品的绿色包装还处于起步阶段,"4R+1D"原则没有很好地得到体现。

---

① 张庆、刘宁、乔栋:《产品质量责任法律风险与对策》,法律出版社2005年版,第91~92页。
② 同上书,第22页。

2. 产品质量义务

生产者对其产品的内在质量承担义务，包括两方面：明示担保义务与默示担保义务。明示担保是指生产者对其产品的质量、性能、用途的明示陈述和保证。《产品质量法》第26条第2款第3项规定"符合在产品或者其包装上注明采用的产品标准，符合以产品说明、实物样品等方式表明的质量状况"。若产品质量与生产者的明示担保不一致，消费者可要求生产者承担相应的责任。默示担保是生产者对产品质量所承担的法定义务，包含两方面内容：一是生产者生产的产品不存在危及人身、财产安全的不合理危险，符合相应的国家标准、行业标准；二是产品应当具备的使用性能，但生产者对产品存在的瑕疵作出说明的除外。

为了保护消费者的合法权益，《产品质量法》规定了生产者的禁止性规范，主要包括：（1）生产者不得生产国家明令淘汰的产品；（2）生产者不得伪造产地，不得伪造或者冒用他人的厂名、厂址；生产者不得伪造或者冒用认证标志等质量标志；（3）生产者生产产品，不得掺杂、掺假，不得以假充真、以次充好，不得以不合格产品冒充合格产品。

销售者的强制性产品质量义务主要包括：进货检查验收制度、保持产品质量的义务、销售者不得销售失效变质产品的义务、销售的产品标识必须符合法律规定、不得伪造产品来源、不得冒用质量标志以及其他禁止性事项。①

3. 产品质量责任

产品质量责任经历了从过错责任到严格责任的转变。《产品质量法》第41条规定，"因产品存在缺陷造成人身、缺陷产品以外的其他财产（以下简称"他人财产"）损害的，生产者应当承担赔偿责任"，确立了我国对生产者实行严格责任原则。不管生产者是否有过错，只要因产品存在缺陷造成了他人的人身、财产损害，生产者就应当承担赔偿责任。企业在被追究产品侵权责任时，可采取以下抗辩理由：（1）产品无缺陷抗辩。我国在认定产品缺陷时实际上采用了两种标准：一是"不合理危险标准"；二是"强制性标准"。（2）法定免责抗辩。如果生产者能证明有下列情形之一的，不承担赔偿责任：①未将产品投入流通。②产品投入流通时，引起损害的缺陷尚不存在。③生产者将产品

---

① 根据《产品质量法》第40条的规定，销售者售出的产品有下列情形之一的，销售者应当负责修理、更换、退货；给购买产品的消费者造成损失的，销售者应当赔偿损失：（一）不具备产品应当具备的使用性能而事先未作说明的；（二）不符合在产品或者其包装上注明采用的产品标准的；（三）不符合以产品说明、实物样品等方式表明的质量状况的。销售者规定负责修理、更换、退货、赔偿损失后，属于生产者的责任或者属于向销售者提供产品的其他销售者的责任的，销售者有权向生产者、供货者追偿。

投入流通时的科学技术水平尚不能发现缺陷存在。(3) 超过诉讼时效。《产品质量法》规定，因产品存在缺陷造成损害要求赔偿的诉讼时效期间为 2 年，自当事人知道或者应当知道其权益受到侵害时起计算。因产品存在缺陷造成损害要求赔偿的请求权，自造成损害的缺陷产品交付最初消费者满 10 年丧失；但是，尚未超过明示的安全使用期的除外。

【背景资料】

美国法关于严格产品责任的规定①

在美国，严格产品责任的五个基本要求如下：(1) 被告卖出的产品必须是有瑕疵的；(2) 被告必须从事该产品的生产业务；(3) 因为产品的瑕疵，该产品对使用者或者消费者来说必须是具有不合理的危险的；(4) 瑕疵的状况必须是所引起伤害或者损害的近因；(5) 从产品卖出到伤害发生，产品必须没有经过重要的改变。在任何向生产商或卖主提出的诉讼中，原告没有义务说明产品产生瑕疵的原因和方式。然而，原告必须说明在伤害发生时，产品的状况和它离开被告——生产商时本质上是一样的。所有的州都将严格责任保护拓展到了受伤时靠近瑕疵产品但没有使用该产品的人，而不再要求受伤的人是产品的消费者或者使用者。《侵权法重述》(The Restatement of Torts) 第三版在产品责任案件中采取的方式上略有不同。它的责任确定非常简单：如果产品有瑕疵，就有责任。

4. 我国《食品安全法》与企业经营

我国《食品安全法》共十章 104 条，由中华人民共和国第十一届全国人民代表大会常务委员会第七次会议通过，于 2009 年 6 月 1 日起施行，标志着我国进入食品监管的新时代。相比过去的《食品卫生法》(现已废止)，《食品安全法》对食品质量安全的监管更全面、更系统，更严格。

(1) 明确了食品生产经营者作为保证食品安全的第一责任人，建立了生产流通和餐饮服务许可制度、索票索证制度以及企业的食品安全管理制度。

(2) 规范食品添加剂。国家对食品添加剂的生产实行许可制度，未经许可不得生产。食品添加剂应当在技术上确有必要且经过风险评估证明安全可靠，方可列入允许使用的范围。凡要在食品中添加新的食品原料或食品添加剂

---

① [美] Herbert M. Bohlman Mary Jane Bundas：《商法：企业的环境、道德和国际环境》，张丹、林莺、李勇、陈婉婷译，清华大学出版社 2004 年版，第 383 页。

以外的物质，必须先向国务院卫生部门提交相关安全性评估材料，经安全性评估审查证明这种添加是必要的和安全的并列入食品添加剂目录后，方可进行生产经营。

（3）确立了统一制定食品安全国家标准的原则。明确了不安全食品的召回和停止经营制度。食品生产者发现其生产的食品不符合食品安全标准，应当立即停止生产，召回已经上市销售的食品，通知相关生产经营者和消费者，并记录召回和通知情况。食品经营者发现其经营的食品不符合食品安全标准，应当立即停止经营，通知相关生产经营者和消费者，并记录停止经营和通知情况。食品生产经营者未依照规定召回或停止经营不符合食品安全标准的食品的，县级以上质检、工商、食品药品监管部门可以责令其召回或者停止经营。

（4）民事赔偿优先与惩罚性赔偿。《食品安全法》突破目前我国民事损害赔偿的理念，确立了惩罚性赔偿制度。生产不符合食品安全标准的食品，或者销售明知是不符合食品安全标准的食品，消费者除要求赔偿损失外，还可以向生产者或者销售者要求支付价款 10 倍的赔偿金。

（二）消费者权益保护法

《中华人民共和国消费者权益保护法》作为一部与普通百姓日常生活最密切联系的法律，自 1993 年 10 月颁布实施以来，在完善社会维权机制、解决消费权益纠纷、打击侵害消费者权益违法行为、提高消费者依法维权意识以及促进消费维权运动蓬勃发展等方面发挥了重要的作用。

1. 消费者的基本权利

《消费者权益保护法》规定的消费者权利有九项：（1）消费者的安全权；（2）消费者的知情权；（3）消费者的选择权；（4）消费者的公平交易权；（5）消费者的求偿权；（6）消费者的结社权；（7）消费者的获得教育权；（8）消费者的人格尊严权与民族风俗习惯获得尊重权；（9）消费者的监督权。其中，容易被忽视、受侵害的有四项：知情权、选择权、消费者的人格尊严权与索取赔偿权。

消费者的知情权，是指消费者享有知悉其购买、使用的商品或者接受的服务的真实情况的权利。消费者有权根据商品或者服务的不同情况，要求经营者提供商品的价格、产地、生产者、用途、性能、规格、等级、生产日期、有效期限、检验合格证明、使用方法说明书、售后服务，或者服务的内容、规格、费用等有关情况。

【相关案例】

朱燕翎诉雀巢公司未对产品进行转基因标识案①

2003年3月27日消费者朱燕翎在上海家乐福超市为自己的孩子购买了一种名为"雀巢巧伴伴"的巧克力产品,但她很快在网上发现,这种产品中含有转基因成分。尽管在转基因产品是否有害的问题上一直存在争论,但朱燕翎认为,厂商没有尽到告知义务,欺骗了她和她的孩子。而在欧洲,包括厂商在内的许多公司已经承诺,食品当中不使用转基因成分。含转基因成分的食品,都必须进行标识。于是,朱以侵犯消费者的知情权为由,将瑞士厂商及上海厂商告上法庭。上海市第二中级人民法院作出一审判决,驳回原告的诉讼请求。上海市高院二审认定,因按照国家承认的检测手段无法证明"雀巢巧伴伴"含有转基因成分,故驳回朱燕翎的上诉请求。

评析:本案中,是否应对转基因产品贴加标签表明其身份是一个很有争议的问题。WTO协议中对转基因产品贴加标签分为两种情形,一是出于食品安全;二是让消费者对所购买的产品有知情权和选择权。随着农业生物技术的迅猛发展,转基因农产品不断上市,对于摆放在超市货架上的转基因产品,其食用是否安全?至今没有定论。从立法趋势上看,对农业转基因生物实施标识管理,规范农业转基因生物的销售行为,引导农业转基因生物的生产和消费,从消费者有知情权和选择权的角度出发,向消费者提供有关产品的真实、准确信息,是世界多数国家和国际组织的通行做法,也是消费者的普遍要求。

消费者选择权是指消费者享有的自主选择商品或者服务的权利,包括:有权自主选择提供商品或者服务的经营者,自主选择商品品种或者服务方式,自主决定或者购买任何一种商品、接受或者不接受任何一项服务。消费者在自主选择商品或服务时,有权进行比较、鉴别和挑选。

消费者的人格尊严权是指消费者在消费活动中所享有的名誉权及尊严权不受侵犯的一种民事权利。消费者在购买、使用商品和接受服务时,享有其人格尊严、民族风俗习惯得到尊重的权利。

消费者的索取赔偿权,是指消费者在购买、使用商品或者接受服务时,其生命健康权、姓名权、肖像权、名誉权、荣誉权和个人隐私等人身权受到损害的,有权要求经营者依法予以赔偿。

---

① 张庆、刘宁、乔栋:《产品质量责任法律风险与对策》,法律出版社2005年版,第209~211页。

【拓展知识】

商品房买卖的惩罚性赔偿

《消费者权益保护法》第49条规定,"经营者提供商品或者服务有欺诈行为的,应当按照消费者的要求增加赔偿其受到的损失,增加赔偿的金额为消费者购买商品的价款或者接受服务的费用的一倍。"商品房是否属于《消费者权益保护法》调整?商品房买卖能否适用《消费者权益保护法》惩罚性赔偿的规定?最高人民法院《关于审理商品房买卖合同纠纷案件适用法律若干问题的解释》第8条作出了肯定的解释:"具有下列情形之一,导致商品房买卖合同目的不能实现的,无法取得房屋的买受人可以请求解除合同、返还已付购房款及利息、赔偿损失,并可以请求出卖人承担不超过已付购房款一倍的赔偿责任:(一)商品房买卖合同订立后,出卖人未告知买受人又将该房屋抵押给第三人;(二)商品房买卖合同订立后,出卖人又将该房屋出卖给第三人。"

2. 经营者的基本义务

《消费者权益保护法》第三章全面规定了经营者的义务,包括:(1)依法定或约定履行义务;(2)听取意见和接受监督;(3)保障人身和财产安全;(4)不作虚假宣传;(5)出具相应的凭证和单据;(6)提供符合要求的商品或服务;(7)不得从事不公平、不合理的交易;(8)不得侵犯消费者的人身权。

【相关案例】

经营者安全保障义务[①]

原告到被告餐厅就餐,期间原告因醉酒与在该餐厅的其他顾客互相殴打,使原告受伤致残。原告故诉至法院要求被告赔偿损失。一审法院认为,原告在被告处消费,双方形成了服务合同关系。在原告遭受他人殴打时,被告未能履行上述义务,应视为其履行合同不完善,故判决由被告赔偿原告损失若干。被告不服提出上诉。二审法院认为,杨某与餐厅已形成服务合同关系。依照《消费者权益保护法》规定,餐厅有义务保障消费者在购买、使用商品和接受

[①] 赵成杰:《从本案析经营者安全保障义务》,载 http://www.chinacourt.org/html/article/200306/12/62174.shtml,2009年10月20日访问。

服务时人身、财产安全不受损害。但在本案中，杨某所受伤害并非是来自餐厅所提供的服务，而是被第三人所致伤，应当向实际加害者请求赔偿。故判决撤销一审判决，驳回了杨某诉求。

《消费者权益保护法》第18条规定了经营者负有对消费者人身、财产安全保障的义务，但安全保障权包括哪些呢？目前尚无明文规定。可从以下几个方面来加以认定。

1. 从来源看，无论是经营者自身还是源于经营者以外的第三人的不法侵害都可包括在内。但后者分析要结合经营者损害发生有无事先预见、识别与控制能力来予以判断。

2. 从场所看，在相对封闭的情况下，消费者此时的自我救助能力大大受限，如果受到外来侵害，经营者则不能以与己无关为由免责。例如在飞机起飞、客车驶上高速公路、火车开动后乘客遭遇危险，受到不法侵害时。

3. 应考虑经营者是否违反了合同的附随义务。合同的附随义务，包括诸如通知、协助保管等。例如餐厅对顾客遗忘在餐厅的物品有临时保管的义务，医院在患者发生意外伤害时有积极救助的义务。

作为经营者，应当向消费者提供有关商品或者服务的真实信息，不得作引人误解的虚假宣传。经营者对消费者就其提供的商品或者服务的质量和使用方法等问题提出的询问，应当作出真实、明确的答复。采用虚假宣传的方式推广企业产品，会对企业的形象产生不利的负面影响，并且这种不良影响在短期内很难予以消除。我国立法通过《广告法》、《反不正当竞争法》以及相关知识产权立法等手段，多维度严格规制虚假宣传。

【拓展知识】

美国欺诈性广告的界定[①]

美国联邦贸易委员会通过政策性陈述的方式明确了构成欺诈性广告的三种要素：第一，广告必须包含一个陈述、省略或行为；第二，该陈述、省略或行为必须会对在该条件下合理行事的消费者产生误导；第三，该陈述、省略或行为必须是重要的（重大的）。它同样会产生误导，但并没有发生事实上的欺诈。广告经常会受到下列问题的质疑：(1) 虚假陈述或主张；(2) 存在没有

[①] [美] Herbert M. Bohlman Mary Jane Bundas：《商法：企业的环境、道德和国际环境》，张丹、林莺、李勇、陈婉婷译，清华大学出版社2004年版，第535页。

披露重要事实的过失;(3)陈述没有说出全部真相;(4)无证据的主张。

企业在经营活动中,经常会用到格式合同。在我国,格式合同主要由《合同法》调整。《合同法》第39条第2款对格式条款作了确切的定义:"格式条款是指合同当事人一方为了重复使用而预先拟定,并在订立合同时未予对方协商的合同条款。"从效率角度讲,格式条款避免了商家与每一个顾客为达成合同进行讨价还价,从而节约了交易成本。在现实生活中,一些商家往往滥用格式条款损害消费者的利益。对此,《合同法》明确规定"采用格式条款订立合同的,提供格式条款的一方应当遵循公平原则确定当事人之间的权利和义务,并采取合理的方式提请对方注意免除或者限制其责任的条款,按照对方的要求,对该条款予以说明"。需要注意的是,对下列特定的免责或限责条款,法律明文规定了格式条款无效:第一,格式条款具有《合同法》第52条①、第53条②规定的内容;第二,提供格式条款的一方免除其责任、加重对方责任、排除对方主要权利的。企业在制定格式合同时,要尽量避免上述的法律风险。

【相关案例】

成都市餐饮同业公会制定的行业自治规范"涉嫌"侵犯消费者权益③

2006年,成都市餐饮同业公会起草并试行《成都市餐饮行业企业经营行为规范》,其中第19条规定:"餐饮企业原则上可以谢绝客人自带酒水进入餐厅享用,但企业应当将谢绝的告示设置于醒目的位置。如客人确要自带酒水需征得餐饮企业同意,企业可按物价部门的相关规定收取适量的服务费用。"

评析:依据《消费者权益保护法》规定,经营者不得以格式合同、通知、声明、店堂告示等方式作出对消费者不公平、不合理的规定,或者减轻、免除其损害消费者合法权益应当承担的民事责任。而餐厅的谢绝酒水告示明显属于典型的不公平格式条款,所以这种所谓的行业规范不具有法律效力,消费者应该大胆维权。

---

① 《合同法》第52条规定:有下列情形之一的,合同无效:(一)一方以欺诈、胁迫的手段订立合同,损害国家利益;(二)恶意串通,损害国家、集体或者第三人利益;(三)以合法形式掩盖非法目的;(四)损害社会公共利益;(五)违反法律、行政法规的强制性规定。
② 《合同法》第53条规定:合同中的下列免责条款无效:(一)造成对方人身伤害的;(二)因故意或者重大过失造成对方财产损失的。
③ 参见《成都餐饮行业叫嚣收取开瓶费,行规公然挑战法律》,载新浪网,http://news.sina.com.cn/c/2006-3-15/14188448995s.shtml,2010年2月3日访问。

【拓展知识】

聚焦《消费者权益保护法》修改①

在修改方向上,《消费者权益保护法》的修改要大胆突破传统民法理论的窠臼。如在过错认定的方式上,要抛弃传统民法的主观化认定方式,采用客观化标准。此次修法,如果是小的调整就没必要动用如此大的立法资源,应该在综合考虑我国国情的基础上与国际接轨,不断适应新的形势来保护消费者的利益。其他相关法律好的做法也要吸收到新消法中来,使法律武器更加"锐利",更好地为保护消费者合法权益服务。比如加大惩罚性赔偿的惩罚力度、缺陷产品的召回制度、名人代言虚假广告的连带责任制度、冷静期的后悔权制度等等。修改内容应包括:一是关于消费者的概念,这是个长期以来争论不休的问题。目前有的法院已出台相关诉讼办法,其中就规定职业打假人也是消费者。二是仲裁制度和小额诉讼制度需要进一步研究。由于商事仲裁机构数量少,解决纠纷的成本高,老百姓提起仲裁不够便利,很难解决消费纠纷的问题。应考虑引入小额诉讼制度,建立专门的消费法庭,快速解决消费纠纷,节约司法成本。三是引入集团诉讼制度,允许消费者组织发起涉及消费者权益的集团诉讼。单个消费者起诉、举证力量薄弱,如果消协代表不特定主体就普遍的事件提起诉讼,有利于解决消费者起诉难、鉴定难、举证难的问题。四是应对产品瑕疵和产品缺陷的法律后果予以区别规定,这是此次法律修改中应该解决的一个重要问题。

(三) 劳动合同法

1. 劳动合同

《中华人民共和国劳动合同法》第 16 条规定:"劳动合同是劳动者与用人单位确立劳动关系、明确双方权利和义务的协议。"根据协议,劳动者加入某一用人单位,承担某一工作和任务,遵守单位内部的劳动规则和其他规章制度。用人单位有义务按照劳动者的劳动数量和质量支付劳动报酬,保证劳动者享受本单位成员的各种权利和福利待遇。

(1) 劳动合同的订立

劳动合同分为固定期限劳动合同、无固定期限劳动合同和以完成一定工作

---

① 梁捷:《法学专家聚焦消费者权益保护法修改》,载 http://www.gmw.cn/content/2009 - 7/23/content_953114.htm,2010 年 1 月 30 日访问。

任务为期限的劳动合同。《劳动合同法》① 明确规定了书面劳动合同的效力，否定了口头合同的效力；以用工之日为标志确立劳动关系；用人单位不签劳动合同须付双倍工资，甚至视为无固定期限合同。

实践中，一些企业用工手续不完善，为了节约成本不愿意与劳动者签订书面劳动合同。为了防范法律风险，企业应依法办理用工手续，与劳动者签订书面劳动合同。同时，企业为了自身利益考虑，在签订劳动合同时，尽可能将劳动合同的内容细化，特别注意明确双方的违约责任。

（2）劳动合同的履行与变更

用人单位应当按照劳动合同的约定，向劳动者支付劳动报酬。企业拖欠劳动者工资的，劳动者可以依法向人民法院申请支付令。用人单位与劳动者协商一致，可以变更劳动合同的内容。变更劳动合同，必须采取书面的形式。用人单位变更名称、法定代表人、主要负责人或者投资人等事项，不影响劳动合同的履行。企业发生合并、分立情况的，原先的劳动合同仍有效，劳动合同由承继其权利和义务的用人单位继续履行。

（3）劳动合同的解除与终止

劳动合同的解除分为法定解除和约定解除两种。用人单位与劳动者协商一致，可以解除劳动合同。根据《劳动合同法》规定，劳动者提前30日以书面形式通知用人单位，或者劳动者在试用期内提前3日通知用人单位，可以解除劳动合同。② 用人单位以暴力、威胁或者非法限制人身自由的手段强迫劳动者劳动的，或者用人单位违章指挥、强令冒险作业危及劳动者人身安全的，劳动者可以立即解除劳动合同，不需事先告知用人单位。

《劳动合同法》增加企业过失性辞退的情形，一定程度上放宽了用人单位解除劳动合同的条件。③ 在特定情形下，有下列情形之一的，用人单位提前30

---

① 《劳动合同法》第10条规定："建立劳动关系，应当订立书面劳动合同。已建立劳动关系，未同时订立书面劳动合同的，应当自用工之日起1个月内订立书面劳动合同。用人单位与劳动者在用工前订立劳动合同的，劳动关系自用工之日起建立。"

② 《劳动合同法》第38条规定：用人单位有下列情形之一的，劳动者可以解除劳动合同：（一）未按照劳动合同约定提供劳动保护或者劳动条件的；（二）未及时足额支付劳动报酬的；（三）未依法为劳动者缴纳社会保险费的；（四）用人单位的规章制度违反法律、法规的规定，损害劳动者权益的；（五）因本法第26条第1款规定的情形致使劳动合同无效的；（六）法律、行政法规规定劳动者可以解除劳动合同的其他情形。

③ 《劳动合同法》第39条规定："劳动者有下列情形之一的，用人单位可以解除劳动合同：（一）在试用期间被证明不符合录用条件的；（二）严重违反用人单位的规章制度的；（三）严重失职，营私舞弊，给用人单位造成重大损害的；（四）劳动者同时与其他用人单位建立劳动关系，对完成本单位的工作任务造成严重影响，或者经用人单位提出，拒不改正的；（五）因本法第26条第1款第1项规定的情形致使劳动合同无效的；（六）被依法追究刑事责任的。"

日以书面形式通知劳动者本人或者额外支付劳动者一个月工资后,可以解除劳动合同:(1)劳动者患病或者非因工负伤,在规定的医疗期满后不能从事原工作,也不能从事由用人单位另行安排的工作的;(2)劳动者不能胜任工作,经过培训或者调整工作岗位,仍不能胜任工作的;(3)劳动合同订立时所依据的客观情况发生重大变化,致使劳动合同无法履行,经用人单位与劳动者协商,未能就变更劳动合同内容达成协议的。

【拓展知识】

裁员程序及风险控制[①]

《劳动合同法》第41条规定:"有下列情形之一,需要裁减人员20人以上或者裁减不足20人但占企业职工总数10%以上的,用人单位提前30日向工会或者全体职工说明情况,听取工会或者职工的意见后,裁减人员方案经向劳动行政部门报告,可以裁减人员。"该条款规定了裁员的人数要求及程序要求:

(1)人数要求:裁减人员需达到20人以上或者裁减不足20人但占企业职工总数10%以上才可启动裁员程序。实践中用人单位的风险在于裁减人员未达到20人或者人数少的企业未达到职工总数10%也启动裁员程序。用人单位如果裁减人员人数不足法定标准,不能启动裁员程序成批解除劳动合同,只能按照《劳动合同法》第36条、第39条、第40条的规定单个解除劳动合同,否则裁员行为违法,应当承担违法解雇的法律风险。建议用人单位以协商解除方式操作更容易避免风险。

(2)提前说明:用人单位应当提前30日向工会或者全体职工说明情况,听取工会或者职工的意见,注意既可以向工会说明情况,也可以向全体职工说明情况,用人单位可以选择。用人单位在操作过程中需注意"全体职工"不能用"职工代表"代替,另外应当保留提前通知工会或者全体职工的书面证据,未提前通知或不能举证证明的均会导致违法裁员风险。

(3)报告程序:裁减人员方案需向劳动行政部门报告,注意法律并没有要求劳动行政部门批准后才可裁员,只要履行报告程序就行了。用人单位应当保留劳动行政部门签收的相关证据。

[①] 李迎春:《金融危机下企业裁员控制》,载 http://article.chinalawinfo.com/Article_Detail.asp?ArticleID=45710&Type=mod,2009年10月3日访问。

劳动合同的终止是指排除了劳动合同解除外，劳动合同效力归于消灭的法定情形。劳动合同的终止只能法定，而不能有约定条件下的终止。①《劳动合同法》规定，劳动合同期限届满而终止劳动合同的情形，用人单位必须向劳动者支付经济补偿金，除非用人单位维持或者提高劳动合同约定条件续订劳动合同，劳动者不同意续订的情形外，在此情况下劳动者仍不同意续订劳动合同的，可以免除用人单位支付经济补偿金的义务。用人单位被依法宣告破产、被吊销营业执照、责令关闭、撤销或者用人单位决定提前解散而导致劳动合同终止，用人单位均应支付经济补偿金。经济补偿金的计算按劳动者在本单位工作的年限，每满 1 年支付 1 个月工资的标准向劳动者支付。6 个月以上不满 1 年的，按 1 年计算；不满 6 个月的，向劳动者支付半个月工资的经济补偿。用人单位对已经解除或者终止的劳动合同的文本，至少保存两年备查。

2. 我国《劳动合同法》的制度创新

2008 年 1 月 1 日起，我国《劳动合同法》全面予以实施。社会公众对《劳动合同法》的关注超越了以往任何一部法律。《劳动合同法》的一大特色就是加大了对劳动者的倾斜保护，同时也给企业带来了比较大的冲击。随着《劳动合同法》的高调出台，企业要调整好心态，在人力资源管理上防控好法律风险，树立良好的企业形象。

【背景资料】

《劳动合同法》身陷围城②

面对刚刚过去的 2009 年，在劳动争议领域，董保华用了"血淋淋"三个字来形容。董保华是华东政法大学教授。每年这时候，他都会对上一年发生在劳动争议领域内的案例进行盘点，而在 2009 年的梳理单上，赫然列着张海超开胸验肺、通钢改制工人打死企业高管、广东东莞工厂工人向厂方索讨赔偿金不成刺死老板、湖南耒阳百位"尘肺病"民工索赔……伴随着劳资关系出现恶化倾向，在《劳动合同法》实施两年来，社会各界争议仍在继续。这部旨在对接国际规则、保护员工利益的善法，缘何遭到诸多争议？据中国社会科学院社会学研究所、社会科学文献出版社 2009 年 12 月 21 日联合发布的《2010

---

① 《劳动合同法》第 44 条规定：有下列情形之一的，劳动合同终止：(1) 劳动合同期满的；(2) 劳动者开始依法享受基本养老保险待遇的；(3) 劳动者死亡，或者被人民法院宣告死亡或者宣告失踪的；(4) 用人单位被依法宣告破产的；(5) 用人单位被吊销营业执照、责令关闭、撤销或者用人单位决定提前解散的；(6) 法律、行政法规规定的其他情形。

② 参见《劳动合同法身陷围城》，载《中国经营报》2010 年 1 月 23 日。

年社会蓝皮书》显示，2009年上半年，全国法院系统受理的劳动争议案件将近17万件，同比增长30%，劳动争议纠纷案件已成为民事案件中增长最快、涉及范围最广、影响程度最深、社会关注最多的案件类型。

从2007年12月11日到2009年3月11日，经济学家张五常在博客中连发10篇文章反对《劳动合同法》，在最后一篇文章中称，"《劳动合同法》是全面地干预市场的一种重要合约，牵一发而动全身，整个市场会受到严重的损害"。2008年7月27日，经济学家郎咸平在杭州演讲时称，《劳动合同法》仓促出台造成了企业、工人双输的局面。他说，"《劳动合同法》本身的政治意义、经济意义是非常重大的，我个人是非常支持的。但问题是，首先，拟定好后竟然没有通过大面积的论证。第二，竟然没有通过试点。"

(1) 规章制度。用人单位在制定修改或者决定有关劳动报酬、工作时间、休息休假、劳动安全卫生、保险福利、职工培训、劳动纪律以及劳动定额管理等直接涉及劳动者切身利益的规章制度或者重大事项时，应当经职工代表大会或者全体职工讨论，与工会或者职工代表平等协商。用人单位应当将直接涉及劳动者切身利益的规章制度和重大事项决定公示，或者告知劳动者。

(2) 试用期。试用期一度被企业视为"廉价期"，如试用期过长、过分压低劳动者在试用期内的工资、试用期内随意解除劳动合同等，《劳动合同法》关于试用期的规定对企业的影响是：第一，将试用期的期限明确细化：1个月、2个月和6个月，违法约定的试用期已经履行的，由用人单位以劳动者试用期满月工资为标准，按已经履行的超过法定试用期的期间向劳动者支付赔偿金。第二，劳动者在试用期的工资不得低于本单位同岗位最低档工资或者劳动合同约定工资之80%。第三，在试用期中，用人单位解除劳动合同的，应当向劳动者说明理由；非法定情形，试用期内也不得随意解除劳动合同。第四，限制了同一用人单位与同一劳动者只能约定一次试用期。

(3) 违约金。为了防止用人单位滥用违约金条款，保护劳动者的自主择业权，《劳动合同法》对违约金的适用范围做了严格的限制，规定只有在出资培训和竞业限制两种情形下，用人单位可以约定由劳动者承担违约金。在出资培训的情况下，违约金的数额不得超过用人单位提供的培训费用。用人单位要求劳动者支付的违约金不得超过服务期尚未履行部分所应分摊的培训费用。为了证明企业对劳动者进行过培训，企业必须出具第三方开具的培训费发票，企业内部培训或者没有第三方发票的都不算。在实践中，人力资源部应妥善保管好发票。

【相关案例】

飞行员"天价赔偿案"——违约金怎么算?

2007年5月,在中国东方航空公司云南分公司工作的飞行员郑志宏提出辞职后,被航空公司起诉到法院,索赔600余万元。昆明市官渡区法院审理后作出一审判决:由郑志宏赔偿航空公司130万元违约金并退还7万多元工资;航空公司在判决生效3个月内为他办理技术档案、飞行执照等手续。然而,郑志宏、东航双方都不服一审判决,向昆明市中级人民法院提出上诉。

法院作出终审判决:确认郑志宏与中国东方航空股份有限公司云南分公司的劳动合同于2007年6月18日解除;中国东方航空股份有限公司云南分公司于判决生效后15日内为郑志宏办理人事、工资档案及社会保险转移手续,并将郑志宏的技术档案移送中国民用航空西南管理局暂存保管;郑志宏于判决生效后30日内一次性返还中国东方航空股份有限公司云南分公司于2007年6月18日后发放给郑志宏的工资、防暑降温费等共计73005.96元;由郑志宏于本判决生效之日起15日内赔偿中国东方航空股份有限公司、中国东方航空股份有限公司云南分公司培训费用损失人民币1335555.05元。

问题:按照《劳动合同法》的规定,违约金应如何计算?

(4) 劳务派遣。在劳动合同立法中,劳务派遣是争议最大的问题之一。《劳动合同法》第五章整整用了第二节共十一个条款来规范劳务派遣,该法对劳务派遣的限定非常严格。第一,劳动者出了事首先要找派遣单位负责;第二,派遣单位必须与劳动者签订2年以上合同,这期间劳动者就算没有工作,派遣单位也得支付工资;第三,劳务派遣单位违反法律规定,造成劳动者损害的,实际用工的单位和派遣公司要承担连带责任。① 总的来说,《劳动合同法》增大了派遣单位和用工单位的法律责任和用人成本,建议企业根据实际情况,对是不是要使用劳务派遣工合理预算,衡量利弊。

(5) 无固定期限劳动合同。《劳动合同法》为了限制企业随意解雇劳动者,强制推行无固定期限劳动合同。无固定期限劳动合同,是指用人单位与劳动者约定无确定终止时间的劳动合同。《劳动合同法》第14条规定,以下情况企业必须与劳动者签订无固定期限劳动合同:一是劳动者在企业连续工作满10年;二是企业初次实行劳动合同制度或者国有企业改制重新订立劳动合同

---

① 李旭:《民营企业法律风险识别与控制》,中国经济出版社2008年版,第244~245页。

时，劳动者在该企业连续工作满 10 年且距法定退休年龄不足 10 年的；三是连续订立二次固定期限劳动合同；四是企业自用工之日起满 1 年不与劳动者订立书面劳动合同的，视为企业与劳动者已订立无固定期限劳动合同。企业不依法签订无固定期限劳动合同的，必须向劳动者支付双倍工资。

（6）集体劳动合同。《劳动合同法》专门规定了"集体劳动合同"。企业职工一方与用人单位通过平等协商，可以就劳动报酬、工作时间、休息休假、劳动安全卫生、保险福利等事项订立集体合同。集体合同草案应当提交职工代表大会或者全体职工讨论通过。集体合同订立后，应当报送劳动行政部门；劳动行政部门自收到集体合同文本之日起 15 日内未提出异议的，集体合同即行生效。需要特别注意的是，集体合同中劳动报酬和劳动条件等标准不得低于当地人民政府规定的最低标准；用人单位与劳动者订立的劳动合同中劳动报酬和劳动条件等标准不得低于集体合同规定的标准。

【拓展知识】

《劳动合同法》与人力资源管理

面对《劳动合同法》对用人单位凝固化劳动关系的要求，人力资源管理可以考虑变"死"为"活"，一方面缩减延缓签订无固定期限劳动合同，另一方面完善无固定期限劳动合同签订管理和配套制度；在人才挽留机制上加强内部管理，防止员工跳槽解雇，充分利用培训来约定服务期和违约金；更需要考虑转变留人思路，设计新的留人手段。①

《劳动合同法》在集体合同、规章制度、劳动合同和日常管理等方面都对用人单位提出了书面化的要求。企业面对法律的书面化要求应当化繁为简：（1）在签订劳动合同时，应当设计详尽的劳动合同签订流程，避免不签合同的情况；（2）在劳动合同内容设计上，除了必备合同条款外，对于试用期、培训、商业秘密、竞业禁止等内容，有必要及时提出并在合同中明确注明；（3）企业在日常人事管理中注意将事实调查和性质认定环节拆分，以适应书面化管理的需要。

3. 商业秘密保护与竞业限制

商业秘密是指不为公众所知悉的，能为权利人带来经济利益，并经权利人

---

① 易绍洪：《〈劳动合同法〉的解读与应对》，载 http://blog.sina.com.cn/s/blog_4fff8e550100a9xw.html，2009 年 12 月 5 日访问。

采取了保密措施的技术信息和经营信息。商业秘密保护一向是劳动关系管理的难点,《劳动合同法》第22条规定劳动合同当事人可以在劳动合同中约定保守用人单位商业秘密的有关事项,但对如何约定未作具体规定。

用人单位商业秘密保护有两种方式,一种是在自己的管理权限内采取保密措施,如使用保密设备和保密技术、制定保密制度、划分保密区域等;另一种是用人单位是和劳动者双方约定保密方式,如双方签订保密协议等。

【拓展知识】

保密协议的科学设计

1. 商业秘密范围:商业秘密范围不仅仅局限于用人单位自身的秘密,有时也包括在用人单位生产经营活动中获得的其他用人单位的商业秘密;注意商业秘密和知识产权的权利归属,因为我国法律有职务作品或职务技术成果的规定。

2. 保密义务和泄密行为:保密义务主要有遵守保密制度,不泄露秘密、不利用单位秘密牟利;泄密行为包括擅自把单位或第三人秘密泄露给他人、引诱他人窃取范围秘密、违反约定使用单位秘密等。

3. 保密待遇:如保密费、津贴或补贴。

4. 违约责任:约定赔偿计算方法。

竞业限制是指用人单位依照法律规定或通过劳动合同、保密协议禁止职工或雇员在本单位任职期间同时兼职于业务竞争单位,或禁止他们在本单位离职后受雇于与原单位有业务竞争的单位。《劳动合同法》对竞业限制作出了明确规定。

第一,签订竞业限制协议的主体必须适格。根据规定,"竞业限制的人员限于用人单位的高级管理人员、高级技术人员和其他负有保密义务的人员"。

第二,竞业限制协议的内容必须合法。我国《劳动合同法》第24条第1款规定,"竞业限制的范围、地域、期限由用人单位与劳动者约定,竞业限制的约定不得违反法律、法规的规定"。除期限外,《劳动合同法》没有对竞业限制的范围、地域作出统一规定,劳动部以及各地的规定中对于这些内容有一些规定。

第三,竞业限制协议是一种双务合同,一经签订,用人单位与劳动者都应全面、适当履行。为保障竞业限制协议切实履行,在协议中,用人单位与劳动者可约定违约责任形式,如:支付违约金、承担违约损害赔偿、继续履行竞业限制义务、行使介入权、发布禁令等。

【相关案例】

从微软与 Google 的闪电诉讼看"跳槽"的行与不行[①]

2005 年 7 月 5 日，微软副总裁李开复决定离开微软，并加盟 Google 公司。微软向美国华盛顿州地方法院提起诉讼，指控 Google 公司和李开复违反了竞业禁止协议。7 月 20 日，Google 公司向加利福尼亚州法院提起反诉，要求判决微软公司与李开复之间的非竞争性条款属于违法。7 月 28 日，美国高等法院作出一项临时性裁定，李开复不得在 9 月 6 日前到 Google 公司工作。高等法院认定李开复掌握了微软的商业秘密，而且 Google 公司与微软公司之间存在着竞争关系。9 月 13 日，美国金县高等法院法官冈萨雷斯作出裁决，认为李开复博士可以立即到 Google 公司工作，但是工作范围只限于招聘、创建 Google 中国工程研究院、与政府部门沟通联络等内容。

问题：李开复是否违反了限制竞业禁止义务？

（四）循环经济促进法

循环经济就是以物质、能量梯次和闭路循环使用为特征的，在人、自然资源和科学技术的大系统内，在资源投入、企业生产、产品消费及其废弃的全过程中，不断提高资源利用效率，把传统的、依赖资源净消耗线性增加的发展方式转变成为依靠生态型资源循环来发展的经济。[②] 循环经济立法的目的是为了实现"投入最小化、废物资源化、环境无害化"，达到以最小成本获取最大的经济效益、社会效益和环境效益。

近几年来，环境和自然资源保护是国家发展规划的重要内容，如："节能型社会"、"环境友好型社会"、"循环经济"、"绿色 GDP"、"清洁生产"等概念多次出现在国家新的政策和法律法规当中，循环经济立法早已是西方发达国家环境立法与发展政策的主流。作为一种可持续发展战略模式，循环经济成为当今世界许多国家发展的主流，发达国家纷纷将循环经济纳入法制轨道，以立法的形式将循环经济这种先进的经济发展模式确定下来。

---

① 乔新生：《从微软与谷歌之间的诉讼看商业秘密的法律保护》，载 http://www.bjlaodong.com/dynews/Article/anliyt/200610/274_2.html，2009 年 5 月 3 日访问。

② 刘仲、李廉水：《循环经济中企业管理理念的转变》，载《现代管理科学》2004 年第 5 期。

【背景资料】

美国、德国、日本循环经济立法灿然齐备①

在美国，1976 年制定了《固体废弃物处置法》；自从 20 世纪 80 年代中期俄勒冈、新泽西、罗德岛等州先后制定促进资源再生循环法规以来，现在已有半数以上的州制定了不同形式的再生循环法规。美国 7 个以上的州规定新闻纸的 40%~50% 必须使用由废纸制成的再生材料。美国一些公司如杜邦化学公司提出"3R 制造法"，即物质利用减量（Reduce）、资源循环利用（Recycle）、废物再资源化利用（Reuse）。

在德国，根据各个行业的不同情况，制定了促进行业发展循环经济的法规，其还建立专门机构，监督企业废料回收和执行循环经济发展。德国的《循环经济和垃圾处理法》规定，生产企业必须要向监督机构证明其有足够的能力回收废旧产品，才被允许进行生产和销售活动。

在日本，2000 年就出台了《推进形成循环型社会基本法》，以法律形式推动循环经济。2000 年被日本称为"循环型社会元年"。对不遵守"减量化、再利用、再循环"，即 3R 原则的行为，日本政府依照《废弃物处理法》的惩罚标准对 20 多种行为进行程度不一的处罚。

1. 我国《循环经济促进法》简介

我国自 2009 年 1 月 1 日起实行《循环经济促进法》，该法以"减量化、再利用、资源化"为主线，针对我国现阶段能耗物耗过高、减量化潜力很大的特点，特别强调减量化，强调资源的高效利用和节约使用。共七章五十九条。第一章为总则，第二章规定基本管理制度，第三章规定减量化，第四章规定再利用和资源化，第五章规定激励措施，第六章规定责任，第七章为附则。

《循环经济促进法》从实际出发，规定了六大制度，着力解决影响我国循环经济发展的重大问题②：

第一项是循环经济的规划制度。循环经济规划是国家对循环经济发展目标、重点任务和保障措施进行的安排和部署，是政府进行评价、考核，并且实施奖励、限制或者禁止措施的一个重要依据。循环经济促进法主要从两方面对

---

① 周珂、马绍峰、姜林海：《循环经济立法研究》，载 http://www.civillaw.com.cn/article/default.asp? id = 26002，2009 年 10 月 5 日访问。
② 倪岳峰：《循环经济促进法制定六项制度促进循环经济》，载 http://www.china.com.cn/policy/txt/2008 - 09/01/content_16367500.htm，2009 年 9 月 30 日访问。

循环经济规划制度作了规定，全国和地方的循环经济发展规划由经济综合宏观调控部门（或综合经济管理部门）会同环境保护等有关部门编制，报同级人民政府批准后公布施行；县级以上人民政府编制国民经济和社会发展总体规划、区域规划以及城乡建设、科学技术发展等专项规划，应当制定发展循环经济的目标。

第二项制度是抑制资源浪费和污染物排放的总量控制制度。总量控制制度将推动各地和企业按照国家的总体要求，根据本地的资源和环境承载能力，安排产业结构和经济规模，积极主动地采取各种循环经济的措施。

第三项制度是循环经济的评价和考核制度。建立循环经济的评价考核制度，有助于推动解决单纯以 GDP 指标来衡量各地的经济发展水平的弊端。循环经济评价指标体系和考核制度包括标准、标识、标志和认证制度；

第四项制度是以生产者为主的责任延伸制度。传统上，产品的生产者主要对产品本身的质量承担责任。现代生产者的责任已经从单纯的生产阶段、产品的使用阶段，逐步延伸到产品废弃后的回收、利用和处置阶段。相应地，对产品的设计也提出了一些更高的要求。

第五项制度是对高耗能、高耗水企业设立重点监管制度。为了保证节能减排各项规划目标的实现，对钢铁等高耗能、高耗水企业实行重点管理。我国循环经济法专门设立重点企业管理制度，明确提出节能减排的强制要求，要求这些企业制定严于国家标准的能耗和水耗企业标准，并定期进行审核。国务院按行业定期公布重点企业资源节约定额指标以及废物再利用和资源化定额指标，重点企业在列入名录后一年内要达到资源节约定额指标的要求等。

第六项制度是强化经济措施。例如建立循环经济专项发展基金、资金提供财政支持，提供税收优惠，国家进行金融和投资方面的支持。同时，还实行有利于循环经济发展的价格、收费以及押金等制度，同时还有政府采购和表彰奖励制度——培育和奖励环境友好型企业等等。

2.《循环经济促进法》框架下企业经营管理理念的转变

循环经济的发展理念带来现代企业新的管理内容和方法的改变，我国《循环经济促进法》的出台对企业产品生产和管理的理念转变影响是重大和深远的，主要体现在以下几个方面：

（1）减量化生产和 3R 管理的转变。在《循环经济促进法》框架下，减量化生产和 3R 管理要求企业生产的产品体积小型化和重量轻型化，并要求产品包装追求简单朴实而不是豪华浪费；要求产品和包装物能够以初始的形式被多次重复使用。当前，社会上一次性产品的流行风潮和包装过度（中秋月饼的促销）问题往往造成大量自然资源的浪费，所以企业产品生产应当从一次性向经久耐用型转变。如德国的奔驰汽车公司就以循环经济理念为指导转变管理理念，保持产品的高质量、高性能、高价位、长使用周期，取得成功。

（2）从传统质量管理向循环经济的质量管理转变。传统的ISO9000质量标准仅仅是在企业内部保证和提高产品质量，而ISO14000系列标准是在循环经济理念指导下制定的，它把对企业产品质量的管理扩大到包括企业生产环境的大系统，即企业不仅要在内部保证和提高产品质量，还要保证外部的环境质量。这就要求企业尽可能少地投入自然资源，实行清洁生产，尽可能少地排放废物，要求产品生产的经济效益、社会效益和环境效益有机统一。

（3）企业从竞争向合作方式转变。传统企业生产中由于资源稀缺，企业之间只能靠竞争来谋求生存和发展。《循环经济促进法》规定，一个企业的废料可以成为原料再使用，一个企业无用的技术也完全可以成为另一个企业有用的技术，一个企业弃用的市场（如废气物利用市场）完全可以成为另一个企业的市场。因此循环经济提倡形成网络化的循环协作关系，在企业间形成一种既相互竞争又彼此协作的新型关系。在相互协作的新型关系的基础上，进行企业兼并或联合，做到资源互补循环、利益共享，最大限度地获得企业经济利益。①

【拓展知识】

节能减排与优惠政策

国家发改委发布的《可再生能源中长期发展规划》把"加大财政投入，实施税收优惠政策"作为可再生能源开发利用的一项原则确定下来。《企业所得税法》规定，企业在节能环保方面所作的投资或在节能环保项目上的所得，今后可享受税收上的减免。《企业所得税法》第27条规定，企业从事符合条件的环境保护、节能节水项目的所得，可以免征、减征企业所得税。第34条还规定，企业购置用于环境保护、节能节水、安全生产等专用设备的投资额，可以按一定比例实行税额抵免。

对企业经营而言，在进行节能、环保等项目的立项、建设时，不仅要考虑现有节能减排方面的税收政策，还要用好国家对高新技术企业的税收优惠、技术开发费加计扣除、固定资产投资加速折旧等一切可以利用的优惠政策，同时兼顾国家即将出台的优惠政策，统筹进行筹划，才能使投资收益实现最大化。

---

① 刘仲、李廉水：《循环经济中企业管理理念的转变》，载《现代管理科学》2004年第5期。

本章小结

政府规制是指政府为实现某种公共政策的目的,依据一定的规则对特定社会的个人和构成特定经济关系的主体的活动进行规制的行为。政府规制主要基于市场失灵论。

商事管理的经济型规制表现为对不正当竞争和垄断法的规制。作为经营者,应当关注立法的最新要求。在经营过程中,企业必须了解哪些是法律意义上的不正当竞争手段,避免在经营过程中触碰法律的底线。对于大型企业而言,《反垄断法》的颁布和实施对企业的竞争战略提出了严峻的挑战,垄断协议、滥用市场支配地位、经营者集中、行政垄断为《反垄断法》明令禁止。

商事管理的社会性规制表现为:(1)产品质量。对企业经营而言,要注意防范企业产品质量的法律风险。产品质量的生产者和消费者负有法定义务,经营者必须严格遵守,否则会被追究产品质量责任。(2)消费者保护。经营者应主动承担应尽义务,以诚实守信、产品质量赢得市场、赢得消费者的口碑;对政府行政执法而言,应站在维护消费者权益和市场秩序的角度,履行好相应职责。(3)劳动者保护。《劳动合同法》对劳动合同关系的调整作了很多创新性规定。从企业经营者角度看,应正确认识和用好新法,提高主动维护劳动者权益的觉悟和水平,同时,注意经营者权益与劳动者权益相平衡,在商业秘密保护和竞业禁止方面依法缔约,使劳资关系协调发展,这是和谐社会构建的基础。(4)环境保护。《循环经济促进法》以最小发展成本获取最大的经济效益、社会效益和环境效益,这样才能把资源节约、经济质量、环境建设同经济发展和社会进步有机地结合起来。

思考与练习

1. 为什么要进行政府规制?其内涵及理论依据是什么?
2. 为什么政府要对竞争行为予以适当的行政干预?
3. 如何正确认识《反垄断法》对两类特殊行业的保护?
4. 食品安全的召回制度是什么?对企业的经营产生哪些影响?
5. 什么是无固定期限劳动合同?哪些情形下用人单位必须与劳动者签订无固定期限劳动合同?
6. 阅读下面这则材料,从中能够得到什么启示?举你身边的例子说明我国《循环经济促进法》实施的效益和效果。

韩国为促进环境保护,制定一种新的垃圾收费法规,规定以垃圾容量而不是以人头为计算单位,向居民收取服务费,从而促使消费者和制造商自动想办法减少垃圾体积。于是,一种压缩的超薄型小尿布应运而生,它比普通尿布体积小27%,而功用相同。其他各行各业也自动用各种方法来执行新的垃圾处理规定,如有的制造商在寻找代替物来取代包装体积大又不能生物分解的泡沫塑料。化妆品制造厂也正在尽量减少包装,提倡瓶子回收循环使用。新的法规试行结果显示,家庭废物减少了40%,而供循环再造的废料则增加了100%。

案例分析

1. 阅读下面的案例,结合我国《反垄断法》的规定,谈谈你对可口可乐收购汇源失败案的看法。

商务部认为,在可口可乐公司收购汇源公司案中,由于交易后可口可乐公司将取得汇源公司绝大部分甚至100%股权,从而取得了汇源公司的决定控制权,因此,该交易符合集中的法定标准;同时,可口可乐公司和汇源公司2007年在中国境内的营业额分别为12亿美元(约合91.2亿人民币)和3.4亿美元(约合25.9亿人民币),分别超过4亿元人民币,达到并超过了《国务院关于经营者集中申报标准的规定》的申报标准,因此此案必须接受相关审查。

商务部认定,可口可乐公司在碳酸软饮料市场占有市场支配地位。碳酸饮料和果汁饮料尽管彼此间替代性不强,但却同属非酒精饮料,彼此属于紧密相邻的两个市场。此次收购完成后,可口可乐公司在碳酸饮料市场已有支配地位基础上又进一步增强了其在果汁类饮料市场的竞争优势和影响力,产生强强联合的叠加效应,严重削弱甚至剥夺其他果汁类饮料生产商与其形成竞争的能力,从而对果汁饮料市场竞争造成损害,最终使消费者被迫接受更高价格、更少种类的产品。

商务部依据《反垄断法》的相关规定,从市场份额及市场控制力、市场集中度、集中对市场进入和技术进步的影响、集中对消费者和其他有关经营者的影响及品牌对果汁饮料市场竞争产生的影响等方面对此项集中进行了审查,在全面评估此项交易产生的各种影响的基础上作出了禁止决定。

2. 阅读下面的案例,思考:我国《食品安全法》对食品添加剂的监管有哪些手段?谈谈你对该法院判决的看法。

我国《食品安全法》施行后,职业打假人赵先生以"王老吉"凉茶中非法添加夏枯草为由,起诉"王老吉",依照《食品安全法》索要10倍赔偿。法院认为,王老吉凉茶是经国家相关主管部门批准许可生产和销售的商品。赵先生对王老吉凉茶中添加"夏枯草、蛋花、布渣叶"成分所提出的异议不属于民事诉讼的审查范围,裁定驳回其起诉。

3. 阅读以下案例，思考：医院的行为是否构成虚假广告？侵犯了消费者哪些权利？

某医院在广告中声称："本院拥有全国各大医院的著名医疗专家上百名，能治疗各种疑难杂症。"经了解，该医院的规模并不大，根本达不到上述广告所称的实力和医疗能力，为了医院生计，只是外聘了一些退休医生坐诊，由于医疗水平不够等原因，所谓"医疗专家"也在不断变动。

4. 阅读下面案例，结合《劳动合同法》谈谈如何保护商业保密？并联系企业经营实际，讨论如何签订保密合同？

李某是爱仕达电器公司设计员，其与公司签订了劳动合同和保密合同。2003年11月，公司接到李某要求辞职的电话。经过了解，公司得知李某去竞争对手宁波W炊具公司工作。2003年12月21日，爱仕达公司向W公司快递了其与李某之间的聘用合同、保密合同复印件，告知了双方之间存在劳动关系及竞业限制义务的事实。

爱仕达公司申请劳动仲裁，劳动仲裁委认为，双方合同合法有效，李某擅自到W公司工作，已构成违约，应承担相应的违约责任。本案中，李某到与申诉人爱仕达公司从事同类业务的W公司工作，违反了竞业限制的规定，已构成违约，应承担相应的违约责任。W公司知道李某与爱仕达公司存在劳动合同后仍招用李某，侵害了爱仕达公司的权利，应赔偿经济损失。裁决：李某支付爱仕达公司合计人民币26万元；两被诉人对此承担连带责任。此案后经法院一审、二审，终于在2006年初审结，法院判决李某支付公司经济损失、违约金30万元，W公司负连带责任。

第二章　商会自治

　　法学家伯尔曼曾经在《法律与革命》一书当中讲述过早期欧洲商人如何进行商事自治的案例：1292年，一个叫卢卡斯的伦敦商人从一个德国商人那里购买了31英镑的货物，没有付钱就偷偷离开了里恩的集市，也没有按照商法到集市法庭去回应对他的指控。卢卡斯的行为造成了这样一个严重的后果，即任何其他国家的商人都不愿意在伦敦市民未付足货款的情况下，就把货物卖给他们，使其蒙受弄虚作假的耻辱。卢卡斯从里恩逃到圣博托尔夫，然后又逃到林肯、赫尔，最后逃回伦敦，那个德国商人则一路追来。由于担心信誉受损，为维护商业信用，在伦敦商人们的提议下，卢卡斯被关进了伦敦塔，受到了应有的制裁。

　　通过对历史资料以及类似这些案例的研究，伯尔曼揭示了早期欧洲商业发展的一个基本规律，即商事秩序的构建主要源于商人们的自治行为以及后来逐步形成的商会和行会组织。在此基础上，欧洲的商人们还发展出调整商事活动的交易习惯以及商会自治规范，并在此基础上逐渐形成了近现代商法的雏形。

　　从各国的立法实践来看，现代意义上的商会一般都是依照国家法律规定登记注册的社会团体，具有法人资格，它可以独立地享有法律赋予的权利，也可以独立地履行法律规定的义务，以及承担相关的法律责任。作为商人利益的代表组织，现代商会同时是政府管理市场的"替代品"，其积极功能主要在于引导和规范成员企业的生产经营活动，协调市场活动秩序，组织国内企业应对国际反倾销诉讼，以及建立有效的内部纠纷解决机制。

　　本章以"商会"为研究对象，以"商会自治"为研究主题，内容不仅涉及商会的组织类型、法律性质、设立模式和管理机制等基础理论问题，同时也涉及商会自治与企业的生产经营、商会自治与政府的市场管理、商会自治与市场的竞争秩序、商会自治与企业的权利救济，以及商会自治规范的自我实施和法律适用等重要的实践问题。

一、商会：商业活动中一种重要的组织形态

（一）商会的组织形态

1. 什么是商会？

商会（Chamber of Commerce）作为商业活动中一种重要的组织形态，最

早发源于欧洲,它是指以实现同一行业内或同一地区内商人共同利益为目的而建立的非营利性社会自治组织。美国《经济学百科全书》把商会定义为"一些为达到共同目标而自愿组织起来的同行或商人的团体"。而根据《中国大百科全书》对商会的定义,"商会"一词一般是指由城市工商业者组建的民间行业组织。

2. 商会的不同类型

近现代的商业活动中,商会的组织形态有多种类型,表现为:

(1) 根据成员来源的不同,商会可以区分为"行业性商会"和"综合性商会"。前者的成员来自于同一行业,但可能分属于不同地区;而后者的成员不以行业区分,一般来源于同一地区。

(2) 根据组织规模的不同,商会可以区分为"地区性商会"、"全国性商会"和"国际性商会"。随着国际贸易的迅速发展,"国际性商会"在制定国际贸易规则①、解决国际贸易纠纷等方面的作用越来越重要。

(3) 根据设立和管理模式的不同,商会可以区分为"民间性商会"和"政府主导型商会"。"民间性商会"由商人自发组成,并由商人自我管理、自我运作。而"政府主导型商会"的设立和运作主要由政府介入和主导;比如我国的贸易促进会和工商联合会,前者是国家为了保持政府和工商界的联系而设立,体现为统战作用;而后者设立的最初目的是打破西方势力对新中国的经济封锁以及代表中国工商界与世界进行交流。

【背景资料】

中国商会发展的民间化趋势

我国商会发展正处于转型期,表现为"体制内生成"、"体制外生成"和"混合生成"三种类型同时并存。② 因此理论和实践中对于商会性质究竟如何界定存有争议,其焦点是商会的民间化改革问题,"纯民间性"的观点主张商会应以民间自发建立为基础,政府部门只起到监督和指导的作用;而"半官方性"的观点则主张商会在一定程度上仍应该代表国家的利益,并行使部分

---

① 国际商会 (The International Chamber of Commerce, ICC) 于1919年在美国发起,1920年正式成立,其总部设在法国巴黎,发展至今已拥有来自130多个国家的成员公司和协会。目前,国际商会制定的常用的国际贸易规则包括:(1)《国际贸易术语解释通则》;(2)《跟单信用证统一惯例》;(3)《托收统一规则》;(4)《国际备用信用证惯例》;(5)《联合运输单证统一规则》等。资料来源:国际商会官方网站:http://www.iccwbo.org;国际商会中国国家委员会网站:http://www.icc-china.org。

② 余晖:《行业协会及其在中国的发展:理论与案例》,经济管理出版社2002年版,第20页。

政府职权。①

立法实践方面，多数立法肯定了商会具有社团法人、中介组织和非营利性组织地位，但甚少涉及民间性问题。例外的只有浙江和广东近年来的立法开始实质性关注商会的独立性和民间性。例如温州市早在1999年颁布的《温州市行业协会管理办法》中，就明确的将行业协会定位为"民间性社团法人"。而深圳市的商会立法则直接将法律的名称定为《深圳市民间商会条例》，性质一目了然。

（4）根据法律性质的不同，商会可分为三种：一种是公法型，又称为大陆法型，以法、德等大陆法系国家为代表。公法型商会既是工商业者的公共代表机构，也是工商行政辅助管理机构。另一种是私法型，又称为英美法型，以英国、美国等英美法系国家为代表。私法型商会具有非官方性和完全独立性，是完全靠会费和自愿赞助开展工作的民间组织，不直接承担政府部门职能，但与政府保持良好且紧密的关系。还有一种是介于上述两种类型之间的商会，即日韩型，以日本与韩国为代表。

（二）商会的组织性质

1. 商会是自治、自律性的民间组织

在市场经济环境下，市场在资源配置中发挥了基础性作用，政府很少直接干预经济活动，从而使工商界的经济活动与政府行为相对分离。在此背景下，由商人设立组成的商会必然具有最基本的性质特征，即"民间性"。

商会的民间性并不是说商会完全独立于政府之外或与政府相对立，而是指政府不能干预商会的内部事务，商会在遵照政府有关法律法规下，有权处理自身会务；商会是一种社会团体组织，而不是一种政府机构。明确商会的"民间组织"性质，有利于摆脱长期以来"政会不分"的情况，也有利于商会和行业协会独立法律地位的确定。

2. 商会是社团法人

商会是依照国家法律规定登记注册的社会团体，具有法人资格，这在近现代的中外商会立法中均已成为共识。对于这一问题，我国的《社会团体登记管理条例》第2条规定：本条例所称社会团体，是指中国公民自愿组成，为实现会员共同意愿，按照其章程开展活动的非营利性社会组织。国家机关以外的组织可以作为单位会员加入社会团体。该条例第3条也规定：成立社会团体，应当经其业务主管单位审查同意，并依照本条例的规定进行登记。社会团

---

① 金晓晨：《商会与行业协会法律制度研究》，气象出版社2003年版，第31页、第82页。

体应当具备法人条件。

具体而言，商会的法人性质表现为以下几个方面：（1）商会的成立和解散按法定程序报经政府批准、同意。（2）商会虽然不是营利性组织，但是拥有自己的财产、办公场所、工作人员和组织章程。（3）商会可以独立享有法律赋予的权利，也可以独立承担法律责任。（4）商会有依法独立进行业务活动、设立相应机构、选免工作人员、支配自己的资产等权利；也有贯彻执行政府经济法律法规和政策、提供政府咨询等义务。

3. 商会是非营利性组织

商会不是一种经济实体组织，不直接从事工业生产和商业贸易等经营活动。商会活动不以营利为目的，而是围绕全体会员的总体利益，发挥协调、服务、自治自律等职能。对此，我国《社会团体登记管理条例》第4条规定，社会团体不得从事营利性经营活动。日本的《商工会议所法》第4条也规定，"商工会议所不得以营利为目的，商工会议所不得以特定的个人或法人及其他团体的利益为目的从事其事业，商工会议所不得为特定的政党所利用"。

【拓展知识】

从"关系型契约"角度认识商会的经济性质

"关系型契约"是美国法学家麦克尼尔（Macneil）提出的理论。[①]

商会具有"关系型契约"的性质[②]，其基本含义是：商会将成员企业在行业自治中需要缔结的若干种（次）契约"内部化"在一个长期的契约框架当中。例如选举代表参与反倾销诉讼，或者集中提供行业信息，或者协议进行价格自律等等，从而减少了每次缔结合同中的讨价还价，降低了交易成本。

商会契约的基本特点在于：一是关系内嵌性。契约关系性的标准之一就是"私人关系的嵌入"。有学者指出，行业协会可以把成员团结起来，实现了从陌生人到熟人的转换，协会成员相互平等，彼此没有封闭森严的登记制度，它是通过对集体资源的共享来搭建的一个交流平台，并将各个成员吸引到这样一个互助性的网络组织体中。因此，在这个意义上行业协会是一种关系网络[③]。

二是不完备性（框架性）。由于商会契约的履约期限较为稳定和漫长、缔约主体信息不对称，以及履约过程中的不可预测性，使得商会这一关系型契约并

---

① ［美］麦克尼尔（Ian R. Macneil）：《新社会契约论》，雷喜宁、潘勤译，中国政法大学出版社1994年版。

② 周林彬、董淳锷：《中国商会立法刍议：从契约的视角》，载《南开学报》2007年第2期。

③ 鲁篱：《行业协会经济自治权研究》，法律出版社2003年版，第195页。

不具备一次性契约的完整形态。因此成员企业并不可能仅仅通过缔结章程来解决所有问题,应该允许成员企业对后期出现的不可预期的问题进行补充和细化。

三是自治性。关系型契约强调缔约主体对契约履行机制的自我实施和自我约束,即通过约定某些惩罚性机制来保证契约的履行,尽量减少第三方(例如法院、仲裁庭)的强制。在商会这一契约中,只要主体是平等的、交易是持续的,当事人就可以通过谈判形成某些共识性履约规则,这些规则可以容纳当事人解决纠纷的行为,涵盖了主体的自治能力。

(三) 商会组织的设立

1. 中国商会的设立模式

我国《社会团体登记管理条例》规定,如果在同一行政区域内已有业务范围相同或者相似的社会团体,没有必要另外成立的,登记管理机关一般不予批准设立。根据这一条例,我国商会的成立应该严格依照"一地一会"和"一业一会"的法定模式。但实践中产生的问题在于,"单一制"可能造成一种"垄断性"的后果,即某些地区或者某些行业内的商会虽然服务不良,但却无需担心因此而被市场淘汰,因为商人和企业没有选择的余地,最终可能出现的结果是"存在的不合理,合理的不存在",商会的运作总体呈现低效率。

【相关案例】

温州市美容化妆品业商会在设立中遇到的问题[①]

由于受到"一地一会"、"一业一会"的政策限制,温州市美容化妆品业商会不能进行社团登记获得法人地位,但有关部门默认其以工商联直属行业会员组织的形式存在,即挂名为"温州市美容化妆品业商会"。该商会的实际运作方式和作用与其他商会没有明显区别。由于该商会在技术培训等方面工作出色,得到了行业内外的赞誉。温州市消费者委员会业为此也批准了在该商会设立消费者权益投诉联络站。

2. 中国商会设立模式的改革趋势

从长远的发展来看,我国应该改变商会设立"单一制"的做法。因为在同一地区和同一行业到底如何设立商会,更多地是一种行业内部的自治行为。

[①] 俞建兴等:《在政府与企业之间——以温州商会为研究对象》,浙江人民出版社 2004 年版,第 108 页。

商人是"经济人",在意思自治的状态下最清楚自己需要哪一个商会以及需要什么类型的商会服务。政府在此问题上应体现出宏观引导和总体协调的作用,而不是强行限制,因此政府合理的做法不在于限制商会设立的数量,而在于:(1)严格规定商会设立的资质认定;(2)严格规定商会运作的监督管理;(3)严格规定商会违规的法律责任等等。以此限制和减少"不合格商会"的设立和运作,最终建立其完善的市场退出机制,让那些竞争中被淘汰的商会妥善退出市场。目前《深圳市民间商会条例(草案)》已经准备突破传统的单一式,实现复合式改革,值得关注。①

(四)商会组织的管理

1. 中国商会外部管理机制的现状

依据《社会团体登记管理条例》的规定,目前政府对商会的外部管理机制是:商会应接受民政机关作为登记管理机关和行业主管部门作为审批机关的"二元"管理。在其影响下,我国的地方立法也大多采取这种形式②。除此之外,近年来各地还出现了若干改革模式:

(1)"三元制"管理模式。如上海市在全国率先构建起一套行业协会和市场中介组织改革、发展和管理的政策框架,成立了行业协会发展署作为市政府授权的行业协会主管单位,对协会进行总体规划和管理,形成"行业管理部门——业务主管单位——社团登记机关"的三元管理③。

(2)"新二元制"。如江苏、广东等省市改变了过去由政府行业主管部门进行登记管理的模式,改为确定工商联作为主管单位,从而形成新的"二元制"。④

(3)"一元制"。如《深圳市民间商会条例(草案)》直接取消行业协会必须有业务主管单位的规定,新成立的行业协会将不需要挂靠单位的事前审批,可以直接到民政部门申请注册,形成了创新性的"一元制"。

---

① 参见《"人、财、物"限期脱钩,深圳民间商会酝酿重生》,金羊网 2004 年 7 月 20 日报道。
② 《社会团体登记管理条例》第 3 条规定,"成立社会团体,应当经其业务主管单位审查同意,并依照本条例的规定进行登记",同时《条例》第 6 条规定,"国务院有关部门和县级以上地方各级人民政府有关部门、国务院或者县级以上地方各级人民政府授权的组织,是有关行业、学科或者业务范围内社会团体的业务主管单位。"又例如,国家轻工业局《关于行业协会管理的暂行办法》第 2 条规定,"本办法所指行业协会是由国家轻工业局(轻工业部、轻工总会)审批、主管并经社会团体登记管理机关核准登记后,依法成立的轻工业全国性社团组织"。
③ 参见《我国行业协会现状调查及其改革建议》中的分析,载 http://www.gecc.cc/news/user/content.asp?id=0000018316&type=专题调查&num=999, 2010 年 1 月 18 日访问。
④ 参见《加强商会组织建设促进行业经济健康发展》中的分析,载 http://www.whzx.org.cn/zxjj/qzx/jianghan/jianghan.htm, 2010 年 1 月 18 日访问。

【拓展知识】

"管制型"的商会立法缺乏对商会自治的有效激励

我国现有的商会立法缺乏对商会自治的有效激励。突出表现为，不少商会立法还在延续《社会团体登记管理条例》的模式而将其界定为"管理条例"或"管理办法"。如《温州市行业协会管理办法》、《大连市行业协会管理办法》、《外国商会管理暂行规定》、《国家轻工业局关于行业协会管理的暂行办法》等等。这就潜意识地将商会法定位为一种管理性法律法规。这种状况与中国商会大多数由政府部门组建或者改制建成的历史背景有关。而且，具体的法律条文也很少涉及商会权利的享有。

相比之下国外的商会立法少有管理法的定位。[①] 如《法国商会法》总共只有 27 条规定，但从该法的第 13 条到第 25 条几乎都是关于商会基本权利的规定，占了一半篇幅[②]，而且该法其他条文中关于商会义务性、限制性规定也相当少。《德国工商会法》对商会义务和职责的限制和规定也不多，特别是对于商会内部问题一般只作原则性规定。

因此，要在立法精神上真正促成商会的民间化，商会立法应该实现从传统义务本位到权利本位的转变，任何关于商会民间化或者商会自治的"宣言"最终都必须落实为具体的权利来实现。

2. 中国商会外部管理机制的改革趋势

应该强调，从经济学一般理论来看，对于商会的外部管理，"政府不干预"和"政府过度干预"都是低效率的行为。

传统"二元制"的管理模式并不适应形势发展。在此模式下，企业成立商会首先需要确定一个主管单位，但是因为有的行业本身涉及很多生产经营环节，主管单位众多，此时如何确定主管单位？是由企业自己选择还是由行政机关指定？不能确定时商会如何登记？——这些问题可能导致已经成立的商会契

[①] 外国和我国的台湾地区关于商会的法律名称几乎没有出现过类似的情况。例如法国直接称为《商会法》，德国的是《工商会法》，日本的是《商工会议所法》，而我国台湾地区是《商业团体法》和《工业团体法》。

[②] 这些权利包括：（1）商会对有关的法律和税收问题提出修改意见的权利（第 13 条）；（2）商会可以建设和管理的设施的范围（第 14、15 条）；（3）商会开展活动、出具产地证书和推选有关公务员人选的权利（第 16 条）；（4）商会与政府对话的权利（第 17、18 条）；（5）商会公布会议报告和管理交易所的权利（第 19、20 条）；（6）商会筹集经费的权利和途径（第 21 至 25 条）。

约因为缺乏登记要件而无法生效，这并非没有先例。

相反，也有不少商会由于找不到行业主管部门而不得不采取"脱离登记"、"二级社团"或者"挂靠管理"等方式规避现有管理体制，从而导致了大量"非法商会"的存在，反过来这又给政府增加了额外的管理成本。

【相关案例】

广东省装饰行业协会成立过程遭遇的"尴尬"①

广东省装饰行业上世纪80年代末就着手谋划成立装饰行业协会，但根据《社团登记管理条例》，成立行业协会，必须先要找个业务主管单位，而装饰行业包括施工、设计、材料等环节，业务分别涉及建设厅、环保局、经贸委、质量监督局等政府职能部门。这些部门中，谁才是装饰协会的主管单位？由于涉及利益冲突，因此在确定主管单位的时候有些部门开始角力，互不相让。政府部门的权力争夺几乎导致了装饰行业协会成立的"难产"。该场争议最终由于省人大将该协会作为试点而平息。现在，装饰协会没有固定的业务主管单位。

"新二元制"商会管理模式有利于清晰界定商会、行业协会与政府的关系，摆脱政府部门对商会的直接干预。但是由于我国工商联是统战性质的人民团体，其经费来源、职能活动都与政府有直接的领导关系，因此工商联和商会的结合更多地是政策作用的体现，可将其视为从"二元制"到"一元制"的一种过渡模式。

"三元制"改革的初衷是增强对商会和行业协会远景发展的指导和规划。有学者认为，此模式"实际上由于发展署统合了业务主管单位和登记管理机关，相当于形成了准一元管理体制，在一定意义上就突破了双重管理体制"②。但是从改革后的实际效果来看，"三元制"至少在目前仍旧没有跳出传统"二元制"的思维，政府部门仍旧充当着主管单位的角色③。

相对而言，"一元制"比较符合商会管理体制改革的趋势。当然，在确立

---

① 周林彬、董淳锷：《中国商会立法刍议：从契约的视角》，载《南开学报》2007年第2期。
② 张海鸿：《在政府与社会之间——行业协会问题的由来与现状》，载《团结》2004年第3期。
③ 如改革后的《上海铝业行业协会章程》第4条还是规定，"本协会的行业业务主管单位是上海市经济委员会，协会业务主管单位是上海市行业协会发展署，登记主管机关是上海市社团管理局。本协会同时接受上海市经济委员会、上海市行业协会发展署和上海市社团管理局的业务指导和监督管理"。

减少政府管理层次之后,如何具体构建"一元制"的管理制度仍需进一步探讨,例如应该确定哪个部门为管理机关,该机关的管理职能范围有多大等等。一个初步的构想可以是建立"登记管理机关的备案监督和行业指导单位的业务指导"相结合的管理机制,其作用在于:既保证了政府对商会契约主体有限理性的必要限制,又可以减少商会日常的监管成本,同时减少可能出现的"寻租源"和"腐败源"。有观点指出,"要使行业协会真正自治,必须尽快出台《行业协会和商会法》,其中最为关键的是要取消行业主管部门审批制,改由单独核准或登记"[1]。

二、商会自治与企业经营

(一)商会自治的历史表现:以调处商事纠纷为核心

中国为世界文明之古国,神农、黄帝之时,商业规模已备,古代封建社会经历了商业发展的三个高峰期:第一个是两汉时期;第二个是唐宋时期;第三个是明朝中后期。[2] 但总体上,传统中国商品经济发展缓慢,其原因较多,主要包括:国家实行"重农主义"而非"重商主义";中央高度集权的行政体制使得孱弱的商人组织(行会)无法真正发挥利益代表的功能;适合市场交易的法律制度(民商法)并未建立,等等,从而促使中国的商品经济一直处于被压抑的状态。在此背景下,中国古代商会的功能主要体现为协助政府调处商事纠纷。

商会的这一功能在清朝末年发展最为蓬勃。清末光绪皇帝迫于内外压力革新图强、通商惠工,1898 年后设立商务局,兼理商事纠纷。清政府在 1904 年初颁行《商会简明章程》二十六条,谕令在全国普遍设立商会,同时规定商会有权调处商事纠纷。该章程第 15 条指出:"凡华商遇有纠葛,可赴商会告知总理,定期邀集各董秉公理论,以众公断。如两造尚不折服,任其具禀地方官核办。"

这样,商会调处商事纠纷的职权明载条文,得到正式承认。各地商会成立时,也均把受理商事纠纷、保护商人利益写进章程,并设立专门机构负责受理商事纠纷。1904 年的《上海商务总会暂行试办详细章程》,更明确规定商会宗旨之一为"维持公益,改正行规,调息纷难,代诉冤抑,以和协商情",苏州商会在 1913 年正式设立专理商事纠纷的公断处,并设立十余名理案议董专门

---

[1] 参见《行业协会走进民治年代政府机构改革权力收缩后的管理空间谁来填补》,载《中华工商时报》2003 年 3 月 12 日。

[2] 苗延波:《中国商法体系研究》,法律出版社 2007 年版,第 28 页。

负责处理商事纠纷，对有关实施办法也作了详细规定和说明。

【拓展知识】

晚清苏州商会解决纠纷的功能①

苏州商会自光绪三十一年一月成立至次年二月，受理各业案件约达 70 起，其中已顺利了结的占 70% 以上，迁延未结而移讼于官府的不到 30%。如从成立之时至宣统三年八月统计，苏州商会所受理的案件更多达 393 起，有的案件还经过反复的调查与集会审议。从内容上看，由商会受理的案件均与商务有关，最多的是钱债纠纷案，即欠债、卷逃等，约占 70%；其次是行业争执、劳资纠纷、假冒牌号、房地产继承、官商摩擦、华洋商人纠葛等等。

在"理案"方式上，晚清苏州商会并没有设立评议处、公断处、商事裁判所之类的机构，而是遴选若干名正直、公正的理案议董，于商会召开常会期间负责处理各类商事纠纷。

根据商会制定的《理案章程》及有关理案记录，商会理案的程序为：首先由纠纷双方开具节略（类似于状纸）到会，然后由理案议董分别邀集原告和被告，"详询原委"并记录在案。接着商会召传有关见证人查询，掌握证据。在此期间，被告如要求再行申辩，准其赴会申述一次。然后，商会邀请涉讼双方所属行业的董事及中证人到场，详细询问案由。最后经商会议董"秉公细心研究一番"，提交公断。审理过程中，涉讼双方均可当众陈述情由。审理结果公布后，议董亦书名签字，"以示不再更动"。

商会理案的最大特点是，破除了刑讯逼供的衙门积习，以理服人。商会的裁决并不带有最终裁决的性质，但当证据确凿，败诉一方仍不遵守劝诫调解者，商会也予以强制性处罚或令其退出商会，或由官府配合强制执行裁决。

总之，商会虽可理案，但没有跳脱中国王朝法律系统的窠臼。在商会、商务局、审判厅和府州县均可受理商事纠纷的复杂格局中，基本司法权力仍旧掌握在府州县级地方官手中。这种专制的弊端显而易见，一如早期维新思想家陈炽所抨击的那样："中国积习相沿，好持崇本抑末之说，商之冤且不能白，商之气何以得扬？即如控欠一端，地方官以为钱债细故，置之不理已耳，若再三渎控，且将管押而罚其金。"② 皇权主宰的"乡土中国"之传统里无法型塑出

---

① 马敏：《商事裁判与商会——论晚清苏州商事纠纷的调处》，载《历史研究》1996 年第 1 期。
② 何云鹏：《陈炽变法护商思想述评》，载《当代法学》2001 年第 1 期。

像西方商人（商会）自治和商事法院那样的纠纷解决机制。

（二）商会自治的现代发展：以多功能化为趋势

1. 商会是商人利益的代表组织

作为专门从事商业活动的商人，其自身在登上历史舞台之后就具有独立的利益要求。商人需要不断巩固自己的社会地位，保护自己的经济利益不受其他行业和组织（包括政府）的侵犯。这种自身的利益要求促使商人（特别是同一行业、同一产业内的商人）逐渐建立起代表自己利益的独立的组织，在此背景下，商会应运而生。由此可见，商会作为商事活动领域的一种社会自治组织，其产生的根本原因实际是商人为追求自我利益的集体保护而自愿结合的结果。

【相关案例】

上海市炒货协会对家乐福超市的抵制行动①

2003年之前，上海的家乐福超市对于进入该超市的各种产品的零售商都要求收取一定的"入场附加费"，国内生产瓜子、花生的企业进入家乐福更是被要求多交33%的附加费。2003年4月，为了维护企业自身的利益，上海市炒货协会向家乐福超市发出了关于入场费问题的商谈邀请函，但未受重视，谈判失败。于是上海炒货协会公开发表声明，宣布自己的会员企业立即停止向家乐福供货，集体抵制家乐福。此后，上海十几个行业协会，如化妆品、服装、化工产品、家电等各大行业协会也纷纷声援上海炒货行业协会的抵制行动。在此情况下，家乐福超市才被迫重新与上海市炒货协会代表的炒货企业进行谈判，双方最后就入场费等问题达成协议。

2. 商会组织国内企业应对国际反倾销诉讼

随着我国企业参与国际贸易的迅速发展，以及加入WTO之后涉外贸易纠纷解决的规范化，近年来世界各国对我国提起的反倾销诉讼急剧增多，但是在此过程中，国内企业却往往"应诉不力"，其原因一是在于，企业没有足够的能力应诉，例如缺乏专业人才，许多企业财力有限，应诉率低；二是在于，企业出于成本考虑或者寄希望于"搭便车"不愿意应诉；三是在于，企业没有应诉的意识，不懂得应该积极应对反倾销诉讼。

---

① 参见《家乐福发邀请函意在各个击破众协会声援怒炒》，载 http://finance.sina.com.cn/b/20030702/1159359398.shtml，2010年1月6日访问。

由于 WTO 规则不允许政府作为直接参与者参与到反倾销诉讼当中，因此解决上述问题的一个有效途径在于商会这样的非官方性行业组织来领导、协调和代表企业应诉。在这一方面，商会的具体功能体现为：

（1）组织与协调企业集体行动的功能。商会依靠其组织力量，可以组织企业积极应对外国提起的反倾销诉讼，避免被诉企业消极应诉，同时还可以加强各企业之间在互相应对反倾销诉讼过程中的协调与合作。

【相关案例】

中国入世后的首起反倾销大案①

2002 年美国轴承制造商协会向美国国际贸易委员会和美国商务部提出申请，认为中国球轴承在美国市场以低于正常的出口价格销售，对相同产品的产业造成实质性的损害，要求对中国销往美国的球轴承产品及其零件进行反倾销调查。这是中国入世后遭遇的首起反倾销大案，涉案金额高达 3 亿多美元，影响到 28 个省、市、自治区的 274 家生产企业和进出口公司。随后中国机电产品进出口商会紧急召集轴承行业的骨干企业商议对策，并派出精干力量迅速飞赴美国，选聘应诉律师，与美国政府、行业协会、生产商和进口商见面交流。最后还积极参加反倾销的应诉，对赢得诉讼起到了关键作用。

（2）信息收集与沟通的功能。这种沟通作用涉及两方面，一是加强企业与政府的沟通，二是加强企业与外国企业或其他经济组织的沟通。事实上在中国企业遭受的反倾销中，有一部分起诉就是因为外国反倾销提起人不了解中国出口商品的价格构成而引起的。通过商会与行业协会的沟通，有利于减少类似的"误解"。

【相关案例】

中国食品土畜进出口商会应对美国反倾销诉讼②

1998 年美国对中国的浓缩苹果汁提起反倾销。中国食品土畜进出口商会以及苹果汁分会引导全行业团结一致，形成行业决议，大幅提高出口价格，争取主动；一方面向企业进行美国反倾销法的基本知识培训，另一方面提前聘请律师做预审计调查；在应诉取得阶段性胜利时，引导企业放弃进行"中止协

---

① 《中国打赢加入世贸后首起中美反倾销诉讼案始末》，载《法制日报》2003 年 4 月 13 日。
② 参见《我国浓缩苹果汁应对美国反倾销案启示录》，载《中国贸易报》2003 年 6 月 13 日。

议"谈判的动议,坚定企业通过法律抗辩争取有利于我国应诉企业的终裁结果;特别是在美国商务部裁决不公时,与中鲁果汁、陕西海升、烟台源通等九家骨干企业研究决定集体上诉,最终赢得反倾销诉讼的胜利。

(3) 商会与行业协会可以起到行业自律(价格、产量或销售量的自律)的作用。为了避免本国企业采用价格战略打入国际市场,相互压低价格,从而遭到进口国的反倾销,商会与行业协会可以主动协调其本行业各个企业出口产品的价格,通过各种措施使本国产品在国际市场上以合理价格进行贸易,减少国际贸易中的摩擦。

【相关案例】

中国钢铁工业协会应对欧盟反倾销诉讼

1999年5月,欧盟开始对中国中厚板进行反倾销调查,国内应诉企业有6家。我国为了避免与欧盟产生贸易摩擦,早在1997年和1998年6月份,当时冶金部曾连续组织有关企业到欧洲了解钢材市场需求情况,并专程拜访了欧钢联和欧洲板材协会。当我国钢铁工业协会得到欧盟可能对中厚板进行反倾销调查的消息后,及时召开紧急协调会,决定暂停对欧盟签订中厚板出口合同,各企业均自觉地遵守了会议各项决定,主动停止了向欧盟出口中厚板。钢铁工业协会及时通告了欧钢联和欧洲板材协会有关情况,并利用各种机会,不断向欧钢联重申这一点。尽管欧盟立案时仍顽固地将我国划入被调查的国家,但我们所采取的主动停止向欧盟出口的措施,为欧盟中厚板案最后取得8.1%税率的终裁结果起到了关键作用。在本案应诉过程中,中国钢铁工业协会和企业、各有关方面为争取市场经济地位进行了艰苦的工作。核查完成后,欧委会核查人员建议决策层给予6家应诉企业中的5家市场经济地位。

3. 商会可以协调企业的生产经营秩序
(1) 推行行业价格自律,完善市场定价机制
在传统的市场运作过程中,企业根据"成本—收益"规律自由定价,而政府根据"合理竞争原则"、"合理定价原则"并通过"价格法"、"竞争法"等法律制度,对企业定价实行监管,必要时可进行"政府指导价"或"政府强制限价"。

行业自治环境下,商会与行业协会可以对企业的市场定价产生实质影响。特别是推行行业价格自律,可以有效防止低价倾销的恶性竞争行为。对于这一问题,1997年国家经贸委曾发文《关于选择若干城市进行行业协会试点的方

案》，规定行业协会可以进行行业内部价格协调。对于行业内的价格争议，组织同行议价；对行业内协定的商品价格进行指导、监督、协调。另外，1999年国家经贸委还制定了《关于加快培育和发展工商领域协会的若干意见》，规定行业协会可以协调同行价格争议，维护公平竞争。

【相关案例】

上海市黄金饰品行业协会自律定价案①

2001年8月，上海黄金饰品行业协会会同上海宝玉石协会召集了上海市13家主要的会员企业，制定了黄金饰品的自律价格。但是两个月后，上海市物价局以违反《价格法》规定和造成行业竞争限制为由对这13家企业作出了行政警告处罚，判定其制定的"自律价格"属于"价格联盟"，应该立即停止执行。2002年元月，上海黄金饰品行业协会代表13家受罚企业向上海市政府提出复议申请。随后市政府经过审查，以"行政处罚程序不当"撤销了物价局的处罚决定。2004年2月18日，上海黄金饰品行业协会再次在本行业实行价格自律，并正式制定了《黄金、铂金饰品价格自律暂行办法》，使得价格自律在行业规范的层面予以确认。

（2）引导行业生产经营，防止生产过剩

商会基于本行业长期生产经营利益的考虑，在生产已经或即将出现过剩状况时，对同一地区或同一行业内成员企业实行生产经营的引导、统一限制产量的一种行为。产量限制本身不是限产行为的目的，限产的作用最终在于通过减少商品的市场供应量来合理提高商品的市场价格，保护生产者和经营者的利益。

【相关案例】

山西省焦炭行业协会在行业内限产②

传统以来，我国山西省的焦炭生产一直在世界焦炭市场上具有重要地位，其出口量大约占全国的80%、国际总贸易量的50%。然而从2002年、2003年

---

① 张建松：《行业协会："操纵价格"还是"价格自律"？》，载 http://www.people.com.cn/GB/paper40/4254/490760.htm，2009年10月6日访问。
② 参见《山西焦炭向全国首次发出"提价令"，每吨提价40元》，中国经济资讯网2006年4月18日报道。

起,山西的焦炭生产开始出现"失控"现象,数百个焦化项目甚至未经政府审批便轰然而起。

2004年下半年以来,由于各地大量上马炼焦,产能严重过剩,焦炭市场急剧恶化,企业竞相压价,山西焦炭出现了"出口加倍、效益减半"的怪现象,并逐步丧失了山西焦炭在国际市场上的话语权。因此在地方政府推动、焦炭行业协会主导下,山西焦炭企业试图结盟谋变。2005年6月10日,山西省焦炭行业协会所属的243家焦炭生产企业共同签署了《山西省焦炭行业生产自律公约》和《山西省焦炭行业价格自律公约》,宣布将按照企业投产规模的20%~40%的比例减产,限产期暂时定为3个月。据当时的初步估算,每月减产的焦炭约为200万吨左右。

行业协会的限产行为被广大成员企业和当地政府视为一种合乎理性的"统一自救行动",目前山西焦炭产业的生产状况正在逐步恢复中。

(3) 规范商事交易行为,推进市场诚信机制建设

商会具有自律职能,可以规范成员企业的商事交易行为,使其符合法律法规、国家政策以及市场道德的约束,最终推进市场诚信机制的建设。

对这一问题,全国整规办和国务院国资委曾于2005年联合制定了《商会协会行业信用建设工作指导意见》,要求商会和行业协会做好行业内和地区内的市场信用建设,包括:推进诚信宣传教育;强化行业信用制度建设;利用信用信息开展服务;对会员企业开展信用评价;加强对会员企业信用风险管理知识的培训;协助会员企业建立信用风险防范机制。

【相关案例】

中国涂料化工行业规范回扣行动[①]

在我国的涂料行业,油漆销售环节当中的回扣问题由来已久。2006年1月,在中国涂料工业协会召开的"加强诚信建设、规范市场行为,从我做起"的行业自律宣言新闻发布会上,以立邦漆为首的十多个国际知名涂料商响应协会的号召,从集体抵制油漆销售领域的回扣问题开始,自觉规范市场、诚信销售。并承诺:遵守国家的法律、法规,依法从事生产、经营行为,从自身做起,抵制回扣现象,抵制不正当竞争行为,这对规范、净化市场发挥了重要

---

① 参见《中国涂料工业协会推出行业自律宣言》,载 http://bj.house.sina.com.cn/decor/2006-01-20/1105115672.html,2009年11月18日访问。

作用。

4. 商会可以建立有效的内部纠纷解决机制

商会内部纠纷解决机制是商事组织内部建立起来的以自治规范为依据、以非法律性强制为基础而进行纠纷解决的机制。实践中，这种纠纷解决机制可能是正式的，也可能是非正式的；可能是临时性的，也可能是常设性的；可能建立在小型的企业内部，也可能建立于大型的行业组织内部。

商会内部纠纷解决机制的功能主要体现为以下几个方面：（1）商会纠纷的内部解决机制属于诉讼替代机制，它可以减少当事人双方在聘请律师、制作诉讼材料、到庭参与诉讼等环节的成本。（2）商会的纠纷解决机制较为灵活，往往没有僵化的程序或模式，因此可以大量适用调解、斡旋、谈判等方式解决矛盾，减少强制执行等高成本解决模式的出现几率。（3）由商会内部解决纠纷有利于防止由于"对簿公堂"等诉讼程序带来的矛盾激化，从而促使当事人继续保持在商会关系型契约中的友好关系，减少日后在市场竞争与合作中的交易成本，这实际上是将纠纷的外部成本内部化。

【相关案例】

美国棉花行业组织解决商业纠纷的内部仲裁机制[①]

一个世纪以来，美国的棉花行业组织建立了一套完善的规范体系和纠纷解决机制，使得行业内的交易者可以保持长期的合同关系，也使得行业内大量的商事纠纷得到了妥善的内部解决，其特点在于：

第一，行业组织建立了一套不同于制定法的商事活动实体规范，比如它大量增加了行业术语，而同时又减少了过于专业的法律用语；它规定了不同于制定法的合同违约损失计算方法，减少了商法典合同规则所强调的可期待利益的赔偿；另外，它更加注重对案件实际情况的分析，而不是僵化地一律适用制定法所强调的"诚信和公平"等抽象的法律理念来调整商事关系。

第二，行业组织在实践中形成了一套灵活有效的内部纠纷裁决方法，比如它更加注重对行业专家意见的尊重和采纳，其次它几乎不涉及合同解释或者合同空白的补充；另外在裁决依据的适用方面，行业仲裁员只有在合同条款和本

---

① See Lisa Bernstein, *Private Commercial Law in the Cotton Industry: Creating Cooperation through Rules, Norms, and Institutions*. The Law School, The University of Chicago. John. M. Olin Law & Economics Working Paper No. 133 (2D SERIES).

行业自治规范都没有规定的情况下,才会适用交易习惯。其原因主要在于复杂的交易当中,出现合同空白的情况并不常见。

第三,行业组织裁决的执行主要依赖于行业组织内部的"软"力量。由于在行业内,成员关系对于商人们将来的交易发展和商业利益至关重要,因此如果不执行仲裁庭的裁决,当事人将被排除出行业协会或者行业交易所,而且这种排斥措施将在行业内被广泛的告知,从而使得当事人无法继续在行业内立足。所以,虽然行业仲裁庭裁决的实施也可以借助于法院支持,但是这种情况很少见。

三、商会自治与市场竞争

(一)市场经济活动中的"反竞争"行为

1. 什么是"反竞争"行为?

所谓的"反竞争"行为一般是指市场经济活动中企业采取的"不正当竞争行为"和"限制竞争行为"。其中,"不正当竞争行为"是市场主体违反诚实信用原则和公序良俗原则,采取不符合商业道德的方法同竞争者进行竞争的行为。如果进一步分析,"不正当竞争行为"还可以区分为虚假行为、侵害行为和非适度行为。而"限制竞争行为"是市场主体滥用其经济优势排挤竞争对手或者同行业内少数几个市场主体通过共谋避免竞争或排斥竞争的行为。如果进一步分析,"限制竞争行为"还可以区分为共谋行为、强制行为和限定行为。

2. 商会可能出现"反竞争"行为吗?

传统经济学意义上的"竞争"和"反竞争"具有三个特点:(1)主体具有生产经营性;(2)行为具有商业策略性;(3)结果具有优胜劣汰性。可见一般情况下,"市场竞争"和"反竞争"的行为主体与商人和企业有关。然而不管是从历史发展还是现实状况来看,作为非营利性组织形态的商会等社会中介组织虽然很少直接参与市场竞争,但是商会潜在的反竞争性都不弱于企业等生产经营主体。

早在中世纪,商人行会、同业公会、手工业行会就已经具有强烈的反竞争和排他主义倾向。商会可能利用自己的组织优势、职能优势和信息优势,从事限定市场价格、排挤竞争对手、干预成员企业生产经营自由或者实行行业集体抵制等有碍市场竞争秩序的活动。

(二)商会反竞争行为表现之一:统一限定价格

从行为模式上来总结,商会的价格限制行为可以区分为"隐性价格限制"

和"显性价格限制"两种类型。

1. 隐性的价格限制

隐性的价格限制又称为信息交换或情报交换，是指商会以公告、指南或内部资料的形式向其成员企业发布可能影响商品定价的数据和材料，从而隐性地暗示成员企业采取统一定价的行为。从外国的判例经验来看[①]，法院在认定商会信息交换是否违反竞争原则时应参考以下几种标准：

（1）信息是否具有专属性，即商会发布的信息是否只有会员企业才可以获取？或者只有部分会员可以获取？会员企业与非会员企业在接收该信息的范围上是否具有差别？消费者是否也可以了解到该信息？

（2）信息是否具有强制性，即商会发布的信息对于接受方（成员企业）来说究竟是一种"可否弃的指导意见"还是"一种隐性的命令"？成员企业是否必须强制性地接收该信息？

（3）信息是否具有价格干扰性，即商会发布的信息是否对企业正在进行的生产活动或销售活动中的定价造成实质性的影响？是否会导致行业内的统一定价？而且最为重要的，如果造成统一定价，该定价是否具有合理性？

2. 显性的价格限制

显性的价格限制又称为统一定价或价格卡特尔，具体有两种途径，一是商会统一制定价格并要求成员企业执行，二是组织成员企业通过协商的方式制定出行业统一价格。

在显性的价格限制之下，"限制"的内涵是多种多样的，可能包括：(1) 统一最低销售价格；(2) 统一价格变动幅度；(3) 统一价格变动时期；(4) 统一价格算定方法；(5) 统一价格歧视对象等等。此外，商会还可能通过控制行业生产数量的方式来间接限定价格，即商会通过规定本行业的最高生产量或者控制生产原料的供给数量来影响生产，造成市场供不应求的状况，从而使成员企业对该商品保持垄断性的较高的定价。由于我国竞争立法尚未明确涉及信息交换情形的规制，因此隐性价格限制的现象在我国尚未受到普遍重视，但显性价格限制的案例则并不少见。

无论是隐性的价格限制还是显性的价格限制，其后果都将破坏价格机制对市场经济基础性调解作用，原因一是价格限制违背了市场规律，使市场失去信号作用，进而破坏市场价格机制对生产资源的配置功能，造成产业畸形；二是价格限制人为地抬高了市场价格，限制了商品的供给量，给消费者造成利益损

---

① ［美］马歇尔·C·霍华德：《美国反托拉斯法与贸易法规》，孙南申译，中国社会科学出版社1991年版，第110页。

害。因此企业或商会不正当的价格限制行为历来都为各国政府和法律所禁止。

【相关案例】

四川省烟草零售协会限制竞争案[①]

2002 年发生在我国四川省的"烟草零售协会限制竞争"一案中,四川省烟草公司眉山分公司为牟取垄断利润,安排其下属的眉山市烟草零售协会制定章程和《卷烟零售价格统一执行表》,赋予烟草零售协会制定卷烟零售统一价格的权力和对违反零售统一价格行为进行处罚的权力。眉山市烟草零售协会东坡区分会还要求各卷烟零售户在"眉山市烟草零售协会东坡区分会会员自律公约"上签字。随后眉山分公司的下属单位先后对 20 余户不执行统一销售价格的零售户中断了卷烟供应,激起大多数卷烟零售户的强烈不满。

眉山市工商局认为,四川省烟草公司眉山分公司所辖眉山市烟草零售协会滥用其从事卷烟批发的垄断地位,以拒绝供货等方式,强制卷烟零售商执行烟草零售协会规定的统一零售价格,对不接受其不合理条件的用户拒绝、中断或者削减供应相关商品,属不正当竞争行为。为此,眉山市工商局对眉山分公司作出了责令其停止不正当竞争行为和处以罚款的处罚。

(三)商会反竞争行为表现之二:限制成员企业生产经营活动

1. 限制新成员进入市场

由商会或者行业协会代替政府工商行政管理部门行使行业准入的管理职能是发达国家在行业经济管理领域的一个普遍做法,其具体措施可能包括:(1)调查、论证和制定行业准入的资格条件以及各项生产标准,例如生产规模、生产技术、产品质量、信用状况、环境污染指标;(2)审查企业的各项资格条件,作出是否批准其进入市场的建议或决定;(3)对新企业进行注册登记,等等。

在此情形下,商会可能凭借自身的职能优势而对行业准入设置障碍,间接限制新企业进入市场参与竞争。商会也可能通过制造或散布虚假的市场信息来诱使新企业放弃进入市场的计划。此外,商会还可能联合成员企业采取统一抵制的措施,拒绝跟新成员进行交易,从而迫使其退出市场。

2. 实行行业内部歧视

商会是某一行业或某一地区内众多企业共同成立的自治组织,但是由于这

---

① 参见《反不正当竞争十大典型案回眸》,载《四川农村日报》2003 年 12 月 10 日。

些企业本身也是同业竞争者,再加上商会一般是由行业内具有较大影响力的企业牵头组织各项活动,其管理者和组织者并不是像法院或者仲裁机关那样具有独立第三人的中立性质,因此商会内部也会有利益分化和利益集团。在此背景下,商会成员企业之间的内部歧视行为就是不可避免的。

这些行为可能包括:(1)商会限制与某一成员企业进行交易,包括交易的商品或劳务的数量、内容、时间等等。(2)商会限制向某一成员企业供应原材料,以限制该企业的生产。(3)商会拒绝向某一成员企业提供市场信息,或者向该企业提供虚假的市场信息。(4)商会拒绝某一成员企业参加本行业或本地区有关生产经营的集体活动,例如交易会、商业展览、信息交流会等等。

3. 限制成员企业生产经营活动的自由

基于本身职能的要求,商会的各种行为和活动可能会对成员企业的生产经营活动造成影响,但是这种影响应该是"指导性",而非"命令性"的。因为商会与成员企业之间本来就不应该是一种行政性的管理关系,而是一种平等性的服务关系,否则就又回到传统的"政府——企业"二元结构。

然而实践当中,商会内部本身可能存在利益分化,缔结商会契约的主体之间虽然在法律层面上是平等的,但是在经济实力上却并不一定完全相当,由此可能出现处于决定性地位的成员企业或利益集团利用商会职能对成员企业施加强制性的影响。这些强制措施可能包括:(1)干预企业的设立或解散;(2)干预企业的组织规模或人事构成;(3)限制企业的生产规模或销售价格;(4)限制企业参与正常的商业活动等等。

(四)商会反竞争行为表现之三:行业集体抵制

商会作为代表商人和企业的社会组织,其自治行为的本质是一种"集体行动"。商会的每一项决策和行为,都可能直接涉及成员企业的生产经营活动,进而间接地对市场竞争秩序造成影响。在商会的"集体行动"中,行业集体抵制是较为常见的行为。根据对象和内容的差异,行业抵制可以分为以下几种情况:

1. 抵制同行业内的其他非成员企业。例如禁止新企业进入市场,限制向非成员企业供应生产资料,或者拒绝与非成员企业进行交易等等。

2. 抵制非本地区的同类企业。例如拒绝与外地同类企业进行贸易,限制外地的竞争者进入该市场,或者封锁市场信息,甚至以制造、散布虚假市场信息的方式来影响外地同类企业的正常经营。

3. 抵制政府政策的施行。商会的集体抵制行动不仅可能针对单个的企业或者某一地区,也可能针对政府政策的制定和实施。

【相关案例】

2005 年我国"医药行业协会联合抵制国家发改委药品降价政策"的事件[①]

在 2005 年之前的若干年内，国家发展和改革委员会为了解决医药费用虚高的不正常现象，曾对全国的药品实行连续 16 次降价，但效果并不明显。2005 年 4 月底，国家发改委又宣布对 22 种抗菌药物实行降价，但是消息一传出，立即引来抗生素生产企业的集体抗议。全国 21 家医药行业协会联名上书要求降低降价幅度，原定 6 月 1 日执行的降价规定不得不暂缓。

6 月中旬，国家食品药品监督管理局（SFDA）出台的《医疗器械翻新规定》也遭到了行业协会的抵制，中国医疗器械行业协会联合深圳医疗器械行业协会召开研讨会，并上书商务部要求废除或更改规定，原定 7 月 1 日执行的规定也暂缓。

7 月初，国家发改委关于 OTC 定价下放的规定也遭到中国非处方药协会的抵制。而在早些时候，SFDA 关于"丁基胶塞全面替代天然胶塞"的规定也从原先 1 月 1 日执行被推迟到 7 月 1 日。

四、商会自治与商事管理

（一）商会自治是政府规制的"替代品"

商会是政府进行行业管理、协调经济秩序的一种"替代品"。相对于政府管理的"公序"，商会内部所建立的是社会自治中的一种"私序"。商会作为由工商主体自发组成的自治组织，在很多方面可以代替政府起到企业管理和指导的作用。一方面，商会对本行业的经营信息和现实状况了解往往更为充分，能够及时反映所在行业或经济领域的变化，因此商会对其成员企业经营活动进行的协调和指导更具有针对性、直接性和灵活性。另一方面，商会对成员企业协调管理的权力来源于成员的一致同意，相对于政府的指令性管理而言减少了博弈过程，节省了管理成本。

改革开放以及建立市场经济体制以后，政府在许多方面正力求对企业实行一种间接的管理和引导。其改革的趋势是把不该由政府管理的事务交给市场中介机构，更大程度地发挥市场在资源配置中的作用，同时加强对市场中介机构

[①] 参见《医药：呼唤理性回归》，中国媒体检测网 2005 年 10 月 14 日报道。

的规范和监管。归纳起来,这些职能大致包括:(1)部分的市场准入权。如可借鉴国外的做法,将市场准入的注册登记等交由商会办理。(2)部分的行业协调职能和市场协调职能。如将行业规划、行规的制定与监督、行业标准的制定与修订、行业生产经营许可证发放等职能交给行业协会。(3)部分的市场环境的整治、企业内外关系的维护、行业产品价格的制定、竞争行业的规范等职能。(4)部分的行业引导和监督的功能等等。

【拓展知识】

国外商会的市场治理功能

在西方发达国家,商会和行业协会被形象地称为"私益政府"。发达国家许多商会已逐步承担着由政府下放的某些职能,并且在立法上进行了确认,发挥着准公共管理职能。[①] 譬如:(1)日本的《商工会议所法》第9条规定了商工会议所的职能之一是"从事商品质量、数量、商工业者的实业内容及有关其他商工业事项的证明、鉴定或检查工作"。(2)意大利的法律规定行政区内的所有企业都要到商会注册登记。(3)在法国,《商会法》第14条规定,商会可以建立并管理大型的综合商店、公众销售厅、商品仓库、武器测试台、包装和印刷所、展览厅和商品陈列室、商业学校、专业学校、商业和工业知识普及学校等商业设施。上述这些职能在传统上都是由政府承担并执行的公共管理职能。

(二)中国商会商事管理职能的缺陷

从中国的实践来看,目前商会在市场治理方面的职能普遍存在缺陷:一是服务功能不足。许多商会在实践中仅仅履行了组织行业培训、沟通政府与企业、收集发布行业信息等职能,而对于政府机构改革过程中政府下放的各种服务职能,以及随着中国涉外经贸活动的发展需要完善的一些涉外商事服务功能则较少涉及。[②] 二是管理职能过剩。许多商会超出了职能范畴而与行政机关职能相混同,将成员企业作为下属机构进行垂直管理,从而将本为横向的契约关系异变为纵向的身份关系。

---

① 周林彬、董淳锷:《中国商会立法刍议:从契约的视角》,载《南开学报》2007年第2期。

② 在关于商会和行业协会的专门性的法律法规中,《工商领域协会管理暂行规定(征求意见稿)》、《国家轻工业局关于行业协会管理的暂行办法》、《温州市行业协会管理办法》、《深圳经济特区行业协会条例》等法规文件都没有对这些问题作出规定。只有部分2002年之后出台的或者正在制定的法规,开始涉及商会和行业协会的涉外职能,例如《大连市行业协会管理办法》、《上海市行业协会暂行办法》、《广东省行业协会条例(征求意见稿)》等等。

造成上述问题的原因一方面与目前商会自身建设不健全有关；另一方面则与改革开放以来我国商会和行业协会最初的发展路径有关。① 长期以来国内商会和行业协会的发展普遍缺乏自治应有的法律地位和社会地位，且在职能履行上经常与政府职能部门相混同，具体表现为：（1）机构设置不独立，许多商会和行业协会都是原来政府相关部门改建或组建而来；（2）财政经费不独立，许多商会和行业协会的经费来源仍然依靠政府财政拨款，而不是会员企业缴纳的经费，而且在经费开支上也存在诸多限制；（3）人员编制不独立，许多商会和行业协会的工作人员都是政府部门的兼职人员，商会和行业协会本身的专职人员比较少；（4）职能运作不独立，许多商会和行业协会在章程的制定、高层人事权、日常决策权、内部运行机制、激励机制、监督机制等方面都没有最终决定权。

（三）中国商会商事管理职能的改革

从实践来看，造成商会市场治理职能缺陷问题的根源并不仅仅在于我国现有立法规定了"多少职能"或者"是什么职能"，而是在于"职能产生的合法依据是什么"以及"如何规范职能的产生和履行程序"。为此，必须根据商会职能产生依据的不同，改革相关的制度。

1. 约定型职能

商会的约定型职能主要规定在商会章程之中，是成员企业通过协商一致，以类似于委托代理合同的形式赋予商会提供某些服务产品的权力。约定职能一般比较具体，例如为企业的生产经营提供信息情报服务、职业培训服务、技术开发服务等等。约定职能的边界具有可变性和时效性，成员企业基于短期内生产经营的需要而增加、减少或者改变约定职能的内容和种类。

由于约定职能的内容主要来自于成员企业的内部约定而非政府管理部门的直接供给，因此政府监督应以实体方面为主对职能进行内容上的"过滤"，即重点考察成员企业授予商会的这些职能：（1）是否违背了国家法律、法规或者政府政策的原则？（2）是否违背了市场竞争的商业道德？（3）是否违背了当地的交易习惯或者公序良俗？（4）是否违背了国家的行业发展规划或者宏观调控措施？（5）是否违背了经济发展和行业管理方面的效率性原则？等等。

而对于约定职能如何产生、如何变更修改、如何废除等程序性问题的监

---

① 余晖教授曾在其研究中指出，我国的行业协会和商会从生成途径上可以区分为"体制外"、"体制内"、"体制内外结合"以及"应法律规定生成"四种。其中的"体制内"和"混合制"是早期我国商会和行业协会常见的生成模式，其特点是由政府部门主导并逐步建立起来的，或者由某些政府职能部门改制而成。参见余晖：《行业协会及其在中国的发展：理论与案例》，经济管理出版社2002年版，第20页。

督,立法则应该体现为原则性的指引而不是具体制度的强制,因为约定职能的程序性实属商会内部治理问题,应该留给商会通过内部章程来解决。需要注意的只是商会立法应该关注在约定职能的产生、变更和修改的过程中"如何保证商会的内部民主,防止弱小成员企业丧失决策参与权"的问题。

2. 法定型职能

法定型职能,即立法机关将商会普遍具有的约定职能抽象出来,并通过条文将其固定,作为各个商会必须承担的职能。这些职能包括代表职能、参政议政职能、管理职能、自律职能、服务职能等等。

法定职能具有"类型化"意义,可视为国家对商会服务产品生产能力的一种资格认定。立法可以将其作为"商会市场准入"的强制性的标准之一,即商会如不具有法定职能的生产能力,则应承担国家强制性法律责任,例如被责令改正、停业整顿等形式。也正是在这一意义上,立法规定法定职能应该严格控制数量,不能因此而变相增加商会设立和运作的成本。同时,立法对于法定职能应该重点关注程序监督而非实体监督,即:(1)在商会设立时,政府部门应该审查商会是否履行法定职能的能力。(2)在商业运作过程中,监督商会是否按照法律或者政策所规定的程序合理履行法定职能。(3)关注商会是否由于组织变更或其他原因而丧失了履行法定职能的能力,是否需要被责令改正、停业整顿等形式等等。

3. 授权型职能和委托型职能

授权型职能和委托型职能,即政府将本应由自己履行的一些职能通过授权合同或委托合同赋予商会执行。例如行业准入条件评估、行业标准认定、行业竞争秩序协调、行业规范制定等等。授权职能和委托职能的区别在于商会履行职能过程中法律责任的最终归属不同。

授权职能和委托职能的本质是政府作为参与者参与到商会治理活动当中。但是由于中国的商会大多产生于政府体制内部,其职能的赋予往往是行政命令式的,这在无形中助长了商会管理职能的越界,从而产生前述职能界定不清的问题。因此与法定职能相类似的,对于商会授权职能和委托职能也应该以程序监督为主,具体包括:(1)商会是否具有履行授权职能和委托职能的能力?(2)商会参与授权职能和委托职能的过程是否存在不合法性,例如为了获得政府授权、扩大商会职能范围而采取行贿等不正当的手段?(3)商会在履行职能过程中是否超越了授权或者委托的范围而履行了不该履行的职能?(4)商会是否借助于政府的授权和委托行使限制市场竞争的行为,例如实行地区封锁或者准入歧视?

五、商会自治与企业的权利救济

（一）内部惩罚机制对成员企业的"有形制裁"

1. 商会内部惩戒机制的特点

（1）这一机制的创设来源于约定，即成员企业通过协商一致，将惩罚机制的种类、限度和实施程序以组织章程或者内部规章的形式确定下来。

（2）惩罚机制的权利享有者和责任承担者是成员企业，而惩罚机制的实施者是商会组织。

（3）惩罚机制的强制力和执行力来源于合同条款，即成员企业事先对于惩罚责任后果的一致认同。

（4）惩戒措施的效力范围具有相对性，它仅仅对成员企业具有约束效力。

2. 商会内部惩罚机制的种类

（1）名誉性处罚，即对违反自治规范的成员提出告诫，责令停止违规行为并消除不良影响，这通常表现为组织内部的"警告"或者"通报批评"。

（2）经济性处罚，即要求违反自治规范的成员向商会缴纳一定的"惩罚金"，或者没收成员的"违规所得"。

（3）资格性处罚，暂时中止违反自治规范的成员享有商会组织提供的各种服务，待成员作出更正行为之后再行恢复，这一般表现为"暂停会员资格"。

（4）关系性处罚，其轻者可能表现为由组织号召全体成员对违反自治规范的成员进行抵制，重者则是由商事组织将违反自治规范的成员除名，中断成员与组织的关系，这是内部惩罚措施最为严重的责任形式。

【相关案例】

美国钻石行业组织解决商业纠纷的内部机制[①]

美国最大和最重要的钻石交易俱乐部是"纽约钻石经销商俱乐部"（New York Diamond Dealer Club，即 DDC），它同时也是"世界钻石交易联盟"（World Federation of Diamond Bourses，即 WFDB）的成员。DDC 的成员包括生产商、批发商、经纪人等。钻石经销行业内具有重要影响力的商人基本都是这个俱乐部的成员。

---

① See Lisa Bernstein, Opting Out of the Legal System: Extralegl Contractual Relations in the Diamond Industry. *The Journal of Legal Studies*, Vol. 21, No. 1. Jan., 1992.

DDC 的内部仲裁系统有两个纠纷解决机构,一是管理委员会(Floor Committee),一是仲裁委员会(Board of Arbitrators)。他们都有权对成员处以罚款,或者有限期地将成员暂时开除出俱乐部之外。

这一内部仲裁系统解决纠纷的方式有几个特点:(1)仲裁委员会不会适用纽约关于合同损害赔偿的法律,而是依据交易习俗或习惯进行裁决。这些习俗和习惯的大部分已经规定在俱乐部的自治规范当中,而其他没有成文的那一部分,也大多已经为成员商人所广泛知晓和接受。(2)DDC 内部仲裁最重要的特点在于过程的"保密性"。仲裁员不必将案件事实以及判决的理由写入书面的裁决书,有时候仲裁员甚至不对案件事实进行过多的调查。即使仲裁员觉得有必要写入,仲裁的事实以及结果也会由 DDC 组织严格保密。(3)在裁决复杂案件和计算违约损失的时候,仲裁员会充分考虑作为标的物的钻石的质量,考虑当事人交易的环境以及以往交易的历史等情况。此外,仲裁委员会对违约人的处罚除了要求其向对方当事人赔偿损失之外,还可能要求违约人缴纳公益捐赠款。(4)仲裁裁决做出之后,如果当事人在 10 天内不履行裁决,则 DDC 将会把裁决结果以及相关当事人的照片公布在俱乐部的公告栏。而且这一信息还会被传递给 WFDB,并通过 WFDB 传递给其他交易所进行公告。由于 DDC 的很多成员都是从事跨国交易,因此这一惩罚措施将对他们的声誉和未来的交易造成很大的损失。换言之,这是强有力的裁决执行措施。此外,近年来,钻石行业内部仲裁体制的一个变化是,仲裁组织开始对那些参与了司法诉讼但又不执行法院判决的成员进行处罚,例如终止或者暂停其成员资格。(5)当事人对仲裁裁决不服的,可以在收到裁决之日起 10 天内通过委员会提出上诉,也可以根据纽约当地法律起诉至纽约州法院,但是法官只会在仲裁程序不合法的情况下才会撤销仲裁裁决。

3. 商会内部惩罚机制与法律责任机制的关系

实践中,商会内部惩罚机制与国家制定法确定的法律责任机制经常发生交叉,表现为三种情况,即:(1)既违反法律也违反商会内部规范的责任;(2)仅违反内部规范,尚未构成违法的责任;(3)仅违法法律,但未构成违反内部规范的责任(主要是因为内部规范未作规定)。

从理论上分析,一方面内部惩罚机制可以成为法律责任机制的"互补品",即内部惩罚机制可以与法律并存成为调整商会内部法律关系以及行业内部法律关系的规范依据,内部规范以其执行上的成本优势成为法律责任"不及之处"的一种补充措施,因此对于仅违反内部规范而未违法的行为,当然不必追求其法律责任。另一方面,内部惩罚机制不能作为法律责任机制的

"替代品"。即内部惩罚措施的规定不得与国家法律相抵触，如果出现了违反法律法规的情形，责任主体必须依法受到法律责任的追究，不能以任何内部惩罚机制来取代法律责任。

4. 商会内部惩罚机制的立法规制

由于商会内部惩罚措施具有强制性，它的建立和实施直接涉及成员企业权利的限制甚至"剥夺"，因此在实践中一直备受立法者关注。例如日本《商工会议所法》规定，会员不缴纳会费、不履行会员义务或者有损害商会的行为等情况时，商会可以对其实施滞纳罚款、暂停资格或者开除出会的惩罚措施，但该法同时也规定了在上述情况下惩罚措施的实施程序和会员的抗辩权。[1] 我国台湾地区的《商业团体法》和《工业团体法》也有类似规定，但只涉及会员不缴纳会费以及不加入团体情况下的惩罚措施。[2]

相比而言，目前我国的商会法律体系尚未完善，已有的一些法律、法规也基本没有涉及商会内部惩戒措施和相应的企业权利救济问题。因此在此后的立法建设中，这一问题需要进一步完善。具体而言，立法应该明确规定：商会的内部惩罚机制不得对非会员的其他组织或者个人设定义务或造成其他损害，否则将可能构成对第三人的侵权。此外，立法还应该要求惩罚机制设置申辩、抗辩、复议等程序，即规定在惩罚措施实施之前，商会应充分赋予成员企业提出抗辩理由以及申请复议的机会。同时在出现惩罚措施不当而导致成员企业权利受损时，应该赋予成员企业要求权利救济的权利，包括提起民事诉讼等。

（二）声誉机制对企业的"无形约束"

除了依靠内部惩罚机制的"有形"约束，商会还可以通过"声誉机制"对破坏市场信用或者违反商会自治规范的成员企业进行"无形"约束。在实践中，这种"无形"约束一般表现为声誉谴责、行为抵制或者集体排斥。

1. 什么是"声誉机制"？

经济学意义上的"声誉机制"，与法学意义上的"诚实信用"、"市场信用"、"商誉"等概念的内涵相近，它们的共同点在于强调良好的"声誉"是商人从事商事活动的一种无形财产，而且它也是"现实行为"与"未来收益"的一个纽带。具体而言，对于那些企图恶意违背契约以及违反自治规范的商人，虽然有时候他们可能逃脱制定法的惩罚，但却可能遭到行业内或者地区内其他商人的共同排斥和抵制，甚至失去以后在行业内或者地区内继续进行商事

---

[1] 参见日本《商工会议所法》第19~23条的规定。
[2] 参见我国台湾地区《商业团体法》第63~65条的规定，以及《工业团体法》第59~61条的规定。

活动的机会。因此,"声誉机制"可以成为商会自治的一种"无形的约束力",即成为商会内部惩罚机制和国家法律责任机制的一种补充形式。

一般而言,实践当中决定一个商人声誉的标准主要包括:(1)合同承诺履行的主动性;(2)迅速解决问题的主动性;(3)交易环境变化之后重新进行合同谈判的主动性;(4)债务偿还的积极性;(5)标的物交付的及时性和数量、质量的保证,等等。

【拓展知识】

"声誉机制"的运作原理

对于声誉机制的运用,国外学者 Karen Clay[①] 曾经以 19 世纪美国加利福尼亚地区为例,详细分析了它在实践中的功能和特点。根据 Karen Clay 的研究,在 1830 到 1846 年间,加利福尼亚地区商事活动中的合同履行很少通过法律强制进行。因为在当时的背景下,加利福尼亚地区的墨西哥法律体系无法为市场信用以及商人间的合作提供合适的制度框架,甚至无法为合同的履行提供强制力保障。

但当时跨地区的商事活动又非常盛行。因为商人们都偏向于聘请异地的商人作为代理商以节约交易成本,而这又存在着如何控制代理商机会主义的问题。为此有的商人只能选择自己的家庭成员成为代理商,以减少机会主义带来的风险。然而更多的商人则是通过建立联盟来控制代理商的机会主义,这种联盟的运作主要以声誉机制为基础。

具体而言,其特点一是成员进入或退出联盟的资格标准一直是稳定的,它确保了成员之间的关系网络具有稳定性,以便让被代理商能够充分了解代理商过去的行为记录。二是这种联盟明显区分了商人在联盟之内和联盟之外所能获得的收益,从而使"获得和维持商业联盟的资格"可以成为其成员诚信交易的激励。三是声誉机制把代理商过去的行为记录与他将来可能获得的报酬联系起来。因为在联盟内部,商人们既可以聘请其他成员作为自己的代理商,也可以被其他成员聘请为代理商。而成员资格是否可以持续以及能否获得参与商事活动的机会,主要取决于以往的行为表现是否存在不良记录,以及是否符合特定交易的需要。

在声誉机制存在的情况下,商人们为了维护自己的声誉,除了自己不从事

---

① See Karen Clay. Trade Without Law: Private - Order Institutions In Mexican California. *The Journal of Law, Economics, & Organization.* April, 1997.

欺诈行为之外，还常常积极地避免纠纷产生；而一旦产生了纠纷，商人们也乐于私下解决。比如，如果送交的货物发生了损害，商人们常常会通过中立的第三方安排货物的检测。

2. 声誉机制的局限性

需要指出的是，尽管声誉机制对于商会自治秩序的建立和维持具有重要的作用，但是它也存在明显的局限性。

（1）商会自治依赖于声誉机制的前提是同一行业或同一地区的市场内已经建立了良好的声誉机制。如果某一行业或地区内的市场诚信本来就不高，商人们相互之间普遍存在不信任，则商会自治秩序将很难通过声誉机制得到保障。这在市场经济体制的初期和转型期表现尤为明显。

（2）声誉机制的运作必须建立在信息公开以及信息充分的基础之上。由于"信息"在很多时候需要成本，而这种成本达到一定程度时完全可能阻止商人履约诚信信息的流通，因此声誉机制的约束功能在同一行业和同一地区内效率较高，而在跨行业和跨地区的商业网络中则效率较低。

（3）声誉机制的实施还与商会内部某些成员企业的垄断能力有关。如果违反自治秩序的成员企业在商会内部具有一定的垄断性，那么希望其他成员都自觉对其进行抵制的可能性将大大降低，因为这种抵制的成本将过于高昂，甚至可能连锁地导致其他成员也无法继续从事商事活动。

（三）商会侵权行为与成员企业的权利救济途径

1. 商会侵权行为与企业权利救济途径

商会在自治过程中，可能出现自治权利滥用（包括内部惩罚机制的滥用）并进而对其他主体造成侵权的结果。商会的侵权行为既可能指向行业以外的其他企业或者其他市场主体（比如消费者），也可能指向商会内部的成员企业。

对于前者，立法所规定的权利救济途径较为明确和单一，即权利受害者可以通过民事诉讼的方式获得权利救济。而对于后者，基于成本节约和商会行业自治激励的考虑，立法往往在民事诉讼的基础上还赋予了成员企业通过商会内部申诉和调解的方式来解决侵权救济问题。例如，如果成员企业认为商会所实施的某一行为限制了自己的竞争自由，他可以向商会提出异议和申诉，以求通过商会的内部审查和调解尽快解决纠纷，而不是立即诉诸法庭。

相比而言，外部诉讼的设置是为政府规制商会侵权行为所提供的一种底线制度；而内部调解则是促进商会行业自治的必要措施。实践中需要考虑的问题是：立法应该如何协调两者的关系？哪些问题必须由诉讼来追究责任？哪些问题又是商会可以内部解决的？外部诉讼和内部调解在程序上应该如何安排？通过立法解决这些问题的关键在于，必须区分和明确商会侵权行为的类型以及相关法律责任的性质。

【拓展知识】

我国地方立法对商会侵权行为和成员企业权利救济途径的"模糊"规定[①]

在我国的商会立法中，《大连市行业协会管理办法》、《广东省行业协会条例》和《深圳市行业协会暂行办法》规定了商会侵权行为问题。然而这些立法对于"权利救济"问题的规定令人费解。例如，《广东省行业协会条例》第38条规定，"行业协会会员对行业协会实施行业规则或者其他决定有异议的，可以提请行业协会进行复核或者提请登记管理机关审查。非会员的单位和个人认为行业协会的有关措施损害其合法权益的，可以要求行业协会调整或者变更有关措施，也可以依法向人民法院提起诉讼"。而《大连市行业协会管理办法》第36条的规定是："行业协会会员对行业规则、行业自律措施或者其他决定有异议的，可提请行业协会复核或依法提请政府有关部门处理。"另外，《深圳市行业协会暂行办法》第35条也规定，"行业协会会员对行业协会实施行业规则、行业自律措施或者其他决定有异议的，可以提请行业协会进行复核。非会员单位、消费者因行业协会的有关措施损害其合法利益的，可以要求行业协会调整或者变更有关措施"。

上述这些条文存在很大的"模糊性"。因为按照对条文的字面理解，是否意味着商会成员企业不能通过诉讼的途径来获得权利救济？特别是《广东省行业协会条例》在成员和非成员之间的两种不同的对比性规定，是否意味着成员企业和非成员企业在权利救济问题上存在实质性差别？另外，商会侵权行为所导致的商会与成员企业之间的纠纷是否仅仅是商会的内部治理问题？从立法原则的角度来讲，诉讼程序设置属严格法定主义，地方性立法不能任意改变，因此成员企业提请商会复核和调解，或者要求政府行政救济的做法只是解决问题的途径之一，不能排除诉讼的适用，也不是诉讼必然的前置阶段。况且商会本身具有法人资格，可以独立地承担法律责任，成员企业对商会的侵权行为提起诉讼也具有可行性。

由此可见，上述三个地方性法规关于商会成员权利救济的规定并不合理：如果将其理解为"排除了诉讼机制的适用"，则不符合诉讼法的有关原则；相反如果立法机关并无意排除诉讼的适用，那么上述条文在表述上就存在语义不

[①] 周林彬、董淳锷：《中国商会立法刍议：从契约的视角》，载《南开学报》2007年第2期。

清的缺陷。

2. 商会侵权行为的类型与法律责任性质

实践中,商会的侵权行为一般包括:(1)依照优势企业的意愿划分市场,排挤弱小企业的发展;(2)滥用权力,限制会员开展正当的经营活动或者参与其他社会活动;(3)对不同的成员企业实行差别待遇;(4)侵犯弱小成员表决权和参与商会事务的权利;(5)滥用内部惩罚措施,对成员企业实行不当制裁;(6)通过内部规范或集体行动的方式,排挤非成员企业;(7)通过内部规范或集体行动的方式,侵犯消费者权益,等等。

这些行为既可能损害特定企业的权利而构成民事侵权行为,也可能同时损害整体的市场经济秩序,构成经济法上的违法行为。因此,商会的侵权行为既可能包含私法上的法律责任(即民事侵权责任),也可能包含公法上的法律责任(即经济法或行政法领域的责任)。

【拓展知识】

商会行为的可诉性问题

一般而言,对于私法层面的法律责任,立法可以将其交由商会内部程序来解决(即商会内部的申诉、听证、复议、裁决程序),诉讼机制只需作为最后的底线救济措施即可。

但是对于公法层面的责任,由于其具有"社会负外部性",所以并不能因为成员企业放弃对商会反竞争行为的追究商会就无需承担任何责任,政府主管部门应该突破商会契约相对性原则的"面纱"而主动追究其法律责任或者行政责任。

特别就公法责任而言,由于传统的经济法领域和行政法领域都有不可诉行为,例如政府的经济宏观调控行为、国家行为、抽象行政行为等等,而商会在某些情况下依据授权合同或者委托合同,又可能承担政府赋予的部分宏观经济指导职能和行业行政管理职能,因此立法一般需要对商会不同行为的可诉性进行区分,即:第一,对于商会在宏观指导行为中所实施的不正当竞争行为,成员企业可以通过授权主体或委托主体即政府部门来予以纠正和规制,并由政府部门课以相应的行政责任;第二,对于具体涉及特定成员企业利益的某些"管理性"行为,如果该职能的履行是政府的授权或者委托行为,则按照行政诉讼法的有关规定处理;如果是立法赋予商会的法定职能,则可以考虑从民事诉讼途径解决。

六、商会自治规范及其法律适用

（一）商会自治规范概念、特点和类型

1. 商会自治规范的概念

商业自治规范，是指商会的成员企业协商制定的内部行业规范，或者在传统商业活动中形成的本行业内的商业惯例（交易习惯）。在国家商事立法缺乏或不健全的情况下，行会所制定的"条规"、"规章"、"私约"等，与国家的"律""例"几乎具有同等效力。在早期的欧洲，行会和商业联盟的章程、规范更是成为商法的直接渊源。

商会自治规范是商会开展自治活动的规范基础，是成员企业经过协商一致而定立的"契约"，它在界定成员企业权利义务关系、协调商业活动秩序、指导成员企业生产经营活动以及解决商会内部纠纷等方面发挥了重要作用。商会自治规范还是成员企业据以开展生产经营活动的依据。常见的比如，酒店行业商会所制定的有关"中午十二点退房"，以及餐饮行业商会所制定的有关"顾客自带酒水必须支付开瓶费"等行业规范，长期以来都成为行业内成员企业据以开展经营活动以及据以抗辩消费者质疑的依据。商会自治规范的实施除了依靠商会组织本身的管理体制之外，还广泛地依赖于商业社会网络的运作。

2. 商会自治规范的类型

商会的自治性规范属于内在制度的范畴，它一般认为，商会自治性规范包括以下几种形式：（1）商会章程，它是商会成员协商一致并通过的一种协议，规定了商会的成立和解散、商会会员的条件和权利义务、商会的组织机构和职能等问题。（2）商会内部公约，这主要是指商会成员之间共同协商拟定的开展商业活动所应遵守的行为规范和道德准则。（3）行业标准，它是指由商会成员协商制定的、用于认定本行业产品和服务质量的各种标准。（4）行业惯例，它是指商人或企业在传统商业活动中逐步形成并得到普遍认可的一种习惯或约定俗成的规则。（5）行业纠纷解决规则，它是指商会在解决内部商业纠纷时适用的规则，一般包括实体性规则和程序性规则。

【拓展知识】

行业惯例还是商业活动"潜规则"？[①]

2006年9月初，重庆市工商局向媒体通报称，华润蓝剑（广安）啤酒有

---

① 参见李永文：《华润蓝剑啤酒公司涉嫌巨额商业贿赂，金额上亿元》，新华网2006年9月4日报道。

限责任公司通过付给销售商进店入场费、开瓶费、附赠现金或物品等手段,达到销售"雪花"、"蓝剑"系列啤酒、甚至获得唯一促销权和专场销售权的目的,涉嫌巨额商业贿赂,日前已被立案调查。据悉,此案涉及金额1亿多元,是重庆市工商局立案调查的金额最大的商业贿赂案。

案件发生后,华润广安公司的上级公司——华润雪花啤酒(中国)有限公司通过网站发布质疑声明,称华润广安的促销营销手段在重庆市场很普遍,属于啤酒行业的"潜规则",甚至指责重庆工商局借商业调查之名行地方保护之实,质疑这次调查的合法性。

有专家分析,快消品行业普遍存在的"商业贿赂"产生的根本原因,是由于我国快消品品牌众多,对于市场来说供大于求,而渠道有限。为了让自己的产品顺利达到终端,贿赂终端经营商其实已经成为行业内不成文的规定。这种"潜规则"式的商业贿赂比公然行贿更为隐蔽,埋在越来越深的"行业规则"里,用自己的"潜在秩序"来干扰正常的市场秩序,而人们却熟视无睹,只有当法律的重锤打到脑袋上时,才会有人惊讶:"原来这也是犯法?"

3. 商会自治规范的特点

(1)契约性。所谓"契约性"是指,商会自治规范一般由成员企业协商一致制定而成;或者由成员企业授权商会组织制定,成员企业予以认可。但无论经过哪一种途径制定而成,自治规范的性质都类似于成员企业之间订立的一份"关系型契约",它是成员企业权利义务关系的共同约定。此外,"契约性"还表现为自治规范的修改或废除,一般也要经过全体成员企业协商一致的表决。

(2)效力相对性。所谓"效力相对性"是指,商会自治规范的约束效力仅仅及于成员企业,它不能对商会以外的其他商人、企业或者消费者的行为作出约束。"效力相对性"是自治规范"契约性"的延伸。

(3)弱强制性。所谓"弱强制性"是指,商会自治规范与法律、法规相比而言,缺乏国家强制力的保障实施。尽管很多商会自治规范都规定了成员企业违反规范时必须承担的责任,也规定了商会拥有一定的"惩戒权(力)"和"惩戒措施",但是这种约束力并不具备"当然的"法律强制性。一旦成员企业在违规后选择退出商会,这种约束效力可能随之减弱甚至失效。此时,如果出现侵权问题,商会只能通过法律途径予以解决。

【相关案例】

成都市餐饮同业公会制定的行业自治规范"涉嫌"侵犯消费者权益[①]

2006年,成都市餐饮同业公会起草并试行的《成都市餐饮行业企业经营行为规范》第19条规定:"餐饮企业原则上可以谢绝客人自带酒水进入餐厅享用,但企业应当将谢绝的告示设置于醒目的位置。如客人确要自带酒水需征得餐饮企业同意,企业可按物价部门的相关规定收取适量的服务费用。"

对此,四川省消委会明确提出,依据《消费者权益保护法》规定,经营者不得以格式合同、通知、声明、店堂告示等方式作出对消费者不公平、不合理的规定,或者减轻、免除其损害消费者合法权益应当承担的民事责任。而餐厅的谢绝酒水告示明显属于典型的不公平格式条款,所以这种所谓的行业《规范》完全不具有法律效力,消费者应该大胆维权。

但是四川省饭店与餐饮娱乐行业协会却认为,收不收开瓶费是酒店的一种自主行为,应该由市场杠杆来调节。只要不存在欺诈或强迫,政府部门就不应做过多的干预。另外,因为根据《消费者权益保护法》第9条规定,消费者享有自主选择商品或者服务的权利。这就是说,消费者认为谢绝自带水酒的条款不合理,可以不选择消费。所以,同业公会的规定并不违法。

(二) 商会自治规范的法律适用

所谓"商会自治规范的法律适用"主要是指,在涉及商会与成员企业之间、或者成员企业相互之间诉讼纠纷的时候,法官通过适用商会自治规范作出判决或裁定的活动过程。

1. 商会自治规范可适用的标准

对于商会章程、商会内部公约、行业标准以及行业纠纷解决规则这些成文性的自治规范,其标准较为明确,实践中通常从三个方面进行规定:(1) 自治规范的实体内容必须具备合法性,这一标准主要是指自治规范不得违反国家法律、法规和政策的规定。(2) 自治规范的产生程序必须具备合法性,这一条件的主要目的在于保证当事人平等地获得规范制定的参与权和表决权,以及保证国家机关对自治规范效力审查权的实施。(3) 自治规范与个案的关联性。内容与程序的合法性仅仅是自治规范合法存在的基础;而在审判当中,合法存

[①] 参见:《成都餐饮行业叫嚣收取开瓶费,行规公然挑战法律》,载四川新闻网,2006年3月15日访问。

在的自治规范最终能否被采用,还需要考虑自治规范与具体个案的"关联性",这种关联性的关系基础是当事人必须同时都是相关行业组织的成员,其性质类似于"俱乐部关系"。

除了成文规范之外,商会自治规范还包括行业惯例和交易习惯等不成文规范的类型。由于这一类规范是否存在、其内容如何,都普遍缺乏文字的客观记载,因此与成文性自治规范相比,认定行业惯例或交易习惯成立的标准更为复杂。实践中,认定行业惯例或交易习惯成立的标准除了"实体内容合法"之外,一般还应当具备两个条件:(1)历史性要件,即行业惯例或交易习惯必须已经过长时间的商事实践反复适用。(2)公众性要件,即行业惯例或交易习惯必须得到行业内不特定多数人的共同认可。(3)行业惯例或交易习惯与具体个案的关联性。对于这种"关联性"的考察,实践中一般根据不同类型的行业惯例和交易习惯而做出不同的分析。

表3-2-1 实践中行业惯例和交易习惯的常见类型

类型	内容	效力
约定俗成的行业惯例和交易习惯	某一地域或行业的大多数商事主体在长期的商事活动中约定俗成或在实际操作中所形成的、得到大多数主体认可的习惯和惯例,这是商事惯例最基本的形式。	适用于地域内和行业内的不特定主体
特定主体之间的行业惯例和交易习惯	具有特定契约关系的商事主体在长期交易过程中形成的行业惯例和交易习惯,这在"熟人交易"当中最为常见。	只对该特定契约的当事人构成约束力
已经成文化的行业惯例和交易习惯	这主要是指少数已经由商会、行业协会组织以类似于"立法"的形式所认可并纳入行业规范的那些行业惯例和交易习惯。	对组织内特定多数的成员适用
常识性的行业惯例和交易习惯	依据经济规律或一般商业活动常识可以推定的习惯和惯例;比如季节性商品的销售的价格多变性、商品价格高于成本的市场规律,等等。	除非出现合理的反证,否则适用于所有主体

2. 当事人对商会自治规范的举证

对于商会章程、商会内部公约、行业标准以及行业纠纷解决规则这些成文性的自治规范,由于一直以来各国的立法者都很少赋予其法律渊源的地位,因此在实践中它们一般被视为事实问题,由当事人加以举证。

与此不同,商事审判中行业惯例的性质界定则较为复杂。在英美法系,立法一直以来倾向于将行业惯例和交易习惯视为"事实",其证明责任一般由当事人承担。

【背景资料】

美国《统一商法典》和美国《统一计算机信息交易法案》的相关规定

美国《统一商法典》(UCC)第1~205条规定,行业惯例是在一个地方、行业和交易中被普遍遵守(regularity of observance)的与交易有关的操作(practice)和方法(method),它可以证明交易中可被遵守的预期;其是否存在及其适用范围,应由商人将其作为事实问题加以证明。如果商人能够证明此种惯例已载入成文的贸易规范或类似的书面文件中,则法庭将以这一习惯为基础对合同条款进行解释和补充。根据该法,"一方为证明某种有关的行业惯例而提供的证据,只有在该方曾已经适当地通知对方,使法院认为该通知已足以避免不公正地使对方感到意外时,该证据才可被法院接受"。

与此类似,美国《统一计算机信息交易法案》(The Uniform Computer Information Transactions Act,简称UCITA)第102条也规定,当事人之间的"协议"(合同)是指根据双方的语言或其他情形,如履约过程、交易过程及本法所规定的行业习惯而判定在双方之间事实上存在的交易。据此,如果涉及行业习惯问题,一般将被纳入当事人合同解释当中进行证明。

在大陆法系的立法传统当中,由于"习惯"还被进一步区分为"事实习惯"和"习惯法",因此审判中其性质如何界定,以及相应的证明与查明责任如何配置,还需要根据具体情况具体分析。一般而言,对于"事实性的惯例或习惯",由当事人承担举证责任;而对于具有法律渊源地位的"习惯法",则一般由法院依职权承担查明的责任。

对于商会自治规范在审判中的适用,与"举证"密切相关的另一个问题是举证责任在当事人之间的配置。按照程序法的基本规定,民商事审判当中的举证责任一般适用"谁主张,谁举证"的原则。除此之外,实践当中法官在特殊情况下(一般是商会或商会成员企业作为被告的案件)也可以基于公平原则而灵活适用"举证责任倒置",即由被告对商会自治规范的存在性、关联性、合法性、合理性等问题进行证明。这一特殊的做法对于商会自治规范尤其是行业惯例或交易习惯的证明尤其具有重要意义。

【相关案例】

王某诉"北京铁建信达经贸有限公司广安门铁路宾馆"侵权赔偿案[①]

王先生某日下午 4 点入住宾馆,第二天下午 2 点退房,被宾馆按一天半收费,王先生为此将所住北京铁建信达经贸有限公司广安门铁路宾馆告上法庭,认为该宾馆多收半日费,侵犯其合法权益。要求退还多收半日房费 74 元,作书面赔礼道歉,并承担交通费、住宿费、饮食费、误工费、咨询费、材料费、通讯费等共计 6000 元。法院依法向北京铁建信达经贸有限公司广安门铁路宾馆送达了起诉书,并定于 5 月 8 日开庭审理此案。

4 月 21 日,法院收到中国旅游饭店业协会向宣武法院来函,题目为《关于广安门铁路宾馆与王先生房费纠纷案的意见》。通过该函,被告铁路宾馆和中国旅游饭店业协会主动承担了举证责任。

《意见》指出:近日,接到我协会会员单位广安门铁路宾馆报告,住店客人王先生因房费纠纷一案,起诉广安门铁路宾馆……经我协会了解,客人王先生在入住宾馆时,填写了《宾馆住房单》和《预收定金单》中宾馆已经书面告知客人在中午 12 点前退房,延时加收半日房费。客人签字认可上述规定。因此,我协会认为宾馆的做法符合法律规定和行业规范,理由如下:第一,从法律关系形成的过程看,这种收费方法经过饭店与顾客的要约和承诺形式已经得到确认……第二,这种收费方法不属于具有强迫性的附从合同条款即所谓的霸王条款……第三,饭店有确定收费标准的经营自主权,有权选择符合自己要求的计价方法……第四,间夜收费是考虑了饭店的综合成本因素,体现了公平原则,并非对消费者不公平、不合理,也并没有加重消费者的义务……第五,《中国旅游饭店行业规范》……不违反国家法律规定,具有法律效力……第六,饭店客房按照间夜收费早已是国际惯例……请贵院参考以上意见对纠纷案件作出公正合理的判决。

4 月 22 日,王先生主动来到宣武法院,申请撤诉,得到宣武法院准许。

3. 法官对商会自治规范的查明和过滤

一般而言,对于商会自治规范中的成文规范,法官的查明较为简单,因为他们可以直接通过书面证据进行审查。但是对于行业惯例和交易习惯的查明,

---

[①] 参见甄红:《宾馆"12 点前退房"被诉霸王条款案旅客主动撤诉》,载中国法院网,2008 年 4 月 28 日访问。

则情况将由于其本身具有的不成文性而趋于复杂。从审判实践来看，法官查明行业惯例和交易习惯的途径一般包括：（1）相关政府部门的证明；（2）商会、行业协会的证明；（3）专家证人的证明；（4）文献记录的证明（如地方志等）。

【拓展知识】

我国台湾地区关于商事惯例法律适用的实践经验

对于法官在审判中如何查明和适用自治规范的问题，我国台湾地区的法律实践值得借鉴。一方面，台湾地区的"民事诉讼法"第289条明确规定，"……（1）法院得嘱托机关、学校、商会、交易所或其他团体为必要之调查；受托者有为调查之义务。（2）法院认为适当时，亦得商请外国机关、团体为必要之调查。"而另一方面，台湾地区的司法部门还一直重视对民商事习惯的收集和汇编工作，这对于法官在审判中查明"习惯"具有重要帮助。

其中，前"司法行政部"（现"法务部"）曾组织编纂了《商事习惯调查研究》。[①] 编纂者认为，"所谓习惯，则不经立法程序，系社会一般人就同一事项，于一定期间内，反复为同一之行为，而无背于公共秩序或善良风俗者。习惯既未成文化，民间就同一事项，于一定时期内，是否反复为同一之行为，自不易知悉……但是一般商业行为之习惯范围过分广泛，若全予调查，心力分散，成效难期。乃选择于经济发展与建设有关，甚至于审判上常见之习惯，先于调查。"

此外，台湾地区的"法务部"还组织编纂了《台湾民事习惯调查报告》，[②] 其内容涉及民事活动的亲属、婚姻、继承、合会、神明会、祭祀公业等若干领域。该报告认为，"习惯法为法源之一种，乃学说于立法例所供认。惟其效力如何，其取得国家法上效力之要件为何，则各国立法例未尽一致。"

对于被列入"查明"范围的商会自治规范，法官一般需要从"积极要件"和"消极要件"两个方面进行检验。其中"积极要件"考虑的是自治规范如果要被采用，必须满足哪些要求；而"消极要件"考虑的则是自治规范如果要被采用，不能具备哪些消极因素。

从实践来看，被用以"检验"和"过滤"商会自治规范的标准主要是民商法的各项基本原则。比如：自愿原则、平等原则、公平原则、公序良俗原

---

① 参见我国台湾地区"司法行政部"（现在的"法务部"）编辑：《商事习惯调查研究》，1970年出版。
② 参见我国台湾地区"法务部"编辑出版：《台湾民事习惯调查报告》，2004年版。

则、诚实信用原则,等等。在检验和过滤自治规范的法律基本原则当中,"公序良俗"是被立法强调最多的一项原则,特别是有关行业惯例与交易习惯的适用问题。

本章小结

商会(Chamber of Commerce)作为商业活动中一种重要的组织形态,最早发源于欧洲,它是指以实现同一行业内或同一地区内商人共同利益为目的而建立的非营利性社会自治组织。现代商会一般都是依照国家法律规定登记注册的社会团体,具有法人资格。

根据法律性质的不同,商会可分为三种:一种是公法型,又称为大陆法型,以法、德等大陆法系国家为代表;另一种是私法型,又称为英美法型,以英国、美国等英美法系国家为代表;还有一种是介于上述两种类型之间的商会,即日韩型,以日本与韩国为代表。

商会是商人利益的代表组织,也是政府管理市场的"替代品",其积极功能包括:引导和规范成员企业的生产经营活动,协调市场活动秩序,组织国内企业应对国际反倾销诉讼,以及建立有效的内部纠纷解决机制。

商会自治过程也可能出现侵犯成员企业或者其他市场主体权利的消极行为,包括:依照优势企业的意愿划分市场,排挤弱小企业的发展;滥用权力,限制会员开展正当的经营活动或者参与其他社会活动;对不同的成员企业实行差别待遇;侵犯弱小成员表决权和参与商会事务的权利;滥用内部惩罚措施,对成员企业实行不当制裁,通过内部规范或集体行动的方式,排挤非成员企业;通过内部规范或集体行动的方式,侵犯消费者权益,等等。

商业自治规范是指商会的成员企业协商制定的内部行业规范,或者在传统商业活动中形成的本行业内的交易习惯。商会自治规范是商会开展自治活动的规范基础,也是成员企业据以开展生产经营活动的依据。从法律性质上看,商事自治规范属于"广义的商法"的范畴,是商法的"非正式法律渊源"之一。与法律相比,商事自治规范具有"契约性"、"效力相对性"、"弱强制性"等特点。

思考与练习

1. 如何理解商会是"民间性、非营利性的社团法人"?
2. 商会在市场经济活动中具有哪些积极的功能?
3. 商会自治规范具有哪些法律性质?包括哪些类型?
4. 商会如何对成员企业的行为进行约束和惩罚?
5. 在市场管理的实践当中,国家立法应当如何平衡"政府管制"和"商会自治"的关系?

案例分析

1. 阅读下面的案例①,讨论如何认定商会(行业协会)自治规范的合法性?

2006年下半年,云南省餐饮与美食行业协会出台了"行规"《云南省餐饮企业经营规范(试行)》共101条,其中第50条为"餐饮企业有权谢绝或接受餐饮消费者自带酒水和食品进入餐厅享用;有权对餐饮消费者自带的酒水和食品收取相应的服务费,收费标准根据企业的实际情况由企业依法明码标价,也可通过云南省餐饮与美食行业协会向物价部门集体备案;有权提出对餐饮消费者自带的酒水、食品留样备案72小时。企业须将以上事项于餐厅的明显位置以书面形式在消费者消费前明确公示"。令人意想不到的是,该规定"一石激起千层浪","行规"刚试行6天,昆明某餐馆就因收取酒水服务费被消费者告上法庭。

2. 阅读下面的案例②,讨论商会(行业协会)如何加强自身规范化建设?

原中国保健食品协会是1985年9月在民政部注册登记的社会团体,行政关系隶属于中国药材公司,业务主管单位是国家中医药管理局。自2001年以来,该协会连续三年召开"全国保健食品行业统计数据发布大会",严重违反国家有关规定,存在对企业乱排序、乱评比、乱收费以及擅自增设分支机构等问题。2002年,国家中医药管理局对其违规问题进行了严肃查处,并于2003年7月4日发出通知,要求其立即停止召开发布会及相关活动,退还向企业收取的费用。该协会置若罔闻,继续以发布企业的统计调查结果为名,先后设置"优秀企业家"、"销售第一"、"销量第一"、"50强企业"等各种名目的奖项,每个奖项收取2000元至12000元不等的费用,不仅增加了企业负担,而且造成行业混乱,引发了一些企业争端,严重干扰了企业正常的生产经营活动。

经核查,该协会还先后与一些企业合作,分别在广州、黑龙江、云南等地增设了分支机构,进行非法活动。这些机构既未经民政部门审批,也没有在工商部门注册。经中央纪委、监察部驻卫生医药部门纪检组监察局对上述问题的严肃查处,民政部于2003年10月30日注销了中国保健食品协会的注册登记。同时,国家中医药管理局对负有行业主管责任的业务司有关领导进行了责任追究和处理。

---

① 参见梁书斌、范春生、王晴:《昆明"自带酒水"诉讼案再次质疑餐饮业》,载新华网2006年9月25日。

② 朱剑红:《严重违规中国保健食品协会被注销》,载《人民日报》2004年2月24日。

第三章 公司治理

美国安然公司成立于 1985 年,是世界最大的能源供应商和商品交易商,主要经营天然气管道生产和运输以及电力生产和传送。此外,公司涉及能源产品的期货、期权和其他大宗商品衍生交易市场,占据了新型能源交易市场的垄断地位。2001 年 12 月 2 日,安然公司与其 13 家分公司向纽约南区法院提交破产保护申请,公司资产 498 亿美元,负债额为 312 亿美元,成为美国历史上最大的企业破产案。根据美国参议院成立的调查委员会提供的报告分析,导致安然公司董事会失灵和公司破产的原因有 6 个方面:委托责任的失败;高风险会计政策;利益冲突;大量未披露的公司表外经营活动;行政人员的高报酬计划;董事会缺乏独立性。在美国安然事件中,公司高级管理层、投资银行、证券分析师和会计师事务所内外结合,共同欺骗不知情的股东。2003 年以加利福尼亚大学的校董为代表的安然股东向休斯敦联邦法庭递交了新的状纸,把 9 家银行一起送上被告席,指控其蓄意隐瞒财务真相,帮助安然设计虚假的金融交易,从而让安然得以掩盖其濒临崩溃的金融状况,并从中渔利。安然公司于 2002 年 12 月 2 日申请破产后,公司股票降至每股 26 美分。据美国布鲁金斯学会 2003 年 7 月 25 日公布的一项研究报告显示,安然公司和世界通信公司的造假丑闻使 2003 美国经济损失 370 亿至 420 亿美元。

安然事件引发美国公司治理的革命。目前,公司治理已成为全球市场经济国家共同面对的问题。一国公司治理系统的完善程度对本国资本市场的发展、企业融资结构的完善、国民经济的整体表现等产生重要的影响。本章将对公司治理的概念以及法律特征、公司治理机关和公司利益相关者的权益保护问题进行论述。

一、公司治理的概念及法律特征

(一) 公司治理的概念

理论界和实务界对于公司治理(corporate governance)的概念尚未形成统一认识。经济学家多从经济现象的角度对于公司治理进行分析,或者注重从制度安排的角度对公司治理进行分析,管理学则注重公司科层结构的设计,法学家则从多种法律权利义务关系以及利益制衡的角度对公司治理进行分析。本书从经济现象、制度安排、组织结构、法律制度四个角度对公司治理的概念进行梳理。

1. 作为经济现象的公司治理。对于公司特别是股份公司治理的关注最早可以追溯到亚当·斯密的论述。他指出，由于在股份公司中，公司财产所有权（股东的财产）与公司管理层实际控制权的分离，股份公司的管理者多从自身的利益出发，因此不会如同股东那样精心照顾股东们的财产，股份公司这种形式是非效率的。伯利和米恩斯进一步论述到，股份公司中所有权和经营权分离所导致的管理层对于公司实际控制以及他们的行为对于公司股东利益的背离。经济学将上述现象称为股东与管理层的委托代理问题。因此，此时的"公司治理"等同于"公司治理问题"，它指的是，公司所有权和经营权所导致的公司利益与股东利益的背离，以及管理层对于股东利益侵占的现象。[①]

【拓展知识】

公司治理问题的两种类型[②]

在经济学家看来，公司治理问题有两种类型：一是代理型公司治理问题，该类问题面对的是如何处理股东与经理之间的关系；二是剥夺型公司治理问题，该类问题面对的是如何处理大股东与小股东之间的关系。

1. 代理型公司治理问题

最早提出代理型公司治理问题的是亚当·斯密；美国学者伯利、米恩斯、詹森、麦克林等人进行了深入研究。对于代理型公司治理一般有"六道防线"：一是经理薪酬，即通过给予管理层激励来减少腐败行为；二是董事会制度，即通过董事会来监督经理层的行为；三是股东大会，即通过股东大会加强对董事会的监督；四是资本市场，即通过资本市场机制（比如并购）等抑制管理层的腐败行为；五是证券监管机构的规制；六是社会舆论的监督，即通过社会媒体等工具对管理层的行为进行监督。

2. 剥夺型公司治理问题

1997年亚洲金融危机之后，随着东亚国家很多公司的内部结构和运作过程被曝光，剥夺型治理问题引起关注。研究发现，亚洲以及欧洲大陆的上市公司往往通过一种被称为"企业系族"的组织结构来实现对小股东的剥夺行为，这种"企业系族"的特点是：围绕着银行或证券公司，系族通常拥有多个核心企业，每个核心企业的周围一定还有多个相关的企业。企业系族通过

---

① 参见［英］柯林·梅耶：《市场经济和过渡经济的企业治理机制》，上海三联书店1996年版。
② 参见宁向东：《公司治理理论》，中国发展出版社2006年版。

各种办法对上市公司施加控制,进而"掏空"上市公司。

2. 作为制度安排的公司治理。科斯在《企业的性质》一文中指出,企业和市场都是一种制度安排,它们的边界取决于交易成本大小。威廉姆森等人进一步发展了科斯的观点,认为企业是一种"契约束",契约束的缔约方为股东、管理层、职工和债权人等。他们进一步指出,公司治理是涉及股东、管理层和利益相关者利益平衡的一种制度安排。其内容应该包括:一是如何配置和行使控制权;二是如何监督和评价董事会、经理人员和职工;三是如何设计和实施激励机制;等等。①

3. 作为组织结构的公司治理。公司治理被理解为一种公司内部科层架构安排。吴敬琏教授曾认为,所谓公司治理结构,是指由所有者、董事会和高级执行人员即高级经理三者组成的一种组织结构。在这种结构中,上述三者之间形成一定的制衡关系。通过这一结构,所有者将自己的资产交由公司董事会托管;公司董事会是公司的决策机构,拥有对高级经理人员的聘用、奖惩和解雇权;高级经理人员受雇于董事会,组成在董事会领导下的执行机构,在董事会的授权范围内经营企业。应该指出,作为制度安排的公司治理是作为组织形式的公司治理上位概念,制度安排不仅设计权力配置,还涉及激励机制设计和实施等内容。

4. 作为法律制度的公司治理。通过法律的制约、规范来改善公司的治理结构一直以来是我国市场转型中规制企业主体行为的一项重要制度构建目标,除了《公司法》、《证券法》等基本法律法规的颁行、修改外,大量的规制企业信息披露、关联交易、对外担保、股权激励、中小投资者保护的行政法规和部门规章亦层出不穷,构成了一整套规范公司治理的法律规范体系,形成了许多行之有效的公司治理法律制度。

(二)公司治理的法律特征

基于以上对于公司治理的理解,公司治理具有如下法律特征:

1. 以财产权规则为基础。具体表现为:其一,以所有权为基础。公司是拟制的法人,公司对其财产享有当然的所有权(占有、收益、处分等权能),该所有权对应的义务主体是所有人(包括国家、其他个人或者组织);其二,以公司决策和收益分配权为基础。在公司内部,经营者以其劳动分享收益,股东和债权人以其资本分享公司收益。公司治理的法律安排则在于厘定不同公司

---

① 钱颖一:《中国的公司治理结构改革和融资改革》,载青木昌彦、钱颖一主编:《转轨经济中的公司治理结构——内部人控制和银行的作用》,中国经济出版社1995年版,第133页。

利益相关者在分配公司收益过程中的权利和义务。

2. 实体规则与程序规则结合。具体表现为：其一，公司治理机关、利益相关者权利义务的实体规则。比如，公司治理法律制度对于股东大会、董事会和监事会的职权的规定，对于股东权利的规定，对于董事、经理的信托义务的规定，等等；其二，公司治理机关议事程序规则、利益相关者利益诉求程序规则。比如，公司治理法律直接或者授权公司章程对于公司股东大会表决制度规定，对于董事会会议制度的规定，对于股东提取股东诉讼的程序规定，等等。

3. 授权性规则与义务性规则结合。具体表现为：其一，授权性规则。比如，对于股东、董事、经理等人的权利或者职权性规定。其二，义务性规则。比如，对于公司股东出资义务、董事勤勉义务、控股股东的诚信义务的规定等等。

4. 强制性规则与任意性规则结合。公司治理法律还可以按照任意性规则或者强制性规则对于公司治理规则划分。比如，对于上市公司的独立董事制度，国家有关法律、法规做出的强制性规定，不允许公司参与人"选出"该规定；比如，对于上市公司累积投票权规则做出的任意性规定，公司参与人可以通过公司章程决定是否采用该规则。

5. 国家法与社会规范相结合。一方面，公司特许状历史告诉我们，公司历来是国家规制的产物。正是通过国家法的形式，公司这种影响社会生产方式的组织形式平衡了股东、董事、经理和债权人等公司利益相关者的利益，获得安定性。另一方面，商法历史告诉我们，商法是商人创设的产物，国家法在规定公司治理的同时，赋予商人自治的空间（公司可以通过公司章程对公司事务做出更加细致的规定），商人联合体集体智慧所形成的有关公司治理的社会规范和社会网络，对公司治理有较大影响。

【拓展知识】

社会规范、社会网络对公司治理的影响

公司治理问题并不完全是个法律问题。从各国的公司治理差异我们可以看到，公司治理深受文化传统的影响，不同的文化往往对应着不同的公司治理模式，如盎格鲁—撒克逊文化对应英美模式、日耳曼文化对应德国模式、大和文化对应日本模式、儒家文化对应东南亚家族控制模式。

对处于转轨经济的我国而言，在公司治理的法律规范体系尚不健全时，社会网络、社会资本以及其中所内含的信息、资源获取和信任关系作为一种制度替代对公司治理的规范和公司绩效的提高发挥着积极的作用。人们常常会发

现，一个企业的成败往往与经营者是否拥有广泛的社会交往和关系紧密相关，那些拥有更多社会资本的企业家会在经济发展中处于更为有利的地位。

6. 公司治理法律是一个法律体系。如前所述，公司实际是一组契约束，它界定了公司股东、管理层、员工、债权人以及消费者之间的合同关系。因此作为法律制度的公司治理表现为一系列的法律规则。这些法律规则规定了公司股东、管理层、员工、债权人以及消费者之间的权利义务关系。在现实社会中，这些规则表现为公司法、证券法、劳动法、破产法、消费者保护法等法律规范。换言之，公司治理的法律制度是由公司法、证券法、劳动法、破产法、消费者保护法中某些相关联的法律规则构成的统一整体。

（三）公司治理的模式

目前，国际流行的公司治理模式主要有两种：一是英美模式，二是德日模式。两者的主要区别在于：前者采用的是市场决定模式；后者采用的是共同决策模式：

1. 英美模式

英国模式是最早的股份公司治理模式之一。一般认为，英国股份公司的基础是基于信托法上的"信托义务"，即公司股东是委托人，公司董事作为受托人，董事对公司股东负有信托义务（忠实义务和尽职义务）。信托义务实现的方式一方面表现为，董事需要按期向公司股东做生产经营的汇报（主要内容为财务报告）；另一方面表现为，股东可以以信托义务为理由对不称职的董事向法院提起诉讼。英国法律赋予公司自治的空间，若某项决议按照公司内部章程或者规则做出，一般情况下，法院不会受理公司股东等当事人对此提起诉讼，除非存在前述的违反信托义务或者欺诈的情形。

美国的公司治理结构法律的特点更为鲜明。首先，不存在统一的公司法，美国各州制定自己的公司法，但是存在示范公司法（Model Company Law）。其次，公司治理结构法律的变迁紧随时代的步伐。大体上美国公司治理经历了经理人中心模式、股东中心模式，前者强调经理人在公司治理中的重要地位，后者强调对股东利益的保护。再次，美国公司治理的理论和实践要比法律对于公司治理结构的规定发展快得多，例如股票期权制度等等。

2. 德日模式

德国公司治理结构法律的特点是，强调公司参与人的共同治理。德国的公司法要求股份制或者大型公司设立监督委员会和管理委员会，监督职能与执行职能相分离。监督委员会由股东代表、雇员代表和独立董事共同组成，主要职责是监督管理委员会的经营业绩，任免管理委员会成员，向管理委员会提供咨询等。管理委员会由企业内部高级管理层构成，负责公司日常经营管理，执行监督委员会决议，是负责公司具体运营的执行机构。

日本公司法是德国公司法的移植，并秉承了德国公司法共同治理理念，同时融合了日本本土的经济特色。一方面，在日本，以银行为核心的财团在公司治理结构中处于重要地位；另一方面，日本企业普遍实行终身雇佣制。

学者们把美国和英国公司治理结构法律定位为股东中心主义，德国和日本的公司治理定位为利益相关者主义。形成两种不同模式的原因在于两种国家的传统差异，前者体现的是自由主义传统，后者体现的是集体主义传统。其中，美国公司法把自由主义传统发挥到淋漓尽致，认为市场是最好的配置资源的途径，政府干预是无效率的。因此可以看到，美国的控制权市场、股票激励制度要比其他国家活跃得多。但是，最近的研究表明，两种模式有融合和趋同的趋势。比如，美国许多州的公司法修改也体现了利益相关者在公司治理中的地位；美国法学会起草的《公司治理原则：分析与建议》对利益相关者的权利义务做了专门规定。德国通过了证券法，日益重视控制权市场在公司治理中的重要作用。

3. 我国公司治理的本土探索与存在问题

改革开放以来，我国经济体制改革以国有企业改革为中心，目标就是把现有的国企改组为与市场经济相适应的现代企业制度。1993年《公司法》塑造的中国公司制度已经历了十余年的发展，在公司治理模式的选择上，最初受德日模式影响，建立了"两会制"结构，即执行决策职能的董事会和执行监督职能的监事会，监事会规模不大且处于从属地位。不过，由于我国在构建现代企业制度中更多的是透过外部监管压力实施的"强制性制度变迁"，而缺乏源自市场压力的、具有企业自主性的"诱导性制度变迁"，这往往造成中国的公司治理流于形式。

【背景资料】

中国公司治理的现状与水平

从中国社会科学院世界经济与政治所公司治理研究中心等机构对中国最大的100家上市公司的公司治理的评价报告来看，"2007年度所有样本公司治理综合得分平均值为62.28分，最低分45.13，最高分75.35，中位数为63.12"[①]。这些数字说明即便是中国的百强上市公司，其公司治理仍处于中等

---

① 侯捷宁：《"2007年度中国上市公司100强公司治理评价报告"出炉》，载《证券日报》2007年4月20日。

水平。公司治理水平的高低,直接影响到企业竞争力的高低,提高公司治理的水平,说到底是为了提高企业竞争力。在由澳洲会计师公会香港分会、香港浸会大学公司治理与金融政策研究中心联合完成的一份调查报告中显示,在向大陆企业投资的 664 名亚洲、欧洲、北美洲等地的机构投资者中,有 37% 受访者认为公司治理是选择企业投资目标的首要决策因素,并愿意为拥有良好治理结构的企业支付高达 28.5% 的溢价。同时,调查结果显示,这些机构投资者普遍认为,管理层失职、内幕交易及商业道德水平不足、公司治理水平不高是目前大陆企业面临的主要问题,更有 71% 的受访者认为会避免投资于治理水平较差的企业。① 可见,中国的公司治理水平的提升仍然任重道远,迫切需要我们通过机制的设计、意识的提高以及文化的熏陶来予以推进。

由于我国的公司治理结构变革带有明显的经济转轨的特点,虽然通过一定的制度安排促进了公司治理结构的完善,但仍存在着不少问题和缺陷,主要表现在:(1)股权结构的"一股独大",中小股东权益无法得到有效保障;(2)董事会结构不合理,董事长权力过于集中,缺乏有效的权力制衡与监督;(3)监事会监督不力,形同虚设;(4)高管人员的权责利配置不合理,缺少责任追究机制。针对上述种种弊端,我国于 2005 年对《公司法》进行了较为彻底的修改,重新划分了公司内部的权力版图,作为公司治理核心的公司监督机制(包括股东权益保护制度、监事会制度、独立董事制度等)大大完善。

【拓展知识】

公司治理中的"有规则而无秩序"

尽管我国存在着规模庞大的公司法律规范体系,但公司治理中所暴露出的问题却触目惊心:"一股独大"下大股东对上市公司资产的肆意侵吞,中小股东权益被漠视、剥夺而求助无门,各种造假事件和公司丑闻层出不穷,我们的法律规范仿佛一只"无牙老虎"而对之无可奈何。

在评价中国的公司法移植时,华盛顿大学法学院的 Donald Clarke(2006)认为,法律规范制度的移植之所以如此困难,是由于这种移植经常发生在社会迅速变革的时期,本国的社会文化构成了一种牵绊力量。制度的发展并不是根据特定的社会需求目标而做出的反应,而是一种不同社会力量交互作用的复杂

---

① 宋燕华:《调查:公司良性治理可带来 28.5% 估值溢价》,载 http://finance.jrj.com.cn/news/2007-11-16/000002936873.html,2009 年 12 月 20 日访问。

产物。例如，中国从德国的双层制治理中借鉴而来的监事会制度和从美国引入的独立董事制度，引入的仅仅是个术语，却无法引入术语背后的历史和意义。梁治平在分析现代法律制度难以取得良好的支持和法律文化观念认同时分析道："中国当代法律基本制度源于西方，并不是土生土长的东西，而制度后面的那套思想观念、行为却是千百年来民族文化的一部分，有其深厚的根基，绝不是一种政治或社会力量在短时间内可以改变或者清除的。尽管中国人引进西方法律制度已有近百年的历史，但是透过他们的言行举止不难察觉，实际上存在着另外一套独特的行为准则。"①

比如，公司法和证券法要求上市公司进行严格的信息披露，但这种信息的披露却被有的上市公司利用为散播消息以炒作股价的绝好机会。不仅如此，在我们的证券市场监管中，抑制市场过热所发出的善意警告往往成为投机者再次推高指数的契机，扭转低迷防止崩盘而出台的托市政策却往往引发又一轮下跌。政府希望努力改善证券市场法律监管的执行效力以保护投资者利益，但出现的一个怪现状是法律执行越严格，市场表现就会越差，投资者就会遭受损失。

公司法和证券法在实施中遭到规避、扭曲和异化，一方面是因为公司法制度本身是不完全的。而另一方面是，在中国这个人情关系社会中，社会网络秩序的力量过于强大，原有秩序的既得利益者不仅会阻碍法律制度的实施，更会通过关系网络、人情纽带对我们的执法者、监管者进行"俘获"，这样就会造成一种"法律管制陷阱"，其结果是社会的腐败成本增加但违法活动并未实质性减少。

正是由于"书本上的公司法"变革并不能保证公司治理结构的改善，越来越多的学者开始思考文化约束对公司法和公司治理结构的影响。在公司法移植过程中，寻找和利用公司法与中国文化的相容之处，填补两者之间的鸿沟，使法律更加适应我们社会结构的"谱系"。

二、股东权制度

2005 年修订的《公司法》兴利除弊，赋予股东一系列权利，形成了比较完整的股东权利保护体系。②

（一）股东知情权

会计信息是公司经营的命脉，要能对公司实行有效监督，就应充分保障对

---

① 梁治平：《新波斯人信札》，贵州人民出版社 1987 年版，第 15~16 页。
② 参见：《新公司法下股东十大权利》，载 http://www.csrc.gov.cn/n575458/n870688/n1333831/3147741.html, 2010 年 2 月 1 日访问。

会计信息的知情权。新《公司法》第 34 条规定："股东有权查阅、复制公司章程、股东会会议记录、董事会会议决议、监事会会议决议和财务会计报告。股东可以要求查阅公司会计账簿。股东要求查阅公司会计账簿的，应当向公司提出书面请求，说明目的。公司有合理根据认为股东查阅会计账簿有不正当目的，可能损害公司合法利益的，可以拒绝提供查阅，并应当自股东提出书面请求之日起 15 日内书面答复股东并说明理由。公司拒绝提供查阅的，股东可以请求人民法院要求公司提供查阅。"

这一规定相对于原公司法的规定而言，查阅资料的范围更宽了，而且明确赋予了"在公司拒绝查阅请求后，可以向法院请求查阅"的股东诉权。但这些规定也存在如下漏洞：（1）第 34 条规定的"公司会计账簿"是否包括"会计原始凭证"，没有明确规定；（2）第 34 条规定是针对有限责任公司股东而言，从《公司法》第 98 条规定看，针对股份有限公司股东只规定了查阅财务会计报告的权利，对于股东能否查阅会计账簿、遭公司拒绝后是否享有同等诉权，亦无明确规定。这些留待日后公司法进一步修改时予以完善。

（二）股东参与重大决策权

由股东组成的股东（大）会是公司的权力机构，新《公司法》在保留原股东（大）会权利的基础上，还就上市公司作了专门规定：上市公司在 1 年内购买、出售重大资产或者担保金额超过公司资产总额 30% 的，应当由股东大会作出决议，并经出席会议的股东所持表决权的 2/3 以上通过。① 不难看出，在公司对外投资或担保时一般要由股东会或股东大会决定，从而扩大了股东的权利，约束了公司及高管人员的权力。

【拓展知识】

投票权委托书征集制度[②]

所谓委托书征集，是指在享有投票权的股东无法或不愿亲自出席股东会、亦未主动委托代理人行使投票权时，公司的现任董事会或股东主动向公司（其他）股东发出以其为投票代理人的"空白授权投票委托书"（proxy card），劝说收到"空白授权投票委托书"的股东选任委托书上指定的人作为投票代

---

① 《公司法》第 122 条。
② 参见：施天涛：《公司法论》，法律出版社 2006 年版；赵旭东：《06 年公司法制度设计》，法律出版社 2006 年版。

理人，代替（其他）股东行使投票权。委托书征集主要有两种情形：一是为了使股东大会召开达到法律规定的出席人数或者股东大会上的待决议案获得法定比例的支持票数而为公司股东进行委托书之征集，在此场合下，由于公司自己不能代理行使表决权，故一般由第三人特别是公司董事会代为行使表决权，我们称之为现任公司董事会的委托书征集。另一种情形是公司的外部股东（在公司董事会不拥有席位或仅有少数席位的股东）为争夺有关问题的话语权或者公司的控制权时而进行的委托书征集，其目的是通过征集到足够多的表决权来表达其观点或者取得公司控制权。我们称之为在野股东的委托书征集。当在野股东和公司现任董事会为了获得股东的投票支持，针锋相对地进行委托书征集时，便出现了委托书竞夺。

目前，我国立法只对表决权代理作了一般规定，一是《公司法》第107条规定，股东可以委托代理人出席股东大会会议，代理人应当向公司提交股东授权委托书，并在授权范围内行使表决权。二是证监会颁布的《上市公司章程指引》第49条规定，股东可以亲自出席股东大会，也可以委托代理人代为出席和表决；指引的第50、51、52条对表决权代理进行了细化。可见，我国目前对于表决权代理的立法仍停留在委托授权的层面，即消极代理。而对委托书征集制度则无明确规定（比如，对于委托代理表决权的限制、委托书征集过程中的不正当交易、违反委托书管理规范的法律责任等等）。

（三）关联交易审查权

新《公司法》规定，股东有权通过股东会就公司为公司股东或者实际控制人提供担保作出决议，在作出该项决议时，关联股东或者受实际控制人支配的股东不得参加该事项的表决。该项表决应由出席会议的其他股东所持表决权的过半数通过。新修订的《公司法》同时规定，公司的控股股东、实际控制人、董事、监事、高级管理人员不得利用其关联关系损害公司利益。违反该项规定，给公司造成损失的，应当承担赔偿责任。

按照新《公司法》的规定，关联关系是指公司控股股东、实际控制人、董事、监事、高级管理人员与其直接或间接控制的企业之间的关系，以及可能导致公司利益转移的其他关系。关联交易包括两种关系：一是关联主体与公司之间的关系；二是可能导致公司利益转移的其他关系。第一种关系可以理解为关联主体与公司之间发生的直接交易关系，诸如买卖、租赁、贷款、担保等合同关系；第二种关系是指，虽然在关联主体与公司之间并不存在直接交易关系，但却存在可能导致公司利益转移的其他协议或者安排，是一种间接的交易关系。第一类是基本的自我交易，包括各类关联主体与公司之间的交易，在传统公司法上，利益冲突交易典型地体现为"自我交易"（self—dealing）。第二类是可能导致利益转移的其他交易形式，如共同董事、管理报酬和公司机会以及同业竞争等情形。①

【拓展知识】

关联交易与公司治理

关联交易就其本身的性质而言是中性的，是一种合法的商业交易行为。正像一般市场交易行为一样，关联交易受到法律的保护，没有哪个国家的现行法律规定不允许进行关联交易。纽约股票交易所在20世纪50年代曾采取了禁止一切关联交易的做法，但最终只有放弃并重新修订。交易行为是买卖双方的一种自愿的市场行为，不论交易主体之间是否具有关联关系，只要交易的主体具有法定资格、交易的标的符合法律的规定、交易过程符合法定的程序，就应该享受法律的保护。我国《公司法》在对待关联交易的态度上基本奉行了这一准则，其所谓"不得利用其关联关系损害公司利益"虽然没有直接明确地显示出法律的"公平"要求，但依语义解释及目的解释却不难推断出其"中性"立场，至少表明法律并不是简单地禁止关联交易。

（四）股东提议、召集、主持股东会临时会议权

公司的中小股东的利益得不到保障，一个重要原因是公司不能召开有效的股东会，使股东权益的保护遇到了障碍。新《公司法》新增了少数股东股东大会召开请求权、召集权与主持权的规定。《公司法》第40条规定："有限责任公司代表1/10以上表决权的股东（以及1/3以上的董事、监事会或者不设监事会的公司的监事），股份有限公司单独或合计持有公司10%以上股份的股东（以及董事会、监事会）有权提议召开临时股东会。董事会应当根据提议召开临时会议。如果董事会或者执行董事不能履行或者不履行召集股东会会议职责，由监事会或者不设监事会的公司的监事召集和主持；如果监事会或者监事也不召集和主持，代表1/10以上表决权的股东可以自行召集和主持"。

---

① 施天涛：《我国公司法上关联交易的皈依及其法律规制——一个利益冲突交易法则的中国版本》，载 http://www.civillaw.com.cn/qqf/weizhang.asp?id=38970，2010年1月10日访问。

【拓展知识】

通过"金字塔结构"的大股东控制[①]

流行观点认为,股权集中有利于大股东对于管理层的监督,从而降低股东与管理层之间的代理成本。但是,在亚洲金融危机以后,人们发现,普遍采用股权集中模式的亚洲上市公司并没有实现对管理层的有效监督,恰恰相反,大股东往往通过各种方式"掏空"上市公司。随后的研究发现,股权集中的情况并非亚洲特有,欧洲大陆的上市公司亦存在大股东控制的情况。

进一步的研究发现,对于上市公司的控制,大股东往往会借助于金字塔结构。金字塔结构在不发达和发达国家都很兴旺,在亚洲非常普遍。统计显示,在印尼67%的上市公司、在新加坡55%的上市公司、在台湾地区49%的上市公司、在西欧国家20%的上市公司;在加拿大35%的上市公司都通过金字塔结构被实际控制人控制。处于金字塔结构最上层的通常是一个家族或多个家族。

金字塔结构通过多链条控制,可以达到融资与控制并举的效果:一是可以实现融资的放大。当一个实际控制人有非常多个链条来控制其他企业的时候,就可以通过最初的少量资金控制更多的财富;二是通过金字塔结构的控制关系,虽然实际控制人最终出资的数量是非常有限的,但是,通过在每一链条上都出现控制权和现金流权的分离,它却能够牢牢地控制整个集团。

(五)违法决议撤销权

在经济活动中,经常出现公司股东会或者股东大会、董事会的决议内容违法、违反公司章程或者前述会议存在程序违法、决议内容违反公司章程的现象。原《公司法》仅对股份有限公司股东大会、董事会的决议违法作原则性规定。新《公司法》明确规定了公司股东会(股东大会)、董事会的决议无效或可撤销制度:公司股东会或者股东大会、董事会的决议内容违反法律、行政法规的无效;股东会或者股东大会、董事会的会议召集程序、表决方式违反法律、行政法规或者公司章程,或者决议内容违反公司章程的,股东可以自决议

[①] 参见:La Porta, R., F. Lopez-de-Silanes, and A. Shleifer. 1999. Corporate Ownership around the World. *Journal of Finance* 54(2): pp. 471-517;Claessens, S., S. Djankov, and L. H. P. Lang. 1999a. Who control East Asian Corporation. *World Bank Working Paper* 2054;Claessens, S., S. Djankov, and L. H. P. Lang. 2000. The Separation of Ownership and Control in East Asian Corporation. *Journal of Financial Economics* 58(1): pp. 81-112.

作出之日起60日内，请求人民法院撤销。①

（六）股东直接诉讼权和股东派生诉讼

1. 股东直接诉讼

股东直接诉讼，是指股东基于股份所有人的地位，为了维护自身利益对公司或者其他权利侵害人提起的诉讼。《公司法》第153条规定："董事、高级管理人员违反法律、行政法规或者公司章程的规定，损害股东利益的，股东可以向人民法院提起诉讼。"根据诉讼性质，可分为：决议无效之诉②、决议撤销之诉③、损害赔偿之诉④、查阅权请求之诉⑤。

2. 股东派生诉讼

新公司法确立的股东诉讼制度是现代公司法的一项重要内容，成为弥补公司治理结构缺陷和广大股东监督、预防控制权滥用的最重要的救济手段。该制度通过赋予中小投资者充分的诉讼权，将敲响上市公司高管违规的警钟，对公司合规经营起到重要保障作用。⑥

（1）派生诉讼的原告与被告

根据新《公司法》规定，股东要提起派生诉讼，必须满足以下条件：第一，持股时间合格：原告须为有限责任公司的股东、股份有限公司连续180日以上持有公司股份的股东。第二，持股比例合格。法律规定为单独或合计持有公司1%以上股份的股东。以确保提起此种诉讼的原告具有一定程度的代表性，较好地保护了中小股东权益。

新《公司法》第152条规定，具有"《公司法》第150条规定情形的董事、监事、高级管理人员和侵犯公司合法权益，给公司造成损失的他人"为派生诉讼的被告。对于董事、监事或高管人员的职务行为是否违法，法院需要进行实质审查来进行判断，而不能通过形式审查驳回某些股东无理取闹的起诉，因为这样很容易导致股东滥用诉权，影响公司正常的经营活动，反而不符合公司的最佳利益。

---

① 《公司法》第22条。

② 指针对股东会的决议违反法律、行政法规而提起的诉讼，提起诉讼的目的是请求法院确认决议无效。

③ 指针对股东会召集程序及表决方式存在瑕疵而对决议提起的诉讼，起诉的目的是请求法院撤销该决议。

④ 指针对公司、其他股东、董事及其他高级管理人员，违背股东个人意愿，损害了该股东的财产权益而对不法侵害人提起的诉讼，其目的是请求获得赔偿或者返还财产。

⑤ 指针对公司拒绝提供公司章程、股东会、董事会会议记录、监事会会议记录、公司财务会计资料等而对公司提起的诉讼，提起诉讼的目的是请求法院判令公司提供上述资料。

⑥ 《公司法》第152条。

(2) 股东派生诉讼的前置程序

我国《公司法》对派生诉讼的前置条件规定了股东对公司提出正式请求或通知的原则：监事会、不设监事会的有限责任公司的监事，或者董事会、执行董事收到请求之日起 30 日内未提起诉讼，或者情况紧急、不立即提起诉讼将会使公司利益受到难以弥补的损害的，适格股东有权为了公司的利益以自己的名义直接向人民法院提起诉讼。只有符合以上规定，股东才能提起派生诉讼。立法目的主要考虑到尽可能地维护公司正常的运营，避免公司相关机关随时处于诉讼威胁的境地。

【相关案例】

股东派生诉讼的提起

刘某、陈某、运输公司投资 5000 万元共同建立某铜业有限公司，投资比例分别为 15%、15%、70%，股东会议选举运输公司梁某为铜业公司执行董事、法定代表人。截至 2005 年 10 月，某销售公司尚欠铜业公司 150 余万元货款，并承诺于 2006 年 3 月之前还清货款。还款期限届满后，销售公司未能支付上述货款。2008 年 2 月刘、陈某两人担心该款即将超出诉讼时效，并提议召开股东会议以决定追偿货款，但由于运输公司与销售公司系母子公司关联关系，运输公司拒绝参加会议，因股东会议未达到法定人数，从而无法决议启动公司对外主张债权。

问题：此种情况下，刘、陈某作为小股东如何提起股东派生诉讼？

总之，股东权的保护水平是检验一国公司法治是否成熟、公正的试金石。① 股东的权利并不仅限于上文所述，新《公司法》赋予了公司股东更多权利，股东依据法律、法规和公司章程还可以享有其他权利。

三、董事的法律义务与责任

(一) 董事的概念和分类

1. 董事的概念

董事有"当代公司的王子"之称。依照《布莱克法律大词典》的定义，董事是指被任命或被选举并授权管理和经营公司事务的人。董事与公司高级管

---

① 刘俊海：《2006 年公司法的制度创新：立法争点与解释难点》，法律出版社 2006 年版，第 163 页。

理人员不同，按新《公司法》附则解释，公司高级管理人员，是指公司的经理、副经理、财务负责人、上市公司董事会秘书和公司章程规定的其他人员，一般不包括部门经理。可见，按照我国《公司法》的规定，公司高级管理人员不包括董事在内；而按经济界及社会大众的理解及新闻报道的说法，公司高级管理人员泛指公司高高在上、拥权自重的管理者，董事（董事长）也包括在内。

公司的董事由股东（大）会选举产生，可以由股东或非股东担任。董事的任期一般都是在公司内部细则中给予规定，有定期和不定期两种。定期是把董事的任期限制在一定的时间内，一般为3年左右。不定期是指从任期即日算起，满3年改选，但可连选连任。董事被解聘的情形包括：任期届满而未能连任、违反股东大会决议、股份转让、本人辞职、其他如因解散或董事死亡、公司破产、董事丧失行为能力等。

【拓展知识】

董事会规模与公司绩效[①]

董事会的规模常常被视为影响董事会效率的关键因素。但是，在董事会规模和绩效之间关联的经验检验结果却不是很一致。国外一些研究表明，具有小规模的董事会的公司具有较高的市值和运营效率。而另外一些经验研究却表明，具有规模相对更大的董事会的公司会取得较高的绩效。国内的学者对于我国公司董事会规模与公司绩效之间的关系进行了经验研究：有学者的分析表明，公司董事会规模与托宾Q值呈现出反函数关系，但不具统计显著性，而董事会规模与总资产收益率和净资产收益率都表现出显著的反函数关系。据此，他们认为，董事会规模越小，公司绩效可能越佳；有学者研究表明，董事会规模与公司绩效之间存在着显著的倒U型曲线关系，因此建议关于公司董事会规模的公司法规定不应该是强制性的。

2. 董事的分类

由于在具体管理公司事务中，董事所扮演的角色不尽相同，因此对于董事常有不同的分类：

[①] 参见：孙永祥、章融：《董事会规模、公司治理与绩效》，载《企业经济》2000年第10期；于东智、池国华：《董事会规模、稳定性与公司绩效：理论与经验分析》，载《经济研究》2004年第4期。

（1）按照董事日常经营中的作用不同，有执行董事与非执行董事的划分。执行董事又叫经营董事，是指将自己全部工作日投入所在公司，执行公司日常事务、经营管理职能的董事。在英国为 executive directors，或称全职董事（whole-time officer），在美国称为 management directors。非执行董事是参加董事会会议，为公司决策、业务控制提供建议咨询和监督经营董事管理层的董事。

（2）按照董事选出程序的不同，有正式董事（合法董事）、事实董事和影子董事之分。正式（合法）董事（de jure directors）是指经适当的程序被选任并载于公司章程的董事；事实董事（de fact directors）是指未经正式任命，但其公开的行动显示他像是经有效任命的董事，如某人虽然未经正式任命，但他经常参加董事会会议，并积极参与公司决策等；影子董事（shadow directors）是英国法明确定义的概念，"他是指这样的人，即公司的董事们惯常地依照他的旨意和指示行动"。

（3）按照占据董事职位的人的身份来分，有自然人董事和法人董事两种。法人充当公司董事时，一般指定一名有行为能力的自然人为代理人。目前，世界上对于法人担任公司董事的规定主要有两种：一种是禁止法人当选董事，大部分国家如美国、加拿大、澳大利亚、印度、德国、南非、奥地利、意大利、丹麦、瑞典等国都规定董事须是自然人。另一种是肯认法人董事资格的立法，如法国、荷兰、卢森堡、澳门、英国，我国台湾地区等即属此例。

【背景资料】

力霸金融风暴拷问法人董事制度？①

2007 年年初，台湾力霸集团五大弊案为台湾岛内有史以来涉案人数最多、犯罪金额最高的重大经济犯罪弊案。台检调机关以涉嫌掏空企业和进行非法关联交易于 2007 年 1 月初立案侦办，并于 3 月依违反"证券交易法"等罪起诉王又曾等 107 人；9 月 20 日在台北地方法院开庭审理。"力霸案"涉案金额超过 700 亿元（新台币），集团负责人王又曾作为该案主犯，被检方求刑 30 年，并处罚金 17.1 亿元。力霸出事的根源之一，就是王氏集团虚设小公司，派来同一批干部担任法人董事、监事，这些人没有足够的经营决策能力，成为橡皮图章，而实际控制者却躲在背后规避责任。由于力霸集团旗下多家公司因"法人董事"未尽应有之经营管理责任，导致公司被巨额掏空，掀起了台湾地

---

① 参阅任海鸣：《"力霸"面临崩解台湾金融动荡曾显赫一时》，载《人民日报》（海外版）2007 年 1 月 8 日。

区对"法人董事"存废去向的空前沸议。

我国台湾地区实行法人董事制度由来已久,一直以来也遭致颇多非议,2000年11月15日修正的"公司法"第27条明确规定:"政府或法人为股东时,得被推为执行业务股东或当选为董事或监察人。但须指定自然人代表行使职务。"在力霸集团出事之后,主管当局对公司治理原则大翻修,将废除法人董事及监察人,未来法人不能出任董事或监察人列为重中之重。[1]

我国《公司法》对法人能否担任董事无明文规定。1997年中国证监会颁布的《上市公司章程指引》规定只能由自然人担任上市公司董事。

（二）独立董事制度

独立董事（independent director）,是指独立于公司股东且不在公司中内部任职,并与公司或公司经营管理者没有重要的业务联系或专业联系,并对公司事务做出独立判断的董事。[2] 独立董事属于非执行董事或者外部董事。1993年《公司法》对有限公司、股份公司和上市公司中设立董事会和董事都有规定,但却无设立独立董事之要求,仅以中国证监会出台的规章形式在上市公司中推行。修订后的《公司法》对上市公司独立董事制度作了明确规定,并授权国务院制定具体办法。[3]

【相关案例】

乐山电力独董行权"无可奈何花落去"

乐山电力独董对公司最大的质疑在于其频繁的担保行为与巨大的担保金额已经超过公司净资产的80%,成都证管办曾就乐山电力的担保向其发出监管关注。独董希望在中介专项审计出来后,他们在年报中出具独立董事意见。按中国证监会的指导意见,上市公司独立董事的法律职权之一是聘请外部审计机构和咨询机构。上市公司支持独立董事行使职权,不仅应当积极配合,而且还须承担独立董事聘请中介机构的费用。可乐山电力却另有说法,称独董要求专

---

[1] 对此,我国台湾地区证券暨期货市场发展基金会为使投资大众了解法人董事与公司经营之运作、相关法律权责及可能衍生之问题,于2007年4月2日举行"法人董事监理与落实公司治理"座谈会。http://www.sfi.org.tw/newsfi/events/default.asp? m=4&k=2#,2009年1月20日访问。

[2] 中国证监会在《关于在上市公司建立独立董事制度的指导意见》中认为,上市公司独立董事是指不在上市公司担任除董事外的其他职务,并与其所受聘的上市公司及其主要股东不存在可能妨碍其进行独立客观判断关系的董事。

[3] 参见《公司法》第123条。

项审计属重大事项，须报乐山市政府批准，并因此将中介机构拒之门外。受乐山电力独立董事委托的会计师事务师无奈地离开乐山。

未来我国《公司法》修改时，对于上市公司独立董事制度的安排，应在吸收《关于上市公司建立独立董事制度的指导意见》的规定基础上予以细化规范，包括：

（1）明确上市公司董事会次级委员会的组成，适当提高独立董事比例，使其占绝大多数（董事会中不应只有1/3的独立董事）。因为独立董事作用的有效发挥，不仅应有独立性之保障，而且是建立于独立董事具有明显的群体优势和表决权优势基础之上。

（2）强化独立董事特别职权。一般来说，可以列举方式规定独立董事享有如下实体性权力：一是知情权，有权要求公司提供充分的资料以掌握董事会经营决策的实态；二是监督考核权，对公司高级经营管理人员及其绩效进行监督、考评、打分；三是审查权，对公司的财务检查、重大投资、交易、分配等事项发表意见，而且赋予其对不当关联交易否决权，这是独立董事行使职权、履行义务的特别体现。

（3）完善独立董事相关责任条文。独立董事享有的职权既是权利也是义务，如果没有适当履行义务，同样要承担相应责任。如可考虑将独立董事向股东大会的述职制度写入公司章程中。惟如此，才能使得乐山电力独董的尴尬行权、伊利独董遭罢免、ST哈慈、ST达尔曼的独董遭谴责等现象不再发生。

【拓展知识】

独立董事的治理效率

上市公司独立董事制度究竟能否发挥应有的监督作用，保护中小投资者的利益，一直是个有争议的话题。经济学界的研究实证检验了独立董事与公司业绩之间的关系，但得出不一致的结论：比如，有学者认为独立董事比例与公司业绩正相关[1]；有学者研究发现，独立董事比例与公司业绩之间不存在显著相关关系。[2]

有学者进一步从独立董事背景的角度检验其对公司经营业绩的影响。研究

---

[1] 王跃堂、赵子夜、魏晓雁：《董事会的独立性是否影响公司绩效》，载《经济研究》2006年第5期。

[2] 于东智、王化成：《独立董事与公司治理：理论、经验与实践》，载《会计研究》2003年第8期。

发现，独立董事的教育背景对公司业绩并没有正面的影响，同时发现有政府背景和银行背景的独立董事比例越高，公司经营业绩越好。①

有学者从代理成本的角度对上市公司的独立董事制度进行了研究，实证研究表明：上市公司独立董事的设置有效抑制了大股东的"掏空"行为，降低了控股股东与中小股东之间的代理成本。②

（三）董事的义务

董事的义务主要表现为董事"受人之托、忠人之事"的"信义"义务。信义义务（fiduciary duty），又称信托义务，指受托人对受益人应当承担的诚信义务。作为此种法律关系基础的事实关系是：受托人（董事）具有专业知识，委托人（股东）应充分信任受托人；受托人受到职业准则的约束，不能滥用委托人的信任。信义义务包括"谨慎"、"忠诚"、"服从"等内容，强调受托人必须为受益人的最大利益服务，且不得在执行业务过程中为自己谋取任何私利。信义义务包括勤勉注意义务（duty of due care and diligence）及忠实义务（duty of loyalty）。此外，董事离任后还负有"扩大的忠实义务"。

【背景资料】

信托责任的起源③

1533 年，240 个伦敦商人每人出 25 英镑购买了一只由 3 条船组成的船队的股权。船队计划由英国东北方向出发去寻找中国。由于这 3 条船一出海即脱出船主（股东）的控制，因此在当时不得不提出一个所谓的对股东的"信托责任"（Fiduciary Duty）。其中两条船在挪威外海沉没，最后一条到达了今天的俄罗斯。当时这条船的船名是"莫斯科威"（Muscovy），因此他们就叫这个地方为莫斯科（Moscow）。该船的船长与当地的"恐怖大王艾文"（Ivan the Terrible）签订了一个条约，成立了第一家股份制公司，名为"莫斯科威公司"（Muscovy Company）。"莫斯科威公司"对股东的"信托责任"被具体化，而且更多的股东可以购买公司的股权，他们还可以投票指定该地区的总督与副监督以及"莫斯科威公司"的经理人员。在管理权与所有权分开的情况下，当

---

① 魏刚、肖泽忠、Nick Travloas、邹宏：《独立董事背景与公司经营绩效》，载《经济研究》2007年第3期。

② 叶康涛、陆正飞、张志华：《独立董事能否抑制大股东的"掏空"？》，载《经济研究》2007年第4期。

③ 郎咸平：《从大历史动荡看中国今天需要怎样的公司治理》，载《新财富》2002年11月。

时所谓的股东并没有什么保护措施，而仅仅依赖经理人员的"信托责任"以维系公司的发展。

1. 注意义务

董事的注意义务，或称董事的善管义务，是指要求董事像善良、谨慎的人一样，勤勉尽责管理公司事务。但"注意"到何种程度才算恪尽此种义务，各国立法认定的标准存在差异。

英国判例法开创董事义务之先河，历经了从较宽松到逐渐严格的标准，从主观标准到主、客观标准相结合的变迁过程。1925年高等法院罗默（Romer）法官审理"城市公正火灾保险公司上诉案"中创设了判定"注意义务"的三项标准：（1）一个董事在履行其职务时，他的技能水平应合理地以他的知识和经验来判断，他也不必展示出比此更高的水平；（2）一个董事不必对公司事务给予持续的注意，他的职责是定期参加董事会会议以及偶尔有安排时，参加董事会下属委员会的会议，其职责具有间歇性质；（3）考虑到业务需要以及章程细则的规定，董事的所有职责可以适当地下放给其他高级职员，不存在可疑根据时，一个董事有权信赖该高级职员会诚实地履行其职责。①

在美国，根据《示范公司法》第8节第30条和其他州公司法的规定，"注意程度"的认定标准包含如下三项：（1）以诚信的方式；（2）应当以普通谨慎之人，处于类似的职位、在相似的环境中，能够做到的那种注意处理事务；（3）按照他合理相信符合公司最佳利益的方式。②

---

① 1977年弗斯特（Foster）法官在"多切斯特财务公司诉斯特宾案"中，对罗默法官第2条标准作了修正，提出在决定董事是否违反其注意义务问题上，董事不得以其对公司实际从事的经营活动不知道作抗辩。这实际上是针对非经营董事的注意义务的进一步强化。1986年英国颁布的《破产法》则采用了主客观性标准双结合的做法，该法第214条第（4）款规定：公司董事须具备合理勤勉之人所具备的：（a）人们可以合理地期待履行同样职能之人的一般知识、技能和经验；（b）该董事所实有的一般知识、技能和经验。可见，英国判例法对董事注意义务所采取的立场是趋于客观化的，也更严格。

② 在公司法实践中，美国各州法院发明了关于豁免董事责任的"经营判断准则"。美国法学会《公司治理原则》第4.01条第3项对"经营判断原则"作了一个权威性规定，"如果作出经营判断的董事或职员符合下述3项条件：（1）他与该项交易无利害关系；（2）他有正当理由相信其掌握的有关经营判断的信息在当时情形下是妥当的；（3）他有理由认为他的经营判断符合公司的最佳利益"，他就被认为诚实地履行了其义务，对由此发生的合理经营判断失误造成的损失可以减轻或者免除责任。如果有相反证据证明董事的经营判断存在重大过失，则不适用经营判断原则。经营判断规则不仅符合公司经营业务的复杂性和商业决策自身的特点，而且符合董事会这一公司治理机构的运作特点，有利于鼓励董事、高级管理人员大胆经营、积极进取，更有效地为公司与股东们创造价值。

【相关案例】

美国的"弗兰西斯诉联合杰西银行案"[①]

普利切德太太和她的两个儿子是一家再保险经纪公司的股东和董事。普利切德太太是发起股东的遗孀,年迈且酗酒,她所接到的财务报告表明她的儿子正在挪用客户资金。由于她放任其两个儿子挪用公司和客户资金,并从不过问公司业务,也没有采取措施来阻止这些交易,新泽西州的初审法院认为:普利切德太太只是头脑简单的家庭妇女,年事已高,而且经常酗酒,心理上又遭受两个儿子的折磨,作为公司董事长也只不过挂名而已,因此试图免除她的责任。新泽西州最高法院则判决普利切德太太必须承担责任,赔偿金超过10,000,000美元。

评析:该案反映了美国公司法对董事注意义务所采取的基本立场:(1)公司董事必须履行其基本职责。(2)董事不是装饰品。董事不得以自己是"挂名董事"作为逃避责任的挡箭牌。

在大陆法系,董事注意义务理论是晚近发展起来的。德国《股份法》第93条第(1)款规定:"董事会的成员应在执行业务时,尽通常及认真的业务执行人之注意。"我国台湾地区《民法》第535条规定:"受任人处理事务,应依委托人之指示,并与处理自己事务为同一之注意,其受有偿报酬者应以善良管理人之注意为之。"其中,有偿委任与无偿责任情形下的注意程度不同,前者更高些。

2. 忠实义务

所谓忠实义务是指一种以信任、信赖和依赖为前提和基础的义务。它要求负有此种义务的人除取得自己应得的报酬之外,不得追求其他的个人利益。美国金融危机发生后,高管薪酬成为公众关注的焦点,各国相继采取措施限制高管的薪酬。如果说,注意义务主要表现在对董事是否"称职"的衡量上的话,那么忠实义务则主要表现为对董事是否符合"道德"标准的考量。汉密尔顿教授将忠实义务分为四种情形:(1)涉及董事与公司之间的交易;(2)涉及拥有一个或多个共同董事的公司之间的交易;(3)涉及董事利用了本应属于公司的机会谋利;(4)涉及董事与公司进行同业竞争。

[①] 王莉:《"弗兰西斯诉联合杰西银行案"——董事违反注意义务的经典案例解析》,载《董事会》2006年第4期。

从立法上看，各国均要求董事的行为必须忠诚地服务于公司的最大利益。具体表现为关联交易的禁止制度和竞业禁止制度。

(1) 禁止关联交易。各国公司法基于董事忠实义务之规定，原则上禁止董事关联交易发生。然而，随公司规模不断扩大、经营活动更加广泛，涉及董事的关联交易的种类、数量也愈增多，而且并不必然损害股东利益，有时也有利于公司获取财产或资金，故各国公司法也有应变，致力于确保交易公正而替代过去的绝对禁止。公司法因此而面临的难题在于如何对此类交易的公平性作出认定。①

(2) 竞业禁止。竞业禁止是指特定地位之人不得实施与其所服务的营业具有竞争性的行为。因为董事地位特殊，对公司经营事务、重大事项和商业秘密等了如指掌，如果允许他为自己或第三人经营与其所服务公司营业相同的业务，势必会造成董事个人利益与公司利益发生冲突，公司利益难免不受损害。因此各国公司都规定了董事的竞业禁止义务，要求"董事把本属于恺撒的东西按尽可能好的价格付给恺撒"。

3. 离任义务

一般论及董事义务是指董事在任义务，但董事离职后，是否还应承担义务，传统上的"信义关系说"及公司立法都无从解释。人们从民法的诚信理论、合同法上的后契约义务理论、信托法上的信义关系放大理论、公司法上职务影响（行为）惯性理论出发构建起董事离任义务的理论基础。离任义务主要有：

(1) 对重要商业秘密的保密义务。董事任职期间所掌握的公司商业秘密可分为两类，即一般保密信息和重要商业秘密。公司法在界定离任董事的保密义务时，应区别对待。对一般保密信息采取无约定则无义务的原则；对重要商业秘密则采取离任董事承担绝对保密义务的原则，这可通过公司章程、保密合同等方法予以明确。

(2) 特定的竞业限制义务。董事解职后是否仍须承担与任职期间同样的竞业禁止义务，各国公司法的规定不同。我国《劳动合同法》对董事的竞业

---

① 美国公司法中强化了"独立董事制度"的批准程序，董事关联交易须经股东会、董事会批准。这在程序上似乎找到了"批准交易"的"避风港"。日本《商法》264条规定，董事为自己或第三者进行公司营业范围的交易时，须在董事会公开出示该交易的重要事实，并取得同意；董事违反前项的规定进行为自己的交易时，董事会可将该交易视为公司所为。亦即行使介入权，将其所得视为公司所得、董事还需赔偿公司因此受到的损失。可见董事竞业禁止义务之免除，须经董事先尽重要事实的说明责任，后经有权机关同意。对有权机关各国规定不一，德国法要求得到监事会批准，法国法和日本法要求董事会的事先批准和股东的最后批准。

限制作了明确规定。

（3）不得使用潜在的商业机会的义务。当管理层通过交易获取的利益与公司利益冲突时，管理层利益服从于公司利益，不得利用交易侵害公司利益。

（4）不得策反公司重要职员的义务。离任董事利用自己旧有的控制力和影响力，策反公司重要职员，对公司遭受不利之侵害，法律若不进行规制，势必造成公司人才流失，影响稳定经营。

（5）限制转让所持有股份之义务。董事离职后半年内，不得转让其所持有的本公司股份。我国《上市公司指引》第29条第2款规定，董事离职6个月内不得转让其所持有的本公司股份。限制的目的在于防范上市公司的董事借离职行动抛售股票、规避风险，扰乱证券市场秩序。

与董事权力不断扩大化相对应，董事义务规制日趋复杂化，彰显出与公司经营命运之影响至关重要的发展趋势。尤其是离任义务研究已使我们突破传统商法上的思维定式，引向对公司（股东）的财产权益、董事的管理经营权益以及离任后董事的生存发展权益（经济活动权利）如何进行法益的平衡进行思考。

【相关案例】

瀛海威离任董事策反案[①]

瀛海威曾是中国互联网第一品牌，创始人张树新任其董事和总裁。张树新为保证自己对瀛海威的控制权，在公司章程中规定，股东只有达到75%的控股权才能撼动总裁的位置。1998年，因为某种原因，中兴发集团取得75%的股份，并按章程规定，使张树新离开董事和总裁的位置。5个月后，15名管理人员提出辞职——从总部到各地分公司的管理层撒手不干了，这使瀛海威几乎成为一个空壳。种种不正常的辞职给公司的经营、董事的利益造成了严重伤害，但瀛海威却很难从现有法律条文中找到起诉的依据。

评析：该案例是离任董事策反公司重要职员的典型事例。《公司法》仅规定了董事的在任义务，对其离任义务并无只言片语的规定，仅《到境外上市公司章程必备条款》及《上市公司章程》对董事的离任义务作了零星规定。但是其级别有限，不利于操作和执行。

[①] 陈俊：《关于设定董事离任义务的思考》，载 http://www.chinacourt.org/public/detail.php?id=257105，2010年2月1日访问。

4. 我国修订后的《公司法》关于勤勉义务和完善忠实义务的规定

(1)《公司法》第148条规定，董事、监事、高级管理人员对公司负有忠实和勤勉义务。修订前的《公司法》主要侧重于忠实义务方面的内容，对勤勉义务缺乏规定，这是修订前的《公司法》的一大缺憾，修订后的《公司法》弥补了这一缺憾，明确提出董事、监事以及高级管理人员应对公司承担"勤勉义务"，这将有利于促进公司管理者的责任心，使其更加积极并以正确的方式管理公司。

(2)《公司法》第116条增加了公司不得直接或者通过子公司向董事、监事、高级管理人员提供借款的规定。该条借鉴了美国萨班斯法案（Sarbans Oxley Act）规定。修订后的《公司法》还规定公司应当定期向股东披露董事、监事、高级管理人员从公司获得报酬的情况等等。

(3) 修订后的《公司法》取消了公司高级管理人员在任职期间不得转让股份的规定，但要求公司董事、监事、高级管理人员在任职期间每年转让的股份不得超过其所持有本公司股份总数的25%，这有助于股权激励制度的推行。

【拓展知识】

管理层收购（MBO）法律障碍①

MBO（Management Buy—out）即"管理层收购"，指目标公司的管理者或经理层用借贷融资购买本公司的股份，从而改变本公司所有权结构、控制权结构和资产结构，进而达到重组本公司的目的并获得预期收益的一种收购行为。MBO有助于实现公司产权结构多元化，完善公司治理结构。

1. 上市公司中MBO收购方式的法律限制。我国《证券法》规定，投资者持有一个上市公司已发行股份的30%时，继续进行收购的，应当依法向该上市公司所有股东发出收购要约，经国务院证券监督管理机构批准免除发出要约的除外。由此，我国上市公司在MBO实践过程中面临着一个有关MBO收购方式选择的法律难题，即上市公司的管理层在MBO中收购股份超过公司已发行股份的30%时，只有经国务院证券监督管理机构的批准才可。

2. MBO融资方式的法律障碍。在管理层收购中，收购资金的来源分为管理层自身的资金以及管理层对外的债务融资两个部分。其中，管理层自身所能提供的资金数量一般是相当有限的，超过80%的收购资金需要管理层对外融

---

① 参见徐申华、胡钧：《我国公司管理层收购（MBO）的法律问题与对策》，载 http://www.trustlaws.net/datum/List.asp? SelectID = 2209&ClassID = 37, 2010年1月17日访问。

资取得,因此管理层能否有效地获取外部融资将是 MBO 可否顺利实现的关键。我国目前 MBO 实践中,管理层收购股权的对外融资面临着来自于法律及金融机制方面的巨大障碍。我国现有法律规定对管理层融资的限制主要表现在:我国《商业银行法》和《贷款通则》均规定不得用贷款从事股本权益性投资,因此管理层不可以将银行贷款用于收购股权,只能通过民间借贷的方式来融资。根据我国《合同法》的规定,真正的民间借贷只是自然人之间的借贷,其借贷额不可能很大。

(四)董事的责任及风险防范

1. 董事责任的概念和特征

董事责任指董事在执行职务过程中违反法律规定的义务而需要承担的法律不利后果。董事法律责任的承担并不以公司法为限,包括刑法、证券法、税法、会计法、环保法、安全生产管理法规等等,都对企业主要业务负责人的行为进行了诸多规制,对这些法律义务的违反就有可能招致董事的法律责任。

董事责任的法律特征表现在:(1)是一种法律上的责任,与普通的道义责任、纪律责任等存在着很大的区别。(2)是董事个人的责任。现实中出现的很多要求董事承担责任的例子,都是董事来具体承担。即使对董事会全体成员作出处罚,也是每个具体的董事都得承担。(3)是一种综合责任,它不仅包括刑事制裁、行政处罚,还包括民事的赔偿责任。对董事责任的追究形式根据董事的违法行为及损害后果可分为:公开谴责、市场禁入、取消董事资格、没收违法收益、返还公司财产、赔偿损失、罚款、拘役、徒刑等等。

2. 责任主体与归责原则

(1) 责任主体

董事违反了公司法所规定的忠实义务、注意义务就需要承担相应的法律责任。无论是董事长、执行董事,还是非执行董事、独立董事,只要在公司业务决策和经营管理过程中未尽勤勉之责,就有可能受到法律的追究。

根据我国《公司法》的规定,如果董事的违法行为是基于董事会决议而做出的,则赞成此决议的董事都将被视为责任主体,共同承担无限连带责任。凡在董事会决议表决时,未曾表明异议并记载于公司记录的,将被推定为赞成此种决议,则需承担相应责任。签字董事不能以自己对该决策事项和违法行为不清楚和未参与作为辩解理由。

【相关案例】

"郑百文"案中喊冤的"花瓶董事"

上市公司郑百文虚造利润事件被披露后，2001年9月，证监会开出罚单：对郑百文董事长、副董事长分别处以30万元和20万元罚款，对陆家豪等10名董事处以10万元罚款。而其中被处罚的独立董事陆家豪向中国证监会提出行政复议，要求免除罚款。他认为自己被聘选为郑百文董事只是个荣誉职位，自己从未从郑百文领过任何报酬，也未参与过公司的经营管理。

中国证监会对此作出答复，认为陆家豪作为董事，应当对董事会决议通过的有关上市申报材料、年度报告的真实性、完整性负责。不能以不在公司任职、不参加公司日常经营管理、不领取工资报酬或津贴等理由主张减免处罚。因为公司法和公司章程明确规定："董事要认真阅读公司的各项商务、财务报告，及时了解公司的业务经营管理情况。"除非董事对违法决议提出异议并符合免责情形，否则董事就要承担相应的法律责任。

(2) 归责原则

对董事法律责任的追究实行的是过错推定的归责原则，即只要董事实施了违法、违规行为或没有尽职履行忠实、注意义务，就推定其属于故意或过失所为。过错推定责任与一般过错责任的区别在于举证责任的承担。董事作为公司的精英和决策者，担负着重大的职责，比其他普通员工应有更高、更强的职业道德和素质，同时也担负着更大的风险。所以董事应从态度、声誉、知识与技能四个层面不断完善自己，这才是强调董事责任的真正意义，采取过错推定的归责原则就是为了让董事更好地履行自己的职责。

3. 究责程序

(1) 上级机关问责程序。对于国有企业，主要是由国有资产监督管理机关在对企业进行业绩考核、责任审计、事故调查时，对负有直接责任的主管人员和直接责任人给予行政或者纪律处分，甚至移送司法机关处理。在我国，政府和相应的管理机关的管理力度和效力相对较强。

(2) 公司内部的追究程序。对于董事责任的追究，公司可以以原告身份直接向人民法院提起诉讼，诉讼的决定可以由董事会、监事会作出，也可以基于股东大会的决议作出。特别是在董事对公司承担损害赔偿责任时，公司作为独立的主体完全有权对董事先进行内部追究。公司可以通过股东会决议或董事会决议对董事的失职行为和其他不当行为作出处理。修订后的《公司法》还规定监事或监事会负责接受有权股东的诉讼申请,并应在规定的情形内作出相应的决定。

当面临法律责任的追究时,董事也可以提出申诉和辩解。具体程序包括:董事对于受到的行政处罚可以向做出处罚的行政机关的上级单位提出行政复议,或直接向人民法院提出行政诉讼;董事对于可能受到的民事责任和刑事责任追究,可以按照民事和刑事诉讼程序进行辩护,维护自己的合法权益。当然这种申诉是广义上的说法,设立申诉程序的目的就在于维护董事的正当权利,防止对董事责任的错误追究。①

4. 董事如何防范责任风险

权力必然伴随责任的约束。董事、经理应对自己的行为的法律责任和法律风险有所了解,并采取积极的对策。具体而言,这些对策包括:

(1) 了解《公司法》及与公司业务相关的法律、行政法规,熟悉公司章程,依法行事。只有对与业务关联的法律、行政法规有所了解,才有可能做到执行公司职务不违反法律、行政法规,才能避免不法职务行为产生的赔偿责任。此外,公司章程有公司"宪法"之称,公司章程对公司董事、监事和高管人员具有约束力,一旦违反公司章程很可能被追究赔偿责任。

(2) 通过设计章程条款限制、减轻和免除民事赔偿责任。股东受有限责任原则保护,董事却要对经营失败承担各种形式的责任,可见,股东和董事之间的权利和义务是不对等的。为了平衡董事的权利、义务关系,在实务中,通过公司章程条款设计对董事责任进行限制、减轻和免除。②

(3) 参与公司决策时,应避免因附和他人而承担赔偿责任。因此,公司董事、监事和高管人员参与决策时,应独立表态,如有异议,应记录在卷。

(4) 通过"公司董事和高级职员责任险"来分散风险。经营管理是一项复杂的职业活动,董事和高管人员在工作中由于自身能力、经验有限或其他一

---

① 事实上,我国董事责任的法律规定并不十分完善,如不同类型的董事受到相同的处罚这一点就被许多人所批评。独立董事陆家豪喊冤是有道理的。

② 实务中,董事可以采取如下策略:一是在公司章程或内部规则中明确规定免除或限制董事责任的条款。比如,在公司章程中写明:董事在尽其职守的情况下,可以就其造成公司损害的行为适当减轻赔偿责任。还可以具体对哪几种行为董事可以减轻或免除责任,这个都是公司可以考虑和自由选择的事情。二是规定一个董事责任赔偿的最高数额。就是公司根据自身的具体情况,征求股东或职工或监事会等各方面的意见,给董事赔偿数额规定一个上限。如在公司章程或内部规则或聘用合同中写明,董事违反了职责造成公司损失的,一次的最高赔偿额为5万元。三是在公司章程和内部规则中规定股东会或董事会免除、减轻董事责任的条件和程序。如规定:董事违反义务并给公司造成损害后,由股东会或董事会通过决议来限制、减轻或免除董事的责任。或者规定如:董事自我交易所负责任,可以经由2/3以上的股东多数通过后免除或减轻。

些客观原因难免出现过失行为，造成公司经济上的损害，有必要寻求规避风险的途径。董事责任险可适当转移董事的赔偿责任。①

(5) 咨询法律顾问，在重要决策前，提前制定法律风险预防方案。

【相关案例】

中航油原总裁受审面临最高长达 70 年的监禁

新加坡司法部门宣布，中国航油（新加坡）股份有限公司原总裁陈久霖和其他几名公司高层管理人员已经被捕，将在 2006 年 3 月 9 日上午出庭受审。根据法庭的指控，陈久霖被控违反了新加坡的《刑法》、《公司法》和《证券期货法》。他面临着伪造文书、涉嫌内线交易、未能及时公布中航油损失等 15 项指控，其中有 10 项指控是关于他发布虚假声明。根据新加坡有关法律的规定，每项发布虚假声明的指控一旦成立，最高可被处以 7 年监禁，并被课以 25 万新元（约合 15 万美元）的罚款。换言之，如果指控成立，陈久霖将面临最高长达 70 年的监禁。

四、监事会制度

我国《公司法》规定，监事会是由股东大会选举的监事组成的公司监督机构，为公司法定内设机构，是公司的重要组成部分。同时，《公司法》第 52 条对监事会的产生办法、架构和职权等做了更为详细的规定。根据该条的规定，我国监事会设主席一人，由全体监事过半数选举产生。监事会主席召集和主持监事会会议；监事会主席不能履行职务或者不履行职务的，由半数以上监事共同推举一名监事召集和主持监事会会议。这表明我国监事会行使监督职能主要是以会议体而非个人决议方式来进行的。

(一) 新《公司法》对监事会职权的强化

1. 罢免建议权。监事会有权"对违反法律、行政法规、公司章程或者股

---

① 目前美国大公司中的 90% 以上已实施董事责任保险。我国证监会在 2002 年初颁布的《上市公司治理准则》中也规定了中国境内的上市公司经股东大会批准，可以为董事购买责任保险。我国 2002 年 1 月 23 日由中国平安保险公司与美国丘博保险集团联合推出了公司董事及高级职员责任保险。在沪深股市 1400 多家上市公司中，投保责任保险的比例还不到 2%。董事责任保险制度能否以及何时出台、如何才能适应我国法律环境及现实国情，尚待保监会、证监会等部门共同研究。2007 年 3 月 22 日由中国保监会主办的中国上市公司董监事及高管责任与风险管理论坛在沪举行，加快责任险的发展，将为上市公司高管责任系上保险带。

东会决议的董事、高级管理人员提出罢免的建议",扩大监事会职务监察权。将监督的对象从公司董事、经理扩大到包括其他高级管理人员。

2. 召集和主持股东大会会议权。监事会有权在董事会不履行"本法规定的召集和主持股东会会议职责时"召集和主持股东大会会议。其会议费用由公司承担。对此《上市公司章程指引》第54条有详尽规定。

3. 提案权。监事会有权"向股东会会议提出提案"。

4. 质询权和建议权。监事可以列席董事会会议"并对董事会决议事项提出质询或者建议"。

5. 调查纠正权。监事会"发现公司经营情况异常,可以进行调查;必要时,可以聘请会计师事务所等协助其工作,费用由公司承担"。当董事和经理的行为损害公司利益时,监事会有权要求董事或经理予以纠正。

6. 诉讼权。监事会可以依照《公司法》第152条的规定(即根据特定股东的请求,要求执行公司职务时违反法律、行政法规或者公司章程的规定给公司造成损失的董事和高级管理人员承担赔偿责任),对董事、高级管理人员提起诉讼。

(二)监事会制度的改革方向

与国外监事的职权相比,我国公司监事会体制还有进一步完善空间:(1)像日本那样赋予监事单独行使监察权的权力。监事单独行使职权固然重要和必要,但应当限于日常一般事项,重大监察事项的合议制仍不可废,对重大事项仍应通过监事会正式决议才能决定纠正、处理措施。(2)特定条件下赋予监事会公司代表权。如上市公司与董事长做交易(如果这种交易是被允许的)时或董事长、董事及经理的行为侵害了上市公司利益,需要以上市公司名义提起诉讼时,或者集有一定股份的股东要求以上市公司名义对董事、经理提起诉讼时,可赋予监事会公司代表权。

【相关案例】

监事会起诉董事长纠纷案[①]

天天制药股份董事长刘仁代表公司去参加药材药品展销会,与某药材公司经理宋吉就购买一批天然牛黄达成了协议。刘仁回到公司后,将弟弟刘武找来,给其开具了制药公司介绍信,并以制药公司的名义开了一张50万元的银

[①] 参见《监事会起诉董事长纠纷案》,载 http://www.chinalawedu.com/news/2003_7/5/1217293913.htm,2009年12月1日访问。

行汇票。宋吉看了介绍信后认定刘武就是制药公司派来取货的人，收下汇票后就把牛黄给了刘武。刘武运回牛黄后出卖获利12万元，从中拿出2万元送给刘仁作为酬金。制药公司的经理童格得知此事后向董事会会议作了汇报，但与会的其他董事都碍于刘仁的情面，没有对此事进行处理。童格又向公司监事会作了反映。监事会讨论认为，刘仁违反了董事竞业禁止义务，应当赔偿公司由此所受的损失12万元。刘仁对监事会的决议不予理睬，甚至威胁说，在下次股东会上要罢免监事们的职务。公司监事会遂向人民法院提起诉讼。法院判决刘仁赔偿公司的经济损失12万元。

五、公司章程

修订后的《公司法》赋予了公司章程在公司治理等方面更多空间，可以预期的是，公司章程法律地位的提升将会对公司治理产生较大的影响。

（一）公司章程的法律性质及特征

1. 公司章程的法律性质

公司的实践最早源于英国国王颁发的特许状，公司章程的实践也源于特许状以及相关的国家法律文件。在后来的演化过程中，公司章程的国家法定文件的性质发生了改变，成为公司参与方缔约、自由意思表示的成果。关于公司章程的法律性质，主要有契约说、自治规范说、权力说和秩序说四种不同的观点，其中又以契约说[1]和自治规范说[2]最具有代表性。而其中以公司章程自治规范说更为合理。自治规范说清楚界定了国家与公司边界、公司章程对内和对

---

[1] 契约说认为公司是一套合同规则，本质上是合同性质的。章程是股东之间、股东与公司之间依法所签订的合同。章程的约束力在于社员的自由意思，章程制定后，成为社员或其他意思机关认可的内容，从而与公司建立关系，但如想脱离其约束，随时退出或转让出资份额即可，因此章程具有契约性质。但是，从学理上讲，首先，公司章程契约说明显与传统民法上的契约（合同）不同，属于组织契约：在契约效力上，民事合同仅及于签订各方当事人，而章程对参与制订章程的发起人和股东以及之后加入公司的股东均有效力。其次，在制订与修改程序上，民事合同的制订与变更需经当事各方的一致协商同意，而章程的制定或者修改，均须由法定机关依一定多数表决机制方可变更。再次，契约说的弊端还在于它仅仅在缔约当事人之间有效，按照英美法的观点，公司董事、经理不受章程约束，他们的权利义务是法定的。这样对保护少数股东的利益相当不利。最后，民事合同只在当事人之间产生作用，不必对外公开，具有封闭性和相对性，而章程不仅是公司内部的行为准则，而且还具有公示作用。

[2] 自治规范说认为，公司是基于个人意思自治而组成的进行营利活动的工具，公司具有团体的性质。自治规范是大陆法传统国家对公司章程的法律定性。比如，日本商法理论通说认为，公司章程为一种自治法规；又如，韩国多数学者认为，章程不仅约束制定章程的设立者或者发起人，而且也当然约束公司机关和新加入的公司组织者，显然其性质与合同迥然有别。

外的效力等规定公司章程基本地位的因素。特别地,对我国这样一个经历了计划经济的经济体而言,在很大程度上,改革的目标和方向就是要增强企业自主创新的能力,其前提就是保障公司的自治空间,防止国家对于公司的不正当干预。

2. 公司章程的基本特征

(1) 法定性。公司章程的法律地位、主要内容、修改程序、效力均由法律强制规定,任何公司都不得违反。"章程是整个国家法律秩序之内的一个次级秩序,章程不得违法乃不言自明之理。国家法律只决定社团法人可以干什么事,而社团章程所调整的独特内容是决定由哪些人去干这些事。"[①]

(2) 真实性。公司章程记载的内容必须是客观存在的、与实际相符的事实。公司章程的真实性体现了对双方权利义务的平衡,一方面防止持股人干预公司具体经营活动,以确保经营效率,另一方面限制和监督经营者的行为,防止损害股东的权益。

(3) 自治性。公司章程作为公司组织的基本规范,有公司的"宪法"(宪章)之称。它由公司依法自行制订的,由公司自己来执行。公司章程作为公司内部规章,其效力仅及于公司和相关当事人,对外不具有普遍的约束力。修订后的《公司法》大幅度地减少了对公司运营的强制性规定,而改由公司自行在章程中约定,赋予了公司股东更大的自由度。

(4) 公开性。对股份公司而言,公司章程的内容不仅要对投资者公开,还要对包括债权人在内的一般社会公众公开。这种公开便于股东对公司经营的监督,便于债权人充分保护自身债权,还便于公众了解公司的内部构成情况,为是否投资提供决策参考。

修订后的《公司法》增强了公司章程在公司治理中的法律地位,具体表现为对公司目的性条款和公司章程任意性事项条款的修订。

3. 关于公司目的条款(经营范围)的修订

修订后的《公司法》第12条规定,"公司的经营范围由公司章程规定,并依法登记。公司可以修改公司章程,改变经营范围,但是应当办理变更登记。公司的经营范围中属于法律、行政法规规定须经批准的项目,应当依法经过批准",删除了"公司应当在登记的经营范围内从事经营活动"的内容,从而使得企业获得更大的自主经营的空间。

4. 关于公司章程相对性事项或者任意性事项条款的修订

---

① [美] 凯尔森:《法与国家的一般理论》,沈宗灵译,中国大百科全书出版社1996年版,第111页。

修订后的《公司法》第 25 条规定了有限责任公司章程应当载明的七项事项，即公司名称和住所；公司经营范围；公司注册资本；股东的姓名或者名称；股东的出资方式、出资额和出资时间；公司的机构及其产生办法、职权、议事规则；公司法定代表人等七项内容。同时，规定了有限责任公司通过公司章程对于如下事项作出约定：一是在公司为他人提供担保方面的规定；二是在股东会的议事方式和表决程序方面的规定；三是董事长、副董事长的产生办法方面的规定；四是在董事会的议事方式和表决程序方面的规定；五是执行董事的职权方面的规定；六是监事会的议事方式和表决程序方面的规定；七是会计师事务所的聘用和解聘方面的规定；八是关于股东的分派红利权以及优先认购权的规定；九是关于股东会议的召集通知的规定；十是关于股东的表决权的规定；十一是关于股东死亡后股权继承问题的规定；十二是经理的职权的规定，该条款对经理的职权作了列举规定，但公司可以根据实际情况在章程中自由设置有别于上述规定的条款；十三是股东出资的转让。[1]

(二) 公司章程的内容

公司章程的内容是指公司章程所记载的事项。公司章程的内容可因公司的种类、经营范围、经营方式等的不同而有所区别，但都可以归结为以下三类。

1. 绝对必要记载事项。它是指法律规定公司章程中必须记载的事项。对于绝对必要记载事项，公司有义务——记载，没有权利作出自由选择。如果缺少其中任何一项或任何一项记载不合法，公司章程将无效，并进而导致公司不能成立或已成立的公司被撤销。[2]

2. 相对必要记载事项。它是指法律列举了某些事项，但这些事项是否记入公司章程，全由当事人自行决定。相对必要记载事项，非经载明于公司章程，不生效力。如果记载的事项不合法，仅就该事项无效，不影响整个公司章程的效力。相对必要记载事项大致有：分公司的设立、公司解散的事由、特别

---

[1] 上述内容分别参见：《公司法》第 16 条、第 44 条、第 45 条、第 49 条、第 51 条、第 56 条、第 170 条、第 35 条、第 42 条、第 43 条、第 76 条、第 50 条、第 72 条。

[2] 根据我国《公司法》第 23 条的规定，有限责任公司的公司章程应当载明下列事项：(1) 公司名称和住所；(2) 公司经营范围；(3) 公司注册资本；(4) 股东的姓名或者名称；(5) 股东的出资方式和出资额和出资时间；(6) 公司的机构及其产生办法、职权、议事规则；(7) 公司的法定代表人；(8) 股东会会议认为需要规定的其他事项。《公司法》第 82 条规定，股份有限公司的公司章程应当载明下列事项：(1) 公司名称和住所；(2) 公司经营范围；(3) 公司设立方式；(4) 公司股份总数、每股金额和注册资本；(5) 发起人姓名或名称、认购的股份数、出资方式和出资时间；(6) 董事会的组成、职权和议事规则；(7) 公司法定代表人；(8) 监事会的组成、职权和议事规则；(9) 公司利润分配办法；(10) 公司的解散事由与清算办法；(11) 公司的通知和公告办法；(12) 股东大会会议认为需要规定的其他事项。

股的种类和权利义务等。我国《公司法》对相对必要记载事项的具体内容没有明确规定。

3. 任意记载事项。它是指法律并无明文规定，但公司章程制定者认为需要协商记入，以使公司能更好运转，如公司的存续期限，股东会的表决程序，变更公司的事由，董事、监事、经理的报酬等。任意记载事项一经载入被核准的章程，即产生法律效力，如需变更，须修改公司章程，并办理变更登记。如果某任意记载事项违法，仅该事项无效，不影响整个章程的效力。

（三）公司章程的效力

1. 时间效力。从国外公司法的实践来看，一般明确公司章程在政府注册或登记部门登记后正式生效，也有国家规定章程须经公证后才发生效力。我国《公司法》没有明确公司章程的生效时间，在章程的生效时间上有两种观点，第一种观点认为章程自政府有关部门批准后生效；第二种观点认为章程自公司成立之日，即工商行政管理部门核准登记之日起生效。笔者认为，对于需要政府部门批准方可设立的公司（股份有限公司和国有独资公司），公司章程应该自依法经政府主管部门审批的，自批准后生效；对于无需政府部门审批的普通有限责任公司，公司章程自股东会通过后生效。

2. 对人效力。《公司法》第 11 条规定："公司章程对公司、股东、董事、监事、经理具有约束力。"这意味着：（1）章程是公司组织与行为的基本准则。公司应当依其章程规定的办法，产生权力机构、业务执行和监督机构等公司组织机构，并按章程规定的权限范围行使职权。（2）公司章程规定了股东的基本权利义务，股东必须遵守公司章程。（3）公司的高级管理人员自应严格遵守公司章程的规定从事经营活动，行使职权，若董事、监事、经理之行为超出公司章程对其赋予的职权范围，其就自己的行为对公司负责。公司、股东、董事、监事、经理任何一方对于公司章程的违反，其他主体均可以向法院提起诉讼，请求违反公司章程者承担相应的民事责任。

对于公司章程对外的效力问题，存在较大争议。有人认为，公司章程对于公司来讲具有最高的效力，公司的股东、董事违反公司章程而作出的股东（大）会、董事会决议是不合法的，因此根据不合法的决议而签订的合同也是不合法的，不合法的合同也应是无效合同。对此，笔者认为，应该根据合同相对人的主观意图来进一步分析。对于善意的合同相对人，在所签合同的形式要件和实质要件均符合法律规定的情况下，适用根据《合同法》第 49 条表见代理的规定；对于合同相对人恶意或者在知道或者应该知道公司负责人员没有权限或者超越权限的情况下还与其签订合同，这样的合同对公司本身不发生效力，由此产生的责任只能根据具体情况由公司负责人员，相对人自己承担。但是，经过登记的公司章程具有对抗第三人的效力。

【相关案例】

董事会决议违背公司章程无效案

2008年1月，大股东上海晟峰高科技有限公司将上海晟峰软件有限公司告上法庭。理由是被告违背公司章程召开董事会，并形成三份董事会决议，侵犯了大股东的权益。原告要求法院判决撤销这三份决议案。

被告晟峰软件公司系中外合资有限责任公司，公司章程记载：合资公司设立董事会，由9名董事组成，董事长由原告晟峰高科技公司委派，作为公司的法定代表人；董事会每年至少召开一次；经1/3以上董事书面提议，可召开临时会议；董事长应在董事会开会前20天书面通知董事，告知会议内容、时间和地点。2007年11月30日，被告在未通知全体董事的情况下召开董事会，并形成任免董事长、总经理、委托公司财务审计和委托经营等事项决议。

原告认为，被告形成的董事会决议违反公司章程规定，原告请求判决撤销董事会的三份决议。法院认为被告根据部分董事提议召开董事会，未按照章程规定通知全体董事；更换董事长的决议也有悖于公司章程的规定。法院依据《中华人民共和国中外合资经营企业法》第6条第1款、第2款和第15条之规定，判决撤销被告董事会的三份决议。

(四) 公司章程的制订与修改

1. 公司章程制定的一般性规定

公司章程的制定通常有两种方式：一是共同制定，即由全体股东或发起人共同起草、协商制定公司章程，否则公司章程不得生效；二是部分制定，即由部分股东或发起人负责起草制订，而后再经其他股东或发起人签字同意。共同制定方式便于反映股东或发起人的共同意愿，部分制定方式利于加快公司设立进程。根据我国《公司法》第19条、第65条、第73条的规定，我国法律对公司章程的制定采取不同的方式：（1）有限责任公司章程的制定。根据《公司法》第23条第（三）项的规定可以看出，有限责任公司章程是在设立阶段由公司最初的全体股东共同制定。（2）股份有限公司章程的制定。根据《公司法》第77条第（四）项的规定可以看出，股份有限公司章程应由全体发起人共同制定，并经创立大会通过。在采取发起设立的情况下，由于不向社会募股，因而应理解为由发起人制定即可。（3）国有独资公司章程的制定。国有独资公司是有限责任公司的一种形式，但鉴于其特殊性，根据《公司法》第

66 条规定,"国有独资公司章程由国有资产监督管理机构制定,或者由董事会制订报国有资产监督管理机构批准"。

2. 公司章程变更的一般性规定

公司章程的变更是指已经生效的公司章程的修改。公司章程变更的原因是情势变更,即公司营业状况和经营环境的变化,如公司住所的变更、董事或监事组成的变更、公司财务状况发生重大变化或公司法定代表人的更迭等。对公司章程的变更范围,《公司法》并无限制性规定,原则上公司章程所记载的事项,无论是绝对必要记载事项还是任意记载事项,只要需要均可变更。

公司章程变更时还应当遵循必要的原则:不得违法原则、不得损害股东利益原则、不得损害债权人利益原则、不得妨害公司法人的一致性原则,即不得因公司章程的变更而使一个公司法人转变为另一个公司法人。公司章程的变更还需经过一定程序:首先由董事会提出修改章程的提议,并将该提议通知股东,由股东会或股东大会表决通过,并向工商行政管理机关申请变更登记。

根据《公司法》相关规定,有权修改公司章程的机构是有限责任公司的股东会和股份有限公司的股东大会。有限责任公司修改章程的决议,必须经代表 2/3 以上表决权的股东通过;国有独资公司的章程的修改由国家授权投资的机构或授权投资的部门修改;股份有限公司修改章程的决议,必须经出席股东大会的股东所持表决权的 2/3 以上通过。

根据《公司登记管理条例》的规定,公司变更登记的事项涉及修改公司章程的,应当提交修改后的公司章程或者公司章程修正案。公司章程修改未涉及登记事项的,公司应当将修改后的公司章程或者公司章程修正案送原公司登记机关。

3. 关于制定和修改公司章程的特别提醒

公司章程是公司重要的规范性文件,公司章程制定和修改是公司的大事。在市场经济下,股东可以根据自身需要制定公司章程,其中需要关注的问题包括以下几个方面:

(1)在公司章程中,合理配置公司治理机关的权限。根据《公司法》关于股东会、董事会的职权划分,在设计公司章程时,应当根据公司的法律形态、成立目的、股权构成、资本规模及经营计划等实际情况,明确股东会和董事会之间的职权划分,力求董事会和股东会权力的保障与制约之间、在决策的效率和质量之间找到平衡。

(2)在公司章程中,合理拟定监事会议事规则。《公司法》在监事会的职权、人员组成、议事方式和表决程序以及权力行使的物质保障和法律手段等方面都作了详尽规定、强化了监事会监督作用。在公司章程设计时,要根据这些规定，结合公司实际情况进一步细化。虽然《公司法》对于监事列席董事会会议未作强制性要求，但是为强化监督，公司章程可以对此作出强制性规定；公司章程可以仿效上市公司监事会的做法，增加律师见证制度，以保障监事会合法有效的监督。

（3）在公司章程中，合理配置经理职权。《公司法》规定了部分经理职权，同时又明确公司章程可以对经理职权另行规定。因此，在经理职权方面，公司章程设计可以充分理解和运用《公司法》上赋予的权力，根据公司实际情况和需要，划清董事会职权与经理职权的界线。对于经理办公会议制度，法律上没有规定，需要章程中对经理办公会的召开、议事规则、律师见证等事项加以明确规定。

（4）在公司章程中，明确公司法定代表人的确定和变更办法。不同于修订前的《公司法》规定："公司董事长为公司法定代表人"，修订后的《公司法》规定："公司章程可在法定的范围内，从董事长、执行董事或经理中选定一人为公司法定代表人，且对法定代表人变更也由公司章程自行规定。"因此，公司章程设计时，公司参与人可以充分利用这一点灵活地确定法定代表人人选，同时注重完善有关法定代表人变更的规定，如变更情形、变更决议程序、变更人选范围等，以确保公司法定代表人的职责到位、接替有序。

（5）在公司章程中，明确转投资、对外担保、关联交易等重大事项决议制度。对有限责任公司转投资、对外担保、关联交易这类事项，修订后的《公司法》规定可由公司章程来自行规定。公司参与人应该根据公司的经营范围、所处地域、行业、经营管理方式等方面的差异性，根据各自公司不同情况，对上述涉及本公司的重大事项做出相应规定，既要提高资产经营效率，又要最大限度地防控法律风险。但是，应当注意的是，对于上市公司，应根据证监会发布的新修订的《上市公司章程指引》，严格限定"股东大会审议有关关联交易事项时，关联股东不应当参与投票表决"，从而避免关联股东的操纵行为。

（6）在公司章程中，平衡股东利益、完善股权退出制度。修订后的《公司法》允许股东在股权转让和公司回购方面由公司章程作出另行规定。因此，公司章程在对股权退出制度的安排上，应当树立既要维护公司利益最大化，又要兼顾股东合理意愿、平衡股东利益关系的原则。对于有限责任公司的小股东而言，在共同起草公司章程之际，应该充分考虑利用"用脚投票"机制，利用公司章程设计操作性强的退出机制，维护自身权益。比如，关于股权转让，股东可以在公司章程中，明确规定转让的情形或条件、限制转让的情形、转让价格计算遵循的原则（标准）、通过有关决议的程序、优先受让权的约定（包括受让对象、价格、比例、行权期限等）以及控股股东强制受让的特别规定等等。

六、公司治理与社会责任

（一）公司社会责任的界定

在早期，企业组织仅是一个以营利为目的的生产经营单位，利润最大化是其追求的永恒主题。然而，这种以公司利润最大化为目标的经营管理模式虽然推动了社会经济的高速发展，但各种社会公害也相伴而来，如严重的环境污染，消费者权利受损害，企业雇员安全和健康遭受危害，社会贫富悬殊等等，对社会生活和经济的持续发展产生重大影响。企业的社会责任问题开始日益受到重视。

最早提出公司社会责任概念的是美国学者谢尔顿（Oliver Sheldon）。1924年，谢尔顿把公司社会责任与公司经营者满足产业内外各种人类需要的责任联系起来，并认为公司社会责任含有道德因素在内。20世纪30年代，美国学者多德（Dodd）积极提倡公司应承担社会责任，与早期美国否定公司社会责任的代表性人物法学教授伯尔（Berle）坚持营业公司以股东利润最大化为目标展开了大论战，到今天，有关公司社会责任的研究已经是一个讨论了近80年而争议不绝的热点话题。

何谓公司的社会责任？美国学者伯文（H. Bowen）把公司社会责任定义为：商人按照社会的目标和价值，向有关政策靠拢、作出相应的决策、采取理想的具体行动的义务。美国佐治亚大学教授卡罗尔（Carroll）的"企业社会责任金字塔"理论获得了人们较多的认可，卡罗尔认为，企业社会责任乃社会寄希望于企业履行之义务；社会不仅要求企业实现其经济上的使命，而且期望其能够尊法度、重伦理、行公益，因此，完整的企业社会责任乃企业经济责任、法律责任、伦理责任和自主决定的慈善责任之和。①

我国学者对公司社会责任的定义是：公司不能仅仅以最大限度地为股东们营利或赚钱作为自己唯一的存在之目的，而应当最大限度地增进股东利益之外的其他所有社会利益。这种利益包括雇员利益、消费者利益、债权人利益、中小竞争者利益、环境利益、社会弱者利益等等。②

值得注意的是，与传统民法上债权债务人必须是特定的所不同，在公司的

---

① 他进一步将企业社会责任分为四个层次：第一层是企业的经济责任，是基本责任，处于金字塔的底部；第二层是企业的法律责任，企业必须在社会制定的法律框架内运作；第三层是企业的伦理责任，指那些为社会所期望或禁止的、尚未形成法律条文的活动和做法，包括公平、公正、道德、规范等；第四层是企业的慈善责任。

② 刘俊海：《公司的社会责任》，法律出版社1999年版，第6页。

社会责任问题上,没有像一般的责任中相对应的特定权利人。按照通常理解,公司的社会责任是以公司的非股东利益相关者为公司义务的相对方的。但利益关系人究竟包括哪些呢?对此至少存在三种观点,第一种观点认为:利益相关者仅指在公司中下了"赌注"的人或团体。即只有在公司中投入了资产的人或者团体才是利益相关者。根据公司的筹资来源,利益相关者分为两类,即股东和债权人,股东为内部所有者,债权人为利益相关人。这是最狭义的观点。第二种观点认为:凡是与公司有直接关系的人或团体才是利益相关者。这种观点排除了政府部门、社会组织及社会团体、社会成员等。最后一种观点界定的范围最为宽泛:凡是能影响公司活动或被公司活动所影响的人或团体都是利益相关者。债权人、雇员、供应商、消费者、政府部门、相关的社会组织和社会团体、周边的社会成员等等,都可纳入此范畴。

【拓展知识】

商业银行的企业社会责任:赤道原则简介

赤道原则(the Equator Principle)由世界主要金融机构根据国际金融公司和世界银行的政策和指南建立,是旨在判断、评估和管理项目融资中的环境与社会风险的一个金融业基准。赤道原则要求银行在向一个项目投资时,要对该项目可能对环境和社会的影响进行综合评估,利用金融杠杆促使该项目在环境保护以及社会和谐方面发挥积极的作用。目前,赤道原则已经成为国际项目融资的一个新标准。赤道原则为整个中国银行业传递出这样一个积极信号:商业银行应逐步意识到应该担负起更多的社会责任,并且这种责任的承担将具有可操作的实现路径,那就是开始利用先进的金融技术来限制高能耗和高污染,实现社会的可持续发展。按照惯例,一旦银行宣布接受"赤道原则",成为一家"赤道银行",这家银行就必须对项目融资中的环境和社会问题进行审核,并对客户的环评报告、行动计划、环境管理系统等进行核查。同时,"赤道原则"还为"赤道银行"建立内部环境与制度体系并适当执行提供了一个共同的基准和框架。

(二)公司承担社会责任的理论

公司是一个扩大了的个人还是缩小的社会呢?学者们从经济、法理、社会伦理等方面探讨了公司应当承担社会责任的原因。

1. 利益相关者理论

利益相关者理论(Stakeholder Corporate Governance Theory)是对传统的"股

东至上主义"治理模式的挑战。"股东至上"的企业理论把企业看成资本所有者的企业，企业的宗旨就是实现所有者利益的最大化。利益相关者理论认为，企业是一个由利益相关者构成的契约共同体，任何一个公司的发展都离不开各种利益相关者的投入或参与，这些包括股东、债权人、雇员、消费者、供应商、当地社区等在内的利益相关者都对企业的生存和发展注入了一定的专用性投资，他们或是分担了一定的企业经营风险，或是为企业的经营活动付出了代价，因此，企业的经营决策必须要考虑他们的利益，并给予相应的报酬和补偿。

2. 企业公民

企业公民（Corporate Citizenship）是指一个公司将社会基本价值与日常经营实践、运作和策略相整合的行为方式。它从法学的角度强调了企业的社会公民身份，意味着企业不能只满足于做个"经济人"，还要做一个有责任感和道德感的"人"。2003 年世界经济论坛认为，"企业公民"的概念包括四个方面：（1）企业的基本价值观。包括遵守法律、规则以及国际标准，拒绝腐败和贿赂，倡导社会公允的商业道德和行为准则。（2）对利益相关群体负责。其中雇员、顾客和股东是最基本的，主要包括安全生产、就业机会平等和薪酬公平、反对性别、种族等歧视、注重员工福利、保护消费者权益、维护股东权益，重视投资者关系、企业对所在社区的贡献等。（3）对环境资源的责任。主要包括维护环境质量，使用清洁能源，共同应对气候变化和保护生物多样性等。（4）对社会发展的广义贡献。比如救助灾害、救济贫困、扶助残疾人等弱势群体和个人，赞助科教文或其他促进社会发展的公共、福利事业。

3. 社会伦理学中的企业社会责任

社会学认为，企业本身是一个社会大系统下的子系统，各要素主体集合于企业中，借助企业的发展模式实现个人的需求。在社会大系统下，只有每个社会主体充分尊重其他主体的利益，承担起对其他主体的责任，才能保持社会系统的有效循环。因而企业企业利益、企业目标在某种程度上要服从于社会利益和社会目标，只有从社会责任的角度出发，才能生产出适合人类生存发展的产品，企业才能具有生命力。

（三）公司如何承担社会责任

公司承担社会责任已基本成为共识。修订前的《公司法》对公司社会责任没有进行规定，而修订后的《公司法》不仅将强化公司社会责任列入总则条款①，而且在分则中设计了一套充分强化公司社会责任的具体制度：比如职

---

① 《公司法》第5条规定："公司从事经营活动，必须遵守法律、行政法规，遵守社会公德、商业道德，诚实守信，接受政府和社会公众的监督，承担社会责任。"

工利益的保护制度（如维护职工合法权益、依法参加社会保险、加强劳动保护、实行安全生产）、事关职工利益事项的决策参与权（职工董事和职工监事）、职工持股制度（如公司可以收购本公司股份并将其再分配给职工）。

企业社会责任的真正履行，根本上依赖于市场机制的规范、完善和政府对市场的有效监督与调控，需从企业、政府和社会三方面"多管齐下"：（1）从企业方面看，要强化企业履行社会责任的主动意识。企业应从自身生存和长远发展的角度考虑，具有战略思维，追求长期效益，充分认识到企业与社会的密切关系，提高履行社会责任的主动意识，在社会中树立良好的企业信誉，强化企业自律精神，主动地、尽可能多地履行社会责任。（2）从政府方面看，要健全企业履行社会责任的监督和约束机制。政府应从维护社会利益和保证社会运转的需要出发，建立规范的、明确的企业履行社会责任的有关法律、法规约束体系，增强法律、法规的可操作性，并强化执法力度，纠正或惩处企业逃避社会责任的现象。同时政府可以行政干预和经济调控为手段，引导并监督企业履行社会责任的程度和方向。（3）从社会方面看，要充分发挥舆论媒介和消费者协会等社会团体的作用。要将企业承担社会责任的情况置于阳光之下，让社会公众充分了解企业承担社会责任的真实情况。应建立企业承担社会责任的评价体系，鼓励企业定期发布社会责任报告，公布企业履行社会责任的现状、规划和措施，搭建起企业与公众之间沟通的平台，完善企业社会责任沟通方式和对话机制。

【拓展知识】

"超越"法律的企业社会责任[①]

从法律实施的角度，公司的社会责任可定性为"软法"。"软法"是指原则上没有法律约束力、但却具有实际效力的行为规则。从国外规制企业社会责任的法律规范来看，无论是欧盟所起草的企业社会责任指导原则，还是美国及欧洲各国要求企业对社会、环境、伦理问题建立相应的报告制度，以及各种国际组织所制订的社会责任准则等，所订立的法律文件多具有宣示和承诺色彩，并没有法律强制力的威慑。但这并不表明这些社会责任行为准则不具有实际的行为效力，许多跨国公司都开始对其全球供应商和承包商实施社会责任评估和审核，只有通过审核和评估，才能建立合作伙伴关系。如，国际玩具工业协会（ICTI）所推行的《国际玩具协会商业行为守则》就规定，所有未通过认证的

---

① 周林彬、何朝丹：《试论"超越"法律的企业社会责任》，载《现代法学》2008 年第 3 期。

玩具制造商将被排除于国际采购名单之外。这些经济的制裁、市场的压力可能远比法律的强制力对企业的行为更具有约束力。从国内现有的对企业社会责任的法律规制来看,无论是修订后的《公司法》第5条关于公司社会责任的总则性规定,还是"深交所"于2006年9月所发布的《上市公司社会责任指引》及规定的社会责任年度报告制度,多为对企业承担社会责任的倡导、鼓励性规范,并不具有强制性的法律约束力。我们可以看到,规制企业社会责任的法律规范虽不以国家的强制力来对企业行为形成外在威慑,却以社会的价值、期望为号召力唤醒企业内在的自发与自律,它虽然不能强制实施,但同样对企业的行为产生制约和影响。

本章小结

公司组织为市场交易中最重要、最典型的一大商事主体。公司的基础是股东,股东是指持有公司股份或向公司出资者。离开了股东权利的保护,公司的运营也成了无源之水。修订后的《公司法》兴利除弊,赋予了股东一系列权利,形成了比较完整的股东权利保护体系,包括股东身份权、参与重大决策权、选择和监督管理者权、资产收益权、知情权、关联交易审查权、提议、召集和主持股东会临时会议权、违法决议撤销权、退出权、股东直接诉讼权和代位诉讼权等。

董事是股东的代理人,负有信义的义务,包括注意义务、忠实义务及离职之后的诚信义务。董事违反了法律强制性规定的应承担相应责任,董事身在其任时应树立职业风险防范意识。

一直以来我国公司治理在监督机制方面很不健全,修订后的《公司法》在强化监事会监督职能、引进独立董事方面作了创新。

作为公司自治宪章的公司章程,是公司治理的基本法则,修订后的《公司法》较过去为公司章程拓展了较多自由空间,经营者可依此量身打造更符合自己实际的公司章程,如设计好公司承包条款、公司反收购条款,以应市场变幻之需。

言公司治理必谈社会责任。市场经济条件下,现代公司已不再一味追求利润最大化而不顾及其他。西方国家对此已有大量讨论,并发展出了经济学的"利益相关者理论"、"企业公民"理论、社会伦理学的社会责任理论,来诠释公司为何要承担社会责任。我国《公司法》不仅将强化公司社会责任列入总则条款,而且在分则中设计了一套充分强化公司社会责任的具体制度。作为企业经营者应积极、主动地实践社会责任的理念。

思考与练习

1. 世界上有哪几种公司治理模式？我国公司治理存在的问题是什么？修订后的《公司法》对公司治理做了哪些制度创新？结合自己实际，讨论如何完善所在公司的治理结构，实现兴利除弊？

2. 我国 2005 年修订的《公司法》被称为是一部保护股东权利的法，在该法中，规定的股东权利有哪些？

3. 何谓董事？根据我国 2005 年修订的《公司法》规定，董事和公司高级管理人员有何区别？

4. 何谓董事的信义义务？具体又可细分哪些义务？我国 2005 年修订的《公司法》对其作了哪些规定？

5. 如何理解董事责任，在任职期间如何防范职业风险？

6. "社会是企业的依托，企业是社会的细胞。"阅读下面 2004 年中国企业社会责任案例材料（节选）①，讨论公司社会责任的内涵，并思考：在企业经营过程中有必要履行社会责任吗？如何履行社会责任？试举实例加以说明。

1. 川化沱江污染

2004 年 2 月到 3 月，川化公司违规技改并试生产，将氨氮含量超标数十倍的废水直接排入沱江，导致沱江流域严重污染。内江、资阳等沿江城市近百万群众饮水中断达 26 天，直接经济损失约 3 亿元。

2. 海信集团董事长周厚健提案家电节能

在 2004 年 3 月份召开的十届全国人大二次会议上，作为全国人大代表的海信集团周厚健董事长，上交了关于"加快立法，全民节能"的提案。提案称："电荒"已成为未来几年内的现实。为了解决我国的电力紧缺困境，除修建新的发电厂外，应通过国家立法和全民节能等有效措施，限制低能效、耗电大的家电产品生存空间。

3. 中石油总经理马富才引咎辞职

2003 年 12 月 23 日，位于重庆市开县、归属于中石油的川东北气矿 16H 井发生特大井喷事故，造成 243 人死亡，人民群众的生命财产遭受重大损失。2004 年 4 月 14 日，温家宝总理主持召开国务院常务会议，听取关于中石油川东井喷特大事故等的调查汇报，同意接受马富才辞去中石油公司总经理职务的请求。

4. 红蜻蜓集团冠名赞助首届希望小学运动会

2004 年 5 月 30 日，由浙江红蜻蜓集团捐资 200 万元冠名赞助的首届红蜻

---

① http://csri.bokee.com/585133.html.

蜓全国希望小学运动会在北京开幕。通过捐资赞助自希望工程实施以来首次全面向全国 1 万余所希望小学举办的大型公益体育盛会,"红蜻蜓"品牌价值得到了极大的提高,集团的社会责任形象得到了极大的提升。

5. 阿拉善 SEE 生态协会成立

2004 年 6 月 4 日,近百名企业家出资亿元成立"阿拉善 SEE 生态协会",并在内蒙古阿拉善盟联合发表《阿拉善宣言》。这是中国企业家首次以群体的方式发起成立生态与环境保护组织。企业家的善举使他们成为国人心目中的"慈善家",其所在企业的社会责任也得到了最大化的展现。

7. 全球最知名的日用消费品公司联合利华提出,"我们的同仁坚决维护公司行为准则的最高要求,对我们的员工一心一德,对我们的客户一心一德,对我们公司运作的所在地一心一德。走这条路就可以有持续、盈利的增长,我们就可以为我们的股东和员工创造长远的价值"。在 2002 年 10 月,联合利华的利润净值增加了 68%。试讨论践行公司社会责任与公司利润的关系,并再举一两个你熟知的企业经营实例加以说明。

案例分析

1. 阅读下面关于"迪斯尼公司"的案例,思考:CEO 薪酬过高,是否构成对信义义务的违反?法官如何处理此类案件?作为企业高管,又如何防范此类风险呢?

2005 年 8 月 9 日美国特拉华州法院判决了从 1998 年起历经 7 年的迪斯尼案,认为迪斯尼公司 CEO 艾斯纳作出给予奥维茨一笔庞大遣散费的决定并没有违反董事的义务。

本案原告迪斯尼公司称其现任和前任董事在决定奥维茨的薪酬时违反了董事的信义义务。艾斯纳将奥维茨聘为迪斯尼公司的总经理,给予丰厚的薪酬,并于一年之后将其解雇。奥维茨收到 1.4 亿美元的无过错终止合同的薪酬赔偿。原告指控,董事会对雇佣和解聘奥维茨的草率违反了他们对股东的信义义务。1998 年法院初审判决董事没有违反义务。原告在 2003 年又提起诉讼,在当时,大法官法庭认为,原告的诉请充分地表明了董事对诚实、信用义务的违反,如果事实属实,被告董事的行为将不受商业判断规则的保护。然而经过一个长期的审理,大法官法庭在 2005 年 8 月 9 日判决董事并未违反义务并驳回了原告起诉。

这一最终判决一出,舆论一片哗然。不少学者批评,美国的法官在面临对董事的行为作出判断的时候仿佛失去了其在其他案件的神奇审查功能,变得相当谨慎,甚至畏首畏尾。

2. "竞业禁止"是董事忠实义务的基本要求。阅读下面华尔公司与林明竞业禁止纠纷案例①，讨论：如何制定和信守董事的良好行为准则？

1997年12月，华尔公司设立公司章程规定：总经理、副总经理不得兼任其他经济组织的总经理或副总经理，不得参与其他经济组织对本合营公司的商业竞争行为。1999年10月26日，北京市新技术产业开发试验区办公室下发"关于'北京华尔光电子有限公司'股权转让及增资的批复"，其中第4条载明：林明为董事成员。华尔公司的档案材料载明，林明担任华尔公司董事及副总经理职务。其中，林明担任副总经理职务在华尔公司的营业执照中进行了公示，具体负责公司的生产和产品销售。2000年9月4日，林明与华尔公司出纳刘燕军出具清单1份，刘燕军在清单里签字。当日，林明与华尔公司销售部经理胡丹平出具了资料移交清单。华尔公司销售部经理胡丹平以接受人的身份在清单上签字。上述两份清单出具的原因，当事人双方意见不一致，林明提出该两份清单是其辞去华尔公司董事和副总经理职务时向公司交接工作的行为，对此证人刘燕军和胡丹平均不认可，华尔公司也予以否认。2000年1月3日，林明到飞联公司任董事和副总经理职务，并为该公司从事与华尔公司同类的营业。

法院经审理认为，林明在华尔公司任董事和副总经理的职务是符合我国《公司法》、《中外合资经营企业法》的规定的。林明抗辩主张其不具备华尔公司董事身份与公示机关登记的事实不符。本案中，林明抗辩所称的交接清单，由于其没有正式提出书面的辞呈，其内容亦没有载明交接字样，清单的经手人也不确认是为林明辞职交接，故只能视为一般交接，与辞职无直接的关联性。

根据我国《公司法》及华尔公司章程规定，林明在飞联公司任职，从事与华尔公司同类的经营活动是一种竞业行为，构成对公司的侵权行为。华尔公司提出要求林明停止在飞联公司任职的诉讼请求，法院予以支持，判决被告林明应当对公司承担损害赔偿责任。

3. 阅读下面"伊利独立董事遭罢免事件"，思考：如何完善独立董事制度？

2004年6月16日，伊利股份临时董事会通过了罢免俞伯伟的独立董事资格的议案。俞伯伟对伊利股份在国债投资和管理层收购等方面产生质疑，希望聘请会计师事务所研究专项审计。然而，他的建议函换来的却是董事会的罢免决定。

---

① http://www.chinacourt.org/public/detail.php?id=145191.

4. 阅读下面"太子奶事件"①，试对公司社会责任的可诉性问题展开讨论。

2003年1月12日上午，湖南太子奶集团宣布向"希望工程"和"母亲健康快车"项目各捐款100万元，但只有20万元到账。2004年8月20日，北京太子奶集团旗下的北京太子童装有限公司、北京太子奶生物科技发展有限责任公司和北京太子奶生物美容化妆品有限责任公司三家企业因未能如期兑现捐赠承诺，被中国妇女发展基金会告上法庭。太子奶方面坚持"未得到约定回报"，而妇女发展基金会方面坚持"兑现捐赠是回报的前提"。太子童装同时承诺向"希望工程"捐赠的100万元至今也只到账20万元首期款。

---

① http://news.sina.com.cn/c/2004-8-23/05583465533s.shtml.

第四编　商事救济

> 有损害即有救济，无救济无权利。
>
> ——西方古老法谚

引言：连锁超市买卖纠纷的诉讼调解

2007年，南京市玄武区法院连续受理十多起供货商诉华诚超市的买卖合同纠纷案，标的总额达400余万元，并申请对华诚超市的资产进行财产保全。由于华诚超市在全市设有100多家连锁店，一旦发生供货商和员工哄抢商品事件，极有可能影响社会稳定。玄武区法院受理此案后，在市、区党委、政府部门的关心、支持下，该院及时加强各方之间的沟通，强化庭前和解力度，积极促成双方以诉外和解的方式解决纠纷。在此基础上，承办法官又耐心做好供货商的工作，促成双方建立新型合作关系，从而保障华诚超市的正常运营，有效地化解了一起可能引发的群体性事件。① 上述南京法院的实践表明，充分应用调解职能定纷止争，使当事人各方的利益关系得到修复并实现新的合作，是采取多元化方法解决商事纠纷的一种有效途径，它既有利于当事人的权利救济，也有利于节约法院诉讼成本以及促进商事纠纷的和谐解决。

【背景资料】

中国基层法院商事诉讼数量激增

近年来各级法院尤其是基层法院面临商事诉讼激增的重大压力，特别是从2008年开始，由于国际金融危机对各国经济都产生了巨大影响，导致大量投资纠纷、金融纠纷、贸易纠纷、劳资纠纷、涉外纠纷等民商事案件涌入法院，许多地方法院受理案件呈现"井喷式"增长。最新数据显示，全国法院民商

---

① 赵兴武、杜慧、周伦军：《新思路赢得新成就——南京法院民商事审判服务大局纪实》，载《人民法院报》2007年5月30日。

事案件一反近几年每年连续在 500 万件至 550 万件徘徊的状态,2008 年前十个月比上年同期上升 15.65%。①

表 4-0-1

劳动争议	证券纠纷	股权纠纷	借款纠纷	买卖纠纷	房地产纠纷
上升 93.52%	上升 494.49%	上升 60.72%	上升 24.1%	上升 13.59%	上升 19.48%

究其原因,这不仅与中国市场经济的全面展开以及商人法律意识的全面提高有关,而且也与我们长期忽视商事救济渠道的多元建设有关,"研究商业纠纷(和其他时间会造成一些经济后果的事故)的经济学者和法学家都认识到,法律权限的初始配置、法庭判决的预期和不确定性,以及使用司法体系的成本都会影响交易方在诉诸法律和通过私下谈判解决争端之间的选择"②。

一、商事权利、商事纠纷与商事救济

实践中,"商事救济"的出现根源于"商事权利的损害",而"商事权利的损害"又与"商事纠纷的发生"密切相关。从某种意义上讲,"商事救济的途径"与"商事纠纷的解决机制"之间具有高度的重合性。

与普通民事纠纷不同,商事纠纷具有如下特征:

其一,发生纠纷的主体不同。普通民事纠纷发生在自然人之间、非营利性主体之间,主要包括婚姻家庭纠纷、继承纠纷、相邻纠纷、人身损害赔偿纠纷、民事合同纠纷等,涉及的主要是人身关系及相关财产关系、权利或其他利益的行为或活动;商事纠纷主要是市场主体在从事以营利为目的的商行为过程中发生的纠纷,以及商事主体自身因设立、变更、终止而发生的纠纷,通常包括公司、票据、保险、破产等领域发生的纠纷。

其二,纠纷产生的法律关系不同。民事纠纷中诸如婚姻家庭类、侵权类损害赔偿等案件,当事人均较多掺杂着自己的情感,讨个说法主要是为了心理上的满足,让遭到破坏的和谐关系得到恢复,经济利益得失不会计较太多。而在商事案件中,由于其具有很强的特殊性和技术性,当事人基于成本与收益考

---

① 参见《金融危机骨牌效应显现司法领域》,载《中国普法网》,http://www.legalinfo.gov.cn/misc/2009-01/21/content_1024727.htm,2010 年 1 月 30 日访问;《民商事案件"井喷式"增长》,载《南方都市报》2008 年 12 月 21 日。

② [美] 阿维纳什·迪克西特:《法律缺失与经济学:可供选择的经济治理方式》,郑江维等译,中国人民大学出版社 2007 年版,第 32 页。

虑，更注重商业的长期合作发展，经济利益关系问题更为重要。

其三，纠纷解决的价值取向不同。商事纠纷解决以保障交易的快捷与安全为基本宗旨，重视保障商事交易自由，保障市场效率，维持企业稳定，在商事纠纷的解决中更注重经济效益；而民事纠纷的解决则更注重实质正义，表现出对弱者的同情与关怀，以促进社会的稳定与和谐统一。

【拓展知识】

权利救济的含义[①]

依照《现代汉语词典》关于救济一词的解释，救济的含义为"用金钱或物质帮助生活困难的人"。《现代汉语小词典》对救济的解释是，"用财物帮助灾区或生活困难的人"。可见，现代汉语中"救济"的本意是帮助，这个词使用的唯一前提是一种需要加以改善的状态。

"权利救济"是指在权利人的实体权利遭受侵害的时候，由有关机关或个人在法律所允许的范围内采取一定的补救措施消除侵害，使得权利人获得一定的补偿或者赔偿，以保护权利人的合法权益。一般来讲，当权利人的权利遭到侵害的时候，他们通常会选择以下方式解决冲突问题：(1) 自我帮助，(2) 逃避，(3) 协商，(4) 通过第三方解决，(5) 忍让。一般说来，逃避和忍让的方式不属于救济的范畴，因为这两种方式虽可以使得纠纷或者冲突得到解决，但却未能够使得受损的权益得到恢复或者补救，也就是说权利得到救济意味着纠纷得到了解决，但是反过来纠纷的解决却未必是救济权行使的结果。

权利救济旨在通过某种积极方式的运用使得受损权益得到恢复或者补救。由此可以认为，救济是对法律关系中由于一方当事人违反义务所造成后果的一种矫正，它意味着合法权利的实现和法定义务的履行，即通过救济使原有权利得到恢复或者实现。它包括两种情形：其一，在权利能够"恢复原状"的情况下，通过排除权利行使的障碍，促使冲突主体继续履行其应履行的义务，以使权利的原有状态得以恢复。其二，在不能"恢复原状"的情况下，通过和解或强制的方式使由冲突或者纠纷的影响造成的实际损失、危害、伤害、损害得到合理的补偿或者赔偿。

在商业纠纷发生后，需要商事救济制度对其进行调整和解决。商事救济制

[①] 参见于宏：《权利救济：含义与方法》，载《法制与社会》2007 年第 7 期。

度是从实体到程序各种规则的总和。从实体性规则看，商事救济具有如下特征①：

1. 全面救济性

民事救济重点是民事主体所享有的权利，方式主要是通过民事责任强制义务人履行义务，旨在恢复当事人正常的利益状态。而商事救济在维护商事主体权益的基础上，还要强化对商事秩序的维护，以及全面兼顾商事法律关系的全部要素，因此无论在救济范围、救济目的、救济程度上要比民事救济更全面。

2. 同质救济性

与民事救济一样，商事救济也以失衡的商事主体利益得以恢复为重要内容，但它是通过同质救济的方式实现的。因为商法调整的商事关系主要是财产关系，商事责任也主要表现为单纯的财产责任，而鲜有赔礼道歉、消除影响、恢复名誉的非财产责任。

3. 严格与宽容相统一

法律对商人注意义务的要求比普通人更高，配置的责任也更严格（本书在商事行为篇中已有阐述）。但同时，商事活动具有高风险性，动辄致他人及相应的商事法律关系以损害或破坏，法律不能不考虑其活动的高风险性质而采宽容态度，限定其商事责任范围，如投资者的有限责任制度、破产公司的债权（破产财产不能清偿部分）豁免制度、海事责任赔偿限制均源于商法宽容的法理，其目的是为了使商人尽快摆脱负担，获得开展新业务的机会。

二、商事救济的多元性

现代社会以来，"国家法的一元模式"及司法裁判的中心主义模式被法的"多元主义"及审判之外的其他纠纷解决机制所替代，"司法的替代"之说即表达了纠纷救济多元化的发展趋势，而这种多元化的"纠纷解决机制"（或称"权利救济方式"）在商事活动当中，具有广泛的适用空间。

【拓展知识】

代替性纠纷解决机制（ADR）②

代替性纠纷解决方式，即英文 Alternative Dispute Resolution（缩写为

---

① 赵万一：《商法学》，中国法制出版社 2006 年版，第 327 页。
② 参见范愉：《代替性纠纷解决方式（ADR）研究》，载《法哲学与法社会学论丛》（1999 年）（第 2 辑），中国政法大学出版社 2000 年版。

ADR）的意译。ADR 概念源于美国，原来是本世纪逐步发展起来的各种诉讼外纠纷解决方式的总称，现在已引申为对世界各国普遍存在着的、民事诉讼制度以外的非诉讼纠纷解决方式或机制的称谓。

广义的 ADR，既可以包括当事人借助第三者的中介达成的自行协商和解，也可以包括各种专门设立的纠纷解决机构的裁决、决定；既可以包括传统的调解，也可以包括当代行政机关所进行的各类仲裁，等等。

根据主持纠纷解决的主体或第三者即 ADR 机关的不同，可以对当代世界各国存在的 ADR 作以下分类：(1) 法院附设 ADR（court-annexed ADR）。(2) 国家的行政机关或类似行政机关所设或附设的纠纷解决机构，例如消费者协会、劳动仲裁机构等。(3) 作为民间团体或组织的 ADR 机构。其中既包括民间自发成立的纠纷解决机构，也包括由政府或司法机关组织或援助的民间纠纷解决机构。(4) 由律师主持的专业咨询或法律援助性质的 ADR 机构，其运作方式基本上属于一种"法律"咨询性质的活动，以向当事人提供关于法律适用结果的评价性意见为特征。(5) 国际组织所设的纠纷解决机构，如 WTO 根据其协定附属文件《关于纠纷解决的规则和程序的协定》建立了纠纷处理机关（Dispute Settlement Body）。

从商事纠纷解决的程序、方式来看，按国家司法是否介入为标准进行区分，一般可分为诉讼机制与非诉讼机制。① 诉讼解决机制在我国目前主要适用《民事诉讼法》规定的程序和方式，非诉讼解决机制就是纠纷当事人依靠自己的力量或者通过第三者力量来解决纠纷，典型方式为调解和仲裁两种类型。此外，近年来备受关注的私力救济途径，实际上也可纳入非诉讼解决机制的范畴。

对于商事纠纷解决机制的分类，我们还可以按照救济主体法律性质的不同，分为私力救济、公力救济和"社会救济"②。私力救济一般是指当事人通过自己的力量解决纠纷的方法。早期初民社会的"以牙还牙、以眼还眼"即是此一生动写照，现代社会的私人讨债也为其典型方式。公力救济则是国家运用公权力解决民商事纠纷，主要通过诉讼渠道实现当事人合法权益的保护。

由于采用公力救济方式需要的时间比较长，不能体现商业中所要求的效率，另外在诉讼中需依法解决，商人的行业习惯无用武之地，因而就发展出来

---

① 当然，也存在司法以非诉讼介入的方式，如外国公司立法中对股东会召开纠纷以非诉讼机制介入——进行司法召集，但规定了诸多先决条件。
② 相当于一些论者所称的"公助救济"。

一种社会力量,即通过仲裁或行业调解的方式使第三方(贸易、经济、金融等方面的专家)来进行裁决,这很快发展成为现代仲裁制度和行业调解制度。所以,在现代社会,不仅有私力救济中的和解,还有公力救济中的民事诉讼及社会力量介入的调解、仲裁方式。① 前述"自力救济、公力救济和社会救济"为救济方式的"三分法"。

【背景资料】

商人解决纠纷的策略选择②

在商业实践中,对于采用怎样的方案解决纠纷,需由商人经验、智慧、成本核算来最终决定。当事人可以对解纷方式、规范程序和结果进行自主选择,美国 Diaz, Reus, Rolff & Targ 律师事务所的迈可(Michael Diaz)律师在谈到诉讼、仲裁、调解三种解决问题的途径时表示,三种方式的关系应当说并不矛盾。有时通过运用一种方式,是进入到另一种方式解决问题的桥梁。

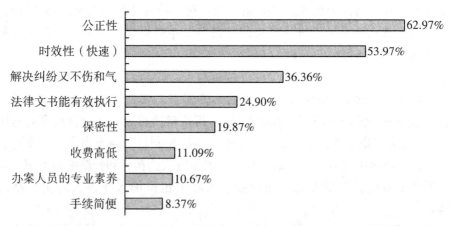

图 4-0-1　企业选择经济纠纷解决方式时主要考虑的因素③

诉讼有时只是一种施压方式,当事人最终还是希望对方进入调解或者仲裁。采用诉讼方式还是非诉讼方式,应具体分析。如果要进行诉讼,那么律师必须清楚诉讼给客户可能带来的成本、最终结果和客户预期的目标是否相符。

---

① 周庆:《民事纠纷多元化解决机制与司法 ADR》,http://www2.zzu.edu.cn/lawc/Article_Show.asp?ArticleID=165,2009 年 8 月 12 日访问。

② 来自"第二届企业纠纷防范与解决年会"的报道:《解决商事纠纷:到法院还是到仲裁庭?》,载《法制日报》2007 年 9 月 9 日。

③ 数据来源:零点指标数据网,http://www.horizonkey.com/showart.asp?art_id=295&cat_id=6,2009 年 12 月 26 日访问。

如果纠纷是因为竞争对手的竞争所造成的，而这种竞争可能会使公司在短时间内遭受重创，此时，如果想要保住自己的市场份额，恢复竞争力，并且达到打击竞争对手的目的，采取诉讼的方式无疑是较好的选择。

而对于另外一些类型的纠纷，涉及的可能是制造链中的上、下游企业之间的纠纷，这种纠纷并不会给企业造成太大的实际利益损害，而考虑到日后还要在同一领域内继续合作，选择非诉的解决途径无疑是比较合适的。

在传统商法学科当中，将"商事救济"单独成篇的做法在国外（主要是英美法系）早有先例，譬如，在1834年史密斯（J. H. Smith）的《商法》这部被誉为开创了英国商法新纪元、标志着商法学说体系形成的专著中，"商事救济"就占有一席之地。该书共分四卷，分别是"商人"、"商事财产"、"商事合同"和"商事救济方法"。① 而在国内近年来出版的商法教材以及部分法学院系的商法课程当中，"商事救济"问题也开始得到重视。

应该强调，商事仲裁和商事诉讼对于商事实体法的发展、统一和完善发挥着重大的作用。因为作为商法渊源的一般法律原则和惯例，只有通过仲裁和诉讼才能更好地得到确定。比如许多现代的国际贸易惯例都是在国际商事仲裁当中被确认、宣示以及发展起来的，所以商事仲裁和诉讼对于商法的产生和发展举足轻重。相关的问题是：

第一，商事仲裁的专业化倾向，使得商事仲裁成为解决商事纠纷的主要法律方式和途径，而且由于商事仲裁机构具有很强的民间性和独立性，可以有效地排除因不同国别和地区的政治、经济与法律体制导致的法律适用障碍，大大降低了商事纠纷解决的法律成本。

第二，商事诉讼主要涉及商事审判制度。从国际商法角度分析，由于商事实体法规范具有优先于商事程序规范的效力，且可以解决商事纠纷的实体法依据（如国际商事条约优先原则）已成为各国涉外民事和商事审判的一般立法例和司法例，所以有关商事纠纷解决的商事诉讼制度使得商法成为严格意义上的法律，从而使国际商法有效地摆脱了对传统国际法规范（特别是国际公法规范与国际经济法规范）这一"软法"的"路径依赖"困境。正是在这个意义上，有关商事纠纷解决的商事诉讼制度也就必然成为商法的重要制度。

本书将"商事救济"问题纳入"商法"的教材体系具有重要意义。因为

---

① ［英］施米托夫：《国际贸易法文选》，赵秀文译，中国大百科全书出版社1993年版，第27页。

"商事救济"是商人实践商法的一个重要环节,它具有丰富的实践内容。"商事救济"并不简单地等同于"商事诉讼",还涉及"商事仲裁"、"商事调解"以及私力救济等问题。如果从商法的发展历史来看,现代商法的很多具体制度最早也是商人们在早期的商事仲裁、调解或诉讼等商事权利救济过程中通过实践逐步形成的。因此,以"商人"为主体来研究商法制度的实施,不可避免地会涉及"商事救济"问题。为了具体反映实践中"商事救济"的特点和类型,本编将分成四个方面对相关的制度进行介绍,包括:私力救济、商事调解、商事仲裁以及商事诉讼。

表4-0-2 几种主要商事纠纷解决机制的比较

特征\类型	审判	仲裁	调解	谈判
自愿/非自愿	非自愿	自愿	自愿	自愿
有拘束力/无拘束力	有拘束力,可以上诉	有拘束力,符合一定条件可以进行司法审查	如果达成协议,就产生类似合同的强制执行力;有时达成的协议会体现在法庭的判决中	如果达成协议,就产生类似合同的强制执行力
有无第三方介入及第三方介入的程度	强制性地由中立的第三方做出裁决,裁决者对争议内容通常不具备专业知识	由争议双方选择第三方做出裁决,裁决者通常具备与争议内容有关的专业知识	由争议双方选择外部的协调人	没有第三方担任协调人的角色
是否有正式的程序	由预先设定、严格的规则形成的正规化、高度体系化的程序	程序并不那么正规;程序性规则和实体法都可以由当事人设定	通常没有正规的体系化的程序	通常没有正规的体系化的程序
程序的性质	当事人拥有提交证据、阐述论点的机会	每一当事方都拥有提交证据、阐述论点的机会	可以提交证据、阐述论点和利害关系,但不具有法律约束力	可以提交证据、阐述论点和利害关系,但不具有法律约束力

续表

类型\特征	审判	仲裁	调解	谈判
结果的形式	由经缜密思考的意见支持的原则性决定	有时是由经缜密思考的意见支持的原则性决定；优势是无需意见的妥协	达成双发都能接受的协议	达成双发都能接受的协议
公开进行/不公开进行	公开进行	除非司法审查介入，否则不公开进行	不公开进行	不公开进行

针对实践中企业如何选择纠纷解决方式的问题，笔者曾在广东地区进行了实证调研[①]，在问卷中对 8 种不同的纠纷解决途径的使用频率和有效性进行了调查，如附表 2 所示：（1）通过协商方式解决纠纷在企业中使用较为频繁，对其有效性评价也比较高，这说明企业还是遵循"和为贵"的思想，对交易中的摩擦、纠纷大多希望先协商解决，以维护双方的合作关系，并且这种内部解决方式不会将双方的商业信息向外泄漏；（2）通过中间人调解来解决纠纷在企业中虽然大多是偶尔使用，但对这种解决方式的有效性评价还是比较高的，这说明中间人的"面子"在化解纠纷中起到了一定作用；（3）企业通过发律师函警告来解决纠纷虽然经常被使用，但其作用一般，这可能是因为一旦发出律师函就说明双方的合作关系也就在破裂的边缘，继续下去势必要"在法庭上见"，仅凭律师函就就范者为数不多；（4）委托收债公司来解决纠纷在民营企业中使用得并不多，这种方式本来就在法律的调整之外，企业对此可能担心不仅钱要不回来，还会惹上不必要的麻烦；（5）通过商会、行会的调解来解决纠纷，在企业中有一定的使用空间和有效性，这说明集体的压力机制和声誉的传播对企业遵守契约有一定约束作用，但是其使用中的局限性表现在，争议双方并不一定都是商会、行业协会的成员；（6）通过政府的干预、协调来解决纠纷在企业中较为常见，特别是这种纠纷解决方式的有效性评价比较

---

① 该调查以匿名问卷的形式分批向广东省清远市、东莞市的民营企业家以及参加中山大学 EMBA 研修班的民营企业家学员进行发放。问卷填写形式多是在调查对象集中培训等场合直接发放，并等待填写完毕后当场收回，由于对不同类别、地区、层次的民营企业家都进行了调查，因此，本次调查的范围涉及广泛，保证了量化研究的随机性。本次问卷调查共发出 300 份，收回 126 份，其中有效问卷 107 份。

高,这说明中国政府的行政干预力量是非常强大的,解决争议的有效性甚至高于法院的诉讼解决,这也是为什么我们经常看到的纠纷当事人宁愿上访、找领导也不愿通过诉讼来解决;(7)通过仲裁解决纠纷在企业中时常被使用,但其有效性评价则低于诉讼解决,这可能是因为仲裁往往是一裁终局,一旦仲裁结果不尽如人意则没有上诉的机会,不如法院诉讼的回旋余地更大;(8)通过法院诉讼来解决纠纷在企业中相对更为常用,毕竟诉讼的受案面广,判决执行的强制性更高,但是受访者对法院诉讼解决的有效性评价并不太高,这说明当前人们对司法判决的公正性、效率性信心并不足。

表4-0-3 契约纠纷不同解决途径的使用频率和有效性调查

解决途径	使用频率			有效性评价		
	很少使用	有时使用	经常使用	效果较差	有一定效果	非常有效
企业之间进行协商		19.05%	80.95%		64.86%	35.14%
中间人予以调解	35.29%	64.71%		13.79%	41.38%	44.83%
发律师函予以警告	34.38%	46.87%	18.75%	26.92%	57.69%	15.39%
委托收债公司	92.59%	7.41%		68.42%	26.32%	5.26%
商会、行会调解	61.29%	38.71%		13.64%	63.64%	22.72%
政府干预、协调	51.61%	48.39%		15.38%	38.47%	46.15%
仲裁	55.55%	37.04%	7.41%	25%	62.5%	12.5%
法院诉讼	28.12%	59.38%	12.5%	18.52%	55.55%	25.96%

第一章　私力救济

　　私力救济不是一种陌生的法律行为，但却是一个新鲜的研究话题。早在古罗马时代，私力救济就是社会盛行的权利救济方式之一；而即便到了现代法治社会，私力救济也仍然有其"无处不在的身影"。在解决商业纠纷的某些场合下，私力救济甚至发挥了公力救济所无法达到的法律效果。比如以下案例所体现的，就是私力救济所具有的这种特殊的良性功能①：

　　四川泸州龙马潭区法院曾经审结一起商事案件，但是判决后3年却仍然无法执行。2002年11月，原告（某镇的一个基金会）迫于无奈，通过镇政府出面，请求法院允许其自行聘请民间机构（当时泸州唯一一家经工商注册的信息调查公司）进行协助调查，以期为判决的执行提供有效信息，法院经研究后同意原告的请求。信息调查公司在接到原告委托之后，仅用了十余天的时间即完成了调查并协助原告和法院圆满执行了判决。为此，龙马潭区法院根据泸州市中院人民法院"限制债务人高消费令"公告中"公民举报有奖"的承诺，对信息调查公司的"私家私探"兑现了奖励。此外，镇政府还以执行标的的20%重奖了惩治"老赖"的有功"私探"。

　　从上述案例我们可以清晰地看出，私力救济作为私法领域权利救济的基本方式之一，不仅是一种"历史性产物"，而且随着时代的发展，也逐步进化并演变为一种"现代化工具"，从而在国家法制（法治）框架下，成为公力救济的有效补充。② 私力救济的存在并不排斥公力救济的展开，它也不是法制（法治）现代化趋势当中的"逆流"。相反，在"公法"与"私法"、"政治国家"与"市民社会"、"公共领域"与"私人领域"这些范畴的区分日渐清晰的现代社会，私力救济完全有其存在并积极发挥作用的合法性基础。

---

　　①　参见《法院首请私家侦探揪"老赖"》，载《江南时报》2002年12月13日。
　　②　有资料显示：美国民事执行权行使主体是多元的，在其中除了公权力之外，非公职人员如律师也能行使少量的民事执行权。而且在美国诸如民事调查、私人侦探、民间收债等民间机构，只要经过必要的登记程序都是正当的职业。截至2002年，美国私家侦探业从业人员已达48000人，全美私家侦探的年平均收入为29300美元。美国社会中现存的民间机构就有：信息检索公司、财产调查与追踪公司、收债公司、送达员、私人侦探等。他们可以为债权人查找债务人的住址、查找债务人所隐匿的财产、直接向债务人催讨债务，以及向债务人送达诉讼文书及其他法律文件。资料来源：（1）吴叶：《民事执行中的私力救济》，湖南大学法学院民商法学专业2009年硕士学位论文。（2）刘冰：《美国私家侦探业简介》，载《公安研究》2004年第8期。

本章以私力救济为研究内容，围绕私力救济的概念、类型、特点、功能等基本问题进行分析；在此基础上，还将结合商法与企业经营的主题，对商事活动当中商人们通过私力救济途径实现权利救济和纠纷解决的实践进行详细介绍。

一、什么是私力救济？

（一）私力救济的概念

私力救济（private remedy，或称 self-remedy）是解决社会纠纷和实现私权救济的基本方式之一，近年来在国内外的理论研究当中受到了广泛关注。理论研究普遍认为，民（商）事"权利"的救济方法大致可以分为三种，即：私力救济、公力救济和公助救济。[①] 也有学者将其总结为：私力救济、公力救济和社会型救济。[②]

其中，公力救济一般是指国家的司法救济（主体是法院）和行政救济（主体是政府机关），如史尚宽先生认为，"公力救济即所谓私权被侵害者，对于公权力者有保护请求权"[③]。公助救济或社会型救济一般是指借助于社会组织或其他中立第三者而实现的权利救济模式，比如仲裁、行业调解以及纠纷替代解决机制（ADR）等。

与公力救济、公助救济和社会型救济所不同的，法律意义上的私力救济一般是指"当事人认定权利遭受侵害，在没有第三方以中立名义介入纠纷解决的情形下，不通过国家机关和法定程序，而依靠自身或私人力量，解决纠纷，实现权利"[④]。也有学者认为，私力救济是指"利害关系人或权利人在不通过他人所设定的程序、方法和第三者力量的情况下，以自己的实力维护自己被损害的利益或权利，从而解决因此而发生的冲突"[⑤]。根据上述概念可以看出，私力救济行为的构成要件一般包括以下几个方面：（1）权利受到损害；（2）受害人以自身力量实施救济；（3）没有中立第三方（包括官方或非官方）的介入；（4）救济方式没有违反法律的强制性规定或损害公共利益。

（二）私力救济的类型

从法律性质来看，私力救济存在于私法领域，属于"私法自治"（或称"意思自治"）行为，因此只要其方式和程度不超过法律规定的范围，即可认

[①] 程燎原、王人博：《权利及其救济》，山东人民出版社1998年版，第361～367页。
[②] 徐昕：《论私力救济》，中国政法大学出版社2005年版。
[③] 史尚宽：《民法总论》，中国政法大学出版社年2000年版，第33页。
[④] 徐昕：《论私力救济》，中国政法大学出版社2005年版，第38页。
[⑤] 张卫平主编：《民事诉讼法教程》，法律出版社1998年版，第1～2页。

定为合法。在此基础上，究竟采取什么具体方式进行权利救济，当事人完全具有选择和决策的自由。

1. 以是否获得国家立法的认可为标准，私力救济可以分为"法定类型的方式"和"非法定类型的方式"。前者主要是指各国立法普遍认可的"自救行为"、"自助行为"和"紧急避险"，而后者则是指各国法律条文列举之外的形式多样的各种自我救济方式。

【拓展知识】

国家立法认可的私力救济的类型

私力救济在社会实践中具有多种多样的具体方式，其中一部分行为方式在私法领域已被大多数国家和地区的民商事立法所认可，并被抽象和总结为以下三种行为：（1）自救行为。这主要是针对人身权利受到损害时采取的权利救济方式，也被称为"正当防卫"。（2）自助行为。这主要是针对财产权利受到损害时采取的权利救济方式，比如德国民法规定的"以自助为目的将物件押收、破坏或毁损"的行为，即属于典型的"自助行为"。（3）紧急避险。它既可能涉及人身权利的损害，也可能涉及财产权利的损害。"紧急避险"与"自救行为"、"自助行为"的差别主要在于，"紧急避险"发生的环境较为特殊，必须出现"自然的"或"人为的"紧急状况。

我国《民法通则》规定了"正当防卫"与"紧急避险"，但没有规定"自助行为"。其中《民法通则》第128条规定，"因正当防卫造成损害的，不承担民事责任。正当防卫超过必要的限度，造成不应有的损害的，应当承担适当的民事责任。"第129条规定，"因紧急避险造成损害的，由引起险情发生的人承担民事责任。如果危险是由自然原因引起的，紧急避险人不承担民事责任或者承担适当的民事责任。因紧急避险采取措施不当或者超过必要的限度，造成不应有的损害的，紧急避险人应当承担适当的民事责任。"

与此我国立法实践不同的，"自助行为"在其他国家和地区早已为立法所认可。例如：（1）《德国民法典》第229条规定："以自助为目的将物件押收、破坏或毁损者，或以自助为目的将有逃亡嫌疑的债务人施以扣留者，或对于义务人应容忍的行为，因其抗拒而加以制止者，若来不及请求机关援助，且非于当时为之，其请求权不得实行或实行显有困难时，不为违法。"（2）《德国民法典》第230条规定："自助不得超过排除危险所必要的限度。押收他人物件者，如非强制执行时，即应请求财产保全的暂先扣押。扣留债务人而尚未释放者，应向扣留地初收法院申请人身保全的暂先扣押，并应立即将债务人送交于法院。暂先扣押的申请如迟延或被驳回时，应立即返还所押收之物并释放被扣留之人。"（3）《瑞士债务法》第 52 条第 3 款规定："为保全有权利的请求权之目的，自行保护者，如按其情形，不及请求官署救助，惟依自助得阻止请求之无效或其主张之重大困难时，不负赔偿义务。"（4）我国台湾地区"民法典"第 151 条规定："为保护自己权利，对于他人之自由或财产施以拘束、押收或毁损者，不负赔偿之责。但以不及受法院或其他有关机关援助，并非其时为之，则请求权不得实行或其实行显有困难者为限。"

2. 以是否有他人参与为标准，私力救济可以分为"单纯自身力量的救济"以及"他人力量协助的救济"。

私力救济行为虽然排除其他主体以"中立第三方"的身份介入权利救济的过程，但是并不意味着私力救济完全不需要借助他人的力量。在一些特殊情况下，以当事人自身为主体、以他人力量为协助也是私力救济的行为方式之一，比如当事人通过私人侦探或调查公司收集信息等，也属于私力救济的范围。需要强调的是，这里所说的"他人的介入"，仅仅是作为辅助的力量，而不是以"中立第三方"的身份代替当事人自身作为纠纷解决和权利救济的主体。

3. 以救济对象的性质为标准，私力救济可以分为"人身权的私力救济"以及"财产权的私力救济"。

其中，"人身权私力救济"的具体表现包括：（1）当事人对侵害行为的自我抵抗和防御；（2）当事人对侵害行为的适当反击；（3）当事人牺牲一定程度的他人财产以排除险情；等等。对于"正当防卫"和"紧急避险"这两种情况，各国的民事法律普遍规定，只要行为人的自我救济行为不超过适当的程度，即可免于民事责任的追究。

财产权包括物权、债权和知识产权等多种形态，因此"财产权私力救济"也相应具有多种具体形式，它包括：（1）被侵害人对财产侵害行为进行自我排除；（2）被侵害人向侵害人主张恢复原状；（3）被侵害人向侵害人主张赔偿请求权；（4）被侵害人适当地向侵害人进行直接抵抗、防御甚至反击；（5）当事人借助其他私人力量对侵害人进行适当的警告和威胁，以迫使侵害人停止侵害行为或者自觉进行损害赔偿，等等。[①]

[①] 关于财产权私力救济的立法例如《德国民法典》第 859 条规定：占有人可以强力防御禁止的擅自行为；以禁止的擅自行为侵夺占有的动产时，占有人可以当场或追踪向加害人强力取回其物；以禁止的擅自行为侵夺土地占有人的占有时，占有人可以于剥夺后立即排除加害人而恢复占有。

（三）私力救济的特点

1. 救济主体具有民间性和私人性

私力救济最基本的特点是当事人在权利救济过程中，排除了公权主体或者其他社会组织（或称准公权组织，如仲裁委员会等）作为中立第三人的直接介入。换言之，在私力救济情形下，救济主体具有民间性和私人性。这里所谓的"私人"可以理解为"私权主体"，它包括自然人、家庭、个体户或企业等不同类型。

强调私力救济的主体具有民间性和私人性，是指在私力救济过程中发挥主导作用、核心作用的主体，不包括公权主体或者其他社会组织。但在某些特殊情形下，私力救济并不完全排斥当事人借助公权主体或者其他社会组织发挥辅助性作用。比如，当事人可能引用国家的法律或者法院的判例作为私力救济的依据。

2. 救济程序灵活快捷

在公力救济、社会型救济和私力救济三种基本的权利救济方式当中，公力救济的程序要求最为严格。无论是司法机关的诉讼程序，还是行政机关的行政程序，都属于国家"公权力"的运用，因此根据"法无明文授权即为禁止"的公法原则，公力救济的程序必须由国家立法进行规定，任何人不能随意变更。

社会型救济也有相对严格的执行程序。比如"仲裁"的实施，虽然其相对于诉讼程序而言，在法律规范的适用等方面具有一定的灵活性，但是其基本程序仍然必须由法律（国内仲裁法或国际仲裁规则）进行规定。又如，在一些行业内部建立起来的"内部纠纷解决机制"，由于它们带有一定的"公共性质"，因此为了保障机制的"中立性"、"公正性"和"长期性"，也往往规定了一定的程序和规则，而不是由当事人随意实施，其与法律程序的差别仅仅在于，行业内部程序主要由成员企业通过协商一直予以约定。

私力救济的程序具有相当的灵活性，甚至可以认为，私力救济本身并没有任何"特定的程序"要求。当事人在进行私力救济的时候所采取的行为方式，更多的是遵从于自身实践经验的引导或者他人成功经验的学习，以及在具体环境下基于成本收益的比较而作出行为的决策。

【相关案例】

美国"国家谷类和饲料协会"解决内部纠纷的仲裁和惩罚机制[①]

美国"国家谷类和饲料协会"（National Grain and Feed Association, NG-

[①] See Lisa Bernstein, Merchant Law In A Merchant Court: Rethinking the Code's Search For Immanent Business Norms, *University of Pennsylvania Law Review*. May. 1996.

FA)是由那些通过现金交易市场买卖谷类和饲料的个体商人及企业共同建立的商业协会。它在1896年即建立了纠纷仲裁机制,并从1902年开始建立仲裁书面意见的公布制度。成员参与这一协会的条件是,必须统一将它们与其他商人之间发生的所有纠纷都提交NGFA的仲裁系统仲裁。如果成员拒绝将纠纷提交NGFA的仲裁系统,或者不执行仲裁系统做出的裁决,那么他们的行为将被通告,甚至被暂停资格或者排除在组织之外。

NGFA的纠纷仲裁机制有四类实体交易规则,可以用以便利成员之间的交易以及解决交易纠纷。除非成员在合同条款中明确改变或者排除这些规则的适用,否则这些规则可以自动对成员之间的所有合同进行调整。这四类规则是:(1)谷类交易规则(Grain Rules),它包含谷类交易合同的形式、履行、终止、违约、损害和豁免理由;(2)饲料交易规则(Feed Rules),它包含饲料交易合同的形式、履行、终止、违约、损害和豁免理由;(3)航运规则(Barge Rules),它是在当事人约定水道航运合同的情况下,作为补充适用的规则;(4)航道运输交易规则(Barge Freight Trading Rules),它用以解决涉及航道运输的所有交易纠纷。

NGFA的纠纷仲裁机制还有一套非常详细的仲裁程序规则,作为前述交易实体规则的补充。不同的是对于这些程序规则,成员之间不得通过合同予以排除。仲裁规则的内容包括:(1)资料整理费用;(2)仲裁员选择指南;(3)当事人必须提交的信息;(4)听证程序;(5)书面仲裁意见必须包含的信息;(6)协会内的上诉程序规则。

NGFA仲裁员在裁决案件的时候,一般只负责书面审查(a formalistic approach),他们不会考虑当事人的行为是否得到规则的鼓励。在适用依据的时,仲裁员首先关注的是合同条款;如果合同条款约定不足,以致无法做出裁决,则考虑协会的交易规则(trade rules);再之后才是交易惯例(trade practice)。而对于《统一商法典》以及其他制定法,则只有在上述三类依据都不充分的情况下,才会被引用。事实上,NGFA的仲裁员极少通过《统一商法典》或者其他法律渊源来裁决案件。

3. "非集中型"的强制力保障

在私法领域,权利的救济有时候可以通过当事人双方的协商一致得以实现,比如在合同违约问题上,违约人自觉向守约人进行赔偿,此时并不需要外在"强制力"的约束;但是在更多的情况下,权利的救济往往需要借助于某种"强制力"的威胁和执行,否则救济无法实现。

具体而言,保障权利救济的"强制力"来源多种多样。在公力救济模式下，无论是司法途径、行政途径还是其他途径，其"强制力"都根源于"国家"作为统治主体及其所具有的力量。而在社会型救济的模式下，其"强制力"可能来自于社会网络中的声誉机制；也可能来自于成员赋予社会组织的权力，比如商会对成员企业的内部惩罚机制。可见，在公力救济和社会型救济的方式中，其赖以实施的"强制力"往往具有"集中性"，即有一个组织（或相对稳定的社会网络）对"强制力"的实施进行供给。

在私力救济的情形下，"强制力"的供给往往具有"非集中性"。具体而言，"私力救济的'力'包括对权利救济具有影响力的一切手段：武力、操纵、说服和权威强制性、诱导性、合法、合格和个人权威"[①]。商业实践中商人可能借助的"强制力"主要包括：（1）国家强制力的潜在威胁，比如警告侵害公司财产权的人，如不停止侵害或者赔偿损失，则将诉诸法院或行政机关；（2）社会声誉机制的潜在威胁，比如企业警告不诚信的客户，如不停止违约或者赔偿损失，则将通过广泛的宣传途径将不诚信的行为"公告天下"，从而对侵害人造成舆论的压力；（3）商人自身的"软暴力"威胁，比如在债务催收过程中，以"多次的访问"、"不间断的催收"以及"道德谴责"等方式，给债务人造成心理压力，从而迫使其偿还债务，等等。

4. 救济的依据具有综合性

无论是公力救济、社会型救济还是私力救济，其实施都需要有一定的"依据"作为支撑，否则可能被认为是"师出无名"。具体而言，在公力救济的情形下，国家机关据以作出权利救济行为的依据主要是法律，特殊情况下还包括政策。而在社会型救济当中，作为权利救济的依据除了法律之外，还广泛地包括社会组织的自治规范和内部章程。

相比而言，私力救济的依据更为宽泛，除了法律、社会组织规范、内部章程之外，还可能包括社会习俗、交易习惯、国际惯例甚至道德规范。对此有学者指出，"私力救济是当事人不通过法律程序而依靠私人的力量解决纠纷，但在寻求私力救济时，人们可能会诉诸各种规范，包括道德规范和法律规则，会有意无意地借助法律的力量"[②]。

（四）私力救济产生的原因

对于私力救济产生的一般原因，理论研究主要从"心理因素"、"文化因素"以及"社会因素"等几个方面进行解释。

其一，私力救济具有自然产生的内在驱动性。它是人们面对侵害行为而为

---

① 徐昕：《论私力救济》，中国政法大学出版社2005年版，第111页。
② 同上书，第298页。

了维护自身权益所产生的条件反射式的即时反应。私力救济甚至可以追溯到生物本能和人性冲动，即当事人自保和报复的冲动等。

其二，在文化传统上，西方的法治传统植根于市民社会土壤，与社会文化血肉相连，而中国则表现出对以"儒家"为代表的东方文化的尊崇，强调传统道德、民俗文化对社会的调整。区别于西方一些法治国家中公民热衷于诉讼的现象，中国人（尤其是以和气生财为理念的中国商人）总体上有一种"厌诉"的心理倾向，相比起西方几个世纪以前的《权利法案》与《人权宣言》，"为权利而斗争"对于我们而言还是一个新鲜的话题。正如中国传统俗语所倡导的，"但存夫子三分礼，不犯萧何六尺条"、"好人不打官司"、"赢了官司输了钱"，这些都是鼓励"息讼"的表现。

其三，公力救济无法有效解决全部的社会纠纷，且可能存在高成本、低效率、实效不足、程序复杂，技术性强、不确定因素多、处理结果不确定等诸多缺陷。因此在很多人看来，求助于私力救济可能比公力救济更为有效。此外，在私人领域的生活当中，有些权利可能不在公力救济的范围内，但却能获得"习惯法"的保护，这也可能导致当事人寻求私力救济。

【拓展知识】

诉讼机制需求性的法经济学分析

诉讼是一种比较复杂的纠纷解决制度。从提起诉讼到最后上诉判决，诉讼不仅要花费大量的时间，而且要付出高昂的成本。诉讼制度的运行不仅要当事人付出高昂诉讼费用，而且要国家付出相应的管理费用。诉讼是成本最高的纠纷解决机制，所以从成本角度看，纠纷解决越少使用诉讼途径，节约的社会成本越多。实际上现实生活中，通过诉讼解决的纠纷只占全部纠纷总量的少数，多数纠纷采取了诉讼以外的解决方式。那么，为节约成本，社会能不能不提供这个高成本的纠纷解决制度安排呢？

显然，这不是社会的选择。因为诉讼是一种特殊纠纷解决机制，它具有其他纠纷解决机制不具有的特征：可信的维权威胁。其他纠纷解决机制都因为强制力不足，而可以被不希望解决方案被执行的当事人所违反，从而不具有实际的效力。也就是说，其他纠纷解决机制只有在解决方案被确实履行后才起到可信维权的作用，在此前不能起到有效的威慑作用。诉讼的运作及其结果是建立在国家强制力上的，它给予社会一种确信的可依赖的预期，即受到侵害的权利能够通过诉讼获得保护和救济，从而成为当事人应对潜在侵害的一种可信威胁。从这个意义上说，诉讼是当事人维护权利的最后一个途径、最后一道屏障。如果其不存在，那么社会中将缺少足够的对侵权行为的威胁，其他纠纷解决机制也将失去支撑，纠纷解决体系将最终崩溃。因此，诉讼机制是社会必不可少的纠纷解决制度。

但是，同时因为诉讼机制是成本最高的纠纷解决机制，因此社会的最优安排是：一方面提供高质量的诉讼制度，确保进入诉讼的纠纷都得到正确的解决，从而使诉讼保证的实体法威慑力得到最大化的发挥；另一方面，是尽量减少诉讼制度的使用，降低因此而付出的总成本。因此要使诉讼相对于其他纠纷解决机制具有相对较高的成本，即当事人利用诉讼解决纠纷的成本要高于利用其他纠纷解决机制。这也反过来说明了为什么诉讼是成本最高纠纷解决机制。

商事活动与民事活动存在诸多差别，由此导致了商人们在商事领域运用私力救济的原因，也具有了一定的特殊性。

第一，商事活动的"便捷性"原则客观上要求商事纠纷的解决和相关的权利救济应当尽量快速、简单地完成，因此商人们往往担心诉讼、仲裁或者行政救济的程序过于复杂和死板，由此造成纠纷解决的时间太长，无法满足便捷性的需求。

【相关案例】

诉讼外和解，快速而和谐——富士康公司与《第一财经日报》"名誉侵权案"

2006年6月15日《第一财经日报》刊发了记者王佑采写的《富士康员工：机器罚你站12小时》的报道，对深圳富士康公司的内部管理问题进行了揭露。但是报道刊登之后，富士康公司认为"报道未经调查核实，与事实严重不符。在业界造成极坏的影响，严重侵害了原告的名誉权和商业信誉，造成了巨大经济损失"。因此向深圳市中级人民法院提起诉讼，要求《第一财经日报》记者王佑和编委翁宝向富士康公司赔偿名誉损失费3000万元，并向深圳市中级人民法院申请财产保全。随后，深圳中院冻结了王佑和翁宝的个人财产。

这是中国迄今为止向媒体索赔金额最大的名誉侵权案，也是首例没有起诉媒体法人、直接起诉记者并冻结记者私人财产的案件。

案件经媒体报道之后，随即在社会上引起高度关注，也使各方当事人卷入了舆论的风口浪尖：（1）《第一财经日报》通过公函向富士康公司表示谴责，报社希望对方能作出明智选择，撤回诉讼；（2）媒体和新闻工作者普遍支持

《第一财经日报》,认为这是企业利用经济优势地位打压处于弱势地位的记者;(3)富士康公司则坚持认为自己权利受损,起诉合理合法;(4)而作为中立方的法院则在各方压力之下,马上召集主要领导人召开会议研究,立案庭又重新审查了此案的所有手续,并表示将加快此案审理进度,"快立案、快开庭、早日审结"。

但是直到 2006 年 8 月,案件仍无实质性进展,纠纷依然无法解决。就在各方僵持不下之际,案件在 2006 年 8 月 30 日出现了转机。富士康公司主动向法院申请解除对《第一财经日报》两名记者个人资产的冻结,同时将诉讼标的由之前的 3000 万元降为 1 元,并添加《第一财经日报》报社作为被诉对象。富士康公司负责任表示,公司作出这个决定,是希望媒体不要将注意力放在赔偿金额上,而是关注事实本身。该公司提起诉讼是为了通过法律手段维护企业权益,但现在公众关注的焦点似乎放在了诉讼金额上。

但是即便如此,法院仍没能及时做出调解或判决。而就在富士康公司变更诉讼请求之后几天,案件又出现了新的戏剧性的变化。2006 年 9 月 3 日,富士康公司与《第一财经日报》经磋商和解后,发布联合声明。富士康表示从声明之日起撤销对《第一财经日报》的诉讼。至此,在法院受理案件但一直未有判决结果的情形下,纠纷以双方当事人的和解得以妥善解决。

第二,商事活动的"互惠性"原则客观上要求商人们尽可能地保持良好的合作关系,而诉讼、仲裁或者行政救济却可能导致当事人各方"对簿公堂",从而彻底破坏当事人之间已经建立起来的合作关系,并由此影响将来继续合作的机会。事实上在不少商人看来,商事活动的理念是"向前看",因为多一个商业伙伴、多一次合作机会所带来的经济收益,可能远远比刻意追求一次损害赔偿所带来的收益要高。

【拓展知识】

权利救济的成本

救济成本——一项对权利寻求救济的交易活动(如诉讼、仲裁和调解)所需的成本,泛指纠纷当事人为维护自身权利而准备、进行和监督、履行有关交易的费用。从当事人角度看,救济成本可划分为法定成本、私人成本和机会成本。法定成本指有关权利救济法律制度规定当事人进行权利救济所需支付的费用;私人成本为当事人参与权利救济过程中所耗费的时间、人力、财力;机会成本则指因选择某一种救济方式而放弃其他救济方式所产生的成本。私力救济和公力救济的制度安排不同,其救济成本的具体含义不同。

表4-1-1 公力救济和私力救济的成本构成表

	公力救济	私力救济
法定成本	案件受理费、司法鉴定费、执行费等	请他人(机构)进行仲裁和调解所支付的费用
私人成本	时间、人力、律师费	时间、人力、律师费(可选择)
机会成本	放弃私力救济的成本	放弃公力救济的成本
其他	寻租成本产生的概率高	寻租成本产生的概率低

第三,商事活动的"有效性"原则客观上要求商人们的每一次"投资"都得到"回报",尽可能地避免"沉没成本"的出现。这一原则在权利救济的问题上同样适用。因为在诉讼、仲裁或者行政救济程序当中,判决(裁决)的结果具有不确定性,而且在不少商事案件当中,当事人即使拿着胜诉的法院判决书,也兑现不了判决书中法院确认的合法权利,最终是赢了官司却赔了钱,所以商人们对于公力救济的信心不足,自然会转向其他救济途径。

【背景资料】

我国民商事案件的执行率[①]

2009年1月底,全国法院累计执结有财产案件19万余件,占有财产积案总数的59.58%,累计执结标的额约1894亿元;全国共执结重点案件79028件,占重点案件总数的35.72%。最新的数据显示了我国当前民商事执行领域的现状,那就是有40%以上的财产案件、60%以上的重点案件均处于积压状态。

二、商事活动中的私力救济

(一)谈判与交涉

"谈判与交涉"是商事活动当中最常见的私力救济方式。因为商事活动讲求"和气生财",所以大多数当事人在商事纠纷发生之后,即使财产权受到了损害,绝大多数情况下也不会立即诉诸法院、仲裁庭或者立即采取"以牙还牙"的报复措施,而是以相互提出赔偿要求、相互说服、讨价还价等方法进

---

① 资料来源:吴叶:《民事执行中的私力救济》,湖南大学法学院民商法学专业2009年硕士学位论文;景汉朝:《各级法院集中清理各类积案》,http://www.Jcrb.com.cn,2009年3月11日访问。

行沟通，最后达成相互妥协，以实现权利救济和纠纷解决。

正如有学者指出的，"当事者在自行解决纠纷时也总会顾忌这样一个事实，一旦本案被诉诸法庭，法院将会对此作出何种裁判。换言之，当事人是在'法律的阴影'下，通过讨价还价的方式解决纠纷"①。因此从法律实践意义来看，"谈判与交涉"实质上也可以理解为当事人各方相互提出权利主张、并且在原有合作关系基础上针对"权利侵害和救济"问题重新协商一致、达成新的契约的过程。

一般而言，促成当事人通过"谈判与交涉"实现权利救济的因素包括以下几个方面：

1. 与诉讼、仲裁等救济方式相比，"谈判与交涉"的成本往往较低。因为通过合作实现的合作剩余远远大于非合作的剩余。"谈判与交涉"等私力救济的方法正是力图减少谈判障碍、达成谈判，而诉讼等公力救济则是在无法实现谈判的情况下诉诸法院，即交易成本过高的时候，寻求强制性解决方法。

2. 当事人担心诉讼、仲裁等救济方式可能破坏以后的交易合作关系。商事活动的开展需要以和谐稳定的商业关系网络作为基础。在许多商人看来，有时候宁可牺牲一次财产上的损失（比如放弃对其他当事人某一次损害赔偿的请求），也不愿意由于行使了诉讼、仲裁等救济方式而使自己与对方当事人的关系被破坏。只要保持良好的合作关系，将来开展的业务合作可能带来更为丰厚的利润回报。

3. "谈判与交涉"的操作过程较为灵活、快捷，且没有法定程序的限制，当事人可以随时随地进行，从而避免了各方当事人陷入"诉讼的泥潭"。事实上，近年来在各地的基层法院（特别是经济发达地区），由于商事诉讼数量的急剧增长，往往无法快速有效结案，因此当事人一旦起诉，即需要进入漫长的诉讼程序。在资金流转相当宝贵的商业活动当中，许多当事人宁可选择通过"谈判与交涉"快速获得只有一定比例的赔偿，也不愿意通过漫长的诉讼程序而"期望"得到100%比例的权利救济。

4. 当事人可能缺乏足够的法律知识，对于诉讼、仲裁等救济方式存在"陌生感"甚至"畏惧感"。在中国的传统社会意识当中，社会纠纷的解决往往是在穷尽一切私力救济和"社会救济"（如宗族的力量）之后，当事人才愿意走入"官府"和"衙门"，寻求公力救济。

（二）调查与催收

商事活动中的"调查"与"催收"也是常见的私力救济途径。其中，"商

---

① ［日］小岛武司：《司法制度的历史与未来》，汪祖兴译，法律出版社2000年版，第24页。

业调查"的目的主要在于帮助商人们获得其他商人的资信信息、财产信息、经营信息、活动信息，最终使得商人们能够顺利地进行权利的私力救济。比如：

1. 为了在后期的谈判和交涉程序中处于有利地位，当事人可能委托商务调查公司收集对方当事人的资本状况、经营活动、谈判目标、价格底线、谈判策略等信息，从而为本方在主张权利或者谋求损害赔偿时"有的放矢"奠定基础，保障本方利益的最大化。

2. 为了在后期的诉讼程序中处于有利地位，当事人可能在法院主动行使取证职能之外，另行委托商务调查公司对其他当事人进行跟踪和调查，向法院提供各种有效证据，保障自己的权利救济。

【背景资料】

"偷拍"、"偷录"、"暗中调查"的证据效力

2001年，最高人民法院出台《关于民事诉讼证据的若干规定的司法解释》，规定"只要不违反法律的一般禁止性规定，不侵害他人的合法权益，不违反社会公共利益和社会公德，未经对方同意的录音录像也可作为证据"。根据这一规定，当事人在民事诉讼过程当中收集证据的途径进一步拓宽。实务界普遍认为，此前被广泛视为禁止行为"偷拍"、"偷录"、"暗中调查"的证据收集手段，将可能获得法官的采信。这也意味着私人侦探、商务调查公司等主体的调查行为将进一步获得合法性地位。

3. 为了追偿债务，债权人可能委托商务调查公司对债务人的财产信息进行跟踪和调查，一旦发现有可用于偿还债务的资产，债权人即可迅速行使债务追偿行动，或者为法院提供可行的执行标的。

【相关案例】

商务调查与个人债务催收[①]

2002年3月，张先生因与许先生个人债务纠纷诉至人民法院，张先生胜诉，但是判决生效后，许先生一直以没有财产、生活困难拖延履行。张先生无奈之下，委托"万马"律师事务所帮助查实许先生的实际财产状况，希望判

---

① 案例来源：http://www.164164.com/fenghui2/tail/2003 - 12/19/12.htm，2009年12月30日访问。

决真正得以执行。2002年12月2日,"万马"律师事务所的律师通过工商部门查实许先生曾在2001年5月与其亲友共同出资筹建了一个房屋置换公司,另外还有以许先生名义登记的桑塔纳2000轿车一部。据此,张先生将这一信息提供给法院,并申请法院对这些财产进行强制执行,最终张先生的30万元债权得以实现。

与"调查"相关的,"催收"主要是针对商业活动最常见的债务追偿问题而言,即债权人通过自身的力量或借助于其他私人力量,向债务人追偿商业债务。实践中,它有广义和狭义之分。广义的"商业催收"包括"委托专业机构催收"和"当事人自己催收"两种;而狭义的"商业催收"则仅指"委托专业机构催收"。以下主要讨论狭义的情形。

所谓"委托专业机构催收",是指专业机构(一般以公司的形式出现)根据客户委托,对客户的逾期账款及相关债务人进行调查和分析,并代表客户与债务人进行交涉和谈判,以非诉途径和合法方式,敦促债务人将欠款直接支付给客户的整个服务过程。[①]

【背景资料】

美国《公平债务催收作业法》[②]

美国《公平债务催收作业法》(Fair Debt Collection Practices Act)于1977年制订,1978年3月20日开始生效。法律用于规范专门替债权人进行催账和追账活动的任何第三方,它们通常都是专业商账追收类公司。法律对债务催收人做出了定义,催账的范围仅包括专事对消费者个人进行催账的专业商账追收机构,不适用于债权人对企业进行商账追收的情况。也就是说,这是一项专门针对专业商账追收机构对自然人性质的消费者个人进行催账活动而制订的法律。法律指定的政府执法部门是联邦交易委员会,但联邦交易委员会没有直接经济处罚权。

---

① 如"中国法律信用网"的"在线委托"业务声称:"凡有逾期应收账款,需要我们提供商账服务的企业,可通过网上委托申请服务业务,也可通过电话、传真、邮件等渠道申请办理服务业务。申请时均需填写《商账催收服务委托书》,中法信在收到委托书后,将根据委托人要求,就委托事项、完成时间、佣金标准进一步达成协议后,即按协议组织实施该项服务。我们将努力以优质、高效服务为企业的发展作出贡献。"资料来源:中国中小企业柳州网,http://www.smelz.gov.cn/,2009年12月28日访问。

② 资料来源:中国中小企业柳州网,http://www.smelz.gov.cn/,2009年12月28日访问。

对于某些特殊情况，法律的814条款（b）还指定了其他政府执法部门。这项法律的中心内容大致如下：(1) 商账追收机构不得在债务人不方便的时间给他（她）打催账电话，特别是在晚间9时至早晨8时之间。(2) 如果债务人将案件委托给律师，商账追收机构只能同债务人的律师探讨受委托的案件。(3) 如果债务人所服务的单位的雇主不允许在工作时间打此类电话，商账追收机构不得在债务人的正常工作时间内打电话催账。(4) 如果商账追收机构以书面形式对债务人进行催收，而其付账的要求被债务人拒绝后，商账追收机构不得再给债务人寄相同内容的信或打电话，除非通知债务人商账追收机构将采取新的合法措施。(5) 商账追收机构在催账时，必须给债务人书面通知，内容包括：欠债额度；债权人的名称；通知债务人，如果在30日以内进行申辩并出示证据，其所欠债额度是可以被更正的；允诺债务人，如果债权债务双方对于欠款事项有争议，商账追收机构也将向债务人提供他（她）被认定欠债的有关证明。

在催账过程中，禁止债权人或受委托的商账追收机构出现如下行为：(1) 使用或威胁使用暴力或其他犯罪手段，造成任何人身、名誉或财产的伤害。(2) 使用污秽、亵渎言语和为侵扰接听者或读者的言语。(3) 向公众公布拒绝清偿债务的消费者名单。但依公平信用报告法第3条（f）的"消费者报告机构"，或第4条第3款"可允许之报告目的者"，不在此限。(4) 做转让债权的广告，以迫使债务人清偿债务。(5) 造成电话响声，或使任何人重复或不断地同债务人进行电话交谈，以企图困扰、侵扰或侵犯该电话号码所在地点的任何人。(6) 打电话，但未依法律规定表明打电话者的身份。(7) 债款代收人于催收款过程中，使用不实、诈欺或误导的陈述或手段。(8) 以不公平或不正当手段，催收债款或意图催收债款。

一般而言，专业机构的"商业催收"有别于民间讨债，其业务有较为严格的操作流程，具体如下①：

1. 案件审查：(1) 客户提供相关资料；(2) 进行案件审查；(3) 出具《案件受理确认函》。

2. 案件受理：(1) 双方签订《应收账款委托管理协议》；(2) 客户提供《应收账款管理授权书》。

3. 案件操作：(1) 制定商业催收方案；(2) 在债务人与债权人之间协

---

① 资料来源：中国法律信用网"商账管理"栏目，http://www.law-credit.com/szgl/index.html，2009年12月29日访问。

调、沟通、调解；(3) 监督还款。

4. 案件关闭：(1) 提交《结案报告书》；(2) 如调解不成功，建议客户采取法律行动。

【拓展知识】

信用商账催收业务简介[①]

信用行业的商账催收业务也称为信用商账催收业务，是指信用机构或信用专业人员利用威胁欠债者信用的手段进行欠款追收的信用服务，在国际上，大部分信用机构都从事商账追收业务。

一、信用商账催收服务的特点

1. 主要以威胁客户信用为手段。与法律服务机构相比，信用机构在进行商账催收时，主要以威胁客户信用为手段，将失信记录记录到ICE8000信用数据库内，全世界的单位和个人都可以方便查询。如此一来，全球所有具有一定信用管理素质的企业和有信用管理常识的个人都不会或极少与"黑名单"列出的企业和个人发生经济往来，最大限度地压缩了欠账企业的发展空间，最终迫使欠账企业偿还债务。

2. 专业性强、专业难度较高。信用商账催收工作需要催款人员具有法律、信用等综合知识和良好的心理素质及沟通能力，是一项专业性强和专业难度较高的工作。

二、ICE8000商账催收的优势

1. 信用网络优势。利用网络优势快速、广泛地将欠款人信息对外传播，使欠款人的发展空间得以快速压缩。一般情况下，在国际信用监督网发布的催款信息在15日左右就会被各大搜索引擎搜录，在中国，越来越多的单位和个人开始通过百度等搜索引擎在网上搜索其利益相关人的信用记录。

2. 信用工具优势。综合运用ICE8000各个信用工具，如：信用预警、催款公告、公开投诉、永久曝光、信用通缉令等信用工具，从而使催款工作在合法的前提下，最大限度地对欠款人进行信用威胁或信用惩罚。

3. 职业道德优势。所有的信用专业人员遵守协会制定的自律规则，不会侵犯商业秘密或与欠款人勾结。

(三) 警告与威胁

在商业领域的私力救济当中，除了"谈判与交涉"以及"调查与催收"这些较

[①] 资料来源：中国诚信企业网，http://www.creding.com/，2008年7月15日访问。

为平和的方式之外,商人们还可能采取更为激烈、更具威胁力和强制力的手段来达到权利救济的目的,比如直接的"警告"与"威胁",具体操作流程主要是:

1. 被侵权人自己或者委托律师,通过电话、电报、函件等方式,将已经发生或即将发生的权利侵害的事实详细告知对方;

2. 要求对方立即停止权利侵害行为,或者尽可能地将已经发生的侵害行为的危害程度降到最低,或者采取必要措施防止即将发生权利侵害行为;

3. 要求对方对本方已经受到损害的利益进行经济赔偿,或者采取其他方式弥补本方的损失(比如提供新的交易机会等等);

4. 最重要的,在上述的基础上,被侵权人还需要向侵害人提出"警告与威胁",即表明如果本方的权利主张得不到满足,本方将进一步采取行动——这种行动往往具有报复性和打击性。

实践中,被侵权人经常用作"警告与威胁"的筹码包括:(1)将侵权人诉至法院、行政机关或者仲裁庭;(2)停止本方与侵权人正在进行的业务,由此导致的不良后果由对方承担;(3)断绝跟侵权人今后的合作关系,不再与侵权人进行商业上的往来;(4)将侵权人的行为告知媒体,或者通过其他方式公之于众,使侵权人承担舆论的压力;(5)将侵权人的行为告知同一地区或者同一行业的其他商人,使侵权人失去与其他商人进行交易的机会;(6)联合同一地区或者同一行业的其他商人对侵权人进行抵制和排斥,等等。

需要说明的是,在"警告与威胁"的私力救济方式当中,被侵权人往往只是将上述这些情形作为可能采取的措施向侵权人进行施压,但并未进行实际的操作。换言之,被侵权人只是将这些可能采取的行动作为潜在的强制力,迫使对方与本方合作。否则,一旦被侵权人将上述情形付诸实践,则将转化为另一种私力救济的方式——对抗与报复。

【拓展知识】

企业常用的法律函件——律师函[①]

1. 什么是律师函?

律师函是指律师(包括公司律师、公职律师)接受客户的委托或者(其他形式的授权)就有关事实或法律事实进行法律评价和风险估计,以解释说明、调查取证、通知催告、请求制止,进而达到一定预期的法律效果满足委托

---

① 参见《如何书写律师函》,载 http://www.rztong.com.cn/shownews_21416.htm,2009年12月29日访问。

人诉求而由律师根据事实和法律出具、以律师事务所和律师名义发送的专业法律文书。它可能是律师行业中使用频率最高的文件之一，执业律师或熟练或生硬地运用着它，让收到它的人或如坐针毡或一笑而过，或引来春风化雨或引发电闪雷鸣。

2. 律师函有什么功能？

（1）信息传递功能，律师函无疑具备传达委托人的意思、意志和律师的法律评价等信息沟通的功能，也是为获得送达对象的预期信息反应而制作的。律师函有时是侦察兵，通过函件，也许可以知晓或者判断出对方对事态的看法。律师函发出后，只要有个积极效果，如有个口头答复，或对方没有扔进垃圾桶，则可能是个满意结果了。

（2）心理强制功能，通过法律把一封函润色加工后能够使对方产生威胁的恐慌，包括两层含义，一是将委托人的意思表示通过法律分析后以合法的姿态予以定格（当然整体事态是定格的），二是借律师事务所之招牌和律师的职业形象以法律的名义进行放大式的传达，成为一种强势的意思表示。当然，律师函最终要体现的是律师对案件的看法和处理案件的诚意，不是最后通牒。要记住的是，没有人会害怕律师，让人畏惧的是法律后果。

3. 律师函应包括什么内容？

一份完美的律师函，也许是一份用词华丽的商业函件，也许是一份叙事明白法理清晰的申明，或许是一篇绵里藏针外柔内刚的锦绣文章。律师函是代表客户发表观点的文件，其本身不具有格式文件的性质。律师函一般应包括的内容：（1）文件头；（2）阐明事态——不夸大也不缩小；（3）提出主张——明白无误地告知对方你的主张；（4）告知后果——没有法律责任是没有力量的，没有告知后果的律师函有如温开水；（5）律师事务所和经办律师署名签章，注明联系方式。

（四）对抗与报复

在商事领域的私力救济途径当中，"对抗与报复"是最为激烈、最具强制力的方法，它往往从"谈判和交涉"、"调查与催收"以及"警告与威胁"的基础上发展而来，即：一旦被侵权人无法通过前述这三种途径获得权利救济，则可能进一步将私力救济行为升级为"对抗与报复"。如：

1. 在互负债权债务的商业关系当中，被侵权人停止向侵权人履行义务；

2. 在设置了担保的债权债务关系中，如果被侵权人是质押权人或者留置权人，则可以自行采取行动，享受担保利益；

3. 被侵权人将侵权人的行为公之于众，对其商誉进行打击；

4. 被侵权人联合同一地区、同一行业的其他商人，对侵权人进行排挤和抵制；

5. 如果被侵权人在行业内处于竞争的优势地位（如属于某种特殊商品的唯一供应商），被侵权人还可以通过断绝与侵权人今后继续合作的任何机会来打击侵权人。

"对抗与报复"实际上也将给对方当事人（即侵权人）的权利造成一定的限制和损害，因此有一些"对抗与报复"的行为可能处于"合法"与"不合法"的交叉地带。在一些场合下，它还可能被当事人所滥用，从而演变为一种失范的、不合法的私力救济行为。

三、认真对待私力救济

（一）私力救济存在的问题

尽管私力救济在实践当中发挥着一定的良性功能，但是由于其实施的方式具有随意性，且实施的程序也不受国家法律限制，因此经常导致很多现实问题的产生。

其一，某些私力救济行为在实体和程序两方面都缺乏规范性和制度的保障。特别是在程序方面，亟须在一些方面加以严格规制，比如：商务调查机构和私人侦探机构的主体资格；对当事人诚实参加的限制（避免滥用其程序拖延纠纷的解决）；一些私力救济形式由于缺乏理念和制度的支持，往往是自生自灭，其基准和程序也都有极大的随意性和非规范性，需要法律进行引导。

其二，私力救济在追求低廉和迅速解决侵权问题的同时，可能出现"廉价正义"（Cheap Justice）的问题，即可能导致一些非正义的结果，例如，当事人的妥协使自己的权利不能全面实现；抹杀和淡化当事人的权利意识和实现权利的意愿；私力救济有向涉及公共利益及政策性领域扩展的迹象，而这些领域本不宜通过私力救济方式加以调整。

【相关案例】

私人催收债务可能导致的不良后果

案例一：中央电视台1999年7月15日《法制园地》披露一案例：四川成都一讨债公司的工作人员，因受债权人委托介入已由法院进入强制执行程序但进展缓慢的清偿债务活动，被法院以妨害司法行为为由予以司法拘留。

案例二：2006年11月，深圳市中级人民法院审理一起讨债未果绑架致人质死亡事件。被告人廖某在索要8万多元货款未果的情况下，竟然找来表弟莫某等人将债务人王某绑架,绑架中王某被绑匪用毛巾捂嘴导致窒息死亡。莫某和廖某因涉嫌绑架罪受审。

评析:通过上述案例,一方面不难发现,民间讨债行为作为一种私力救济的方式有很大生存空间,其成本低廉,简易可行,讨债人熟悉中国人情世故潜规则,追债无往不胜。另一方面,也存在亟待规范化之难题。讨债人为了追回债务,多用一些窃听、跟踪等违法手段来获取欠债人的信息,甚至会采用暴力,行为往往徘徊在合法非法之间。各种讨债公司层出不穷,许多民间讨债人也形形色色。有的讨债公司有点像是一个"流氓窝",聚集了很多无正当职业者。有时成群结队地去要账,无异于小型黑社会,使得民间讨债面临有序合法化的难题。

其三,私力救济可能会侵害当事人的诉权,对国家的司法权造成一定的侵蚀。这一点是私力救济最大的隐患,必须引起充分的注意。

其四,私力救济一般是在"当且仅当私人之间交易成本较低的时候"才得以发挥作用,当交易成本太高时,需要国家(公权)的介入以降低交易成本,事实上科斯定理早已告诉我们,"制度旨在于消除私人谈判(合作)的障碍"①。

【背景资料】

特定案件中公力救济的效率大于私力救济②

对农民工而言,通过行政干预(如总理为农民工讨工钱之举引发的全国各级政府部门为农民工讨工钱的全国运动)之类的公力救济,不仅较之农民工通过法院诉讼讨工钱的效率高,而且公力救济的效率大大高于农民工通过调解、仲裁和私了等私力救济的方式讨工钱的效率。

据建设部初步统计,截至2004年1月18日,已偿付历年拖欠农民工工资215亿元,清欠率68%,耗时仅为春节前的两个月,其中,2003年发生的欠款已兑付89%。短短的两个月时间内,借助行政干预力量就解决了农民工与包工头常达1年或数年的工资纠纷,无论从时间上还是从货币成本上说,其效率远比私力救济的高。

---

① [美]罗伯特·考特、托马斯·尤伦:《法和经济学》,张军译,上海三联书店1989年版,第143页。

② 数据来源:东方网(http://www.0731fdc.com),2004年1月19日访问。

（二）认真对待私力救济

改革开放以来，我国国家机关和企事业单位的改革带来人们生活方式和社会管理方式的变革，党政机关不再承担业务之外的社会纠纷调解和裁决的任务，"有矛盾找领导"的行政治理模式被"有矛盾上法院"的法律治理模式所代替，法院日益成为公众"讨说法"的地方和具体正义实现的机构。因此，在我国行政权力逐渐退出司法权力补入的"社会转型"中，解纷机制、司法救济制度到底如何完善还有很长路要走。

事实上，在多元化的趋势下，公共产品的供给并不一定完全依靠国家。正如哈耶克认为，人们的交往形成了一种自生自发秩序，其原因是由于"理性个体"的存在。从微观个体理性决策而言，基本假设是每个人追求自身效用最大化。人们对纠纷解决往往也是典型的理性主义，哪种方式对其更有效用、成本更低、更快捷便利，就会被选择。因而通过自己、他人或者国家等多元途径来加以解决是较为合理的配置，私力救济由此有了一席空间。

问题是，在一个良性运作协调发展的社会，如何更好地协调公力救济与私力救济之间的关系？在我国，一方面，私力救济无法完全摆脱法律而独立存在；另一方面，私力救济也影响着国家的法律、政策和公力救济的实施。从积极意义上，私力救济行动促进了法律实施，有的"嵌入"在我国的一些法律体系中[1]，甚至为法律许可和鼓励[2]，节省了司法成本，符合公共利益。从消极意义上讲，私力救济因其处理结果得不到合法支持，会陷入一个边缘化的尴尬境地，可能会加剧矛盾、引发暴力。为此，应完善私力救济制度的建设：

1. 解决好私力救济与公力救济的冲突问题。私力救济与公力救济的冲突时常发生，例如，某一个刑事案件发生后，受害人亲属悬赏巨额征集凶手线索，可能被负责侦破的公安机关称为干扰办案；又如，某民间讨债人被执行同一债务的法院以干扰司法执行拘留，等等。这些私力救济合理不合法的现状揭示出，私力救济与公力救济的冲突的解决，一靠权利设置，如授予公民进行的"自力救济权"权利；二靠程序保障。私力救济的程序化，一方面使私力救济的"合法性"得到了程序制度的保障，另一方面使私力救济得到程序的规范，

---

[1] 以《民法通则》为例，债权一节中分别用专门条款设立了抵押制度、定金制度和留置制度，规定当债务人不履行债务时，债权人可用抵押物品或留置物品折抵，或不返还定金。《担保法》据此对抵押、留置和定金等私力救济手段作了专门立法，有力地保障了私力救济的实施。

[2] 如自卫和自助等一些行为诸如民法和刑法都对正当防卫的实施条件、实施后果、责任判定等作了明确规定。并且呈现出放宽行使界限与行使强度的趋向，有利于权利主体更充分地实施自力救济权。

能够与公力救济程序相协调、相配合,更有效地发挥其积极作用。

【相关案例】

公力救济与私力救济的有效融合①

长期以来,社会各界拖欠重庆市大渡口区政府的债务达上亿元,许多单位或者个人久拖不还。

在此情况下,为了扩大追债效果,大渡口区政府经过研究向社会公布了54家单位和个人,把近8000多万元的债务作为招标追债项目,并通过当地媒体向社会公开招募讨债队伍,帮助政府追讨债务。同时政府还允诺追回欠债者,按追回债务总额的15%~25%奖励给帮助追债的单位和个人。

大渡口区公开征募讨债大军的公告见诸报端后,在当地引起较大反响,也引起一些争议。在接受记者采访时,许多人评价这种方法不失为一种创新,可以让那些老赖陷入"人民战争"的漩涡,但也有质疑的声音发出,该区几位不愿透露姓名的律师认为,追讨欠款应是法院执行庭的分内之责,现在用行政手段搞"全民动员",并公开悬赏,有越权之嫌;此外,这种方式也许很难预防追债过程中一些不合法和非理性的手段,比如暴力、威胁,从而引发不安定因素。

针对这些疑虑,大渡口区政府的工作人员称,此次的做法是经区政府研究同意的,目的在于进一步调动各方面的积极因素,鼓励各债权单位,有关职能部门和社会各单位、个人积极参与追债工作,确保追债目标的实现。对于政府该如何防止讨债人员采取非法手段讨债的发生,区政府的措施是以法律的手段保障依法追债,比如对前来投标应征参与讨债的单位和个人,要先如实填写单位和个人的基本情况,并详细写出讨债的实施方案、步骤、方法。这些步骤、方法的实行必须在法律允许的范围内进行。

问题:你认为政府在从事公务活动过程中,能否引入私力救济的手段?依据是什么?

2. 从法律上明确规定私力救济权的主体地位。我国《宪法》及《民法通则》规定任何公民和法人都享有宪法与法律赋予的权利,普通公民个人正是以这种身份行使对其私权利的合法救济,成为私力救济权的一般主体。因此国家应该完善各种有关私力救济及中介组织立法,为私力救济的发展提供保障,

---

① 参见《重庆大渡口区招募讨债高手帮助政府追讨债务》,载《重庆晨报》2002年7月2日。

以此促进社会资源对私力救济供给的投入，弥补公力救济的不足。

3. 合理划分私力救济的实施边界。譬如，私家侦探所享有的私人调查权与公力侦查权应有所不同。私家侦探的调查权是否应超出普通公民的调查权，其调查权和公民的自由权、隐私权的界限等都有待于立法予以明确的定位。像涉及政府内部机构的运作以及国家秘密的调查，只能将这项权力赋予专门的党政和司法机关。虽然社会组织和公民个人有权控告，民间调查机构可以协助官方（公安、检察机关）共同进行。针对私人调查隐私权的合法性问题，在于如何在私人调查权与隐私权之间取得平衡。立法应赋予私人侦探享有该项权利，同时对此作出必要的限制，如依法规定私人调查的方式、手段和范围，规定私人调查侵权赔偿责任等。

总之，中国法制现代化的进程中，私力救济是一种以私人力量为主宰的有效社会控制机制。我们应发挥其对纠纷解决的积极作用，限制其消极功能。并通过立法纳入法制轨道，形成公、私救济并存、有机配合和补充的多元解纷机制，这样更有利于化解冲突，缓解司法压力，节省公共资源，维护社会秩序。如荀子提倡的"维齐非齐"，只有承认并协调事物间差异，才能相辅相成、和谐共存。

（三）私力救济的规范化："自力救济权"①

1. "自力救济权"的法律界定

自力救济权，实质上是确认公民有权利在法定范围内对其合法权利进行自力救济。由于自力救济权性质为私权，因而主要根源于私法的自力救济权的形式，还可以进一步细分为：（1）"自由"形式的自力救济权，即当事人可以自由地实施某种行为以保护自己的正当利益，这一类救济权主要表现为自助行为、紧急避险和正当防卫；（2）"请求权"形式的自力救济权，即当事人有权利要求他人做什么或不做什么；（3）"形成权"形式的自力救济权，即当事人有权力消灭、变更和创设一种特定的对己不利的法律关系；（4）"豁免权"形式的自力救济权，即当事人的特定的法律关系不因他人的法律行为而改变。

此外，通过建立自力救济权的主体制度（区分一般主体与特殊主体）、权利结构（人身权与财产权两大类）、实施方式（例如自救行为、自助行为、诉讼、调解、仲裁、公力与私力救济冲突的解决），来保证自力救济权的正常运行，从而完善我国私力救济制度。

---

① 本节内容节选自本书主编周林彬教授论文（与王烨合著）：《私力救济的经济分析》，原文收录于《中山大学法律评论》（第1卷），法律出版社2001年版。

2. 自力救济权的主体制度

（1）一般主体——公民和法人

自力救济权的主体首先就是公民和法人。公民和法人作为各种人身及财产权利的主体，在自身权利受到侵害的时候，应该率先进行救济。这是维护权利的最基本需要，必须得到社会与法律的承认。

（2）特殊主体

①律师事务所。律师事务所作为社会法律服务机构，是为公民提供私力救济的重要主体。关于律师在私力救济中的作用及现状，文中已多处提及，在此不再重复。

②消费者协会。《消费者权益保护法》设立了消费者组织一章，确定消费者协会是保护消费者权益的社会团体，明文规定消费者协会的职能包括受理消费者投诉，对投诉事项进行调查、调解。现实中消费者组织在私力救济领域中地位日益突出，如组织协商对消费者谈判成本的节约，提供咨询对消费者信息成本的节约等。

③舆论媒介机构。近来舆论媒介的监督在权利侵害的救济方面发挥出越来越明显的作用。如成为热点的焦点类、曝光类节目。舆论曝光的威慑力，使电视、广播和报纸传媒成为私力救济的生力军。社会公众对新闻舆论的信赖感，使得"要维护权益，找记者"成为一种潮流。这尤其明显地体现在行政侵权、环境侵权和消费侵权等领域。

④其他中介机构。为了满足权利救济的需要，多种形式的中介服务已在社会生活中崭露头角。如热线服务的经济技术法律咨询，各种行业协会对协会成员之间纠纷的调处，民间仲裁机构对各类民事纠纷的依法仲裁等，摆脱了中介服务的单一途径，方便了公众获取法律服务的需要，使得权利主体获取相关制度资源的成本极其低廉。又如刚刚出现的私人法律调查事务所、商债追收企业、商业信息调查公司等，这些新中介机构提供了获取信息资源的新渠道，无疑将为私力救济注入新的力量。但是，这一新型法律服务却处于制度空白之中，有待于立法予以明确的角色定位。

3. 自力救济权的权利结构

（1）人身权

对人身权的侵害多带有暴力性质，鉴于生命、健康权对权利主体的终极意义，以及侵害的瞬时性和人身危害性，法律赋予了权利主体自力救济的合法性。《刑法》中的正当防卫及紧急避险制度即属此列。《刑法》第20条第3款规定，对于暴力侵犯人身安全的犯罪，防卫中造成侵害人伤亡的，不构成防卫过当，属正当防卫。赋予了权利主体采取一切针对侵害人的措施来进行自力救济的权利。这一新增条文对私力救济的从宽规定，无疑具有积极意义，将自力救济的成本负担更多地移向侵害人。《民法通则》中同样采纳了正当防卫和紧急避险制度，虽未设立对人身权的正当防卫限制从宽的条款，但民法与刑法对正当防卫的概念应保持一致，因此在《刑法》已扩大正当防卫的界限的情况下，民法中的正当防卫范围也自然随之加宽。此外，民法还规定了人身伤害的经济赔偿请求权，开辟出了人身权利私力救济的经济途径。

(2) 财产权

①物权。由于刑法及民法中的正当防卫和紧急避险制度都包含对财产权的救济，因此这是有关财产权的私力救济强度最大的规定。但在民法有关财产所有权的制度中却缺乏相应私力救济的具体条文，因此应依据物权法原则建立完善的物上请求权体系。例如，为恢复物权的圆满状态，依据物权的支配效力设置排除妨害请求权，依据物权的排他效力和追及效力设置返还原物请求权；无法恢复原状时，则设置损害赔偿请求权。使财产权的各项私力救济措施在遵循物权特性的基础上实现规范的具体化、体系化，由此降低私力救济的制度资源获取成本。

②债权。债权制度体系中，除了一般意义上的债务履行请求权外，为实现债权人对债权的救济，还有一些专门的制度设置。

首先，从合同债权的担保角度，以《民法通则》为例，债权一节中分别用专门条款设立了抵押制度、定金制度和留置制度，规定当债务人不履行债务时，债权人可用抵押物品或留置物品折抵，或不返还定金。《担保法》据此对抵押、留置和定金等私力救济手段作了专门立法，有力地保障了私力救济的实施。

其次，从合同债务的履行角度，《合同法》设置了同时履行抗辩权和不安抗辩权以及债权人的代位权和撤销权。但是，除了抗辩权可由当事人自主行使外，代位权和撤销权必须借助公力。这一程序限制加大了债权人自力救济的复杂度，加重了自力救济的实施成本，不利于及时有效地对债权实施救济。

最后，对债权人自助权的设置。由于代位权和撤销权须通过法院才能行使，需要经过一定的手续和程序，在紧急事态下不利于债权的保障。因此应借鉴人身权和财产权保障中面对紧急事态的正当防卫制度，设立债权人的自助权。"自助权是指债权人于情势紧急而无法求助于公权保护其合法权益时，对债务人人身或财产实施必要的强制性措施的权利。"[①] 如债务人转移财产时扣押其财产，或债务人企图潜逃时暂时拘束其人身。只要是在一定的限度之内，而且确为情势所需，即为合法的私力救济手段。赋予债权人自助权，就是将自力救济可能造成的成本耗费（如债务人财产被扣押的损失）分配给债务人承担，有利于债权自救的行使。债权的自助行为在法国、德国、瑞士等大陆法系国家以及英国等英美法系国家的民法制度中都有规定或确认，我国对这一制度的引入将具有重大意义：第一，自助权弥补了正当防卫不能及于债权的缺欠，使各类权利都有了面对紧急情势的私力救济制度，健全了权利救济体系；第二，着眼于市场经济初期，交易安全得不到切实保障，信用欺诈横行的现实，自助权会极大地降低债权自救成本，维护债权安全，从而鼓励交易行为，促进市场流通。

本章小结

民（商）事"权利"的救济方法大致可以分为三种，即：私力救济、公力救济和公助救济。也有学者将其总结为：私力救济、公力救济和社会型救济。私力救济作为私法领域权利救济的基本方式之一，不仅是一种"历史性产物"，而且随着时代的发展，它也逐步进化并演变为一种"现代化工具"，从而在国家法制（法治）框架下，成为公力救济的有效补充。

私力救济行为的构成要件一般包括以下几个方面：（1）权利受到损害；（2）受害人以自身力量实施救济；（3）没有中立第三方（包括官方或非官方）的介入；（4）救济方式没有违反法律的强制性规定或损害公共利益。

商事活动与民事活动存在诸多差别，由此导致了商人们在商事领域运用私力救济的原因，也具有了一定的特殊性。简言之，商事活动的"便捷性"原则、"互惠性"原则和"有效性"原则都是导致商人们寻求私力救济的客观原因。在商事活动当中，常见的"私立救济"行为包括：谈判与交涉、调查与催收、警告与威胁、对抗与报复，等等。

思考与练习

1. 什么是私力救济？与公力救济如何区别？私力救济的手段有哪些？与代替性纠纷解决方式（ADR）有何联系与区别？

2. 试举你身边的企业经营中的实例，说明我国私力救济的问题有哪些？其必要性、可行性如何？

---

① 田土诚：《交易安全的法律保障》，河南人民出版社1998年版，第282~283页。

3. 商账追收师的主要职责是通过合法的商账追收流程和技巧，对国内、海外债务人，包括企业、事业单位和个人进行商账追收服务。商账追收主要针对企业的"应收账款"，通过专业、合法的追收服务，帮助企业及时收回账款，降低企业风险率和坏账率，防范和规避企业由于使用赊销方式带来的信用风险。以商账追收师的作业为例：（1）请你绘制商账追收的流程图及相关注意事项；（2）在上门面访、电话催缴、邮寄信函中，你认为哪种追债方式经常使用？哪种最为有效？

案例分析

1. 阅读下面苏州一私人侦探被判返还定金的案例①，讨论"私家侦探"的法律地位问题。如果"市场调查事务所"没有依法登记，与客户签订的委托代理合同（接受调查任务）有效吗？

许某在生意往来中欠了李某五十多万元。3年来许某总是以各种理由推脱。2004年8月，许某突然不知踪影。李某托人四处打听，无奈之下找到某"市场调查事务所"的高侦探。2004年9月23日，李某与高侦探的"市场调查事务所"签订了委托调查合同。合同约定："市场调查事务所"负责寻找许某下落，并了解其资产情况，便于李某通过合法途径将借款收回。约定的调查期限为180天，调查结束后费用为8.6万元。按约定，李某当场支付了5000元的定金，高侦探表示如半年内没有效果，他们将退回定金。半年后，该"市场调查事务所"没有给李某带来任何消息。于是他找到高侦探，要求退回5000元定金，但高侦探认为调查已花费了不少费用，不愿退回定金。李某将其告上法院。2005年11月2日，江苏省苏州市金阊区人民法院以调解形式审结了这起委托合同纠纷案，高侦探将5000元定金退给了李某。

2. 阅读下面暴力私家侦探惹祸端案例②，分析非法私家侦探滋生的原因和解决对策。我国私力救济还面临哪些问题和缺陷？并讨论如何完善私力救济制度？

2006年2月14日，打着"私家侦探"旗号的重庆启康商务信息咨询有限公司负责人周贵东，接受崔某（女，另案处理）的要求，为其调查前男友许某是否另有恋爱对象。周贵东以每天400元为条件，用近三天的时间在重庆汉渝路、华山宾馆、小龙坎附近开展"侦探工作"，按崔某的要求调查许某，并

---

① 参见《未完成委托调查工作苏州一私人侦探被判返还定金》，载"法易网"资料库，http://case.148365.com/5705.html，2010年1月3日访问。
② 黄豁、祁桂玉：《重庆：私家侦探重金雇凶，断人手腕4人被捕》，载中国法院网"刑事案件库"，2006年5月19日访问。

暗中目睹了许某新的恋爱对象。崔某见男友许某另有新欢，气愤之下遂要求周贵东把许某"弄残，断手断脚"，同时向周贵东表明，只要能办成这件事，钱不是问题。周贵东为金钱所动，随即安排了社会无业人员周云波帮忙，周云波又将此事交给了社会无业人员林东、陈建锋等四人去办。对此，崔某开出了35000元的雇凶价。2006年3月14日案发后，公安机关经过缜密侦查，破获全案。

第二章　商事调解

1990年到1996年，我国摩托车年产量平均以46.7%的速度增长。不到两年的时间，我国摩托车生产能力达到1500万辆，1993年摩托车产量首次超过日本，跃居世界第一。然而，据日本经济产业省统计，中国每年生产的大约1100万辆摩托车中，近900万辆是"盗版"日方产品，其中200万辆出口到亚洲各国。

面对与日方的知识产权纠纷，产能急速提升后的中国摩托车业飘摇在大而不强的阴影下。根据经验判断，日方如果发现侵权，不会先找行业协会进行协商或谈判，而是直接起诉。例如，2002年9月，历时15个月的雅马哈诉天津港田摩托车侵权一案，以雅马哈胜诉告终。2003年5月30日，几经波折的本田状告中国国家知识产权局专利复审委员会的行政诉讼案二审终结，北京市高级人民法院宣告本田获胜。

2004年3月19日，中国汽车协会常务副理事长蒋雷、中国国际商会调解中心副主席黄河，日本自动车工业协会铃木孝男副会长三方握手，一项标志着中日摩托车产业界知识产权合作的项目尘埃落定，《委托协议书》签字生效。一大批时刻准备打官司的中国摩托车厂商松了一口气。此举意味着今后涉及摩托车知识产权问题，中日产业界之间将以调解方式替代法律诉讼，力图低成本协商解决相互间的商业纠纷。①

从上述案例可以看出，对于常常面临各种经营风险和商事纠纷的企业而言，"调解"不仅是纠纷解决的良好选择机制之一，更体现了经营过程中企业积极面对商事纠纷的成熟态度。因为通过调解，企业不仅能够和谐地、低成本地化解大部分矛盾和纠纷，使当事人各方的利益得以平衡，而且能够保持企业之间良好的合作关系，为以后的商事活动奠定基础。事实上，在追求"以和为贵"的中国社会（特别是信仰"和气生财"的中国商人之间），"调解"早已被誉为体现"东方经验"的社会纠纷解决方式。

一、商事调解的概念与特征

作为商事纠纷主要解决方式之一，"调解"正发挥着越来越重要的作用。

---

① 《商业调解替法律诉讼：中日摩托能言和?》，载《经济日报》2004年4月4日，转载自http://auto.163.com/channel/editor/040402/040402_31378.html,2009年6月12日访问。

在国际商法实践中,"调解"一般被视为"ADR"(Alternative Disputes Resolution)的一种主要方式。实践证明,调解在公平化解商事纠纷、降低当事人诉累、有效化解当事人之间矛盾纠纷以及构建和谐司法等方面都发挥着重要作用。

(一) 商事调解的概念

"商事调解"是指在商事活动中,商人之间发生争议后,自愿选择第三方作为调解人(调解员),由该调解人通过说服和劝导等方式,使当事人之间的争议在互谅互让的基础上得以平息的一种纠纷解决方式。实践中,商事调解广泛适用于国内和国际商事活动中与交易、运输、保险、结算、担保等有关的一切纠纷。

调解的本质是通过独立、值得信赖的第三人来促成当事人以协作(而非对抗)的方式解决纷争。调解员帮助双方之间进行沟通,促进他们之间的相互了解,关注于当事人的利益,并且运用创造性的调解技巧促使当事人达成调解协议。因此,调解员在调解中的作用不同于法官或是仲裁员——他(她)仅仅是促成纠纷的解决,而当事人最终仍然要以自决协议来处理相互间的纠纷。

(二) 商事调解的特征

调解是一个具有广泛参与性、非正式司法程序的过程,调解员的作用仅仅是辅助调解过程,而非像法官和仲裁员那样具有裁判的地位和权力。换言之,调解只是为了当事人自身的利益而存在。

1. 商事调解的灵活性

(1) 调解程序的灵活性

首先在受案阶段,调解机构可以按照相关法律、法规的规定,根据当事人事先(包括事后)达成的调解协议受理商事争议调解案件,并不拘泥于当事人是否正式提交了书面申请书。只要一方当事人有调解的意思表示,调解机构可以主动征求对方当事人是否同意调解——如果同意,即可进入调解程序。

其次,调解的进程也具有很大的灵活性。根据案件的具体情况和不同需要,调解员在调解的进度、时间、地点等方面都可以给予灵活的安排。在调解过程中,任何一方都可以提出中止或终止,从而使调解因达不成和解协议而暂停或结束。

(2) 调解方式的灵活性

在商事调解中,调解员一般按照专业调解组织的调解规则确定的程序进行。但是,调解规则并不是一个强制性规范,而是一个任意性和选择性规范。在当事人同意或要求下,调解人完全可以根据个案的具体情况确定和实施与调解规则不完全相同的调解程序。

调解员进行调解时,既可以用书面、口头、传真、电话、电子邮件等方式进行,也可以召集当事人共同或分别进行磋商,或者两种方式交叉进行,还可以举行专题的咨询会议;既可以是"面对面"的调解,也可以是"背对背"的调解;既可以由独任调解员进行调解,也可以由多位调解员共同实施调解,还可以根据情况征得当事人的同意,邀请有关专家介入调解;既可以由一个调解机构负责案件的调解,也可以视情况由中外两个调解机构联合实施调解。

(3) 调解内容的灵活性

在调解中,调解员既可以对当事人的全部争议进行调解,也可以对可能达成一致意见的部分争议进行调解;既可以先易后难、分段解决纠纷;也可以不拘泥于是否完全符合原有合同条款,只要当事人认可并且不违背法律的强制性规定。商事调解的灵活性适应社会经济领域中纷繁复杂的情况和市场经济下商事活动快速变化的现状,因此能够满足商事当事人的不同需求。需要强调的是,商事调解的"灵活性"与纠纷解决的"公平性"之间并不必然存在冲突。

一方面,商事调解的最终目的是商事纠纷的及时、公正解决,因而,商事调解这样一个带有程序性质的制度,仍需要一个公平的过程以保证纠纷结果成功灵活地实现。假如当事人在他们的调解过程以及最后的结果中始终得到公平的对待,调解成功的可能性将加大。另一方面,商事调解过程的公平使得不管最后达成的是有关纠纷当事人纷争的一揽子解决方案还是部分解决方案,乃至只是对其他纠纷解决程序的参考价值,都不会有损商事调解程序的制度价值。但是,如果只是关注商事调解的灵活性而损害其公平性,则会本末倒置,不仅不会得到良好的调解结果,还会有损商事调解在纠纷当事人心目中的评价。因此,为保护商事调解程序的制度价值和获得良好的调解结果,在调解过程中商事纠纷当事人应时时刻刻感受到他们处在一个安全和公平的环境中。

【相关案例】

中美商事调解制度

2008年5月10日,中美商事调解中心国际处组织并派员参加盛世长城广告公司与上海强生制药服务合同纠纷一案的调解会议,争议双方在调解员的主持下成功达成和解并签署了和解协议。此次调解工作从申请方表达调解意愿到召开会议仅用了11天,调解会议也仅用时2小时便使双方达成和解,充分体现了调解的灵活、快速、便捷和高效的优势,这也是中美商事调解中心的第一起成功案例。①

《孙子兵法》曰:"势者,因利而制权也。"面对复杂多变的商事纠纷,能够成功解决问题的调解员首先应该是一个战略家。因此,与法官和仲裁员相比,他能够更灵活地控制调解程序,时刻按照调解进程中双方之间的实际互动情况对程序进行及时的调整。

问题:如果你是国际贸易纠纷的调解员,你认为调解过程中需要解决的最关键的问题是什么?

2. 商事调解的简便性及广泛性

商事调解的简便性是指相较于诉讼、仲裁而言,运用调解的方式解决商事纠纷具有节省时间、精力和费用的优点。由于商事调解程序简便,通常案件只需要较短的时间即可结案。成则双赢、不成无输,因为当事人可以再启动其他纠纷解决机制解决商事纠纷;加上调解收费低廉的特点,所以对于当事人来说没有更大的损失。调解的简便性完全符合善意当事人陷入争议时期望及时、有效解决纠纷的愿望,成为节省时间和金钱的一种理想选择。

商事调解的主体和对象具有相当的广泛性。其中,"主体的广泛性"是指商事调解可以包罗不同的工商企业,无论其领域或规模,而且不仅有国内的当事人,常常也会涉及国外的当事人。"对象的广泛性"是指调解的案件虽然主要是商事、海事和经济领域里的纠纷,但是绝不限于上述范围,凡是当事人约定其纠纷由调解机构调解的,只要不为法律限制,调解机构都可以受理。在调解中对当事人彼此之间存在的其他争议和纠纷,经当事人的同意,也可以一并协调解决。因而,实施调解的范围可以不限于当事人当初提起调解的争议范围。这一点与诉讼和仲裁存在较大差别。②

3. 商事调解的保密性

商事调解纠纷所涉及的内容包含了大量的商业信息,因此调解程序必须与保密性联系起来,这是国际通行的商事惯例。商事纠纷当事人选择商事调解程序解决纠纷很大一部分原因就在于不希望商业经营过程因诉讼或仲裁程序被披露。

调解的一贯原则是要消除当事人的一切后顾之忧,为调解成功创造良好的条件。因此在调解案件中,一切与调解有关的程序只在当事人之间进行,同时

---

① 《中美商事调解中心调解成功第一起案例》,载中国国际贸易促进委员会网站,http://www.ccpit.org/Contents/Channel_64/2006/0727/5980/content_5980.htm,2006年7月27日访问。

② 参见黄河、穆子砺:《中国商事调解理论与实务》,中国民主法制出版社2002年版,第46~47页。

调解机构和调解员对调解案件涉及的有关内容也负有严格的保密义务。具体而言，"保密性"要求在调解程序中，调解员必须保证当事人在调解的任何阶段所呈现的商业资料都应当被视为秘密，不被偏见地加以对待，并且也不会被当作证据在今后可能进行的仲裁程序或司法程序中加以使用。"保密性"规则还要求在调解程序中明确保证，调解员不能在今后被仲裁庭、法庭传唤以对调解过程中披露的商业信息进行作证。基于商事调解的保密性，调解的当事人在调解程序中可以更自由地公开谈论他们所有的要求、利益和感受。

除了调解员之外，当事人也应维护调解的保密性，并且不应在任何仲裁、司法或其他程序中援引或引证：（1）另一方当事人就可能的争议和解方案所发表的意见或提出的建议；（2）另一方当事人在调解过程中所作的承认；（3）调解员提出的建议或发表的意见；（4）另一方当事人已经或没有表示过愿意接受调解员所提出的和解建议的事实。

（三）商事调解的原则

1. 自愿原则

"自愿原则"是指在商事调解过程中，调解机构对商事纠纷进行调解的前提必须是双方当事人自愿，进行调解工作和达成调解协议都必须以双方当事人完全自愿为前提。当事人在商事调解的整个过程中，可以自始至终、自愿自主地处分自己在调解案中的商事权利，包括程序上的和实体上的权利。

自愿原则的贯彻有利于调解结果的实现。因为一般情况下，与法官或者仲裁员作出的强制性裁判结果相比，当事人更愿意接受并执行通过他们自身协商同意的协议。换言之，调解可以使当事人以更负责任的态度来解决他们的纠纷。

（1）调解管辖的自愿性

商事调解管辖的自愿性是指：当事人对于发生在他们之间的商事争议是否提交调解完全由当事人自行决定。只有在当事人按照自己的意愿、根据综合考虑后向调解机构申请调解时，调解机构才可以受理，调解程序才得以被动启动。所以，对于当事人来说，交付调解纯属自愿，是否启动商会的商事调解程序取决于双方当事人，而不是取决于调解中心，调解中心没有对调解案件的强制管辖权。

需要指出的是，当事人在其原有的合同中如果约定纠纷在协商不成的情况下以诉讼（或者仲裁）的方式解决，在诉讼或仲裁之前，只要当事人对调解形成合意，仍然可以将其纠纷提交调解机构进行调解。所以，诉讼或仲裁对商事调解程序并不具有排斥性。

（2）调解进程的自愿性

商事调解进程的自愿性是指：在商事调解过程中，虽然有调解员控制调解程序，但是双方当事人可以根据自己的意愿，自由地决定调解程序的全部进程，实际实施的调解程序应当是当事人同意或认可的程序。这种自愿性包括当事人在调解员的调解、促成下完成调解程序；以及根据自己的意愿和需要确定是否进行调解、中止、暂缓调解甚至终止调解；此外，还包括在商事调解过程中，在调解员的主持下，当事人有权选择具体的调解手段、调解方式以及调解进行的时间、地点等。

在商事调解案件中，商事纠纷当事人通常是从调解中心推荐的调解员名册中选择调解员，同时也不排除当事人选择调解员名册之外的、为他们所信赖的社会其他人士出任本案的调解员。这就与仲裁和诉讼程序的调解具有相当的差异。在诉讼程序中，当事人无权选择法官，即使在法院调解程序中也无权选择对案件实施调解的调解人员；在仲裁程序中，当事人虽然可以选择仲裁员，但是却不能在仲裁员之外另行再次选择调解员。所以，无论诉讼还是仲裁，对于出任案件调解的调解人员，对于当事人来说并没有选择权。

（3）调解协议的达成以及履行的自愿性

商事调解协议达成的自愿性是指：当事人可以在经过商事调解程序达成一致意见后，自愿达成和解协议；和解协议的内容体现出当事人对商事纠纷的共同的意见和一致的纠纷解决办法。在已发生的商事活动中，当事人必然形成了一定的权利义务关系，但是当事人的权利是可以自由变更、处分和放弃的。

从法律的角度来看，调解所达成的商事和解协议是当事人在商事活动中，在其原有的商事法律关系发生一定变更的情况下，根据变化后的形势和条件对其原有的权利义务重新加以确定的一种新协议。对于当事人来说，和解是一种商事纠纷当事人根据自己所处的商业境况做出的理性的抉择，是真正意义上的自愿，不带有任何违心的色彩。

在商事调解程序中，不仅和解协议的内容取决于当事人的合意，和解协议的形式也完全由当事人来决定，既可以采取由当事人签署"和解协议"或签订"补充协议"或"补充合同"的形式，也可以采取由调解中心出具"调解书"的形式；还可以采用由公证机构出具"公证书"、通过仲裁机构出具"裁决书"的方式，甚至还可以通过向法院提起确认之诉请法院出具"民事调解书"。

需要指出的是，即使是诉讼和仲裁程序中的商事调解，其协议的履行也具有自愿性。当事人可以依据和解协议的内容自动履行，如果反悔，当事人不予履行的，和解协议自身不具备强制执行的法律效力，不能直接申请法院强制执行，调解程序中形成合意的事项不能作为证据在诉讼或仲裁程序中被引用，整个案件需另行采取诉讼或仲裁的方式解决。

2. 合法原则

合法原则的要求是，商事纠纷当事人达成的调解协议内容，不得违背国家政策、法律的强制性规定，不能以损害国家、集体、公共利益和其他第三人的利益为目的。在理解合法原则时，应当注意以下两个问题：

第一，要正确处理商事调解中自愿原则与合法原则的关系。商事调解必须经双方当事人自愿，但当事人自愿做出的决定不等于都合法，对于违反法律强制性规定、危害公共利益或第三人合法利益的调解内容，调解机构有义务给以说明并明确反对。

第二，调解协议合法性的要求与判决及仲裁裁决合法性的要求程度不同。只要当事人不违反法律的禁止性规定，在商事调解程序在较大范围内允许双方对自己的民事权利作出处分，也容许纠纷当事人仅对部分纠纷做出和解协议。当事人可以运用处分权在不违反禁止性规定的前提下达成双方所满意的或者所能接受的调解协议，尽管协议的内容与法律上严格认定的权利义务关系并不完全一致。

妥协与让步在大多数情况下对达成调解协议是必不可少的。从实务上看，当事人总会在协议中作出或大或小的让步。因此商事调解程序的合法性原则应定位于一种宽松的合法性，它不是指调解协议的内容必须严格遵照法律的规定，而是指协议内容不得与民商事法律中的禁止性规定相冲突，不得违反公序良俗和损害第三人合法权益。

(四) 商人为何选择商事调解？

是否选择商事调解，这一般取决于特定商业纠纷的性质和当事人的态度。

1. 纠纷的规模

传统观点认为当事人面对较小的商业纠纷标的比较倾向于选择调解模式解决，但是在国际商业纠纷解决途径中，情况正好相反，比如现在北美和澳大利亚的许多大型商业纠纷一般都是以调解的方式解决。在大额纠纷中，费用评估成为优先选择调解而不是诉讼的主要因素。当事人一般都觉得，纠纷的规模在司法程序中总是直接与诉讼费用及其他费用相关。事先同意保密的优势以及自主创制救济方式的商事调解程序是一种最节约争议解决成本的渠道。

2. 纠纷的性质和对象

在较小的商业纠纷中，当涉及较少的当事人时，调解是更经济、有效的方式。但现今的国际商业纠纷中，很多复杂的、涉及多方的商业和环境纠纷也是通过调解得以成功解决的。因为在很多情况下复杂的、涉及多方的纠纷是关于将来的损失而不是过去的损失，而这就不可避免地导致很多不确定性以及各种可能的损失不可能在诸如仲裁及诉讼中那样以明确的数额加以判断。调解往往因为可以给纠纷各方当事人一个合适的谈判平台而独显优势，因为毕竟很多时候只有商事纠纷当事人才知道纠纷问题的关键所在。

3. 纠纷解决的时间

当商业纠纷当事人相互明知他们将来还要继续合作，并且希望维持他们之间的关系，免于因被诉讼或其他方式完全陷入僵局，或者至少希望控制对抗式程序带来的不可避免的损害时，调解是最适合的纠纷解决方式。

选择调解开始的时间问题涉及对以下关键点的解答：商业纠纷当事人之间是否真的有诚意愿意以调解的方式解决相互间的问题？他们双方是否已经通过他们的行为明确表明他们相信调解程序并愿意尝试调解？前期谈判处于什么阶段？现在进入调解程序能否有效避免诉讼？是否可以节约对商业行为而言至关重要的时间成本及机会成本？

4. 对方当事人解决纠纷心理的考量

如果当事人双方都抱着合作、解决问题以及妥协的态度，那么选择商事调解是明显适当的。当主动调解的一方当事人确认调解方式后，就应当以积极的努力促使对方当事人接受调解解决纠纷的方式，因为一旦纠纷当事人都选择了通过调解解决，各方都有义务，朝着达成解决方案的目标努力。

二、商会商事调解

在中国，涉及商事领域纠纷的专业机构调解大致包括三种类型：即商会在其所受理的商事调解案件中的商事调解；法院在其所受理的民商事诉讼案件中的调解；仲裁机构在其所受理的仲裁案件中的调解。

从调解是否具有独立性来划分，商事调解可以分为独立性的调解和非独立性的调解。由于商会的调解机构独立存在，职能单一，不附属于其他的纠纷解决机制程序，故可以认为是具有独立性的调解程序。如最具代表性的中国国际商会系统的各个调解中心，都是独立的调解机构；它们有相对独立的调解规则，调解工作也具有自己独立的程序。而如诉讼程序中的调解、仲裁程序中的调解，由于调解在诉讼、仲裁程序中只是可选择的程序，没有启动诉讼、仲裁程序之前不能独立运用，所以调解程序在上述纠纷解决机制中没有独立地位，附属于其他程序当中，与其他纠纷解决方式结合运用，因此称为非独立商事调解程序。[1]

商事调解程序是否具有独立性的标准还可以结合"调解员"的身份进行判断。一般地，商会调解的调解员由商会从品德高尚、办事公允的法律界和经

---

[1] 穆子砺：《论中国商事调解制度之构建》，对外经济贸易大学 2009 年博士学位论文。

济界的专业人士中聘任,调解员在调解案件中不代表任何一方当事人,而是居中调解,所以调解员具有独立的地位。而在诉讼和仲裁程序中,由于调解职能与判决和仲裁职能客观上具有兼容的特性,决定了调解人员与审判员、仲裁员的身份合二为一,这样,诉讼和仲裁程序中的调解,从调解的程序到调解员的身份都不具有完全的独立性。

【背景资料】

中国国际商会调解中心

中国国际商会调解中心(以下简称调解中心)自上个世纪80年代成立以来,商事调解业务经过十余年的发展,拥有自己独立的业务运作模式,并制定了完整的《中国国际商会调解中心调解规则》(以下简称《调解规则》)。

调解中心先后产生了三个《调解规则》版本,即1987年版、1992年版和2000年版。几经修订,最新的一版于2005年7月1日施行,共4章35条,统一适用于全国各地方国际商会的调解中心。2005版调解规则既注重吸收国际上同行的先进做法,又考虑了中国调解形势的实际情况,对于规范调解机构和调解员的行为、正确进行调解程序、提高工作效率等发挥了积极的作用。

《调解规则》比较详细地规定了有关商事调解的操作程序和调解方式等,这样就使得商会的商事调解在程序方面具有独立性,该《调解规则》是中国国际商会调解中心对中国商事调解事业的一个贡献。①

商会商事调解具有民间性,是指商会的商事调解不依附于任何政府机构而具有民间调解的色彩。在商会的商事调解中,调解机构一般是附设于商会内部的一个独立的调解组织,由于商会本身是工商企业自发成立的一种具有民间性质的组织,它并不依附于政府或政府机构,这样在组织架构上,商会的调解机构与政府没有任何直接隶属关系。商会调解机构的这种民间性使其具有相当的超脱感,从根本上保证了商会商事调解的公正性,也给当事人一种全新的信任感。

下文主要以"中国国际商会调解中心"为例,对商会商事调解这一具有独立性特征的调解方式进行介绍。

---

① 黄河主编,穆子砺副主编:《中国商事调解理论与实务》,中国民主法制出版社2002年版,第48页。

【背景资料】

中国贸促会（CCPIT）的商事调解

设在 CCPIT 总会的调解中心及设在全国各个分支会的调解中心已达 40 余家，形成遍布全国的庞大的调解网络；经统计，贸促会系统商事调解案件的成功率在 80% 以上，案件涉及 30 多个国家和地区。调解中心的国际化程度日益提高。

调解中心已与多家国际机构建立了合作关系，如：北京—汉堡调解中心；纽约调解中心；阿根廷—中国调解中心；而近年来，调解中心也与以下机构共同建立了联合调解中心：韩国中国商会、香港和解中心、澳门世界贸易中心、加拿大加中贸易理事会、美国争议预防与解决中心（CPR）等。与中、日汽车协会（CAAM、JAAM）建立了合作调解 2+1 模式，即由中国贸促会调解中心与中、日汽车协会共同签署一个合作协议，约定发生在中、日汽车领域里的各种纠纷共同委托 CCPIT 调解中心处理。

另一方面，中国贸促会和中国国际经济贸易仲裁委员会（CIETAC）调解与仲裁相结合的纠纷解决机制也得到成熟发展，此做法从中国国际经济贸易仲裁委员会成立时即一直倡导并大量应用于实践中。而将这个做法正式载入仲裁规则则是自 2000 年始，2005 年的规则进一步使其完善。（见 CIETAC 之仲裁规则 2000 年 10 月 1 日版和 2005 年 5 月 1 日版）。2005 年规则第 40 条明确规定："当事人在仲裁委员会之外通过调解达成和解协议的，可以凭当事人达成的由仲裁委员会仲裁的仲裁协议和他们的和解协议，请求仲裁委员会指定一名独任仲裁员组成仲裁庭，按照和解协议的内容作成仲裁裁决。"

（一）商会商事调解模式

商会商事调解由于针对商事纠纷调解的专业性，逐渐发展出多种商事纠纷调解的特殊模式。

1. 妥协调解模式。这种模式通常使用于大型商业、工业冲突中。与传统的调节模式不同，它引导当事人较早地表明立场，更主要的是此种模式是基于当事人明显的法律权益和先前已确定的立场要求展开调解。由于这种调节模式主要用于大型商业、工业冲突；冲突双方一般基于足够的商业理性及谈判诚意，所以它不需要调解人挖掘和发现每位当事人的真实需要和利益，为节约调解成本，要求当事人在谈判起始阶段确定每一方的"底线"。

在妥协调解模式下，调解员主动寻求在谈判的开始阶段确定每一方的

"底线",然后鼓励双方朝着一个都可以接受的妥协方向渐进式地谈判。尽管涉及所谓"调解人"的干预,但是基于大型商业、工业冲突的特征,纠纷当事人都具有相当的专业性及解决纠纷的理性,这种模式更类似于传统的对抗式的、由双方当事人以及他们的代理律师在法庭上的情形,调解协议的实体内容由争议双方讨价还价决定,调解员只是调解程序的控制者。

2. 管理调解模式。这种形式主要适用于商业和金融领域的纠纷,其特点是由于此类纠纷具有高度的专业性,因而也是一个具有高度干预性的过程,通常选择在相关领域具有较高权威的专家担任调解员,例如专业的商事法律专业人士或者经理人,此种模式更强调法律权利以及客观标准和措施。"调解人"通常会在调解过程中明确地提出他的专家意见,并且常常积极参与谈判。在更多方面,当事人更依赖于"调解人"的专业背景,他在此类调解中扮演的是建议者和管理者的角色,而不是传统的调解人程序管理的角色,因此,当事人对他们的谈判和最终结果的自主控制相比其他调解模式要少得多,这也是调解当事人借助调解人专业知识所期望得到的效果。因为这种模式注重的是原本争议双方所应有的权利是什么,而不是纯粹的商业利益,所以这种模式有时也被形容为"没有约束力的仲裁"。

3. 联合调解模式。它是指有两个或者两个以上的调解员总是同时出现在所有的调解场合中,无论是调解机构建议的,还是当事人自主选择的。这种形式的调解通常应用于大型商事纠纷调解,尽管在其他领域也可以被成功运用。因为大型商事纠纷的调解过程通常比较长,纠纷复杂,不同调解员之间能够结合自己的专长,将各自在调解的每个阶段的职责进行细致良好的分工,并且能够在私下的关于调解的交流中及时掌握调解的进展和动态,这样调解更易于进行。在最后的阶段,他们可以合作提出解决方案。当然,商事纠纷当事人如果打算选择联合调解,应当选择调解员之间拥有类似的方式和风格、专业特长互补、相互了解并能共同完成主持调解工作的人选,以给当事人创造一个良好的气氛和提供更多的纠纷解决选择。

4. 疲劳调解模式。复杂的商事案件中,则发展出了一种叫做"疲劳调解"(mediation by exhaustion)的形式,这种调解模式主要基于商事纠纷当事人之间有解决纠纷的绝对诚意,但是由于各方面的原因,纠纷矛盾复杂,没有办法达成一致意见的情况。此种情况下,调解员或许提出以下意见:调解员和当事人被一直关在一起,直到一个解决方案经过彻底讨论而最终达成。通常在这些情况下,当事人应当选择一个著名的调解员进行调解,他在与纠纷相关的领域拥有丰富的经验,从而有足够的能力运用专业知识介入调解。

(二) 商会商事调解的程序

1. 商事调解案件的受理

商事调解案件的受理是指中国国际商会调解中心及所属各调解中心（以下统称"调解中心"）通过对争议当事人提出调解申请的材料的审查，认为符合《调解规则》规定的条件，而决定予以立案调解的行为。

调解申请人提出的申请有可能引发调解程序，但并不是调解程序启动的充分必要条件。因为调解是当事人双方自愿的行为，调解申请人一方提出要求调解，而另一方当事人不同意以调解的方式解决相互间的商事纠纷，则调解程序无法启动。这是调解程序不同于诉讼程序和仲裁程序的主要区别之一。

受理案件之后，调解中心需要对申请人提交的材料进行审查，其内容主要包括：申请人所提交的材料、被申请人所提交的材料及案件的性质。

首先是对申请人所提交材料的审查。根据《调解规则》第13条的相关规定，调解中心主要审查的内容如下表（表4-3-1）显示：

表4-3-1 调解审查表

1. 是否提交调解申请书一式四份，如被申请在二人以上的，每增加一人，增加一份申请书。申请书应写明及/或提供：	a. 申请人和被申请人的名称（姓名）和地址（如有邮政编码、电话、电报、传真、电子邮件（E-mail）等，应写明）；
	b. 调解所依据的调解协议；
	c. 案情、证据材料和调解请求；
	d. 其他应当写明的事项。
2. 如聘请代理人参与调解程序，应提交授权委托书；	
3. 在"调解中心"调解员名单中，指定或委托"调解中心"代为指定一名调解员；	
4. 预交本规则所附的调解收费表所规定的调解费的50%。	

其次，调解中心在审查时，还必须审查调解被申请人所提交的材料。根据《调解规则》第14条的规定，被申请人在收到调解中心转来的调解申请书及其附件后，在规定的期限内向调解中心表明、确认同意调解，并在调解中心的调解员名单中指定或委托调解中心代为指定一名调解员；同时预交本规则所附调解收费表所规定的调解费50%。如果被申请人未在"调解中心"规定的期限内确认调解的，视为拒绝调解。

再次，调解中心在接受当事人的申请时，必须审查案件的性质。根据《调解规则》第2条的规定，调解中心的调解范围限于经济、贸易、金融、投资、知识产权、技术转让、房地产、工程承包、运输、保险以及其他商事、海事领域里的争议，其他领域的争议，如，农村土地承包、劳动争议等，即使当事人双方均同意由调解中心调解，调解中心也不予受理。

调解在期限方面的规定与诉讼、仲裁相比，有较大的灵活性，这主要体现在以下两方面：

（1）调解不受时效的限制。世界各国对诉讼案件、仲裁案件都有严格的时效规定。如我国《民法通则》第135条规定："向人民法院请求民事保护权利的诉讼期间为2年，法律另有规定的除外。"而《调解规则》中没有如此限制。在实际调解中，只要当事人双方愿意，不管争议发生的时间有多久，只要有充分的证据，不影响调解员对案件的确定，调解中心就可以受理案件。

（2）案件受理的时间。《调解规则》对调解中心受理案件没有作具体的时间规定，这并不表示调解中心对案件的受理可以随心所欲，无限延长。调解与诉讼、仲裁相比的一个显著优点即为迅速、便捷、灵活。根据《调解规则》第14条规定："调解中心收到调解申请书及其附件经审查完备后，立即转给被申请人一式一份……"很明显，在接受申请时，作了"立即"的时间规定，在被申请人确认同意调解并提交有关材料后，《调解规则》同样没有规定"调解中心"在什么时间确定受理案件，但根据调解的特点，参照接受申请时的"立即"的时间规定，可以断定调解中心应在被申请人确认同意调解，并提交有关材料后，就"立即"受理了调解案件，并"立即"着手调解程序的下一步工作。

【拓展知识】

商会商事案件调解向诉讼和仲裁的可转化性

纠纷已经进入调解程序以后，中国国际商会调解中心和其调解员仍然要尊重当事人的诉讼和仲裁权利。应当指出：在我国目前没有商事调解立法的情况下，商事调解程序并不是商事纠纷诉讼和仲裁的必经程序。在调解之前、调解之中以及调解达不成协议或者虽然达成和解协议但不被履行时，任何商事纠纷当事人都可以自行决定和选择将其争议向法院起诉或者向仲裁机构申请仲裁从而结束调解程序。所以，商会调解与诉讼、仲裁彼此并不矛盾，应当是可转化的而且具有兼容性。商会的商事调解没有法律依据限制和剥夺当事人的诉讼权利和仲裁权利。从当事人的角度来看，也因不必担心一旦付诸调解、就会丧失诉讼权利和仲裁权利，而使商事纠纷的解决多了一条有效途径。商事调解向诉讼和仲裁的可转化，也体现于当事人经调解达成和解协议后，如果当事人一致同意，可以将其提交法院或仲裁机构，将和解协议的内容作成判决书或裁决书，使调解协议的内容具有法律强制执行力，保证商事调解结果的有效履行。

2. 商事调解程序的运作
(1) 调解前的阶段
这个阶段的目标包括：①商事纠纷当事人决定以调解的方式解决纠纷，选择调解员和调解的程序；②纠纷的基本或是大致的性质是商事的；③定下解决特定纠纷的调解程序的基调。

而完成上述目标所应采取的行动则包括：①调解员完成与各方当事人必要的单独接触，从争议的双方了解基本的信息；②调解员向各方当事人解释调解过程的性质；③确定调解各方都能接受的调解的程序、地点、日期和时间以及应该出席调解的人员名单；④确保所有的参加人完成调解必要的准备工作。

(2) 调解的开始阶段
这个阶段的目标包括：①进行面对面的引导说明并且确定行为准则；②建立对调解员以及对调解程序的信任感；③继续向当事人深入介绍调解的程序；④取得当事人愿意开始调解的承诺；⑤对当事人的需要和利益达成一些相互理解。

而完成上述目标所应采取的行动则包括：①向调解当事人阐明调解的主要特点，特别是它的自愿性；②回答当事人提出的关于调解程序的问题；详细说明调解过程的每个阶段；③获得每个当事人愿意开始调解的明示承诺或书面承诺；④在双方第一次会谈中，调解员聆听并记录每方当事人陈述己方事实；⑤总结焦点并且确定每方当事人关注的利益和需要。

(3) 调解的中期阶段
这个阶段的目标包括：①在多次调解会议中剥离、分解并且挖掘争议双方主要的利益焦点；②允许双方任何关于主要利益纠纷解决信息和想法的更新；③对固执一方的那些偏离主要的需求的请求发出质疑；④辅助当事人进行解决纠纷的谈判，促成解决方案的提出。

而完成上述目标应采取的行动则包括：①分析、调查、总结、合并并且解析利益关注点；②寻求缩小双方要价之间差距的有效途径；③确定纠纷解决方案，并分析其能够在多大程度上满足主要利益的关注点。

(4) 调解的最后阶段
这个阶段的目标包括：①纠纷当事人及调解员一起客观地评价各种纠纷解决方案；②谈判进入到形成一个涵盖全部焦点问题的、正式的协议阶段。

完成上述目标所应采取的行动：①研究纠纷解决方案的各种选择；②确定折中方案的可能性；③当事人起草最终协议。

【拓展知识】

调解中代理律师的角色定位

如果商事调解标的数额巨大，法律问题复杂或者有可能遭受重大财产损失的，或者涉及其他重要利益的纠纷，调解当事人会比较理性地希望他们的律师能够自始至终地参与调解。诸如此类的案件很明显都会在法律的框架下进行调解，而双方当事人需要他们自己独立的代理律师随时对新出现的问题、信息以及提出的解决方案的相对公平性进行协商。当事人出现交流或者语言问题时，代理律师可以发挥作为当事人话筒的传统律师作用。

和代理律师在对抗诉讼中的好战角色很不一样，商事调解开始时，调解员必须提醒代理律师注意他们在调解中的辅助、协商作用。代理律师应当认识到，在商事调解程序中提交诉状、交叉讯问、律师之间进行辩论以及其他对抗式行为都是不合适也是不被允许的。同时代理律师也应当意识到，只有当事人才能控制调解内容，并在调解中占据主导地位。在当代商事调解中，当事人是被鼓励开场陈述等积极行为的，而不是像诉讼程序中留待他们的代理律师来完成。

基于律师在法庭的职业惯性和调解人的调解中的非法律义务，代理律师有时可能会试图联合起来加速或者"形式化"商事调解关键程序阶段，这样做的后果是十分危险的，因为通常这些关键程序阶段涉及如何充分发掘商事调解当事人各方的利益需要并且将纠纷当事人从僵持立场转移到合作地解决商事纠纷上来。此时表明在场的代理律师并不清楚调解原则和实践，调解员就必须发挥其调解程序管理的作用，将商事调解要体现的合作解决问题精神与法庭上对抗精神之间的区别明确地强调给当事人的代理律师。

调解程序有其自身的规律。为了提高效率，调解员必须自始至终掌握各方的变动以及他们之间的互动状况，也应当有效防止代理律师对商事调解特殊程序的"破坏"。代理律师如果能够真正理解调解程序并且遵守它，他们就可以从以下但是不限于以下方面极大地促进调解的成功：

熟悉当事人的案情，设计出可行的调解解决方案的范围，收集任何与案情有关和在解决方案中需要谈判的信息；向当事人全面地介绍调解的运作方式，鼓励当事人积极地参与调解的整个过程。通过讨论现实的替代谈判策略来辅助当事人做好最佳准备；与当事人讨论有关案情的信息是否需要向对方以及调解员披露。律师还应当向他的当事人解释调解保密限度；参与探讨研究有关解释方案的新思路和新方案；辅助起草解决方案的条款等。

3. 如何防止调解一方诚信意识淡薄的恶意调解？

虽然调解协议以合意为基础，更易为当事人所接受，但是实践中，有很多当事人法制观念淡薄，达成调解和议后蔑视调解书的权威，具有履行能力和履行条件却不主动履行，对调解协议抱着应付、拖延甚至对抗的态度。更有一大批缺乏诚实信用的商事纠纷当事人，抱着不良的动机，打着调解的幌子，谋取不当私利。

商事调解为促使商事纠纷双方达成调解和解的结果，往往要求各方均做出一定的让步，但是更多的是以牺牲权利人的部分权利为代价。比如在合同纠纷当中，部分债务人在责任不可推卸、诉讼败诉已成定局或为获取时间利益的情况下，以调解付款为要求请求债权人接受商事调解，并在调解程序中大肆讨价还价，要求对方在违约金、利息、履行期限、履行条件等方面做出让步，以此规避责任可能更大的仲裁裁决或法院判决。对此，债权人一方的当事人可能因为各方面的原因而与他方达成调解和解协议。之后，有的债务人并不按照调解协议履行自己的承诺，而是企图在以后的履行中进一步讨价还价，甚至以不同意调解和解协议开始仲裁或诉讼为要挟。最终可能导致的结局就是，债权人一方产生被欺骗被戏弄的心理感觉，于是双方很容易再次陷入僵局，调解过程中已达成的和解条款履行的可能性大大降低。

为避免商事调解中上述恶意调解情况的出现，作为债权人至少应当建立财产申报制度和债务履行担保制度，防止恶意调解。债权人在接受调解提议之时或至少在达成和解协议之前，让债务人对自己履行债务的能力进行说明并提供相关的证明材料①为条件，使债务人对自己财产状况的真实性负责，或让债务人对其履行和解协议做出担保，并承担相应的法律责任。在了解债务人履行到期债务的能力的基础上，如果涉及商事纠纷双方的重大利益，在调解的过程中债权人还可以要求赋予债权人以监督权，监督债务人重大投资以及财产处分行为，最大限度地保证调解协议最终履行的可能性。

在达成和解协议之后，债权人可以进一步要求将和解协议通过确认之诉的诉讼程序或以仲裁裁决的仲裁程序给予效力固定，使和解协议的内容获得法律上的强制执行性。这样，即使最终债务人违背协议约定内容不主动履行而使案件进入强制执行程序，执行人员也能够根据债权人掌握的信息了解被执行人的财产状况，节省大量的时间和精力，减少执行的难度。对那些企图恶意利用调解程序的债务人，如果其在有条件的情况下不愿意申报财产或是提供担保，债

---

① 如财产的数量、处所，有无设立抵押、质押，是否已被其他司法机关采取财产保全措施，有无到期债权，对外债务数额，企业目前的经营状况、负债情况、银行账户等等。

权人则不应当采纳其调解意见，建议及时向法院提起诉讼或向仲裁机构请求作出仲裁裁决，打消恶意债务人借商事调解之机拖延或逃避债务的念头，保护自己的合法利益。

【拓展知识】

《调解协议》应当具备的基本条款

1. 调解员的任命：当事人已经达成通过调解程序来解决双方之间商事纠纷的一致，并且通过签署本《调解协议》来证明双方当事人已经任命调解员并愿意以诚实信用、坦诚的意图来参与调解，考虑妥协及和解，并努力尝试解决此纠纷，以寻求纠纷替代解决方案。

2. 利益冲突：在调解之前，调解员应当向当事人透露其先前与任何一方当事人交往的信息或者其与本纠纷的任何利益冲突，以避免不公与偏袒情况的出现。

3. 合作：当事人应当在调解中相互之间以及与调解员之间精诚合作。

4. 决定的权力：当事人或者他们任命的代表应当对本调解处理的纠纷解决拥有完全的决定权。

5. 保密：（1）当事人和调解员在调解过程中不应当向任何人透露他们知道的任何有关调解的信息和材料，除非经当事人全体同意或按照法律规定要求这么做。（2）私下透露给调解员的任何信息都应当得到保密，除非是当事人自己公开这些信息。

6. 优先权：当事人不应当在任何随后的仲裁或者司法程序中，未经对方当事人同意引用对方当事人在提议调解解决方案时的观点或者建议、在调解过程中的自认或者对调解员提出的解决方案的建议、陈述，对材料表现出的愿意考虑或者接受的意愿。调解员不应当在随后与此纠纷相关的仲裁或者司法程序中接受作为仲裁员或者一方当事人的法律顾问、律师的任命。

7. 终止：当事人或者调解员可以随时结束调解。

8. 调解协议：应当以书面方式达成《调解协议》，并且由双方当事人签章确认，当事人应当尽快执行《调解协议》。

9. 保留条款：调解员对调解过程中的任何行为和过失不向当事人承担法律责任，除非这种行为或过失是欺诈性的。

10. 赔偿：当事人应当确保调解员免受任何有关履行调解职能的行为或者过失的赔偿请求，除非这种行为或者过失是欺诈性质的。

更为完备的《调解协议》还常常包括以下条款：（1）第三人保密条款；（2）费用责任条款；（3）延迟履行条款；（4）退款条款。并且也常常包括以下附件：（1）关于纠纷的简单描述；（2）调解员的费用；（3）其他服务的费用；（4）调解的日程安排及地点。

（三）商会调解员应当具备的品质

1. 在调解员与当事人之间建立信任的能力

在调解过程中，调解员与当事人之间建立一种相互尊重、相互信任的氛围对调解成功是至关重要的。当事人越坦诚，调解成功的可能性就越高。坦诚来自信任，而建立信任则依赖于调解员贯穿始终的出色能力、正直、连贯性和中立性。建立和维持信任是每个调解员工作的基本目标，因为信任、安全的氛围会在最后的"问题解决和做出妥协"阶段变得极其重要。调解员必须能够通过一系列的步骤和行动激励当事人逐渐建立信任的关系。

【相关案例】

股权转让解除协议争议的调解[①]

2006年4月，申请人（中国某集团公司）与被申请人（美国某公司）经多次谈判达成《股权转让协议》（以下简称《协议》），被申请人以总金额3000万元人民币收购申请人持有的中国某上市公司（以下"上市公司"）5000万股国有法人股。《协议》约定，被申请人须在该协议签署后、获得省国资委和国务院国资委批准后，分阶段向双方指定的托管账户中支付共计相当于1000万元人民币的等值美元作为保证金，并在完成股权过户后抵转让款，其余转让款在上市公司履行相关程序完成股权过户的同时再予以支付。同时，双方约定托管账户下的保证金的保证期间为12个月，如到期不能完成转让程序，除非被申请人的过错，保证金将自动退回被申请人。

《协议》签订后，申请人与被申请人相互配合，按《协议》的约定履行各自义务。但是，由于之后国家相关部门规定股权转让须提交的文件有所增加，并且由于上市公司其他股东、竞买人的恶意阻挠，使审批手续拖延，获得国资委批准已至2007年2月。虽国资委批复中明确本次转让自批复之日起1年内有效，但此时距保证金的托管期限仅剩2个月。另外，虽受沪深股市利好的影响，该股的市场表现已翻两倍，但上市公司由于其大股东违规担保和挪用资金造成巨额亏损，上市公司已连续两年亏损，如本年度再亏损，面临退市的风险。

[①] 郭文健：《股权转让解除协议争议的调解》，载 http://www.comercial-law.com/caseshow.asp?id=70,2009年9月20日访问。

由于双方在《协议》中仅规定保证金到期后自动释放，对双方其他权利义务并未详尽规定，根据《协议》约定，如果双方发生争议需将争议提交香港国际仲裁中心仲裁解决，但是如果采取仲裁方式解决纠纷，将会导致上市公司股价下跌，影响上市公司经营和广大股民的利益。因此，申请人提议由中国国际贸易促进委员会调解中心（以下简称"调解中心"）介入调解，如调解不成，双方按《协议》约定将争议提请香港仲裁中心仲裁。

双方申请调解的真正原因是缺乏一个双方共同信任的沟通方和具有建设性方案的提出者，因此双方就此达成一致，最终此案件由调解中心一名熟悉股权转让、具有上市公司独立董事资格的资深调解专家作为调解员介入双方谈判并随时调解双方的争议。

调解员经过分析认为：双方各自为履行股权转让协议进了应尽的职责，且双方目前关系尚好，因政府审批程序及第三方的原因导致股权转让出现障碍，使双方在预测期限内完成股权转让已不可能。

因此，调解员帮助被申请人分析，目前上市公司股价已翻两倍，同时更应看到上市公司实际经营业绩不容乐观，另外上市公司债务重组和股改工作无实质性进展，如即将临近的年报再亏损，将有退市或被限制交易的可能，其与申请人终止《协议》履行并不是损失。但被申请人提出其为本次股权转让已发生约38万美元的费用，如终止该《协议》，此笔费用应由申请人承担。

调解员在与申请人沟通时分析指出，上市公司作为连续两年亏损股，之所以能随大市上涨，与外资并购的题材密切相关，申请人在没有与被申请人解除《协议》之前向第三方转让股权，必然导致违约，并且没有高价转让的可能性。在调解员参与、调解下，双方经过多次谈判，最后达成了《解除协议》，纠纷终于和谐解决。

评析：本案中，虽然双方当事人自愿将本案交由调解中心进行调解，但最初并不完全信任调解程序和调解员，因而在协议中还保留了仲裁条款。进入调解程序后，调解员凭借自身贯穿始终的出色调解能力、丰富的知识和经验，在当事人之间通过一系列的步骤和行动逐渐建立必要的尊重和信任关系，促使双方友好解除转让协议，化解了纠纷。由此可见，双方当事人的信任是调解的前提、基础，调解员利用其经验防止双方纠纷当事人继续发生争议或发现争议端倪及时斡旋，使得双方消除顾虑，使当事人之间在互谅互让的基础上解决争议对调解成功是十分重要的。

2. 保持公平、中立的能力

就公平性而言，调解员所应当有的态度是不关心调解的最后结果将会如何。调解员永远不能偏向任何一方，其公平性应当通过他在调解的每个阶段的行为得到体现。调解员如果明显地持偏见而歧视一方当事人的主张，对调解不满意的当事人可能会随时退出调解程序。因为对于纠纷当事人来说，调解一般在高度保密和非公开的情况下进行，因此不管是调解员给予另一方过多的时间或者对另一方过多关注甚或是明目张胆地偏袒另一方，当事人往往都难以证明，其唯一的选择只能是退出调解。可见在调解程序任何阶段、任何方面维持对当事人的平等待遇都是必要的。

调解中立，意味着调解员必须确保总是给予当事人双方以同等待遇。在现代商事调解程序中，调解员和一方当事人或者双方当事人之间曾经有过物质利益关系，或者有线索表明调解员将来会从一方当事人获得利益，但是调解员在调解之前没有给予披露的，将会使一个被任命的调解员失去担任调解员的资格，即使是在获得双方当事人同意的情况下。因为调解中立不仅是指在调解过程中调解员与当事人之间保持中立的一致行为，还包括调解程序开始之前及之后调解员涉及纠纷当事人行为的性质。

3. 控制程序的能力

有效的程序控制是一种平衡过程，既要让当事人充分表达他们的案件及其感受，又要保证交流的气氛是积极的，还应当控制调解程序在必要的时间内解决纠纷，以体现商事纠纷相较于仲裁、诉讼程序便捷快速的优点。

优秀的调解员会这样控制程序：调解员不轻易地突然中止双方之间正在进行的激烈争辩，特别是在调解开始的时候，因为在调解最初的时候，让当事人释放关于纠纷本身的情绪对商事纠纷后来的有效解决是有好处的。然而，这种情绪释放有可能会导致双方之间产生剧烈的愤怒或者表现出强烈的敌对行为，使得他们不可能——至少是短时间内在一起进一步达成任何的协议。优秀调解员能够试图通过对当事人表达适当的关注，让当事人发泄一下自己的感情然后转移到下一个问题来化解当事人的愤怒，这样有效得多。

作为调解程序主持人，调解员应该不允许参加人同时发言、持续打断别人或者试图说服对方当事人。如果当事人自己或者他们的法律代表试图偏离调解员的程序主导，调解员应当立刻制止，以继续有效发挥调解员对程序的主导作用。

4. 应变能力

调解的一个优点就是，调解员能够根据特定参加人的需要设计调解程序。没有哪两个调解是一模一样的。调解员的作用是帮助当事人理清他们的问题、需要和利益，设计出有效的解决方案，并且辅助他们最终达成一个符合双方需要和利益的协议。这不是一个简单的工作，调解员必须具备一定的应变能力才能取得成功。孙子曰:"不拘常法,临时适变从宜而行之谓也。"每个优秀的调解员都应该有一套最适合自己特点的个人化的、自然的风格。调解员不存在固定的正确程序或者标准的行为模式。

调解员对时间的有效把握是另外一个关键的问题。在某个场合使用一个既定的策略可能会导致失败,但是在另一个场合却有可能会成功。时间必须根据调解的参加人和特定调解会议的特点来决定。

三、非独立商事调解程序

对于商事纠纷的解决,即使在纠纷进入仲裁或诉讼程序之后,当事人也可以选择与仲裁或者诉讼相结合的非独立商事调解,这些非独立商事调解实现各种不同救济模式之间的良性互补,可以最大限度地实现商业利益与法律强制执行效力的平衡。

【相关案例】

驰名商标"汇源"侵权案在北京市以调解告结

北京汇源食品饮料有限公司是国内大型果汁饮料生产企业,其产品的国内市场占有率一直位居前列,并深受广大消费者青睐。该公司在产品上使用的"汇源"文字及图形组合商标为驰名商标。

2007年北京汇源食品饮料有限公司在一些超市发现标有"汇源"字样的产品,在标签左侧注有"汇源(香港)食品饮料有限公司授权"的字样。该产品系天津市鑫发饮料有限公司生产。天津市西青区千禧食品饮料厂在其商品标签上亦使用了"汇源"两字。北京汇源食品饮料有限公司分别对天津市西青区千禧食品饮料厂和天津市鑫发饮料有限公司提起诉讼,认为上述行为构成了商标专用权的侵犯和不正当竞争,要求判令二被告停止涉案侵权行为,赔偿经济损失50万元。北京二中院受理了该案。

由于这两起案件涉及享有一定知名度的商品,因此受到诸多消费群体和部分媒体的密切关注。二中院从妥善解决双方纠纷出发,积极开展调解工作,促使双方同意坐在一起恳谈解决方案,并达成调解协议。最终,双方达成调解协议,由天津市西青区千禧食品饮料厂和天津市鑫发饮料有限公司向北京汇源食品饮料有限公司保证立即停止生产涉案侵权的果汁饮料,并分别赔偿汇源食品公司经济损失5万元和10万元;如果违反上述承诺,则愿意支付违约金100万元。

双方在签署调解书后,二被告即时给付了赔偿款,从而使两起侵犯知识产权的案件以和谐方式解决。①

评析：当法律权利处于争议之中时，当事人可以将他们的争议提交法院裁决，法官在经过一个正式的公开审判程序后作出判决，在这个过程中各方会提交证据、主张并由对方进行质证、检验。诉讼提供了客观的事实判定、精细法律推理基础上的裁决。然而，诉讼也是非常费时费钱的过程，最终结果常常是不可预测的，并且司法救济的手段常常也是非常有限的。诉讼还会导致远期商业经营关系的破坏。因而在商事案件的判决之前，为避免远期商业经营关系破坏的不可挽救性，有的商事纠纷当事人选择在诉讼程序中调解解决纠纷。

(一) 诉讼中的商事调解

1. 立案调解——诉讼程序中的前置调解程序

立案调解是法院司法程序中的一环，因而首先案件必须已经由人民法院立案。法院审判程序中，任何案件必须经过立案登记才能成为案件，非经立案登记不成为案件，案件成立后即可进入立案调解程序，这是立案调解的基础。立案调解应在被告应诉后提出，立案调解可以是起诉人书面申请或口头申请，也可由负责立案的法官告知起诉人，起诉人有接受立案调解的意思表示后，立案调解案件的法官在向被告送达应诉通知书时，可征询被告的意见，被告同意接受调解的，立案调解便可进入实施阶段。如果被告坚持不接受调解，立案庭应立即将该案移送相关的审判庭进行审理，使当事人的程序选择权得到充分的保护，由此，立案调解必须以当事人各方自愿接受调解为前提条件，在答辩期内进行调解，要以被告自愿放弃答辩期权利为必备条件。

(1) 立案调解程序的时限要求

根据最高人民法院《关于进一步发挥诉讼调解在构建社会主义和谐社会中积极作用的若干意见》第10条规定：立案后并经当事人同意后，人民法院可以在立案阶段对案件进行调解。立案阶段的调解应当坚持以效率、快捷为原则，避免案件在立案阶段积压。适用简易程序的一审案件，立案阶段调解期限原则上不超过立案后10日；适用普通程序的一审案件，立案阶段调解期限原则上不超过20日。二审案件原则上一般不适用立案调解，在当事人双方明确在二审案件立案期间提出的调解请求后，二审法院应视案件情况确定更为合理的调解期限。

---

① 《"汇源"驰名商标纠纷案得以成功调解》，载 http://www.ccpit.org/Contents/Channel_63/2008/0423/107917/content_107917.htm，2008年11月12日访问。

（2）立案调解程序的范围要求

根据审判实践,立案调解的案件的范围应是权利义务明确、事实清楚、争议不大的一审案件。下列类型的案件可进行立案调解:①义务关系明确,争议不大的各类合同纠纷案件,包含多数案件事实简单的商事案件;②根据当事人请求或法院认为可以进行立案调解的事实清楚、权利义务关系明确、争议不大的其他案件。

相对的，不宜立案调解的案件则包括：案件事实不清，权利义务关系不明，争议和社会影响大，具有敏感性、疑难性、复杂性、在极短的时间内法官不能一下明辨是非，分清责任，需经过开庭审理举证、质证、认证、分析、研究才能认定处理。此外，适用特别程序、督促程序、公示程序、破产还债程序及婚姻关系、身份关系确认的案件也不应适用立案调解。①

2. 进入诉讼程序后的调解

（1）诉讼调解的程序

在诉讼程序中的调解不是一个法定必经程序,所以只有在各方当事人都同意调解的情况下,才能进入调解程序,此时的诉讼当事人才变为调解当事人,同时,法官也就变成调解员,或者说在从事着调解员的工作。我国《民事诉讼法》第八章对调解作了专门规定。② 法院调解的一个重要特点是,可以邀请有关单位和个人协助。此外,调解未达成协议或者调解书送达前一方反悔,即意味着调解失败。因此,在诉讼程序中是否达成调解协议和是否接受调解书的送达,对当事人来讲是两个关键环节。对法院来讲,调解一旦失败,就要及时判决。

（2）诉讼调解的请求范围

审判实践中，由于商事案件的复杂性及商事社会的多变性，常常出现商事案件的法院调解协议的内容超出诉讼请求的范围的情况。对此，最高人民法院《关于人民法院民事调解工作若干问题的规定》③ 第 9 条规定："调解协议内容超出诉讼请求的，人民法院可以准许。"这一规定从理论上基于调解问题灵活性的根本特征，从而突破了民事诉讼的"不告不理原则"。此外，该《规定》第 12 条还规定，调解协议具有下列情形之一的，人民法院不予确认：①侵害国家利益、社会公共利益的；②侵害案外人利益的；③违背当事人真实意思的；④违反法律，行政法规禁止性规定的。

---

① 具体可参阅《广东省高级人民法院关于民事案件立案调解的指导意见》。

② 关于调解的原则，我国《民事诉讼法》第 85 条规定："人民法院审理商事案件，根据当事人自愿的原则，在事实清楚的基础上，分清是非，进行调解。"第 88 条规定："调解达成协议，必须双方自愿，不得强迫。调解协议的内容不得违反法律规定。"

③ 法释（2004）12 号，2004 年 8 月 18 日最高人民法院审判委员会第 1321 次会议通过，2004 年 11 月 1 日起施行。

据此，基于当事人意思高度自治而达成的调解协议，虽然超出当事人诉讼请求的范围，只要不违反法律、行政法规的禁止性规定，不侵害国家、社会公共利益或者第三人的合法权益，法律都应当准许。这样才能彻底解决当事人之间的商事争议，最大限度地体现商事社会多变性的特征，达到方便纠纷当事人的目的。另外，还可以有效避免因法官硬性判决而导致的纠纷解决不到位和矛盾激化现象，降低上诉率和缠诉率，真正发挥诉讼定纷止争、维护社会正义与稳定的功能。

【拓展知识】

法院调解制度的成本分析？[①]

调解制度成本是指法院调解的各种费用支出的总称。运用经济学的观点分析调解制度在民事诉讼中的运作过程，应强调决定调解制度成本大小的以下成本特性：

1. 成本的合作性

所谓的成本合作性，是指调解制度成本的实质内容问题，是民事诉讼当事人之间围绕达成调解协议而合作的成本。这种合作成本是诉讼当事人追求诉讼中合作即达成调解协议的一种代价，它包括当事人在合法前提下，在互相让利或互相部分免责基础上，达成调解协议以及为执行调解协议所支出的人力、物力和时间。按照在交易成本低的情况下，诉讼当事人自行协商解决纠纷即用讨价还价达成调解协议的方法，比由当事人以外的法院依法强制解决当事人纠纷的判决方法更有效率这一"科斯定理"的思路，笔者认为，只要诉讼当事人达成调解协议的成本低于判决的成本，而且愿意通过调解解决他们之间的纠纷，那么在此交易成本低的情况下，当事人为此调解协议的达成和履行而共同花费一定的人力、物力和时间就是值得的。

2. 成本的博弈性

所谓成本博弈性，是法院调解成本的基本形式问题，是民事诉讼当事人围绕协议而讨价还价的对策成本。对这种对策成本的理论注解，就是博弈成本。按照博弈论的观点，博弈分为合作博弈和非合作博弈两个基本类型。一般的规律是，合作博弈的效率高于非合作博弈的效率。从博弈论经常引用的"囚犯困境"的典型例证分析，导致是否合作博弈的主要原因，是博弈双方对对策成本的大小是否明确。以调解成本中的对策成本为例，如果诉讼当事人即博弈双方在调解中讨价还价的成本即让与对方的利益属于自己可以承受的范围，或

[①] 参见周林彬：《法院调解制度的成本分析》，载《法律适用》2001年第12期。

者因此让利使自己承担的费用支出可能小于判决和执行后自己承当的费用支出,那么该当事人达成调解协议的可能性就由小变大,从而讨价还价的对策成本就由大变小。因此我们可以看到,达成调解协议的过程困难而结果简单,这就是一个讨价还价的博弈规律。

3. 成本的垄断性

所谓成本的垄断性,是指民事诉讼当事人围绕达成调解协议而形成"双边垄断"的成本。这是因为,调解谈判是一个典型的"双边垄断"的例证。在调解不成的风险点明确的条件下,具有趋利避害经济人特性的当事人只能采取这样一种理性对策,即原告只能与被告调解,被告也只能与原告调解。而且,每一个诉讼当事人都渴求使调解所产生的对审判的比较利益最大化。调解的经验和教训表明,调解的有效范围越大,当事人通过讨价还价的方案就越具有竞争性,从而当事人达成调解协议所要承担的代价就越大,也就越有可能由于难以分割可得到的达成调解协议合作博弈,采取一种"谁也不要占便宜"的非理性态度,而选择替代调解对策的判决对策。

(二) 仲裁中的商事调解

商会商事调解人仅仅是帮助当事人研究出他们自己的解决方案,而仲裁员却决定解决方案是什么。相对于商事商会调解,仲裁的主要优点是授予仲裁员对当事人具有约束力的权力,当事人可以对仲裁员作出的纠纷决定获得相当的可靠感,当然这要涉及将最后结果的控制权交给仲裁员。作为一个对抗性程序,相对于传统诉讼,仲裁因为裁判费用降低和时间节省而受到欢迎。

1. 仲裁机构调解的程序

仲裁机构调解是指在仲裁机构主持下进行的调解。国际上,各仲裁机构进行调解的做法有所不同。一种做法是把调解程序和仲裁程序分开。分别定有调解规则和仲裁规则,调解由调解委员会进行,仲裁由仲裁庭主持,调解不成而需仲裁时,原调解人不得为同一争议的仲裁人。另一种做法是将调解纳入仲裁程序,由仲裁庭主持,在仲裁开始前或开始后,仲裁庭可主动征得当事人的同意后进行调解,调解成功后即结案,调解不成时则继续仲裁。我国采用的是后一种做法。《仲裁法》以立法的形式确认了在仲裁中可以进行调解的原则。在仲裁程序中,在关于调解的原则问题上,基本上与诉讼程序相同。

通常,仲裁庭在仲裁程序进行过程中对案件的调解,是在当事人完全自愿采取仲裁调解方式并且纠纷案件事实基本清楚的基础上进行的。仲裁庭可以通过较仲裁程序灵活的方式促使双方当事人在仲裁裁决前自愿达成和解协议,然后根据和解协议的内容作出裁决书。仲裁中调解担任仲裁员和调解员的角色重合，如果是机构仲裁，则管理仲裁程序的机构和管理调解程序的机构是同一机构。仲裁调解方式，如果调解成功，则仲裁庭可以依据和解协议根据当事人的请求作出裁决书结案；如果调解不成，则仲裁庭可以恢复仲裁程序继续进行仲裁审理并作出裁决。

2. 仲裁调解的效力

仲裁调解并非仲裁的必经程序，不带有任何强制性。在仲裁过程中，商事纠纷当事人没有达成和解合意，仲裁机构依据仲裁程序应当根据纠纷事实适用法律或者公平正义原则作出裁决，而这些裁决在通常情况下是终局性的并具有法律强制执行力。

仲裁中调解的优点在于：（1）公平与效率的统一。在仲裁程序里进行调解，当事人无须缴纳在单独的调解程序必须缴纳的"调解费"；如果调解成功，后来的仲裁程序就不必继续进行，仲裁庭可以依据调解协议书的内容作出裁决书结案，裁决书具有法律强制执行力，或当事人也可以申请撤案；如果调解不成功，则已经开始的仲裁程序可以迅速地继续进行，直接导入到仲裁裁决阶段。（2）商事商会调解调解员作出的调解书不能到法院申请执行，而通过仲裁员在仲裁程序中调解，双方当事人达成和解协议后，仲裁员根据和解协议作出的仲裁裁决书，法院是给予执行的。（3）仲裁调解成功和商事商会调解成功一样，都有利于维护、巩固甚至发展当事人之间既存的或将来的商业合作关系，最大限度地满足当事人的商业需要。

【相关案例】

《调解书》向《裁决书》的转化

2002年1月，申请人（某省进出口公司）与被申请人（意大利某公司）达成出口9万件服装的售货合同，共计85万美元，交货期为2002年5月。申请人在6月20日才发运，货到意大利已是7月下旬，错过了销售季节。此外，意大利公司还发现货物有质量问题，因此要求退货或降价。双方曾于2004年5月达成《付款协议》，被申请人承诺在2005年4月底前分九次向申请人支付60万美元，至2005年5月被申请人仅向申请人支付了3万美元。申请人了解到法院虽然可以受理此案件，中、意之间虽有司法协助协议，但在意大利执行中国法院的判决尚无先例。后经双方协商，共同向中国国际贸易促进委员会（中国国际商会）河北调解中心申请调解。

双方经过三次谈判，本案达成了调解协议。由于履行期间较长，申请人为保障调解协议的可履行性，提出将《调解书》提交中国国际经济贸易仲裁委员会制作成仲裁裁决书。该会最终根据2000年10月1日起施行的《仲裁规则》（下称2000规则）第44条第4款，"当事人在仲裁委员会之外通过调解达成和解协议的，可以凭当事人达成的由仲裁委员会仲裁的仲裁协议和他们的和解协议，请求仲裁委员会指定一名独任仲裁员，按照和解协议的内容作出仲裁裁决"，按照《调解书》的内容作出了仲裁裁决书。

评析：当事人达成履行期较长的和解协议时，权利方往往对义务方能否自动履行存在顾虑，而且由于《调解书》本身不具有法律强制执行的效力，在达成和解协议后如一方不自动履行《调解书》，另一方还需再采用诉讼或仲裁法律救济手段向对方行使诉权，不但使另一方的合法权益不能得到及时保护，而且增加了解决争议的成本。中国国际经济贸易仲裁委员会2000仲裁规则的实施，为将调解程序嫁接到仲裁程序中创造了条件，使通过仲裁程序赋予《调解书》强制执行力有了依据。这为充分发挥调解和仲裁的各自优势、妥善解决各种争议开辟了更为高效便捷的途径。

（三）商事调解模式的比较

在商会的调解中，只有调解一个程序；而在仲裁和诉讼程序中的调解，除了调解程序外，还存在一个裁判程序。商会的商事调解和法院的调解、仲裁机构的调解虽然都是在尊重当事人自愿的原则下，通过协调当事人的分歧，最终达成一致的和解意见和方案，但是也仍然有着很大的区别。

1. 调解的主持者不同

表4－3－2

法院调解的主持者	法官
仲裁调解的主持者	仲裁员
商会调解的主持者	调解员

2. 调解的范围不同

表4－3－3

法院调解的范围	法院所受理的一切民事、商事案件，经济纠纷案件，甚至包括刑事自诉案件。
仲裁机构调解的范围	合同纠纷和其他财产权益纠纷，但是婚姻、收养、监护、抚养、继承纠纷和依法应当由行政机关处理的行政争议除外。
商会商事调解的范围	涉及财产关系的经济、贸易以及海事纠纷。

3. 三种调解方式的出发点不完全相同

表 4-3-4

三种调解方式的各自出发点	法院调解	诉讼程序的被提起
	仲裁机构调解	仲裁程序的被提起
	商会商事调解	当事人的调解申请

4. 调解程序的独立程度不同

法院作为行使审判权的国家司法机关，其调解是其民事诉讼程序内的一种方式，仲裁机构的调解是仲裁机构审理仲裁案件过程中的一种方式，在上述两种作为附属于主程序的调解程序中，由于诉讼或仲裁自身所具有的权威性，会不同程度地对由其自己主持的调解程序产生或多或少的影响，审判员和仲裁员包括当事人都会认为如果调解不成即可判决或裁决。因此上述两种程序中的调解有时会存在一定程度的流于形式。

此外，在诉讼和仲裁程序中，法院和仲裁庭的最终目的是要对当事人的争议进行事实和法律的评判和裁断，这是任何法院和仲裁庭都不可回避的一个根本性问题。在这种要求下，为了确保裁判的正确性，法院和仲裁庭必须对案件的全部事实和可能涉及的法律问题审查得十分清楚。

商会商事调解则由于未进入诉讼、仲裁程序，也没有任何裁判权做后盾支持，其目的在于化解当事人的矛盾和争议，只要当事人认可，商事调解员可以不关心商事纠纷的确切内容，不对事实进行全面彻底的审查，只要当事人对于调解结果认为合适和可以接受，在不规避法律，或违背法律的强制性规定的前提下，可以不拘于是否必须完全符合法律而不得有一点的违背。

在诉讼和仲裁程序中，法院和仲裁庭不应当、也不可能判令一方当事人承担其不应当承担的义务，或者判令一方当事人丧失自己应当享有的权利。而商会商事调解过程中，纠纷当事人基于商事利益的全面考量，可以是、也常常是相互让步，甚至包括商事纠纷当事人放弃自己在诉讼和仲裁程序完全可能得到的权利，承担自己在诉讼和仲裁程序完全不应当承担的义务。这是商会商事调解与诉讼调解和仲裁调解另一个显著的不同点。

四、商事调解协议的执行

最高人民法院《关于人民法院民事调解工作若干问题的规定》（以下简称《调解规定》）创设了很多新规定。其中，调解协议中的民事责任条款、调解担保等制度衔接民事执行程序，为债权人的债权在调解后得到积极实现提供了有效的法律保障。

(一) 前期准备工作

首先，当事人和他们的法律代表应当回顾他们的案情并且认真考虑他们在协议中的最好和最坏选择。充分考虑己方的最强点以及对方的最弱点。如果以这种方式准备调解，那么在谈判的时候，针对问题的讨价还价就会变得简单。

其次应当注意的是，在调解中，当事人的所有问题——包括相互关系、情绪问题——都是相互关联的，并且应该像在法庭上争辩他们的法律权利和义务一样进行深思熟虑。在调解准备工作中，每方当事人都应该集中考虑什么是他们在最终协议中真正想取得的利益，而不是仅仅考虑他们想要的经济利益。同时考虑另一方当事人的立场、需要和利益，以充分准备己方的调解策略。

(二) 调解方案的条款设计

1. 民事责任条款

依据《调解规定》第8条的规定，债权人在诉讼程序的调解中可以向人民法院提出调解方案，《调解规定》第10条第1款规定，人民法院对于调解协议约定一方不履行协议应当承担民事责任的，应予准许。

因此，债权人企业在调解协议中可以约定以下两种形式的民事责任：(1) 替代责任，如约定甲方向乙方返还标的物若干，如果到时不返还则应当支付损失XXX元，此时的赔款就是替代返还标的物的民事责任。作为债权人企业还应当注意审查并确保替代履行条约的合法性、可行性，如约定的违约金过高可能得不到支持。(2) 加重责任，如约定一方应向另一方支付一笔款项，如果到期不支付本金则应当一并支付所欠利息及违约金；再如约定一方应在怎样的期限内支付怎样的具体数额，如果逾期应支付多少的损失数额；再如如果不按期支付价款，则按照每天多少的百分比支付迟延履行金等等。

无论是法院调解协议、仲裁调解协议甚至商会商事调解后确定了法律强制执行力的调解协议中约定民事责任，对于约束债务人、实现债权均具有积极的意义：因债务人在履行过程中顾及不按时完全履行义务将要付出的法律代价，为了避免负担更大的义务，而使债务人完全履行调解书的概率加大。

值得注意的是，同时债权人企业还应当特别注意民事责任与执行阶段迟延履行责任不得同时适用的规定，即依照法律规定，选择了前者就不能主张民诉法"加倍支付迟延履行期间的利息"。

2. 担保条款

《调解规定》第11条规定，调解协议约定一方提供担保或者案外人同意为当事人提供担保的，人民法院应当准许。债务人为了达到债权人同意调解协议的目的，往往会接纳债权人要求为调解协议的履行设定担保的要求，实践中有两种选择：（1）债务人自行担保，但只能是债务人提供拥有所有权或处分权的物的担保，如抵押、质押；（2）第三人提供担保，形式可以是保证、抵押或者质押。如果到期不履行调解书确定的义务，执行人员可以直接对担保财产采取查封、扣押、拍卖等执行措施，也可以直接对担保人相应的财产采取强制执行措施。

为调解协议的履行设定担保无疑是为调解协议的全面、按时履行增加了一道保险，弥补了债权效力的不足，调解担保被法院生效的调解书确认，具有强制执行效力，不需要另行起诉追究担保人的担保责任。即使债务人破产，债权人也可以以担保的财产得到优先清偿，所以此举能最大程度地保障债权实现。[1]

值得注意的是：作为债权人企业应注意审查担保人的主体是否适格，担保物是否有权利瑕疵。注意办理抵押物登记，如抵押物为房产、汽车、机器设备等。质押形式中，一般动产质押是以移交物的占有为生效要件，权利质押一般以权利凭证交付为质押生效的要件，其中以股份、股票、知识产权中的财产权出质的，均应办理登记或记载手续，确保设定的担保合法有效。

本章小结

"商事调解"是指在商事活动中，商人之间发生争议后，自愿选择第三方作为调解人（调解员），由该调解人通过说服和劝导等方式，使当事人之间的争议在互谅互让的基础上得以平息的一种纠纷解决方式。商事调解具有程序灵活性、方式简便性、主体广泛性和过程保密性等特征，符合商人们对交易便捷和交易安全的需求。因此实践中，商事调解广泛适用于国内和国际商事活动中与交易、运输、保险、结算、担保等有关的一切纠纷。

在中国，涉及商事领域纠纷的专业机构调解大致包括三种类型：即商会在其所受理的商事调解案件中的商事调解；法院在其所受理的民商事诉讼案件中的调解；仲裁机构在其所受理的仲裁案件中调解。由于商会的调解机构独立存在，职能单一，不附属于其他的纠纷解决机制程序，故可以认为是具有独立性的调解程序。如最具代表性的中国国际商会系统的各个调解中心，都是独立的调解机构；他们有相对独立的调解规则，调解工作也具有自己独立的程序。而如诉讼程序中的调解、仲裁程序中的调解，由于调解在诉讼、仲裁程序中只是可选择的程序，没有启动诉讼、仲裁程序之前不能独立运用，所以调解程序在

---

[1] 郭文健：《股权转让解除协议争议的调解》，载 http://www.law-lib.com/lw/lw_view.asp?no=5593。

上述纠纷解决机制中没有独立地位，附属于其他程序当中，与其他纠纷解决方式结合运用，因此将其称为非独立商事调解程序。商事调解协议的履行具有非强制性，或称自愿性。当事人可以依据和解协议的内容自动履行；如果一方或双方当事人反悔不予履行的，和解协议自身不具备强制执行的法律效力，其他当事人不能直接申请法院强制执行。此时整个案件需另行以诉讼或仲裁等其他方式加以解决。

思考与练习

1. 面对国际上解决商事争议的四个主要的解决途径：协商、调解、仲裁和诉讼，企业在化解冲突、节约纠纷解决成本和维护商业未来关系的角度基于怎样必要因素的考量，会优先考虑以"商事调解"的方式解决彼此间的商事纠纷？

2. 商事调解中代理律师的角色和作用定位与其在诉讼及仲裁程序中的作用有什么区别？在你看来，是什么原因导致商事调解中代理律师角色和作用定位与其在其他纠纷解决机制中的定位有所区别？

3. 在法院商事调解实务中，商事纠纷当事人如何运用现有的调解与执行衔接中的法律措施防止调解另一方的调解欺诈？在商会商事调解中，商事纠纷当事人又该如何做呢？

案例分析

1. 结合以下案例说明以下问题：（1）此案例体现了商事调解的何种特征？（2）上述案例如何体现调解员独有的调解品质和调解技巧？（3）结合企业经营实务，说明与诉讼程序和仲裁程序比较，商事调解程序体现出何种优越性？

2005年，申请人（加拿大某公司）从蒙特利尔发运一批液体化工原料（与原客户约定CIF价格38万美元）至上海港，由于延缓了交货期且国际市场价格下跌，被申请人（某省进出口公司）拒不接货。这不但造成巨额滞期费，化工原料质量品级也随时间的推移而下降。在万般无奈之际，申请人与老客户被申请人达成协议，由被申请人接货，CIF价格，共计35万美元，滞期费由申请人承担。

申请人为让被申请人早日接货，以减少滞期费，提单没经银行传递而直接寄给被申请人，致使被申请人在没有付款的情况下提货，并卖给国内客户。由于国内客户没有及时向被申请人付款，致使被申请人只向申请人付了15万美元。剩余货款被申请人先以单据未经银行递交不能付款、后又以正与国内客户诉讼没款可付为由，拖延申请人货款20万美元达两年之久。申请人在多次催要无效的情况下，聘用加拿大律师，根据合同中的仲裁条款提请中国国际经济贸易仲裁委员会仲裁，但由于仲裁条款有缺陷，仲裁委未能受理。至此律师费已发生1.5万美元。该律师向申请人建议在被申请人所在省诉讼，但需费用5万美元。为了能节省费用追回货款，并且继续保持与被申请人的业务关系，申请人决定以调解方式解决此买卖合同纠纷。

调解中心受案后，首先向被申请人送达了申请人的申请书，由于被申请人对调解中心的管辖权和公正性提出异议，拒绝以调解方式解决纠纷，调解中心就此向被申请人讲明调解中心的中立居间性质及可在不伤和气、维护双方信誉的基础上解决争议的原则，从而打消了被申请人的顾虑。虽然案件标的较大，但是基于案情简单，双方法律关系清晰，为减少双方当事人的差旅费，调解中心秘书处建议采用独任调解员和书面、电话调解，双方均表示同意。

在本案调解中，调解员首先引导双方共同回顾以往友好合作的历史和本合同订立时被申请人为解申请人危难，勇于接货，申请人以诚相待、在未收到货款的情况下先行放单，双方真诚合作的经历。向被申请人讲明国内客户接货后不付款与被申请人、申请人之间是不同的法律关系，同时又引导申请人对被申请人的实际情况予以理解。之后又安排双方总经理在调解员主持下进行三方电话通话交换意见。为缓和双方对立情绪，调解员又示意被申请人在圣诞节前夕给申请人寄贺卡，申请人也给被申请人的几位业务主管发了鲜花礼仪电报，使双方融洽了感情，这为后来双方在调解中主动相互谦让创造了友好的气氛。

双方结果多次的谈判，最终达成和解协议，主要内容为：申请人放弃货款利息，被申请人在5个工作日内向申请人支付货款20万美元。申请人收到货款后，承担全部调解费用等。本案自调解中心立案到被申请人履行和解协议仅用了10个工作日。

第三章 商事仲裁

1996年，娃哈哈与达能公司、香港百富勤公司共同出资建立5家公司，生产以"娃哈哈"为商标的包括纯净水、八宝粥等在内的产品。娃哈哈持股49%，亚洲金融风暴后，百富勤将股权卖给达能，达能跃升到51%的控股地位。当时，达能提出将"娃哈哈"商标权转让给与其合资公司未果后，双方改签一份商标使用合同。正是这一条款，引发了强行收购风波。

据了解，在娃哈哈与达能签订的《合资合同》第19章中，中方股东娃哈哈集团、娃哈哈实业对外方股东有如下承诺，"不从事任何与合营公司的业务产生竞争的生产或经营活动"。而关于纠纷的解决，第26章第1条、第2条规定，双方若发生纠纷不能解决，将以仲裁的方式解决，规定机构为瑞典斯德哥尔摩商会仲裁院。

经过国内的多起相关的仲裁和诉讼之后，达能最终向瑞典斯德哥尔摩商会仲裁院提出仲裁申请。达能本次共提起8项仲裁申请。其中，7项仲裁都是合资企业的外方股东针对中方股东提出的仲裁申请，主要内容是中方违反合资协议的"非竞争性条款"。达能亚洲的全资子公司新加坡金加投资（Jinja Investments Pte Ltd）、Myen Pte Ltd和Novalc Pte Ltd为本次申请方。而中方的被申请人主要为4家公司，杭州娃哈哈（集团）有限公司、浙江娃哈哈实业股份有限公司、杭州萧山顺发食品包装有限公司和杭州娃哈哈广盛投资有限公司。7个仲裁的内容基本一致，主要都是针对上述被申请人违反合资协议的"非竞争性条款"，以及违反条款引起的侵权行为。最后一个仲裁申请是针对宗庆后本人的，称其违反了非竞争性条款和保密条款。因此斯德哥尔摩将是双方决胜的关键战场，也最终决定价值24亿美元的娃哈哈品牌的归属。

上述案例表明，企业在商事纠纷中，选择一个中立第三方进行仲裁是常见之选。随着达能与娃哈哈争端的升级，透过此案最终的解决方式——商事仲裁，我们可以学习到什么呢？

一、商事仲裁①

（一）商事仲裁的一般理论

1. 商事仲裁的概念

商事仲裁是指商事纠纷当事人在自愿的基础上达成协议，将纠纷提交非司法机关的仲裁机构，由仲裁机构作出对争议各方均有约束力的裁决，以解决纠纷的一种制度和方式。

仲裁作为由与争议无关的第三方解决当事人之间争议的一种方法，有着悠久的历史。在古希腊，仲裁最早用来解决城邦之间的争议和冲突。在古罗马，《十二铜表法》对民间仲裁规则进行一般性的规定。中国历来有通过友好方式解决争议的传统，争议双方请德高望重的人对争议作出公断。这种自发产生的请求与争议无关的第三者公断的实践，就是通过仲裁解决争议的雏形。② 13、14世纪后行会和商会通过组建商事仲裁机构使得商事仲裁日趋活跃和普及。

在中国，仲裁事业的发展经历了从无到有、从小到大、从残缺到完善的过程。随着中国社会主义市场经济的发展，仲裁作为解决国内外商事纠纷的手段已经得到普遍认可③，并在商事领域中的作用日益显著，逐渐成为商人解决纠纷的重要方式。据国务院法制办统计，截至2006年底，全国185家仲裁机构（有两家未纳入统计）共受理案件21万多件，标的额高达2725多亿元人民币。④ 商事仲裁为公正、及时地解决当事人之间的民商事争议，维护市场经济秩序和社会的公平正义，推动市场经济发展作出了应有贡献。

【拓展知识】

关于仲裁的性质

仲裁的性质，是数百年来学界争论不断但至今尚无定论的问题。概括起来，有代表性的观点主要有五种：

---

① 在有关仲裁立法和实践中，仲裁分为国内仲裁和国际仲裁。其主要区别是国内仲裁不存在涉外因素，也不存在适用外国法的问题，但总体而言，在一些基本原则、制度上，国内仲裁与国际仲裁是一致的，所以本章主要介绍国内仲裁。
② 赵秀文：《国际商事仲裁及其适用法律研究》，北京大学出版社2002年版，第1页。
③ 同上书，第259页。
④ 胡宗仁：《我国商事仲裁机构在仲裁服务市场中之竞争问题研究》，载 http://www.ccarb.org/news_detail.php? VID=5289,2010年1月31日访问。

(1) 契约说：契约论者认为，仲裁员不是从法律或者司法当局获得仲裁权，而是从当事人那里获得此项权力；整个仲裁都是基于当事人的意志而创立，当事人具有完全自愿和自治的特征；因此，裁决是仲裁员作为当事人的代理人所订立和完成的合同，因而仲裁是合同性质的关系。

(2) 司法权说：司法权论者认为，虽然仲裁程序的启动源于当事人的协议，但一个国家仲裁的权威性则取决于这个国家的法律；因此，国家对其管辖范围内进行的仲裁都具有监督和管理的权力。司法权论最大的特点在于不注重仲裁协议而强调仲裁地法的作用。

(3) 混合说：仲裁来源于当事人的契约，但不能超出法律体系；混合论者兼采司法权论和契约论的长处，既赞同仲裁员的职能是判案的论点、又调和了仲裁员不能代表国家的观点，认为仲裁裁决介于判决和合同之间。混合论在现代仲裁理论上具有较大影响；从实践来看，仲裁虽然源于当事人的约定，但仲裁程序一启动，法院的干预也就随之而来、有时还必不可少。

(4) 自治说：自治论者认为，仲裁的性质既非司法性、契约性，也非混合性，而是自治性；因为仲裁法律以满足当事人的愿望为目标，因而仲裁以当事人完全的意思自治为基础。

(5) 民间论：该理论认为，仲裁的本意是由社会通过自治来解决民商事争议，仲裁源于认同和信誉而非权力，仲裁权只能通过当事人授权取得而非国家赋予，仲裁权是当事人授予的私权而非国家公权。从仲裁制度赖以建立的基础是当事人的自由意志这一点来看，民间论与自治论具有相似之处；但从法律制度上讲，则有很大区别。

2. 商事仲裁的先决条件

争议的"商事"性质是商事仲裁的先决条件，也是争议事项能否通过仲裁方式解决、仲裁裁决能否得到承认和执行的重要问题。因此，解决"何为商事仲裁意义上的'商事'"这一问题具有重要的实践意义。

我国在1986年加入《承认及执行外国仲裁裁决公约》（即《纽约公约》）时提出了商事保留，即中国仅对按照中国法律属于契约性和非契约性商事法律关系所引起的争议适用该公约。而所谓"契约性和非契约性商事法律关系"具体是指由于合同、侵权或者根据有关法律规定而产生的经济上的权利义务关系，例如货物买卖、财产租赁、工程承包、加工承揽、技术转让、合资经营、合作经营、勘探开发自然资源、保险、信贷、劳务、代理、咨询服务和海上、民用航空、铁路、公路的客货运输以及产品责任、环境污染、海上事故和所有权争议等，但不包括外国投资者与东道国政府之间的争端。① 由此可见，我国对于仲裁意义上的"商事"作出了较为宽泛的解释。

【拓展知识】

商事仲裁与劳动仲裁的比较

企业开展经营活动涉及"对外"和"对内"两个层面的关系，对外关系主要表现为企业与其他商事主体之间的商事关系；对内关系主要表现为企业与员工之间的雇佣关系。因此，企业在经营活动中的纠纷可分为商事纠纷和劳动纠纷，而其解决方式则分别涉及商事仲裁和劳动仲裁，二者主要存在着以下差异：

(1) 适用范围不同。商事仲裁适用于平等主体的公民、法人和其他组织之间发生的合同纠纷和其他财产权益纠纷；劳动仲裁适用于中华人民共和国境内的用人单位与劳动者发生的与劳动有关的争议。②

(2) 意愿要求不同。商事仲裁是当事人在自愿的基础上达成协议，将纠纷提交仲裁机构裁决，是否将纠纷提交仲裁完全体现当事人的意愿。劳动仲裁是劳动争议当事人向人民法院提起诉讼的必经程序，而不以当事人达成协议为条件。

(3) 是否可诉不同。商事仲裁实行一裁终局原则，当事人不能以不服仲裁裁决为由向法院提起诉讼。劳动仲裁是劳动纠纷诉前的必经程序，当事人可以不服仲裁裁决为由向人民法院提起诉讼。

(4) 适用法律不同。商事仲裁适用仲裁机构的仲裁规则、《中华人民共和国仲裁法》(以下简称《仲裁法》)及其司法解释，当事人也可以在法律许可的范围内约定选择仲裁适用的法律。劳动仲裁适用《中华人民共和国劳动争议调解仲裁法》、《中华人民共和国劳动法》等法律、法规，当事人不能约定选择仲裁适用的法律。

3. 企业与商事仲裁

商事仲裁是解决商事法律纠纷的一种重要方式，是市场经济的产物，又为维护市场秩序、市场信用、促进市场经济健康发展服务，并随着经济的发展和

---

① 最高人民法院《关于执行我国加入的〈承认及执行外国仲裁裁决公约〉的通知》第3条。
② 《中华人民共和国劳动争议调解仲裁法》第2条规定："中华人民共和国境内的用人单位与劳动者发生的下列劳动争议，适用本法：(一)因确认劳动关系发生的争议；(二)因订立、履行、变更、解除和终止劳动合同发生的争议；(三)因除名、辞退和辞职、离职发生的争议；(四)因工作时间、休息休假、社会保险、福利、培训以及劳动保护发生的争议；(五)因劳动报酬、工伤医疗费、经济补偿或者赔偿金等发生的争议；(六)法律、法规规定的其他劳动争议。"

《仲裁法》的实施而日益受到众多企业的青睐，成为众多企业解决商事纠纷的首选方式。①

【背景资料】

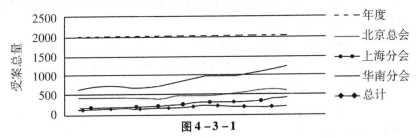

图4-3-1

经济学理论认为，企业选择商事仲裁解决商事纠纷是符合企业作为"理性人"需求的。因为商事仲裁不仅满足了企业的消费偏好，而且有利于企业在信息对称的前提下，更好地把握商事纠纷的解决。

【拓展知识】

商事仲裁制度的经济分析③

1. 消费偏好：一裁终局满足商事群体的消费偏好

消费偏好，系指消费者依据个人不同的需求基础和个性选择而进行的消费选择。商事群体的纠纷解决会因为强烈要求"时效性"而要求纠纷解决程序的快捷和迅速，因而，一种能够尽快获得确定性裁决的纠纷解决模式，将是商事群体的第一理性需求。仲裁程序设计中的一裁终局的模式，恰恰很好地契合了商事群体的上述需求，保证了提请解决的商事纠纷获得及时的处理。

2. 信息对称：商事纠纷解决信息流程的披露要求

信息的披露和交流过程，是以对话性为特征的纠纷解决模式所依托的基

---

① 根据零点调查公司于2003年9月的调查显示，仲裁已超过诉讼，成为大多数企业在其签订的合同中所规定的经济纠纷解决方式。57.74%的企业通常规定通过仲裁机构解决经济纠纷，39.54%的企业通常规定通过法院解决，二者之比为1.46∶1。在北京地区的企业里，这一比例更高达1.54∶1。作为解决民商事纠纷的主要方式，仲裁日益受到企业的青睐。

② 数据来源：中国国际经济贸易仲裁委员会网，http://www.cietac.org/AboutUS/AboutUS4Read.asp，2010年1月12日访问。

③ 参见陈慰星：《仲裁制度的经济分析——以纠纷解决方式的成本比较和竞争互动作为考察点》，载广州仲裁委主编：《仲裁研究》（第九辑），法律出版社2006年版。

础。作为一个典型的对话性纠纷解决模式,仲裁过程中的信息流程也是显而易见的,它不但是纠纷事实得以被凸显的唯一方式,更是理性的当事人得以经济的方式获得纠纷解决信息的有效途径。

(1) 事前可选择性的信息表露:纠纷解决是存在一定的风险。对于追求利益最大化的商事当事人而言,对于纠纷解决的消费偏好就是适用较低风险的方式。仲裁方式赋予了当事人宽泛的事前选择权,将使当事人最终获得对于自身纠纷解决风险的最大把握。

(2) 事中信息的判定优势:商事纠纷往往涉及专业性的纠纷内容,这些内容所延伸的对于纠纷解决流程中所传递信息的专业性和复杂性意味着对裁断人员提出了很高的专业性要求。因此,商事纠纷解决的信息要求纠纷解决模式必须相应匹配具体的专业性裁断人员,仲裁很好地呼应了专业性信息流动所要求的专业性裁断人员。

(3) 事后信息的预判——机会成本问题:所谓事后信息的预判,是对于纠纷解决结果的一种事先判断。纠纷解决信息传递是遵照一定严格程序的,而程序可由当事人双方自行确定或者由仲裁机构规则明确,这种确定可以确保争议焦点的明晰和信息交流的进行,为解决纠纷创设良好的制度基础。而当事人的自行选定程序,反过来提升了裁决被当事人认可和自我执行的可能。

4. 行业仲裁

行业仲裁是一种传统的仲裁方式,在仲裁发达的国家行业仲裁早已司空见惯,并得到较高程度的发展。由于不同行业的企业在选择解决经济纠纷方式时对各因素关注度不同,而且各行业内部又各有其生产经营的特殊性和行业的习惯与规则等,因此建立符合行业需要的行业仲裁,不仅可以满足相关行业的需求,也有利于仲裁制度的发展和完善。

表 4 - 3 - 1　不同行业企业在选择解决经济纠纷方式时主要考虑的因素[①]

	制造业(%)	金融业(%)	房产建筑业(%)	商业资易(%)	计算机应用服务业(%)	信息咨询服务业(%)
公正性	50.00	65.14	64.06	57.50	67.36	47.06
时效性(快速)	50.00	49.54	45.31	55.00	53.89	76.47

---

① 数据来源:零点指标数据网,http://www.horizonkey.com/showart.asp?art_id=295&cat_id=6,2010年1月16日访问。

续表

	制造业（%）	金融业（%）	房产建筑业（%）	商业贸易（%）	计算机应用服务业（%）	信息咨询服务业（%）
解决纠纷又不伤和气	54.55	38.53	31.25	52.50	30.57	26.47
法律文书能有效执行	36.36	22.94	31.25	30.00	22.28	26.47
保密性	18.18	19.27	28.13	17.50	19.17	8.82
收费高低	4.55	11.93	15.63	7.50	11.40	8.82
办案人员的专业素养	13.64	9.17	14.06	17.50	9.33	11.76
手续简便	13.64	8.26	3.13	7.50	8.81	11.76

目前，我国存在着多种行业仲裁，主要有：装修仲裁、粮食仲裁、金融仲裁、建设仲裁、皮革仲裁、渔业仲裁、物流仲裁、证券仲裁、消费仲裁等，并建立了相关行业的仲裁员名单。但是，与西方先进国家发达的行业仲裁相比，我国行业仲裁尚处于起步阶段。与先进的仲裁理念和制度接轨是中国仲裁发展的必由之路，其中的一项重要改革就是要在中国确立和适度发展行业仲裁，探索出有中国特色的行业仲裁制度体系，以使仲裁的专业化特点与行业的特殊性有机地结合，使行业惯例在仲裁中得以应用，使仲裁在解决特定行业的、专业化的纠纷方面发挥更大的作用。

（二）商事仲裁的特点

商事纠纷的解决方式有协商、和解、调解、仲裁、诉讼等方式，每种方式都有其优缺点。企业在选择纠纷解决方式时，必然会考虑各种纠纷解决方式的特征和优势，并结合企业在选择纠纷解决方式时主要考虑的因素，以选择二者相吻合的纠纷解决方式，达到企业在纠纷解决中所追求的效果和目的。就商事仲裁而言，其主要特点包括：

1. 非正式性

英国学者对仲裁曾如此描述："由于仲裁是依据当事人之间的协议而秘密进行，因此并无正式形式，既无国旗，亦无任何其他国家官方之象征；既无法院大厦之引道人员，亦无法官审判时所戴假发，更无法官开庭时所穿之法袍，仅系一群人在为仲裁而租来的房间内围绕着长桌讨论而已。对外人而言，仲裁程序之进行，如同在进行一项会议或者商务聚会而已，一点也不像法律程序"。[①]

---

① See Alan Redfen & Martin Hunter, *Law and Practice of International Commercial Arbitration*, Sweet & Maxwell, 1991, p. 1.

由于仲裁所具有的非正式性，使仲裁在纠纷解决中显现出更大的灵活性。"仲裁庭的程序规定比起民事诉讼来更加灵活，因此，它比民事法庭更适合解决和调停国内和国际的商事纠纷。"① 再者，这种灵活性使作为冲突主体的仲裁当事人可就如何进行仲裁程序展开磋商。这种磋商的过程往往会增进当事人之间的信任，而根据研究，相互信任会促使参与仲裁的当事人双方更愿意达成彼此都能接受的解决问题的方案。因此仲裁程序的灵活性能够使当事人更容易消弭冲突达成和解，从而更和谐地处理他们之间的纠纷。②

【背景资料】

商事仲裁庭审的非正式性表现③

（1）仲裁庭的环境比较宽松，装修豪华，进入仲裁庭就如进入一个高级会议室一样，没有法院那种庄严的感觉。

（2）仲裁员和秘书待人谦和，开庭气氛融洽，给人的感觉不像是在开庭，而像是在开会。这种气氛下，容易促使当事人之间达成和解。

（3）仲裁开庭的程序随意，可以先说辩论观点，也可以先举证，或交叉进行。当事人有充分的机会来表达自己的观点。

（4）在涉外仲裁中，所有的仲裁参加人都会讲英语，仲裁过程中可以使用英语或其他语言，没有必要翻译成汉语。

2. 自治性与灵活性

在私法领域，尤其是民法中，意思自治原则被作为基本原则确定下来。作为民间非正式的争议解决方式，仲裁带有"私"的属性，因此，仲裁理应且事实上贯彻意思自治原则。

现代商事仲裁制度以当事人意思自治为首要原则，则仲裁制度的内容充分体现了当事人意思自治的原则。④ 商事仲裁的自治性主要表现在：（1）当事人有权选择是否采用仲裁方式来解决他们之间的商事纠纷；（2）当事人有权选择解决商事纠纷的仲裁机构；（3）当事人有权选择或者委托仲裁委员会指定仲裁员组成仲裁庭；（4）当事人有权选择仲裁方式；（5）在不违背公序良俗

---

① ［德］奥特马·尧厄尼希：《民事诉讼法》，周翠译，法律出版社2003年版，第473页。

② 马占军：《中国内地与澳门地区商事仲裁法律制度比较研究》，广东人民出版社2007年版，第9页。

③ 潘修平、刘家刚：《中国律师办案全程实录：商事仲裁》，法律出版社2006年版，第83页。

④ 齐树洁主编：《民事程序法》，厦门大学出版社2003年版，第511页。

的前提下,当事人可以选择适用任何程序规定、实体规定作为仲裁的法则。
(6) 仲裁庭在当事人的同意下可以进行调解,以调解方式结案,体现了极大的灵活性。①

正是由于冲突主体的意志在仲裁中得到尊重,因此与诉讼相比,仲裁的特殊意义在于它对冲突主体的对抗情绪具有某种缓解的作用。因此,仲裁当事人对仲裁更具有信赖感,也更容易接受仲裁裁决结果并自动履行仲裁裁决,这无疑对于化解社会矛盾、促进社会和谐具有重要的作用。②

【背景资料】

自治性在《仲裁法》中的表现

第 4 条:当事人采用仲裁方式解决纠纷,应当双方自愿,达成仲裁协议。没有仲裁协议,一方申请仲裁的,仲裁委员会不予受理。

第 6 条第 1 款:仲裁委员会应当由当事人协议选定。

第 31 条第 1 款:当事人约定由三名仲裁员组成仲裁庭的,应当各自选定或者各自委托仲裁委员会主任指定一名仲裁员,第三名仲裁员由当事人共同选定或者共同委托仲裁委员会主任指定。第三名仲裁员是首席仲裁员。

第 49 条:当事人申请仲裁后,可以自行和解。达成和解协议的,可以请求仲裁庭根据和解协议作出裁决书,也可以撤回仲裁申请。

第 51 条第 1 款:仲裁庭在作出裁决前,可以先行调解。当事人自愿调解的,仲裁庭应当调解。调解不成的,应当及时做出判决。

3. 保密性③

与诉讼不同,仲裁强调保密性。仲裁的保密性是指仲裁案件不公开审理,即在一般的情况下,与案件无关的人在未得到所有当事人和仲裁庭许可之前,不得参加仲裁审理程序,仲裁庭不得任意披露仲裁文件。④

仲裁的保密性使仲裁在非正式的气氛下,迅速达成和解和裁决,涉案的商业秘密较不容易泄漏,公司的商誉亦可得以保全,不致为商场上的竞争对手加

---

① 商事仲裁的自治性特点反映了商事仲裁的灵活性,这种灵活性不仅体现在选择实体法时,当事人可以选择行业习惯、交易习惯、自治规范等,而且还体现在当事人可以选择调解方式结案,等等。
② 马占军:《商事仲裁制度的完善与和谐社会的构建》,载《河北法学》2009 年第 4 期。
③ 零点调查公司 2003 年 9 月的调查显示,企业选择解决经济纠纷方式时主要考虑的因素中,保密性占比 19.87%,位居第五。
④ 范愉主编:《多元化纠纷解决机制》,厦门大学出版社 2006 年版,第 386 页。

以运用打击。当事人之隐私和秘密,是仲裁方式所能充分尊重保护的。① 而在诉讼中,程序通常需要公开,当事人一旦涉诉,对簿公堂,公开审理,不但影响当事人隐私,且"事业之内幕与营业秘密亦有泄漏之虞。"②

仲裁的保密性不但可以确保仲裁当事人的商业秘密无泄漏之虞,更可使同类案件的解决处于一对一的简单状态,不会像诉讼那样产生重大社会影响,造成更多新的矛盾和诉争,有利于当事人之间矛盾的化解和最终解决。③

【拓展知识】

为什么诉讼需要公开而仲裁却秘密进行?④

英国有句古谚:公正一定要做到,而且要被大众见到在做。这样,大众才会对法制有信心。但是为什么诉讼一般需要公开审理,而仲裁却秘密进行呢? 因为,国家法院花的是纳税人的钱,被视为是支持公正的象征,它的判决是大众共同拥有的财富,是 common law 的一部分。但是仲裁完全不同,它是私人的解决争议办法,花的是双方当事人的钱,根本不欠大众市民任何东西。所以,他可以去关上门,不许外人旁听,而裁决书,也只是双方当事人的私产。

4. 准司法性

首先,作为仲裁基石的仲裁协议,由仲裁法规定了它有效的条件及法律效力。例如,我国《仲裁法》规定了仲裁协议的形式、内容,以及仲裁协议无效的情形。

其次,《仲裁法》赋予了仲裁裁决强制执行的效力和确认了限制仲裁的一些制度,如仲裁法授权仲裁庭有确认合同效力的权力,仲裁机构有确认仲裁协议效力的权力。特别是仲裁员,由于仲裁法的授权,才能对仲裁争议开庭进行审理,并使仲裁裁决与法院的判决书一样,具有强制执行的效力。

再次,全球经济一体化使国际商事仲裁数量大量增加,要使仲裁协议和仲裁裁决有效,应得到相关国家的法律规定及相关的国际条约认可后,方可得到承认与执行。

---

① 陈焕文:《国际仲裁法专论》,台湾五南图书出版有限公司1983年版,第8页。
② 杨崇森:《仲裁法新论》,我国台湾地区仲裁协会出版社1999年版,第11~13页。
③ 马占军:《商事仲裁制度的完善与和谐社会的构建》,载《河北法学》2009年第4期。
④ 参见杨良宜:《国际商务仲裁》,中国政法大学出版社1997年版,第37~38页。

【拓展知识】

商事仲裁文化的几个基本理念①

在商事仲裁产生和发展的漫长历史过程中,逐渐形成了一些先进的商事仲裁文化理念,因而促进了商事仲裁事业的不断发展和繁荣,进而促进和保障了商业和市场经济的健康发展。

1. 自主性是商事仲裁的基石

在商事活动中,当事人把他们之间发生的各种商事争议自愿交给第三者进行裁决,这种方式是双方当事人自愿协商选择的;裁决的第三者是双方信赖的,而且是双方选择的;裁决对双方都具有约束力,这种约束力依道德规范或行业惯例自觉执行。

2. 公正性是商事仲裁生命力的保证

公正是法律的基本价值目标,也是商事仲裁文化的核心价值取向和商事仲裁生命力的基本保证,其公正性主要表现为:仲裁规范和仲裁规则的公正性,体现了平等对待双方当事人的基本精神;仲裁庭(仲裁员)在适用仲裁实体规范和程序规范中,不受任何人的干涉,不得偏私,公正进行;对仲裁裁决进行适度的司法监督和仲裁机构的内部管理。

3. 独立性是商事仲裁独特属性的根本体现

首先,商事仲裁是一种民间的争议解决方式,其民间性凸显了仲裁的独立性;其次,仲裁员的独立性和中立性保证了仲裁的公正进行;最后,仲裁协议独立性原则扩大了仲裁员独立、自主裁判案件的内涵,是商事仲裁先进理念突破旧的仲裁传统理念的体现。

4. 诚实性是维护商事仲裁公正和提高仲裁效率的根本保证

仲裁当事人在仲裁程序中应当遵循诚实信用的义务,并依其行事,不得故意拖延仲裁程序、不得故意隐瞒有效证据、不制造假象、不故意诱导仲裁员等;仲裁员则应当依照忠诚无私的精神审理案件,从而营造和谐、友善、宽松的仲裁氛围,回归民间商事仲裁固有的文化特性,最终保证仲裁的公平和快捷,满足仲裁当事人的需求。

商事仲裁除了其特征展现的魅力之外,还包括一些具体的优势,也正是仲

---

① 赵承璧:《简论商事仲裁文化的几个基本理念》,载《仲裁与法律》(第115辑),法律出版社2009年版,第112~119页。

裁有其自身独具的特点和优势，才使其成为企业解决纠纷的首选方式[①]。具体言之，商事仲裁除了上面所说的特征之外，还包括以下的优势：

（1）专业性

仲裁员不只是法律专家，还包括经贸、科技、金融、工商、房地产、保险等各方面的专业人才，具备精深的业务素质，能够保证案件得到公正解决。当事人可以先了解各位仲裁员的专业背景、社会地位，选择具有相关专业背景、社会地位高的仲裁员审理案件。商事纠纷往往涉及复杂而特殊的知识领域，职业法官面对日益复杂的专业化领域，仅靠原有的法律知识和生活经验已很难对商事争议做出正确的判断。而相关领域的专家裁判则更具有权威性。仲裁专业性正好适应商事纠纷的特点需求，具有其他纠纷解决方式无法替代的优势。

（2）高效性[②]

仲裁实行"一裁终局"，没有上诉或再审程式，裁决自作出之日起即发生法律效力，并具有强制执行力。仲裁裁决生效后，当事人不能再就同一纠纷提起仲裁或诉讼，可避免诉累。而诉讼实行"两审终局"制，在特殊情况下，法院亦有可能将案件发回重审，部分案件甚至会按照审判监督程序提起再审，这些案件长期悬而难决，无论对社会还是对当事人来说，都造成负面影响。再者，仲裁可以不拘泥于仲裁地点、仲裁时间，可以根据当事人的意愿简化仲裁程序，体现了较强的灵活性。"一裁终局"与"灵活性"可节省当事人许多费用和时间，与诉讼相比显示出极大优势。

（3）独立性

根据我国《仲裁法》规定，仲裁依法独立进行，不受行政机关、社会团体和个人的干涉。这一规定确立了仲裁委员会和仲裁工作的独立性。这是仲裁委员会和仲裁工作的基本法律属性和基本特征。仲裁机构作为民间机构，仲裁员是民间人士，不隶属于任何国家机关。因此，仲裁庭对案件的审理不受仲裁机构和法院的干涉。再者，由于仲裁不受地域限制和级别限制，当事人可以自主选择公平、公正的国内仲裁机构或国际仲裁机构仲裁纠纷，有效防止地方保护主义。

---

① 零点调查公司2003年9月的调查显示，仲裁已超过诉讼，成为大多数企业在其签订的合同中所规定的经济纠纷解决方式。

② 零点调查公司2003年9月的调查显示，公正性与时效性（快速）是企业在选择解决经济纠纷方式时最为关注的两个因素。其中，公正性占比62.97%，时效性（快速）占比53.97%，分别位居第一、第二。

(4) 广泛执行力①

根据《仲裁法》的规定，仲裁裁决不仅可以在国内法院得到执行，而且作为《承认及执行外国仲裁裁决公约》（简称《纽约公约》）的签约国，中国仲裁机构的裁决还可以在全世界130多个成员国的法院得到承认和执行。仲裁裁决与法院判决具有同等的强制执行性，有力地保证了当事人纠纷的最终解决。

【背景资料】

我国立法关于仲裁裁决执行的规定

《民事诉讼法》第259条规定，经中华人民共和国涉外仲裁机构裁决的，当事人不得向人民法院起诉。一方当事人不履行仲裁裁决的，对方当事人可以向被申请人住所地或者财产所在地的中级人民法院申请执行。

《仲裁法》第62条规定，当事人应当履行裁决。一方当事人不履行的，另一方当事人可以依照《民事诉讼法》的有关规定向人民法院申请执行。受申请的人民法院应当执行。第72条规定，涉外仲裁委员会作出的发生法律效力的仲裁裁决，当事人请求执行的，如果被执行人或者其财产不在中华人民共和国领域内，应当由当事人直接向有管辖权的外国法院申请承认和执行。

最高人民法院《关于适用〈中华人民共和国仲裁法〉若干问题的解释》第29条规定，当事人申请执行仲裁裁决案件，由被执行人住所地或者被执行人财产所在地的中级人民法院管辖。

二、商事仲裁协议

（一）仲裁协议的有效要件

1. 仲裁协议的形式

国际上，大多数国家的立法均要求仲裁协议应当以书面形式订立。② 我国仲裁立法也规定仲裁协议必须采用书面形式，否则仲裁协议无效。要求仲裁协议采用书面形式，有利于证明当事人同意将争议提交仲裁的意思，也有利于减少是否存在仲裁协议上的举证困难。但是，随着经济的发展，书面形式不仅限于传统的纸面范畴，《仲裁法》的司法解释规定以合同书、信件和数据电文

---

① 零点调查公司2003年9月的调查显示，企业选择解决经济纠纷方式时主要考虑的因素中，法律文书能有效执行（执行力）占比24.90%，位居第四。

② 李浩培：《国际民事程序法概论》，法律出版社1996年版，第204页。

（包括电报、电传、传真、电子数据交换和电子邮件）等形式达成的仲裁协议也属于书面形式。在仲裁实践中，常见的书面仲裁协议主要有三种形式：仲裁条款、仲裁协议书、其他表示提交仲裁的书面文件。

"其他表示提交仲裁的书面文件"主要是当事人对含有仲裁条款的文件的提及或援引。当事人通常通过在其订立的合同中提及或援引一项含有仲裁条款的文件的方式，在他们之间成立一项仲裁协议。这种方式已经得到国际社会的认同。我国《仲裁法》有关司法解释对于通过援引方式达成的仲裁协议也视为"书面仲裁协议"并承认其效力。[1] 最高人民法院《关于适用〈中华人民共和国仲裁法〉若干问题的解释》第 11 条规定："合同约定解决争议适用其他合同、文件中的有效仲裁条款的，发生合同争议时，当事人应当按照该仲裁条款提请仲裁。涉外合同应当适用的有关国际条约中有仲裁规定的，发生合同争议时，当事人应当按照国际条约中的仲裁规定提请仲裁。"

2. 仲裁当事人的行为能力

合同当事人必须具有签订合同的行为能力，否则合同无效。仲裁协议是当事人之间私法上的法律行为，因此当事人在订立仲裁协议时应具备行为能力，这是仲裁协议有效的要件之一，这一点已为世界绝大多数国家法律所认同。[2] 我国《仲裁法》规定无民事行为能力人或者限制民事行为能力人订立的仲裁协议无效。在国际商事仲裁活动中，当事人的行为能力还涉及适用何国法律以判断当事人是否具备行为能力的问题。一般而言，对于自然人的行为能力依其属人法，即本国法或住所地法。对于法人的行为能力，也依其属人法，即法人国籍国法。

【相关案例】

企业下属部门签订的仲裁协议是否有效[3]

1998 年，某建筑公司就承包某培训机构综合楼扩建工程与培训机构签订了一份《施工合同》，在合同中双方约定：双方发生争议时，可以通过协商或申请施工合同管理机构会同有关部门调解；不愿通过协商或调解不成的，可以

---

[1] 最高人民法院在 1996 年 12 月 14 日的法函（1996）177 号中对此问题作出过明确规定："中外双方当事人订立的外贸合同中约定合同未尽事宜适用中国和蒙古国之间的交货共同条件的，因该交货共同条件即 1988 年 11 月 4 日《中华人民共和国对外经济贸易部和蒙古人民共和国对外经济供应部关于双方对外贸易机构之间相互交货共同条件的议定书》规定了因合同所发生或者与合同有关的一切争议在双方达不成协商解决的协议时，应以仲裁方式解决，并规定了具体办法，故应认定当事人自愿选择通过仲裁方式解决其纠纷，人民法院不应受理因该类合同引起的纠纷。"

[2] 韩键：《现代国际商事仲裁法的理论与实践》，法律出版社 2000 年版，第 61~63 页。

[3] 顾国增、宋艳芳：《商事仲裁审判典型案例分析与实务》，群众出版社 2005 年版，第 9~13 页。

向北京市仲裁委员会申请仲裁。

2000年,建筑公司以培训机构拖欠工程款为由,向北京市仲裁委员会提出仲裁申请。仲裁委受理了该仲裁争议案。培训机构未在工商局注册登记,其隶属于某服务中心。

2001年,培训机构向法院提出申请,要求确认仲裁条款无效。培训机构认为,其无民事行为能力,不能对外承担民事责任,与建筑公司签订的施工合同中关于解决争议方式的仲裁条款应属无效。建筑公司认为,培训机构是独立核算的经济实体,有独立的法人代码和税务登记号码,独立对外开具发票,是独立承担民事责任、独立核算的纳税人;培训机构是以其自身的名义为建设单位,中标通知也是培训机构正式下达给建筑公司的;施工证、质量合格证均是以培训机构为建设单位颁发的。鉴于上述理由,双方在合同中约定的仲裁条款并不违法律和有关规定,是双方真实意义的表示,因而是有效的。

法院认为,培训机构隶属于某服务中心,其自身不具有独立的法人资格。按照我国法律规定,不具有独立的法人资格也就不具有完全的民事权利能力和民事行为能力,不能依法独立享有民事权利和承担民事义务。根据《仲裁法》第17条规定,无民事行为能力人或限制民事行为能力人订立的仲裁协议是无效的,因而本案当事人签订的仲裁协议是无效的。

评析:企业在经济活动中与对方当事人签订仲裁协议时,应当审查对方当事人是否具有民事行为能力,否则将面临仲裁条款被确认无效的风险。

3. 争议事项的可仲裁性

当事人能否就特定事项的争议做出通过仲裁方式解决的安排,即仲裁协议事项的可仲裁性问题,通常涉及一国的社会公共利益,属于一国国内法的问题。[①] 关于可仲裁事项的概念,有学者为其所下的定义是:"可以在各国公共政策所允许的范围内通过仲裁解决的争议的界限。"[②]

【拓展知识】

争议事项的可仲裁性受哪些因素影响?[③]

一般来说,影响争议事项可仲裁性的因素,主要是指能影响国家司法机关

---

① 赵秀文:《国际商事仲裁及其适用法律研究》,北京大学出版社2002年版,第56页。

② See Alan Redfen & Martin Hunter, *Law and Practice of International Commercial Arbitration*, Sweet & Maxwell, 1991, p. 137.

③ 钱宇宏、马博娟:《从仲裁性的发展看司法权的让渡》,载《仲裁与法律》第93辑,法律出版社2004年版,第21~26页。

向民间让渡司法权的因素。这些因素主要有三个：

争端类型存在的历史和发生频率。即同样是商事行为，如果此类行为存在历史越悠久，发生频率繁，那么这些行为引起的争端就越具有可仲裁性；相反，如果这种行为只是偶尔出现，其可仲裁性往往受到司法的限制。

争端事项中的当事人类型或争端所涉及当事人的范围。各国司法机关对国际商事争端可仲裁性的态度较为宽松，只要当事人定有仲裁协议，一般都可以认为该协议是可执行的，除非严重影响国家的利益；而对国内商事争端，司法机关显然认为它有足够的能力和经验来对仲裁进行监督和审查，因此更大程度上控制着国家司法审判权。

争端所涉及的实体权利和义务是否被细分。如果争端中所涉实体权利和义务可被分为不同部分，那么就对不同部分分别确定其可仲裁性。例如，婚姻和抚养关系曾属于传统民事问题被认为是法院专属管辖，但现在基本趋势就是其中的财产权益部分的纠纷可以仲裁。

我国《仲裁法》规定，约定的仲裁事项超出法律规定的仲裁范围的仲裁协议无效。该法第2条规定："平等主体的公民、法人和其他组织之间发生的合同纠纷和其他财产权益纠纷，可以仲裁。"第3条规定："下列争议不能仲裁：（一）婚姻、收养、监护、抚养、继承纠纷；（二）依法应当由行政机关处理的行政争议。"2000年中国国际经济贸易仲裁委员会修改其仲裁规则时，将侵权行为在内的非契约性争议规定在可仲裁范围之内，至此，侵权行为也可以依仲裁协议提请仲裁。[1]

（二）仲裁协议的内容

仲裁协议的内容关系到争议能否得到公平合理的解决，直接反映当事人是否具有提交仲裁的意愿，决定仲裁协议的效力、仲裁权的取得与行使，是仲裁协议的核心。[2]因此，当事人都十分关心仲裁协议的内容。根据我国《仲裁法》规定，仲裁协议必须具有三方面的内容：（1）提请仲裁的意思表示；（2）仲裁事项；（3）选定的仲裁委员会。仲裁协议对仲裁事项或仲裁委员会没有约定或者约定不明确的，当事人可以补充协议；达不成协议的，仲裁协议无效。

1. 意思表示

仲裁协议应当具有当事人自愿将商事争议提交仲裁的意思表示，这是一项有效仲裁协议的首要内容，也是仲裁庭行使仲裁管辖权的前提和基础。将商事

---

[1] 参见《CIETAC2000规则》第2条，《CIETAC2005规则》第2条。
[2] 乔欣：《仲裁权研究：仲裁程序公正与权利保障》，法律出版社2001年版，第94页。

争议提交仲裁裁决的意思表示应当由双方当事人本着自愿、真实的意思做出。对此我国《仲裁法》17条规定，一方采取胁迫手段，迫使对方订立仲裁协议的，仲裁协议无效。

2. 仲裁事项

当事人在仲裁协议中应当载明提交仲裁解决的争议的内容。这是仲裁机构行使仲裁管辖权的依据，是仲裁庭裁决的范围，也是当事人申请法院执行仲裁裁决时必须具备的条件之一。在实践中，当事人会在合同条款中写明"本合同产生的争议"、"凡因执行本合同或与本合同有关的一切争议"。

【背景资料】

如何理解"本合同产生的争议"？

当事人概括约定仲裁事项为合同争议的，基于合同成立、效力、变更、转让、履行、违约责任、解释、解除等产生的纠纷都可以认定为仲裁事项。

1. 因合同的订立而引起的合同纠纷：（1）要约和承诺引起的合同是否成立的纠纷；（2）因合同条款不完备而引起的合同成立与否的纠纷；（3）因合同不具备形式要件而引起的合同纠纷；（4）因合同内容违法而引起的合同纠纷。

2. 因合同履行而发生的纠纷：（1）因违反合同规定拒不交货产生的纠纷；（2）不按合同规定的数量交货而引起的纠纷；（3）不按合同规定的质量要求履行合同发生的纠纷；（4）不按合同规定的期限履行合同而发生的纠纷；（5）不按合同规定的履行地点履行合同而发生的纠纷；（6）不按合同规定收货引起的纠纷；（7）不按合同规定的价格或劳动报酬履行合同而发生的纠纷；（8）因拖欠货物而引起的合同纠纷；（9）因运输途中的货损而引起的纠纷。

3. 因变更和解除合同而产生的纠纷：（1）因合同主体变更而引起的纠纷；（2）因变更合同内容而引起的纠纷；（3）因解除合同而发生的合同纠纷。

4. 因代理而引起的合同纠纷：（1）因委托书授权不明而引起的合同纠纷；（2）无权代理引起的合同纠纷；（3）滥用代理权引起的纠纷；（4）转代理引起的合同纠纷；（5）代理违法而引起的纠纷。

5. 因担保而引起的合同纠纷：（1）因被担保的合同发生争议而引起的有关担保的纠纷；（2）因担保合同本身而发生的纠纷。

此外，当事人在其仲裁协议中约定仲裁事项时，还必须特别注意其可仲裁性。针对不具有可仲裁性的争议事项达成的仲裁协议，是一项违反国家公共政策的无效仲裁协议。

【相关案例】

配套设施建设是否属于仲裁协议的范围[①]

某房地产公司与王某签订《住房预售合同》，约定："本合同在履行中如发生争议，协商不成的，双方同意提交北京仲裁委员会仲裁。"房地产公司认为，双方约定的仲裁范围仅限于预售合同约定的条款，任何非预售合同约定的权利义务履行的纠纷均不属于仲裁条款的约定。仲裁委关于交付房屋是否符合入住条件、房地产公司是否应限期完成配套设施的建设不属于预售合同仲裁条款约定的仲裁范围。因此，裁决书应当予以撤销。王某认为，关于交付的房屋是否符合入住条件问题的争议应当是房屋买卖合同在履行中发生的争议；关于房地产公司是否应该限期完成配套实施问题也是合同的基本内容之一，而且是必须受到保护的内容之一。因此，争议焦点属于仲裁范围内，裁决合法有效。

法院认为，根据双方约定的仲裁协议，预售合同中所规定的内容为仲裁庭审理的范围。关于配套设施的建设问题在预售合同中没有任何约定，故配套设施建设问题不在仲裁庭的审理范围之内。本案中，仲裁庭就配套设施的建设问题进行审理并作出裁决超出了当事人约定的仲裁范围。根据仲裁法的规定，对于该项裁决应当予以撤销，对于其他事项不予撤销。

评析：仲裁事项是仲裁协议的必备条款，如果当事人在仲裁协议中没有约定仲裁事项或者约定仲裁事项不明确，都可能面临对方当事人在仲裁过程中提出仲裁协议无效的抗辩。在仲裁裁决作出后，当事人也可以此为由向法院提出撤销仲裁裁决的申请。本案中，仲裁机构的裁决属于"超裁"，因此法院撤销"超裁"部分。

3. 仲裁机构

仲裁机构是受理案件并作出裁决的机构。如果约定在仲裁机构仲裁，则应写明仲裁机构的名称。

[①] 顾国增、宋艳芳：《商事仲裁审判典型案例分析与实务》，群众出版社2005年版，第138~141页。

【背景资料】

国际各大仲裁机构简述

1. 瑞典斯德哥尔摩商会仲裁院（Arbitration Institute of Stockholm Chamber of Commerce，简称 SCC）。SCC 是瑞典最重要的常设仲裁机构，是斯德歌尔摩商会下设机构，隶属于斯德哥尔摩商会，但在职能上是独立的。由于瑞典的仲裁历史悠久，体制完善，加上瑞典是中立国，因此斯德哥尔摩商会仲裁院成为解决国际经济争端的一个重要场所。

2. 美国仲裁协会（American Arbitration Association，简称 AAA）。AAA 是独立的、非政府性的、非营利性的民间组织，其总部设在纽约，是美国最主要的国际仲裁常设机构。其宗旨是：进行有关仲裁的研究，完善仲裁技术和程序，进一步发展仲裁科学，提供仲裁便利。

3. 香港国际仲裁中心（Hong Kong International Arbitration Centre，简称 HKIAC）。HKIAC 是一个民间非营利性中立机构，由理事会领导，理事会由来自不同国家的商人和其他具备不同专长和经验的专业人士组成，仲裁中心的业务活动由理事会管理委员会通过秘书长进行管理，而秘书长则是仲裁中心的行政首长和登记官。该仲裁中心的设立是为了满足东南亚地区的商务仲裁的需要，同时也为中国内地当事人和外国当事人之间的经济争端提供"第三地"的仲裁服务。

4. 中国国际经济贸易仲裁委员会（China International Economic and Trade Arbitration Commission，简称 CIEIAC）。CIEIAC（同时启用"中国国际商会仲裁院"名称）是以仲裁的方式，独立、公正地解决契约性或非契约性的经济贸易等争议的常设商事仲裁机构。总会设在北京，并分别在深圳和上海设立了华南分会和上海分会。北京总会及其华南分会和上海分会是一个统一的整体，是一个仲裁委员会，在整体上享有一个仲裁管辖权。

此外，在订立仲裁协议时，最好选择适当的仲裁机构，选择仲裁机构时必须考虑该仲裁机构的信誉、规则的内容及成本等多种因素。

【拓展知识】

企业如何选择仲裁机构？[①]

企业参与仲裁最关心的是纠纷能否得到公正、及时和低成本的解决，所以

---

① 资料来源：中国商事仲裁网，http://www.ccarb.org/news_detail.php? VID = 721，2010 年 1 月 6 日访问。

准确选择仲裁机构是极为重要的。企业在选择仲裁机构时应当考虑以下几个因素：

选择国内的仲裁机构。在中国境内的企业之间的纠纷，从仲裁成本考虑，一般不宜选择国外的仲裁机构。因为，国外仲裁机构路程较远，来回不仅耗费大量人力、物力，而且时间上也较难掌握；其次，国外仲裁机构仲裁费用高昂，许多国家的仲裁员按时间收取仲裁员酬金；另外，语言沟通较为困难，而法律上的陈述又不能有半点含糊，故交流难度也较大，必须专门聘请外语翻译，支付昂贵的翻译费。

选择大城市的仲裁机构。企业在选定国内仲裁机构时应当优先考虑一些经济较为发达的大城市仲裁机构，原因如下：一是大城市经济发达，仲裁机构处理民事、经济纠纷经验丰富；二是大城市仲裁机构条件优越，仲裁员队伍整体素质高于中小城市，是案件高质量审理和裁决的有力保障。硬件设施和秘书人员的配备能够更好地为当事人提供服务；三是大城市交通相对便利，便于当事人参加仲裁活动。

选择就近的仲裁机构。确定选择一个仲裁机构后，就由这个仲裁机构来安排和组织解决当事人之间的纠纷。对于当事人来说，就要按照选定仲裁机构的规则以及通知、安排来参加仲裁活动。如果双方当事人选定的仲裁机构距离当事人所在地很远，那么就可能带来很多不方便的情况。所以当事人可以选择所在地或临近的仲裁机构，减少参加仲裁活动的成本，也使当事人不用来回奔波于两地。

在实践中，为了减少谈判的障碍，避免因仲裁机构的确定问题使谈判陷于僵局，双方当事人有时也采取一种较为灵活的方式，即在仲裁条款中不明确规定将合同争议提交哪一仲裁机构仲裁，只规定发生合同争议时提交被诉人所在地仲裁机构仲裁。当事人以这种方式回避了确定具体仲裁机构这一敏感问题。这一问题的解决将有赖于合同履行的情况，看谁先提出仲裁申请，一旦仲裁申请提出，被诉人所在地仲裁机构便被确认为审理该争议的仲裁机构。这一做法有助于消除双方当事人的顾虑，促成交易成功，是一种切实可行的方式。① 但是这种方式也面临一个问题：如果被诉人所在地没有仲裁机构，则容易因仲裁机构不明确而需要当事人进一步协商或者导致仲裁协议无效。

---

① 张艳丽主编：《中国商事仲裁制度有关问题及透析》，中国工人出版社2000年版，第144页。

【相关案例】

仲裁协议中约定的仲裁委员会名称不准确
应当如何认定仲裁条款的效力①

某承包公司与某城建公司就某厂项目签订《项目合作协议》，就争议解决方式约定："在协议执行过程中，如争议或异议，双方应友好协商解决。无法协商解决时，提请北京市仲裁机关仲裁。"协议执行过程中，双方发生争议，请求法院确认仲裁协议的效力。

承包公司诉称，"北京市仲裁机关"并不是确指"北京市仲裁委员会"，而且北京市的仲裁机关也并不具有唯一性，属于对仲裁机关约定不明，因而依据《仲裁法》第18条规定，仲裁协议无效。城建公司辩称，《项目合作协议》明确表明了选择仲裁作为纠纷的解决方式，将北京仲裁委员会写成北京市仲裁机构属文字表述有误，因此双方将争议提交仲裁的意思表示是真实的、明确的。

法院认为，该仲裁条款确定了双方因执行合同发生争议后所提请解决的仲裁机构为"北京市仲裁机构"，而北京市的仲裁机关（机构）仅为中国国际贸易仲裁委员会和北京市仲裁委员会。按照最高人民法院《关于同时选择两个仲裁机构的仲裁条款效力问题的函》的规定"当事人只要选择约定的仲裁机构之一即可进行仲裁"，该仲裁条款对仲裁机构的约定是明确的，亦是可以执行的，因此，裁定该仲裁条款有效。

评析：仲裁机构是仲裁协议的必要组成部分。因此，企业在签订仲裁协议时应当明确仲裁机构的名称，但是通常情况下企业并不熟知仲裁机构的确切名称，所以对仲裁机构的约定并不完全是仲裁机构的确切名称，在此情况下，只要能确定仲裁机构，就认定该仲裁协议是有效的。

（三）仲裁协议的效力

1. 对当事人的效力

仲裁协议一旦成立，则对当事人都具有直接的法律约束力，当事人负有依据仲裁协议的约定提交仲裁的义务，而不能就仲裁协议约定的仲裁事项向法院提起诉讼，除非当事人之间另有协议变更原仲裁协议。

如果一方当事人违背仲裁协议而就协议仲裁事项诉诸法院，另一方当事人

---

① 顾国增、宋艳芳：《商事仲裁审判典型案例分析与实务》，群众出版社2005年版，第195~196页。

则有权依据仲裁协议要求法院终止诉讼程序,将争议由约定的仲裁机构裁决。如果一方当事人诉诸法院,而另一方当事人不及时提出异议或前往应诉的,则视为双方就争议解决方式达成了新的协议,同意以诉讼解决纠纷,从而认定法院具有管辖权,另一方当事人因此丧失了以原仲裁协议排除法院诉讼管辖权的抗辩。

【相关案例】

合同转让后仲裁条款是否对受让方具有约束力?①

绿鹏公司(甲方)与杜昌奎、周瑞林(乙方)签订《房屋买卖合同》,双方约定:甲方将其房屋出卖给乙方,在合同履行过程中,如乙方已在重庆投资设立有限公司的,甲、乙双方同意将本合同的乙方变更为乙方投资设立的有限公司;合同履行过程发生争议,甲、乙双方应协商解决。协商不成的,任何一方均可提请重庆仲裁委员会仲裁。另外,乙方系瑞昌公司的股东(发起人)。

乙方付款后,请求绿鹏公司将权证办给瑞昌公司。瑞昌公司向绿鹏公司发出《告知函》,主张瑞昌公司的权利和义务。绿鹏公司于同月13日回函不承认瑞昌公司的权利和义务,明确反对瑞昌公司债权债务的受让。瑞昌公司请求确认绿鹏公司与杜昌奎、周瑞林签订的《房屋买卖合同》中的仲裁条款对瑞昌公司无效。

绿鹏公司认为,瑞昌公司系根据乙方转让合同权利而承接了绿鹏公司与乙方签订的《房屋买卖合同》合同权利,根据该合同"在合同履行过程中,如乙方已在重庆投资设立有限责任公司的,甲、乙双方同意将本合同的乙方变更为乙方投资设立的有限责任公司"的约定,该合同约定的仲裁条款对瑞昌公司有法律约束力。

法院认为,瑞昌公司系由乙方在重庆设立的有限公司,根据绿鹏公司与乙方签订的合同约定,该合同一方当事人已由乙方变更为瑞昌公司。瑞昌公司在受让该合同的合同权利义务时,明知该合同约定了仲裁协议而未明确表示反对,根据最高人民法院《关于适用〈中华人民共和国仲裁法〉若干问题的解释》第9条,绿鹏公司与乙方签订的合同约定的仲裁条款对瑞昌公司有法律效力。

评析:债权债务转让,一般情况下原仲裁协议对受让人有效,除非当事人

---

① 案件来源:重庆市第五中级人民法院民事裁定书(2007)渝五中民特字第2号。

另有约定或者在受让债权债务时受让人明确反对或者不知有单独仲裁协议。因此，企业在经济活动中受让其他商事主体的债权债务时，应当审慎审查原债权债务合同是否存在仲裁协议或仲裁条款，如果认为原仲裁协议不符合己方利益的，可以在受让债权债务时作出明确反对该仲裁协议的意思表示。

根据传统合同法的基本原理，合同一般仅对合同双方当事人具有法律约束力，未经第三人同意，合同当事人不得为第三人设定义务。仲裁协议一般仅对仲裁协议双方具有法律约束力，但是随着商业发展的广泛性与复杂性，使交易逐步呈现出开放性与相关性的特点，作为商事争议解决机制的仲裁也在不断地发展和改进。一个典型表现就是在特定情况下仲裁协议效力具有扩张性，向非书面签约第三人延伸。

【拓展知识】

仲裁协议效力扩张理论

有效的仲裁协议是仲裁庭对仲裁案件行使仲裁管辖权的前提条件。传统仲裁协议效力以契约理论为依据，认为仲裁协议的效力范围限于仲裁协议的当事人或者签字人。但在特定情况下仲裁协议的效力，可以向非书面签约第三人延伸。

学者认为，基于禁止反言原则、公平合理期待原则、揭开公司面纱理论、公司化身理论，在法人合并与分立、合同转让、代理制度、关联协议中的母子公司、合伙、担保、代位求偿、提单流转等情形中突破传统法律障碍，使仲裁协议的效力扩张至未签字第三人。但如何认定未签字第三人的范围以及如何在具体司法实践中把握哪些特定情形中商人们签订的仲裁协议具有扩张的效力，目前还缺乏统一的规定，实践中的做法也各有不同。

国际上对商事仲裁中仲裁协议的效力扩张问题的研究比较深入，提出了采用交易惯例理论、关联合同理论、第三方受益人理论、揭开公司面纱理论以及公司化身理论等理论学说对仲裁协议效力的扩张现象进行正当性的论证，仲裁协议效力扩张的具体情形的分析也较为深入。

2. 对仲裁机构的效力

仲裁机构的管辖权源于当事人的仲裁合意，没有当事人的仲裁合意就没有仲裁机构的管辖权。因此，有效的仲裁协议是仲裁机构受理争议案件的依据。如果无仲裁协议或仲裁协议无效，仲裁机构则无权受理该项争议。任何一方当事人都可以基于不存在一个有效的仲裁协议而对仲裁机构的管辖权提出异议。再者，仲裁机构只能对当事人仲裁协议中约定仲裁的事项进行仲裁审理，并作出裁决，而不能超越仲裁协议约定的仲裁事项进行裁决。

【相关案例】

仲裁管辖权是仲裁机构作出裁决的前提条件[①]

中航长城工程建设有限公司直属工程局（以下称工程局）与杨盛明、魏海涛曾签订《工程机械经营租赁合同》约定："凡因履行本合同所发生的或与本合同有关的一切争议，甲乙双方应通过友好协商解决；如果协商不能解决，应提交仲裁委员会，根据仲裁的有关程序进行仲裁裁决。"后来，合同双方发生纠纷。杨盛明、魏海涛提请昆明仲裁委员会对合同履行中发生的争议作出了裁决。

但工程局认为，合同中仲裁条款属于约定不明，事后双方没有对确定具体的仲裁委员会达成补充协议。根据法律的规定，该仲裁协议依法属于约定不明，系无效仲裁协议，昆明仲裁委员会无权管辖本案。故申请人民法院撤销昆明仲裁委员会的裁决。

杨盛明、魏海涛辩称，双方在昆明签订的合同，也是在云南履行该合同，在谈判签订合同时明确说明了双方如果发生争议，由当地即昆明的仲裁委员会仲裁，只是在签订过程中由于疏忽，没有写上"昆明"二字。后发生纠纷，其向昆明仲裁委员会提出仲裁，对方提出管辖异议，经仲裁委员会作出决议，驳回了对方的异议，故该裁决合法。

法院认为，双方在《工程机械经营租赁合同》中约定的仲裁协议不能表明双方明确约定了仲裁机构，也不符合最高人民法院《关于适用〈中华人民共和国仲裁法〉若干问题的解释》第3条"仲裁协议约定的仲裁机构名称不准确"及第6条"仲裁协议约定由某地的仲裁机构仲裁且该地仅有一个仲裁机构的"规定的情形。根据《仲裁法》第18条的规定，合同中约定的仲裁协议应属无效。根据最高人民法院《关于适用〈中华人民共和国仲裁法〉若干问题的解释》第18条的规定，"仲裁法第58条第1款第1项规定的'没有仲裁协议'是指当事人没有达成仲裁协议。仲裁协议无效或者被撤销的，视为没有仲裁协议"，以及第27条第2款的规定，虽仲裁机构作出过仲裁协议效力的决定，但申请人申请撤销裁决的理由符合《仲裁法》第58条的规定，因此

[①] 案件来源：云南省昆明市中级人民法院民事裁定书（2008）昆民一初字第119号。

撤销昆明仲裁委员会的仲裁裁决。

问题：根据相关法律，"仲裁管辖权的确定"与"法院对合同纠纷管辖权的确定"有何不同？

3. 对法院的效力

仲裁是一种独立的、具有终局性的争议解决方式。因此，仲裁协议赋予了仲裁机构管辖权的同时也意味着排除法院对同一争议的管辖权。我国《仲裁法》第5条规定，当事人达成仲裁协议，一方当事人向人民法院起诉，人民法院不予受理，但是仲裁协议无效的除外。

【相关案例】

有效的仲裁协议排除法院的管辖权①

轻纺公司分别与裕亿公司和太子公司签订销售合同并订立仲裁条款。后因履行合同发生争议，轻纺公司向江苏省高级人民法院起诉，称裕亿公司和太子公司利用合同形式进行欺诈，构成侵权；当事人之间已非合同权利义务的争议，而是侵权损害赔偿纠纷，故轻纺公司有权起诉，不受仲裁条款的约束。两被告提出管辖权异议。江苏省高级人民法院支持原告主张，两被告不服一审裁定，向最高人民法院提起上诉。最高人民法院认为两项合同中均订立明确的仲裁条款，根据《仲裁法》和《中国国际经济贸易仲裁委员会仲裁规则》，中国国际经济贸易仲裁委员会有权受理侵权纠纷，各方当事人均应受仲裁条款约束，该案纠纷应通过仲裁解决，法院无管辖权，随后最高人民法院撤销江苏省高级人民法院的裁定。

问题：你如何理解仲裁协议（仲裁条款）的独立性？商事纠纷的性质是否对仲裁协议（仲裁条款）的独立性构成实质影响？

4. 赋予仲裁裁决执行力的法律效力

一项有效的仲裁协议是仲裁裁决具有强制执行力的重要条件，仲裁裁决的强制执行力是仲裁协议的最终效力表现。我国《仲裁法》第70条、第71条，《民事诉讼法》第260条第1款、第217条第1款均规定，如果不存在有效的仲裁协议，人民法院可以根据当事人的请求及相关证据，撤销或拒绝执行仲裁

---

① 吴合振：《最高人民法院公报案例评析—民事卷·经济案》，中国民主法制出版社2004年版，第267页。

裁决。

【拓展知识】

实践中常见的几种瑕疵仲裁条款

1. 瑕疵仲裁条款之一：约定两个仲裁机构

"凡因本合同引起的或与本合同有关的任何争议，可提交中国国际经济贸易仲裁委员会或者广州仲裁委员会仲裁。"

说明：最高人民法院《关于适用〈中华人民共和国仲裁法〉若干问题的解释》第5条规定：仲裁协议约定两个以上仲裁机构的，当事人可以协议选择其中一个仲裁机构申请仲裁；当事人不能就仲裁机构选择达成一致的，仲裁协议无效。

2. 瑕疵仲裁条款之二：先裁后审

"凡因本合同引起的或与本合同有关的任何争议，均提交中国国际经济贸易仲裁委员会仲裁。若对裁决不服的可向人民法院起诉。"

说明：依据我国《仲裁法》，仲裁实行"一裁终局"制度。因此，先裁后审约定违背仲裁终局性，属于无效协议。

3. 瑕疵仲裁条款之三：或裁或审

"凡因本合同引起的或与本合同有关的任何争议，均提交中国国际经济贸易仲裁委员会仲裁或者向人民法院起诉。"

说明：最高人民法院《关于适用〈中华人民共和国仲裁法〉若干问题的解释》第7条规定：当事人约定争议可以向仲裁机构申请仲裁也可以向人民法院起诉的，仲裁协议无效。但是一方向仲裁机构申请仲裁，另一方未在仲裁法第22条第2款规定期间（首次开庭前）内提出异议的除外。

4. 瑕疵仲裁条款之四：仅约定仲裁规则

"凡因本合同引起的或与本合同有关的任何争议，均应按照中国国际经济贸易仲裁委员会仲裁规则进行仲裁。"

说明：最高人民法院《关于适用〈中华人民共和国仲裁法〉若干问题的解释》第4条规定：仲裁协议仅约定纠纷适用的仲裁规则的，视为未约定仲裁机构，但当事人达成补充协议或者按照约定的仲裁规则能够确定仲裁机构的除外。该仲裁条款有效，但最好写明仲裁机构的名称。

（四）仲裁条款的独立性

仲裁条款的独立性原则，是指合同中仲裁条款的效力独立于主合同。当主合同变更、解除、无效、终止时，合同中的仲裁条款的效力可以独立存在而不受主合同的影响。现代国际商事仲裁法的理论与实践普遍坚持仲裁条款的独立性原则，主张仲裁条款与主合同是可以分割的，仲裁条款与主合同是两项独立的合同，主合同处理当事人双方的权利义务，仲裁条款则专门处理双方因合同权利义务而产生的争议。因此，仲裁条款的效力独立于主合同的效力，其有效性不受主合同有效性的影响，即使合同无效，仲裁条款仍然有效。①

【拓展知识】

仲裁条款自治理论

凡以仲裁条款的形式出现的仲裁协议，应被视为与当事人之间有关合同的其他部分相分离的单独协议，即一个包含仲裁条款的合同应被视为由两个相对独立的合同构成，尽管可以认为规定当事人双方在商业利益方面的权利义务关系的合同为主合同，而另一个以仲裁条款形式出现的仲裁协议为从合同，但这二者不能适用"主合同无效，从合同亦随之无效"的一般法理。仲裁条款在整个国际商事合同中必须具有独立性。它的效力只能因主合同的完全履行而终止。它不仅不会因主合同的效力发生争议而失去作用，反而正因此而得以实施，发挥它作为救济手段的作用。仲裁条款的存在与有效无效，只能以仲裁条款自身的情况作出判断。仲裁条款自治理论被许多国家的立法和有关国际条约所采用。②

随着仲裁实践的发展，仲裁条款的独立性作为一项原则已为世界上绝大多数国家的法律和仲裁规则所接受。仲裁条款的独立性原则可以防止当事人拖延纠纷解决程序，能使纠纷得到及时、高效地解决。

【背景资料】

仲裁条款的独立性原则适用的范围

仲裁实践中，法院因合同未成立、成立未生效、被撤销以及不存在而否定仲裁协议效力的情况较为突出。合同未成立、成立后未生效以及被撤销的，在

---

① 宋连斌：《国际商事仲裁管辖权研究》，法律出版社2000年版，第106页。
② 1961年《欧洲国际商事仲裁公约》第5条第3款，1965年《关于解决国家与他国国民之间投资争端公约》第41条第1款、第2款，以及1980年《联合国国际货物销售合同公约》第81条均规定有仲裁条款独立性原则。

法律后果上与合同无效是一样的,都会使合同自成立时起无效。既然合同无效并不影响依附于合同中的仲裁条款的效力,则合同未成立、成立后未生效以及被撤销三种情形下,依附于合同的仲裁条款具有独立性,不影响仲裁条款的独立性。最高人民法院对此问题作了明确解释:"合同成立后未生效或者被撤销的,仲裁协议的认定适用《仲裁法》第19条第1款的规定。当事人在订立合同时就争议达成仲裁协议的,合同未成立不影响仲裁协议的效力。"

三、商事仲裁的程序

仲裁程序,是指仲裁庭审理仲裁案件并作出仲裁裁决的过程。程序是保证实体权利实现的过程。因此,各国立法或者是仲裁机构规则均对仲裁程序作出了相应规定。

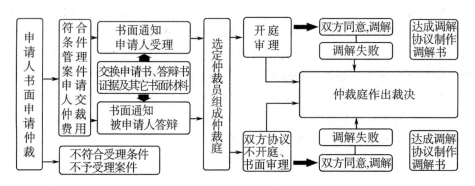

图4-3-2 商事仲裁程序图[①]

(一) 商事仲裁的启动

1. 申请

商事仲裁申请,是指当事人根据仲裁协议就他们之间已经发生的商事争议,依法提请约定的仲裁机构解决的书面请求。商事仲裁申请的提出,一般必须具备一定的条件,如我国《仲裁法》第21条规定:"当事人提出仲裁申请应当符合下列条件:(1) 有仲裁协议;(2) 有具体的仲裁请求和事实及理由;(3) 属于仲裁机构的受理范围。"第22条进一步规定:"当事人申请仲裁,应当向仲裁委员会递交仲裁协议、仲裁申请书及副本。"

---

① 资料来源:北京仲裁委员会,http://www.bjac.org.cn/program/zhongcailiucheng.html,2010年1月3日访问。

【背景资料】

企业申请仲裁须知

☆ 适用简易程序的案件，须提交仲裁申请书及证明材料一式三份；适用普通程序的案件，须提交仲裁申请书及证据材料一式五份。如果被申请人为两个以上，则应增加相应份数。

☆ 仲裁申请书须至少提交一份原件，证据材料可全部提交复印件。

☆ 仲裁申请书及证据材料应用 A4 号纸制作，并应按份装订成册。

☆ 证据材料必须按案情顺序编号并装订整齐。

☆ 附件中必须包括含有仲裁条款的合同或书面仲裁协议。

☆ 向法院提请财产保全及/或证据保全的，须提交财产保全申请书原件及/或证据保全申请书原件一式两份。增交仲裁申请书或证据材料一式一份；并提供申请保全的财产及/或证据所在地基层或中级人民法院的名称、地址和邮编。

☆ 提交营业执照复印件一式一份；提交法定代表人身份证明原件一式一份。

☆ 委托仲裁代理人的，应提交授权范围明确的授权委托书原件一式一份，并写明代理人地址、邮编、电话及传真。

☆ 如双方没有约定其他仲裁语言，仲裁申请书应用中文书写。

2. 受理

商事仲裁的受理，是指仲裁机构收到商事争议当事人向其提交的商事争议申请书之后，经审查认为符合申请商事仲裁的条件，决定予以接受，并开始组织实施商事仲裁活动的行为。[①] 在我国，仲裁委员会或其秘书处在收到申请人提交的仲裁申请书及相关文件后，将对仲裁申请书及相关文件依照《仲裁法》和仲裁规则中的条件进行形式审查，确定是否受理。对符合法定条件的仲裁申请，仲裁委员会或其秘书处应当予以立案受理。在实践中，一般只要当事人按要求完备了商事仲裁申请手续，并依规定缴纳了仲裁费用，仲裁委员会才会最终决定受理其申请，予以立案。

仲裁机构受理当事人的仲裁申请之后，通常会依照《仲裁法》或其仲裁规则的规定及时通知当事人，并准备进行下一步的仲裁程序。我国《仲裁法》

---

① 邓杰：《商事仲裁法》，清华大学出版社 2008 年版，第 163 页。

第 25 条第 1 款规定:"仲裁委员会受理仲裁申请后,应当在仲裁规则规定的期限内将仲裁规则和仲裁员名册送达申请人,并将仲裁申请书副本和仲裁规则、仲裁员名册送达被申请人。"

3. 答辩与反请求

商事仲裁答辩,是商事仲裁中被申请人的一项十分重要的程序性权利。被申请人针对申请人的商事仲裁请求,实事求是地提出理由并进行充分的辩解,有利于仲裁庭在商事仲裁过程中查明事实、分清是非、公正合理而又及时准确地作出裁决,以维护各方当事人的合法权益。[1] 我国各仲裁机构的仲裁规则一般规定,国内仲裁案件提交答辩期限为 15 日,涉外仲裁案件答辩期限为 45 日,但是被申请人未提交答辩状的并不影响仲裁的进行。因此,被申请人应当高度重视其答辩权利的行使,并在规定的期限内提交答辩书,以维护自身的合法权益。

答辩既可以是实体方面的内容,也可以是程序方面的内容。在程序方面主要是声明申请人无权提起仲裁、仲裁协议无效或者仲裁委员会无权管辖等,在实体方面重点是针对申请人的仲裁请求及其所依据的事实和理由进行反驳和辩解,阐明自己的主张和根据,并可以提出反请求。

反请求,是指在仲裁程序进行中,被申请人对申请人提出的,旨在推翻或抵消申请人的仲裁请求,与仲裁请求之标的和理由有牵连的,保护自己的合法权益的独立请求。提出反请求是被诉方当事人为保护自己权益而进行的行为,但是被申请人提出反请求必须满足以下条件:(1)基于申请人申请仲裁的同一合同关系或法律关系;(2)被申请人的反请求针对申请人提出;(3)反请求所涉争议不同于仲裁请求所涉争议。

被申请人提出反请求时还必须注意以下问题:(1)在规定的期限内提出。因此,被申请人及其代理人应当及时查明该仲裁机构仲裁规则关于反请求提出期限的规定;(2)反请求需要按规定缴纳费用。因此,被诉当事人如果认为有必要提出反请求的,必须如期缴纳反请求费用。在仲裁实务中,被申请人往往还需要在答辩期内选定仲裁员或委托仲裁机构指定仲裁员;申请仲裁员回避;提出反请求;抗辩仲裁庭的管辖权等。对这些事项的确定和提出,可以通过提交单独的文件来进行,也可以附带在答辩书进行。[2]

4. 仲裁庭的组成

选择仲裁员是仲裁程序中非常重要的一个环节。我国《仲裁法》第 30

---

[1] 邓杰:《商事仲裁法》,清华大学出版社 2008 年版,第 165 页。
[2] 谢石松:《商事仲裁法学》,高等教育出版社 2003 年版,第 184 页。

条、第 31 条规定，仲裁庭由三名仲裁员或者一名仲裁员组成，仲裁庭的组成人员由当事人在仲裁机构聘任的仲裁员名册中选定或者委托仲裁委员会主任指定，仲裁庭组成不合法，将会导致裁决被撤销的法律后果。

【相关案例】

仲裁庭组成不合法，裁决被撤销①

昆明仲裁委就云南商业饭店（以下简称"商业饭店"）与杨兵的争议作出裁决和补正裁决。商业饭店认为，双方共同选定的《仲裁规则》规定："争议金额超过 20 万元简单的仲裁案件，经双方当事人书面同意的，可以适用简易程序。"本案争议金额为 44 万元，而昆明仲裁委员会适用独任仲裁员的简易程序进行仲裁并作出补正裁决，该仲裁庭组成违反法定程序，请求法院撤销补正裁决。杨兵认为，昆明仲裁委作出的补正裁决符合《仲裁法》的规定，纠正了原裁决中的错误和遗漏，且补正裁决的内容没有超出仲裁范围。因此，裁决合法有效。

法院认为，依据双方共同选定的《仲裁规则》的规定："争议金额超过 20 万元简单的仲裁案件，经双方当事人书面同意的，可以适用简易程序。"未经书面同意的，仲裁委应当适用普通程序进行仲裁。本案中，昆明仲裁委的补正裁决的争议金额共计 44 万元，已超过 20 万元，昆明仲裁委应组成由三名仲裁员组成的仲裁庭适用普通程序进行仲裁和裁决。补正裁决中，昆明仲裁委未经双方的书面同意，即适用独任仲裁员的简易程序进行仲裁并作出裁决，因此，昆明仲裁委的仲裁庭组成程序违反法定程序。根据《仲裁法》应予撤销。

问题：依据有关法律，法院在什么情况下可以撤销仲裁裁决？

选择仲裁员是法律赋予仲裁当事人的权利和义务，同时也直接关系到仲裁案件能否公正、及时地进行，当事人对此不可掉以轻心。因此，当事人可以根据案件的实际情况和相关的因素，选择适当的仲裁员，以更好地维护自己的利益。

【拓展知识】

企业在仲裁中如何选择仲裁员？②

1. 选择熟悉相关专业知识的仲裁员

仲裁员均是仲裁委员会从资深的经济、法律专业人士中聘任的，因此，仲

---

① 云南省昆明市中级人民法院民事裁定书（2006）昆民一初字第 266 号。
② 资料来源：中国商事仲裁网，http://www.ccarb.org/,2010 年 1 月 11 日访问。

裁员具备良好的道德素质；但由于仲裁员职业不同，其熟悉的专业知识也不同。选择熟悉专业知识的仲裁员组成的仲裁庭仲裁相关专业的案件，更能迅速准确地抓住争议的焦点，分清是非责任，提出解决争议的最佳方案，从而提高仲裁效率和质量。

2. 应避免选择符合法定回避条件的仲裁员

《仲裁法》第34条规定，仲裁员有下列情形之一的，必须回避：是本案当事人或者当事人、代理人的近亲属；与本案有利害关系；与本案当事人、代理人有其他关系，可能影响公正仲裁的；私自会见当事人、代理人，或者接受当事人、代理人的请客送礼的。由于对方当事人享有对符合法律规定回避事由的仲裁员申请回避的权利，若由于对方当事人申请回避而使整个仲裁程序终止，则将延长仲裁的时间，对双方均有害无益。

3. 必须在规定的时间内选择仲裁员

各仲裁机构均制定有各自的仲裁规则，仲裁规则对选定仲裁员的时间均有限制。仲裁机构在受理案件后，会向双方当事人分别发出仲裁规则和仲裁员名册，双方当事人必须在仲裁规则规定的期限内选定仲裁员。根据《仲裁法》第32条规定，当事人未在仲裁规则规定的有效期限内选定仲裁员，仲裁机构将视为当事人自动放弃该项权利，由仲裁委员会主任指定仲裁员组成仲裁庭。

综上，双方当事人对仲裁委员会送交的仲裁员名册必须仔细阅读，根据仲裁规则的规定慎重选择，行使好法律赋予的权利。

（二）商事仲裁的审理

仲裁的审理是仲裁机构分清是非、正确适用法律及相关规则的前提条件，也是仲裁当事人维护自身合法权益的主要"战场"。仲裁审理一般依照"开庭审理"到"裁决作出"的流程进行。

1. 审理方式的选择

仲裁庭依法组成以后，仲裁庭将依照法律规定的程序和方式，对当事人提交的商事争议进行审理并作出裁决。在仲裁中，经常会听到诸如开庭审理与书面审理、普通程序审理与简易程序审理、三人仲裁庭审理与独任仲裁庭审理等词汇。商事仲裁作为一种非官方的争议解决方式，非常尊重当事人的意愿，双方当事人可以在仲裁时根据纠纷的情况选择适合的审理方式，以保障争议公正、快捷、经济地得到解决。对于争议金额小或者事实清楚、权利义务明确的纠纷，当事人可以选择简易程序审理或者书面审理或独任庭审理。而对于一些关系复杂、分歧较大、争议金额大的纠纷，当事人可以选择普通程序审理或开庭审理或者三人庭审理。当然这些审理方式也可以兼用，这都取决于双方当事人的选择。

【拓展知识】

什么是"合并仲裁"？

诉讼中存在着合并审理的方式，在仲裁中也存在合并仲裁。合并仲裁（consolidated arbitration）是指将两个或两个以上已经开始、相互独立但又有联系的仲裁程序加以合并审理。① 由于诉讼与仲裁的原理不同，因此合并仲裁与合并审理存在着很大的差异，并受到各种理论的挑战。

合并仲裁支持者认为，多方当事人争议由于其自身的特性，不适宜分割开来解决，通过几个独立的仲裁程序解决当事人争议往往会带来无法克服的困难，比如举证上的困难，而将各个仲裁程序合并可以更好地解决纠纷，不仅避免产生矛盾裁决，而且可以降低当事人解决纠纷的成本。

合并仲裁反对者认为，仲裁与诉讼是两种不同的争议解决方式，不应把诉讼中的处理方式引入仲裁。因为，合并仲裁不仅违反了当事人意思自治原则和仲裁保密性原则，而且会增加仲裁程序上的延误。对于合并仲裁的问题，我国《仲裁法》尚未作出明确规定。可喜的是，有些仲裁委员会的仲裁规则已经有条件允许合并仲裁。

2. 和解与调解

仲裁中的和解是指在申请仲裁后、裁决作出前，双方当事人通过平等协商，达成和解协议，解决纠纷，终结仲裁程序的活动。仲裁申请后，当事人可以放弃与承认，使得当事人双方在新的和解协议的基础上，对交付仲裁的纠纷达成共识，使纠纷得到解决。仲裁中的和解不仅充分体现了当事人的自治性，而且可以节省费用，减少诉累，使得纠纷在和谐氛围中及时得到解决。

当事人达成和解协议的，可以请求仲裁庭根据和解协议制作裁决书，也可以申请撤回仲裁。裁决书与仲裁庭通常程序制作的裁决书具有同等法律效力，而和解协议书不具有裁决书效力，一方不履行的，另一方不能申请强制执行，但是当事人可以重新申请仲裁。双方当事人也可以在仲裁庭的主持下，经过平等协商达成协议，经仲裁庭认可后，终结仲裁程序，这属于仲裁

---

① ［意］莫鲁·鲁比诺·萨马塔诺：《国际仲裁法律与实践》（影印版），中信出版社2003版，第297页。

中的调解。①

(三) 商事仲裁的裁决

1. 裁决作出的过程

仲裁裁决是仲裁庭依据案件事实和有关法律，对当事人申请仲裁有关实体权的请求事项作出的确认当事人之间的权利义务关系的有法律约束力的书面的结论性的判定。② 经过对仲裁案件的审理活动，仲裁庭应当在仲裁规则规定的期间内，作出裁决。有特殊情况需要延长的，由首席仲裁员提请仲裁委员会秘书长批准，可以适当延长。

仲裁裁决由仲裁庭作出，但是在裁决作出过程中往往会出现仲裁员之间意见不一致的情况。如果仲裁庭是由独任仲裁员组成的，则由独任仲裁员作出裁决，不存在仲裁员之间意见分歧的情况。如果仲裁庭是由三名仲裁员组成的合议庭，在裁决作出时，仲裁员之间没有分歧的，则裁决一致通过，也不存在不同意见的情况。但是，如果仲裁庭三名仲裁员之间意见不一致时，则按照"多数仲裁员意见"作出，如果不能达成多数仲裁员意见的，则按照"首席仲裁员意见"作出，不同意见可以记入笔录。

2. 裁决书的内容

根据《仲裁法》第54条的规定，裁决书应当写明仲裁请求、争议事实、裁决理由、裁决结果、仲裁费用的负担和裁决日期。当事人协议不愿写明争议事实和裁决理由的，可以不写。裁决书由仲裁员签名，加盖仲裁委员会印章。对裁决持不同意见的仲裁员，可以签名，也可以不签名。裁决的种类有：

(1) 先行裁决。先行裁决是指在仲裁程序进行过程中，仲裁庭就已经查清的部分事实所作出的裁决。《仲裁法》第55条规定：仲裁庭仲裁纠纷时，其中一部分事实已经清楚，可以就该部分先行裁决。

(2) 最终裁决。最终裁决即通常意义上的仲裁裁决，它是指仲裁庭在查明事实、分清责任的基础上，就当事人事情仲裁的全部争议事项作出的终局性判定。

(3) 缺席裁决。缺席裁决是指仲裁庭在被申请人无正当理由不到庭或未经许可中途退庭情况下作出的裁决。

(4) 合意裁决。合意裁决即仲裁庭根据上访当事人达成协议的内容作出的仲裁裁决。它既包括根据当事人自行和解达成的协议而作出的仲裁裁决，也包括根据经仲裁庭调解双方达成的协议而作出的仲裁裁决。

---

① 关于仲裁调解的具体内容，参见本编第二章。
② 苏庆、杨振山主编：《仲裁法及配套规定新解新释》，人民法院出版社2000年版，第619页。

四、商事仲裁裁决的执行

(一) 自愿执行

仲裁裁决作出之日起便发生法律效力,负有履行义务的当事人应当自觉履行义务。仲裁裁决作出后,基于对仲裁机构的信任,当事人一般会自愿执行,除非当事人认为仲裁裁决存在撤销或不予执行的法定情形。自愿执行裁决[①]不仅有利于市场经济信任机制的培育,而且有利于维护企业的信誉、树立良好的社会形象。

(二) 强制执行

仲裁裁决作出后,如果义务人能自愿履行裁决当然是一种完美结局。但是,一方当事人基于某些因素的考虑,有时也会拒绝履行仲裁裁决。此种情况下,另一方当事人可以向人民法院申请强制执行,以实现自己的权利。

【相关案例】

法院强制执行仲裁裁决[②]

被执行人奥林匹克饭店有限公司于1987年3月20日与申请执行人中国银行、中国银行东京分行、日本樱花银行、日本第一劝业银行香港分行、日本三井信托银行等5家银行组成的银团签订《贷款协议》和《抵押协议》,双方就履行《抵押协议》发生争议,因协商未成。5家银行遂依据《抵押协议》中的仲裁条款向中国国际经济贸易仲裁委员会申请仲裁。中国国际经济贸易仲裁委员会作出了裁决,但是仲裁裁决生效后,被执行人未履行裁决内容,申请执行人依照《中华人民共和国民事诉讼法》第217条第1款的规定,向北京市第一中级人民法院申请执行,请求法院准许其接管奥林匹克饭店,实现有效"担保权益",以便偿还被执行人所欠的本金和利息。

法院认为,仲裁裁决强制执行的内容应当是将抵押物的动产、不动产全部交付给申请执行人。法院采用"托管方式"执行,即委托北京六合兴饭店管理公司进驻奥林匹克饭店,在指定期间内完成核查饭店资产的工作,并代为经营管理。

评析:仲裁当事人应按照仲裁裁决书中规定的期限自动履行裁决,如当事

---

① 当然这里的裁决应该是当事人认为可以接受的裁决。如果当事人认为裁决存在撤销、不予执行的事由,可以依法申请撤销或不予执行,以维护自身合法权益。

② 案例来源:中华人民共和国最高人民法院网, http://www.court.gov.cn/popular/200304010057.htm,2009年10月9日访问。

人一方不履行仲裁裁决的,另一方当事人可依据法律规定向有管辖权的法院申请强制执行。具体而言,如果被执行人的住所地或财产所在地在中国境内,无论涉外还是国内仲裁裁决,均可以向其住所地或财产所在地的中级人民法院申请强制执行;如果被执行人的住所地或财产所在地在港澳台地区,则分别按照最高人民法院《关于内地与香港特别行政区相互执行仲裁裁决的安排》、最高人民法院《关于内地与澳门特别行政区相互认可和执行仲裁裁决的安排》以及《台湾地区与大陆地区人民关系条例》等相关规定申请强制执行;如果被申请人的住所地或财产所在地在中国境外,而且其所在国也加入了1958年《承认及执行外国仲裁裁决公约》(《纽约公约》),申请人可根据该公约向该国有管辖权的法院申请强制执行。

(三)仲裁裁决的司法监督——裁决的撤销与不予执行

仲裁是当人事就委托第三人对纠纷进行判断达成合意,并基于此合意而进行的纠纷解决办法。在运行层面上,仲裁表现了司法权性与契约性的相互作用。这种司法权性与契约性的相互作用,决定了人民法院对仲裁进行司法监督的必要性。[①] 人民法院对仲裁进行司法监督一般通过确认仲裁协议的效力、撤销仲裁裁决、不予执行仲裁裁决的方式来实现。

仲裁庭作出的仲裁裁决具有终局性,非经法定程序不得随意更改。为了保证仲裁机构裁决的正确性与合法性,保护当事人的合法权益,法院基于当事人的申请组成合议庭,有权撤销存在法定撤销情形的仲裁裁决。仲裁裁决被撤销后,当事人可以重新达成仲裁协议提请仲裁或向有管辖权的人民法院提起诉讼。

【背景资料】

申请撤销仲裁裁决需注意的细节

向有管辖权的人民法院提出申请。我国《仲裁法》第58条规定,当事人申请撤销仲裁裁决的,应当向仲裁委员会所在地的中级人民法院提出。因此,企业申请撤销仲裁裁决的,应当向有管辖权的中级人民法院提出申请。

在法定期限内提出申请。我国《仲裁法》第59条规定,当事人申请撤销仲裁裁决的,应当自收到裁决书之日起6个月内提出。因此,如果企业认为仲

[①] 杨弘磊:《人民法院涉外仲裁司法审查情况的调研报告》,载《武大国际法评论》(第九卷),武汉大学出版社2009年版。

裁裁决存在法定的撤销事由，应当在法定的期限内提出申请，超过法定期限的，法院不再受理企业撤销仲裁的申请。

仲裁裁决一经作出，即具有法律效力，当事人应当履行。如果一方当事人不履行的，另一方当事人可向人民法院申请执行，人民法院亦应当执行。但是被申请执行人提出证据证明仲裁裁决存在法定的不予执行的情形的，人民法院组成合议庭审查后，可以裁定不予执行。作为一种消极救济方式，不予执行制度是法院进行司法监督的一种方法，它只是否定仲裁裁决的强制执行力，而并不改变仲裁裁决的内容。

五、我国商事仲裁制度的完善

（一）引进临时仲裁制度

在商事仲裁的产生与发展过程中，商事仲裁包括机构仲裁和临时仲裁。所谓临时仲裁是指是指在争议发生后，无需任何仲裁团体或仲裁机构进行程序上的管理或控制，而是根据当事人之间订立的临时仲裁协议，由当事人任命的仲裁员或者根据当事人商议的方法产生的仲裁员组成仲裁庭，负责审理有关的争议，并在裁决作出后自行解散的仲裁。相对于机构仲裁而言，临时仲裁具有办案快、费用低，程序上更灵活，对当事人的意愿更为尊重，更能保护当事人的商业秘密和隐私，更能提高效率和减少开支等优势。因此，当事人约定通过临时仲裁方式解决争议，是国际上的普遍做法。①

但是，我国《仲裁法》并不承认临时仲裁的效力②，司法实践中的承认也非常有限③，只承认国外临时仲裁机构或非常设仲裁机构。这种做法不仅造成我国在执行《纽约公约》中所承担的义务与享有的权利不对等，从而造成我国当事人与外国当事人之间的不平等，而且违背国际通行做法，造成当事人临时仲裁的意愿难以实现，不利于完善我国的仲裁制度。

应该看到，临时仲裁与机构仲裁之间既相互竞争，又互为补充。承认临时仲裁方式，为当事人提供更多仲裁方式的选择，可以吸引更多的当事人选择在

---

① 目前认可临时仲裁方式的有英国、法国、美国、德国、意大利、荷兰、瑞典以及我国香港地区等。

② 根据《中华人民共和国仲裁法》第16条和第18条的规定。

③ 广州远洋运输公司 V. Marships connection 公司（美国）在英国伦敦临时仲裁，要求法院强制执行被申请人在中国的财产，法院支持。根据1995年10月20日最高人民法院关于福建省生产资料总公司与金鹏航运有限公司国际海运纠纷一案中提单仲裁条款效力问题对广东省高级人民法院的复函规定，涉外案件，当事人事先在合同中约定或争议发生后约定由国外的临时仲裁机构或非常设仲裁机构仲裁的，原则上应当承认该仲裁条款的效力，法院不再受理当事人的起诉。

中国仲裁,也可以进一步改善投资环境。同时,通过临时仲裁与机构仲裁展开公平竞争,可以防止机构垄断和腐败,促进仲裁机构不断改进服务,提高仲裁水平。以法律形式确认临时仲裁方式,是商事仲裁成熟的标志。[①] 因此,在国际仲裁发展形势和国际商事关系特别是国内商事关系发展的时代背景之下,建立临时仲裁制度,不仅有利于我国内地仲裁事业的长久发展,实现仲裁的多元化与专业化,更好地实现服务定位,而且更加有利于尊重与体现仲裁制度的意思自治原则,强化双方当事人的自主选择权。

【背景资料】

临时仲裁制度的源流

近代的商事仲裁起源于欧洲,临时仲裁是19世纪中叶机构仲裁出现以前唯一的国际商事仲裁组织形式。因此,临时仲裁比机构仲裁历史悠久,并且是仲裁制度的初始形态。在古代罗马时期,随着商品经济产生和发展起来,商法在古代罗马法中已有体现,但由于当时商业活动有限,商品交易在空间和规模上都比较狭小,故相关商业准则的影响力比较弱,未能得到进一步的发展。公元11世纪威尼斯商业的发展促成了仲裁制度的产生。随着威尼斯商业活动的扩张,这种商业习惯被带向了整个欧洲。在此期间,一旦产生商业上的纠纷,商人之间就选择一个或几个值得他们信赖的第三人居中裁判,这时的仲裁是个别的、临时性的仲裁。

随着商事活动的发展,机构仲裁在临时仲裁嬗变过程中产生,但是机构仲裁产生以后,临时仲裁并没有消亡。直至今天,在常设仲裁机构发展迅速的情况下,临时仲裁仍有很强的生命力,得到很多国家的承认,特别在国际海事的纠纷处理方面,临时仲裁是主流。[②]

(二) 健全在线仲裁制度

随着互联网技术的飞速发展,电子商务作为一种新的商业交易模式也应运而生了。电子商务以及与之相关的信息化的高速发展在带给我们种种便利的同时,也带来了许多新的法律问题,这其中就包括近年来备受关注的"网上争议"。在线仲裁作为一种适应信息网络时代的新型争议解决方式,在现今网络经济时代,凸显出越来越重要的地位。我国某些仲裁机构已经开始进行相关

---

① 沈四宝、薛源:《论我国商事仲裁制度的定位及其改革》,载《法学》2006年第4期。
② 杨良宜:《国际商务仲裁》,中国政法大学出版社1997年版,第143页。

尝试①，其中，国际域名争议在线仲裁已经获得了巨大的成功。

"在线仲裁"和常规的仲裁方式相比，并未创造一种全新或陌生的争议解决机制，所不同的是信息传输的载体与方式方面，而非争议解决的机制与原理方面。因此，在线仲裁本质上是传统仲裁的演变形式，是传统仲裁与网络技术相结合的产物。

在线仲裁充分地利用网络信息、电信技术及网络技术，将常规仲裁程序中仲裁机构、仲裁员和当事人三者之间讯息的处理与交换、仲裁文书及证据资料的提交与传递等在尽量不损害其原有法律内涵的前提下，将传统的纸面文字讯息处理与交换改为以电子方式通过互联网数字化地进行，从而实现"无纸仲裁"。同时利用同步网络技术如聊天室及远程通信手段如网络视频会议等实现案件的网上虚拟庭审以及仲裁员之间的网上虚拟合议等其他程序性事项。②作为一种新型的仲裁方式，在线仲裁通过互联网进行文讯的传递和证据材料的提交，达到节省费用的效果，而且以多媒体视频会议的方式进行，案件当事人各方和仲裁员即可节省传统仲裁方式中所需要花费的差旅费。

另外，在线仲裁可以在世界范围内一周七天、一天二十四小时不间断地进行，为当事人提供在线仲裁服务。解决了当事方之间不同地域潜在时差问题，为当事人提供了一个可随时发表意见的方式。③

但是，在线仲裁目前仍然面临着诸多挑战，如仲裁地的确定、仲裁协议的形式要求、仲裁中电子证据的证明力等。尽管如此，但在线仲裁在解决网上争议方面的独特优势毋庸置疑。在进行了制度和技术上的完善之后，假以时日，在线仲裁在解决网上争议方面将发挥越来越重要的传统的诉讼与仲裁所无法取代的独特的作用。④

【拓展知识】

关于确定在线仲裁地的主张

关于在线仲裁地的确定，目前国际上存在以下几种不同主张⑤：

---

① 中国国际经济贸易仲裁委员会自 2001 年起采用在线仲裁的方式解决互联网络域名争议，截至 2007 年 7 月，已受理案件 700 余件，广州仲裁委员会也已开始探究并试行在线仲裁。

② 参见《在线仲裁：研究报告已出炉走入实践尚需时日》，http://news.sohu.com/20071104/n253043641.shtml，2009 年 12 月 20 日访问。

③ 同上书。

④ 周超：《在线仲裁相关问题探讨》，载《法制与社会》2009 年第 6 期（上）。

⑤ 李虎：《网上仲裁法律问题研究》，中国民主法制出版社 2005 年版，第 137~139 页。

1. 仲裁员所在地论。该主张认为，在线仲裁地应根据仲裁员的所在地来确定：仲裁庭由一名独任仲裁员组成时，在线仲裁地为该独任仲裁员的所在地；仲裁员由三名仲裁员组成时，在线仲裁地则为首席仲裁员的所在地。

2. 网络服务器所在地论。该主张认为，在线仲裁地应为在线仲裁得以实施所利用的网络服务器的所在地、网站所有者或控制者所在地。该主张认为，网站是开展在线仲裁的技术平台，每个网站都为特定的机构或者个人所有或控制，而且每个网站都有自己的 IP 地址和域名，可通过 IP 地址和域名确定网站的所有者或控制者，并将该所有者或控制者的所在地视为在线仲裁地。

3. 仲裁本座论。该主张认为，在线仲裁地首先应当由双方当事人约定，若无约定则由仲裁庭，或仲裁机构，或经当事人授权的其他机构或个人确定。

（三）扩大仲裁的适用范围

商事仲裁适用范围直接决定着仲裁庭能否行使仲裁管辖权，决定着仲裁协议的效力，决定着仲裁能否得到有关国家法院的承认及执行，而最终决定了作为纠纷解决机制的商事仲裁作用的发挥程度。随着世界经济一体化进程加快，各国经济相互依赖程度加大，自 20 世纪 80 年代以来商事仲裁的受案范围越来越大。

对于因商事活动所产生的争议，只要双方当事人之间存在有效的仲裁协议，就决不轻易地援用"争议事项不具备可仲裁性"这一保留条款拒绝承认和执行外国仲裁机构的仲裁裁决。因而世界主要国家和地区的通行做法是尽可能地减少对商事仲裁适用范围的限制，对商事仲裁的适用范围作尽可能宽泛的规定。随着我国加入 WTO 和市场经济的迅猛发展，我国经济与世界经济的联系更为紧密。作为为市场经济服务的纠纷解决机制，商事仲裁天然就具有世界性和国际性。[1]

根据我国《仲裁法》有关规定以及我国的司法实践，我国仲裁适用范围明显过于狭窄。这样，不仅将导致仲裁委员会无法受理大量有关知识产权本身的有效性、破产、不正当竞争及反垄断的争议，与各国有关商事仲裁的受案范围越来越宽的发展趋势不符；而且也与我国不断发展的对外经济贸易形势不相适应。这既影响到仲裁委员会的受案数量和声誉，又影响到我国对外经济贸易事业的发展。因此，我国应当根据商事实践经验，适时扩大商事仲裁的适用范围，以便更好地发挥商事仲裁解决经济纠纷的重要作用。

---

[1] 马占军：《商事仲裁制度的完善与和谐社会的构建》，载《河北法学》2009 年第 4 期。

【拓展知识】

商事仲裁适用范围不断扩大的国际趋势

商事仲裁适用范围不断扩大的国际趋势主要表现在知识产权、破产争议、不正当竞争以及反垄断问题领域。①

美国司法界曾认为专利权、商标权、版权等知识产权并不具有可仲裁性。但随着经济的发展，美国最高法院逐步放宽了对知识产权案件仲裁的限制。商事仲裁不仅适用于专利权、商标权、版权的合同纠纷和侵权纠纷，而且适用于专利权、商标权、著作权等有效性案件的可仲裁性问题。②

法官认为知识产权的有效性不但影响当事人的私权，还会涉及重大公共利益，因而应该由法院而不是仲裁庭来裁决知识产权的有效性。但知识产权的有效性与知识产权的使用合同纠纷密切相关，如果将知识产权的有效性排除在仲裁范围之外，则仲裁这种方式的运用就会意义不大。因而美国于1983年修改了专利法35.U.S.C（294），认可了对专利权的有效性、专利侵权以及专利强制许可的可仲裁性。③

于破产而言，长期以来，破产争议不可仲裁是个"固若金汤"的规则，但随着经济的发展和仲裁范围的扩大，破产争议涉及债权人与破产人之间的债权债务纠纷的可仲裁性问题已经得到很多国家的肯定。

（四）进一步突出意思自治

我国《仲裁法》中当事人意思自治原则这一仲裁制度的核心理念没有得到充分体现，不少规定有较强的诉讼化色彩。在仲裁活动中实行当事人意思自治原则，至少应当包括以下三个方面的内容：一是应将仲裁协议视为仲裁的基石，有效的仲裁协议是仲裁机构受理案件的依据；二是仲裁适用的程序规则和实体规范原则上应当由双方当事人约定；三是决定仲裁程序中的主要事项，如仲裁庭的组成、仲裁审理的方式和结案方式以及仲裁保护的范围等，应当尊重当事人的意愿。

可以说，当事人意思自治是整个仲裁制度的基石和核心，也是仲裁与诉讼最根本的区别。离开了当事人意思自治，仲裁就会变为诉讼的翻版。另外，我

---

① 本"拓展知识"主要介绍仲裁在知识产权、破产争议领域的发展。
② 在我国，专利权、商标权、著作权合同的纠纷是可以提请仲裁的，但专利权、商标权、著作权的有效性案件的可仲裁性并未得到立法的认可。
③ 谭兵：《中国仲裁制度的改革与完善》，人民出版社2005年版，第143页。

国《仲裁法》将仲裁的范围限定在平等主体之间发生的"合同纠纷和其他财产权益纠纷"较窄的范围之内,这显然不利于中国仲裁制度的发展。仲裁法对仲裁协议的要件要求也过高。国际上对仲裁协议的要件一般是只要求当事人有提交仲裁的意思表示即可,而中国《仲裁法》则在第16条第2款中规定,仲裁协议应当具备"请求仲裁的意思表示"、"仲裁事项"和"选定的仲裁委员会"等三个要件。

本章小结

商事仲裁是民商事案件的当事人双方自愿将私人争议交由独立的第三方,由其根据一定的规则和程序进行审理并作出对双方都有约束力的裁决的一种纠纷解决方式,兼具民间性、契约性和准司法性。

现代商事仲裁越来越由国家强制力予以保障,仲裁裁决具有法律执行力。与商事诉讼解决机制相比,具有自愿性、专业性、灵活性、保密性、快捷性、独立性等优势与特点。

我国目前仲裁制度与仲裁服务市场文化都欠发达,应不断吸收国际先进仲裁规则,尽快修订《仲裁法》,包括:(1)引进临时仲裁制度;(2)健全在线仲裁制度;(3)扩大仲裁的适用范围;(4)进一步突出意思自治等等,以提升仲裁服务竞争力。

思考与练习

1. 什么是商事仲裁?其特点、优势何在?
2. 你在日常企业经营合同中经常设置有仲裁协议条款吗?试举实例,说明如何选择仲裁机构?
3. 商事仲裁可以采取哪些审理方式?各种方式有何价值?
4. 如何评价我国商事仲裁裁决的撤销与不予执行制度?
5. 如何完善我国商事仲裁制度?

案例分析

1. 阅读下面的案例,并讨论:如何理解商事仲裁条款的独立性原则?

一家中国内地企业与一家香港公司订立在中国内地设立合资企业的合同中规定:由本合同产生的争议,交由中国国际贸易促进委员会对外经济贸易仲裁委员会(即中国国际经济贸易仲裁委员会的前身)按照该会的仲裁规则仲裁解决。合同经双方签署后,在报请上级主管部门审批过程中发生争议。内地企业将争议诉诸广东省惠州市中级人民法院,被告以双方签署的合同中存在仲裁条款为由,对法院管辖权提出抗辩。

惠州市中级人民法院经审理认为,该合资合同中的仲裁条款无效,因为合资合同尚未经上级主管部门批准;既然该合资合同尚未对各方产生拘束力,原告有权将争议诉诸法院。

被告不服,上诉广东省高级人民法院。广东省高级人民法院审理认为,上诉人的上诉理由成立,法院不应当仅以合同尚未生效为由,否认仲裁条款的法律效力。本案中,尽管双方签署的合资合同因未经审批机构批准,而未能产生法律上的拘束力,但仲裁条款的生效并不以审批机构的批准为要件,主合同无效的理由不适用于仲裁条款,合同中的仲裁条款可以独立于它所依据的合资合同而单独存在。

2. 阅读下面中国入世仲裁第一案——美国百事公司与四川百事仲裁案例[1],讨论国外仲裁裁决在我国的承认与执行问题,你认为应注意的事项有哪些?

被国内媒体广泛关注并被称为我国"入世第一仲裁案"——百事(中国)投资公司与四川百事公司合同终止案件,经历了瑞典斯德哥尔摩商会仲裁院的仲裁后,其仲裁结果的承认与执行由四川省成都市中级人民法院受理。

原四川省广电厅下属企业韵律公司与美国百事公司合资成立的四川百事,是国内唯一由中方控股、中方管理的大型碳酸饮料灌装企业,从1997年到2002年,连续四年获得百事公司的质量管理奖。但该公司却因为带头反对浓缩液无端涨价等,而与百事方面矛盾渐深。2002年8月,百事方面以"审计不成"为由,向瑞典斯德哥尔摩商会仲裁院提出解除合作的请求,该案被称为"中国加入WTO第一仲裁案"。

2005年1月,尽管十项指控中有八项没有被认定,仲裁庭还是以不构成根本违约的"不配合检查"和"跨区销售",裁决终止商标许可合同和浓缩液供应协议。引人注目的是,由三名仲裁员组成的仲裁庭并没有形成一致意见,其中四川百事指定的仲裁员任继圣不仅拒绝在裁决书上签字,还出具了一份与另两名仲裁员观点截然相反的裁决书。在国际仲裁中,这种情形十分罕见。仲裁庭在否定了百事公司提出的大部分指控、却又作出"终止商标许可合同和浓缩液供应协议"出人预料的裁决后,四川百事方面已于当地时间27日向瑞典上诉法院提交撤销裁决的请求,表示要坚决维护合资合作企业中方权益,将这场"国际官司"打到底。

---

[1] 《百事仲裁风波:裁决出人预料中方请求撤销》,http://finance.sina.com.cn/chanjing/b/20050301/09081392223.shtml,2009年8月6日访问。

百事集团和百事（中国）向成都市中级人民法院提出申请，请求该院承认并执行瑞典斯德哥尔摩商会仲裁院的仲裁。在法庭上，申请人百事集团和百事（中国）方面请求法院方面能够全面承认国际仲裁的结果，同时认真执行该裁决的内容。而被申请人四川百事的中方企业四川韵律实业公司则提出了截然相反的申请：请求中国法院对于该裁决不予承认，并且拒绝执行。

四川百事 28 日在发出"仲裁尘埃远未落定"这一消息时，还证实了百事（中国）与四川韵律在斯德哥尔摩商会仲裁院就合作合同项下的 111 号案，已进行两轮书面答辩，近期仍在继续陈述。四川韵律将全力应战，争取仲裁庭驳回百事（中国）的违约和索赔请求。

四川百事代理律师称，由于百事公司违背仲裁规则和惯例，不当地将四个主体、三个合同并入一案混合提出仲裁，2003 年 8 月，仲裁庭曾驳回百事中国诉四川韵律合作合同项下仲裁请求，但保留百事公司诉四川百事违反浓缩液供应协议和商标使用合同的 076 号案。2004 年 10 月开庭三周，中方进行据理力争，指出百事公司指控的事件根据中国法律均不构成根本性违约，应予驳回。

四川百事介绍，关于检查权问题，事实上四川百事从未拒绝检查，裁决中所指两次事件都是百事方面有意制造的借口。关于四川百事在辽宁和陕西跨区销售的指责则更荒唐，辽宁是销售白区，按照百事公司自己确立的鼓励销售方针，四川百事有权在白区销售；陕西原是销售白区，划为专营区后，四川百事已经撤出。仲裁庭以连违约都算不上的事件来认定四川百事"重大违约"并解除合同，是明显站不住脚的。

第四章 商事诉讼

2000年8月,甲公司向A银行贷款1000万元用于扩大再生产。9月,甲公司与乙公司约定由乙公司代替甲公司偿还此笔贷款及利息,乙公司成为债务人,A银行在两公司的书面协议上签字予以了确认。10月,A银行起诉甲公司偿还此笔贷款,并申请法院对甲公司的全部财产进行了保全。在诉讼中甲公司辩称,债务已发生转移,乙公司才是真正的债务人,甲公司不再承担偿还此笔债务的责任。由于在诉讼中甲公司只举出了债务转让协议的复印件(协议原件三方各持一份,但甲公司遗失了自己持有的那份原件),A银行和乙公司也否认债务已发生转移,一审法院判决甲公司败诉。判决生效后,A银行申请法院强制执行,执行中拍卖了甲公司的财产(2003年2月)。

2005年5月,在甲公司与乙公司的另一诉讼纠纷中,乙公司在庭审时举出了债务转让协议的原件。甲公司得到证据后,向法院申请对前一案进行再审。再审撤销了原一、二审判决,驳回了A银行的全部诉讼请求。再审判决生效后,甲公司一边申请执行回转,一边向法院起诉(2005年6月)A银行,要求A银行赔偿因其在前案恶意起诉甲公司而造成的全部损失。

该案在审理中存在以下两种意见:第一种意见认为,A银行并不构成恶意诉讼,因为在前案中,A银行作为原告并没有必然提供对自己不利的证据的义务。在前案被改判后,甲公司可以通过执行回转弥补自己的损失,而且甲公司的起诉已超过了两年的诉讼时效期间,所以甲公司起诉A银行赔偿损失没有法律依据。第二种意见则认为,A银行在前案中的行为系恶意诉讼行为,侵犯了甲公司的财产权,应该赔偿其给甲公司造成的所有损失。[①]

上述案件,不仅反映了商事诉讼在维护企业利益方面的作用,更反映了企业能否对商事诉讼规则进行良好掌握,直接关系到企业利益的维护。在商事诉讼中,企业不仅要牢固掌握证据提供、诉讼时效等程序性规则,同时还要把握

---

① 参见袁福强:《恶意诉讼应当承担民事责任》,http://hi.baidu.com/%D3%EB%B7%A8%C2%C9%CD%AC%BA%F4%CE%FC/blog/item/5bfa601a556b02108718bf4b.html,访问时间:2009年3月3日。

审判机关的司法原则与政策，掌控正常商事诉讼与恶意诉讼的边界，以合理、合法地维护企业的权益。本章即以企业商事诉讼活动的开展为中心，结合实践中法院的商事审判实践，勾勒出一个商事诉讼的基本概貌，其目的在于使读者能够了解现行商事审判的基本制度设计和审判理念，掌握企业商事诉讼的基本知识与技巧。

一、什么是商事诉讼？

（一）商事诉讼的概念与特征

从商主体权利救济的角度出发，商事诉讼是指商事主体之间将商事纠纷交由一国法院予以裁决的一种纠纷解决方式。通常情况下，提起一项商事诉讼即启动一项商事审判。因此，与之对应，从法院的角度出发，商事审判即是人民法院对法人之间、法人与其他经济组织之间产生的合同纠纷、侵权纠纷，以及因从事典型商行为产生的纠纷开展的审判活动的总称。其中，法人和其他经济组织属于传统意义上的商人，而典型商行为，如银行、票据、保险等商行为则与行业化的商人以及商业活动密不可分。① 因此，企业的商事诉讼活动与法院的商事审判活动总是紧密联系的，是一个问题的两面。

与普通民事诉讼相比，商事诉讼最大的特征在于纠纷的商业性质，正是由于这一属性，从解决商事诉讼的实体规则到程序规则，从法官的审判理念到审判推理，都体现了与普通民事诉讼不同的特征，具体表现在以下几个方面：

1. 商事诉讼涉案金额大，且诉讼成本较高。② 随着市场经济的发展，商事行为的主体更多的是以企业为主的经济组织，商事交易的方式日趋复杂，交易的链条也越来越长，从而导致商事诉讼也较一般的民事诉讼更为复杂，涉案金额更高，在商事诉讼中，为了取得胜诉的结果，企业经常需要聘请专业律师，承担高昂的律师费用，而鉴于商事纠纷的复杂性及涉案金额的巨大，一个商事诉讼往往需要经过多次审理（管辖权诉讼、一审、二审等）才能最后结案，企业由此要承担巨大的诉讼成本，包括时间成本和物质成本，甚至企业声誉等无形成本。

---

① 参见李后龙：《中国商事审判的演进》，载《南京大学法学评论》2006 年春季号，第 181 页。
② 仅 2008 年，全国法院共审结的金融纠纷、房地产纠纷、企业改制、股权转让、涉外及海事海商等案件就达 1136430 件，标的额 4773.17 亿元，同比分别上升 15.24% 和 13.18%，约占当年全国 GDP 总量的 2%。参见《2009 年最高人民法院工作报告》，中华人民共和国中央政府门户网站，http://www.gov.cn/test/2009-03/17/content_1261386.htm,2009 年 1 月 21 日访问。

【背景资料】

新类型商事纠纷日益增多

近年来,随着社会的转型与经济的快速发展,法院受理的案件数量呈现上升趋势。其中,新类型的商事纠纷成为法院受理案件中的新增长点,增幅远高于传统类型案件。如知识产权案件9年内增加了791%,其增幅是案件总数量增长幅度的49倍多。票据、证券和公司股东权纠纷近年来也呈高发态势。[①] 2003年全国受理的这三类案件数为8392件,到2007年则已增至12916件。

另据广州市中级人民法院统计,仅就股权转让案件,2004年其受理的股权转让纠纷案件为16件,2005年1~9月已升至43件,诉讼标的额也从2004年的11352840元上升至2005年的21445868.65元。并且,这几类案件所涉法律关系复杂,涉及利益主体和利益关系较多,是司法实践中处理的难点。

2. 商事诉讼中,解决纠纷适用的实体商法以任意性规范居多,当事人的处分权得到最大限度的尊重。这一方面表现为商业惯例的适用,各国商法几乎均认同在法律没有规定的情况下,可以适用国际惯例[②],在涉外商事诉讼中,中国的司法实践实际已允许当事人选择国际惯例作为准据法,而排除国内法的适用。[③] 另一方面体现为具体诉讼中当事人可以协议选择适用的实体法或管辖法院,如我国《合同法》第126条规定,涉外合同当事人可以选择处理合同争议所适用的法律,但法律另有规定的除外。此外如协议管辖、撤诉自由等,都是对当事人处分权的尊重。

尊重当事人按照任意性规范解决商事纠纷的意愿,是商事诉讼区别于民事诉讼的重要特征。在法律没有规定的情况下,适用商业惯例来解决纠纷,符合

---

① 参见《关于司法能力建设的调研》,载《审判前沿问题研究》,最高人民法院研究室编,人民法院出版社2007年版,第124页。

② 如我国《民法通则》第142条规定:"中华人民共和国缔结或参加的国际条约同中华人民共和国的民事法律有不同的规定,适用国际条约的规定,但中华人民共和国声明保留的除外。中华人民共和国法律和中华人民共和国缔结或者参加的国际条约没有规定的,可以适用国际惯例。"此外我国《海商法》、《票据法》以及《民用航空法》对于国际惯例均有相似规定。

③ 如最高人民法院《关于审理信用证纠纷案件若干问题的规定》第2条规定:"人民法院审理信用证纠纷案件时,当事人约定适用相关国际惯例或者其他规定的,从其规定;当事人没有约定的,适用国际商会《跟单信用证统一惯例》或者其他相关国际惯例。"最高人民法院民事审判第四庭于2004年编写的《涉外商事海事审判实务问题解答》(一)一书中也明确指出:"对于涉外合同纠纷案件,人民法院一般按照如下办法确定应适用的法律:(1)适用当事人的准据法,包括国际公约、国际惯例、外国法或者有关地区法律……"。

商事贸易的需要，也是为商人所普遍接受的。而尊重商人在法定范围内选择处理纠纷所适用的实体法，更是对"约定优于法定"这一商事诉讼特征的最好体现。

3. 商事诉讼程序尤其注重诉讼效率和审理方式的灵活性。这一点主要体现在特别诉讼程序以及非诉程序的设计上。例如我国的非诉程序中，就有专门针对票据丢失、灭失或被盗等行为而设置的公示催告程序，鉴于票据行为的特殊性，公示催告程序的目的就在于催促不明确的利害关系人在规定期限内申报权利、提出票据，否则将判决宣告利害关系人持有的票据无效，从而促进票据的流通并保证其安全性。在那些设置独立的商事诉讼程序的国家，商事诉讼的特殊性尤能得到体现。例如在法国，商事法院诉讼程序的主要特点表现在：简易、迅速、成本低，以及商人法官极为重视诉讼效率，审理方式灵活和强调和解等。商业诉讼效率及审理方式的灵活性，是与商业纠纷主要为财产权益纠纷，以及及时确定商事权利义务关系、维护瞬息万变的商品交易秩序安全的诉讼目的相联系的。

【拓展知识】

公司诉讼中的诉讼前置程序

在一些特定类型的商事诉讼中，基于类型案件的特殊性，还存在一些与普通民事诉讼程序不同的特别程序。如公司诉讼中的诉讼前置程序。

公司纠纷是典型的商事纠纷，对于产生于公司内部的纠纷，一方面要维护公司的"自治"，使其能够通过内部程序解决纠纷，维持公司的稳定与和谐，但同时又必须使公司能够有效运转，保护利益相关人的权利，因此就必须合理掌握司法介入的程度。基于此，我国《公司法》在许多诉讼制度上都设计了前置程序，要求必须穷尽公司内部救济方式后才能通过司法途径解决，例如提起股东代表诉讼的，股东必须首先请求公司治理机构向危害公司利益的不当行为实施者主张赔偿，在请求遭到拒绝或公司治理机构消极不作为的情况下，人民法院才应受理。又如司法解散公司诉讼中，只有公司僵局通过其他途径确实无法解决的时候，人民法院才能判令解散公司。

4. 商事诉讼的社会性突出，职权主义色彩浓厚。现代商事关系呈现网络化、立体交叉特征，因此，商事诉讼中涉及的社会关系也错综复杂，如公司诉讼中中小股东的保护、破产诉讼中破产企业职工的安置、证券诉讼、消费者权

第四编 商事救济　　673

益诉讼中弱者一方的保护等，需要国家运用公权力进行干预，以平衡各方利益。① 譬如近年来在一些地方兴起的司法部门与党政部门联合的"大调解"体制即为典型例证。所谓"大调解"体制，是指以党委政府统一领导、政法综治牵头协调、调处中心具体运作、司法部门业务指导、职能部门共同参与、社会各界整体联动的纠纷解决机制。对于法院而言，"大调解"制度的作用在于对于已进入司法程序但司法解决不了的疑难复杂案件，法院可以将其纳入大调解机制，利用其综合社会各方面优势，支持法院顺利审理、执行案件，化解矛盾，维护司法裁判的权威。②

（二）商事诉讼的受理机构与程序规则

我国目前法院实行的是大民事的审判格局，这一审判格局是根据2000年法院机构改革方案所形成的，在此之前，审理商事纠纷的机构为经济审判庭。改革后，原来的经济审判庭更名为民事审判第二庭（下称"民二庭"），其业务被称为民商审判，范围主要包括法人之间及法人与其他经济组织之间发生的合同纠纷、侵权纠纷；民二庭不再以主体划分业务范围，而是采取列举方式，以典型的商事纠纷案由为界定标准，主要是合同、公司、证券、票据、破产纠纷等商事案件。但是，在经济发达地区，随着商事诉讼案件的不断增加以及诉讼案件的类型化，在一些法院内部又增设了民三、民四庭甚至民五、民六庭，用以审理类型化的商事诉讼，如房地产纠纷案件、涉外纠纷案件、知识产权案件等等。

此外，除了普通法院的民事审判庭审理商业纠纷案件外，一些专门法院也受理一定范围的商业纠纷，如海事、海商纠纷案件的一审主要由海事法院审理，铁路运输法院有权受理当事人一方为铁路运输企业的商业纠纷。

【背景资料】

各国审理商事诉讼的司法体制③

世界各国处理商事诉讼的司法体制大致可以划分为四种模式：一是没有专门的商事法院，也没有专门的商事诉讼程序，而是由普通法院、职业法官来审理商业纠纷，如爱尔兰、西班牙、日本等国。二是虽然没有专门的商业法院，

---

① 参见樊涛：《我国商事诉讼制度的解析与重构》，载《当代法学》2008年第6期。
② 参见《关于司法能力建设的调研》，载《审判前沿问题研究》，最高人民法院研究室编，人民法院出版社2007年版，第56~57页。
③ 参见《主要商业诉讼中的纠纷解决》一文，载财产保护网，http://www.assetprotectionearly.com。转引自 http://zhgdmc.blog.163.com/blog/static/364151432009116110341113/，2010年1月30日访问。

但是在普通法院内设置专门的审判庭审理商业纠纷，法官均为职业法官，德国、罗马尼亚采用这种制度。三是设有专门的商业法院，但由职业法官和被任命的来自商人的法官组成，如比利时、克罗地亚等国；采用这种模式的有些国家，如法国，商业法院的法官均为从商人中选举出来的非职业法官。而另有一些国家的商业法官均为职业法官，如卢森堡。四是设立由职业法官组成的仲裁法院处理商业纠纷，如俄罗斯。

在诉讼程序上，由于"民商合一"的立法模式，商事诉讼程序与民事诉讼程序基本上是一致的，绝大部分商业纠纷案件，如发生在合同法、公司法、票据法、保险法等领域的商业纠纷，均适用《民事诉讼法》规定的普通诉讼程序。此外，某些类型的商业纠纷案件，还有相对独立的诉讼程序。第一种是海事、海商案件，除了适用《民事诉讼法》的规定外，还受《海事诉讼特别程序法》的调整，二者是一般与特殊的关系，《海事诉讼特别程序法》优先适用；第二种是破产案件，它不适用《民事诉讼法》规定的普通审判程序，而是适用《企业破产法》规定的企业破产程序。第三种则是特别针对债务人履行给付义务的督促程序和针对票据丢失、灭失或被盗的公示催告程序。

【背景资料】

《民事诉讼法》在商事诉讼适用上的缺陷

由于我国实行民商合一的立法体制，"大民事"的思维模式排斥"商事关系"概念在立法中的使用，2008年4月1日开始实行的《民事案件案由规定》文件中也未引入"商事纠纷"的法定概念，这种定位于"民事型"主导的诉讼程序对于我国商事裁判十分不利。2008年4月1日起施行的《民事诉讼法修正案》也未注意民事案件与商事案件的区分适用问题，再审期限的延长没有照顾到商事纠纷的特性，可能导致商事审判的既判力大大弱化，破坏商事交易程序的安全与稳定，因此有学者从商事审判的角度出发，称之为"失败的立法"。再如，票据纠纷的审理比较特殊与复杂化，如果适用单一的普通程序，难以及时、正确地调整票据关系，不利于发挥票据的流通、支付、信用、融资功能，不利于资金的周转、提高资金使用效率。

（三）为什么选择商事诉讼？

由于商事法律关系的特点，在解决商事纠纷的原则和具体制度设计上表现出一定的特殊性。正是由于这种特殊性，决定了商事纠纷解决机制的多样性，其中最主要的有私力救济、商事仲裁与商事诉讼三种方式。这三种纠纷解决方式各有优劣。与私力救济、商事仲裁相比,商事诉讼作为一种公力救济方式,有其特殊优势。

作为通过法院来解决商事纠纷的商事审判机制,商事诉讼的突出优势在于其具有终局性的效力。如前所述,私力救济主要依赖于当事人之间的协商和合意,协商结果没有强制力保证实施,在当事人难以达成合意或者不遵守协商结果时,商事纠纷的解决势必转入另外一套程序,而商事诉讼正是这套程序的终点。只要商事纠纷经过商事诉讼程序的处理,就将得出一个必须严格执行的判决,不得再走入其他的纠纷解决途径,从这一层面上讲,商事诉讼是商事主体解决纠纷最后的手段。

此外,商事诉讼具有更强的程序性和合法性。商事诉讼是法定的商事纠纷解决机制,它以民事诉讼法为基础,结合大量的商事单行法形成自己独特的体系。相比起私力救济,它具有相当强的程序性,并且这些程序都是严格依照法律规定所进行的。纠纷一旦进入诉讼阶段,则意味着商事主体间的争议将交由法院按照法律规定进行审理,并作出双方当事人都必须执行的判决,无论是程序和作为最终解决成果的判决,都具有合法性。这与私力救济的任意性和协商结果没有法律保障具有根本区别。而对于商事仲裁[①]来说,商事诉讼可以说是商事仲裁的后盾。在当事人因仲裁裁决效力或仲裁协议执行问题发生争执时,如果将纠纷提交到法院,那么案件就开始进入商事诉讼程序,通过判决或裁定,对当事人的商事纠纷做一个最后的决断。

【背景资料】

商事审判与中国经济发展

在中国改革开放30年的法治发展历程中,司法制度、尤其是法院机关的商事审判活动对于中国的经济发展有着重要的影响。中国30年法治发展过程中的一个显著特征是,司法权与执法权急速膨胀,尤其是随着改革程度的加深,经济发展所导致的各种矛盾将以解决纠纷为其基本功能的司法机关推到了改革发展的风口浪尖。

而且,在经济急速发展、各种新型经济纠纷不断涌现,而国家立法却滞后的背景下,多年来我国的商事审判已不仅仅是一个消极的依法判决的纠纷解决

[①] 关于商事仲裁的阐述请参见本编第三章。

者，而是进一步担当起了法律规则制定者的角色①。从法律经济学的角度看，商事审判配置社会资源的功能得到越来越明显的体现，一方面，商事审判活动中出台的各种司法解释类文件制定了崭新的经济活动规则，另一方面，一些层级较高的审判机构对个案的处理行为越来越具有群体性效应。一个司法解释的出台或是一个典型个案的判决往往导致一个行业的集体"恐慌"、甚至改变行业内具体单位的行动方针。

譬如2004年11月4日最高人民法院公布了《关于人民法院民事执行中查封、扣押、冻结财产的规定》，其中一条规定是"被执行人及其所抚养家属生活必需的居住房屋，人民法院可以查封，但不得拍卖、变卖或者抵债"。这一规定虽然体现了浓郁的人道主义精神，但是对于银行业房贷业务的发展却构成了威胁。因为在普遍的一房一贷的现状下，它意味着银行业无法及时收回其贷款。而这一规定的实施又激发银行在办理房贷业务时要求贷款人增加抵押物，从而事实上不利于贷款人及时得到所需的资金开展商事活动。

（四）中国商事诉讼制度的完善

我国商事诉讼制度一直存在于民事诉讼制度的框架内，除了某些特殊案件外，商事诉讼与民事诉讼在程序规则上并无不同。但是随着商业活动的快速发展，各种新型商业纠纷和商事关系的出现，商事诉讼开始呈现出与民事诉讼不同的特点与需求，这不但体现在变革程序规则的需求上，还体现在对商事审判理念的革新与商事实体法的适用上。

1. 商事审判理念的转变

在我国现行的商事审判中，越来越注重民事诉讼与商事诉讼在审判理念上的区别。具体体现在：

（1）合同自由优先的理念。在商事审判中，坚持意思自治和权利本位，充分尊重当事人的合同自由权利和对公司的自治权利。对新类型合同及条款的约定，坚持鼓励交易的原则，维护交易的稳定性，最大限度地增进社会财富。除非约定明显违反法律、法规的强制性规定，否则尽量不认定其为无效。

（2）保护商主体营利的理念。营利性是商事活动的主要特性，商法中一些重要制度、重要规则的确立与营利性有密切的关系。在商事合同中当事人对有偿还是无偿没有约定的，一般推定为有偿。

---

① 关于司法机关角色的转换以及司法功能的扩张可以参见以下文献：(1) 朱苏力：《转型期司法应注意的几个问题（上）——在第六届成都法院院长论坛的演讲》，2007年；(2) 袁圣明：《司法解释"立法化"现象微探》，载《法商研究》2003年第2期。

(3) 重视保障交易简便、迅捷、安全的技术性规范。商法以经济效用为主要目的，其规定具有明显的技术性，突出地体现在其关于商行为的规定中。这些技术性规范所蕴含的理念与民法理念有很大的差异。如为实现交易的简便、迅捷，实行要式主义、文义主义，对商事请求权普遍采用不同于民法时效期间的短期时效；为维护交易安全，实行公示主义、外观主义和严格责任主义，无需探求其实质和真意。交易当事人对于涉及利害关系人利益的营业上的事实，负有公示告知的义务，有些行为未经公示不生效，公示后推定相对人知道等等。具体如票据之于一般民事权利，股权之于物权或债权，保险责任之于一般合同责任等，都具有明显不同的特征。

【相关案例】

审判中外观主义的运用——以工商登记为准①

兄弟二人双方签订了金额不同的两份股权转让协议，本意是价格虚高的协议用于工商登记，价格真实的协议用于实际履行，但后来弟弟以价格虚高的工商登记文件为据，主张哥哥没有支付完毕股权转让款，哥哥以真实的转让协议进行抗辩，但终因其证明力较弱而宣告败诉。

评析：商法强调行为的外观效力和公示主义，不过分纠缠和探究当事人内心的真实意思，强调保障商事主体的快捷、安全、营利。

(4) 重视维持企业的稳定。商主体维持原则主要体现在商主体法中，具体而言，在公司法、合伙企业法、个人独资企业法与破产法中，均最大限度地体现了避免作为商主体的企业破产与解散的精神，如破产法中的和解和整顿制度。其目的是让能够良好发展的企业持续发展，并尽量维护社团法律关系的稳定。因此在审判中特别是处理企业内部利益冲突引起的纠纷时，一般不轻易否定企业的成立，不轻易否定公司已发生的行为，尽量保持企业及其内外部法律关系的相对稳定。

2. 商事法律适用的转变

在商事诉讼中，对于商事法律适用的转变主要体现在以下三个方面：

首先，优先适用商事特别法规范。我国是实行民商合一立法模式的国家，以民法通则为统领，另以商事单行法的形式对相应的商事活动作了特别规定。

---

① 本案例摘自周林彬教授主持的广东省"十五"社科基金规划项目《广东民营企业产权法律保护实证研究》之佛山市中级人民法院调研资料。

这些商事单行法是特别法，应按照特别法优于普通法的法律适用原则。在审理案件中，如果特别法对某一问题有规定的，则适用特别法；只有在特别法没有规定或者规定不明时，才直接适用《民法通则》、《合同法》等民事普通法。这主要是由于不同的商行为在法律调整上的要求与价值取向不完全相同，有时甚至存在较大的差别，如票据法中关于票据无因性、文义性等保障票据流通的规定即与一般民事法律规范的要求不同。

其次，更多地适用商事惯例。商事惯例是商主体在一定区域内的长期商事交易中重复采用从而对商主体具有拘束力的交易实践（事实），包括交易习惯、商业惯例、行业规范、行业习惯等内容。① 由于商事交易实践中对商事惯例的高度依赖，我国《合同法》亦赋予交易习惯以补充合同条款并对合同条款起一般解释性作用的效力，交易习惯成为法律渊源的一种。因此，在商事审判实践中，越来越多地重视商人间的交易习惯、公司章程、交易所及社会中介组织的业务规则、商业行会规约等商事自治规则对于确定当事人权利义务和责任的意义，并将其作为审理商事案件的重要参考性依据。

【相关案例】

交易习惯应优先[②]

先达股份有限公司（先达公司）与某科技有限公司（下称科技公司）签订《产品购销合同》，约定科技公司为其生产电子产品。合同约定的结算及付款方式、支付方法为：分三次在货款中扣除 10 万元的质保金，其余货款次月 25 日前支付。至 2009 年 3 月合同中止期间，科技公司先后向先达公司提供了 20177650.14 美元的电子产品货物；先达公司收到科技公司提供的增值税普通发票 20 张，共计金额为 1116658 美元。科技公司称，先达公司收到科技公司 20 张发票后分 10 次向科技公司支付货款计 1116658 元，尚欠货款 19060992.14，科技公司向先达公司发出《货款催收函》，要求付清拖欠货款并中止向先达公司供货。

2009 年 6 月 10 日，先达公司以科技公司未履行合同义务为由法院起诉，请求解除与科技公司签订的购销合同。科技公司则提起反诉，要求先达公司清偿货款，一审法院认为：按现行商业交易习惯，发票是合同当事人结算的凭

---

① 周林彬、王佩佩：《商事惯例初论——以立法构建为角度》，载《2007 年中国商法年刊》，北京大学出版社 2007 年版，第 22 页。
② 案例来源：《交易习惯的法律适用——先达股份有限公司诉某科技有限公司买卖合同纠纷案》，载深圳公司法务网，http://www.szgsfw.com/news/207.html，2010 年 1 月 24 日访问。

据，卖方将发票交与买方持有，就意味着买方已经向卖方支付其货款。本案先达公司持有科技公司的4张发票，如果科技公司认为其没有足额支付货款，应承担相应举证责任。而科技公司未提供相应证据支持其主张，故先达公司已经足额支付货款的诉讼主张应予支持。科技公司不服，提起上诉。二审法院认为：根据合同约定关于"货款每月20日凭科技公司凭证，于次月25日前由先达公司支付"的条款，对货款的结算、支付方式的约定明确。从双方实际履行合同时的付款习惯看，也是由科技公司先开具发票后，次月由先达公司支付货款，科技公司的上诉理由成立，一审法院根据"现行商业交易习惯"否定本案当事人之间的交易约定和习惯，认定不当。支持了上诉人的主张。

评析：本案的事实点是先达公司持有科技公司的发票，能否证明其已经向科技公司清货款的事实，法律该如何适用。按照我国《合同法》的规定，当事人在合同履行过程当中，应按照双方的约定履行，约定不明确的，按当事人之间的交易习惯确定，本案中，当事人的约定和交易习惯都是明确的，法院就不能按一般的社会常识来理解当事人的交易行为。因此，二审法院的判决是正确的。

最后，重视行政规章的参照适用。商法不仅强调私法上的平等权，同时强调公法上的国家主体对商主体的管理权，如商事登记管理等。商法公法化是传统商事交易行为之自由主义向现代商事活动之国家干预主义转变的结果。因此在审判实践中，法院一般会将行政规章作为办案的重要参考，必要时参照适用。如由于我国证券法明显滞后于实践，国家工商行政管理总局、国家证监委的行政规章的规定在实务中实际上起着法律规范的作用，审判证券诉讼案件时即会尊重有关规定，以避免因判决与行政规章发生冲突导致判决不能执行。[①]

3. 对商事程序性规则的需求

随着现代商事交易的快速发展和大量商事纠纷的产生，现有的民事诉讼程序规则已越来越不能满足商人对于诉讼便捷性的需求，如中国目前在证券诉讼领域推行的单独诉讼和人数确定的共同诉讼这两种诉讼模式既不能提供受害投资者所需要的救济，也不足以威慑、遏制相关市场违法行为。因此，对商事程序性规则的变革已成为现实的需要。

[①] 参见李后龙：《关于民商事审判工作发展方向的法理思考——基于商法的特征和原则》，载《法律适用》2004年第4期，第26页。

【拓展知识】

商事诉讼制度具体程序规则的建构①

1. 管辖自由。一方面，商人之间可以有效订立不遵守法院地域管辖规则的条款，而对于普通的个人来说，违反法院地域管辖权规则的条款视为未订立（《法国民事诉讼法》第48条）。另一方面，商人也可以提前决定将他们之间的争议交给仲裁员仲裁。

2. 自由证据制度。商人之间，商行为的证据是自由的，有关商行为的证据，可以通过任何方法提出，其中包括证人证言与推定。商法中证据自由意味着，不论行为所涉及的数额如何，证人证言均可接受，并且可以运用当事人之间交换的通讯件、持有的账目以及任何推定形式来提出证据。

3. 律师强制代理。商事诉讼一般具有很强的专业性，而且案件错综复杂，加上商事法律体系庞杂，商事诉讼技巧性要求较高等，商事诉讼往往需要专业人士的协助。

4. 审理期限的缩短。由于商事诉讼具有较强的扩散性，往往牵一发而动全身，因此，商事诉讼迫切需要及时、快速、低成本地解决，相对其他诉讼而言更加追求诉讼的效率。

5. 推行"参与裁判制"。在没有商事法院（庭）的国家，来自商人群体的非职业性法官往往会自然进入到商事审判的权利体系之中。例如法国、比利时、克罗地亚。商事法院（庭）的法官是由商人选举任职的法官，不是职业法官。商人们之所以青睐这样的专门裁判机关，是因为商事争议的判决需要更多地了解行业习惯，而不是更多的法律规则，只有商人才了解这些习惯。

6. 实行"调（和）解型"审判模式。对于精细计算的商人来说，和讼是一种成本低廉的选择。也是商事审判可能"柔性化"的基础。因此，既然商人有更强的和解纠纷的动力，在商事诉讼中，对立双方往往都是还要继续有商务往来的企业，因此，法官要更多地注意为它们之间的将来做准备，而不仅仅是对过去进行清算。

7. 限制或禁止再审。商主体对内对外所涉及的交易关系和各种利益非常广泛，如果商事交易法律关系处于不确定状态，则必将对交易程序的稳定与安全带来致命的打击。因此，对于商事案件，原则上不允许当事人申请再审。

---

① 参见樊涛：《我国商事诉讼制度的解析与重构》，载《当代法学》2008年第6期。

二、"如何打官司"：商事诉讼的具体程序

对于企业而言，"打赢一场官司"是提起商事诉讼的普遍目的，但是要打赢一场官司，就必须学会如何打官司，首先则必须了解商事诉讼的具体程序，掌握商事诉讼的基本知识与技巧。

（一）诉讼的启动

企业之间一旦产生商事纠纷，如果选择以商事诉讼的方式解决纠纷，那么就意味着要启动一项具体的商事诉讼。提起商事诉讼的第一步是由合格的诉讼主体向具有管辖权的法院提起诉讼。我国《民事诉讼法》第108条规定：起诉必须符合下列条件：(1) 原告是与本案有直接利害关系的公民、法人和其他组织；(2) 有明确的被告；(3) 有具体的诉讼请求和事实、理由；(4) 属于人民法院受理民事诉讼的范围和受诉人民法院管辖。

1. 商事诉讼的主体

商事诉讼主体适格，是指商事诉讼中的当事人拥有应诉和起诉的资格，具体说来，是指对于作为诉讼标的的商事权利或者法律关系有实施诉讼的权能，也即能够以自己的名义起诉或应诉的资格，这种资格又称诉讼实施权。诉讼主体适格与否是商事诉讼提起中面临的首要问题之一，如果主体并不具备提起诉讼的条件，那么法院将无法作出有实际价值的判决来解决纠纷。

在实践中，法院一般以当事双方是否为所争议的商事法律关系的主体作为判断主体是否适格的标准。

【拓展知识】

恶意诉讼[①]

恶意诉讼是指当事人出于不正当目的，采取不正当诉讼手段，借助合法程序，企图使法院作出错误裁判，从而达到损害他人合法权益并谋取自身非法利益的一切行为。其类型包括：相互串通欺诈型，诉讼参加人或诉讼参加人与案外人互相串通进行的恶意诉讼；捏造事实欺诈型，一方当事人故意伪造、编造证据，或者明显没有证据而捏造和虚构案件事实，试图通过诉讼损害对方当事人利益并使自己获取不正当利益所进行的恶意诉讼；玩弄技巧获利型，当事人明知自己的主张不是事实但试图利用对自己有利的证据、对方证据不充分或对方失误等，故意扰乱视线，歪曲事实，使法官在认定事实时陷入错误，从而达

---

① 参见胡建萍：《恶意诉讼构成要件分析》，载《人民法院报》2010年2月3日。

到对方败诉、自己胜诉并获取非法利益的目的；恶意抵赖债务型，因欠对方债务被告上法庭后采取编造事实、提供虚假证据、阻碍对方收集证据或串通法官枉法裁判等手段，达到摆脱债务或减少债务的目的。

2. 商事诉讼的管辖

商事诉讼中的管辖，是指各级法院之间和同级法院之间受理第一审商事案件的分工和权限。它是对于发生在我国境内的商事诉讼的管辖问题，在法院内部具体确定特定的商事案件由哪个法院行使审判权。管辖又分为级别管辖与地域管辖。级别管辖解决的是上、下级法院之间受理第一审案件的分工问题。我国《民事诉讼法》规定，基层人民法院管辖第一审民事案件，但下列民事案件第一审由中级人民法院管辖：（1）重大涉外案件；（2）在本辖区有重大影响的案件；（3）最高人民法院确定由中级人民法院管辖的案件。此外，在全国有重要影响的民事案件和高院认为应当由高院审理的民事案件第一审由高级人民法院管辖。对于商事诉讼而言，案件标的额是划分各级法院受案范围的主要依据之一，但是案件标的额的具体标准各省规定则各有不同，这主要是由各地经济发展水平不同所决定的，如在广东省，由广州、深圳、佛山、东莞市中级人民法院管辖的第一审民商事案件的诉讼标的额在 3 亿元以下 5000 万元以上。而在青海省，诉讼标的额在 2000 万元以上的第一审民商事案件已经由高级人民法院管辖了。① 地域管辖解决的是同级法院之间受理第一审案件的分工问题。在当事人没有约定、法律没有特别规定的情况下，适用"原告就被告"的地域管辖原则。②

【背景资料】

国际民商事诉讼程序

国际民商事诉讼程序是指含有国际因素，或者从某个主权国家的角度来说，含有涉外因素的民商事诉讼，又称涉外民商事诉讼程序。也就是说，在有关的诉讼中涉及两个或两个以上国家的人和事，或同两个或两个以上的国家存

---

① 参见最高人民法院 2008 年 3 月发布：《全国高级人民法院和中级人民法院立案标准》。
② 《民事诉讼法》第 22 条规定："对公民提起的民事诉讼，由被告住所地人民法院管辖。"其中法人的住所地，即法人主要营业地或者主要办事机构所在地。所谓当事人有约定，是指根据《民事诉讼法》第 25 条、涉外商事纠纷当事人根据《民事诉讼法》第 244 条的规定，协议选择管辖法院的情形。所谓法律另有规定，是指特殊地域管辖的规定，比如：因保险合同纠纷发生诉讼，由被告住所地或保险标的物所在地法院管辖；因票据纠纷发生诉讼，由票据支付地或被告住所地法院管辖等。

在不同程度的联系。由于国际因素的存在，基于诉讼成本、效率甚至国家政治等因素的考虑，在某些方面，国际民商事诉讼适用特殊的法律规范，具体包括：

1. 外国当事人（自然人、法人、国家和国际组织）的民事诉讼地位的法律规范；

2. 国际民商事案件中法院管辖权的法律规范；

3. 国际民商事案件中有关法律适用的法律规范；

4. 国际民事诉讼程序有关域外文书送达、域外调查取证、国际民事诉讼期间，以及有关法院判决的相互承认与执行法律规范。

目前，基于国际民商事交往的日趋频繁，各国的国际民商事诉讼程序都趋向于便利国外当事人，并尊重外国法院的判决，许多国家之间签订了相互承认与执行民商事判决的国际司法协助条约，从而极大地提高了商事诉讼的效率。

对于企业而言，协议管辖制度是与企业联系最为紧密的。协议管辖是指双方当事人在纠纷发生前或纠纷发生后，有权以协议的方式选择解决他们之间纠纷的管辖法院，是双方当事人意思表示真实的合意或约定，因此又称为"合意管辖"。由于协议管辖可以挑选不同地区的法院，因此可以节省企业的诉讼成本，所谓选择"自家门口"打官司，即省钱又省力。《民事诉讼法》第25条规定："合同的双方当事人可以在书面合同中协议选择被告住所地、合同履行地、合同签订地、原告住所地、标的物所在地人民法院管辖，但不得违反本法对级别管辖和专属管辖的规定。"

对于协议管辖制度，应注意以下几点：（1）双方需以书面形式约定，用口头形式约定管辖法院的，其约定无效；（2）只能就合同纠纷约定，这里的合同纠纷从立法规定的角度上看主要是指：买卖合同、赠与合同、借款合同、租赁合同、融资合同、承揽合同等一般民商事合同纠纷；（3）只能针对第一审法院的管辖进行约定，对第二审民事案件，以及重审、再审的民事案件的管辖法院，只能依法确定，而不能由当事人协议确定；（4）协议管辖法院的范围只限于被告住所地、合同履行地、合同签订地、原告住所地、标的物所在地，并且必须是单一的、确定的，如不得约定"如本合同发生争议，交由合同签订地或合同履行地人民法院审理"；（5）不得变更级别管辖和专属管辖，如保险合同、铁路、公路、水上、航空运输和联合运输等特殊合同纠纷，商标权、著作权、专利权纠纷、票据纠纷等纠纷属于专属管辖的范围，因此不得变更约定；（6）根据最高人民法院《关于适用〈中华人民共和国民事诉讼法〉若干问题的意见》第24条，协议不明或协议选择了两个以上可选择的法院管辖的，协议无效。

【相关案例】

该协议管辖为何无效？

甲公司为吉林市的一家粮食企业，乙公司为上海市的一家饲料厂，某日两公司在上海市签订了一份400万元的玉米买卖合同，合同约定如果发生争议，由距离两公司相对比较近的北京市人民法院管辖。合同签订后，果然发生了争议，甲公司首先向北京市朝阳区人民法院递交了诉状，但北京市朝阳区人民法院审查后，认定双方协议管辖无效，北京市朝阳区人民法院对本案没有管辖权，最终裁定不予受理本案。请问，该协议管辖为何无效？

3. 诉讼请求的提出

我国法律规定，起诉应向人民法院递送起诉状。诉讼状的内容必须包括具体的诉讼请求和事实、理由。其中，确定诉讼请求对于商事诉讼非常关键，它关系到企业利益的维护，不同的诉讼请求往往导致截然相反的后果。诉讼请求中，所提给付或索赔金额并非越高越好，索赔金额越高，缴纳的诉讼费用也越高。如果不能胜诉，则当事人必须自行负担不当请求部分的诉讼费。

【相关案例】

如何选择对企业最有利的诉讼请求[①]

甲乙两间公司于2007年6月签订一份《国有土地使用权转让合同》，甲公司将自己名下一幅土地使用权按每平方米2500元转让给乙公司，约定乙公司先行支付定金5000万元。签订合同后乙公司即支付了定金5000万元，但合同签订后还不够1个月，甲公司就向乙公司明确表示要解除合同，可向乙公司双倍返还定金共1亿元，乙公司拒绝接受。双方协商不成，2007年8月，乙公司诉诸法院，要求被告甲公司继续履行合同，将土地按合同价转让。

被告甲公司答辩称自己有权选择以支付违约金即双倍返还定金的方式解除合同，不同意继续履行合同把土地转让给乙公司。2007年10月，官司尚未了结，这时因国家宏观调控以及各种原因，地市、楼市急速降温，政府公开推出

---

① 案例来源：方中天律师事务所，http://www.fangzhong.com.cn/script/news/Detail1.asp?N_ID=543，2010年1月28日访问。

竞价出让的土地成交率下降，成交价也屡创新低。2007年11月，被告书面致函法院，称公司经过考虑，决定同意乙公司的诉讼请求，按合同将土地转让给乙公司；此时，乙公司也提出同意接受甲公司解除合同、双倍返还定金。双方调解不成，法院正准备下判决，乙公司突然向法院递交一份撤诉申请。法院经审查，裁定准许乙公司撤诉。乙公司撤诉后，转以另案起诉，诉讼请求为要求甲公司承担违约责任，双倍返还定金共1亿元及其从违约之日起按人民银行公布的同期贷款利率所计利息。

4. 诉讼时效

诉讼时效是指权利人经过法定期限不行使自己的权利，依法律规定其胜诉权便归于消灭的制度。我国法律规定，向人民法院请求保护民事权利的诉讼时效期间为2年，法律另有规定的除外。诉讼时效期间从知道或者应当知道权利被侵害时起计算。但是，从权利被侵害之日起超过20年的，人民法院不予保护。有特殊情况的，人民法院可以延长诉讼时效期间。超过诉讼时效期间，当事人自愿履行的，不受诉讼时效限制。在诉讼时效期间的最后6个月内，因不可抗力或者其他障碍不能行使请求权的，诉讼时效中止。从中止时效的原因消除之日起，诉讼时效期间继续计算。诉讼时效因提起诉讼、当事人一方提出要求或者同意履行义务而中断。从中断时起，诉讼时效期间重新计算。

【背景资料】

商事诉讼时效

各国商法为了提高商事交易的效率，保护商事关系的稳定性与安全性，多确立了短期时效制度。在票据、运输、海商等领域中，均规定了不同于民法上的时效期间的短期时效。

在法国，民法规定的一般民事权利救济时效为30年，但因商事活动进行迅速，商法规定的时效期间仅为10年（《商法典》第189条）。这一时效期间同样适用于商人与非商人之间的债务纠纷。由此，可以避免商人，尤其是银行，将档案保留30年之久。此外，一些特别的商行为，适用更短的时效，例如，当商人向非商人出售商品时，其要求付款的诉讼时效仅为2年。

在日本，民事债权的诉讼时效期间原则上是10年，对于商事债权，如果商法典或者其他法律没有规定更短的时效，则5年不行使即行消灭。

我国民法中规定的时效期间比世界多数国家（地区）的时效期间短，一般情况下为2年。有学者指出由于我国民间普遍存在"以和为贵"的思想，诉讼提起十分迟延，导致了许多因诉讼时效超过而无法寻求司法救济的现象，故建议在将商事诉讼的时效界定为 2 年的同时，延长现行民法中诉讼时效的规定，例如，可以考虑将一般诉讼时效延长为 10 年。

对于企业而言，在日常管理中经常需要处理大量的债权债务关系，而如何判定企业的行为是否导致诉讼时效的中断则十分重要。根据最高人民法院《关于审理民事案件适用诉讼时效制度若干问题的规定》[①]，以下情形可以视为"当事人一方提出要求"，导致诉讼时效的中断：（1）当事人一方直接向对方当事人送交主张权利文书，对方当事人在文书上签字、盖章或者虽未签字、盖章但能够以其他方式证明该文书到达对方当事人的；（2）当事人一方以发送信件或者数据电文方式主张权利，信件或者数据电文到达或者应当到达对方当事人的；（3）当事人一方为金融机构，依照法律规定或者当事人约定从对方当事人账户中扣收欠款本息的；（4）当事人一方下落不明，对方当事人在国家级或者下落不明的当事人一方住所地的省级有影响的媒体上刊登具有主张权利内容的公告的，但法律和司法解释另有特别规定的，适用其规定。[②]

【拓展知识】

企业债权超过诉讼时效的补救方法

诉讼时效届满将导致胜诉权的丧失。当债权超过诉讼时效时，可以用下述一种或多种方法进行补救，降低企业成本和法律风险。这些补救的办法的实质都是债权的更新，即以一个新的债权替代一个已超过诉讼时效期限的旧债权。

1. 要求债务人在债务履行通知书上签字或盖章。依据法律规定，在债权超过诉讼时效期间后，债务人又在履行债务通知单上签字或者盖章的，视为对旧债务的重新确认。因此，该债权应当得到保护。此规定对于已超过诉讼时效期间的债权的补救提供了最好的办法。

2. 签订还款协议。按照最高人民法院 1997 年 4 月 16 日《关于超过诉讼时效期间当事人达成的还款协议是否应当受法律保护问题的批复》之规定，超过诉讼时效当事人达成还款协议的，应当依法予以保护。签订还款协议表示债权债务人对原债权债务进行了调整，同时既然是还款协议，当然表示对债权

[①] 2008 年 8 月 11 日最高人民法院审判委员会第 1450 次会议通过，法释〔2008〕11 号。

[②] 此外，以下情况也可引起诉讼的中断：（1）申请仲裁；（2）申请支付令；（3）申请破产、申报破产债权；（4）为主张权利而申请宣告义务人失踪或死亡；（5）申请诉前财产保全、诉前临时禁令等诉前措施；（6）申请强制执行；（7）申请追加当事人或者被通知参加诉讼；（8）在诉讼中主张抵销。

债务的确认无疑。从而，改变了原有的法律关系，在当事人之间形成了新的债权，其诉讼时效可以独立计算。

3. 更新合同。合同的更新是当事人签订一个新的合同来代替旧的合同，借新还旧是典型的合同更新。它与还款协议的区别在于：还款协议只改变了原来合同的部分内容，而合同更新则完全改变了原来的旧合同。旧的合同的诉讼时效随之废止，诉讼时效按新合同签订的时间计算。

4. 债务人放弃"超过诉讼时效期间"的抗辩。超过诉讼时效期间是债权人丧失胜诉权的法定事由，无论当事人是否就此起诉，法院在查知债权超过诉讼时效时，都不能判决债权人胜诉。若债权人能与债务人继续合作或进行友好谈判，促使债务人放弃丧失胜诉权的抗辩，且债务人自愿履行的，债权人享有受领权。

5. 诉讼代理人

在一般的商事诉讼中，企业通常会聘请律师或其他人员作为诉讼代理人参加诉讼。作为委托人，企业对诉讼代理人的授权可分为一般授权和特别授权两种。一般授权下，诉讼代理人只能代为一般的诉讼行为，如起诉、应诉，提出证据，询问证人，进行辩论，申请回避，申请财产保全和证据保全，对管辖权提出异议等等，而无权处分委托人的实体权利。特别授权下，代理人可以代为承认、放弃、变更诉讼请求，进行和解，提起反诉或者上诉。必须注意，在授权委托书中如果仅写"全权代理"、"全权处理"等，实际上这种代理因授权事项不明，依法只能视为一般代理。所以委托书的授权应当列明具体的委托事项，如"代为承认、反驳诉讼请求，进行和解、提起反诉或上诉"等。

（二）诉讼的审理

当商事诉讼提起并被法院所受理后，案件就进入了审理程序。审理程序可谓商事诉讼的核心部分，是商事纠纷解决的关键环节。商事诉讼的一般审理程序包含两部分。

1. 审前准备程序

审前准备程序是指人民法院为使庭审工作及时顺利进行，对已经受理的较为复杂的民事案件，在法定期间内送达法律文书和诉讼文书，被告答辩后，由一方当事人申请或受诉人民法院批准，双方当事人进入庭前准备程序的制度。当前我国民商事司法实践中，审前准备程序的主要内容如下：（1）送达诉答文书，告知当事人诉讼权利，并组成合议庭；（2）庭前证据交换制度，在案情比较复杂、证据材料较多的案件中，法院可以组织当事人交换证据。

2. 开庭审理程序

开庭审理一般包括宣布开庭、法庭调查、法庭质证、法庭辩论、合议庭评议与宣判等阶段。在开庭审理程序中，必须注意以下事项。

首先，在案件正式开庭审理之前，书记员将首先核对双方当事人和应到庭的其他诉讼参与人的到庭及身份情况，随后，审判长或独任审判员宣布正式开庭，宣布案由以及独任或合议庭组成人员名单，并询问是否申请审判人员回避。

必须注意，如果原告经法院传票传唤无正当理由拒不到庭，或者在开庭审理中未经许可中途退庭的，法院可以按撤诉处理；如果做出以上行为的是被告，则法院可以缺席判决。

【相关案例】

猴王公司贷款1亿不归还不出庭应诉输官司①

著名上市公司猴王股份有限公司因拖欠贷款1亿元而被中国工商银行告上法院，湖北汽车集团公司作为猴王公司的担保方一同成为被告。法院立案后，依法组成了合议庭，并通知双方当事人到法院开庭。但猴王公司和湖北汽车集团均未到庭，亦未对工行的起诉予以答辩，法院依法缺席进行了审理，判决猴王公司偿还工行贷款本金1亿元及利息，湖北汽车集团公司负连带保证责任。

法律意见：根据《民事诉讼法》的有关规定，缺席判决适用于下列情况：(1) 原告不出庭或中途退庭按撤诉处理，被告提出反诉的；(2) 被告经传票传唤，无正当理由拒不到庭的，或未经法庭许可中途退庭的；(3) 法院裁定不准撤诉的，原告经传票传唤，无正当理由拒不到庭的；(4) 无民事行为能力的被告人的法定代理人，经传票传唤无正当理由拒不到庭的；(5) 在借贷案件中，债权人起诉时，债务人下落不明的，人民法院受理案件后公告传唤债务人应诉。公告期限届满，债务人仍不应诉，借贷关系明确的，经审理后可缺席判决。在审理中债务人出走，下落不明，借贷关系明确的，可以缺席判决。缺席判决与对席判决具有同等法律效力。

其次，在法庭调查质证阶段，审判长或审判员将组织双方当事人，针对自己的请求和主张，按下列顺序分别举证、质证：(1) 先由原告出示证据，被告、第三人与原告进行质证；(2) 由被告出示证据，原告、第三人与被告进行质证；(3) 第三人出示证据，原告、被告与第三人进行质证。质证时，当

---

① 参见《猴王公司贷款1亿不归还不出庭应诉输官司》，http://finance.sina.com.cn/jygl/20040709/1702861809.shtml，2010年1月28日访问。

事人要围绕证据的真实性、关联性、合法性,针对证据有无证明力以及证明力大小,进行质疑、说明和辩驳。法庭调查结束后,庭审就进入法庭辩论阶段。

在法庭辩论阶段,审判长或审判员将组织双方当事人针对争议焦点,围绕全案事实、法律责任等发表意见。先由原告及其代理人发表辩论意见,然后是被告、第三人及其代理人。必须注意,在法庭辩论中,发言要紧紧针对争议焦点,如果发言与案件无关,审判长或审判员有权予以制止。如果当事人觉得在开庭时未能充分发表意见,可以在休庭后将意见写成书面材料提交法庭。法庭辩论结束后,庭审将进入评议、宣判阶段。

【背景资料】

法庭辩论的技巧[①]

一、辩论要抓住要害,突出重点。有些比较复杂的案件,内容很多也很乱,此时一定要抓住要害,突出重点,不宜面面俱到,避免冲淡了主题。

二、善于抓住和利用矛盾。法庭调查中,主要是举证和质证,事先一定要有一个举证、质证的基本思路,在庭上则要不失时机地寻找对我方有利的线索和机会,一方面要善于发现对方举证中的矛盾,另一方面一定要避免自相矛盾。

三、深入浅出,生动形象。法庭辩论是一场关于事实、法律和理论的争论,常常会涉及一些复杂、疑难的理论问题。在这种情况下,在有限的时间内能够有针对性地使一个复杂的理论问题深入浅出,往往会收到明显的效果。

四、要讲究策略。法庭辩论中,既要重说理又要讲策略,在关键时刻要善于选择最容易使人接受的理由和辩论方式。如在双方陷入僵局的情况下,如果能够不失时机地跳出圈外,找到一个有可能打破僵局的新的思路作为切入点,侧面迂回地发起新的攻势,就很可能取得成功。

五、把握主攻方向,切忌偏离主题。在法庭辩论时,还要注意一个十分重要的问题,就是一定要把握住自己的思路和主攻方向,不要让对方牵着走,以免误入歧途而不能自拔。

六、法庭辩论中的应变能力。在法庭辩论中,常常会遇到一些意想不到的情况。在法庭上,有些情况是不可能提前做好准备的,所以,应变能力说非常重要。

最后,在评议、宣判阶段,合议庭或审判员将对庭审情况进行总结,对双

[①] 资料来源:中国律师维权网,http://www.vlawyer.cn/blog/blog.php?num=1268,2010年1月28日访问。

方当事人发表的意见进行评析,表明是否予以支持,并阐明理由。然后,审判长或审判员将公开宣告判决结果,并将裁判文书送达双方当事人。宣判可以当庭进行,也可以另定日期进行。宣判时,法官将会告知当事人上诉的权利、上诉期限和上诉的法院。如果当事人不服判决的,可以提起上诉。

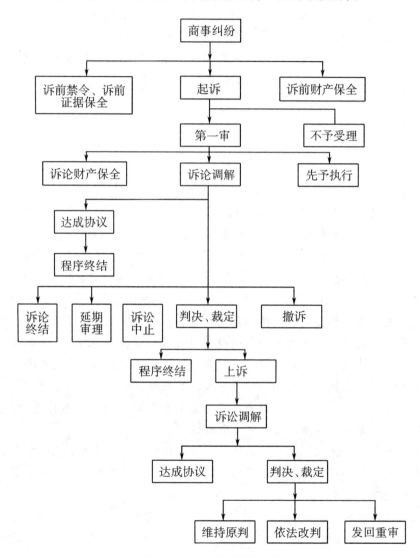

图 4-4-1 商事诉讼流程

(三) 诉讼财产保全制度

诉讼程序中有许多重要的基本制度,对于企业而言,诉讼财产保全制度是最为重要的制度之一。诉讼财产保全,是指在商事诉讼中,人民法院为保证将来的判决能得以实现，根据当事人的申请，或者人民法院依职权决定，对当事人争议的有关财物采取临时性强制措施的制度。诉讼财产保全制度是商事诉讼中的重要制度，它是维护企业利益的重要手段。根据《民事诉讼法》第92条、第93条的规定，财产保全分为诉讼中财产保全和诉前财产保全。此外，在知识产权法中还规定了诉前行为保全制度（诉前禁令）。

诉讼中财产保全，是指人民法院在受理案件之后、作出判决之前，对当事人的财产或者争执标的物采取限制当事人处分的强制措施。采用诉讼中财产保全应当具备如下条件：

（1）需要对争议的财产采取诉讼中财产保全的案件必须是给付之诉，即该案的诉讼请求具有财产给付内容。

（2）将来的生效判决因为主观或者客观的因素导致不能执行或者难以执行。主观因素有，当事人有转移、毁损、隐匿财物的行为或者可能采取这种行为；客观因素主要是诉讼标的物是容易变质、腐烂的物品，如果不及时采取保全措施将会造成更大损失。

（3）诉讼中财产保全发生在民事案件受理后、法院尚未作出生效判决前。在一审或二审程序中，如果案件尚未审结，就可以申请财产保全。如果法院的判决已经生效，当事人可以申请强制执行，但是不得申请财产保全。

（4）诉讼中财产保全一般应当由当事人提出书面申请。当事人没有提出申请的，人民法院在必要时也可以裁定采取财产保全措施。但是，人民法院一般很少以职权裁定财产保全，因为根据《国家赔偿法》的规定，人民法院依职权采取财产保全或者先予执行错误的，应当由人民法院依法承担赔偿责任。

（5）人民法院可以责令当事人提供担保。人民法院依据申请人的申请，在采取诉讼中财产保全措施前，可以责令申请人提供担保。提供担保的数额应当相当于请求保全的数额。申请人不提供担保的，人民法院可以驳回申请。在发生诉讼中财产保全错误给申请人造成损失的情况下，被申请人可以直接从申请人提供担保的财产中得到赔偿。

表4-4-1 诉前财产保全与诉讼中财产保全的比较

比较内容	诉前财产保全	诉讼中财产保全
时间不同	诉讼开始之前	诉讼进行过程中（受理后裁判前）
管辖不同	财产所在地人民法院，但15天内只能向有管辖权的法院提起诉讼	在一审诉讼中，由第一审法院保全；在当事人提起上诉以后，二审法院接到报送的案件之前，由第一审法院保全；在第二审诉讼中，由第二审法院保全

续表

比较内容	诉前财产保全	诉讼中财产保全
理由不同	利害关系人面临紧急情况、不立即采取保全措施将会使合法权益受到难以弥补的损害	因一方当事人的行为或者其他原因可能导致判决不能或难以执行
开始不同	利害关系人提出申请	当事人提出申请或者法院依职权保全
担保不同	必须提供担保	法院可以责令当事人提供担保
相同	保全范围：限于请求的范围，或者与本案有关的财物 保全措施：采取查封、扣押、冻结或者法律规定的其他方法 保全程序：提出申请——法院审查裁定——不服裁定可以申请复议 错误申请的赔偿：由申请人赔偿	

此外，我国《专利法》、《商标法》和《著作权法》等法律还规定，为维护申请人的合法权益，知识产权人或者利害关系人可以在起诉前申请法院采取措施，责令被申请人停止实施有关侵犯专利权、商标权或者著作权的行为，就是"诉前停止侵权行为"，诉讼法上叫"诉前行为保全"。

【拓展知识】

企业在商事诉讼中采取财产保全措施的作用[①]

第一，采取财产保全措施可以促使被告人主动和解。对于实力比较强的企业来说，对其采取财产保全措施，给其经营造成障碍，可以促使对方与债权人协商并尽快履行义务。

第二，可以保证将来的判决或者裁定、调解书得到切实履行。适合那种比较穷的企业，采取财产保全措施是为了胜诉后有财产可供执行，不至于使判决成为一纸空文。

第三，可以防止欠款人转移财产逃避债务。司法实践中很多公司为了逃避将来财产被执行，在诉讼中往往采取财产转移的非法手段，鉴于我国目前司法惩罚措施不到位，使得它们有恃无恐，所以债权人务必要先下手，防止它们转移财产，及时采取保全措施。

---

① 参见《诉讼财产保全很重要》，http://wuke888666.blog.163.com/blog/static/100863781200992942354906/，2010年1月31日访问。

(四) 证据制度

"法庭之上只有证据，没有事实。"对于诉讼当事人而言，证据的作用在于为当事人提出的事实提出佐证，以证明事实的真实性，从而维护当事人的利益。在法律上，诉讼证据是指客观存在的、与案件有关的并能够在诉讼中证明案件真实情况的客观事实。它有三个基本特征：

一是客观性。证据必须是客观存在的事实，任何主观臆测和虚假材料都不能成为诉讼证据。

二是关联性。证据必须与特定的案件有内在的必然联系，与该案件没有关联的事实不能成为诉讼证据。

三是合法性。证据必须符合法律要求的形式，并按法定程序收集、提供和运用，不符合法定形式要求，违反法定程序取得的材料，不能作为诉讼证据。

而证据规则则是指在收集证据、采用证据、核实证据、运用证据时所必须遵循的准则。它不是一般的原则和制度，而是诉讼实践中可以操作的尺度。对于商事诉讼而言，应重点关注下列证据规则：

1. 举证责任。举证责任是指在诉讼中由谁来提供、收集和运用证据证明案件事实的责任，它意味着负有责任的一方如果收集不到或提供不出相应的证据对案件的事实加以证明时，要承担败诉的风险。最高人民法院《关于民事诉讼证据的若干规定》规定："当事人对自己提出的诉讼请求所依据的事实或者反驳对方诉讼请求所依据的事实有责任提供证据加以证明。没有证据或者证据不足以证明当事人的事实主张的，由负有举证责任的当事人承担不利后果。"此即所谓"谁主张谁举证"，原告应负责提供证据来证明自己的诉讼请求，被告应负责提供反驳原告诉讼请求的证据以及证明自己反诉主张的证据，第三人也对自己的主张负有提供证据加以证明的责任。在法律有特别规定的情形下，也可能出现举证责任的倒置，即由对方当事人承担举证责任。①

但是，需要注意的是，对于以下事项，当事人无需提供证据证明：（1）众所周知的事实；（2）自然规律及定理；（3）根据法律规定或者已知事实和日常生活经验法则能推定出的另一事实；（4）已为人民法院发生法律效力的裁判所确认的事实；（5）已为仲裁机构的生效裁决所确认的事实；（6）已为有效公证文书所证明的事实。②

---

① 商事诉讼中举证责任倒置的情形包括：（1）因新产品制造方法发明专利引起的专利侵权诉讼，由制造同样产品的单位或者个人对其产品制造方法不同于专利方法承担举证责任；（2）因环境污染引起的损害赔偿诉讼，由加害人就法律规定的免责事由及其行为与损害结果之间不存在因果关系承担举证责任；（3）因缺陷产品致人损害的侵权诉讼，由产品的生产者就法律规定的免责事由承担举证责任。

② （1）、（3）、（4）、（5）、（6）项，当事人有相反证据足以推翻的除外。

【相关案例】

查账目的是否合理由谁举证？①

上海陆家嘴联合房地产有限公司（简称陆家嘴公司）负责"陆家嘴中央公寓一期工程"项目的开发。上海耀国能源科技有限公司（简称耀国能源）持有该公司10%的股份。陆家嘴公司章程规定，销售房屋的时间、价格须经董事会协商一致、形成决议才能进行，总经理对董事会负责。然而，在董事会未能就上述房屋销售的重大事项形成决议的情况下，该公司总经理直接听命另外持股90%的二股东的指令，将房屋销售。

小股东耀国能源认为，在周边高档住宅售价18000元左右的市场形势下，陆家嘴工程售价只有9000元，这种低价销售侵害了小股东和公司的权益。而且自2005年之后，收支额多达数十亿元的陆家嘴公司的财务报表均显示亏损。为弄清亏损原因，耀国能源起诉要求查阅公司账簿。2006年8月，浦东区法院立案受理。2006年10月11日，浦东区法院一审以原告耀国能源"查阅目的不合情理"为由，驳回诉讼请求。

问题：新《公司法》第34条规定，"公司有合理根据认为股东查阅会计账簿有不正当目的，可能损害公司合法利益的，可以拒绝提供查阅"。在司法实践中，应该如何判断股东查阅目的正当与否？查阅目的正当与否的举证责任在股东还是公司？

核心观点：法官应在综合考察以下各方面因素的基础上决定是否允许股东查账，即股东提出的查账申请中所给出的查账原因、动机和目的，查账的范围，允许查账和不允许查账各自的利弊，查账结果和所证明对象之间的关联程度等。查阅目的正当与否的举证责任显然是在公司一方。

2. 举证时限。诉讼中，举证时限制度非常重要，它是指负有举证责任的当事人应当在法律规定和法官指定的期限内提出证明其主张的相应证据，逾期不举证则承担证据失效的法律后果的一项民事诉讼期间制度。确立举证时限制度的意义在于：第一，促使当事人积极举证，提高诉讼效率。在诉讼实践中，影响诉讼效率的一个重要原因是因为没有限制当事人举证的期间，在诉讼中，若当事人可以随时提出证据，则会导致反复开庭进行事实调查，无法提高庭审

---

① 资料来源：《房地产公司连年亏损小股东要求查账被驳回》，http://www.legaldaily.com.cn/misc/2006-11/14/content_452642.htm, 2010年1月9日访问。

效率。举证时限制度有助于促使当事人在开庭前完成举证事项,提高诉讼效率;第二,有利于防止证据上的"突然袭击",有利于法院对诉讼争点问题和证据进行整理。允许当事人随时提出证据,就必然造成证据上的"突然袭击",从而迟延诉讼,也影响法院尽早对诉讼争点和证据进行整理。我国《民事诉讼法》、《关于民事诉讼证据的若干规定》以及《最高人民法院关于适用〈关于民事诉讼证据的若干规定〉中有关举证时限规定的通知》对举证期限做了详细的规定。

3. 证据调查。证据调查是指司法人员在职权范围内,依照法定程序,采取有效方法,广泛收集证据的行为。《民事诉讼法》第64条第2款规定,当事人及其诉讼代理人因客观原因不能自行收集的证据,或者人民法院认为审理案件需要的证据,人民法院应当收集。

4. 证据保全。证据保全是指在证据有可能灭失或者以后难以取得的情况下,人民法院根据诉讼参与人的请求或依职权采取一定措施,对证据加以确定和保护的制度。证据保全分为两类:一类是诉后证据保全,即在民事诉讼开始或进行中,由人民法院采取措施,对证据加以保全,这是比较常见的;另一类是诉前证据保全,主要由公证机关进行保全,也有在起诉前向人民法院申请证据保全的,人民法院认为需采取保全措施的,就通知申请人于一定期间内起诉。

(五) 诉讼裁决的执行

法院作出的诉讼裁决生效[①]后,义务人方必须履行判决书中规定的义务,如果当事人自愿履行其义务,则案结事了。但是如果义务人拒绝履行诉讼裁决,那么在此种情况下,权利人可以向人民法院申请强制执行,以实现自己的权利。

所谓强制执行,是指人民法院和其他有关机关按照法定程序,运用国家的强制力量,实现已经发生法律效力的判决、裁定以及其他法律文书确定的履行内容的活动。

发生法律效力的民事判决、裁定和调解书以及其他应当由人民法院执行的法律文书,一方当事人拒绝履行的,对方当事人可以向人民法院申请执行,也可以由审判员移送执行员执行。人民法院在执行中,可以采取查询、冻结、划

---

① 根据我国民事诉讼制度,生效的判决是指:准予上诉的地方各级人民法院的第一审民事判决,即按普通程序和简易程序审理案件作出的判决,在上诉期间15日内,如果当事人不上诉,上诉期限届满即发生法律效力。不准上诉的地方各级人民法院的第一审民事判决,即按特别程序审理案件作出的判决,以及最高人民法院的第一审民事判决、中级以上人民法院所作的第二审民事判决,自判决送达之日起发生法律效力。

拨存款，扣留、提取被执行人应当履行义务部分的收入，查封、扣押财产，拍卖、变卖财产，强制交付指定的财物或票证，强制迁出房屋或强制退出土地，强制办理被执行财产权证照转移手续等执行措施。

【背景资料】

修改后的《民事诉讼法》关于执行制度的变化

2007年10月28日，十届全国人大常委会第三十次会议通过了全国人大常委会关于修改《中华人民共和国民事诉讼法》的决定，决定自2008年4月1日起施行。

一是增加了"立即执行"的制度，即"被执行人不履行法律文书确定的义务，并有可能隐匿、转移财产的，执行员可以立即采取强制执行措施"。

二是增加了财产报告制度。决定第17条明确规定，"被执行人未按执行通知履行法律文书确定的义务，应当报告当前以及收到执行通知之日前一年的财产情况"，如果被执行人提供虚假报告或者拒绝报告的，人民法院可以根据情节轻重对被执行人或其法定代理人、有关单位的主要负责人和直接责任人员予以罚款和拘留。

三是加大了执行联动机制，规定了被执行人不履行法律文书确定的义务，人民法院可以通知有关单位限制被执行人出境，人民法院也可以在征信系统记录被执行人不履行义务的情况，同时可以通过媒体公布不履行义务人的信息。

四是提高了对不履行判决、裁定的罚款数额，规定对个人的罚款提高到1万元以下，对单位的罚款金额为人民币1万元以上30万元以下。

五是增加了执行异议制度。当事人、利害关系人如果认为执行行为违反法律规定的，可以向人民法院提出执行异议，促使人民法院尽早地督促执行。另外，增加规定了变更执行法院的制度。

六是延长了申请执行的期间。过去规定，如果双方是法人的，申请执行期间是半年，涉及个人的，执行期间是1年。决定第15条规定，申请执行的期间为2年，而且申请执行的时效适用中止、中断的规定。

但是，诉讼裁决在执行过程中，常常遭遇执行难的问题。所谓执行难是指人民法院在执行过程中，由于受到社会、政治、经济、舆论等诸多因素的干扰作用，尽管人民法院按照法定程序、运用国家强制力、采用各种执行方法，但是仍然无法实现生效法律文书确定的民事权利的现象。① 在商事诉讼中，执行难的问题更加突出，其最主要的原因就在于地方和部门保护主义的干预。

由于现行体制原因，人民法院的活动经费要由当地政府拨付；人民法院的院长、审判员及其他人员要由当地人大任命；人民法院设立、撤销机构要由当地政府审批；人民法院的活动要围绕当地的政治、经济开展，这一系列的"当地"现象，致使人民法院在坚持严肃执法面前失去了底气，地方保护主义滋生的根源即在于此。

同时，企业作为地方财政收入的主要来源，政府对本地企业的发展给予了过多的关注，人民法院也经常受命给予当地企业保护，为当地经济保驾护航，为当地国企改革发展服务，法院为党的中心工作服务往往变成了为地方的中心工作服务。② 有些地方和部门出于对局部利益的考虑，对一些企业实行所谓"挂牌保护"，外地法院不得执行，甚至规定本地银行对外地法院冻结的款项不得协助划拨。这些规定或文件给予人民法院的执行工作设置了重重障碍。

此外，执行力量的薄弱也使人民法院在日益繁重的执行工作面前显得力不从心。一是执行警力严重不足。随着纠纷的日渐增多，进入执行程序的案件也越来越多，有限的警力和繁重的执行任务之间的矛盾更加突出。二是执行人员素质不高，不能胜任执行工作。在现实中，法院配备的执行员往往是胜任不了审判工作和没有审判职务、审判经验的人。

最后，社会信用机制的缺失也是造成执行难的原因之一。在目前的市场经济条件下，人们信用意识淡薄，过多考虑眼前利益，短视行为严重，信用意识、规则意识、责任意识普遍低下，尔虞我诈事例比比皆是。另外，国家和社会的法治化程度低，上至部分领导下到普通公民的法治意识、程序意识和司法理念淡薄，严重缺乏对法院、对司法裁判的认同感，缺乏自觉维护和主动履行裁判的意识。目前，在执行实践中体现较为明显的不诚信行为有：法人制度形同虚设，经常出现空壳公司；虚假验资；公款私存、多头开户；恶意转移财产等等。③

---

① 参见王宏纲：《商事案件执行难的成因及对策》，载《经济师》2009年第3期。
② 同上书。
③ 同上书。

【拓展知识】

如何破解执行难问题？①

执行难一直是法院工作的一个困扰，也是诉讼当事人的一块"心病"，对于破解执行难的问题，目前比较有代表性的建议有如下几个：

1. 改革人民法院隶属体制，建立上下垂直的统管体系。

"执行难"在一定程度上是由于体制上的原因造成的。改革法院现行管理体制，建立独立的、上下垂直的法律体制，使人民法院直接与当地政府脱钩，人事任免权、活动经费均由国家统一行使、拨付，解除当地政府"要挟"人民法院的一切因素。

2. 提高执行机构及其执行人员的法律地位和物质装备水平。由于执行机构没有明确的法律地位，导致执行人员法律地位不高，执行员之间无等级之分，也不能享受相应的待遇。这些原因导致了执行人员工作积极性不高，责任感不强，普遍素质偏低。

3. 加强执行监督、健全执行中的权利救济制度。执行工作缺乏有效的监督，极易导致权力的滥用，造成执行工作的混乱。而我国现行的民事执行中，除了上级法院对下级法院的监督外，其他任何机关包括专门的法律监督机关——人民检察院都无法监督民事执行机关的执行行为，因而有必要建立、健全监督机制。可以建立相应的制度对执行工作加以制约，诸如执行工作报告制度、执行工作检查制度、考核制度等。同时完善内部监督与社会监督，加强上级对下级的指导监督职能以及各级党委、政法委的领导与监督。

4. 加强普法教育，提高人们的法律意识。对于法院来说，要实现对审执分离和审执割裂观念上的突破。对于其他的国家机关特别是行政机关来说，要正确认识民事执行和维护稳定、发展地方经济的关系。

三、商事诉讼风险防范

商事诉讼风险，是指企业商事诉讼活动中可能遇到的一些争议事实以外的因素，影响案件审理和执行，致使其合法权益无法实现的风险。诉讼风险既不

---

① 参见钟小凯：《解决法院执行难，树立司法权威》，http://leader.jxcn.cn/161/2007 - 11 - 20/30009@351093.htm，2009 年 12 月 23 日访问。

包括争议事实本身的影响，也不包括当事人法律意识和不正之风的影响。[1]

（一）商事诉讼风险的类型

从商事诉讼的实践看，企业常常因为管理上存在的问题，或者是法律知识上的欠缺，导致在诉讼过程中显得很被动，甚而有的明明可以打赢的官司，也不得不与对方签订"城下之盟"，更有甚者，还会"铩羽而归"，这些情况的普遍存在与企业本身对商事诉讼的过程和关键环节不够了解和重视有关。根据实践，企业在诉讼中主要存在以下几类诉讼风险：

1. 程序性风险。程序性风险是指企业在进行诉讼的过程中，由于忽视或者违反某些法律规定的程序性规则而导致不利于己方的诉讼结果的风险。例如超过诉讼时限起诉，不在举证期限内举证，不在上诉期限内提起上诉或者无故不到庭参加诉讼等等，都属于商事诉讼中的程序性风险。[2]

2. 法律适用风险。法律适用风险是指企业在诉讼过程中，由于在选择实体法律适用上的失误或错误，从而导致不利于己方的诉讼结果的风险。在错综复杂的商事纠纷案件中，当事人之间的法律关系以及纠纷的法律性质的界定并非只有唯一，也就是说，不同的法律规范可以适用于同一个纠纷案件，从而导致不同的判决结果。这一方面是由于目前我国的立法仍不完善，许多法律条文只是原则性规定甚至不存在相关规定，另一方面则是由于现代商业的快速发展导致商事纠纷日趋复杂化，新型的商事纠纷案件层出不穷。在这种背景下，商事纠纷的法律适用问题就成为决定案件判决结果的关键因素。此外，在涉外商事诉讼中，由于法律赋予了当事人选择准据法的权利，基于不同国家、地区的法律规定往往不同，因此选择适用哪一个国家或地区的法律将直接影响到诉讼的结果。因此，企业对法律的选择适用应该慎之又慎，企业往往因为对法律的选择不当而断送了胜诉的机会。

---

[1] 事实上，实践中企业常常遭遇的现实问题是司法不公所导致的风险，尤其对于民营企业而言，如果另外一方诉讼当事人是政府或国有企业，那么民营企业就很有可能面临败诉的风险。例如在对民营企业的财产权进行保护时，企业家的"原罪"问题就常常被作为一种"先见"而影响了司法审判的公正性和中立性，最终导致许多企业家的人身安全和名誉安全得不到保障，受到不公正待遇的案件比比皆是。而且在审判中民营企业财产经常被轻易查封和扣押，企业财产与投资人、业主的个人财产、家庭共有财产，无限责任与有限责任公司在审理中也常常得不到慎重区分。而在与国有企业的对峙中，法院往往为了执行国家政策、保护国有资产的需要，或者由于当地政府的介入而作出倾向于保护国有企业的判决。

[2] 有关企业诉讼中的程序性风险可详见《人民法院民事诉讼风险提示书》（2003年12月23日最高人民法院审判委员会第1302次会议通过）。

【背景资料】

企业涉外合同的选择适用法律问题

　　企业在签订涉外商事合同时，可以选择适用不同国家的法律。我国《合同法》规定："涉外合同的当事人可以选择处理合同争议所适用的法律，但法律另有规定的除外。涉外合同的当事人没有选择的，适用与合同有最密切联系的国家的法律。"2008 年颁布的最高人民法院《关于审理涉外民事或商事合同纠纷案件法律适用若干问题的规定》指出：合同争议包括合同的订立、合同的效力、合同的履行、合同的变更和转让、合同的终止以及违约责任等争议。人民法院根据最密切联系原则确定合同争议应适用的法律时，应根据合同的特殊性质以及某一方当事人履行的义务最能体现合同的本质特性等因素，确定与合同有最密切联系的国家或者地区的法律作为合同的准据法。如对于买卖合同，则适用合同订立时卖方住所地法；如果合同是在买方住所地谈判并订立的，或者合同明确规定卖方须在买方住所地履行交货义务的，适用买方住所地法。因此企业应该熟悉法院的有关司法解释，在签订合同时或在诉讼中选择对己方最有利的法律。

　　3. 代理人风险。代理人风险是指企业在诉讼过程中，由于选择的代理人不具备相应的业务能力或者职业道德，从而导致不利于己方的诉讼结果的风险。如有的律师由于经验不足或者做事态度马虎，不重视调查取证，表现为过于依赖委托人取证；收集证据不及时、不全面，先入为主，偏听偏信；只重视收集对己有利的证据，歪曲事实，弄虚作假；又或者查阅案卷时走马观花流于形式或干脆不阅卷。这些都可能导致诉讼的失败。

【背景资料】

黑律师之祸[①]

　　2004 年开始，司法部在全国范围内开展了律师队伍集中教育整顿活动，至 2005 年初，一年里共查处违法违纪律师 719 人，律师事务所 213 家。

　　据统计，在受到行政处罚的 261 名律师中，吊销执业证 47 人，停止执业

---

① 参见章功：《中国黑律师之祸》，载人民网，http://www.people.com.cn/GB/paper83/15257/1352855.html，2010 年 2 月 3 日访问。

109 人，没收违法所得 23 人，受到警告处罚 82 人。在受到行政处罚的 72 家律师事务所中，吊销执业许可证 14 家，停业整顿 21 家，没收违法所得 13 家，受到警告处罚 24 家。同时，在受到律师协会行业处分的 458 名律师中，取消会员资格 47 人，公开谴责 73 人，通报批评 210 人，受到训诫 128 人。在受到行业处分的 141 家律师事务所中，取消团体会员资格 14 家，公开谴责 20 家，通报批评 82 家，受到训诫 25 家。

从查处的情况看，"黑律师"的违法违纪行为主要表现在以下几个方面：一是律师与法官在诉讼活动中进行不正当交往；二是律师私自收案收费和乱收费；三是接受当事人委托后不尽职责，不向委托人提供约定的法律服务；四是搞不正当竞争，以诋毁同行、支付介绍费、作虚假广告等手段进行不正当竞争，扰乱执业秩序；五是提供虚假证据或者引诱、威胁当事人提供虚假证据等。

4. 提起诉讼或二审、再审的风险。企业在决定是否提起诉讼时，应当合理预测和评估诉讼行为本身对企业或企业家所带来的机遇或风险，积极采取各种应对措施。诉讼行为本身对企业而言，从某种程度上讲其实就是一把双刃剑：它可以让该企业的客户、消费者、股民等仔细审视企业的经营理念和服务理念，对他们而言，企业在生产经营中出点小的偏差是难免的，关键是企业是否勇于承担责任，并以此为标准来决定该企业和品牌是否值得信赖。面临诉讼，企业应对失当，可以使企业的品牌形象和声誉一落千丈（上市公司一旦涉诉更会严重影响其股价）；应对得当，则会博得更多客户和消费者的信赖。①

此外，在各类诉讼中，企业及其诉讼代理人虽然竭尽全力，有时也难免在终审中败诉。如果企业决定提起二审或者再审的话，除了花费更多的精力物力外，仍然有可能面临败诉的风险。

【拓展知识】

企业在日常经营中容易引起诉讼风险的细节②

1. 在合同履行过程中，对于一些重要的送货凭证不够重视。这主要有两类情况：一是根本没有送货回单等凭证，只是将货送到对方，开出发票就认为自己已经履行完毕；二是有送货回单等凭证，后来因保管的问题，遗漏了部分

---

① 参见钱卫清：《避开诉讼风险六项注意》，载《英才》2003 年第 11 期。
② 孙德行：《企业商事诉讼存在的问题与对策》，载《中国学术研究》2008 年第 11 期。

或全部遗失。这种情况下，光依靠发票向对方请求货款，在证据上是有欠缺的，往往诉讼请求会得不到法院的支持。

2. 对于一些商业往来的传真和电子邮件等证据的收集和保存工作不够重视。这些材料在日后一旦涉诉，就显得尤为重要。如果哪一方丢失，而另一方又不提供，那么法院会以没有证据来认定和处理。

3. 对合同内容的变更不强调书面手续。

4. 对一些长期债务的催讨多数没有书面材料。债务没有书面材料反映会在以后的诉讼中给对方留有机会，对方往往会在诉讼时效的问题上来纠缠。如果诉讼时效超过两年，即使债务是真实存在的，那也得不到法律的强制力保护。

6. 财务对账不及时，或者是根本没有对账。一旦诉讼，凭对账的情况就可确定结欠的数额，而不需要提供很多的送货依据以及发票等材料，省却了很多麻烦。

7. 对合同争议的解决方式不重视。在格式合同中，对合同争议的解决方式主要是两种，一种是仲裁，另一种是诉讼。有的企业的合同经办人员对这一问题不够重视，忽视了选择纠纷解决的方式。

8. 忽视质量异议的期限约定。一般合同中，对质量异议均有期限的约定。如果在异议期限内对质量问题未提出异议，那么法律上就视为认可质量没有问题，而且质量异议的提出一定要以书面的形式或者可以证明的其他形式，这种提出一定还要证明已传达给对方。

（二）企业如何应对诉讼风险

针对上文提出的诉讼风险类型，企业要防范诉讼风险，提高维护自身利益的能力，应该从以下几个方面着手：

1. 了解并善于运用商事诉讼的程序性规范。我国《民事诉讼法》以及相关的司法解释明确规定了诉讼的程序性规范，企业在提起诉讼时，应当仔细阅读并了解有关的诉讼规则制度，以防止程序性风险的发生。具体而言，企业应当关注以下各个阶段常发性的程序性风险：

（1）起诉阶段。包括诉讼主体不适合的风险；受诉法院选择不当的风险；不按时缴纳诉讼费用的风险；起诉超过诉讼时效期限的风险等。

（2）案件审理阶段。包括诉讼请求不当的风险；对方当事人反诉或第三人起诉的风险；不据实提出诉讼请求的风险；不能充分提供证据的风险；不能提供原始证据的风险；提供证据超过举证时限的风险；当事人对代理人授权不明、监督不力的风险；对方当事人下落不明的风险；当事人申请评估、鉴定的风险；申请法院调查收集证据的风险；申请财产、证据保全的风险等。

（3）二审阶段。包括不在法定期间内提起上诉的风险；不在法定期限内提交上诉材料的风险；不按时缴纳上诉费用的风险等。

（4）执行阶段。包括超期申请执行的风险；被执行人无财产供执行或财产不足以执行判决或调解书确定的数额的风险；案外人对执行标的异议的风险；被执行人申请再审引起执行中止或终结的风险；败诉方还面临财产被查封、冻结无法进行正常生产经营的风险。

【拓展知识】

企业事前对商事诉讼的防范——非诉业务

实践中，企业往往忽视对商事诉讼的事前防范。事实上，企业可以通过事前的防范措施将卷入诉讼以及诉讼阶段的风险降至最低。目前，许多律师为企业提供了大量的非诉服务（如下），这些类型的服务就如同为未来不可知的商事诉讼打下了"防疫针"，确保企业在面临诉讼风险时"化险为夷"，拿到最大的胜算。

（1）提出公司或企业设立的方案，协调各方投资者的利益关系，起草或审查各种公司设立所需文件；

（2）就企业生产、经营、管理方面的重大决策提供法律意见，应企业的要求，从法律上对其决策事项进行论证，提供法律依据；

（3）草拟、修改、审核企业在生产、经营、管理及对外联系活动中的合同、协议等有关法律事务文书和规章制度；

（4）参加经济项目谈判，提供咨询服务，审核或准备谈判所需的各类法律文件；

（5）提供与企业活动有关的法律信息；

（6）就生产、经营、管理业务和对外联系中的有关问题提供法律建议；

（7）为企业提供法制宣传和咨询，并对企业内部人员进行法律培训；

（8）提供企业股份制改造、各类项目投资、金融信贷、国际贸易、收购兼并、合同审核、资信调查、税收保险等专项法律服务；

（9）提供代理公证、认证、见证及商标、专利申请等其他形式的专项法律服务。

2.选择适当的法律。选择适当的法律是赢得诉讼、避免败诉的关键。但是现实中，具体个案总是不同的，如何选择适当的法律呢？首先，必须对相关的商事立法有普遍的了解，只有在了解相关立法的前提下，才能从中挑选出最有利于己方的法律规则。其次，必须对一定时期内的司法政策、司法精神有所了解。在不同的经济发展阶段，最高人民法院总会出台一些与当下经济生活密切联系的司法政策或指导意见，其中既包括对特定法条如何解读的倾向性意见，也包括如何处理特定纠纷的司法政策精神，因此，密切关注这些文件，有利于企业了解法院的"办案倾向"，从而选择最适当的法律。

【背景资料】

金融危机下针对企业诉讼案件的司法政策[①]

1. 要依法审理好企业债务纠纷案件。当前，在审理企业债务纠纷案件中，要特别注意企业因资金链断裂而引发的纠纷，在工作方法上要体现原则性和灵活性的统一。对因资金短缺但仍处于正常经营状态、有发展前景的负债企业，要慎用财产保全措施，对债权人要多做耐心细致的调解工作，通过设置担保等灵活多样的方法促成债权人给予债务企业合理的宽限期，帮助债务人度过暂时的财务危机。对多个债权人在不同法院同时申请执行同一债务企业的案件，上级人民法院要加强协调，统一执行工作措施，并同时注意做好执行和解工作，尽可能维持有发展前景的困难企业、劳动密集型中小企业的生存，避免因执行工作简单化而激化社会矛盾，防止因对被执行企业可供执行财产的分配问题产生新的矛盾和冲突。

2. 要依法审理好公司清算案件。要按照《公司法》及其司法解释的规定，积极稳妥受理公司清算案件，平等维护债权人和股东的合法权益，强化投资者的清算义务，依法追究怠于履行清算义务侵害债权人利益的投资者的民事责任，保障市场主体退出过程规范有序，促进市场法治环境的不断优化。

3. 要依法受理、审理好企业破产案件。要充分发挥《企业破产法》公平保护各方利益主体、实现资源优化配置的作用。对于已经符合《企业破产法》规定的破产原因的企业，要根据当事人的申请依法及时启动强制清算程序和企业破产程序。对于有挽救希望的企业，鼓励运用破产重整、和解制度，尽可能维持有发展前景企业的生存，避免因企业倒闭破产带来大量职工下岗、银行债权落空、影响社会稳定等社会连锁反应。对于因产业结构转变且经营前景暗淡而必须破产的企业，要在保障公开、公正、合法的基础上，提高审判效率，降

[①] 参见最高人民法院印发《关于为维护国家金融安全和经济全面协调可持续发展提供司法保障和法律服务的若干意见》的通知（法发〔2008〕38号）。

低破产成本。对拖欠职工工资、社会保险等问题较多、历史包袱沉重、挽救无望的企业，要根据修订后的《破产法》的规定，优先保护职工债权。要支持管理人对破产企业债权的清收，追回破产企业转移、隐匿的资产，努力提高债权清偿率。

3. 选择称职的诉讼代理人。选择称职、合格的诉讼代理人是企业赢得官司的重要一关。对于诉讼代理人的选择，首先应当根据案件争议的大小、案情是否复杂等因素来决定是否需要诉讼代理人参与诉讼。

（1）事实清楚、争议不大的案件。倘若原被告双方诉讼案件的事实清楚，是非曲直一目了然，双方均可径行参与诉讼，若聘请诉讼代理人，则略显多余。

（2）案件标的较大、事实情节尚有争议的案件。这类案件仅凭一般的法律知识水平无法对案件事实作出客观准确的判断时，当事人可视自身的法律素养、认知能力、是否有充裕的时间和精力等因素来选择是自行参与诉讼还是聘请律师参与诉讼。

（3）法律关系错综复杂、事实不清、争议较大的疑难案件。这类案件需要具有丰富的较为专业的法律知识和较强的法律实践能力的律师才能胜任，因此，这类案件聘请专业律师参与诉讼就显得非常必要了。

其次，一旦决定需要诉讼代理人参与案件，则应当以如下标准衡量和挑选最佳律师：（1）律师能否给案件以正确的定义并予以有效驾驭。（2）律师能否将已知案件的相关"细节"与"信息"同自身专业知识、诉讼经验相联结，就案件发生、发展及其现状提供"真实"的事实影像，完整"再现"案件历史的全貌。[1]

【背景资料】

律师过错输官司　保险公司赔损失[2]

律师在执业过程中出现过错，当事人的权益如何得以维护？答案是"找保险公司"。2004年9月，沈阳市律师协会为全市1475名律师签订第三者责任险。根据协议，律师在执业过程中由于疏忽或过失造成委托人经济损失的，

---

[1] 资料来源：《民事诉讼中的原被告如何挑选合适的诉讼代理人》，http://ty.wwb.blog.163.com/blog/static/118661122200957244423O6/，2010年1月15日访问。

[2] 《律师过错输官司保险公司赔损失》，载《沈阳日报》2004年8月21日。

依法应由律师承担经济赔偿责任的,将由保险公司负责赔偿。保险公司每年的总赔偿额度为1亿元,每名律师每次限额赔偿100万元,全年累计赔偿300万元。据介绍,在国外,投保律师执业责任保险是防范和化解律师执业风险的最有效方法。目前,我国北京、上海、山东、河南等地都为律师建立了执业责任保险。

4. 认真衡量提起诉讼、二审或再审的成本效益。企业在作出是否提起诉讼、或者二审、再审的决策前,最好聘请有经验的律师或专业人士就诉讼的可行性进行周密论证(主要就证据和事实认定问题、法律适用问题),并就诉讼中可能存在的各种风险以及可能出现的费用作出评估和预测,对于社会影响较大的商事纠纷,还必须关注舆论的导向,听取公众的评论与意见,在合法合理的前提下整合社会网络资源,进而确定是否提起诉讼和诉讼方案,以有效降低诉讼风险。

【拓展知识】

诉讼风险的"法外因素":社会关系网络对商事诉讼的影响

在中国,关系网络和关系文化已经渗透到了社会生活的每一个层面,在司法实践中也难以避免,如我们常常会听到"打官司就是打关系"、"官司未进门,双方都托人"这样的潜规则。当某个诉讼案件一经起诉到法院,特别是到了承办法官手上之后,常常有人通过各种渠道直接或间接地向法官"打招呼",而"打招呼"的目的无非是想影响司法而赢得对自己有利的判决。在这些"打招呼"的人群中,既有与法官有着人情关系的同学、同乡、战友等熟人,也有对法官的待遇、升迁有影响力的实权人物。在中国轻法治、重人情的社会风气影响下,人们凡事都要先考虑人情,不能"不会做人",也最好不要"得罪人",在自由裁量权较大而又缺乏监督的情况下,关系案也就有了滋生的社会土壤。这种强大的非正式制度影响力在一定程度上侵蚀着中国的司法制度,然而在现实的社会环境中,由于制度、文化等种种原因,非正式制度依然有着深厚的生存土壤,在短期内还不能根除"关系影响诉讼"这一现象。

但是,必须指出,并非所有"拉关系"的行为都是违法行为,在中国这一人情社会中,讲究人情本就是中国文化的典型表征,同时也构成了中国人的心理特征。尤其是在我国现行法律制度尚未完善、大众的法治观念还比较薄弱的制度背景下,关系与人情更是促进人与人之间相互了解与沟通的重要渠道,这其中也自然包括了司法机关与当事人之间的相互了解与沟通。因此,企业一旦卷入诉讼，如果能够在合法的范围内，有理、有节、有效地寻找、运用周边社会网络中的关系资源，对于诉讼无疑是有所帮助的。

本章小结

商事诉讼是指通过商事审判解决商事纠纷的一种纠纷解决机制。随着市场经济的发展，商事诉讼正发挥其独特的优势，解决了大量的商事纠纷，保证商业活动正常有序地开展。与私力救济和商事仲裁这些纠纷解决机制相比，商事诉讼具有自己的突出特点。而基于现有的商事诉讼法律制度并不完善和新的经济形势下商事纠纷的新特点，现代商事诉讼又迎来了自己的新发展。

当企业经营者选择商事诉讼作为纠纷解决的途径时，首先面临的就是商事诉讼的提起问题。商事诉讼的提起涉及主体适格、法院管辖、诉讼请求的提出、诉讼时效等重要问题。其次，在商事诉讼的审理中，还要关注商事诉讼审理的庭审程序，以及财产保全制度、证据制度、两审终审制度等重要制度。

任何一种纠纷解决机制都会有自己的风险，商事诉讼也不例外，企业经营者必须熟知商事诉讼风险的种类以及如何对诉讼风险进行防范，力求将风险对企业经营和商事诉讼的负面影响降到最小。

思考与练习

1. 什么是商事诉讼？其特点是什么？
2. 诉讼中，当事人请求财产保全的条件是什么？
3. 以法律适用风险为例，简述企业如何防范商事诉讼带来的风险。

案例分析

1. 阅读以下案例，假设你是 A 公司聘请的代理律师，请问你将如何最大限度地保护 A 公司的利益？

上海 A 贸易有限公司（下称 A 公司）系某国有大型集团企业在上海的销售公司，负责其酒类产品在上海的销售业务。为了开拓上海市场，A 公司采取了一种预先支付销售返利的营销方式，即在与客户的销售合同中约定总销售量，并按照总销售量的一定比例给予商家返利，且该返利作为进场费在合同签订之时预先支付。

2007 年 3 月，A 公司与 B 酒店订立上述购销合同以及约定预付销售返利的补充协议，约定 B 酒店在一年内销售 A 公司酒产品 200 万元，A 公司签订合同时预付 B 公司销售返利 50 万元。

2007 年 8 月，B 公司因为经营不善欲转让酒店，此时，该酒店尚欠 A 公司货款12万元以及应当返还的销售返利47万元,该公司一直未予支付,且该公司的其他供货商也一直对A公司催讨其他的100多万债权,B公司只愿意部分清偿A公司债务,且要求分期付款,最后一笔款项要过将近一年支付,且面临着资不抵债、不能偿还债务的危险。A公司于是将B公司诉诸法庭。

2. 阅读下面案例,思考:A公司如何通过诉讼手段维护自己的利益?(如在诉讼过程中,A公司应该向哪个法院提出怎样的诉讼请求?应当提供哪些证据?)A公司应当注意防范何种诉讼风险?假设你是律师,请详细描述您提供的诉讼方案。

2006年8月5日,A公司与B公司在C地签订了一份供销合同,约定A公司于D地将货物交付给B公司,B公司在E地将货款交付给A公司。并且双方约定:一旦出现纠纷,则提交位于A地或B地的法院受理。B公司接收货物后,一直没有付款,A公司多次催促B公司还款未果,2008年9月,A公司向位于E地的法院起起诉讼。起诉前,A公司获悉B公司欠下多处债务,已经濒临破产。此时,B公司亦向法院提出以下异议:一是A公司的起诉已经超过2年的诉讼时效期间;二是法院没有管辖权。

结语与问题的延伸：
改革背景下的商法与企业经营

"一种与市场相匹配的法律制度需要回答这样的问题：（1）法律在多大程度上促进经济发展？（2）如果规则定义清晰，并且能公开和一直得到应用，经济发展在多大程度上会受到影响，反之如何？（3）投资项目如何受到那些建立在独立司法和公正程序的有约束力的决策之上的冲突解决机制的影响？"①

——[美] 艾德加多·巴斯卡哥利亚，威廉·赖特利夫

从1978年开始，中国经历了30年的市场化改革和法治（法制）建设，成绩斐然。这一时期，与市场化改革同步的，中国建立了以"民商法、经济法"为主要内容的市场经济法律体系，有关商事主体、商事行为、商事管理以及商事救济的商法制度，成为市场主体经营与发展的一个重要制度保障，并据此成为促进中国经济增长的一个重要制度根源。

正如本书导论所揭示的，转型期中国的市场法律体系尚未完善，"商法经济"的理念也尚未完全建立，使得根深蒂固的习俗、惯例和社会关系网络在一定程度上仍然影响着我国商事法律的有效实施，在某些场合下甚至起到"替代法律"的作用。因此，社会转型背景下中国企业的生产经营和市场交易关系不仅受到国家商事法律、法规等正式制度这一"法内之法"的调整，同时也受到商业社会中社会网络（商业网络）的"潜规则"等非正式制度这一"法外之法"的调整。正是这种"法内之法"与"法外之法"结合，使得"书本上"的商法理论有可能转变为"行动中"的商法实践。

由此可见，在市场化改革背景下研究"商法与企业经营"，不仅需要关注与企业经营相关的、属于商法体系"内部的"的商事主体、商事行为、商事管理、商事纠纷等法律问题，而且应关注与企业经营相关的、属于商法体系

---

① [美] 艾德加多·巴斯卡哥利亚、威廉·赖特利夫：《发展中国家的法与经济学》，赵世勇、罗德明译，法律出版社2006年版，第3页。

"外部的"的"企业产权保护"、"企业与商业网络"以及"商法与经济发展"等法律问题,并按照微观到宏观、实证到规范的分析思路,进一步总结市场化改革背景下"商法与企业经营"在中国的实践经验与特殊规律。

一、企业层面:法律与民营企业产权保护的实证分析[①]

企业生产经营的目标是财富的积累和增长,它在法律框架内的保障主要表现为企业产权的依法界定和保护。对于这一问题,中国民营企业的实践经验和发展历程是最具研究价值的"案例"。因为虽然中国民营企业是典型的商事主体,但是其主体地位相对于国有企业而言具有"先天不足"的"弱势",民营企业产权保护一直存在诸多困境。因此,民营企业的产权保护自然成为经济改革和市场法制建设的一个"焦点"。据此,本节主要以民营企业为例,以实证分析为方法来揭示中国企业产权法律保护的特点、经验和现状,以此验证前述商事法律制度在保护商人权益方面的有效性。

"产权"作为一个经济学概念,其在法律上对应的范畴大致包括物权、债权和知识产权三种财产权形态。考察民营企业产权的法律保护现状,除了要分析与企业经营管理密切相关的、狭义的企业产权(即股权)的法律保护外,还要分析广义的企业产权所涉及的物权、债权、知识产权的法律保护现状。下文选取了广东珠三角地区某地级市中级人民法院商事审判庭(民二庭和民四庭)2005~2008年间受理的民营企业产权纠纷的200个商事诉讼案例,从案件类型、当事人、涉案标的、法律适用、裁决结果等角度来对当前我国民营企业产权纠纷和法律保护的问题、成因、解决途径进行相应的实证分析和研究。

(一)涉案类型分析

在我们所分析的200个民营企业商事诉讼案例中,各种买卖、加工、经营、借款合同等商行为方面的纠纷占据了样本总量的58%,各类商主体之间围绕股东权纠纷和股权转让纠纷占据了样本总量的31%,而民营企业之间的知识产权侵权纠纷类型占据了样本总量的11%。这说明实践中侵犯民营企业的债权、股权、知识产权等各种商事侵权[②]纠纷类型大量存在,而买卖、借款合同等传统商事纠纷类型的绝对优势地位逐渐被新产生的各类股权纠纷和知识产权纠纷等新类型的商事纠纷所冲淡。

[①] 本部分为周林彬教授主持承担的广东省"十五"社科基金规划项目《广东民营企业产权法律保护实证研究》的研究成果摘录。

[②] 所谓"商事侵权"是指商事主体在商事活动过程所为的侵害他人权益的行为及商事权利或经营利益遭受不法侵害的行为。商事侵权主要有以下几种主要类型:(1)妨害经营;(2)诱使违约;(3)商业欺诈;(4)强迫交易;(5)侵害商业秘密等等。

1. 在民营企业的各种商事纠纷类型中，买卖合同纠纷占到了民营企业合同纠纷总量的62%，其次是占17%的经营、联营合同纠纷类型，而加工、承揽、定作等合同纠纷及借款合同纠纷分别占合同纠纷总量的12%和9%。

在买卖合同纠纷中，因企业之间拖欠货款而通过诉讼途径追讨或因产品质量问题而引起货款纠纷的占有相当大的比重。此外，由于民营企业的内部管理制度不健全而导致职员在收货、付款单据上签名但缺乏公司签章的表见代理问题所引发的双方结算和代理争议亦为数不少。

在经营、联营合同纠纷中，有企业在联营关系解除后因清算和合作收益分配等问题产生纠纷的，有个体经营者承包企业但未达到约定的销售利润指标而引起双方争议或要求收益返还的，还有个体工商户之间转让店铺和营业执照但未办理工商变更登记手续所引起的营业转让纠纷问题的，以及个体经营者挂靠集体企业所引起的债务清偿纠纷。

在加工、承揽、定作合同纠纷中，有的是因拖欠加工费而引起纠纷的，还有的是收货证明上由职工代为收货，企业未加盖公章而事后又拒不承认的，还有委托加工者中途终止委托导致委托加工企业要求损失赔偿的，以及加工的产品未能达到委托加工的质量要求而引起索赔的。

在借款合同纠纷中，有无法到期偿还银行债务而被诉至法院的，有为他人提供担保而被要求承担担保责任的，还有企业之间相互拆借而引发纠纷的。

2. 在民营企业的各种股权纠纷类型中，股权转让纠纷发生的频率最高占到了该部分样本总量的45%，企业改制中的股权纠纷占样本总量的19%，隐名投资中的股东身份确认纠纷占样本总量的13%，公司清算和利润分配中的股东纠纷占样本总量的11%，合伙企业中的合伙、退伙的协议纠纷占样本总量的6%，企业经营过程中股东之间的侵权纠纷占样本总量的6%。相对于民营企业的债权纠纷类型而言，股权纠纷类型则案情更为复杂，种类也较为庞杂。

民营企业的股权纠纷类型中，除了一般的股权转让款项的支付问题所引发的纠纷、隐名股东所产生的法律问题、股东之间的冲突争议外，还有一些新型的法律纠纷类型。例如，某企业在股权转让后的一次税务稽查中被发现原股东经营期间曾存在虚开增值税发票、偷漏税情形，据此税务机关准备对该企业课以高额的税款补缴和罚款；但是新股东认为其受到了原股东的蒙骗，因此要求原股东对隐瞒的债务承担责任，从而引发了纠纷。还有，某案件中，企业在改制和重组过程为了规避公司注册资金最低限额的法定要求，股权转让双方拟订了两份金额不同的《股权转让协议》和《股东会决议》，并将虚假文件向工商登记部门进行了登记、备案，后来双方对两份真假协议的效力问题和金额支付发生争议而引发诉讼。再如,民营企业股东与职业经理人之间的股权纠纷,经营者与经理人达成协议,如其完成一定的销售利润指标时给予其一定的股权作为回报奖励,经理人并缴纳了象征性的入股金,后因销售业绩未达到预定指标而产生了股权确认和出资返还的纠纷问题。

3. 在民营企业的各种知识产权纠纷类型中,商标侵权案件占该部分样本总量的28%,企业名称权纠纷占样本总量的9%,侵犯商业秘密法律纠纷占样本总量的9%,专利侵权占样本总量的54%(其中外观设计专利侵权占18%,实用新型专利侵权占9%,发明专利侵权纠纷占27%)。

随着科技的发展,企业之间的竞争越来越表现为技术的竞争,而技术的竞争和创新又与专利技术、商业秘密、商标、商号、商誉等知识产权联系紧密,成为企业提高经济效益、增强市场竞争力的内在源泉。可以说,技术创新及知识产权的管理和保护构成了民营企业发展的基石。从上述统计数据中,一方面可以看到越来越多的民营企业开始重视企业知识产权的法律保护;但另一方面,从侵权者的角度来看,民营企业法律意识淡薄,侵犯他人知识产权的情形仍时有发生。

(二) 涉案当事人分析

在所选取的案例中,民营企业作为原告的占样本总量的65%,股东个体作为原告的占样本总量的18%,个体户作为原告的占样本总量的9%,国有企业作为原告的占样本总量的3%,银行作为原告的占样本总量的3%,上市公司作为原告的占样本总量的1%,清算组作为原告的占样本总量的1%。对于被告当事人而言,民营企业占样本总量的64%,股东个体作为被告的占样本总量的19%,国有企业作为被告的占样本总量的5%,集体企业作为被告的占样本总量的6%,个体户作为被告的占样本总量的5%,银行作为被告的占样本总量的1%。从上述统计数据可以看出,在市场经济活动中,民营企业因各种原因在其自身合法权益不断遭受侵害的同时也在不断地导致他方权益受损,扮演着既是侵权人又是被侵权人的双重角色。

而在各类民营企业涉诉案件中,绝大部分的民营企业都属于中小企业,这主要是因为大型民营企业相对而言都比较重视企业的内部治理机制的建立,重视产权关系的清晰界定,而且具有更为明显的法律意识和防范风险的能力,懂得如何更好地依法管理、经营并保护自身合法权益,故其发生纠纷的可能性远低于中小民营企业。而缺乏健全内部管理的中小型民营企业,在经营过程中不遵守规范化的市场行为模式(如合同法中对承诺、要约方式的设定等),它们有的不签订书面合同;有的在签订合同时不审查对方主体资格、履行能力及代理权限;有的滥用表见代理制度,将标的物交与合同无关人员;有的合同条款不具体、不完整，缺少履行期限、违约责任等实质内容，由此引发纠纷也就在所难免。

所抽样的民营企业产权纠纷案件中，其当事人主体类型具有以下一些特征：

1. 在股权纠纷中，民营企业家族成员和亲友之间的纠纷争议较为常见。如一案中丈夫以妻子名义出资设立企业而成为股东之一，所有的工商文件都登记妻子为股东，但公司的实际运营和决策是丈夫参与且以妻子的名义签字确认，后丈夫将该股权转让给他人。这对夫妻在离婚后，妻子即向法院诉讼主张自己的股东权利，认为股权转让无效。还有一案中，兄弟二人在股权转让中产生争议，为了规避法律的强制性要求，双方签订了金额不同的两份股权转让协议，本意是价格虚高的协议用于工商登记，价格真实的协议用于实际履行，但后来弟弟以价格虚高的工商登记文件为据，主张哥哥没有支付完毕股权转让款，哥哥以真实的转让协议进行抗辩，但终因其证明力较弱而宣告败诉。

2. 所选案例中原国有、集体企业改制的股权纠纷大多发生在改制后的企业和股东个体之间。既有对改制过程中的股权分配是否有侵吞国有资产之嫌的争议，又有职工持股会与股东个体之间的权利主张纠纷，还有职工脱离企业后的股东权益问题。

3. 所选案例中的经营合同纠纷案件大多发生在挂靠、承包的企业和个体商户之间，双方或因合作终止的利润结算分配事宜或因拖欠上缴的经营费、承包金而发生争议；还有的经营合同是个体商户之间的店铺转让，往往转让双方将营业资产和经营权进行转让，但并不办理营业牌照的工商变更手续，由此而产生营业转让纠纷。

4. 民营企业债权纠纷的买卖合同争议案的当事人主体基本上都是产品供应、销售的上下游企业，往往因产品质量纠纷、拖欠货款、未按期履行合同产生违约以及企业职工的表见代理问题而产生争议，该类纠纷往往案情相对简单，法律适用比较清晰。

5. 在知识产权纠纷中，从涉案企业的行业类型来看，涉及发明专利侵权纠纷的多为陶瓷行业，这是因为受理这些商事诉讼案件的法院所在地是全国著名的陶瓷行业生产聚集地，企业之间的竞争激烈和行业发展的不规范是该类纠纷产生的重要因素；涉及外观专利侵权纠纷的为家具、电器企业，涉及适用新型专利侵权的为机械企业，涉及商业秘密侵权的为机电企业，这与行业的技术密集程度相关；涉及商标侵权的为涂料、铝材、电器公司，这三家被侵权的企业均为市场销路较佳的广东名牌企业，因而成为商标仿冒的对象。

（三）涉案标的分析

在本书所选取的民营企业产权纠纷案例中，不涉及标的金额而仅要求确认主体资格、合同效力和停止侵权的案件占到了样本总量的13%，其中债权纠纷中要求确认债权主体适格、合同有效的占样本总量的3%；而要求停止侵权的案件都是关于知识产权纠纷的，占样本总量的2%；剩余8%都是股权纠纷类型的，包括确认股东身份、解除对股东的限制，以及要求交出企业的账册、公章。

1. 民营企业的各类债权纠纷中，平均诉讼标的金额为257.58万元，其中标的额最高的个案是借款合同纠纷，为4224万元，标的额最低的个案是买卖合同纠纷，为1.5万元。在不同的债权合同纠纷中，借款合同纠纷的案件数最少但诉讼标的金额最高，平均达到1251.40万元；其次是联营合同纠纷，诉讼标的金额为76.78万元；买卖合同纠纷的案件总数最多但平均诉讼标的金额不高，为47.94万元；平均诉讼标的金额最低的是加工合同纠纷，为25.05万元。上述数据表明，尽管买卖、加工合同纠纷发生频繁，但其争议的标的金额并不大。与之相反的是，借款、联营合同纠纷虽较少发生，但争议标的额较高，对纠纷当事人的利益影响程度较大。

2. 民营企业的各类股权纠纷中，平均诉讼标的金额为238.19万元，其中标的额最高的个案是股权转让纠纷，为4050万元，标的额最低的个案是要求返还入股资金1万元。在本书所选取的31个股权纠纷案例中，有8个是不涉及诉讼金额的确认股东身份争议，占该类样本总量的26%。在各类股权纠纷类型中，股权转让纠纷的案件数最多并且平均诉讼标的金额也最高，达到334.78万元；合伙、退伙协议纠纷的平均诉讼标的金额为61.75万元；公司清算和利润分配纠纷的平均诉讼标的金额为40万元；隐名投资的股权纠纷平均诉讼标的金额为12万元，企业改制过程中的股权纠纷标的金额最少，平均为约2万元。总体而言，股权纠纷的诉讼标的高于债权纠纷，股权纠纷虽然发生的频率并不高，但对企业的影响程度更大。

3. 民营企业的各类知识产权纠纷中，平均诉讼标的金额为20万元，其中标的额最高的个案是发明专利侵权纠纷，为40万元，标的额最低的个案是外观设计专利侵权，为8万元。在知识产权的侵权纠纷中往往是诉讼请求的标的金额与法院最终认定的赔偿金额相差很大。例如在一商标侵权纠纷中，原告主张的损失赔偿金额为200万，但法院裁决被告予以赔偿的金额仅为20万。这一情形与债权纠纷和股权纠纷中法院对标的金额的最终认定反差较大，这一方面说明法院对知识产权侵权纠纷的赔偿金额认定相对谨慎、保守，另一方面也说明企业在证明侵权损害所导致的损失时举证难度较大。从各类知识产权纠纷的标的金额来看，不同争议类型的标的金额相差不大，其中发明专利侵权纠纷的平均标的金额为 40 万元，侵犯商业秘密侵权纠纷的平均标的金额为 30 万元，实用新型专利侵权纠纷的平均标的金额为 20 万元，商标侵权纠纷的平均标的金额为 16.67 万元，外观设计专利侵权纠纷的平均标的金额为 10 万元。

（四）裁决结果分析

在所选取的民营企业产权纠纷案例中，有 9% 的纠纷争议是以双方调解告终，而经法院裁决胜负的商事诉讼案例中，原告的胜诉率为 35%，被告的胜诉率为 65%，样本中原告胜诉率偏低的一个重要影响因素是因为所选取的案例不少是上诉案件，上诉法院认为原审法院认定事实清楚、适用法律正确而驳回上诉的不在少数。在裁决结果的分析中，除了对胜诉率的一般考察外，笔者还围绕民营企业所普遍关注的商事诉讼中的民企身份歧视和地方保护主义问题进行重点分析。

1. 是否存在对民营企业的身份歧视？

市场经济作为法治经济，它奉行的是市场主体的人格独立和交易平等。然而，在我国的经济转轨阶段，各类市场主体的地位并不完全平等，特别是民营企业仍然存在着一些不合理的限制和身份歧视。例如在司法实践中，当民营企业财产被非法侵害时，常常是按民事纠纷立案，有时甚至不了了之。当民营企业与国有企业或其他公有制企业发生纠纷时，民营企业可能会被带上"侵占国有资产"或者"盗窃国有资产"的帽子而受到刑事处罚。许多民营企业感到与国有企业、行政机关发生诉讼时不仅费力耗时，而且胜诉可能性很小，到外地打官司更是如此。在司法执行中，当民营企业作为申请人时，可能会有所懈怠甚至久拖不执；而当需要采取强制措施时，对民营企业就雷厉风行，对国有企业则有所不同。

在样本案例中，发生在民营企业或个体工商户与国有、集体企业之间的产权纠纷占样本总量的 13%。在这些案例中 69% 是民营企业或个体工商户为原告，国有、集体企业为被告，有 31% 的案例是国有、集体企业为原告而民营企业或个体工商户为被告。民营企业为原告的 9 个案件中，胜诉的为 2 件、败诉的为 7 件，民营企业为被告的 4 个案件中，胜诉的为 1 件、败诉的为 3 件，总体而言，民营企业的胜诉率仅有 23%，远低于样本案例的一般胜诉率水平。当然，民营企业与国有、集体企业相比胜诉率偏低并不能说明法院在审判过程中一定存在着对民营企业的不公平待遇，这有可能与民营企业的法律意识不强、内部管理薄弱、法律风险防范能力差有一定的相关性。但是，上述数据还是传递出这样一种信息，即一般而言，民营企业在与国有、集体企业的商事诉讼中仍处于一种劣势地位。

2. 是否存在司法的地方保护主义?

司法审判中的地方保护主义也是民营企业所久为诟病的一个问题。据商务部 2004 年对浙江、江苏、天津等省市 3313 家民营企业的调研显示，65.1% 的企业经营者认为存在一定程度或较为严重的地方保护主义。① 司法地方保护主义主要是指审判机关或审判人员在办案过程中，利用权力背离案件事实或规避法律规定，偏袒本地当事人，损害外地当事人利益。这种为本地经济利益而越权服务的地方保护主要表现在，对一些本应当通过商事诉讼途径解决的商事纠纷问题，采用刑事的手段作为犯罪来打击；对不应管辖的案件，为了本地利益抢先受理、立案，越权管辖；在执行中对外地当事人申请执行的案件拖压不办，而对本地当事人的申请却可能超范围执行。产生地方保护主义的主要原因在于，司法的独立性不强，法院的人事、经费等均受制于当地政府，为了本地区或本部门的利益，当地政府及其领导往往以注重案件的"社会效果"等为理由，对法院施加影响和压力，明示或暗示法院为本地当事人服务。这种司法地方保护主义不仅导致执法不严、执法不公以及胜诉案件执行难，破坏我国的法制统一，而且损害了市场经济的平等竞争秩序以及可能造成司法腐败。

在样本案例中，发生在本地民营企业与外地民营企业之间的产权争议纠纷占样本总量的 52%，其中以调解告终的占样本总量的 4%。在剩余的 48 个经法院裁决审判的纠纷案例中，有 46% 的案例是本地民营企业为原告，外地民营企业为被告，本地原告的胜诉率为 32%，接近总体样本案例的一般胜诉率水平；有 54% 的案例是外地民营企业为原告，本地民营企业为被告，外地原告的胜诉率为 35%，与总体样本案例的一般胜诉率水平相等。总体而言，本地民营企业在该类全部案件中的胜诉率与外地民营企业相同，都为 50%，可谓态势相当。然而，如果从中挑选出标的额比较大的案例再行比较的话，就会发现在超过 30 万以上的标的案件中，本地民营企业的胜诉率为 63%，外地民营企业的胜诉率为 37%，本地民营企业还是略胜一筹。以上数据说明，在笔者所选取的样本案例中，本地民营企业与外地民营企业的胜诉率大致相当，看不出有地方保护主义影响司法审判的痕迹，无论是本地还是外地民营企业都得到了大致平等的对待。

(五) 涉案成因分析

在对样本案例的细致考察中，笔者发现这些民营企业之所以会产生产权纠纷，大致存在以下一些因素的影响：

---

① 曹小奇、郭焦锋、洪涛、杨禹：《我国民营企业信用调研报告》，http://www.ibd.cn/zixun/Html/2006_1/2006120104121-1.Html，2006 年 1 月 20 日访问。

1. 缺乏健全的内部管理

涉诉的民营企业中大部分属于中小企业，企业尚未建立起现代经营管理理念，管理的方式多为家族式的和粗放式经营，较少运用科学的现代企业管理方式和手段，而更加习惯于凭个人感觉和经验对企业进行管理，许多企业因此连相应的组织管理机构、相对完善的规章制度都不具备。这些管理上的混乱和经营行为的不规范往往给他人造成可乘之机，使自己处于不利地位。例如，在买卖合同纠纷中存在着大量的表见代理问题，企业往往缺乏有效的合同控制和人员管理，而在职工代签合同或代为收货的情形下，要承受额外的合同风险和给付货款的责任；还有的企业缺乏严格的财务管理制度，大多采取现金交易，并由业务员直接收款，在缺乏有效的监管措施下往往导致资产被他人侵占；还有的企业在经营交往中以为是老顾客、老交情而无须谨慎，在送货单和发票上未加盖对方公章，后来交易被对方否认，而自己在法庭上又拿不出有力的证据。

2. 公司治理结构不尽完善

目前，相当数量的民营企业虽然在组织形式上是有限责任公司，但实质上是业主企业，根本没有建立起现代企业治理结构，特别是家族式管理模式所遗留的"人治化"管理传统仍根深蒂固。在许多民营企业中股东会程序、董事会制度等仅仅是应付工商登记、年检的摆设，经营者往往独揽大权，企业缺乏有效的决策机制和权力的制衡，这对于企业股东、特别是中小股东而言往往带来产权纠纷的隐患。例如，某案中两股东合资设立公司，一股东担任法定代表人，另一股东担任总经理，全权负责企业的运作管理，后来担任总经理的股东退出，将股权转让给担任法定代表人的股东，随后不久企业被查出偷漏税款面临巨额惩罚，受让股东主张自己对企业并不参与管理，偷税事项毫不知情，而诉请以显失公平为由确认股权转让协议无效，而法院则认为原告作为公司股东和法定代表人应清楚了解公司的经营管理情况，在签订分股协议时完全可以通过委托审计部门进行审计确定，其主张股权转让协议显失公平没有事实和法律依据。

3. 企业产权的界定不清

我国的民营企业中有相当一部分为家族式民营企业，在创业之初往往由于自身资金的限制，多数情况下必须集家庭成员的全部力量，才能够使企业顺利运转，从而导致了民营企业产权从原始积累时就没有真正在家庭成员之间界定清楚，这为以后家族成员间产权纠纷埋下了隐患。特别是随着企业的日渐壮大和财富的不断积累，家族成员之间的利益摩擦越来越多。例如在选取的样本案例中兄弟、夫妻之间发生产权纠纷的情形颇为常见。还有，民营企业中隐名投资引发股东权争议的案例大量存在，占到了企业股权纠纷样本案例的13%。

此外，企业改制过程中的产权界定不清也是引发产权争议的一种重要类型，特别是离职职工与企业之间的分红争议和股东身份确定纠纷也都时常发生。

4. 企业的法律意识淡薄

企业在经济交往中遵循法律规范办事的意识不够强，经常发生违规操作，导致自身权益受损。例如在买卖合同纠纷中买受人虽然主张货物存在质量瑕疵，但没有按照法律规定的适当的方式提出自己的异议或保留相关证据，而在诉讼中处于劣势地位；还有在个体工商户店铺转让的纠纷争议中，尽管法律已明确规定个体工商户的营业执照不得转借、出卖、出租，若要改变经营者需到工商部门办理变更登记，但在很多的该类纠纷中就是因为经营者不按法律规定办事，在权益受损时得不到相应的司法救济。此外，许多民营企业在经营活动中缺乏法律风险防范意识，不懂得或不善于用法律去保护自己的合法权益。例如在样本案例中，有企业因为不注意诉讼时效的相关规定而丧失企业的胜诉权；有的企业在商业交往中订立口头合同或不注意签章确认的规范，致使发生诉讼纠纷时因缺乏有力的证据支持而败诉；还有企业在股权转让中不慎重考察潜在风险，如受让一个没有经营资质的药店，导致接手后无法开业。

5. 企业诚信经营理念的缺失

在民营企业的产权纠纷案例中，一方面大量民营企业的权益受到了不法侵害，但另一方面，侵权者本身就是那些缺乏诚信合作和社会责任、不尊重市场秩序和游戏规则的民营企业。市场经济在一定意义上可以理解为是建立在诚信基础上的信用经济。企业信用不仅是市场经济有效运行的基础，更是民营企业发展壮大的生命线。然而一些民营企业在经营和竞争中，无视国家的法律、法规和市场交易规则，为牟取短期利益不惜侵害他人权益。例如在商品买卖中恶意拖欠他人货款，或利用证据漏洞拒不承认收货人为本企业员工；在股权转让中，通过炮制假资料、假账目骗取投资人信任；仿冒他人名牌商标生产、销售假冒伪劣商品，挤占高品质商品的市场份额；缺乏职业操守，侵害他人商业秘密实施不正当竞争等等。正是这些缺乏诚信经营的行为在损害企业自身信用、侵犯他人合法权益、破坏社会交易环境的同时，也断送了企业自身的长远发展。

(六) 完善民营企业产权法律保护的机制

民营企业产权的法律保护既是理论问题，也是实践问题；既是经济问题，也是法律问题；既是制度问题，也是实务问题；既是政府问题，也是企业问题；既是内部问题，也是外部问题。因此，应该从综合治理视角出发，找寻民营企业产权法律保护的路径。

1. 政策保护与法律保护相结合

民营企业的产权保护必须以法律作为制度的基石，即改变"重政策、轻法律"的传统思路，而逐步树立起"法律与政策相结合"、"法律优于政策"的保护措施，因此，针对不同性质的政策应采取不同的措施：

（1）综合基础性政策。将有关促进民营企业发展和保护民营企业产权的政策进行过滤，挑选出其中具有原则性和基础性的对策，将其通过立法稳定下来，并以此作为民营企业据以保护自身权利且具有"可诉性"的制度基础。

（2）经济扶持性政策。针对民营企业融资渠道狭窄、行业竞争受限、资本规模较小等问题，政府应该制定若干扶持性政策，通过降低市场门槛、放宽管制要求、提供优惠措施等途径对民营企业进行产业和金融政策性倾斜。

（3）政治民主性政策。要依法保护民营企业家合法的政治地位和政治权利，把民营企业主阶层的政治参与列入制度化的进程，特别是要借助于商会和行业协会这一社会中介组织，通过与地方政府之间的准制度化联系，向政府及时反映民营企业家阶层的经济和政治诉求，直接或间接地参与制定地方政府的行业发展政策。另一方面，也要避免民营企业主阶层利用自身的经济强势转化成政治优势，杜绝官商结合、权钱交易，使各个阶层的利益诉求都能得到一定的平衡和实现。

2. 制度保护与实践保护相结合

首先，制度保护和实践保护相结合意味着司法机关和行政机关在依据法律制度保障民营企业产权的过程中，应该将《宪法》、《物权法》、《合同法》、《公司法》等有关企业私有财产权保护的规定落实到法律实践当中，特别是在处理民营企业与行政机关以及民营企业与国有企业的产权纠纷当中，摆脱民营企业具有"原罪性"的前见和偏见，从而平等地对待本来即处于弱势地位的民企产权利益。

其次，制度保护和实践保护相结合，需要司法机关和行政机关在依据法律制度保障民营企业产权的过程中，克服"地方保护主义"的非合法性判决活动，而行政机关则应该克服"过渡行政干预"、"行政垄断"等非合理性的执法活动。特别是在民商事审判中，要及时、准确、公平地处理各种争议，平等地保护和规范各类市场主体，重塑社会信用体系和商品交易安全秩序，创造一个平等竞争的市场环境和公正、诚信、高效的投资环境，为民营企业拓展经济发展空间。

再次，制度保护和实践保护相结合，意味着不仅要在实体法的层面明确民营企业的产权关系和产权地位，还应该从程序法的层面上保障民营企业可以有效实施权利救济。具体措施包括：（1）在政策层面从偏好"大而空"的宏观性保护方式转变到注重"细而实"的微观保护方式,即政策为产权行政界定提供可操作的依据,并作为法律完善的辅助性基础;(2)在法律层面从单纯依靠行政诉讼的保护模式转变到商事诉讼保护模式,如将民营企业与挂靠单位的产权纠纷视为具有"平等诉讼地位"的民商事问题,而非"不平等诉讼地位"的行政问题。

3. 权利保护与责任保护相结合

目前在我国民营企业产权保护的法制环境当中,立法层面对权利保护的重视较多,而从司法和执法层面对责任保护的执行偏弱,因此应当从以下三个方面来提高产权保护的效率:

其一,强调权利保护与责任保护相结合,必然要求司法机关和行政机关在保护企业财产权利的过程中,将民营企业产权法律地位与国有企业产权法律地位平等对待。

其二,强调权利保护与责任保护相结合,必然要求司法机关在解决民营企业与行政机关、民营企业与国有企业的产权纠纷时,实事求是、公平公正地认定法律责任,特别是应该敢于认定政府的法律责任。

其三,强调权利保护与责任保护相结合,还要求提高司法判决、行政裁决和仲裁裁决的执行效率。判决和裁决的执行是落实保障权利保护实效的重要途径。如果民营企业为产权纠纷花费了高昂的诉讼费用、仲裁费用之后得到了一份难以执行的判决或裁决,则其实质不但不能起到保护产权的效果,还可能打击民营企业参与市场竞争以及寻求法律保护的信心和热情,最终损害地方经济的发展。

4. 物权保护与债权保护相结合

首先就物权保护方式而言,我国《物权法》最重要的制度精神和立法价值在于强调公有与私有财产权的平等法律保护地位。因此《物权法》开始实施之后,政府在制定各项政策时应以《物权法》为依据,加强政策措施当中的"财产权利优先意识"。例如挂靠型企业的产权界定政策、民营企业财产征收政策、民营企业融资担保管理政策、商业用地管理政策等等。而民营企业在产权法律纠纷当中完全可以充分利用物权的优先性、排他性和直接性进行产权保护,特别是在与行政机关(挂靠单位)的产权纠纷当中,可以考虑不再单独依靠行政诉讼的方式解决法律纠纷。

其次就债权保护方式而言,由于债法注重财产的动态性、流转性和程序性保护,因此民营企业的产权保护应该注重产权交易过程中的"制度化"和"规范化"操作。强调注重产权交易过程中的"制度化"和"规范化"操作,即主张民营企业在市场交易过程中应该逐步提高法律意识,建立完善的内部管理机制，尤其应该注意克服在合同的谈判、签订、履行、担保和救济等过程中由于非规范性操作所带来的各种法律风险。

5. 公力保护与私力保护相结合

主张重视私力保护，并不在于否定公力保护的价值。两者并非互相取代而是互相补充的关系——公力保护是私力保护的保障基础，而私力保护是公力保护的有效补充。私力保护，应当是基于合法性制度框架下的自力救济，而非通过恶意谈判、随意违约、逃避履行等非法手段实现权利救济。

其一，民营企业产权的私力保护，应该重视中介组织和自治组织的作用。商会和行业协会作为工商领域的自治组织，在协调地区和行业内部生产经营关系、保护成员企业产权利益、解决内部企业纠纷等方面具有成本优势。西方发达国家的商会和行业协会在企业自治自律管理中处于很重要的地位，甚至可以说在整个经济发展中充当了举足轻重的中介作用，而我国的大多数行业协会对企业而言却是可有可无，有的甚至形同虚设。因此，需要大力重视商会、行会在民营企业产权保护中的集体力量和组织功能。

其二，民营企业产权的私力保护，应该慎重对待商业社会网络的作用。社会关系网络作为一种社会资本，对于民营企业的生产经营和产权保护固然具有不可替代的作用，然而由于社会关系网络本身的"非法律化属性"，民营企业在利用社会网络进行生产经营和产权保护时，往往会随之采用"非制度化手段"，此中不乏各种非法操作，由此给民营企业的发展带来了较高的法律风险。

其三，民营企业产权的私力保护，事前防范比事后救济更重要。具体包括：（1）改变以往认为小企业的市场运作可以依靠习惯、惯例和个人诚信为基础的"非规范意识"。（2）改变以往认为家庭伦理关系重于产权关系以及认为"亲情"是解决产权纠纷有效手段的意识。（3）改变以往认为知识产权等无形财产价值不高的"短期意识"，注重提高企业的科技创新能力以及商标、专利、商业秘密、企业名称等知识产权的保护意识和能力。

6. 内部保护与外部保护相结合

第一，民营企业应该逐步改进企业的内部治理结构，主要是摆脱传统家族式管理所带来的产权关系的困扰，大胆引进现代公司治理的新理念，逐步从"所有权与经营权高度统一"过渡到"所有权与经营权相分离"，并进一步构建起"所有权（股东）、经营权（经理）和监督权（监事）"相结合的现代企业治理模式。此思路的目的在于将嵌入所有权结构的"非市场化因素"（例如家族、伦理关系）排除，而引入"契约化因素"，使民营企业的产权关系符合市场化的本质要求。

第二，民营企业应该逐步改进企业的股权结构，实现股权结构的多元化。产权结构单一化客观上决定了民营企业的抗风险能力较弱，一旦出现程度较大的市场变化、经营亏损或法律风险，民营企业产权往往会出现根本性的损害。从另一方面来看，改革股权结构、吸纳外来资金，这本身也是民营企业摆脱家族式经营、推进企业市场化的一个必经途径。

第三，民营企业应该大力提高自身的法律意识和法律风险防范能力。比如：(1) 民营企业既要积极进行科技开发、提高自身的竞争能力，也要注意提高知识产权保护意识（例如及时申请专利、注册商标等等），防止无形资产流失；(2) 民营企业既要积极参与国际市场竞争，也要注意熟悉掌握国际贸易规则，改变在国内市场和地区市场中早已习惯的"非制度化经营"理念；(3) 民营企业既要充分利用外部法律资源，例如律师、商会、行业协会、仲裁、公证、资产评估等等，也要注重内部法律资源的建设，例如聘请职业经理人、专职法律顾问、建立法务管理部门、完善合同审核机制、重视风险事先评估，等等。

二、社会层面："商法与商业网络"的交织和互动

由于中国经济改革的过程中社会转型尚未完成，因此在市场经济法制发展的同时，复杂的商业网络（商事领域的社会网络）、传统的交易习惯、处于"灰色地带"的商业"潜规则"等非正式商法制度也仍然深刻影响着商法（不一定是消极作用）；在某些场合下它们甚至成为商法的"替代品"。各类商事诉讼案件中流行的"打官司就是打关系"的潜规则，就是一个的例证。

应该承认，无论是在成熟的市场经济还是新兴的转轨国家，都存在"商法与社会网络（商业网络）"之间的共存和互动。在中国经济改革和社会转型的特殊阶段和背景下，"商法与社会网络（商业网络）"之间的这种实践关系更呈现出放大效应。在经济改革和社会转型背景下的企业，为了降低包括商法成本在内的交易成本，不仅要关注商法的制定与实施，同时也要关注如何"合法"、"合理"地利用"社会网络（商业网络）"，使"书本上的商法"变为"行动中的商法"，以实现自身的"财富最大化"。

【拓展知识】

什么是"社会网络"？

自英国人类学家拉德克利夫·布朗首次提出了"社会网络"（social networks）的概念后，社会网络逐渐成为经济社会学中的一个重要研究领域。学

者们将社会网络定义为,人与人之间相互联系所形成的一个整体结构,它不仅是一个立体交错的空间网络,而且是一个动态的变化过程。

经济社会学家认为,整个社会就是由一个相互交错或平行的网络所构成的大系统,社会网络的结构及其对社会行为的影响模式成为社会网络的研究重点。哈里森·怀特认为社会网络是经济交易发生的基础,市场本身就是由社会网络发展而来的。① 林南认为,人们通过嵌入的社会网络所能直接或间接获取社会资源的能力构成了人们的社会资本。②

如果说人们对社会网络这一洋名词还有少许陌生的话,那么,社会关系网络在中国的对应版本"关系",人们就会再熟悉不过了。关系一般被认为是基于互利互益之上的社会关系,它通过一种互惠的义务约束交易双方通过不断的合作和相互提供帮助来获取资源。关系与友谊或单纯的个人关系不同,它包含着互惠的义务。

"社会网络"中"关系"的特性是:(1)一种社会资源;(2)相互联系的连续性;(3)信任和合作的共存。在中国,关系是一门精心计算的学问,甚至在某种程度上被认为是一种"不成文"的规矩,它在中国社会中广泛存在,构成人们日常生活中必不可少的部分,无数的关系网络成为当今中国社会一个重要的秩序要素,实际上几乎每一个中国人都包容在这些关系网络之中。

(一)商业网络的性质和特点

1. 从制度特性来看,商业网络属于非正式制度

"法律"和"社会网络"分别属于典型的正式制度和非正式制度。商业实践中,主导商人的日常商业行为规则很大一部分是由商业网络而不是商事法律所决定。中国的市场经济发展至今,资源的配置手段和社会的调节机制呈现出一种鲜明的复合性特征,既有公开化的商事法律制度规则,又有隐蔽性的商业网络的"潜规则"。

【拓展知识】

商业网络的出现

对于商法体系建设过程中"社会网络(商业网络)"为何出现这一问题,

---

① See White, Harrison C,"Where Do Markets Come From?" *American Journal of Sociology* 87: pp. 517 - 47. 1981.

② See Lin Nan, Social Resources and Instrumental Action, in Marsden, P. and Lin, N. (eds.), *Social Structure and Network Analysis*, Sage Publications. 1982.

美国学者拉嘉·卡莉提出了以下几个重要观点[①]：

(1)"当法律制度不可信任或不存在时，商业网络才会出现；而且正式法律制度越薄弱，商业网络在经济中的作用就越大。"

(2)"很多转轨国家都这样，正式法律制度薄弱时，个人化的商业网络就会出现，作为填补空白的内生性回应，并促使商事合同交易。"

(3)"随着法律改革的进步，法律制度的信任度也随之增加，网络运作的精细规范越来越成为负担而不再是利益。法律制度的边际增量对经济具有双重作用。第一，削弱了网络的吸引力。如果其他条件平等，那么这就会缩小网络的规模，减少网络对剩余经济的消极作用。第二，通过提高在匿名市场中交易的可得利益，它使更广泛的人们参与盈利性贸易。这反过来也有利于确定风险，增加生产力，进而扩大市场，最终促进经济发展。"

2. 从适用范围来看，商业网络主要适用于熟人社会的乡土经济

在传统的乡土经济中，由于经济活动仅限于较小的社区范围内，拥有特殊信任关系的人格化交易成本就会比较低，但由于人格化的交易不具有交易扩展的潜能，不能扩展到一般的社会成员之间，不能成为一般的社会关系准则，因此一旦超出熟人或社区的圈子，就无法仅靠声誉和关系来进行商事交易，交易的成本急剧上升，以至于很多交易无法实现，结果限制了企业和市场的规模。

在市场经济体制当中，商人的交易对象将面向整个"陌生人社会"，此时商事契约可以使商人们通过契约而相互信任，这种信任关系是一种非人格化的普遍信任或契约信任。西方市场经济存在、演变和发展的一个重要基础就是商人们对契约的认同和遵从，并由此而形成的整个社会普遍主义的信任关系。

但是在中国的经济转轨过程中，一方面，熟人社会的"关系信任"仍在延续，商人们在日常交易中，无论是市场竞争还是行政审批，也无论是交易合作还是纠纷解决，都把找关系、托熟人视为"习惯"；另一方面，市场经济的"契约信任"并没有完全确立，恶意违约等现象仍然大量存在。在这个信任缺失的转轨阶段，"不要和陌生人说话"、"杀熟"已经成了预防各种商业欺诈行为的谆谆告诫之辞。

[①] [美] 拉嘉·卡莉：《转轨经济中的商业网络：规范、合同与法律制度》，载 [美] 彼得·穆雷尔主编：《法律的价值——转轨经济中的评价》，韩光明译，法律出版社2006年版，第275~284页。

【背景资料】
"信用缺失"给企业经营和经济发展带来的损失

据中国人民银行研究局引用的调查资料显示:因信用缺失造成企业直接和间接损失每年高达5855亿元,其中逃废债1800亿元,合同欺诈55亿元,产假售假造成损失2000亿元,因三角债和现款交易增加财务费用2000亿元。如果按照我国一年GDP新增的产值约7000亿计算,5855亿信用损失几乎相当于我国每年新增的83.6%产值。①

另据报道,1999年~2006年3月末,我国四家金融资产管理公司累计处置来自四大国有商业银行及国家开发银行约1.4万亿元不良资产中的8663.4亿元,累计回收现金1805.6亿元,占处置不良资产的20.84%。② 如此低现金回收率意味着大部分不良资产将成为国有资产流失。而国有企业经营效率同样令人担忧。1998年国有及国有控股工业企业亏损额高达1150.7亿,净亏625.56亿,亏损企业数多达26289家,2004年亏损企业数仍高达11112家。③

3. 从契约合作机制来看,商业网络属于商事契约的自我实施机制

企业经营中订立的大量商事契约依靠法律机制来保障实施的可能只是其中的一部分。即便在美国这样一个相对有效、健全的法律体制下,契约的执行也并不仅仅依赖于法院,而是企业之间的相互关系。④ 商业网络下的重复博弈和关系型契约的执行依靠的是一种并不借助外部力量的自我实施机制。它是博弈的参与各方在特定的交易环境和支付结构下,根据各自的不同目标,自主选择各自的最优策略,所达到的一种自我均衡状态。

商业网络下之所以能实现商事契约的自我执行,其原因在于:(1)商业关系网络的封闭性会导致网络内部的重复性交易频繁发生,理性的参与人会认为维持长期的合作关系比短期的背叛行为能带来更大的收益;(2)商业内部的信息共享会使得参与人遵守或违反契约的信息得以迅速扩散,声誉机制的作用会使参与人将有可能丧失未来交易机会的预期损失纳入其决策活动中;(3)商

---

① 《中国金融安全的必由之路——评中国信用数据库的建立》,载《信用中国网》,http://www.bjsme.gov.cn/xydb/xytx/xyyj/200603/t6117.htm,2010年2月1日访问。
② 数据来源:中国银行监督管理委员会。
③ 数据来源:中国统计年鉴2005。
④ See Macaulay, Stewart, "Non-Contractual Relationships in Business: A Preliminary Study," *American Sociological Review* 55-70. 1963.

业网络内部的集体惩罚机制的存在，会使欺骗者面临被驱逐出网络，不仅失去未来的网络内部交易机会，而且与进入网络相关的专用性投资也会有丧失殆尽的风险。

4. 从产品经济属性来看，商业网络属于"俱乐部产品"

在经济学意义上，"商法"和"社会网络"可分别归属于公共产品和俱乐部产品的范畴，其区别在于：（1）作为公共产品的商法秩序是一种开放性的公共资源，受益的是全体的社会公众，而作为俱乐部产品的商业网络则是一种封闭性的网络内共享资源，受益的仅限于圈子内的成员；（2）公共产品的供给中由于存在着严重的"搭便车"问题，因而需要政府来提供，商法制度更是如此，俱乐部产品供给中的一个突出问题就是"俱乐部的规模限制问题"，其规模具有临界点而不能无限扩展；（3）在公共产品的商法秩序下，个体交易对象的选择是开放、竞争的，其交易合作主要由商事法律、商事契约来保障，在封闭的商业网络下，个体交易对象的选择则限于网络内部成员，其交易合作则受到关系型契约的保障；（4）在公共选择的利益博弈格局中，商法的公共秩序是公共利益的象征，而社会网络内的圈子利益则代表着特殊的集团利益。

5. 从交易成本看，商业网络具有特殊的成本结构属性

商法制度和商业网络不仅对交易合作有着不同的实施保障机制，而且不同的规则系统对交易者带来的交易成本影响也是不同的。商法制度下的交易成本结构特征具有低固定成本和高可变成本的属性。因为商法制度（主要是正式商法制度）的生产依靠政府财政投入，因此使用者越多，意味着初始投资的每单位投入越低。但是在每次进行交易时，商人们谈判和签订契约的成本、对契约实施进行监督的成本较低，发生争议时的诉讼成本则往往较高。如果一个商业环境存在高度的机会主义，违约现象频繁，而个人负担的商事诉讼成本又非常高，即商法的执行成本很高，将意味着个体在交易前对于交易的真实可变成本有很高的事前不确定性，高额的交易成本风险就有可能会阻碍或减少交易量。

与此相反的是，在商业网络体制下，其交易成本则具有高固定成本和低可变成本的属性。企业如果要加入某一关系网络或获得某种关系资本，就必须要花费一定的投资，如馈赠礼物、往来宴请、相互帮忙等等。建立关系网络的初始投资不仅相当高，而且还是一种沉没成本，但只要能成为网络中的一员，在关系契约的重复博弈机制下每次交易的边际可变交易成本就会比较低，因为企业自身也会为了长期的交易关系避免短期的机会主义行为而自觉履约。

【背景资料】

中国企业在生产经营中面临的双重"成本"

经济学家吴敬琏认为,中国的生产成本优势使中国成为世界的一个制造工场,但是中国交易成本的过高则将成为经济进一步发展的瓶颈。① 在中国的经济转轨阶段,由于在法律和社会网络双重机制调节下,企业不仅要承担正式制度下的显性成本,更要承担非正式机制下的隐性成本,双重的成本压力自然造成了交易成本的畸高。

香港反腐独立委员会1993年的调查发现,在大陆投资的香港商人要花费3%-5%的投资用于馈赠礼物和建立关系网络。② 在处于法律和社会网络机制的替代竞争中,社会的秩序系统究竟如何选择,所看重的可能并不仅是每项交易的增量成本,经济人考虑的是维持现存体制的成本是否超过建立一个新体制的成本。关系网络因为需要付出巨大的沉没成本,因而这种机制存在着巨大的惯性,高昂的固定成本使其对变化有较大的抵制力,因而,法治秩序的逐步建立并不意味着关系网络会轻易地退出历史的舞台,两者之间的共存博弈和争斗态势有可能会在较长一段时间内持续。

(二)商业网络与商法的关系

作为制度系统的两个重要构成部分,商法和商业网络之间既存在着不可或缺的互补关系,又有着相互替代的竞争和角力,而且两者之间的内在冲突又会使商业网络对法律秩序的确立、运行构成阻碍和侵蚀。

1. 商法和商业网络的内在互补

(1)商业网络有助于企业更便捷地获取各种信息、资源和商业机会,个体所拥有的关系网络越广泛、层次越高,就越具有获取关键资源的控制力。特别是在经济转轨阶段,正式商法制度的缺失使人们从正常渠道获取资源、信息相对困难时,人们就会借助于关系网络。例如,企业与政府部门的关键人物建立友好关系,就容易获得优惠产业政策;与银行保持良好关系,就容易获得经营贷款;结交和认识的社会层面越广,就越容易获得各种商业机会。

---

① ˙ 吴敬琏:《中国企业交易成本过高提出五项举措》,http://business.sohu.com/40/53/article204735340.shtml,2009年9月22日访问。

② See Chan, K. - M., (1999) "Corruption in China: A Principal - Agent Perspective", in K. - h. Wong and H. S. Chan (eds), *Handbook of Comparative Public Administration in the Asia - Pacific Basin*, Public Administration and Public Policy, Vol. 73, New York, pp. 299 - 324.

(2) 商业网络下的特殊信任和合作关系能有效降低制度运作实施中的交易成本和道德风险。在关系网络所组成的共同体中，企业具有普遍认同的习俗、价值、社会规范以及人格化的特殊信任关系，它保证了经济交往合作的顺利进行，降低了商事契约的谈判、执行、监督的交易成本和未来的商业风险，避免了机会主义的欺诈和违约行为。

(3) 商业网络为知识的扩散和溢出提供了有利的平台，是隐性知识传播的主要途径，是企业创新和核心竞争力的重要源泉。越来越多的研究表明，非正式的社会网络对企业营业转让起着很重要的作用，因为隐性的营业知识的转移主要是通过一些非正式的商业网络来实现的。

2. 商法和商业网络的相互替代

(1) 在市场经济和法治秩序建立之初，商业网络机制在人们的行为互动中发挥着主要的调节功能，商法秩序的影响力则相对微弱。

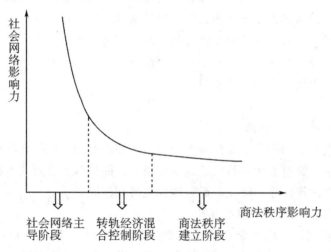

图 5-1-1 不同阶段商业网络影响力

(2) 当社会进入经济转轨阶段时，各种商法制度开始逐步确立和完善，人们此时既可以选择商业网络机制下的关系契约在网络内部进行交易，也可以选择以商法为保障签订正式契约与网络外部成员进行交易，该阶段属于商法和商业网络共同发挥作用的混合控制阶段，也是两种力量互动、交锋最为激烈的阶段。

(3) 当商业社会进入法商为主导秩序的商法经济阶段时，商业网络的影响力虽日渐式微但并不会消失，这是由于商业网络所具有的自身优势并不能被商法秩序所完全替代，两者在社会中是共存而互补的。

3. 商法和商业网络的冲突

商业关系网络虽然在缺乏正式制度稳固保障的交易环境中充当一种机制替代，但很多情况下它并不是一个良好的替代。因为商业网络常常导致商业交易关系的扭曲发展，容易滋生寻租、腐败，并进而给社会的经济发展带来各种损失和低效率。

例如，由于缺乏非人格化的制度信任，企业家在组建企业时只能凭借关系信任而相信"自家人"，尽管公司法规定公司设立的股东为两人以上，但实际上在许多民营企业中，借用亲友、子女名字暂挂股东以满足法律规定的硬性要求，但实质为"一人"公司的普遍存在。正是由于民营企业家族化的内部管理，对于公司法所规定的董事、监事的权力制约、各种会议机制等不过是应付工商登记、年检的表面文章而已。而公司治理的不规范以及法律对企业产权，特别是少数股东产权保护的乏力，会造成"外人"不敢对民营企业投资来趟这趟浑水，民营企业股权融资道路的萎缩又会形成企业进一步发展壮大的瓶颈以及带来股权的高度集中，这就像一个"怪圈"，民营企业困入其中而难以纳入规范的发展轨道。

在商法和商业网络的交互影响下，企业的发展过程中既融合着合法的制度规范的色彩，又包含着不合法的人情纽带、权力滥用的内容，更何况企业往往是在关系变通下突破体制障碍才获得发展机遇的，这就像一个有着癌细胞的肌体，用药过猛则有可能"玉石俱焚"，而听之任之癌细胞就会逐步扩散、吞噬到整个健康的肌体。譬如随着国企的管理层持股和国资的逐步退出，民营化的经营从经济学的思维逻辑和企业的长远发展来看，确实能通过建立有效的激励、约束机制减少代理成本，优化公司治理结构，促进企业的发展和国企的改革。然而，在商法制度和程序保障无力而关系网络又混杂其中时，暗箱操作、关系交易、低价收购所带来的却是管理层在这场免费的盛宴中一夜暴富，而社会大众积累多年的国有资产化为泡影。①

---

① 在一则名为《04 股市制造 48 位亿万富豪是公司高管暴富梦工厂》的财经新闻中分析到，一方是上市公司的小股东，一方是上市公司的大股东，尽管同为股市投资者的身份，但投资回报却有着天壤之别。有两组几乎同时出炉的数据引人关注，一个是自 2001 年 6 月中国股市步入调整期到现在，二级市场投资者平均亏损幅度为 53%。一个是在已经披露年报的上市公司中，出现了 160 名千万富豪高管，其中包括 48 位亿万富豪，比 2003 年增加近 50%。低迷不振的股市成了投资者损失惨重的伤心地，却依旧是公司高管一夜暴富的最大梦工厂。资料来源：http://news1.jrj.com.cn/news/2005 - 04 - 07/000001061674.html。

【背景资料】

民营企业通过建立"官商关系"获得产权保护①

由于法治环境尚有缺陷,民营企业为了获得有效的产权保护,往往不得不从"法律之外"的途径寻求与政府建立良好关系,其方式主要包括:

(1) 与高级官员家属合资办企业或者赠与政府官员干股来进行利益捆绑和长期合作。以矿难频发所引致的国务院办公厅要求官员从煤矿撤资为例,从2005年8月30日到2005年10月20日,不到两个月的时间共有4578名官员从煤矿撤资4.73亿元。② 相对于官员入股民营企业的真实数据,这些恐怕仅是冰山一角。

(2) 企业通过高薪聘请现任政府官员亲属或退任的政府官员作为企业顾问或高级工作人员来进行各种政府"公关"。如近期上海土地管理系统彻查风暴中披露的,房地产企业不惜以百万年薪竞相聘用下海的土地官员,只要能攀上这些关系就能拿到别人拿不到的地,项目审批就能比别人先行一步,其奥秘就在于这张庞大的"土地关系网"。③

(3) 还有一种普遍的形式就是企业在过年过节、生日、结婚喜庆乃至领导子女上学等环节上向官员送礼祝贺以联络感情。这种送礼应酬既有主动的也有被动的,如果自己不送,别人都送,不免会开罪领导,遇到麻烦的时候就很难得到帮助。

(4) 民营企业家通过寻求政治地位,以加入党组织、政协、商会、行会,评选人大代表、政协委员等途径加强与政府之间的联系,既谋求改善民营企业整体的政治生态,又以自己的政治身份来改善企业的生存环境。如胡旭阳考察了民营企业家政治身份与企业融资便利之间的关系,其对浙江百强民企分析的实证结果表明,民营企业家的政治身份通过传递民营企业的质量信号降低了民营企业进入金融业的壁垒,便利了民营企业的融资,从而促进了民营企业的发展。④

在对2004~2006年深交所、上交所上市已满三年的67家民营上市公司进

---

① 资料来源:广东省社科规划基金项目《国民营企业产权法律保护实证研究——以广东民营企业产权纠纷案件为例》(03/04E-02),主持人中山大学法学院周林彬教授。
② 参见《4578名干部从煤矿撤资4.73亿》,载《21世纪经济报道》2005年11月5日。
③ 参见《房产商竞相聘用下海土地官员出百万年薪》,载《中国新闻网》2007年4月17日。
④ 胡旭阳:《民营企业家的政治身份与民营企业的融资便利——以浙江省民营百强企业为例》,载《管理世界》2006年第5期。

行实际控制人社会地位分析时发现，绝大部分上市公司均具有人大代表、政协委员、行业协会领导等社会政治身份，其数量占据样本总量的 79%，其中担任全国人大代表的有 13 名、全国政协委员的有 7 名，两者占样本总量的近 30%，担任省、市级人大代表和政协委员者更占据样本总量的 42%。

另外，在调查企业与政府建立良好和紧密的关系对于企业降低各种市场风险和产权威胁是否重要时[1]，所有的被调查者都肯定了两者之间的相关性，94% 的被调查者认为两者紧密相关，并且认为与政府建立良好关系对于企业的发展至关重要的占样本总量的 55%。在询问被调查者对于企业家具有人大代表、政协委员等政治身份是否有助于企业提升形象、便利融资、降低与政府部门打交道的成本时，96% 的被调查者肯定了企业家的政治身份对企业发展的作用，认为有非常大的积极作用的占到了样本总量的 57%。

周雪光等人曾在对北京、广州 620 家企业的 877 份商业合同进行实证研究的基础上，分析企业如何寻找商业伙伴，合同会采取哪些形式和条款，社会交往的密度和契约执行间的关系。作者发现在脆弱的法制环境下，企业往往依靠非正式的商业网络来建立契约关系，在签订和履行契约时，企业会通盘考虑法律管制的压力和双方已有的关系，为应对不确定的商业环境，企业会更加倾向于强化现有的商业网络。另一方面，法律保障的正式契约在社会中的使用频率还受到人们对法律的态度和法律意识的影响。在中国传统的关系文化氛围中，人们看重的是社会秩序的稳定和人际关系的和谐，在纠纷的调解中重要的不是要判定谁是谁非，而是要消除矛盾，使当事人能"和息相安"。在这样的文化浸染下，人们不仅没有对法律和规则的信仰，也不存在使用法律的习惯。沈明明、王裕华在对 2003 年全国 31 个省市的农民经济纠纷解决方式调查分析的基础上发现，经济发展水平与人们对正式法律制度的偏好并不存在线性关系，诉讼成本、法律知识以及传统因素是阻碍人们使用正式法律渠道解决纠纷的主要影响因素，正式法律机构的存在和巩固依赖于人们的接受程度。

许多学者认为，随着市场经济法治的完善，商业网络作为对正式法律的一种暂时的次优替代，其影响力也会逐渐衰减，法治秩序自然就会实现。笔者认为这种观点忽视了商法与商业网络冲突的复杂性，人情关系作为一种根深蒂固的民族文化，其重要性会长期存在，商法制度即便会对已有的交易关系产生制约和改良，但是关系网络会在新的时期产生新的交易类型和表现形式，两者的

---

[1] 该次调查研究的分析对象为珠三角的民营企业家，本次调查以匿名问卷的形式向参加中山大学 EMBA 研修班的民营企业家学员进行发放，发出调查问卷 120 份，收回的有效调查问卷 101 份。

冲突会长期持续。商法与商业网络的较量并不是直线型的你退我进，而更多的是一种螺旋式的上升，关系的价值和影响力有可能会随着法治的完善而衰弱，但关系不会不重要。Chow and Ng 的研究就表明，在香港这样一个更加现代和法治化的社会中，仍然到处有着关系的踪影，只是与传统的儒家文化相比，家族亲缘关系的影响力逐渐弱化。对于转型时期的中国来说，尽管我们的目标是建立理性化的商法秩序，但我们无法忽视中国特有的文化特质。我们所要建立的市场经济秩序要更多地借助于正式的商法律制度与非正式商法的合力，从制度设计和社会文化培育上增强两者的互补和共容，避免实施中的相互瓦解和冲突。

三、国家层面："商法与经济增长"的宏观背景

"法律与经济增长"之间的关系一直是近十年来国内外学术界特别是新制度经济学领域关注的一个热点问题。在中国，这一问题的研究尤其具有现实意义。因为与中国经济改革紧密相关的是，以"商法"为核心的市场法制建设也一直在逐步推进，两者在实践当中呈现出"相互交织"、"相互促进"的关系。正如本书前言所指出的，如果说市场经济是"法治经济"，那么市场经济这一法治经济的类型，是"商法经济"。

【拓展知识】

中国经济增长与法治建设有关吗？

西方的主流观点认为，经济增长要求法律系统提供稳定的、可预测的产权以及契约和独立的司法，即法律在经济增长中起到重要作用。而过去二十多年里保持平均 9.5% 年 GDP 增长率的"中国情况"，却被西方理论视为在法律制度不完善、弱产权法律保护、契约实施不力、政府干预盛行的情况下出现的"中国之谜"。这一"中国之谜"被视为法律与经济增长正统关系的反例，或排除在实证研究的样本之外，成为法律与经济增长领域的"中国之谜"。

据此，有不少西方学者认为法治（法制）在中国经济奇迹中并未起到关键作用，并进而提出了所谓"政府论"、"替代论"、"文化论"等可以解释"中国之谜"的理论依据。

"政府论"认为，中国经济奇迹中法律发挥的作用不是最关键的，尽管法律在这些复杂变化中起到越来越重要的作用；认为一些具体机制而不是法律可能产生更重要的作用，例如共产党地方官员的作用。总之，政府论强调了政府参与、政府干预对中国经济增长的重要性，但他们的研究并没能否认法律在其

中的作用。

"替代论"认为，在法律的非正式替代论看来，关系、社会资本、社团（包括家族）等非正式机制一定程度上能发挥正式法律制度在提供稳定、可预测产权保护、契约实施方面的功能，从而成为中国经济成功的不可忽视因素。

"文化论"认为，儒家文化是中国、韩国等东亚国家经济成功的核心，法律的作用并不显著。儒家文化、中国历史等因素决定了中国的"法律"概念与西方意义上的法律有着巨大差距，这在一定意义上承认法律在中国经济增长中发挥着"另类"的作用。在文化论看来，资本、劳动力这些被新古典发展经济学视为增长的关键因素，实际上是第二重要的，文化等非物质因素才是关键。

也有论者指出，虽然有不少证据支持法治在中国经济增长的作用并非首要，但是，远未能得到中国法治对经济增长不重要的结论。因为从现有的研究内容看：（1）法律与经济增长之间的作用机制以及微观基础仍欠缺，制度（法律）作为长期经济增长源泉依然缺乏正式理论模型的支持，结论性经验证据仍缺乏；（2）大多数研究主要从经济学角度出发，从法学角度研究该论题仍有很大空间；（3）法律、非正式制度与增长之间的关系以及法律的非正式替代机制在中国经济中的作用是否超过法律的作用，仍有待探讨；（4）就分析中国法律制度改革而言，大部分研究从经济制度改革历史的角度进行描述性分析，而没有深入剖析和归纳出法律改革、法律在中国经济中的特殊性。

（一）为经济改革保驾护航的商法

商法作为中国经济改革护航者的典型表现有二：其一，将在实践中行之有效的市场化改革措施通过相应商事法律、法规实现制度化。其二，有时为了确保经济政策的贯彻，政府通过先出台相应法规，再开展实践，即商事法规直接作为国家商事政策的代言人出现。

需要注意的是，商事法律在中国经济改革中所起到的"保驾"作用，很大程度上有别于西方理论所强调的为经济发展构建制度基础的作用。

首先，中国商事法律的"政策导向"现象突出。比如，许多商事管理法律和法规的制定和实施过程中，都受到商业政策的影响。事实上，中国政府对私人秩序的替代以及地方政府积极参与经济活动等现象，在实践中都离不开相应的"商业政策"对这些活动的授权与默许。

其次，中国将涉及立法权、执法权、政府权力制衡等政治文明、民主问题暂时让位于经济发展、经济改革问题，这一改革思路决定了改革初期政府能在很大范围内利用"重经济、轻政治"的商事法律来贯彻经济改革政策。

再者，商事法律作为政策的替身这一影响经济增长的机制，其得以运作的根基在于中国强大的行政体系以及立法机关、司法机关深受行政影响。

最后，借助行政影响力，商事法律在经济增长中发挥的政策代言人的作用机制，一定程度上也解释了中国"书本上的法"与"行动中的法"之间的巨大差异。以商事法律为例，为跟上商业政策的步伐，中国商事立法快速发展的同时，由于法律实施机制发展的滞后、司法不独立、缺乏监督而产生的行政垄断与权力滥用，有法不依、执法不严、法不责众等问题彰显商事法律实施与立法预期的偏离。

当然，"书本上的法"与"行动中的法"之间的巨大差异，除了行政影响因素外，还在于中国司法和行政执法资源短缺、商法意识在内的商法文化等非正式制度与正式制度的冲突。商业贿赂的盛行、大量"潜规则"的存在就是例证。利用商法来规范政府商事管理行为、关注商事方面的司法、行政执法的效率、注重正式制度与非正式制度的融合、重视民间法等社会规范与国家法的兼容，这些都预示着中国商法建设正朝着现代法治前进。

（二）提供合法激励与灰色激励的商事法律

在中国 30 年改革开放实践中，商事法律为经济活动者提供了大量合法的激励机制。但与此同时，中国商事法律也孕育了灰色激励。与 Cooter and Ulen (2004) 所描述的法律作为隐含价格机制而引导、激励当事人活动的作用所不同的是，中国法律利用与经济政策的高度相关性，提供合法激励的同时也孕育了灰色激励。当然，这非当局的最优选择，实则是国家在缺乏经验、稳定原则优先等条件制约下的权宜之策。例如私营企业的发展都是在行政授权"试点"成功后才付诸于合法化。换言之，行政权力默许的法律灰色地带、法律的特殊"时滞"①，都增加了新政策成功的概率。这种局面也导致了衍生物即"灰色激励"的出现，而"灰色激励"与"合法激励"的并存，则形成了我国特殊的"法律双轨制"现象。

【相关案例】

中国商事立法"双轨制"的例子

所谓"双轨制立法"，是指新法与旧法并存的一种立法制度安排。比如，

---

① 这里所说的特殊"时滞"，是指不同于一般法学理论上所说的因立法的程序、法律稳定性所导致的立法滞后于现实情况，而是指当局为确保改革新政策、新法规的合理性、成功性，有意识地稍微拖延立法的出台。

在中国现行商主体立法（如企业公司法）中，采取的就是双轨制立法，即一种是以所有制、内外资这一经济标准（公有制和私有制）为依据的旧企业公司立法（如现行的全民所有制工业企业法、城乡集体企业法、私营企业暂行条例和中外合资、合作、独资企业法），另一种是以责任承担方式这一法律标准（有限责任和无限责任）为依据的新的公司企业立法模式（如现行的公司法、合伙企业法、个人独资企业法）。

但是，随着改革的深入，"双轨制立法"的缺陷日趋显现。主要表现在：新旧法律并存和试点立法，破坏了市场经济的市场统一性规律所要求确立的法治统一性和主体平等性原则，诸如新旧法律并存导致的法律漏洞增加并因此诱发更多的管制与腐败现象有增无减；再如试点立法导致许多地方政府和政府部门为了地方利益和部门利益而纷纷依法设立的不同市场准入和退出规则，并冠以所谓的招商引资"优惠政策"；而且新旧法律并存导致的法律冲突的边际成本越来越高，与之相联系的边际收益日渐减少。限制甚至取消双轨制立法，也成为今后中国商法改革的一个重要任务。

从商事立法改革入手，解决双轨制商事立法弊端问题的制度创新的基本思路，一是逐步扩大改革立法中先破旧法后立新法的范围，并逐步缩短新法取代旧法的立法过渡期①；对于现实中存在的违背法制统一原则的商事法规之间的相互冲突和抵触予以及时清理；对于相互之间存在密切联系的商事法律、法规在制定和修订过程中予以统筹协调，保持商法体系的协调有序；完善、健全商事行政法规备案审查制度，对不同层级商事行政法规之间的冲突按照立法原则进行审查处理，以维护法制的统一性。二是逐步扩大全国人大有关商事立法的范围，并逐步减少国务院和地方有关商事立法的权限。针对当前有关商事行政法规和地方商事立法与全国人大有关商事法律的立法结构失衡、成本增大的低效率现象，由人大制定更多的商事基本法律。② 三是依法将商事主体的身份法体例转变为责任法体例，将商事主体的不平等法律待遇降到最低程度。法律应当对相同的权利给予相同的保护，不能根据所有制性质的不同而采取不同的保

---

① 据不完全统计，当前60%的商事立法是在不废除相关旧法的基础上出台的，而为了消除新法与旧法的矛盾，往往采取了"新法不溯及既往"和"新法优于旧法"的商事法律适用原则。此外，一般的立法安排是，新法公布半年后才开始实施。

② 按照我国《宪法》和《立法法》的规定，基本法律由全国人大制定，非基本法律由全国人大常委会制定，但未明确界定基本经济法律所调整的范围。实践中，许多重要的基本经济法律却是由全国人大常委会制定的。这种做法有利于增强全国人大的经济立法能力和节约立法决策成本，但不利于更全面地反映民主意志，机会成本较高。因此，有必要明确全国人大对基本经济法律的立法权限，并通过严格的授权立法形式规范全国人大常委会代为行使基本经济法律立法权的行为。

护方式和保护强度,要改变目前存在的民营企业在市场准入和退出机制上的不平等待遇,对外资、国资、民企之间的差别待遇尽快予以取消,以实现其真正的平等竞争。

(三) 特殊的商事法律制度弹性

强调产权安全、契约有效实施、法治对经济增长的重要性,正是强调制度质量的关键。中国的现代商事法治建设,目的也在于提高商事法律制度的质量。经济的持续发展,不但要求高质量的制度质量,更重要的是需要能适应社会经济变化、培育包括制度创新的制度弹性。"从历史的角度看,增长的关键不在于每个时点上都实行一系列好的经济政策或者商法,而在于拥有能不断适应时刻变化的经济环境要求的、有弹性的政治、法律制度。"[①]

因此,中国经济的持续发展,不但要求高质量的商事法律制度,更重要的是需要能适应市场经济变化、培育制度创新的"制度弹性"。这种"制度弹性"在中国三十年的发展历程当中,主要依靠强势的政府干预得以实现,因为政府干预的时效性、灵活性弥补了法律的刚性、僵化性和滞后性。

首先,在缺乏普通法以及权力分立土壤的中国,汲取西方发展市场经济经验、学习被现实证明相对高效率的市场机制的重大决定,是政府决策、大力推行的结果。中国的渐进式转轨过程,得益于政府行政干预代位西方意义上的制度弹性,培育、促进了制度的创新。比如:(1) 交易改革先于企业产权改革、市场经济改革先于政治体制改革等渐进式路径,说明政府在处于相对信息优势时利用直接行政干预、作为商业政策代言人的商事法律、商事行政法规循序渐进地推进改革,为制度创新营造了稳定、相对充裕的学习环境。(2) 又如,商事法律的双轨制立法、试点立法等改革思路一方面有效地利用了有限的法律资源,并弥补了经验不足的缺陷;另一方面,也减少了改革阻力,为双轨制经济改革提供了有效的法律制度,确保了制度创新的推行,实现了在稳定基础上的经济增长。

其次,鉴于中国各地区之间商业环境的差异较大,中国的商事立法往往倾向于抽象性、原则性,并依赖于商事行政规章、地方性法规将其具体化(尤其表现在商事管理法领域)。这种立法思维,除了前述的便利了法律的为改革"保驾护航"、落实政策的作用外,商事领域的行政规章、地方性法规根据部门和地方特性进行具体化、细化的行为,实质上是赋予了各级政府部门根据本土实情与变化,因地制宜,便利发现制度创新与提高制度适应性的权利。中国

---

① See Lewis S. Davis, 2005, *Institutional Flexibility and Economic Growth*, SSRN: http://ssrn.com/abstract = 871759.

经济特区的商事立法就是典型例子。

【背景资料】

《深圳经济特区商事条例》的创新实践

1997年8月,深圳人大常委会接受了包括涉及商人、商行为及其相关制度为内容的"关于制定深圳经济特区商人条例"的建议。经过两年的讨论修改,1999年6月30日,《深圳经济特区商事条例》(以下简称"《商事条例》")正式颁布。2004年4月16日,深圳市第三届人民代表大会常务委员会第31次会议对该条例再次进行修改。

《商事条例》的内容主要包括:第一章总则,第二章商人,第三章商事登记,第四章商人的名称与营业转让,第五章商业账簿,第六章商业雇员,第七章代理商,第八章附则。事实证明,深圳特区的《商事条例》在实践中发挥了非常重要的作用。《商事条例》有关商人、商事登记、商人营业转让、商业账簿、商业雇员、代理商等的规定,填补了我国现行其他商事立法,如《公司法》、《保险法》、《破产法》等存在的空白,弥补了现行商事立法中存在的缺陷,对统率、补充其他商事单行法起到了重要的影响。深圳特区的实践,对于我国在大范围内实行商事通则立法具有很好的探索和借鉴的意义。

综上所述,政府干预、充满政策味道的商事法律、法规在中国经济增长中发挥了一定的特殊制度弹性作用;由于政策、政府干预具有灵活性、时效性、适应性,立法者、司法者、行政执法者往往通过政策、政府干预以及大量的非正式商法制度对正式商法制度的影响,实现一定意义上的商法制度弹性。

有学者[①]在探讨中国改革如何成功的文章中曾指出,中国经济快速增长并不要求完美的制度,不完美但具有敏感性的制度能发挥作用。另一方面,中国在非正统制度上的成功并不是反对培育最优制度,例如法治、私人产权和透明性政府等。这里所说的"敏感性的制度",实际上包含了商法领域的特殊制度弹性。因此,转轨过程中需要过渡期,商法制度的弹性比制度的质量在一定程度上更为重要,一些次优、非最优的制度是正式法律制度的有效替代;而政府干预、充满政策味道的商事行政法规和非正式商法规范在一定条件下弥补了制度弹性不足的缺陷,发挥着特殊制度弹性作用。但是也应当正视,中国商法的

---

① See Allen, Franklin, Jun Qian, and Meijun Qian, 2002. *Law, Finance, and Economic Growth in China*. University Of Pennsylvania mimeo.

这种制度弹性以强大的行政体系、行政干预传统为依托。其代价在于：过度行政干预的路径依赖提高了建立现代市场法治的难度，腐败、行政权力缺乏有效制衡、有法不依、执法不严成为中国未来经济持续发展中商事法制建设的一个难题。

四、后续发展与持续关注

最后，作为本书的总结和延伸，作者认为，在深化改革与经济转型的大背景下，围绕"商法与企业经营"这一主题，中国商法理论与实践中后续发展和持续关注的重要问题是：

第一，商法在促进企业发展的过程中，采取何种权利和义务规范，以有效保障企业的个体利益与社会责任的契合？因为企业发展的首要动机是个体的经济利益，这必须为商法所认可和保护。企业发展也肩负着一定的社会责任，因此商法必须依法适当协调个体利益与社会责任的关系。

第二，商法在依法促进企业发展的过程中，采取何种立法和司法技术，以有效保障私法与公法的契合？传统商法虽具有"正统"的私法性质，但是现代商法开始注入公法因素，将商人的内部治理和外部管理有效结合起来，以实现向依法管理要效益。

第三，商法在依法促进企业发展的过程中，通过何种正式和非正式规范，以有效保障市场法治化与道德化的契合？由于法律的滞后及法律人的有限理性，商法不能解决所有企业管理问题。因此具有道德化意义的、理性的、非正式商法规范（包括一些商业网络），对于提高企业效益同样至关重要。

第四，更大范围的问题是，商法在依法促进中国经济发展的过程中，有无特殊规律、特殊作用机制？

我国商法与企业经营的理论与实践表明，当代中国从盲目推崇商法到理性对待商法，开始认识到商法制度形成的演进性、过多商事立法对经济与社会及企业经营的负面影响，商法实施及民众对商法的态度的重要性、非正式商法制度的积极作用等商法与经济增长关系的中国经验，使得中国商法同仁切身体验到经济学大师（米勒）关于"中国需要更多的法律而不是经济学"著名论断的深远含义。[①] 据此，强调以下几点：

第一，由于商法体系提供了一套类似的价格体系，对不同种类的企业经营

---

① 这一成熟的、富有理智的观点，是由著名经济学家盛洪著《经济学精神》一书第264页的内容中概括出的观点。该书由四川文艺出版社1996年5月出版。莫顿·米勒，1990年诺贝尔经济学奖获得者，美国芝加哥大学经济学教授。

行为产生了隐含的费用,影响着企业经营的决策行为。具体而言,商法通过影响各类商主体的偏好、机会、激励机制、行为的成本与收益,最终对商主体的经营行为决策产生影响。其中,投资、储蓄、技术发展、劳动力供求这些均是受商法影响的经营行为,商法对经济增长的重要性可见一斑。所以商法学界有必要也有可能通过分析商法在中国经济增长中的特殊性及其变化,力图探索其作用机制和原理,并利用这些作用机制来构建、制定和实施有利于培育经济增长的商法制度。

第二,我国不完善的商法环境已成为经济发展的瓶颈。因为无论是与增长方式转变息息相关的自主创新能力的提高还是经济改革的深化,都离不开商法制度。进一步而言,科学发展观背景下企业提高生产效率与资源利用效率、鼓励能源节约与环境保护、规范政府的市场管理行为与政府经济管理职能转变、强化商事领域的司法与行政执法效率与执法等深化我国市场化改革的关键问题的解决,在于完善包括商法在内的我国相应的市场法律制度,依法规范政府市场管理行为,全面深入地推行市场法治。

第三,中国商法与经济增长之间存在一定的特殊性、特殊规律。正是这些特殊性,构成了商法与增长领域的一个"中国之谜",也是解释"中国之谜"的关键。① 在中国经济转型的制度变迁过程中,经济转型的成功是最终依赖于政治法律制度的成功转型和创新的。尽管许多国内外学者认为中国商法制度在转轨的初期并没有对中国经济增长发挥关键性的作用,但经济增长的后续动力和市场经济的良性发展却依赖于商法秩序的支撑和保障,也是客观存在。因此,重视商法制度的作用,强调商法在促进经济转型中的重要性仍是未来中国市场经济法治发展所要坚持的一个基本方向。然而,要成功地利用商法来促进中国市场经济发展,必须要把握商法在中国经济增长中作用的规律,尤其是其特殊规律以及作用机制。只有把握这些信息,才能有针对地、有计划地推进有益于经济增长的商法改革,才能有效地发挥商法在我国经济增长中的积极作用、减少消极作用。这些正是中国商法理论与实务界日后有待深入研究的领域。

---

① 一些西方学者普遍认为,中国的经济增长奇迹是在脆弱的法律制度环境下实现的,因而学者们认为中国的经济增长是对西方经济学正统理论的一种相悖,法律对于中国经济增长是否重要存在着疑问。虽然法律在经济增长和企业发展过程中没有发挥首要和关键性的作用,但这并不意味着法律不重要,特别是经济的发展对法律产生了内在的需求,法律与经济呈现出一种共同进化的相互影响关系,在未来的中国经济发展中,法律的作用将向正规理论进行回归,悖论现象只是中国转轨阶段特定时期的一种表象,随着市场经济体制的不断深化,法律的重要性会愈加凸显。

参考文献

1. 江平、李国光主编：《最新公司法疑难释解》，人民法院出版社 2006 年版。
2. 沈四宝：《西方国家公司法原理》，法律出版社 2006 年版。
3. 王文宇：《公司法论》，中国政法大学出版社 2004 年版。
4. 周友苏：《新公司法论》，法律出版社 2006 年版。
5. 王保树主编：《中国公司法修改草案建议稿》，社会科学文献出版社 2004 年版。
6. 苗壮：《美国公司法：制度与判例》，法律出版社 2007 年版。
7. 刘德权主编：《最高人民法院司法观点集成》，人民法院出版社 2009 年版。
8. 王欣新：《破产法》，中国人民大学出版社 2007 年版。
9. 王卫国：《破产法精义》，法律出版社 2007 年版。
10. 陈卫佐译注：《德国民法典》，法律出版社 2006 年版。
11. 程合红：《商事人格权论——人格权的经济利益内涵及其实现与保护》，中国人民大学出版社 2002 年版。
12. 范健：《商法》，高等教育出版社、北京大学出版社 2002 年版。
13. 范健、王建文：《商法的价值、源流及本体》，中国人民大学出版社 2007 年版。
14. 吴建斌：《现代日本商法研究》，人民出版社 2003 年版。
15. 何勤华、魏琼：《西方商法史》，北京大学出版社 2007 年版。
16. 蒋大兴：《公司法的展开与评判：方法．判例．制度》，法律出版社 2001 年版。
17. 孔祥俊：《反不正当竞争法新论》，人民法院出版社 2001 年版。
18. 刘俊海：《新公司法的制度创新：立法争点与解释难点》，法律出版社 2006 年版。
19. 龙显铭：《私法上人格权之保护》，中华书局 1948 年版。
20. 邵建东：《德国反不正当竞争法研究》，中国人民大学出版社 2001

年版。

21. 王保树：《商法总论》，清华大学出版社 2007 年版。
22. 王利明等：《人格权法》，法律出版社 1997 年版。
23. 肖海军：《营业准入制度研究》，法律出版社 2008 年版。
24. 杨与龄主编：《民法总则争议问题研究》，台湾五南图书出版公司 1998 年版。
25. 张新宝：《名誉权的法律保护》，中国政法大学出版社 1997 年版。
26. 张开平：《公司权利解构》，中国社会科学出版社 1999 年版。
27. 苗延波：《中国商法体系研究》，法律出版社 2007 年版。
28. 任先行、周林彬：《比较商法导论》，北京大学出版社 2000 年版。
29. 吴志忠：《买卖合同法研究》，武汉大学出版社 2007 年版。
30. 赵旭东主编：《商法学教程》，中国政法大学出版社 2004 年版。
31. 陈醇著：《商行为程序研究》，中国法制出版社 2006 年版。
32. 张民安：《商法总则制度研究》，法律出版社 2007 年版。
33. 高在敏、王延川、程淑娟：《商法》，法律出版社 2006 年版。
34. 史学瀛，乔达编著：《国际商法》，清华大学出版社 2006 年版。
35. 安德森：《商法与法律环境》，机械工业出版社 2003 年版。
36. 崔健远主编：《合同法》（第三版），法律出版社 2003 年版。
37. 王博、王冰著：《合同时代的生存——合同签订、履约与纠纷预防》，武汉大学出版社 2008 年版。
38. 李心愉、郝君富编著：《公司融资案例》，中国发展出版社 2008 年版。
39. 许先丛、陈正川主编：《金融担保法律实务》，中国金融出版社 2002 年版。
40. 郭明瑞、王轶：《合同法新论·分则》，中国政法大学出版社 1997 年版。
41. 梁慧星：《民法总论（第二版）》，法律出版社 2001 年版。
42. 张湘兰、邓瑞平、杨松：《海商法论》，武汉大学出版社 1996 年版。
43. 李玉泉：《保险法》，法律出版社 1997 年版。
44. 郑国华：《交通运输法教程》，中国铁道出版社 2006 年版。
45. 李玉泉：《保险法学——理论与实务》，高等教育出版社 2007 年版。
46. 吕来明：《票据法基本制度评判》，中国法制出版社 2003 年版。
47. 史尚宽：《债法各论》，中国政法大学出版社 2000 年版。
48. 王小能：《票据法教程》，北京大学出版社 2001 年版。
49. 郭瑜：《国际贸易法》，北京大学出版社 2006 年版。

50. 时建中主编：《反垄断法——法典释评语学理探源》，中国人民大学出版 2008 年版。

51. 王晓晔：《竞争法学》，社会科学文献出版社 2007 年版。

52. 商务部条法司编：《反垄断法理论与中外案例评析》，北京大学出版社 2008 年版。

53. 杨紫烜主编：《经济法》（第二版），北京大学出版社、高等教育出版社 2006 年版。

54. 余晖：《行业协会及其在中国的发展：理论与案例》，经济管理出版社 2002 年版。

55. 鲁篱：《行业协会经济自治权研究》，法律出版社 2003 年版。

56. 虞和平：《商会与中国早期现代化》，上海人民出版社 1993 年版。

57. 徐昕：《论私力救济》，中国政法大学出版社 2005 年版。

58. 程燎原、王人博：《权利及其救济》，山东人民出版社 1998 年出版。

59. 周林彬等：《法律经济学：中国的理论与实践》，北京大学出版社 2008 年版。

60. 魏健、周林彬：《法经济学》，中国人民大学出版社 2008 年版。

61. 田土诚：《交易安全的法律保障》，河南人民出版社 1998 年版。

62. 顾培东：《社会冲突与诉讼机制》，法律出版社 2004 年版。

63. 赵秀文：《国际商事仲裁及其适用法律研究》，北京大学出版社 2002 年版。

64. 章武生等：《司法现代化与民事诉讼制度的建构》，法律出版社 2000 年版。

65. 范愉主编：《多元化纠纷解决机制》，厦门大学出版社 2006 年版。

66. 陈焕文：《国际仲裁法专论》，台湾五南图书出版有限公司 1983 年版。

67. 齐树洁主编：《民事程序法》厦门大学出版社 2003 年版。

68. 杨良宜：《国际商务仲裁》，中国政法大学出版社 1997 年版。

69. 李浩培：《国际民事程序法概论》，法律出版社 1996 年版。

70. 韩键：《现代国际商事仲裁法的理论与实践》，法律出版社 2000 年版。

71. 乔欣：《仲裁权研究：仲裁程序公正与权利保障》，法律出版社 2001 年版。

72. 宋连斌：《国际商事仲裁管辖权研究》法律出版社 2000 年版。

73. 王宾容、王霁霞：《企业管理中的法律风险及防范》，经济管理出版社 2005 年版。

74. 王书江、殷建平译：《日本商法典》，中国法制出版社 2000 年版。

75. 奚晓明、金剑锋：《公司诉讼的理论与实务问题研究》，人民法院出版社 2008 年版。

76. 范金民等：《明清商事纠纷与商业诉讼》，南京大学出版社 2007 年版。

77. 李小宁：《公司法视角下的股东代表诉讼——对英国、美国、德国和中国的比较研究》，法律出版社 2009 年版。

78. 杨勤法：《公司治理的司法介入——以司法介入的限度和程序设计为中心》，北京大学出版社 2008 年版。

79. 樊涛、王延川：《商事责任与追诉机制研究——以商法的独立性为考察基础》，法律出版社 2008 年版。

80. ［美］波斯纳：《法律的经济分析》，蒋兆康译，中国大百科全书出版社 2003 年版。

81. ［美］爱泼斯坦等：《美国破产法》，韩长印等译，中国政法大学出版社 2003 年版。

82. ［美］罗伯特·D·考特、托马斯·S·尤伦：《法和经济学》，上海财经大学出版社 2002 年版。

83. ［美］大卫·D·弗里德曼：《经济学语境下的法律规则》，法律出版社 2004 年版。

84. ［美］小艾尔傅雷德·D·钱德勒：《看得见的手——美国企业的管理革命》，商务印书馆 1987 年版。

85. ［美］乔迪·S.克劳斯：《公司法和商法的法理基础》，金海军译，北京大学出版社 2005 年版。

86. ［美］Herbert M. Bohlman，Mary Jane Bundas：《商法：企业的环境、道德和国际环境》，张丹、林莺、李勇、陈婉婷译，清华大学出版社 2004 年版。

87. ［美］克拉克曼、［英］保罗·戴维斯（Paul Davies）：《公司法剖析：比较与功能的视角》，刘俊海译，北京大学出版社 2007 年版。

88. ［英］安东尼·奥格斯：《规制：法律形式与经济学理论》，中国人民大学出版社 2008 年版。

89. ［英］A·J·博伊尔：《少数派股东救济措施》，段威、李扬、叶林译，北京大学出版社 2006 年版。

90. ［意］莫鲁·鲁比诺·萨马塔诺：《国际仲裁法律与实践》，中信出版社 2003 版。

91. ［日］小岛武司：《司法制度的历史与未来》，汪祖兴译，法律出版社 2000 年版。

可利用的万维网

1. 中国民商法网 http://www.civillaw.com.cn/
2. 法大民商经济网 http://www.ccelaws.com/
3. 正义网 http://www.jcrb.com/
4. 中国公司并购破产网 http://www.qypcw.cn/
5. 中国法律信息网 http://www.law-star.com/
6. 北大法律信息网 http://www.chinalawinfo.com/
7. 中外民商裁判网 http://www.cfcjbj.com.cn/
8. 正义网 http://www.jcrb.com/
9. 中国法院网 http://www.chinacourt.org/
10. 中国政府法制信息网 http://www.chinalaw.gov.cn/
11. 中国债券网 http://www.chinabond.com.cn/
12. 中国担保网 http://www.chinaguaranty.net/aspx/
13. 中国投资担保有限公司网站 http://www.guaranty.com.cn/
14. 中国贸易金融网 http://www.sinotf.com/
15. 华尔街日报 http://cn.wsj.com/gb/
16. 中国交通运输经济信息网 http://www.transdata.com.cn/
17. 中国物流网 http://www.china-logisticsnet.com/
18. 中国保险网 http://www.china-insurance.com/
19. 民航资源网 http://www.carnoc.com/
20. 中华人民共和国商务部 http://www.mofcom.gov.cn/
21. 中华人民共和国人力资源和社会保障部 http://www.mohrss.gov.cn/Desktop.aspx?PATH=rsbww/sy
22. 国家质量监督检验检疫总局 http://www.aqsiq.gov.cn/
23. 国家税务总局 http://www.chinatax.gov.cn/n480462/n480513/
24. 中国竞争法网 http://www.competitionlaw.cn/
25. 315权益维护网 http://www.315qy.com/
26. 国际商会 http://www.iccwbo.org/

27. 中国国际商会 http://www.ccpit.org/

28. 中国国际贸易促进会 http://www.ccpit.org/

29. 美国国际商会 http://www.aiccus.org/

30. 中国公司治理网 http://www.cg.org.cn/

31. 中国证券监管管理委员会 http://www.csrc.gov.cn/

32. 巨潮网 http://www.cninfo.com.cn/

33. 上海证券交易所 http://www.sse.com.cn/

34. 深圳证券交易所 http://www.szse.cn/

35. 世界银行 http://www.worldbank.org/

36. 中国国际贸易促进委员会 & 中国国际商会"调解中心"网站 http://lad.ccpit.org/tjzx/tjzx.aspx

37. 中国国际贸易促进委员会 & 中国国际商会"国际商事服务网"http://lad.ccpit.org/home/default.aspx

38. 中国法律信用网 http://www.law-credit.com/

39. 中国法律信息网 http://www.law-star.com/index.htm

40. 民间法与法律方法网 http://www.xhfm.com/Index.html

41. 全国法院被执行人信息查询 http://zhixing.court.gov.cn/search/

42. 中国商事仲裁网 http://www.ccarb.org/

43. 中国国际经济贸易仲裁委员会网站 http://cn.cietac.org/

44. 中国仲裁律师网 http://www.arbitrationlawyer.cn/

45. 中国仲裁网 http://www.china-arbitration.com/

46. 中国仲裁法律网 http://www.zhongcaifa.com/

47. 中国仲裁在线 http://www.cnarb.com/

后记：作始也简，将毕也巨

　　本书是在笔者多年来给所任教大学的法学、经济学、管理学专业的全日制本科生、研究生、在职专修生和研究生以及法律实务部门的律师、仲裁员、法官讲授各类《商法》课程或专题讲座的讲义基础上凝练、扩充之作，也是近年来与笔者指导的商法研究方向的博士生弟子们读书会上屡次讨论中国商法理论和实践问题的共同结晶。

　　一直以来，商法领域的经济与法律的联姻没有得到很好的重视，共同语境的沟通机制亟待建构。英国著名商法学家施米托夫指出："传统商法的概念的不足之处已明显地暴露出来。这一法学分支变得陈旧乏味，已成为'法学家的法'，丧失了来自实践的灵感与商业现实的联系"，这似乎一语中的成了中国商法仍未摆脱幼稚论的真实情由之写照；另一方面，市场经济实践的迫切需求使得商法学科脱颖而出，日渐成为一门显学，同时成为 MBA、EMBA 教学中不可或缺的重要课程之一。为此，编写一本与企业经营密切相关、满足法律、经济、管理专业人士学以致用的商法教科书即成了当务之急。

　　十年前笔者与任先行教授合著出版了传统商法意义上的《比较商法导论》。多年来笔者忙于涉足民法、经济法、法律经济学领域的教学与科研，却从未放弃对商法的关注、探索与研究，并着力于思索如何把商法与企业经营实践、法律与经济分析方法熔于一炉，开辟出一片"实用商法"教学与科研的新天地。

　　诚然，市面上林林总总的商法教科书已琳琅满目，但如何能把商法的实用知识、教学案例、理论前沿比较恰当地反映到位，即"进讲堂、进头脑、进实践"，在有限篇幅里把握好商法的精髓，则是值得大有可为、有待创新的好事、难事。为此，本书在如下方面作了努力尝试；

　　1. 在体例结构上遵照了商法体系按"商事主体、商事行为、商事管理、商事救济"四编展开，为案例教学需要，每一编以案例引出且有概括性地介绍本编的基本理论，每一章也以一个相关案例引出本章内容，各编、章、节的正文主要用于本科生层次的学生学习商法基础知识；各编、章、节的拓展知识、背景资料及注释，主要用于研究生层次的学生学习商法专题知识。各章还设有本章小结、思考与练习、案例分析等内容，并适当穿插了表格、图片，这样使商法钻研"学有所便"，满足自学阅读及课外练习需要。

2. 在内容安排上打破了一般教科书从商法总论到商事部门法各论编写的惯例，突出了商法专题性的取材和写作，故本书没有追求商事部门法阐述的面面俱到，而是围绕着与企业经营密切相关的商法制度及理论、实务作了有所侧重的阐述，并适当引入了与中国商法关系密切的理论前沿问题的探讨（如笔者主持的国家社会科学项目"中国法律经济学的理论与实践"、广东省"十五"社科基金规划项目"广东民营企业产权法律保护实证研究"成果以及当下商法学界热烈讨论的制订"商事通则"问题），从而使该书不单是一本普及商法 ABC 知识的通俗读本，而且在一定程度上引领读者迈向商法理论前沿，对优化企业经营的商法环境"学有所思"。

3. 本书编入了大量案例，从企业法律风险防范、商事纠纷解决、非正式商法规范、法律经济分析诸多新的视角和新方法研讨商法理论与实践问题，并从文字的可读性、新法规的适用性、观点的启发性等方面作了探索（可进一步参阅本书导论部分对书稿梗概之介绍），使商法学习做到"学有所用"。

庄子有云：作始也简，将毕也巨。诚哉斯言！自 2007 年官欣荣（法学副教授）、董淳锷（法学博士、法学博士后）协助笔者起草本书的详细写作提纲，到吸收笔者所指导的多位商法研究方向的法学博士生同学加入本书的作者队伍，以及官欣荣、董淳锷、陈胜蓝、孙琳玲四位"博士弟子"利用假期协助笔者集中修改书稿至今，费力三载有余，可谓不易。

本书写作分工如下：

周林彬：本书各章节的提纲设计、本书的导论和结语、本书各编引言、本书各章的最后修稿、定稿。

官欣荣：第一编引言、第一章、第二章及第一编的修改。

董淳锷：第四编引言、第三编第二章、第四编第一章及第四编的修改。

陈胜蓝：第二编引言、第二编第一章、第四编第四章及第二编的修改。

孙琳玲：第三编引言、第二编第一章及第三编的修改。

王佩佩：第二编第二章。

赵一瑾：第二编第三章。

方斯远：第二编第四章。

于凤瑞：第二编第二章。

文雅靖：第二编第三章。

文雅靖、赵达三：第二编第四章。

张瀚、周宴峰：第二编第五章。

冯曦、何朝丹：第三编第三章。
王爽：第四编第二章。
周宴峰：第四编第三章。
李扬：第四编第四章。

此外，李胜兰教授、黄健梅博士等对本书前期资料收集和写作有重要帮助。北大英华公司张晓秦先生为本书编辑与出版作出了重要贡献。本书参考了国内外大量相关文献，除列在书后之外，有些网络文章因数据库的不稳定未能一一注明出处，在此一并鸣谢与致歉。

周林彬

2010年2月3日于广州中大康乐园